mandelbaum *verlag*

Aylin Basaran, Julia B. Köhne, Klaudija Sabo,
Christina Wieder (Hg.)

SEXUALITÄT UND WIDERSTAND
INTERNATIONALE FILMKULTUREN

mandelbaum *verlag*

Ein herzlicher Dank für ihre Unterstützung geht an:

die Österreichische HochschülerInnenschaft Bundesvertretung,
die Österreichische HochschülerInnenschaft der Universität Wien,
die Institutsgruppe Germanistik (IG GERM),
die Studienrichtungsvertretung Geschichte,
die Verwertungsgesellschaft für audiovisuelle Medien,
die Basisgruppe Gender Studies,
die Basisgruppe Theaterwissenschaften,
die Fakultätsvertretungen Human- und Sozialwissenschaften,
die Studienrichtungsvertretung Publizistik,
die Studienrichtungsvertretung Kunstgeschichte,
die Studienrichtungsvertretung Soziologie,
die Fakultätsvertretung Geisteswissenschaften.

mandelbaum.at • mandelbaum.de

ISBN 978-3-85476-826-5
© mandelbaum *verlag* wien • berlin 2018
alle Rechte vorbehalten

Lektorat: die Herausgeberinnen
Satz: Kevin Mitrega
Umschlagbild: Zoë R. und Julia B. Köhne
Umschlag: Michael Baiculescu
Druck: Primerate, Budapest

INHALTSVERZEICHNIS

AYLIN BASARAN, JULIA B. KÖHNE, KLAUDIJA SABO, CHRISTINA WIEDER
9   Sexualität und Widerstand. Internationale Filmkulturen

KATRIN PILZ
54 »Aufklärung? Abschreckung? In der mit Sexualität gespannten Atmosphäre des Kinos?«
    Sexualität in Wiener klinischen und populärwissenschaftlichen Filmen der Moderne

KARIN MOSER
77 ›Die neue Frau‹ oder ›Die verlorene Rebellion‹

BARBARA EICHINGER
95 Experiment: Projektionenserie

ISABEL CAPELOA GIL
108 From Siegfried Kracauer to Busby Berkeley
    Ornamental Bodies in 1930's film

PETER GRABHER
122 Eisensteins sexuelle Politiken

HELGA AMESBERGER UND BRIGITTE HALBMAYR
149 Sex als Tauschmittel
    Beispiele aus Mauthausen

KLAUS S. DAVIDOWICZ
171 »That's big talk for a little gun«
    Geschlechterrollenwechsel in Nicholas Rays »Johnny Guitar« (1954)

GERDA KLINGENBÖCK
188 Treibsand und Abgrund
    Sexualität und Geschlechterkampf in Hiroshi Teshigaharas »Die Frau in den Dünen« (1964)

Anna Schober
207 Erotik, Gewalt und Folklore
Die Inszenierung geschlechtlicher und ethnischer Differenz im jugoslawischen Kino um 1968

Klaudija Sabo
227 Die Revolution nach der Revolution
Die jugoslawische Jugend im Aufbruch im Film »Rani Radovi« (1969) von Želimir Žilnik

Julia Barbara Köhne
243 Absentes vergegenwärtigen
Schwangerschaftsabbruch und Fötalimagologie in westlichen Filmkulturen seit den 1960er Jahren

Christina Wieder
286 Ästhetische Grenzüberschreitungen und widerständige Körper in Fernando Solanas' »Tangos. El Exilio de Gardel« (1985)

Andreas Filipovic
306 Vor der Vertreibung aus dem Paradies
Živko Nikolić' »Lepota Poroka« [»Die Schönheit der Sünde«] (1986)

Kobi Kabalek
322 Sexy Zombies?
On the Improbable Possibility of Loving the Undead

Marietta Kesting
334 Goldene Zitronen
Körperpolitiken in Beyoncés »Lemonade« (2016)

Monika Bernold
351 Figurationen der Unkalkulierbarkeit
Maren Ades »Toni Erdmann« (2016)

Thomas Ballhausen
365 Wie man Körper wahrnimmt
Eine Einübung nach Lukrez

AYLIN BASARAN AND JUSTIN LEGGS
369 What If the Revolution could be Televised?
»Black Panther« (2018) and the Utopia of Wakanda

SONJA GASSNER
387 Come on Baby, Light my Fire

ANDREAS HUYSSEN
389 Frank Stern zum 75sten

393 Verzeichnis der Autorinnen und Autoren

Aylin Basaran, Julia B. Köhne,
Klaudija Sabo, Christina Wieder
SEXUALITÄT UND WIDERSTAND.
INTERNATIONALE FILMKULTUREN

Aktuelle Phänomene in der Filmkultur und Kunstszene
In den letzten Jahren mehrten sich im deutschsprachigen Raum wissenschaftliche, kulturelle und künstlerische Auseinandersetzungen mit der Thematik Sexualitäten in visuellen Medien. Vor allem die Achse Wien – Berliner Raum erweist sich bei genauerem Hinsehen als polyphoner Resonanzraum für akademische Symposien, Kunstveranstaltungen und Filmkunst mit Fokus auf Sexualitätsfragen. So untersuchte die wissenschaftliche Tagung »Explicit! Pornografie und ihre medialen Dispositive« der Fachhochschule und Universität Potsdam im Jahr 2013 die Auswirkungen von Pornographie auf Gesellschaft und Geschlechterbilder – ein Jahr darauf ebenso die Berliner Ausstellung »Porn That Way« im *Schwulen Museum**, die schwule, lesbische, queere und Trans*-Pornographie zentral stellte. Zahlreiche Filmfestivals fokussierten auf den Konnex von Körper, Identitäten, Sexualitäten und Begierden, wie zum Beispiel das Festival »This human world«, das sich 2014 dem Motto »Every Time We Fuck We Win« zuwandte, oder das jedes zweite Jahr stattfindende Wiener Queer Film Festival »identities«. Seit 2014 füllt das Wiener »Transition – International Queer Minorities Film Festival«, in Kooperation mit dem »Pornfilmfestival Berlin«, über mehrere Abende hinweg mit Porn Screenings die Wiener Kinosäle. 2015 zeigte das *Deutsche Historische Museum* in Berlin in Kooperation mit dem *Schwulen Museum** die Exhibition »Homosexualität_en«, die die Frage gleichgeschlechtlicher Sexualität und nonkonformer Geschlechtsidentitäten ventilierte.

Unter dem Titel »Visual Pleasures« veranstaltete das *Filmarchiv Austria* von September bis Oktober 2016 eine Reihe von Events, die »jene verbotenen Früchte auf die Leinwand [brachten], in denen die Schau-Lust gefeiert wird – von neckischen Miniaturen der Kinofrühzeit über Erotikklassiker bis zum feministischen Porno«, der heteronormative Repräsentationen hinter sich lässt. In diesem Rahmen kuratierte Julia Fabrick die Schau »Porn Sensations«, in der erotische Spielfilme vom ›Golden Age of Porn‹ der 1970er bis in die Gegenwart gezeigt wurden. Die Schau wurde sekundiert von der Filmreihe »Sex in Wien. Eine Sub-Geschichte des österreichischen Kinos

1906–1933« im Metro Kinokulturhaus des *Filmarchiv Austria*, die frühe Wiener filmische Erotika in den Blick nahm, unter anderem auch EINE DIRNE IST ERMORDET WORDEN von Conrad Wiene aus dem Jahr 1929 oder CAFÉ ELEKTRIC (1927) in der Regie von Gustav Ucicky.[1] Eine beinahe gleichnamige Ausstellung, die 2016/17 im *Wien Museum* zu sehen war, »Sex in Wien. Lust. Kontrolle. Ungehorsam«, widmete sich der erotischen Bildproduktion im Wien des späten 19. und frühen 20. Jahrhunderts. Im März 2018 fand im Kino Schikaneder das erste Wiener »Porn Film Festival« statt, das anhand von alternativem Filmschaffen die Frage stellte – wie abseits akademischer Debatten – Pornographie in öffentlichen Räumen gesehen, diskutiert, verstanden oder sogar als Plattform genutzt werden kann, um für sexuelle Freiheit und Vielfalt einzutreten. Das Team des Wiener Museums für Verhütung und Schwangerschaftsabbruch veranstaltete jüngst einen Fotowettbewerb zum Thema Schwangerschaftsabbruch, der entideologisierende Bilder in den Mittelpunkt stellen soll, um einen »Beitrag zum sachlichen Diskurs und zur Entstigmatisierung/-kriminalisierung von Abtreibung« zu leisten.[2] Für November 2018 ist eine wissenschaftliche Tagung zum Thema »Sexualität und Konsum – 18. bis 21. Jahrhundert« an der Universität Wien in Planung, die sich mit einer Genealogie des historischen Zusammenspiels von Sexualität und Konsum befassen wird.[3]

Aber auch auf europäischer und internationaler Ebene gestaltet sich die Visualisierung von Sinnlichkeit, Erotik und Sexualität in den letzten drei Jahrzehnten zunehmend offener. Hierzu trugen beispielsweise die französischen Filme UNE VRAIE JEUNE FILLE [EIN MÄDCHEN] (1976, erstaufgeführt 1999), ROMANCE (1999) und ANATOMIE L'ENFER (2003) von Cathérine Breillat, nach ihrer Novelle *Pornocratie*, bei. Auch der spanische Film LAS EDADES DE LULÚ (1990) von Bigas Luna, der dänische Film PINK PRISON (1999) von Lisbeth Lynghøft, österreichische Filmkunst wie DIE KLAVIERSPIELERIN (2001) von Michael Haneke, auf Basis einer Romanvorlage von Elfriede Jelinek, ANTARES (2004) von Götz Spielmann, Gaspar Noés französisch-belgischer Film LOVE (2015) oder asiatische Filme, wie etwa die taiwanesisch-französische surreal anmutende Koproduktion TINBIN Y DU YÚN [THE WAYWARD CLOUD] (2005) von Tsai Ming-liang, brachten Sinnlichkeit in intensiver Weise auf die Leinwand. Spezialfälle bildeten Filme, die Sexualität im Zusammenhang mit Gewalt thematisieren, wie THE NIGHT PORTER (1974) von Liliana Cavani (Köhne 2012; Krzy-

---

1 Vgl. die DVD-Edition des *Filmarchiv Austria*: »Sex in Wien: Eros und Geschlecht im Österreichischen Kino 1906–1933. Kinoerotik und Kinoaufklärung«, 148 min., die einschlägige Beispiele der Erotikfilmproduktion enthält.
2 Vgl. »AbortionPictures 2018«, http://abortion-pictures.info/idee-und-ziel/ (Stand: 15.5.2018).
3 Vgl. https://www.hsozkult.de/event/id/termine-36497 (Stand: 15.5.2018).

winska 2006), BAISE-MOI (2000) von Virginie Despentes und IRREVERSIBLE (2002) von Gaspar Noé, um nur einige zu nennen. Es zeigt sich, dass es angesichts dieser nicht selten von weiblichen Regisseurinnen kreierten Filme angebracht ist, klassische Kategorisierungen – allen voran die der »Pornographie« – infrage zu stellen, da diese dasjenige, was in den Filmen verhandelt wird, oftmals nicht adäquat benennen können. Selbst in den Dokumentarfilm finden diese Entwicklungen Eingang; so widmet sich Sylvia Nages DIE NEUE LUST DER FRAUEN (arte/NDR 2003) den Themen: unerfüllte weibliche Lust, der Nicht-Ort des weiblichen Geschlechts und der Konnex von Sexualität und Gewalt.

Die Anthologie Sexualität und Widerstand
Der vorliegende Sammelband *Sexualität und Widerstand. Internationale Filmkulturen* fokussiert auf die Repräsentations- und Inszenierungsweisen verfilmter Sexualitäten und fragt nach der besonderen erzählerischen Kraft einiger Filme, die versuchen, Identitätsauffassungen und Mentalitäten der Protagonist/innen und der Zuschauenden zu unterlaufen. Die oben genannten Wiener und Berliner sowie internationalen Diskursbeispiele stellen für die Auseinandersetzung mit pluralen Sexualitätsformen nur einige von zahlreichen anderen transnationalen Plateaus dar, auf denen immer wieder neue intellektuelle und künstlerische ›Tänze‹ mit dieser Thematik entstehen. Der Band beleuchtet prägnante Facetten des überaus regen Diskurses zur Verbindung von Sexualitäten, Sinnlichkeit, Gender, Queerness und Film und bereichert diesen um eine neue essentielle Dimension. Er stellt die in der wissenschaftlichen Reflexion bisher wenig berücksichtigte Verknüpfung von Sexualität, Körperpolitiken und Widerstand in den Mittelpunkt. Indem der Band explizit nach Sexualität in Kontexten politischen Widerstands oder als widerständige Handlungsweise beziehungsweise nach widerständigen Formen von Sexualität, Geschlecht und Körper fragt, schließt er eine Forschungslücke.

Um sich diesem bisher unterbelichteten Forschungsgebiet zu nähern, vereint die Anthologie interdisziplinäre Zugänge, die Fragen der Kulturwissenschaft und Kulturgeschichte, Medien- und Filmwissenschaft, Zeitgeschichte, Literaturwissenschaft, Religionswissenschaft, Sexualwissenschaft, Medizingeschichte, Psychologie und der Geschlechterforschung diskutieren. Dabei geraten lokal-regionale und transnationale Perspektiven in den Blick, die der Frage nachspüren, wie das Verhältnis von Sexualität und Widerstand seit Erfindung des Films inszeniert wurde. Schwerpunkte liegen dabei auf frühen Filmen der 1910er bis 1940er Jahre und auf den vergangenen Filmjahrzehnten des internationalen Kinos. Reflexionen über Filmproduktionen aus dem High-Culture-Bereich und dem Mainstream-Kino treffen dabei auf subkulturelle audiovisuelle Artefakte. Zum einen werden verstärkt lokal geprägte kulturelle Filmgeschichten analysiert, zum anderen öffnet sich der Blick stichprobenartig auf das weite Feld internationaler Filmkunst, das um vielfältigste Fragen von Sexualitäten und Widerständigkeiten kreist.

Bei den Tiefenbohrungen, die der Band vornimmt, stehen folgende Fragen zur Debatte: Was kann überhaupt unter sexuell konnotiertem oder geprägtem Widerstand beziehungsweise widerständiger Sexualität im Film gefasst werden? Welche Arten von Widerständigkeit werden in der filmischen Audiovisualisierung von Sexualität hervorgebracht und wie wird erstere in Form von Störung, Irritation, Ignoranz, Versagen, Ungehorsam oder Neudefinition performativ narrativiert, ästhetisiert und performativ umgesetzt? Können der sexualisierte Körper oder der sexuelle Akt zu politischen Waffen werden? In welcher Weise wird Sexualität in bewegten ästhetischen Kunstwerken mit Begierde, Begehren und Lust und/oder biologischer Reproduktion verbunden? Gelingt es dem Film, nackte Körper zu zeigen, ohne sie zu sexualisieren? Welche Dramaturgien und Symboliken werden verwendet, um Sexualität in einen bestimmten gesellschaftlichen und historischen Kontext zu rücken und Stellung zu ihm zu beziehen? Wie reagiert Film auf gesellschaftliche Debatten über Geschlechterrollen und welche Verschiebungen kann er anzeigen?

Wie lässt sich das Verhältnis von politischer Repression, Zensur und der filmischen Repräsentation sexueller Akte – je nach nationalem Kontext – in aktuellen und vergangenen Gesellschaftsphasen beschreiben? Kann die Darstellung von Sexualität politische Handlungsmacht suggerieren oder Ohnmacht, Scham, Schuld zum Ausdruck bringen? In welchen diskursiven Kontexten birgt das Zeigen, Verhüllen oder Modifizieren von Körpern und ihren Teilen widerständiges Potential? Wird Sexualität im Film selbst und/oder dessen Rezeption als eine Form von Widerstand adressiert? Entsteht Widerständigkeit durch die bloße Präsenz von Sex- oder Erotikszenen? Wie positionieren sich Körperpolitiken im Film gegen außerfilmische oder imaginierte Machtverhältnisse?

Außerdem wird gefragt, in welcher Weise Film in der Lage ist, sexualisierte Formen von Gewalt oder Rassismen und Homophobie darzustellen, ohne diese zu reproduzieren? Welchen Raum bekommen dabei verschiedenartige sexuelle Orientierungen wie homo-, trans-, bi-, asexuelle oder queere Realitäten? Welchen Raum nimmt die Thematisierung von Sex in Verbindung mit Topoi wie Fremdheit, Klasse oder Alter ein? Welche Formen der Visualisierung hält das Medium Film bereit, um tabuisierten Sexualitätsthematiken, zum Beispiel in Verbindung mit Gewalt oder illegalem Schwangerschaftsabbruch, zur Sichtbarkeit zu verhelfen? Und welche klammert es aus und trägt damit zu deren Invisibilisierung bei? Wann funktioniert verfilmte Sexualität als normsetzend, wann bricht sie mit Normvorstellungen? Welche Rezeptionsplateaus existieren, um den Konnex von verschiedensten Sexualitäten und Widerständen im Film wahrzunehmbar zu machen?

Beginn der Streifzüge

In der vorliegenden Einleitung möchten wir die chronologisch angeordneten Streifzüge ins Feld widerständiger Sexualitäten im Filmischen, die im Band erfolgen werden, schon beginnen lassen. Hierzu werden in den kommenden Abschnitten aus der immensen Fülle möglicher Interrelationen zwischen Sexualität, Widerstand und internationalen Filmen beispielhaft vier Filmkunst-Szenarien herausgegriffen. Es werden Schlaglichter auf die Szenarien geworfen, die vor allem auf die wechselseitigen Beziehungen der drei Felder zueinander gerichtet sind, die in den ausgewählten Beispielen sehr unterschiedlich ausfallen. Die erste Szenerie ist Teil der frühen Wiener Filmkultur, in der sich eine bemerkenswerte Gruppe von auch international vertriebenen Filmen findet – so genannte Saturn-Filme, die zwischen 1906 und 1911 entstanden und einen spielerischen Umgang mit sexuell angehauchter Nudität ermöglichten. Bei der Rezeption der oftmals lustigen Erotikkurzfilme mögen zwar männlich-voyeuristische Beweggründe im Vordergrund gestanden haben, sie konnten aber auch emanzipative *female empowerment*-Effekte zeigen, denn Sexysein verstieß gegen die engen bürgerlichen Moralvorstellungen. Die zweite Szenerie greift ein anderes Segment von Filmen auf, die das Sexuelle inszenieren und zeitlich an die Saturn-Film-Periode anschließen: die Flapper-Filme. Diese stellten einen widerständigen Frauentypus im Zeitalter des Jazz vor. Die dritte Szenerie konzentriert sich auf das Feld verfilmter homosexueller Praktiken vom Ende des 19. Jahrhunderts bis in die 1950er Jahre, in dem sich die zarten Anfänge der Homosexuellenbewegung sowie spätere queere Emanzipations- und Aktivismusgeschichte spiegeln. Das widerständige Moment dieses Genres bestand darin, Heterosexualität herauszufordern, trianguläre bürgerliche Familiarität (Vater, Mutter, Kind) als normative Kategorie infrage zu stellen und klassische Weiblichkeits- und Männlichkeitskonstrukte umzuschreiben.[4] Die vierte Szenerie setzt im darauffolgenden Jahrzehnt an und stellt Fragen zur Repräsentation von Sexualität, Begehren und Genderrollen und ihrer Positionalität sowie zu filmischer Selbstermächtigung – vor dem Hintergrund der Nachwirkungen kolonialer Fremdzuschreibungen.

4 Seit Mitte der 1970er Jahre kritisierten Theoretikerinnen der Feministischen Filmtheorie starre Identitäts- und Begehrensmuster, traditionelle Rollenklischées und fragten nach einem lesbisch-schwulen Zuschauer/innenbegehren. Sie betonten die Vielfalt der Begehrensströme in der weiblichen und männlichen Homosexualität und in den maskeradehaften Verkörperungen von Mann/Frau, die in Parodie und Travestie (Butch/Femme und Drag King/Drag Queen), im Cross-Dressing, in der Transsexualität oder in der Intersexualität zum Ausdruck kommen. Zu kulturellen Formen und Repräsentationen von Transvestismus siehe: Garber 1993 [1992].

Sie wagt einen Rundumblick über postkoloniales afrikanisches Kino von den 1960er Jahren bis in die Jetztzeit, in dem unter anderem Bilder des Schwullesbischen ventiliert werden. Es wird zudem gefragt, wo bewusster Verzicht auf die Ausstellung expliziter Sexualität ein widerständiges Potential in sich bergen kann.

I Saturnfilme: Eine besondere Wiener Filmkunst der 1900er und 1910er Jahre

»Am Anfang war der Sex«, so beschrieb das *Skip Magazin* die Entstehungsgeschichte des österreichischen Kinos mit Verweis auf die Produktionen von Johann Schwarzers Saturn-Film-Gesellschaft (*Skip Magazin* 2016, »Visual Pleasures«). Im Herbst 2016 wurden sie vom *Filmarchiv Austria* in restaurierter Fassung auf die Leinwand gebracht. »Visual Pleasures«, so der Name der Filmretrospektive, im Zuge deren diese ersten in Österreich produzierten Filme erneut gezeigt wurden, war schon damals Programm. Denn diese »hochpikanten Herrenabend-Films [sic!]« (*Der Komet*, Nr. 1128, 3.11.1906) waren sowohl für die Zuschauer/innen, als auch für die Darstellenden ein visuelles Vergnügen – ein Ereignis, um erotische Nacktheit zu zelebrieren.

Im Jahr 1906 wurde die Firma Saturn gegründet, in einer Zeit, in der so manche aufgeregte Debatte über Sexualität entfachte. 1905 veröffentlichte Sigmund Freud seine »Drei Abhandlungen zur Sexualtheorie«, fast zeitgleich erschien das Pionierwerk der erotischen Literatur *Josefine Mutzenbacher. Die Geschichte einer Wienerischen Dirne* und mit der Uraufführung von Franz Lehars »Die lustige Witwe«, ebenfalls 1905, besetzten Erotik und Sinnlichkeit sogar die bürgerlichen Wiener Opernhäuser. Es fehlten damit nurmehr »picante« Bilder in bewegter Form, denn die Fotografie nutzte bereits seit ihren Anfängen ihre Visualisierungsmöglichkeiten, um den nackten Körper und die davon ausgehende Erotik festzuhalten. Es waren Schwarzers Aufnahmen von »graziösen, interessanten, picanten Damen in reizvoller Descostümierung« (*Der Komet*, Nr. 651, Primasens, 11.9.1897, 27), die den Beginn der österreichischen Kinematographie in den Jahren zwischen 1906 und 1910/11 prägen sollten.

Inspiriert durch von den Brüdern Lumière produzierte Pathé-Filme machte sich Schwarzer daran, ästhetisch anspruchsvolle erotische Filme zu drehen, die sich in Wien und im gesamten Raum der Monarchie schnell verbreiteten. Mit der rasanten Distribution der Filme ging auch ein streng kontrollierender Blick der monarchistischen Zensurbehörden einher. Seit der Gründung der Filmproduktionsgesellschaft hatte Saturn immer wieder mit Pornographievorwürfen zu kämpfen; ihr wurde vorgeworfen, gegen den k. u. k. Moralkodex zu verstoßen. Saturn reagierte darauf, indem sie – möglicherweise mit einem gewissen ironischen Unterton – feststellte, ihre Filme seien »rein künstlerischer Tendenz« und die Produktionsgesellschaft

Abb. 1: »Lebender Marmor« (1908/10)

würde »auf das peinlichste vermeiden, der Schönheit durch Geschmacklosigkeit Abbruch zu tun« (Verleihkatalog Saturn-Film o. J., 3).

Die Filme inszenieren Badeszenen, schöpferische Momente von Künstlern mit ihren Modellen oder schlicht Alltagsmomente, in denen sich Frauen nackt präsentierten und ganz beiläufig »augenzwinkernde Blicke auf die sakrosankten Institutionen der k. u. k. Monarchie, etwa das Militär oder die Ehe«, warfen (Hoanzl 2010, Klappentext). Aus heutiger Perspektive wirken die Filme kaum empörend, sondern fast naiv und von einem verspielt komischen Charakter, der es der Saturn ermöglichte, emanzipative Handlungsräume zu kreieren und überkommene Rollenvorstellungen zu karikieren.

Männlichkeit war in den Filmen stark an das gesellschaftliche Ideal des Soldatischen gekoppelt, die k. u. k. Monarchie, so kurz vor Ausbruch des Ersten Weltkriegs, noch eine Stolz erfüllte Großmacht. Während sich gleichzeitig die sogenannte ›Krise der Männlichkeit‹ in einem ausgeprägten Antifeminismus manifestierte, reagierten Schwarzers Filme mit Humor auf jene Maskulinismus protegierenden Entwicklungen. Die männlichen Darsteller verkörperten deshalb zumeist eine infantilisierte Rolle, die Raum gab, um dezente Seitenhiebe auf die Monarchie zu platzieren.

In LEBENDER MARMOR (1908/10) beispielsweise spielt eine Männergruppe einem ihr nahestehenden Begleiter einen Streich und entpuppt damit dessen Sexual-Doppelmoral – stellvertretend für jene der Monarchie.

Abb. 2: »Eine lustige Geschichte am Fenster« (1908/10)

Während der Herr beim Durchblättern einer Zeitschrift, in der offenbar erotische Bilder abgedruckt sind, seine Kollegen noch maßregelt und deren sexuelles Interesse als moralisch verwerflich darstellt, zeigt er selbst später in einem scheinbar unbeobachteten Moment wenig Scheu, sich dem nackten weiblichen Körper in Form einer ›Statue‹ anzunähern (Abb. 1). Um es dem Lehrmeister heimzuzahlen, hatte die Herrenrunde eine junge Frau engagiert, die nun mit Farbe angestrichen und auf einem Podest stehend als griechische Statue inszeniert ist. Graziös und voller Selbstbewusstsein posiert sie dort und erwacht erst zum Leben, als der Herr beginnt, sie aufgeregt und doch unbeholfen abzutasten. Wie von den Toten auferstanden springt sie ihm plötzlich entgegen, tätschelt ihn von oben bis unten ab, ähnlich ungeniert und lieblos wie er sie zuvor, und wird somit zur Knotenfigur, die seine Hypokrisie enthüllt. Selbstredend spielt der Film – verstärkt durch im Hintergrund der Szene hängende romantische Bilder, die (halb-)nackte Frauen präsentieren, anziehend und erhaben zugleich – mit der Ungreifbarkeit von Schönheit, bei gleichzeitigem starken sexuellen Verlangen nach dieser Form statuesker Weiblichkeit. Die Tatsache, dass die Frau in Wirklichkeit keine in Stein gemeißelte Figur ist, und das Wissen der Zuschauer/innen darum schüren eine erotische Spannung, die auf der aktiven Rolle der Darstellerin basiert. Es obliegt ihr, welche Pose sie für die kurze Sequenz einnehmen möchte, welche Berührungen sie zulässt und vor allem welchen Moment der Enthüllung sie wählt. Ähnlich selbstbewusst übernimmt die Protagonistin in Die Macht der Hypnose (1909) das Ruder und erlaubt sich auf Kosten des Herren Späße, der ihr in hyp-

Abb. 3: »Weibliche Assentierung« (1908/10)

notisiertem Zustand nur folgen kann. Bevor sie dem am Boden liegenden Mann Taschenuhr und Geldbörse entwendet, entkleidet sie sich, bewegt sich selbstbewusst in dominaartiger Unterwäsche durch den Raum und lässt den Herren auf und ab hüpfen, um ihre Souveränität zu präsentieren. Nur selten sind die Frauen selbst Zielscheibe des Humors, vielmehr fungieren sie als Initiatorinnen der Handlung.

Während sich der wiederum kindlich inszenierte Darsteller in EINE LUSTIGE GESCHICHTE AM FENSTER (1908/10), als er einen nackten Frauenhintern im Fenster entdeckt (Abb. 2), kaum mehr halten kann vor lachen, direkt in die Kamera blickt und dazu vor Begeisterung auf seinen Oberschenkeln trommelt, machen sich die Protagonistinnen in WEIBLICHE ASSENTIERUNG (1908/10) einen Spaß daraus, die männliche Prüderie auszustellen (Abb. 3). Weniger der Umstand, dass die Frauen nackt sind und dabei noch Späße veranstalten, löst hier wie in vielen anderen Saturn-Filmen eine Irritation aus, sondern vielmehr die Zurschaustellung der scheinbaren sexuellen Keuschheit der k. u. k. Militärangehörigen. Wie Elisabeth Streit es formuliert, sind es letztlich »die Frauen, die sich herausnehmen, dem Mann ins Gesicht zu lachen und daher autonomer wirken als die bekleideten, männlichen Darsteller. [...] Die Frauen in den Saturn-Filmen agieren immerhin mit dem lachenden Brustton des Wissens, Produkt verklemmter Männerphantasien zu sein« (Streit 2004, 136).

Nacktheit dient in diesen Filmen nicht dem Zweck, objektivierende Frauenbilder und ein Gefühl des Ausgesetztseins oder hierarchische Sexualvorstellungen zu reproduzieren. Eher fungiert sie als Ventil, um sexuelles

Abb. 4: »Aufregende Lektüre« (1908/10)

Begehren überhaupt darstellen zu können – quasi als Protest gegen den restriktiven Sittenkodex der Monarchie. Durch wiederholte Brüche mit der vierten Wand nehmen die Darstellerinnen in den Saturn-Filmen direkten Kontakt zum Publikum auf und entlarven die Zuschauer/innen damit als Voyeur/innen. Darüber hinaus nutzen sie den Blickkontakt auch, um anzudeuten, dass sie gerade etwas Verbotenes, Tabuisiertes oder Rebellisches tun. Dabei scheinen sie sich in jedem Augenblick voll bewusst zu sein, einen Regelbruch zu begehen.

Es ist dieses bemerkenswerte Selbstbewusstsein, das die Darstellerinnen an den Tag legen, welches die Saturn-Filme besonders macht, wodurch eine erotische Spannung geschaffen und durch Überraschungsmomente immer wieder bereichert wird. Wiederholte Inszenierungen auf dem Kanapee liegender nackter Frauen erinnern an Édouard Manets »Olympia«, doch gehen die Saturn-Filme in ihren Darstellungen einen Schritt weiter. Denn sie erlauben den Protagonistinnen, anders als es Olympia erlaubt war, die ihre Scham noch verdecken musste, ihr Geschlecht und somit ihre sexuelle Lust zu präsentieren. So versucht eine Frau in BEIM ARZT (1908/10) etwa, dem Arzt wiederholt auf die Sprünge zu helfen, indem sie erst seine Hand an ihren Busen führt, dann ihren Rock hochzieht, um sich halb nackt darzubieten. Der Arzt, der seine Behandlung nach bestem Wissen und Gewissen fortsetzt, scheint ihr Begehren nicht ansatzweise zu durchschauen. Letzten Endes bleibt der jungen Frau keine Alternative mehr, als ihm einfach um den Hals zu fallen und ihn zu küssen.

Es ist erstaunlich, dass diese ersten österreichischen Filme weibliches sexuelles Begehren so explizit zeigen konnten, sogar weibliche Masturbation – die bis heute tabuisiert und dementsprechend wenig in filmische Arbeiten aufgenommen wurde – blieb nicht ausgespart. Der Film AUF-REGENDE LEKTÜRE (1908/10) zeigt, wie der Titel andeutet, ein vergnügtes Leseerlebnis einer jungen Frau, die sich durch ihr Buch inspiriert und erregt im Bett hin und her wälzt (Abb. 4). Wiederholt greift sie sich in den Schritt, reckt und streckt sich, lacht und verschafft sich selbst – angeregt durch Phantasie und Streicheln – einen Orgasmus. Die Frau strahlt keinerlei Scheu aus, sie scheint mit ihrem Körper vertraut zu sein und ihre Sexualität genießen zu können.

Saturn-Filme brachen in vielerlei Hinsicht mit damaligen sowie heutigen Vorstellungen weiblicher Sexualität und sind damit eine zentrale Quelle, um weibliches Begehren sowie dessen widerständiges Potential beschreiben zu können. Die Darstellerinnen, die aus unterschiedlichen sozialen Milieus stammten, verbanden ihre Nacktheit im Film mit einer selbstbewussten Komik und schufen sich durch den Witz ein Ausdrucksmittel zur Selbstbehauptung. In den Saturn-Filmen bilden die nackten weiblichen Körper einen Gegenpol zu den strengen Moralvorstellungen der k. u. k. Zensurbehörden. Die Schauspielerinnen entbehrten zwar den Schutz der Kleidung, entzogen sich gleichzeitig jedoch der patriarchalen Ordnung der Monarchie und konnten folglich eine selbstbestimmte Rolle bekleiden. Es ist dieses Austesten, Strapazieren oder Überschreiten von Grenzen, das die Filme im historischen Rückblick einzigartig macht. Ein anderer Grund bestand darin, dass die Geschichte Saturns gekennzeichnet war durch ein Wechselspiel von Sichtbarmachen und Verdrängung weiblichen wie männlichen sexuellen Begehrens sowie einer klassenübergreifenden erotischen Selbstdarstellung von Frauen, die durchaus emanzipative Momente in sich barg. Hierdurch wurde auf einer anderen Ebene auch kritisiert, dass solcherlei Bilder durch die monarchistischen Zensurbehörden limitiert oder eliminiert werden sollten, indem diese sie als obszön und pornographisch stigmatisierten.

De facto passierte auch eine räumliche Verdrängung, denn durch den stetigen Druck der Zensurbehörden wurden die Dreharbeiten sehr oft an den Stadtrand gerückt. Die Donau-Auen waren ein wichtiger Drehort für Schwarzer, wo von der Norm Abweichendes, sei es in Form von Sexualität oder politischem Denken, gewissermaßen außerhalb des zensierenden Blicks des Großreichs, koexistieren konnte. Denn ähnlich wie offene Repräsentationen von Sexualität wurde auch widerständiges Denken aus dem Stadtraum weggedrängt. Wie Zeitzeug/innen berichten, waren die Donau-Auen schon damals, vor allem aber in der Zeit des Nationalsozialismus, durch den Schutz der Unsichtbarkeit ein zentraler Ort des Austauschs für Kommunist/innen, Sozialist/innen und Anarchist/innen, die versuchten, das Ideal eines selbstbestimmten Lebens aufrechtzuerhalten (vgl. Botz 1988,

Abb. 5: Hedy Lamarr in »Extase« (1933)

471). Zur NS-Zeit waren die Saturn-Filme jedoch bereits weitgehend in Vergessenheit geraten. Denn nach der Auflösung der Firma in den Jahren 1910/11 begann eine Phase der strategischen Diffamierung dieser Filme, um deren widerspenstige, erotische und die Monarchie belächelnden Inhalte aus dem kulturellen Gedächtnis zu drängen (Achenbach 2009, 101). Aber die repressiven Bestrebungen waren nur temporär fruchtbar, denn zumindest die Filmkultur erinnerte sich an Johann Schwarzers cineastisches Pionier-Werk des emanzipativen erotischen Kinos.

Auch noch Jahrzehnte später hatten die Saturn-Filme, als erste österreichische Filmproduktionen, ästhetischen und politischen Einfluss – auch über die österreichische Filmkultur hinaus. Beispielsweise erinnern Hedy Lamarrs genüssliche Badeszene und die darauffolgende Verfolgungsjagd in Gustav Machatýs Extase (1933) (Abb. 5) an Saturns Diana im Bade (1908/10) oder Eine aufregende Jagd (1908/10) (Abb. 6).

Marlene Dietrich in The Song of Songs (1933) (Abb. 7) – ein Film, der die Erotik eines Kunstwerks kaum besser hätte festhalten können – verweist auf die Grazie und den sexuellen Reiz nackter Frauenkörper in Form von künstlerisch gestalteten Statuen in Lebender Marmor, Der Traum des Künstlers oder Das eitle Stubenmädchen. Das Betrachten des eigenen Körpers im Spiegel und das Entdecken der Lust, die davon ausgeht, wie in Mysterium des Geschlechts (1933), referierten wiederum auf den Saturn-Film Vorbereitung für das Rendezvous (1908/10). So gesehen bildeten österreichische Erotik-Filmkulturen früher Filmjahrzehnte ein eng

Abb. 6: »Eine aufregende Jagd« (1908/10)

gewobenes Netz aus widerspenstigen Bildern und Weiblichkeitsentwürfen, in dem sich so manches Männerherz verfing und bis heute verfängt.

II Die Flappers! Ein widerständiger Frauentypus im Jazz Age

US-amerikanische sowie westeuropäische Filmindustrien experimentierten in den frühen 1910er und 1920er Jahren mit einer Reihe von Frauentypen, die durch ihr sexuell aufgeladenes Auftreten innerhalb der damaligen Gesellschaft Aufsehen erregten. Sie wurden als Vamp, Femme fatale oder auch Flapper bezeichnet und entpuppten sich auch im Weiteren in Literatur, Film und Theater als erfolgsträchtige Publikumsmagneten. Gleichzeitig waren die künstlerischen Produktionen, in denen diese Frauentypen reüssierten, oftmals von Kontroversen und Zensur betroffen, was die Filmindustrie dazu bewegte, verschiedene Strategien zu ersinnen, um diese modernen, selbstbewussten wie widerständigen Frauentypen gesellschafts- und vermarktungsfähig zu machen (vgl. Ross 2001, 409). Eine Strategie bestand darin, den ›It-Girls‹ ein moralisch verwerfliches Gesicht zu verleihen. Mit dem Narrativ der ›lasterhaften Frau‹ oder dem sich auf dem falschen Weg befindlichen Mädchen wurde wirksam Reklame gemacht. Die verheißungsvolle Darstellung des sündhaften Agierens weckte zwar die Neugierde des Publikums, wurde jedoch gesellschaftlich nicht vollends gebilligt, so dass in den Werbetexten die Erzählung von der lasterhaften Frau durch die schlussendliche Läuterung derselben ergänzt wurde (vgl. Jacobs 1991, 6). Eine weitere Strategie machte die Verfehlungen der jungen Damen zum Thema der Komödie und wirkte so den zeitgenössischen geschlechterspezi-

Abb. 7: »The Song of Songs« (1933)

fischen Spannungen mit einer humoristischen Art entgegen. Diese komödiantischen Filme wurden in den 1920er Jahren vorzüglich mit dem jungen weiblichen Typus des Flappers ausgestattet, um so eine Balance zwischen betörender Sexyness und einer humorvollen Darstellung des jugendlichen und oftmals naiven Flappers herzustellen: »Their performances contributed to a successful blending of sexual and social rebellion with girl-next-door innocence in their films, a blend which served to deflect controversy and in the process helped to create a new screen type« (Ross 2001, 410).

In den filmischen Darstellungen wurden diese neuen Leinwandheldinnen von Hollywoodgrößen wie Clara Bow, Joan Crawford und Louise Brooks verkörpert, die von Joshua M. Zeitz als das große Dreigespann Hollywoods bezeichnet werden. Ihm zufolge zogen sie die in die Kinos strömenden Massen in ihren Bann: »[…] Hollywood's great flapper triumvirat fired the imagination of millions of filmgoers with their distinct variations on the New Woman« (Zeitz 2006, 8). Die auf der Leinwand rauchenden, trinkenden und sich um den Verstand tanzenden ›neuen‹ Frauentypen waren jedoch nicht ausschließlich ein Produkt der Illusionsmaschine Filmindustrie. Zudem waren sie Ausdruck einer gesellschaftlichen Entwicklung der Zwischenkriegszeit, die Raum für einen neuen unabhängigen Frauentypus bot. Diese Entwicklung hatte bereits bei Kriegseintritt der Männer in den Ersten Weltkrieg eingesetzt, welcher den Frauen, aufgrund der fehlenden Besetzung der Arbeitsplätze, den Einstieg in die Erwerbstätigkeit erleichterte. Die damit gewonnene finanzielle Unabhängigkeit ermöglichte

es diesen, sich der patriarchal geprägten innerfamiliären Kontrolle sukzessive zu entziehen und gleichzeitig Teil der blühenden Konsumkultur zu werden. Zeitz beschreibt:
> Growing up in an urban environment that afforded Americans opportunities for anonymity and leisure born in the era of mass production and mass reproduction the flapper experimented openly with sex and with style. She redefined romance and courtship in ways that expanded and sometimes unknowingly – contracted her parents. (Zeitz 2006, 9)

Nicht nur Selbstbewusstsein, sondern auch Aussehen dieser neuen Frauen veränderten sich schlagartig und brachen mit dem vorhergehenden Modediktat. Wo kurz zuvor noch Korsette die Taille zusammengeschnürt und den Busen nach oben gedrückt hatten, ging nun der gewisse Garçonne-Stil der Flapper ins Gegenteil über: Der Busen wurde umwickelt und damit abgeflacht, die Taille rutschte hüftabwärts. Schneider und Designer griffen das Bedürfnis und den Trend auf, die Kleidungsstücke so zu konzipieren, dass sie bei schweißtreibenden Tänzen wie dem Charleston und Shimmy mehr Bewegungsfreiheit ermöglichten. Als Körperteile, die Begierde wecken, galten nun die entblößten Arme und Beine, die sich nach Kelly Boyer Sagert in ständiger Bewegung befanden (Sagert 2010, 2). »Das Wichtigste«, schrieb Alfred Polgar 1926 in der Illustrierten *Die Dame*, seien die Beine gewesen, »das eigentlich lebenswichtige Organ der Girls, der gliederreiche, in vielen zarten Scharnieren bewegliche Sendeapparat, der erregende Wellen in den Zuschauerraum schickt« (Polgart 1926, 2). Die Beine bewegten sich zu den Klängen des Jazz, der seit 1917 enorm an Popularität gewonnen hatte und in US-amerikanische und wenig später auch europäische Großstädte und Clubs einzog. So wurde Schwarze Musik endlich auch für konservative weiße Kreise gesellschaftsfähig. Josephine Baker trug mit ihren extraordinären Revuen ihren Teil zur Popularität des Jazz und modernen Tanzes bei und amüsierte mit ihren ausgefallenen Bewegungen die feine Gesellschaft (Abb. 8), wobei Judith Mackrell zufolge das kollektive »jazzing« nicht nur Amüsement war, sondern auch »[…] an emblematic role in the story of women's liberation« spielte.[5] Die neu entwickelten Tanzstile wie der Charleston, der Shimmy, der Bunny Hug und auch der Black Bottom waren das Markenzeichen der Flapper und standen für die Ablehnung traditioneller Standards. Laut Mackrell waren sie das Symbol für eine neu aufkeimende Freiheit, die mit dazu beitrug, dass die Kultur des Viktorianismus mehr und mehr an Einfluss verlor.

So wie getanzt wurde, boten sich die Flapper auch im Film dar: »Die

---

5 Judith Mackrell 2013: When flappers ruled the Earth: How dance helped women's liberation, https://www.theguardian.com/stage/2013/apr/29/dance-womens-liberation-flappers-1920s (Stand: 15.5.2018).

Abb. 8: Die Tänzerin Josephine Baker war stilbildend für die junge Flapper-Generation

Flappers rennen, hüpfen und werfen sich bäuchlings aufs Sofa oder auf den Schreibtisch des Angebeteten« (Fendel 2007, 98). Je zügelloser und wilder die Mädchen auf der Leinwand agierten, desto stärker wurde die Narration parallel aber auch mit einer moralischen Komponente durchsetzt. John Francis Dillons Film THE PERFECT FLAPPER (1924) beispielsweise erzählt die Geschichte der eigentlich konservativen Tommie Lou (gespielt von dem Vorzeigeflapper Colleen Moore, Abb. 9), die sich auf einem selbstorganisierten Kostümfest betrinkt und im örtlichen Wirtshaus in angetrunkenem Zustand mit ihrem Schwager die berühmte Balkonszene aus *Romeo und Julia* nachspielt – und damit einen handfesten Skandal hervorruft. Um die Anspannung wieder zu lockern, schlägt Tommie vor, der ältere Familienanwalt Reed Andrews solle vortäuschen, ihr Angetrauter zu sein. Tommie, selbst verliebt in den Anwalt, hofft, ihn mit ihrem ›flapperhaften‹ Wesen für sich gewinnen zu können. Doch dieser ist eher abgeschreckt von ihrer frivolen und exzentrischen Art. Nachdem er jedoch herausfindet, dass Tommie im Grunde ihres Herzens doch ein gutmütiges und züchtiges Mädchen ist, verliebt auch er sich in sie und stimmt zu, sie zu ehelichen. Nach der Kette von Ausschreitungen, die mit dem Trinken ihren Anfang genommen hatten, verspricht Tommie schließlich ihrer Tante, sie werde nach der Hochzeit mit Reed Andrews ganz auf Schminke und Jazzmusik verzichten. Auch die Synopsis im Presseheft für THE PERFECT FLAPPER stellt die moralische Läuterung Tommies voran: »So after lots of

Abb. 9 (l): Der Film »Flaming Youth« brachte Colleen Moore auf ein neues Erfolgslevel.
Abb. 10 (r): Clara Bow und Alice Joyce; »Dancing Mothers« (1926)

adventures and misunderstandings, explanations are made and ›the Perfect Flapper‹ becomes a perfect wife« (zitiert n. Ross 2001, 413).

Ähnlich verhält es sich in dem erfolgreichen und von Kontroversen begleiteten Film FLAMING YOUTH (1923) in der Regie von John Francis Dillon. Er inszeniert die Geschichte eines Upper-Class Mädchens (wieder gespielt von Colleen Moore), welches sich nach wilden Trink- und Jazz-Partys verzehrt und sich in diesem Treiben in den älteren Freund ihrer verstorbenen Mutter, Cary Scott, verliebt. Nachdem dieser aus beruflichen Gründen nach Paris zurückkehren musste, amüsiert sich Pat mit einem vergnügungslustigen Musiker. Als dieser versucht, sie auf seiner Yacht zu verführen, gelingt es ihr im allerletzten Moment, vom Schiff aus in die dunklen Fluten zu springen. Gerettet und wieder vereint mit ihrer wahren Liebe Cary Scott legt auch sie ihr Flapper-Dasein ab und fügt sich in das konservative Leben ein.

Der etwas später gedrehte und nicht minder fulminante Film DANCING MOTHERS (1925/26) von Herbert Brenon befasst sich mit diversen Weiblichkeitsmustern, die an unterschiedliche Generationen gekoppelt sind, die hier aufeinandertreffen und nicht zuletzt in Konkurrenz zueinander stehen. Der Film zeigt Clara Bow als hibbeliges Flapper-Girl namens Kittens, das sich heimlich in die Wohnung ihres Angebeteten (Conway Tearle) schleicht, der – ähnlich wie bei den eben beschriebenen Filmen – dreimal so alt wie sie selbst zu sein scheint. Doch nicht Kittens erobert den Mann ihres Begehrens, sondern ihre Mutter Ethel (Alice Joyce), eine gänzlich ›unflapperhafte‹ Dame in fortgeschrittenem Alter (Abb. 10). Die eifersüchtige Tochter petzt das heimliche Begehren ihrer Mutter ihrem Vater. Trotz ihrer Entrüstung über ihr unstandesgemäßes Verhalten legen sich Vater und Tochter im Weiteren ins Zeug, um die ›verlorene‹ Mutter zurückzugewinnen. Doch Ethel folgt keineswegs den versöhnlichen Worten ihrer Familie, sondern lieber ihrem Geliebten nach Europa. In diesem Filmbeispiel verliert der Flapper das Liebesgerangel und an seiner Stelle kann sein Gegenentwurf das gemeinsame Objekt der Begierde für sich gewinnen. Repräsentativ für generationale Unterschiede im Frauenbild der Zeit dienen in diesen Filmen Mutter-Töchter-Beziehungen als Narrationsgrundlage, um die konservativen Rollenzuschreibungen zu problematisieren.

Wie in den anderen Beispielen wird auch hier deutlich gemacht, dass sich das Flapper-Dasein für die jeweilige Dame letztlich nachteilig auswirkt und insgesamt nicht zum gewünschten Ziel führt. In allen besprochenen Filmbeispielen wurden narrative Strategien erdacht, die das anfängliche, moralisch verwerfliche Verhalten der Flapper schlussendlich in eine gesellschaftlich anerkannte Richtung lenken. Die meisten der Filme enden mit dem Verzicht der Flapper auf den von ihnen zelebrierten, experimentellen und modernen Lebensstil, um einen konventionellen Mann zu heiraten und dementsprechend sesshaft zu werden. Auf diese Weise offenbart die filmische Figur des Flappers die gesellschaftliche Doppelmoral einer Zeitperiode, die, obwohl im emanzipativen Progress befindlich, nach wie vor in althergebrachten Konventionen verhaftet blieb und die selbstbestimmte Frau als zu bedrohlich abtat, so dass sie in den filmischen Erzählungen letztlich immer wieder in ihre Grenzen verwiesen werden musste.

III Homosexualität und Crossdressing in deutschsprachigen Spielfilmen um 1900 bis in die 1950er Jahre
Frühe Filme über schwule Männlichkeit reagierten auf eine jahrhundertealte Repressionsgeschichte, die diese Begehrens-, Liebes- und Identitätsform mit Sodomie und ›Bestialischem‹ konnotiert und auf die Notwendigkeit einer ›Heilung‹ von dieser angeblichen Anomalie gedrängt hatte. Der heutige Begriff »Homosexualität« ist auch ein Produkt moderner Wissenschaften, eine wissenschaftliche Kategorie, die sich in der zweiten Hälfte des 19. Jahrhunderts manifestierte und ihn mit Vokabeln wie Devianz, Regression, Abartigkeit und Kriminalität assoziierte.[6] Im Jahr 1871 wurde homosexuelle Liebe zwischen Männern durch Einführung und Inkrafttreten des deutschen Paragraphen 175 des Strafgesetzbuchs verboten. Dies ermöglichte die Denunziation von Mitmenschen, wie auch im Spielfilm ANDERS

---

6 Im Kontrast hierzu fungiert »Homosexualität« in den Lesbian and Gay Studies, die sich in den letzten drei Jahrzehnten aus den Gender Studies herausentwickelten, als kritische Analysekategorie. Ausgehend von der Unterscheidung des biologischen Geschlechts (sex) und der sozial konstruierten Geschlechtsidentität (gender) ließen sich die verschiedenen Codierungen des Geschlechtlichen, ihr spielerisches Infragestellen und Negativstigmatisierungen untersuchen.

Abb. 11: Thomas A. Edisons Kinetophone-Projekt »The Dickson Experimental Sound Film« (1894)

ALS DIE ANDEREN von 1919 verhandelt wird. Parallel zur Verwissenschaftlichung von »Homosexualität« entstand die emanzipatorische Schwulenbewegung, als deren Hauptagitator Magnus Hirschfeld anzusehen ist. Mit der Gründung des Instituts für Sexualwissenschaft (1919–1933) versuchte Hirschfeld das Phänomen Homosexualität von Vokabeln wie ›krankhafte Entartung‹ zu entkoppeln. In einer positiven Umcodierung betrachtete er es vielmehr als »angeborene Spielart der Natur«. In seinem Buch *Berlins drittes Geschlecht* (1904), in dem er soziale Räume in Berlin beschreibt, in denen Homosexualität offener gelebt werden konnte, charakterisierte er dieselbe als biologische Varianz, die es zu liberalisieren gelte. Sie sei etwas »Drittes«, das zum männlichen und weiblichen Geschlecht hinzutrete und das soziale Verhalten von Menschen bestimme. In *Geschlechtsübergänge: Mischungen männlicher und weiblicher Geschlechtscharaktere (sexuelle Zwischenstufen)* (1905) weist der Sexualforscher jedem Menschen Anteile an weiblichen und männlichen Geschlechtlichkeiten, viriler Feminität und femininer Maskulinität zu.

Im nationalsozialistisch geprägten deutschen Sprachraum der 1930er und 1940er Jahre wurde die kurze Phase einer auch positiven Rezeption beendet; hier galt Homosexualität als eine zu verfolgende verbrecherische ›Entartung‹. Dies spiegelt sich im Film ANDERS ALS DU UND ICH (§ 175)/ DAS DRITTE GESCHLECHT (1957) des NS-Regisseurs und Propagandafilmemachers Veit Harlan (JUD SÜSS und KOLBERG), der die Repressionen und Feindseligkeiten gegenüber Homosexuellen, die in den 1940er Jahren zu

Abb. 12, 13: »Anders als die Anderen« (1919)

ihrer systematischen und staatlich angeordneten Ermordung führten, beinahe ungebrochen fortführt. Trotz der Interventionen Hirschfelds und anderer aufgeklärter Sexualforscher um die vorletzte Jahrhundertwende fußten therapeutische Eingriffe noch bis tief ins 20. Jahrhundert hinein auf (gewaltsamen) Behandlungsvorschlägen wie Hypnose, elektrischen Aversionstherapien oder Lobotomie.

Die Filmgeschichte kennt die Darstellung männlicher Homosexualität seit Erfindung laufender Bilder, wie Thomas A. Edisons Kinetophone-Projekt THE DICKSON EXPERIMENTAL SOUND FILM aus dem Jahr 1894 zeigt, in dem sich zwei Männer zu Geigenmusik im Tanz eng umeinander drehen (Abb. 11). In den 1910er und 1920er Jahren folgte eine Filmphase, in der Crossdressing im Film groß geschrieben und ›mann-männliche‹ Liebe durchaus phantasievoll inszeniert wurde (Köhne 2006). Vorbilder für das verführerische und zugleich verunsichernde Spiel mit den Geschlechterrollen waren Schauspielikonen wie Asta Nielsen und Pola Negri in ihren ›Hosenrollen‹ in den 1910er Jahren, Louise Brooks in den 1920er Jahren (Moser/Krenn 2006) sowie Marlene Dietrich in MAROCCO, DER BLAUE ENGEL und BLONDE VENUS Anfang der 1930er Jahre – in diesen Filmen klang auch das weibliche Homosexualitätssujet an. Dies korrespondierte wiederum mit grenzüberschreitenden Theaterformen an den Fronten und in Kriegsgefangenenlagern des Ersten Weltkriegs, zu deren festem Bestandteil die Verkörperung weiblicher Diven durch männliche Soldaten, so genannte »Damenimitation«, sowie Crossdressing-Praktiken gehörten (Köhne/Lange 2014).

ANDERS ALS DIE ANDEREN (1919) von Richard Oswald ist der erste Film, in dem ausdrücklich auf Homosexualität verwiesen wird – Hirschfeld fungierte als Co-Autor des Drehbuchs und plädierte hierin für die Sicht, Homosexuelle seien an ihrem »angeborenen Schicksal« unschuldig. Zudem sprach er sich für die Abschaffung des Paragraphen 175 aus, der für schwule

 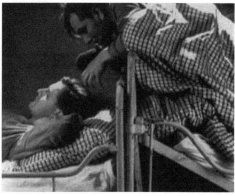

Abb. 14 (l): »Michael« (1924), Abb. 15 (r): »Geschlecht in Fesseln« (1928)

Männer eine Gefängnisstrafe von bis zu fünf Jahren vorsah.[7] In ihm geht es um die Liebe zwischen einem Violinvirtuosen (Conrad Veidt) und seinem begabten Schüler und Bewunderer (Fritz Schulz) (Abb. 12, 13). Der Musiklehrer wird jedoch von einem Mitwisser erpresst und schließlich denunziert, diskriminiert, kriminalisiert und infolge aus dem Berufs- und Gesellschaftsleben ausgeschlossen, was ihn in den Suizid treibt. Von Oswald als »sozialhygienisches Filmwerk« bezeichnet bildet der Film den Auftakt zu Dutzenden von Aufklärungsfilmen der 1920er Jahre, die sich politisch mit dem Thema Homosexualität auseinandersetzen.

Der Erste Weltkrieg hatte bewirkt, dass die Filmzensur für eine kurze Zeit gelockert wurde. Nach ihrer Wiedereinführung im Jahr 1920 entwickelte sich eine besondere Filmsprache der feinen Andeutungen und Anspielungen und zugleich ausgesparten Gesten. Diese zeichenhaften Momente homosexuellen Begehrens, die anstatt von expliziten körperlichen Akten gezeigt wurden, wirken im Vergleich zu späteren, wesentlich offeneren Sichtbarkeitsverhältnissen eher verhalten, bedeuteten aber ebenso viel. Eine zarte Berührung der Hände oder ein Kuss war – was die homosexuelle Implikation angeht – für die jeweilige Filmdramaturgie nicht minder verführerisch oder auch konfliktstiftend.

Der Film MICHAEL (1924) des dänischen Regisseurs Carl Theodor Dreyer spielt im Künstlermilieu und handelt von der unsterblichen Liebe des älteren Meisters Claude Zoret zu seinem jungen Musen-Modell Eugène Michael (Abb. 14), der sich tragischerweise jedoch zur Fürstin Zamikow hingezogen fühlt. Ab 1934 machte im US-amerikanischen Filmraum der Hays Code (1934–1967) offenen Darstellungsweisen und damit den bis dato offenkundig flamboyant repräsentierten ›Sissies‹ einen Strich durch

---

7   Aus der einzig erhalten gebliebenen und vom Original abweichenden Kurzfassung GESETZ DER LIEBE – SCHULDLOS GEÄCHTET von 1927 (Teil eines Episodenfilms von Hirschfeld) wurde eine 51-minütige digitale Neufassung erstellt.

Abb. 16–18: »Un Chant d'amour – Ein Liebeslied« (1950)

die Rechnung. In dieser Zeit war es nur über den Umweg von Subtilität möglich, Andersartigkeit von Liebesformen anzudeuten, wie meisterlich in SOME LIKE IT HOT von 1959 vorgeführt.

Eine Gruppe Sexualforscher verwissenschaftlichte Mitte der 1920er Jahre das Thema sexuelle Not in deutschen Gefängnissen – unter anderem Franz Höllering und Karl Plättner, zu dessen Buch *Eros im Zuchthaus. Eine Beleuchtung der Geschlechtsnot der Gefangenen* (1929) Hirschfeld das Vorwort beisteuerte. Auch der bildgewaltige und in eindringlichen Bildern erzählte GESCHLECHT IN FESSELN (1928) von Wilhelm Dieterle kritisierte, dass es damals keine detaillierte Regelung für das Ausleben von Sexualität während des Strafvollzugs gab. Die Frage des ›Geschlechtstriebs‹ und der sinnlichen Sehnsucht wurde den autoerotischen Fingerfertigkeiten der Gefangenen und ihren erotischen Tagträumen überlassen (Abb. 15). Der Film greift diesen Missstand des reformbedürftigen Strafvollzugssystems auf und erzählt, welch unterschiedliche Wege fiktionale Gefangene während ihrer Internierung finden, um mit dem sexuellen Entzug umzugehen. Die Entkoppelung von Geschlechts- und Fortpflanzungstrieb grundsätzlich bejahend, reichen die Varianten von Fetischismus und Fingerspielen mit aus Brot geformten nackten Frauenkörpern, Onanie und ›Nothomosexualität‹ bis hin zu einem Selbstentmannungsversuch und Suizid. Unter Bezugnahme auf den Menschenrechtsbegriff wirbt der Film dafür, Ehepartnern solle regelmäßig privater Raum für sexuelle Aktivitäten zugestanden werden. Der Freitod des zentral gestellten Ehepaars am Ende des Films, dessen Ehe die Zeit der Gefangenschaft des Gatten nicht unbeschadet überstanden hat, ist hier mahnendes Beispiel. Die politischen Implikationen in GESCHLECHT IN FESSELN

Abb. 19: »Viktor und Viktoria« (1933)

wurden damals als so bedrohlich wahrgenommen, dass der Film ein Jahr nach seiner Uraufführung wegen »Unsittlichkeit« und der »Gefährdung der Ordnung« verboten werden sollte. Letztlich wurde er wegen seiner »Menschlichkeit« und seines »Taktgefühls«, das der Film bei aller dargestellten Ekstase wahre, aber dennoch freigegeben (Gallwitz 2000, 154–165).

Der poetisch-experimentelle, von der Zensur verfolgte Stummfilm UN CHANT D'AMOUR – EIN LIEBESLIED (1950) des französischen Schriftstellers Jean Genet widmet sich offenherzig und ausgiebig der Darstellung homosexueller Leidenschaft im Gefängnis, wobei Genet jahrelang eigene Gefängniserfahrungen verarbeitete. In kraftvollen und symbolgeladenen Bildern wird neben der sexuellen Frustration der Insassen die Liebe eines älteren Gefangenen zu seinem jüngeren Zellennachbarn erzählt. Die trennende Wand versucht der Ältere mittels eines durch eine Maueröffnung gesteckten Strohhalms, durch den sich liebevoll Zigarettenrauch austauschen lässt, mittels Klopfzeichen und Küssen sowie erotischen Phantasien zu durchbrechen (Abb. 16–18). Auf symbolischer Ebene scheint die Wand – proportional zur Steigerung der sexuellen Aktivitäten der beiden – immer poröser und durchlässiger für die sexuellen Botschaften zu werden. UN CHANT D'AMOUR ist weniger ein Film über die (Un-)Möglichkeit der Befriedigung sexueller Begierden, denn eine Erzählung über eine bis zum Limit gesteigerte Sinnlichkeit und ein ungebrochenes, nicht zerstörbares Verlangen nach Liebe – trotz einer Erfüllung verhindernden trennenden Zellenwand (vgl. Vogel 1979, 238).

Während filmische Repräsentationen männlicher Homosexualität zumeist der heterosexuellen Norm entgegenstehen und gegen einen gesellschaftlich-repressiven Umgang mit ihr angehen, greifen Crossdressing-Bilder das ästhetische Spiel mit den Geschlechterrollen und Zeichensystemen auf, das sich in gegengeschlechtlicher Kleidung ausdrückt. Wie tief die zunächst nur an der Oberfläche sichtbare Transformation im jeweiligen Filmbeispiel geht, hängt davon ab, ob bei den Wanderungen zwischen den Geschlechtern tatsächlich Geschlechtskategorien aufgebrochen werden oder nicht. Werden die Identitätsfunktionen infrage gestellt und als soziale Mythen entlarvt? Oder handelt es sich nur um ein kosmetisches Spiel mit Geschlechterklischees? So enthält das Lustspiel mit Gesangseinlagen VIKTOR UND VIKTORIA von 1933, bei dem Reinhold Schünzel Regie führte – eine Variation von Brendon Thomas' Verwechslungskomödie CHARLEYS TANTE [CHARLY'S AUNT] von 1892 –, zwar ernsthafte und parodistisch-komödiantische Elemente, durch den temporären Rollentausch, den Gender Switch, werden die Identitätskonstruktionen letztendlich aber nicht angetastet. VIKTOR UND VIKTORIA handelt von dem wenig begabten Damenimitator Viktor Hempel (Hermann Thimig) und seiner Schauspielkollegin Susanne Lohr (Renate Müller). Das Verwirrspiel beginnt, als Susanne die Rolle Viktors übernimmt und das vorgetäuschte Spiel der Travestie besser beherrscht als ihr männlicher Kollege (Abb. 19). Als Frau, die einen Mann spielt, der eine Frau imitiert, täuscht sie das Publikum gleich auf zweifache Weise: über ihr ›wahres Geschlecht‹ und die Echtheit des Travestieakts. Die entgrenzenden Qualitäten des transvestitischen Spiels verpuffen aber gänzlich im harmlosen letzten Bild, das ein tanzendes und singendes heterosexuelles Quartett zeigt. Auch in der gleichnamigen Neuverfilmung von Karl Anton aus dem Jahr 1957 stellt ein Re-Dressing-Moment – das Abnehmen der Frauenperücke und das Aussteigen aus den High Heels – die herrschende Geschlechterideologie am Ende vollständig wieder her. Das Verwirrspiel entsprach keiner ernsthaften Grenzüberschreitung, sondern letztlich einer die männliche Kulturnorm stabilisierenden Aktion.[8] Das Prinzip der Heteronormativität wird durch den nur temporären spielerisch-lustvollen Travestieakt im Endeffekt gestärkt.

In den im Folgenden beschriebenen Filmen über weibliche Homosexualität hingegen wird die Frage nach dem sexuellen Begehren und der Geschlechtsidentität – ähnlich wie in den meisten der oben genannten Filme über männliche Homosexualität – als Notwendigkeit dargestellt.

Die Repräsentation von Lesbierinnen in frühen Filmen unterscheidet sich grundlegend von der soziokulturellen Portraitierung und Stigmatisierung von Schwulen im Film. Weibliche Homosexualität wurde weniger als ›Wesensmerkmal‹ denn als oberflächliche Verirrung dargestellt.

---

8   Gilbert und Gubar bestätigen dies auch für die erzählende Literatur des 19. Jahrhunderts (Gilbert/Gubar 1989, 324–376).

Diese Differenz beruht einerseits auf der Vorstellung, es handele sich bei lesbischem Begehren und seinen Praktiken um eine weniger gut fassbare Form der ›Abweichung‹. So verbot der deutsche Paragraph 175 nur das liebende Zusammentreffen zwischen Männern, nicht aber das Ausleben körperlicher Liebe zwischen Frauen. Diese fehlende Vorstellbarkeit und Greifbarkeit lesbischer Liebe hängt sicherlich auch mit einer mangelhaften Codierung weiblicher Libido und Sexualität in der Kultur- und Wissenschaftsgeschichte zusammen.⁹

Abb. 20: »Mädchen in Uniform« von 1931

Der Spielfilm MÄDCHEN IN UNIFORM von 1931 von Leontine Sagan, nach einer Buchvorlage von Christa Winsloe, ist ausschließlich weiblich besetzt. Er erzählt von der leidenschaftlichen Liebe zwischen der Schülerin Manuela von Meinhardis (Hertha Thiele) und ihrer Lehrerin Fräulein Elisabeth von Bernburg (Dorothea Wieck) in einem preußischen, gänzlich eingeschlechtlich geführten Mädcheninternat. Der Film gilt als Prototyp der Repräsentation weiblicher Homosexualität im Film (White 1999, 17–21) und als *der* soziopolitisch relevante und emanzipatorische ›Lesbenfilm‹ dieser Zeit. Nahm die damalige Kritik wenig Bezug auf die erotische Spannung zwischen den beiden Protagonistinnen, so wurde der Film in den 1970er Jahren wiederentdeckt und in den Folgejahrzehnten von einem feministischen und auch einem lesbischen Publikum rezipiert. Auch wenn im Film Liebe unter Frauen nicht explizit formuliert werden durfte, so wird die weibliche Homosexualität durch die Inszenierungsweise und die Schauspielkunst der Protagonistinnen doch offenkundig.

Im Potsdamer Mädcheninternat angekommen verliebt sich die mutterlose Meinhardis in ihre Erzieherin, Fräulein von Bernburg, die wegen ihrer menschlichen Wärme von allen Mädchen verehrt wird. Die Lehrerin erwidert ihre Liebe, und es kommt zu verfänglichen Szenen zwischen den beiden (Abb. 20). Die filmische Narration lässt verschiedene Deutungsvarianten zu. Ist die amouröse Konstellation einerseits zurückzuführen auf

---

9 Paradigmatisch hierfür kann die ›theoretische Blindheit‹ Sigmund Freuds angesehen werden. Neben anderen verleugnete der Psychoanalytiker das Existieren weiblicher Sexualität und eines weiblichen Begehrens. Seit den 1970er Jahren hat der dekonstruktive Feminismus die Zentrierung auf das Phallische unter dem Stichwort des Phallogozentristischen kritisiert.

die sexuelle Unerfahrenheit der vierzehnjährigen Schülerin und ihre noch nicht klar ausgerichtete, erst erwachende Sexualität, so ist sie andererseits lesbar als naheliegende lesbische Zuneigung in einer strengen Welt ohne Raum für Zärtlichkeiten, in der Männer als potentielle Liebespartner gar nicht zugelassen sind. Es ist aber auch möglich, die Verbindung als beidseitige und wahrhafte Liebe zwischen einem pubertierenden Mädchen und einer erwachsenen Frau zu betrachten. Die Bezeugungen der übermäßigen Zuneigung und die unstatthaften Liebkosungen bleiben aber nicht im Verborgenen und auch nicht ungestraft. Meinhardis soll durch eine »separate Aufbewahrung« von ihrer übersteigerten sündigen Liebe »geheilt« werden. Die Aussicht auf eine erfüllte gleichgeschlechtliche Liebe wird am Ende des Films aber durch das Mittel der Repression und Abwertung des Lesbischen vereitelt. Es existieren zwei verschiedene Versionen des Endes. Keine von beiden setzt den Triumph der Liebenden in Szene. Die eine Version endet mit dem Selbstmord Meinhardis, in der anderen wird sie im letzten Moment davon abgehalten, sich das Leben zu nehmen; der Ausgang des Liebesdramas bleibt offen.

Das gleichnamige Remake MÄDCHEN IN UNIFORM der Regisseurin Géza von Radványi von 1958 endet ebenfalls mit dem verhinderten Suizidversuch der Schülerin (Romy Schneider). In dieser Verfilmung scheint Fräulein von Bernburg die Liebe der Jüngeren weniger stark zu erwidern als im Film von 1931, der insgesamt mit offeneren Bildern arbeitet und sexuell eindeutige Gesten zulässt. In der hierarchisch strukturierten Frauenbeziehung steht die lesbische Verführung jedoch immer unter dem Zeichen der ersehnten Mutterliebe der Meinhardis, dem daraus erwachsenden Verlangen nach einer tieferen freundschaftlichen Begegnung mit einer Autoritätsperson und dem grundsätzlichen beidseitigen Bedürfnis nach körperlichen Berührungen. Die homosexuelle Liebe steht also nicht für sich, sondern wird kausal begründet. So sind die Gesten des Lesbischen auf versunkene Blicke, einen (Luft-)Kuss, eine innige Umarmung, liebevolle Unterhaltungen und das Schenken eines Unterhemds beschränkt. Nicht zufällig findet das Eröffnen von Meinhardis' unbotmäßig gesteigerter Zuneigung zur Lehrerin im Romeo-Kostüm statt. Durch das Crossdressing wird die Szene ins Theatral-Fiktive enthoben. Gleichzeitig wird die Ernsthaftigkeit des sexuellen Angebots auf repräsentationaler Ebene verstärkt, indem Meinhardis der jugendlich und sommerlich gekleideten Angebeteten hinsichtlich des Rollen- und Kleidercodes »als verliebter, fordernder Mann« gegenübertritt. Doch die stürmisch Liebende wird zurückgewiesen, denn die Erzieherin will Meinhardis im weiteren Internatsleben »nicht mehr länger im Wege stehen«.

Liebe unter Frauen wird auch im weitaus weniger bekannten ANNA UND ELISABETH (1933, R: Frank Wysbar) inszeniert, der mit den gleichen Hauptdarstellerinnen wie im ersten MÄDCHEN IN UNIFORM-Film, Doro-

Abb. 21: »Anna und Elisabeth« (1933)

thea Wieck und Hertha Thiele, besetzt ist. Diesmal ist es die durch tiefe Mystik und Religiosität geprägte Ältere, die wieder Elisabeth heißt, die verzweifelt das jüngere Bauernmädchen Anna begehrt, welche als Wunderheilerin gilt (Abb. 21). Elisabeth verausgabt sich in ihrer bewundernden Liebe für Anna. Die Momente lesbischen Glücks – die leuchtenden Augen, die inniglichen Umarmungen, das Händehalten, die anzüglichen Dialoge und das Abweisen werbender Männer – halten im Film aber nur für Augenblicke. Wegen Nichterfüllung ihres gleichgeschlechtlichen Begehrens wählt Elisabeth schließlich den Freitod, um die Scham über ihr »unbewusstes erotisches Verlangen [zu] sühnen« (Gramann/ Schlüpmann 1981, 88–93).

Ähnlich wie in Filmen über männliche Homosexualität funktionierte die Darstellung weiblicher Homosexualität über den Wechsel von Faszination und Tragik, wobei es generell eine Scheu gab, schwule und lesbische Sexualität direkt zu benennen. Neugier und Furcht greifen in den Filmen ineinander und produzieren einen Zustand individueller Dissidenz, der dramatische innere und äußere Konflikte auslöst (Seeßlen 1996, 225). In den Filmen wird die gesellschaftliche Normativität am Ende regelmäßig aber wiederhergestellt: durch den Tod der Figuren selbst oder den ihrer ›andersartigen‹ Liebe. Entweder bringt das vergeblich homosexuell liebende Individuum sich um beziehungsweise stirbt; homosexuelle Liebe schien nicht anders als ein Machtverhältnis mit tragischem, meist sogar letalem Ausgang darstellbar zu sein. Oder es kehrt – nach Verlassen des temporären Transgressionsstadiums – zurück zum Heterogeschlechtlichen. In keinem dieser frühen Filmbeispiele ist der Zustand der erotischen Übertretung von

Dauer. Die Gründe hierfür verorten die Filmerzählungen einerseits in konkreten Strafen oder im übermäßigen gesellschaftlichen Druck, andererseits in der Internalisierung desselben durch die homosexuell Liebenden. Der Traum von der Erfüllung und Lebbarkeit gleichgeschlechtlicher Liebe wird als unversöhnlich mit einem repressiv reagierenden Außen dargestellt. Einzig in UN CHANT D'AMOUR, in dem die die Liebenden trennenden Mauern am unüberwindlichsten scheinen, ermöglicht die unwirkliche Welt des Gefängnisses eine Fortdauer der Phantasien homosexueller Verschmelzung. Das Ende der gleichgeschlechtlichen Liebesgeschichte markiert aber nicht immer das Ende des Kampfes für die Freiheit Homosexueller, wie ANDERS ALS DIE ANDEREN zeigt. Auch bedeutet die Wiederherstellung starrer Geschlechtskonzepte – nach ihrer Störung durch Crossdressing – nicht, dass die identitäre Beweglichkeit der Zuschauenden und die Bewegung in den Geschlechterordnungen aufgegeben werden sollen.

IV Postkoloniale afrikanische Filmkunst seit den 1960er Jahren
Seit den 1960er Jahren eröffnen postkoloniale Ansätze Debatten, die die Kontextbezogenheit widerständigen Potentials von Sexualität und ihrer Darstellung angesichts globaler Machtverhältnisse ins Zentrum rücken. Die jahrhundertelange Geschichte von Sklaverei und Kolonialismus hat sich nicht nur in ökonomischen und politischen Abhängigkeiten, sondern auch in der Konstruktion von Sexualitäten und Genderidentitäten manifestiert, wobei – wie das »post« in postkolonial betont – ihre Nachwirkungen auch weiterhin aktuelle Diskurssettings und deren Transformationen prägen. Aus diesem Grund mahnt R. W. Connell daran, Geschlechteridentitäten global zu denken: »Imperialism was, from the start, a gendered process« (Connell 2007, 263 f.), wobei es sich bei den ausführenden Organen selbst stets um gegenderte Institutionen gehandelt habe. Die ›globalization of gender‹ sei jedoch schwer zu erfassen, da sie »counterintuitive« sei. Ann Laura Stoler verdeutlicht, dass die westliche Bourgeoisie ihre Hegemonie und Privilegien vor allem mit Hilfe ihrer »technologies of sexuality« durchgesetzt habe (Stoler 1995, 83). Wie die Etablierung eines westlichen Modernitätskonzepts, das sich erst durch die Interaktion mit den Kolonien konstituierte, über die Normierung und Aushandlung von Sexualität geformt wurde, wird in Antoinette Burtons Sammelband *Gender, Sexuality, and Colonial Modernities* (1999) untersucht.

Individuell gelebte wie auch kollektiv repräsentierte Sexualität ist stets beeinflusst von Genderidentitäten, die wiederum in sozioökonomische Machtgefüge eingebettet sind. Sexualität wird dabei auf eine Weise verinnerlicht, die Konturen und Sichtbarkeit ihrer Konstruktion verschwimmen lässt. In einem Machtgefüge das von ›asymmetrischer Gewalt‹ (Aleida Assmann 2006, 7) gekennzeichnet ist, wie es imperialistische Unternehmungen darstellen, wird die sich der Artikulierbarkeit entziehende Wirkungsweise von Sexualität besonders eklatant. Kolonialismus und Sklaverei wurden unter anderem dadurch charakterisiert, dass die jeweiligen Grenzen des Sagbaren niedergerissen wurden, was oftmals zu Schweigen (vgl. Depelchin, 3 f.), dem Auslassen von Artikulation oder aber *mimicry* (Bhabha 1994, 85 f.) als einzig möglichem widerständigen Moment führte, um der Preisgabe von Informationen zu entgehen und sich der Analysierbarkeit zu entziehen. Diese Konstellation, bei der sich die Artikulations- und somit Definitionsmacht auf Seiten der Unterdrücker konzentrierte, die die ›Anderen‹ entweder als sexuell minderbemittelt oder gefährlich darstellten (Schick 1999), fiel historisch mit der Geburt des reproduzierbaren Bilds zusammen, wodurch der visuellen Repräsentation bei der Verbreitung und Manifestation neuer Normen fortan eine zentrale Rolle zukam. Die Darstellung kolonisierten Begehrens wurde damit in einen kulturellen Kanon eingespeist, der unmittelbar mit der Unterwerfung unter Interessen des kolonialen Vorhabens paktierte (Schick 1999). In Form eines postkolonialen *re-readings* von Michel Foucaults Werk *The History of Sexuality* (1984 [1976–1984]) zeigt Stoler, wie Sexualität auch und gerade im kolonialen Kontext nicht in erster Linie unterdrückt, sondern als Mittel der Macht konstruiert und angewendet wurde (Stoler 1995, 3ff).

Unter den verschiedenen Formen der Kulturproduktion war die Filmindustrie diejenige, bei der ökonomische Abhängigkeiten aufgrund der aufwendigen Produktionsbedingungen besonders schwer zum Tragen kamen. Während der Import von Produktionsmitteln zur Filmherstellung sogenannter Entwicklungsländer traditionell ein großes Hemmnis darstellte, verbreiteten sich Konventionen des filmischen Sehens und entsprechende *audience expectations* durch die sich in alle Ecken der Welt ausbreitende kommerzielle Kinoindustrie rasant.[10] Allen voran Holly- und Bollywood fanden beispielsweise seit den 1920er Jahren Absatzmärkte, nicht zuletzt auf dem afrikanischen Kontinent, und prägten, was im kolonialen Jargon als ›audiovisual literacy‹ bezeichnet wurde. Zugleich wurden durch diese Filme konstituierte Konzepte von Romantik und Begehren zu globalen Referenzrahmen, die sich wiederum in lokalen Aushandlungen niederschlugen (Fair 2018, 128 f.). Koloniale Autoritäten standen diesen Entwicklungen hingegen skeptisch gegenüber, warnten vor der Kreation unangemessener Bedürfnisse auf Seiten ›ihrer‹ kolonialen Subjekte und promoteten den didaktischen Film als erzieherisches Mittel. Letzteres Filmgenre stellte

---

10 Jean-Luc Godard reflektiert im Anschluss an seinen Aufenthalt in Mosambik, wo er, eingeladen durch Samora Machels sozialistische Regierung, das revolutionäre Staatsfernsehen aufbauen sollte, dass die neulich unabhängige Nation etwa über genau so viel Equipment verfüge wie seine private französische Produktionsfirma (Godard 1979, 76). Godard zeigte sich im Anschluss ernüchtert von seinem eigenen Vorhaben, eine ›unberührte‹ Audience zu erkunden.

kolonisierte Subjekte nicht selten als ›triebgesteuert‹ oder romantischen/ erotischen Neigungen statt rationalen Erwägungen folgende Akteure dar (Bakondy/Winter 2007, 108). In vielen Fällen ging die Verhöhnung affektiver erotischer Phantasien einher mit der Verurteilung der Migration in die urbanen Zentren der Kolonien, die für die Teilhabe an einer westlichen Moderne und zugleich für Sittenverfall standen (Reynolds 2003, 95 f.). Zeitgleich mit der weltweiten Verbreitung eines Hollywood-Modells der romantischen Liebe im Rahmen eines heteronormativen Kleinfamilien-Setups diente die Kreation eines Repräsentationsmonopols ›kolonisierten Begehrens‹ zugleich dazu, dem kolonisierten Subjekt die Teilhabe an der Moderne zu verweigern.

Das Bewegtbild war somit von Beginn an Komplize des kolonialen Encounters, wurde aber auch bald als Waffe gegen dessen Repräsentationspolitiken reklamiert und angeeignet. Ein Spannungsverhältnis zwischen Sexualität und Film, insbesondere im postkolonialen Kontext, kam dadurch zustande, dass erstere oftmals auch im Unbewussten zum Tragen kommt, wohingegen ihre visuelle Repräsentation zunehmend durch explizite Darstellungen operierte. Während Sexualitätskonstruktionen sich subtil transformierten und wirksam wurden, setzte das Bewegtbild auf Explizitheit, Konkretion und mitunter Generalisierungen. Das *Dritte Kino*, dessen Vertreter/innen etwa zeitgleich in verschiedenen nationalen und regionalen Kontexten – von Lateinamerika, über Mosambik und in verschiedenen Diasporen – hervortraten, kann dadurch charakterisiert werden, dass es die Explizitheit des Mediums nutzte, um radikale politische Neudefinitionen audiovisuell auf den Punkt zu bringen. In Argentinien entstand Solanas' und Getinos zum Manifest gewordene Streitschrift *Towards a Third Cinema* (Getino/Solanas 1976) etwa zeitgleich mit SOLEIL O (1970) des mauretanischen Filmemachers Med Hondo in der französischen Diaspora. SOLEIL O greift filmisch die Erfahrung der postkolonialen Diaspora in Frankreich auf, die Frantz Fanon in *Black Skin White Masks* (1967 [1952]) psychoanalytisch erläutert. Indem er nicht zuletzt auf literarische Quellen zugreift, beschreibt er, jeweils spezifisch für die männliche und weibliche Erfahrung, wie sich die Übertragung kolonialer Traumata auf das *collective unconscious* (Fanon benutzt den Terminus in Anlehnung an Carl Gustav Jung) und damit das sexuelle Begehren vollzieht und Individuation wie genuine zwischenmenschliche Beziehungen nachhaltig behindert. Ein Hauptproblem rührt dabei von dem kolonialen Dogma des Angleichens und Gleichschaltens des kolonialen Subjekts an die Kulturen und Begehrenskonstitutionen des kolonialen Zentrums unter Aufgabe aller abweichenden Artikulationen bei gleichzeitigen Versagens wirklicher Teilhabe her (vgl. Fanon 1967). Med Hondo greift in SOLEIL O die sexuellen Zuschreibungen auf, mit denen sich das – in dem Fall männliche – postkoloniale Subjekt konfrontiert sieht. In einer Szene wird das flirtende

Abb. 22, 23: Objektifizierung; »Soleil O« (1970)

Flanieren des schwarzen Protagonisten mit einer weißen Frau im öffentlichen Raum mit den Blicken von Passant/innen gegengeschnitten, die wiederum mit Tiergeräuschen unterlegt sind (Abb. 22). Zugleich wird auch die romantische Erfahrung selbst zerlegt, indem besagte Frau sich in einer vorangehenden Szene gegenüber dem schwarzen Baby einer (weißen) Freundin reserviert zeigt, im gleichen Atemzug aber über Sex mit ›einem Afrikaner‹ phantasiert (Abb. 23). Nach dem – im Film nicht explizit gezeigten – Geschlechtsakt äußert sie sich hingegen gegenüber dem Protagonisten enttäuscht. Sie habe sich, da er ja ›ein Afrikaner‹ ist, mehr davon erwartet.

Der Kampf der postkolonialen Akteur/innen musste sich gegen eine zweischneidige Indoktrinierung ihres Begehrens zur Wehr setzen. Zum einen gegen das ›Othering‹ durch eine westlich-normative Postulierung von Sexualität, Erotik und Begehren, die durch die audiovisuelle Kanonisierung jegliche Abweichung außerhalb ihrer Norm undenkbar machte. Zum anderen gegen die Verweigerung der Teilhabe, sowohl an dieser oder jeglicher Form eigenständiger/abweichender sexueller oder begehrensorientierter Repräsentation. Ein weiterer Aspekt, gegen den es sich zu wehren oder dem es sich zu entziehen galt, war – und ist möglicherweise mehr denn je – die Vereinnahmung von fortwirkenden Unterdrückungsmechanismen durch normative Zuschreibungen, die zu bestimmen versuchen, was als sexuelle Befreiung gesehen werden kann. Die von Gayatari Spivak gestellte Frage »Can the subaltern speak?« (Spivak 1988) kann hierzu ausgeweitet werden zu der Frage »Can the subaltern (make itself) be seen?«. Ausgehend davon, dass koloniale Repräsentationsweisen im Sinne des ›Othering‹ – vom Schicksal Sartje Baartmans über iconic porn stars (wie Long Dong Silver) bis hin zu Ulrich Seidls PARADIES LIEBE (2012) – auf Exotisierung, Ausstellung und Voyeurismus bestehen, ergibt sich die Frage, inwieweit auch die Verweigerung von Explizitheit als widerständige Strategie gesehen werden kann. In LA VIE EST BELLE (1987) von Mwezé Ngangura und Benoît Lamy werden Szenen, in denen der sexuelle Akt plotrelevant vollzogen wird, ausgelassen und mit Bildern von an einem Drehspieß röstenden Hähnchen

Abb. 24, 25: Riesenameisen und Einverleibung; »Kare Zvako (Mother's Day)« (2005)

ersetzt, wobei der Hähnchenröster zuvor als Symbol für Modernität und das Bestreben nach sozialem Aufstieg etabliert worden war. Die Rolle von Sex wird damit thematisiert, jedoch statt ausgestellt zu werden, ironisch im sozioökonomischen Zusammenhang kontextualisiert.

Seit der Aneignung des Mediums durch afrikanische Filmschaffende hat das Aufbrechen von Genderrollen im afrikanischen Kino lange Tradition. Genderstrategien werden dabei nicht nur um ihrer selbst Willen thematisiert, sondern dienen zur Aushandlung intersektionaler Macht- und Unterdrückungsverhältnisse. Die Bandbreite reicht von empathischer Problematisierung von modernen Ausbeutungsverhältnissen aus weiblicher Perspektive in Ousmane Sembènes Frühwerk LA NOIRE DE (1966) über die Betonung weiblicher Heldinnenfiguren im antikolonialen Befreiungskampf in Med Hondos SARRAOUNIA (1986) oder Djibril Diop Mambétys poetisch-realistischer Darstellung von sozial benachteiligter weiblicher Agency in LA PETITE VEDEUSE DU SOLEIL (1999). Dabei stehen Frauen nicht nur von Anfang an als Protagonistinnen im Zentrum, sondern fungieren auch als Reflexionsraum von allgemeinen gesellschafts- und identitätspolitischen Themen. In Sembènes XALA (1975) beispielsweise werden Frauencharaktere gewählt, um westliche Klischees von Tradition und Moderne aufzubrechen und zur Dekonstruktion patriarchaler Ordnungen und männlicher Potenz eingesetzt. Das Widersetzen gegen genderbasierte Gewalt wird auch in neueren Produktionen durch weibliche Hauptfiguren und unter Bezugnahme auf und Aneignung von progressiven Traditionen vollzogen, wie etwa in Moussa Sene Absas MME BROUETTE (2002) oder Sembènes letztem Werk MOOLAADÉ (2004).

Über diesen klassischen Ansatz hinaus, der eher Gender in den Vordergrund rückt, wurde in den vergangenen Jahren ein größerer Fokus auf Sexualität und Begehren gelegt. Zudem wurden Filmsprachen entworfen, die sich von *cinema engagé* und Realismus abwenden (vgl. Harrow 2007), mit neuen Genres experimentieren und bestrebt sind, Formen traditionellen Storytellings aufzunehmen. Ein Beispiel für letzteres ist KARE KARE ZVAKO (MOTHER'S DAY) (2005) der simbabwischen Filmemacherin Tsitsi Dangarembga, in dem innerfamiliäre *gender violence* anhand eines Shona Mythos

Abb. 26, 27: Lesbische Liebe; »Rafiki« (2018)

in surrealer Weise symbolisch überspitzt dargestellt wird (Veit-Wild 2005, 132). Eine Familienmutter bezichtigt ihren Ehemann, die Familie zu vernachlässigen, woraufhin dieser sich mit menschengroßen Riesenameisen gegen sie verbündet (Abb. 24, 25). Sein Verstümmelungsfeldzug mündet in ihrer Einverleibung durch ihn, wodurch sein Bauch explodiert und die Mutter wiederaufersteht. Sexualität selbst wird zum widerständigen Element gegen politische Korruption in Jean-Pierre Bekolos auch als »Lesbian Vampire Film« (Obenson 2012) bezeichneten LES SAIGNANTES (2005), in dem sich zwei weibliche Prostituierte im urban-futuristischen Setting der Leiche eines beim sexuellen Akt ums Leben gekommenen Politikers entledigen müssen. In Mahamat Saleh Harouns GRISGRIS (2013) wird *ableism* durch einen Tänzer mit einem steifen Bein dekonstruiert, der mit einer befreundeten Prostituierten versucht, die Tücken des ›Unterschichtendaseins‹ in Chads Hauptstadt N'Djamena zu meistern.

Auch die filmische Repräsentation von Homosexualität ist in den vergangenen Jahren zunehmend ins Zentrum gerückt, wenn es um das Spannungsfeld sexueller, postkolonialer oder *race based* Zuschreibungen und Ausgrenzungen geht. MOONLIGHT (2016) wurde als Pionierwerk des afroamerikanischen Films dafür gefeiert, dass Regisseur Barry Jenkins darin männliche homosexuelle Liebe in einem oft als heteronormativ repräsentierten afroamerikanischen Vorstadtsetting präsentiert. Nichtsdestotrotz ist die Auseinandersetzung kontrovers, da kritisiert wird, dass die filmische Preisgabe homosexuellen Begehrens in marginalisierten gesellschaftlichen Settings oftmals eine von außen aufoktroyierte Form der Darstellung bedeutet, die intellektuellen Diskursen eines privilegierten Milieus eher Rechnung trägt als den subalternen Subjekten. Dies wird deutlich in THE WOUND (2017) des weißen südafrikanischen Regisseurs John Trengove, in dem das traditionelle Setting der Xosa von einem Außenseiter gewählt wird, um die Akzeptanz von Homosexualität zu thematisieren. Dies arbeitet einem Diskurs zu, der ohnehin auf rassistischen Hegemonien im Post-Apartheid-Südafrika basiert. Aussagekräftig ist, dass es sich nach wie vor bei allen oben genannten Produktionen um internationale Co-Produktionen handelt, die dem *World Cinema*-Genre zuzuordnen sind und vorwiegend für ein internationales bürgerlich-kritisches Publikum produziert werden, statt in größerem Maße Anteil an lokalen Diskursen zu nehmen. Dennoch kann beobachtet werden, dass auch Filmemacher/innen aus den Millieus selbst mehr und mehr eigene filmische Produktionen kreieren. STORIES OF OUR LIVES (2014) beispielsweise ist ein kenianischer Episodenfilm von Regisseur Jim Chuchu und dem *Nest Collective*, der diverse Erfahrungen homosexueller Sozialisation schildert, ohne dabei auf reißerische Klischees zu setzen. Für das Cannes International Film Festival 2018 ist der Film RAFIKI (2018) der kenianischen Regisseurin Wanuri Kahiu angekündigt, in dem es um die Freundschaft eines lesbischen Paars geht (Abb. 26, 27).

Die Einzelbeiträge des Bands Sexualität und Widerstand
Im Folgenden wird ein Überblick über die Spannweite der Themen der Einzelbeiträge gegeben, die im Band in chronologischer Abfolge bezüglich ihres Entstehungszeitpunkts beziehungsweise ihres Referenzgebiets präsentiert werden.

Katrin Pilz' Beitrag kontextualisiert im Wien der 1920er Jahre produzierte und verbreitete Sexualaufklärungsfilme vor dem Hintergrund gesundheitspolitischer und in der lokalen Filmszene vorhandener Strukturen. Dabei geraten Debatten zu Sexualität, Massenmedien und popularisierenden Konventionen verwoben mit Vorstellungen von ›gesunden‹ und ›kranken‹ sowie geschlechtlich konnotierten Körpern ins Blickfeld. Filmische Quellen zu Geschlechtskrankheiten und sexuellem Leben der Zeit geben Auskunft über bislang wenig bekannte oder schlicht nicht überlieferte Praktiken und Diskurse. Das Publikum sah sich mit Schlagworten wie Aufklärung und Hygiene konfrontiert und es kam die Frage auf, was welchen Zuschauer/innen und proklamierten Risikogruppen zugemutet werden konnte. Wie konnten Themen im Spannungsfeld von Prüderie, Aufklärungsdrang und Sensationslust visuell kommuniziert werden?

Karin Moser beschreibt in ihrem Aufsatz, wie Frauen infolge des Ersten Weltkriegs eine gesellschaftliche Neupositionierung gelang. Ihre Arbeitskraft war angesichts des ›Männermangels‹ zu einer ökonomischen Notwendigkeit geworden. Sie drangen vermehrt in die Berufstätigkeit, gewannen an Autonomie und hatten ab 1918 politisches Mitspracherecht. Ein neuer Frauentypus wurde in den ›Goldenen Zwanzigern‹ in den Massenmedien, in Mode und Film gefeiert und idealisiert. Die ›Mondäne‹ oder der ›Flapper‹ waren selbstbestimmt, berufstätig, lebensbejahend und erotisch aktiv. Vor allem das Filmschaffen der 1920er und frühen 1930er Jahre brach mit traditionellen Rollenbildern, zeigte alternative Handlungsräume, Verhaltensweisen und Lebensentwürfe auf und brachte die auf patriarchalischen Werten basierende Gesellschaft tendenziell ins Schwanken. Allerdings durfte die weibliche Aufmüpfigkeit und Koketterie gewisse Grenzen nie überschreiten.

Barbara Eichingers Bilderserie mit dem sprechenden Titel »Experiment: Projektionen« collagiert ausgewählte Filmstills aus einschlägigen deutschen und österreichischen Spielfilmen, in denen zwischen Ende der 1910er und Anfang der 1930er Jahre Themen wie sexuelle Not, Grenzen überwindende Sinnlichkeit und mehrdeutige Geschlechtlichkeiten jongliert werden. Der Bilderreigen aus Filmstills steuert zum einen verschiedene ernste Problemlagen der Zeit an, wie beispielsweise die hohe Sterblichkeitsrate nach illegalen Abtreibungen (Cyankali 1930). Zum anderen gibt er einen Einblick in das breite Spektrum verspielter Sinnlichkeiten und verhaltener Erotik, das dieser Phase der Filmgeschichte eignet.

Isabel Maria De Oliveira Capeloa Gil zeigt, wie die Filmtheorie der 1930er Jahre das Versprechen des Kinos, sich neuen Wegen zu öffnen, erforschte und sich, wie Anton Kaes argumentiert, mit einer akuten medialen Transformation arrangierte, die zugleich sozial und kulturell war. Entlang eines Repertoires von Bildern und filmischen Techniken vollzieht der Artikel eine kritische Relektüre von Busby Berkeleys und Siegfried Kracauers visueller Konstruktion des Sozialen, von explorativen Bestrebungen, die Krise des Subjekts zu theoretisieren, von Sexualpolitik und Kehrseiten des Kapitalismus. Filmemacher griffen auf erfinderische Techniken zurück und produzierten einen Bilderstrom, der nicht einfach auf die medialen Möglichkeiten reagierte, sondern Gendernormen und Sexualpolitiken mitgestaltete, die Ängste und Sehnsüchte kritischer Zuschauer/innen artikulierte und eine Visualität kreierte, die soziopolitische Reformen mit anstieß. Das Kino wurde zu einer eigenen informellen Theorie, die seine technischen Möglichkeiten reflektierte und kommentierte. Damit schuf es eine Visualität, die die Konstruktion des Sozialen mitprägte.

Ausgehend von Sergej Eisensteins homosexueller Erfahrung in Mexiko skizziert **Peter Grabher** in seinem Text die vielfältigen Bezüge, die Eisenstein in seinen Schriften, Zeichnungen und Filmen der 1920/30er Jahre zwischen Erotischem und Politischem hergestellt hat. In einer nie abreißenden Auseinandersetzung mit der Psychoanalyse (Freud, Reich), der Reflexologie (Pawlow, Bechterew) und der Ethnographie (Frazer, Malinowski) kreist sein Denken immer wieder um die Konzepte einer ursprünglichen Bisexualität, der Sublimierung, des Pathos und der Ekstase. Grabher stellt dar, wie Eisenstein in filmischen Montagen, die ihm bald den Vorwurf des Formalismus eintrugen, mit der sexuellen Aufladung von Bildern als einer Form des ›ideoästhetischen Kommunismus‹ arbeitete. Die »sexuellen Politiken« (Jacqueline Rose) Eisensteins überschritten dabei den Rahmen einer revolutionären Kulturpolitik à la Brecht und opponierten auf direkte Weise gegen die Indienstnahme der Affekte in der faschistischen Filmpropaganda à la Riefenstahl.

In »Sex als Tauschmittel – Beispiele aus Mauthausen« widmen sich **Helga Amesberger** und **Brigitte Halbmayr** keinem Filmthema, sondern dem wissenschaftspolitisch überaus wichtigen und lange tabuisierten Topos sexuelle Beziehungen in Konzentrationslagern. Sie erörtern die Frage, wie und welche Formen von Sexualität in Interviews mit männlichen und weiblichen Überlebenden des Konzentrationslagers Mauthausen thematisiert wurden. Das Augenmerk liegt in diesem Beitrag auf der Funktionalisierung von Sex als Tauschmittel in einer von absoluter Überwachung, Kontrolle und starker Hierarchisierung gekennzeichneten »totalen Institution«. Sexualität lebten den Erinnerungen der Interviewten zufolge vorwiegend Kapos/Funktionshäftlinge, die pauschal der Haftgruppe der »Kriminellen« zugerechnet wurden, während als ›Opfer‹ primär Jugendliche ausgemacht wurden. Zahlreiche geschilderte sexuelle Kontakte, heterosexuell oder homosexuell ausgerichtet, waren von Zwang, Gewalt und ungleichen Machtverhältnissen geprägt, denn innerhalb eines Gewaltsystems kann es keine gewaltfreien Beziehungen geben und scheinbar eindeutige Kategorien wie ›Täter‹ und ›Opfer‹ verlieren bis zu einem gewissen Grad ihre Aussagekraft.

In seinem Beitrag zeichnet **Klaus S. Davidowicz** nach, inwiefern Nicholas Rays Johnny Guitar (1954) der Liebling der französischen Kritik in den 1950er Jahren war. Die Filmkritiker sahen nicht nur, wie die für das Westerngenre üblichen Geschlechterrollenverteilungen und Figurenkonstellationen auf den Kopf gestellt wurden. Darüber hinaus erlebten sie, wie im Gewand eines Western eine Parabel auf die USA zur Zeit der sogenannten ›Hexenjagd‹ unter Senator McCarthy erzählt wurde. Gerade aber weil Johnny Guitar so barock, opulent und übertrieben inszeniert wurde, entwickelte er sich langsam zum Kultfilm, der wiederum andere Regisseure fasziniert und inspiriert hat.

Gerda Klingenböck untersucht in »Treibsand und Abgrund. Sexualität und Geschlechterkampf in Hiroshi Teshigaharas Die Frau in den Dünen (1964)«, welche Dynamik sich entwickelt, wenn eine einfache Frau vom Lande einen intellektuellen Mann aus der Stadt gefangen hält, um ihn sich zu Eigen zu machen: für Leben, Arbeit und Sex. Schauplatz ist eine Hütte am Boden einer Sandgrube in einer Dünenlandschaft nahe eines Dorfes, in der der Mann mit der elementaren Übermacht des Sandes genauso konfrontiert wird wie mit der Resilienz, Ausdauer und Hartnäckigkeit der Frau. Nachdem er beide unterschätzt hat, werden sie ihn beide für immer verändern. In Teshigaharas magisch-realistischem bildgewaltigen Meisterwerk der japanischen *Nouvelle Vague* entfaltet sich auf klaustrophobisch-kleinstem Raum die ganze Bandbreite dessen, was zwischen zwei Menschen möglich ist: von Gefangennahme, Stockholm-Syndrom, Gewalt bis hin zu Erotik, Leidenschaft und Mitgefühl. Erscheinen Sand und Frau zunächst als seine unerbittlichen Gegner/innen, so werden sie schlussendlich das Schicksal des Mannes bestimmen.

Anhand einer Auswahl von Filmen der jugoslawischen *Novi film*-Bewegung seit den 1960er Jahren bespricht **Anna Schober**, wie die Zeichnung, Postulierung und Vermischung von ethnischen, nationalen und Geschlechter-Differenzen eine Gegenbewegung zum zentralen staatssozialistischen Narrativ bildeten, die sich von für die Moderne charakteristischen Universalisierungen abgrenzt. Geschlechterdifferenzen seien dabei besonders in den früheren Werken der 1960er Jahre, als ethnische und nationale Differenz noch nicht im öffentlichen Diskurs verankert waren, oftmals als Träger ebendieser herangezogen worden.

Klaudija Sabos Beitrag »Die Revolution nach der Revolution. Die jugoslawische Jugend im Aufbruch – im Film RANI RADOVI (1969) von Želimir Žilnik« handelt von einem politisch motivierten Film, der auf die Studierendenrevolten von 1968 im ehemaligen Jugoslawien Bezug nimmt. Die Kritik der jungen Revolutionäre an den politischen Zuständen sowie die Thematisierung sexueller Freiheiten werden eingebunden in dokumentarisch anmutende Darstellungen ländlicher Szenerien sowie industrieller Produktionsprozesse. Sowohl die collagenhaft erscheinenden Filmfragmente, als auch der experimentell ästhetische Ansatz unterstützen die progressiv revolutionäre Gesamtbotschaft des Films.

Julia Barbara Köhne beschreibt in »Absentes vergegenwärtigen«, wie Schwangerschaftsabbruch, der ungeborene, abzutreibende oder abgetriebene Fötus sowie der bei der Operation offene Frauenschoß vor den 1960er Jahren ein dreifaches Unsichtbares bildeten. Vor seinem Sichtbarmachen in medizinischen und populären Filmbildern wurde der Fötus lediglich als Symbol, mystischer Verweis oder durch die Narration der Schwangeren zugängliche Gestalt adressiert. Da es vor Erfindung der Fötenphotographie, Pränataldiagnostik und Sonographie kaum ein technisch erzeugtes Bild von ihm gab, stellte der im weiblichen Körperinneren Verborgene auch keine attraktive politische Identifikationsfigur dar. Köhne analysiert in ihrem Artikel, wie das intra-uterinäre Leben sowie legale und illegale Abtreibung seit den 1960er Jahren in (spiel-)filmischen Bildern imaginiert wurden und wie die Geschichte der Abtreibungsfilme mit der öffentlich hitzig debattierten Frage ihrer realpolitischen Legalisierung zusammenhing. Wurde die fötale Kategorie durch ihr filmisches Ins-Bild-Setzen auch stark gefördert, so verlor das Gros der meist subversiv argumentierenden Filme jedoch nie das Selbstbestimmungsrecht und die Freiheit der Schwangeren aus den Augen.

Christina Wieder untersucht, wie in Fernando Solanas' TANGOS. EL EXILIO DE GARDEL (1985) durch die filmische Inszenierung von Tango als Tanztheater direkte und durch die Exilerfahrung herbeigeführte indirekte Erfahrungen von (sexualisierter) Gewalt verarbeitet werden. Während

Tango in der argentinischen Ausgangsgesellschaft aufgrund seiner ›sexuellen Aura‹ als widerständige Praxis fungierte, kommt ihm im Exil eher eine kontemplative Rolle zu. Dort soll er zur Identitätsfindung beitragen und mit seiner Hilfe sollen selbst erlebte oder in Stellvertretung nachempfundene Traumata zum Ausdruck gebracht werden. Wieder analysiert, wie anhand sexualisierter Körperperformanzen sowohl diverse Verarbeitungsweisen von Geflohenen und Zurückgebliebenen, als auch verschiedene exilierte Generationen in Szene gesetzt werden.

Der eher weniger bekannte Film Lepota poroka [Schönheit der Sünde] (1986) des wohl bedeutendsten montenegrinischen Filmregisseurs der späten 1970er und 1980er Jahre, Živko Nikolić steht im Zentrum des Artikels von **Andreas Filipovic**. In der Tragikomödie findet sich – typisch für Nikolić – die weibliche Hauptfigur zerrissen zwischen ihrer ursprünglichen von patriarchalem Traditionalismus geprägten Welt im bergigen Hinterland und den Verlockungen einer auf westlichen Tourismus setzenden und sich als sozialistisches Modernisierungsprojekt verstehenden neuen Arbeitswelt in einem Nudistencamp an der Adriaküste. Der spielerisch inszenierte ›Sündenfall‹ mit einem englischen Touristenpaar hat indes ernste Auswirkungen. Nikolić verbindet in seinem Film gekonnt die Kritik an reaktionären gesellschaftlichen Überresten mit einer Kritik an dem in die Jahre und Krise gekommenen ›Modernisierungsprojekt‹ des Sozialismus jugoslawischer Prägung und seiner Proponent/innen, was ihm allgemeine Missgunst eingebracht hat. In seiner Analyse kontextualisiert Filipovic Nikolić' Film zum einen in Bezug auf die ökonomische Krise Jugoslawiens in den 1980er Jahren sowie die daraus entspringende gesellschaftliche Lage. Zum anderen hinsichtlich der wichtigen Rolle, die der westliche Tourismus (Stichwort: private Zimmervermietung) innerhalb der Reformen spielte, was auch in der Realität zu gesellschaftlichen Neubewertungen moralischer Fragen führen sollte.

Zombies sind menschliche Leichen, die auf irgendeine Weise wieder zum Leben erwacht sind und ziellos umherirren, um nach Menschenfleisch zu suchen. Diese Tatsache scheint sie zu unansehnlichen Figuren zu machen, und dennoch zeigen einige der jüngsten Filme sexuelle und sogar romantische Beziehungen zwischen Menschen und Zombies. Der erste Teil von **Kobi Kabaleks** Artikel »Sexy Zombies? On the Improbable Possibility of Loving the Undead« weist auf die unsexy Aspekte von Zombies in Filmen seit den 2000er Jahren hin. Der zweite Teil untersucht jene Filme, die Sex mit Zombies als ansprechend darstellen. Der dritte Teil konzentriert sich auf die jüngste Entwicklung bei filmischen Zombie-Erzählungen, in der die Untoten humanisiert werden und welchen Einfluss dies auf die Darstellung von Sex hat. Kabalek behauptet, dass diese Filme entweder Emotionen ohne sexuellen Hintergrund oder emotionslosen Sex zeigen, aber keinesfalls Sex mit Zombies im Kontext einer romantischen Beziehung.

Hierdurch verweisen rezente Zombie-Filme auf unsere anhaltenden Schwierigkeiten, Intimität über Grenzen hinweg herzustellen.

Marietta Kesting analysiert in ihrem Beitrag Beyoncés visuelles Musikvideo LEMONADE, erschienen im April 2016, das laut Autorin um diese Themenkomplexe kreist: »schwarze Geschichtsschreibung in den USA und afrikanische Diaspora, weibliche Empörung und Gewalt, globale Sisterhood, der weibliche Star und Geld sowie *Black Lives Matter*«. LEMONADE bildet eine Collage aus dokumentarischen Quellen, historischen Reenactments und künstlerischen Neuinszenierungen, die reflexive und kritische Momente in Bezug auf die Historizität und Konstruktion der Kategorie *race* und ihre gewaltsamen Wirkmechanismen beinhalten. Ziele dabei sind es, gegen die bestehende ›colorblindness‹, die fortdauernde Diskriminierung schwarzer Menschen, rassistisch geprägte Polizeipraktiken und – in Anschluss an »Black is Beautiful« – gegen bestimmte Menschen exkludierende Körperideale anzugehen.

Monika Bernold zeigt an der deutschen Filmkomödie TONI ERDMANN (2016) eine Ökonomie des Sehens, die eindeutigen und vorhersehbaren Logiken entgeht. Ihr zufolge werde gerade darin eine Form des Politischen im Sichtbaren eröffnet, die auch als ästhetischer Widerstand lesbar ist. Sowohl durch die Zeichnung seiner Protagonist/innen, als auch durch ästhetische Entscheidungen entzieht sich der Film Normen und Erwartungen der neoliberalen Gesellschaft. Er erprobt Strategien, die Bernold als Unkalkulierbarkeit und Ambivalenz identifiziert.

Thomas Ballhausen präsentiert mit seinem vorsätzlich poetisch gehaltenen Beitrag den Leser/innen eine Umschrift des antiken Lehrgedichts »De rerum natura«. Sein *versioning* der Vorlage des römischen Dichter-Poeten Lukrez entfaltet eine Auseinandersetzung mit den darin angebotenen Gedanken zu Wahrnehmung, materieller Körperlichkeit und der Befreiung von falschen Gottheiten. Indem Ballhausen Lukrez als Zeitgenossen indirekt erfahrbar macht, deckt er die Flüchtigkeit der wahrnehmbaren Bilder als umfehdeten Raum der Informationsgesellschaft auf. Seine mitunter dystopisch anmutende ›Einübung‹ über die Wahrnehmung von Körpern stellt die Suche nach dem Flüchtigen als umkämpfte Sphäre dar.

Aylin Basaran und **Justin Leggs** diskutieren, wie der im Frühjahr 2018 erschienene Superheldenfilm BLACK PANTHER gleichzeitig als Mainstream-Film funktioniert, kontroverse Debatten über widerständige Strategien aus Sicht einer globalen *Black Community* ermöglicht und, nicht zuletzt, mit Humor und Ironie mit Darstellungskonventionen im Kontext anhaltender postkolonialer Machtgefälle und Gendernarrative bricht. Die Superhelden-Körper und -Assets reflektieren symbolisch die Bewältigung von Trauma und Erfahrungen des *Black Struggle* und stellen dabei die afroamerikanische und (imaginierte) afrikanische Perspektive einander gegenüber.

Sonja Gassner bespricht in ihrem schriftlichen Beitrag, der eine Malerei mit dem Titel »Come on Baby, Light my Fire« flankiert, die von ihr selbst angefertigt wurde und in diesem Band abgebildet ist, wie Sexualität und Widerstand als Grundmotive allgemein in der Malerei und in ihrer eigenen künstlerischen Arbeit eingesetzt werden. Gassner eruiert, welche Implikationen bestimmte Figurationen von Weiblichkeit und Männlichkeit durch ihre Rezeptionsgeschichte mit sich bringen und wie diese Figuren betreffende, stereotypisierende Aussagen durch spezifische Darstellungsweisen umgekehrt werden können. Ihre Malerei spielt nicht nur mit diversen Genretraditionen und Vorstellungen von Weiblichkeit und Männlichkeit, sondern reflektiert zugleich den von Jacques Derrida und Judith Butler geprägten philosophischen Begriff der Iterabilität in Theorie und Praxis.

Widmung und Dank

Das helle Schlusslicht des Sammelbands bildet ein freundschaftlicher Zuruf von **Andreas Huyssen**, der mit »Frank Stern zum 75sten« überschrieben ist. Er gibt Anlass und Anstoß preis, die dem Sammelband »Sexualität und Widerstand. Internationale Filmkulturen« zugrunde liegen, der zu Ehren von Universitätsprofessor Dr. Frank Stern konzipiert wurde. Bewusst haben wir Herausgeberinnen uns gegen das Genre einer klassischen Festschrift entschieden, die geläufig in einem bestimmten Lebensalter angefertigt wird. Statt einer Festschrift war uns vielmehr daran gelegen, eine kaleidoskopartige Anthologie vorzulegen, die Frank Sterns überaus vielgestaltigem und intellektuell reichhaltigem akademischen Schaffen gewidmet ist.

Die Wahl des Themas fiel auf den Konnex der beiden Wissenskomplexe ›Sexualität‹ und ›Widerstand‹, da der Geschichts-, Kultur- und Filmwissenschafler Frank Stern zu diesen Topoi in seinen Seminaren, Vorträgen und Texten selbst mehrfach Interventionen vorgelegt hat. Vor einigen Jahren fungierte er als Kurator der Filmretrospektive »Sex is Cinema. Aufklären und Aufbegehren im Film der 1920er- und 1930er-Jahre« im Metro Kinokulturhaus des *Filmarchiv Austria*, sekundiert von dem Seminar »fe/male. Kodierungen von Sexualität im deutschsprachigen Film der 20er und 30er Jahre« am Institut für Zeitgeschichte, Schwerpunkt »Visuelle Zeit- und Kulturgeschichte«, an der Universität Wien. Und zuletzt in einem Seminar am Moses Mendelssohn Zentrum für europäisch-jüdische Studien an der Universität Potsdam zu »Tradition, Religion und Sexualitäten im internationalen jüdischen und israelischen Spielfilm«, nebst Filmreihe im Filmmuseum Potsdam zu israelischen Filmen mit Sexualitätsschwerpunkt. In einem *Tagesspiegel*-Interview vom 20. April 2015 erklärt Stern zum Thema der Darstellung von Sexualität und Geschlechterrollen im Film: »Der Film ist oft dem Traum sehr nahe, er visualisiert Dinge, die wir verdrängen, die wir vergessen wollen und die wir begehren. Er ist Traum und Spiegel zugleich«.

Alle Beitragenden dieses Bandes hatten in verschiedenen Phasen von

Frank Sterns bewegter, schillernder und ausstrahlungsstarker akademischer Laufbahn Berührungspunkte mit dem begeisterten Hochschullehrer und Erforscher deutsch-jüdischer und österreichisch-jüdischer Literatur- und Filmgeschichte. Der Einladung, seinem ausgefallenen und umfangreichen Wirken in Lehre (als Professor und Gastprofessor) und Forschung sowie als wissenschaftlicher Autor und Herausgeber und als Kurator prägnanter Filmreihen und Filmretrospektiven in Kooperation mit namhaften städtischen Institutionen (Filmmuseum Potsdam, Sigmund Freud Museum, Zentrum für Interkulturelle Begegnung in Baden), Festivals (Jüdisches Filmfestival Berlin-Brandenburg, Festival of Tolerance in Ljubiljana) und Kinos (Metro Kinokulturhaus, Filmhaus Kino Spittelberg) einen interdisziplinären und internationalen Sammelband an die Seite zu stellen, sind die Beitragenden ohne Zögern und mit Begeisterung und Freude nachgekommen. Dies liegt sicherlich in Sterns agilem Wesen als kritischer (Quer-) Denker begründet, mit dem er in den vergangenen Jahrzehnten zahlreiche Student/innen, Abschlusskandidat/innen, Doktorand/innen, Habilitand/innen und Kolleg/innen in Österreich, Deutschland, Israel und den Vereinigten Staaten von Amerika zu eigenen tiefgründigen akademischen Kreationen angeregt hat.

Nach Studien der Germanistik, Allgemeinen und Jüdischen Geschichte, politischen Wissenschaft, englischen und amerikanischen Literatur sowie Jüdischen Geschichte in Berlin und Jerusalem arbeitete Stern als Dozent in der Alma Mater und in der Erwachsenenbildung in Berlin. Zudem fungierte er als Herausgeber und Chefredakteur der theoretischen Zeitschrift »Konsequent«. Seine Promotion in Geschichte schloss Stern an der Universität Tel Aviv mit einer Arbeit zu »Im Anfang war Auschwitz: Antisemitismus und Philosemitismus im deutschen Nachkrieg« ab und lehrte seitdem ebenda deutsche und europäische Geschichte. Stern hat seitdem zahlreiche Gastprofessuren bekleidet, unter anderem an der Indiana University in Bloomington, am Institut für Zeitgeschichte der Universität Innsbruck, in der Abteilung für Germanische Sprachen der Columbia University, an der Johannes-Gutenberg-Universität in Mainz, am Institut für Zeitgeschichte der Universität Wien, an der Georgetown University in Washington, D. C., am Seminar für Kulturwissenschaft der Humboldt Universität zu Berlin, am Europäischen Studiengang der Ruhr-Universität Bochum, am Moses Mendelssohn Zentrum der Universität Potsdam, an der Carl von Ossietzky Universität Oldenburg und am Sapir College in Sderot, Israel. Zudem übernahm er die Franz-Rosenzweig-Gastprofessur an der Universität Kassel, war Gastprofessor für Mitteleuropäische Studien und Kulturdiplomatie an der Andrássy-Universität in Budapest, Gastprofessor für Israel- und Jüdische Studien am Moses Mendelssohn Zentrum in Potsdam sowie Kurt-David-Brühl-Gastprofessor für Jüdische Studien an der Karl-Franzens-Universität Graz.

Als Professor für moderne deutsche und europäische Geschichte und später deutschsprachigen, europäischen und amerikanischen Film fungierte er an der Ben-Gurion-Universität des Negev in Beer-Sheva in Israel, wo er bis 2004 Direktor des österreichisch-deutschen Studiengangs und des überaus lebendigen Zentrums für deutsche Studien beziehungsweise des Overseas Students Program war. Seitdem ist Stern Professor für visuelle Zeit- und Kulturgeschichte an der Historisch-Kulturwissenschaftlichen Fakultät der Universität Wien. Gemeinsam mit Bella Makagon und Klaus S. Davidowicz leitet er seit 2008 den Jüdischen Filmclub Wien. Am Wiener Institut für Zeitgeschichte ist er in verschiedenster Weise als Nachwuchs fördernder Hochschuldozent und Veranstaltungsinitiator und -leiter hervorgetreten. Dies schlug sich nicht zuletzt auch in innovativen filmpraktischen Arbeiten der Studierenden nieder, die Frank Sterns Impulse stets auf kreativ-experimentelle Weise aufnahmen. Denn am von Frank Stern gegründeten und geleiteten Schwerpunkt »Visuelle Zeit- und Kulturgeschichte« an der Universität Wien wurde nicht nur historisch kontextualisierte Filmanalyse betrieben, sondern auch Geschichtswissenschaft in audiovisueller Form. In praxisorientierten Filmseminaren sowie reguläre Lehrveranstaltungen begleitenden Praxisworkshops realisierten Studierende eigene Kurzfilmproduktionen zu zeit- und kulturgeschichtlichen, mitunter kontroversen Stoffen, von denen sich einige den Themen Gender, Sexualität und Liebe widmeten.

Zwei Besonderheiten möchten wir hervorheben: Vor rund sechs Jahren begann Frank Stern, *Film Noir* nicht nur zu lehren, sondern auch im Wiener Sigmund Freud Museum öffentliche Filmabende mit *Film Noir*-Highlights zu veranstalten. 2015 wurde die Reihe unter dem Namen »Film Noir Reloaded« ins Metro Kinokulturhaus verlagert. Ein Abschnitt dieser neuen Filmreihe, mit »Film Noir – Filmexils – Final Girls« übertitelt, widmete sich aufsehenerregenden Frauenfiguren, die nicht mehr in die klassischen Kategorisierungen der *femme fatale* oder der *femme fragil* hineinpassten. Vielmehr wurden in diesem Genre Frauenfiguren auf den Silver Screen gebracht, die nicht nur lernten, auf ihr eigenes Wohl zu achten, sondern dafür auch ein Blutvergießen in Kauf nahmen. Über die vielen Jahre der Auseinandersetzung mit dem *Film Noir* blieb Frank Sterns Interesse bezüglich zweier Punkte konstant: Erstens, wie es diese Filmbewegung schaffen konnte, so explizit über gesellschaftliche Konflikte zu sprechen und scharfe Kritik am System zu artikulieren, obwohl der Production-Code, also die Zensur, wirkte und eine massive Bedrohung für Filmschaffende darstellte. Und zweitens, die sexuelle Vielfalt und das emanzipative Potenzial, die sich in diesen Filmen verbergen, die die Darstellung weiblicher Sexualität, Homosexualität oder Crossdressing-Auftritte erlaubten, während das moralische Regelwerk des Codes all dies aus der Filmkunst verdrängen wollte.

Die zweite Besonderheit bildeten die Kurzfilmfestivals »Stern's Long

Night of the Shorts«, die großen Anklang beim akademischen und nicht-akademischen Wiener Publikum fanden. 2009 fand der erste Filmabend im Metro Kinokulturhaus statt, weitere Ausgaben folgten in den Jahren 2010 und 2011. Der Titel der Veranstaltung ist dabei programmatisch, da sich die Kurzfilmrevue über vier Stunden erstreckte. Die in diesen Jahren realisierten Filmveranstaltungen zeigten eine Vielzahl an thematisch unterschiedlichen Kurzfilmen. Trotz ihrer Diversität einte die Kurzfilme, dass jeder einzelne gesellschaftspolitisch-kritische sowie genderrelevante ›Botschaften‹ enthielt, die meist in einem überraschenden Schluss mündeten. Gemäß Frank Sterns Motto für die »Long Night of the Shorts«: »Film ist Kunst, Film ist Genuss, Film ist Sex, Film ist Verstörung, Film ist Gedächtnis, Film ist Geschichte, Film ist Beziehung [...]« waren der Filmauswahl zudem keine genrespezifischen Grenzen gesetzt. Kurze Dokumentarfilme, Spielfilme und Animationen trafen auf Musikvideos und eröffneten ein buntes Kaleidoskop internationaler Filmkunst.

***

An der Verfertigung des Sammelbands waren neben den Autor/innen, denen wir an dieser Stelle noch einmal sehr herzlich für ihren kreativen, unermüdlichen und flexiblen Einsatz danken möchten, drei weitere Personen in besonderer Weise beteiligt. Unser inständiger Dank gilt einerseits Michael Jochem für sein beharrliches Korrekturlesen und genaues Auge bei der Letztdurchsicht der Beiträge. Andererseits möchten wir uns bei den engagierten Mitarbeitern des Mandelbaum Verlags, vor allem bei Kevin Mitrega und Michael Baiculescu, freundlichst für ihre Offenheit, Flexibilität und Hilfestellung bei der produktionstechnischen Umsetzung des Buches bedanken.

Wien/Berlin, Mai 2018

Literatur

»Visual Pleasures«, *Skip Magazin*; https://www.skip.at/spezialprogramm/visual-pleasures-2016/ (Stand: 15.5.2018).

Achenbach, Michael/Thomas Ballhausen/Nikolaus Wostry (Hg.) 2009: Saturn, Wiener Filmerotik 1906–1910. Wien.

Assmann, Aleida 2006: Der lange Schatten der Vergangenheit. Erinnerungskultur und Geschichtspolitik. München.

Bakondy, Vida/Renée Winter 2007: Nicht alle Weißen schießen: Afrikarepräsentationen im Österreich der 1950er Jahre im Kontext von (Post-)Kolonialismus und (Post-)Nationalsozialismus. Innsbruck et al.

Bhabha, Homi K. 1994: The Location of Culture. London/New York.

Botz, Gerhard 1988: Nationalsozialismus in Wien, Machtübernahme und Herrschaftssicherung 1938/39. Buchloe.
Burton, Antoinette 1999: Gender, Sexuality, and Colonial Modernities. New York/London.
Connell, R. W. 2006: Masculinities and globalization. In: Parker, Richard/Peter Aggleton (Hg.): Culture, Society and Sexuality. A Reader. New York, 263–275.
Depelchin, Jacques 2005: Silences in African History. Between the Syndromes of Discovery and Abolition. Dar es Salaam.
Der Komet, Nr. 1128, 3.11.1906, zitiert nach: Achenbach, Michael et al. (Hg.) 2009: Saturn, Wiener Filmerotik 1906–1910. Wien, 15.
Der Komet, Primasens, 11.9.1897, 27, zitiert nach: Achenbach, Michael et al. (Hg.) 2009: Saturn, Wiener Filmerotik 1906–1910. Wien, 13.
Fair, Laura 2018: Reel Pleasures. Cinema Audiences and Entrepreneurs in Twentieth-Century Urban Tanzania. Athens.
Fanon, Frantz 1967 [1952]: Black Skin White Masks. New York.
Fendel, Heike-Melba 2007: Ertrotzte Jugend. Mädchen und Backfische, Girls und Flapper. In: Jatho, Gabriele/Rainer Rother (Hg.): City Girls. Frauenbilder im Stummfilm. Berlin, 92–116.
Gallwitz, Tim 2000: In der Falle von Triebtheorie und repressiver Moral. Geschlecht in Fesseln. In: Bock, Hans-Michael/Wolfgang Jacobson/Jörg Schöning (Hg.): Geschlecht in Fesseln. Sexualität zwischen Aufklärung und Ausbeutung im Weimarer Kino 1918–1933. München, 154–165.
Garber, Majorie 1993 [1992]: Verhüllte Interessen. Transvestismus und kulturelle Angst. Frankfurt am Main.
Getino, Octavio/Fernando E. Solana 1976 [1969]: Für ein drittes Kino. In: Schumann, Peter B./Carlos Alvarez-Nóvoa (Hg.): Kino und Kampf in Lateinamerika. Zur Theorie und Praxis des politischen Kinos. München/Wien, 9–20.
Gilbert, Sandra/Susan Gubar 1989: Cross-Dressing and Re-Dressing: Transvestism as Metaphor. In: Dies.: *No Man's Land: The Place of the Woman Writer in the Twentieth Century*, Bd. 2: *Sexchanges*. New Haven, 324–376.
Godard, Jean-Luc 1979 : Le dernier reve d'un producteur. *Cahiers du Cinema* 300 (May): 70–129.
Gramann, Karola/Heide Schlüpmann 1981: Unnatürliche Akte. Die Inszenierung des Lesbischen im Film. In: Dies./Gertrud Koch et al. (Hg.): Lust und Elend: Das erotische Kino. München/Luzern, 88–93.
Harrow, Kenneth. 2007: Postcolonial African cinema: From Political Engagement to Postmodernism. Bloomington.
Jacobs, Lea 1991: The Wages of Sin. Censorship and the Fallen Woman Film, 1928–1942. Wisconsin.
Judith Mackrell 2013: When flappers ruled the Earth: How dance helped women's liberation, https://www.theguardian.com/stage/2013/apr/29/dance-womens-liberation-flappers-1920s (15.5.2018).
Köhne Julia B./Britta Lange 2014: Mit Geschlechterrollen spielen. Die Illusionsmaschine Damenimitation in Front- und Gefangenentheatern des Ersten Weltkriegs. In: Dies./Anke Vetter (Hg.): MEIN KAMERAD – DIE DIVA. Theaterspielen an der Front und in Gefangenenlagern des Ersten Weltkriegs. München, 25–41.
Köhne Julia B. 2006: Moving Sex/Gender Images: Homosexualität und Cross-Dressing in deutschsprachigen Spielfilmen der 1920er- bis 1950er-Jahre. *Mitteilungen des Filmarchiv Austria* 31: Sex is Cinema. Aufklären und Aufbegehren im Film der 1920er- und 1930er-Jahre, 51–62.

Köhne Julia B. 2012: Traumatisches Liebesspiel. KZ-Repräsentation, Identifikation mit dem Täter und masochistische Sexualität in The Night Porter (1974). In: Dies. (Hg.): Trauma und Film. Visualisierungen eines Nicht-Repräsentierbaren. Berlin, 221–272.

Krzywinska, Tanya 2006: Sex and the Cinema. Columbia.

Moser, Karin/Günter Krenn (Hg.) 2006: Louise Brooks. Rebellin, Ikone, Legende. Wien.

Obenson, Tambay A. 2012: Jean-Pierre Bekolo. On His Satirical Sci-Fi Lesbian Vampire Film ›Les Saignantes‹ (›The Bleeders‹). In: IndieWire; http://www.indiewire.com/2012/12/jean-pierre-bekolo-on-his-satirical-sci-fi-lesbian-vampire-film-les-saignantes-the-bleeders-139545/ (Stand: 15.05.2018).

Polgar, Alfred 1926: Girls. *Die Dame* 14 (Mitte April), 2.

Presseheft zu THE PERFECT FLAPPER. In: Exhibitor's Trade review 1924, zitiert nach Sara Ross 2001.

Reynolds, Glenn 2003: Image and Empire: Anglo-American Cinematic Interventions in Sub-Saharan Africa, 1921–1937. *South African Historical Journal* 48:1, 90–108.

Ross, Sara 2001: Good little Bad Girls. Controversy and the Flapper Comedienne. *Film History* 13, 409–423.

Sagert, Kelly Boyer 2010: Flappers. A Guide to an American Subculture. Santa Barbara, California.

Schick, İrvin Cemil 1999: The Erotic Margin: Sexuality and Spatiality in Alteritist Discourse. London/New York.

Seeßlen, Georg 1996: Ästhetik des erotischen Films. Marburg.

Spivak, Gayatri Chakravorty 1988 [1983]: Can the Subaltern Speak. Basingstoke/London.

Stoler, Ann Laura 1995: Race and the Education of Desire: Foucault's History of Sexuality and the Colonial Order of Things. Durham/London.

Streit, Elisabeth 2004: Nackte Tatsachen – Zur Darstellung des nackten, weiblichen Körpers im Frühen Österreichischen Film. In: Bernold, Monika/Andrea B. Braidt/Claudia Preschl (Hg.): Screenwise. Film. Fernsehen. Feminismus. Marburg, 131–136.

Veit-Wild, Flora 2005: Tsitsi Dangarembga's Film »Kare Kare Zvako«: The Survival of the Butchered Woman. *Research in African Literatures* 36 (2), 132–138.

Verleihkatalog Saturn-Film o. J., 3, zitiert nach: Achenbach, Michael et al. (Hg.) 2009: Saturn, Wiener Filmerotik 1906–1910. Wien, 16.

Vogel, Amos 1979: Kino wider die Tabus. Luzern.

White, Patricia 1999: UnInvited. Classical Hollywood Cinema and Lesbian Representability. Bloomington/Indianapolis, 17–21.

Zeitz, Joshua 2006: Flapper. A Madcap Story of Sex Style Celebrity and the Women who made America Modern. New York.

Katrin Pilz
»AUFKLÄRUNG? ABSCHRECKUNG? IN DER MIT SEXUALITÄT GESPANNTEN ATMOSPHÄRE DES KINOS?«
Sexualität in Wiener klinischen und populärwissenschaftlichen Filmen der Moderne[1]

Mit Hilfe moderner Medien, wie dem klinischen und populärwissenschaftlichen Film, gingen Vertreter_innen aus volksbildenden, ärztlichen und filmindustriellen Kreisen daran, sensible Themen wie Sexualaufklärung, Geschlechtskrankheiten, Fortpflanzung, Sexualhygiene, Homosexualität und Prostitution visuell zu formulieren. Die gesundheitspropagandistischen Laufbilder sollten auf geschlechtliches Leben allgemein und insbesondere dessen Herausforderungen für Kinder, Jugendliche, Eheleute, Männer und Frauen einwirken, um den Umgang mit Sexualität in Alltag und Familienleben zu gestalten (Steiner 1931). Die Erkenntnisse über Sexualität, vor allem bezogen auf pathologisches Verhalten und Risiken für die Verbreitung von Geschlechtskrankheiten, waren aus Studien und statistischen Erhebungen hervorgegangen, die bis zum Ersten Weltkrieg exklusiv und auf klinische und medizinische Fragestellungen limitiert waren (*Arbeiter-Zeitung* 1920, 5). Instrumentalisiert als medizinisch visuelle Strategie (vgl. Köhne 2009) brachten diese populären Kommunikationsformen eine breitere Debatte und höhere Akzeptanz rund um soziale Themen zur Sexualität hervor. Und sie ermöglichten neue wissenschaftliche und populäre Ansätze, die den Begriff der Sexualität in der Moderne maßgeblich prägten (Schmidt 2000, 23–46). Die ›Medikalisierung‹ von Sexualitätsdiskurs und Film stellte den Versuch dar, dem Sensationsthema Sex und dem Sensationsmedium Film wissenschaftliche Formen zu verleihen. Eine geschichtswissenschaftliche Untersuchung des Sexualaufklärungsfilms muss daher zwei Bedeutungsebenen in den Blick nehmen: die populären Formen der Sexualaufklärung und den epistemischen Wert der Produktion und Kommunikation von sexuellem und medizinischem Wissen. Die in Wien zirkulierenden Filme wurden sowohl als klinische Forschungsbeweise und Lehrmittel als auch als präventive gesundheitsförderliche Maßnahmen eingesetzt. Debatten zur visuellen und filmischen Darstellung von Wissen über Sexualität, Sittlichkeit und Geschlechtskrankheiten oszillierten zwischen Aufklärungsbestreben, Neucodierungen bestimmter Gesundheitskonzepte und ästhetischem Verlangen.

---

1 Titelzitat stammt aus: Kinowoche 1919, 10. In dieser Quelle ist der Begriff Atmosphäre so geschrieben: »Athmosphäre«.

Im folgenden Beitrag werden zum einen in Wien produzierte und verbreitete Sexualaufklärungsfilme im Kontext gesundheitspolitischer und in der lokalen Filmszene vorhandener Strukturen analysiert. Zum anderen werden Debatten zu Sexualität, Massenmedien und popularisierenden Konventionen verwoben mit Vorstellungen von ›gesunden‹ und ›kranken‹ geschlechtlich konnotierten Körpern in den Blick genommen. Filmische Quellen zu Geschlechtskrankheiten und sexuellem Leben geben Auskunft über bislang wenig bekannte oder schlicht nicht überlieferte Praktiken und ermöglichen Einsicht in die, historisch empirisch betrachtet, komplexe Stellung von Film in der Medizingeschichte (vgl. Bonah/Laukötter 2015). Das Publikum sah sich mit Schlagworten wie Aufklärung und Hygiene konfrontiert, wobei die Reaktionen von Scham, Schuldgefühlen, Abschreckung bis Langeweile reichten (vgl. Gertiser 2015). Im Zuge dessen wurden Fragen zu Anwendungspotentialen aufgeworfen und psychologisch und didaktisch abgewogen: Was konnte beispielsweise welchen Zuschauer_innen und proklamierten Risikogruppen zugemutet werden? Wie konnten Themen visuell kommuniziert werden, um möglichst umfassende Publikumskreise zu erreichen? (*Neue Kino-Rundschau* 1921, 2–8) Vornehmlich die Zeit von 1919 bis 1925 stellte nicht nur in Wien, sondern auch in anderen europäischen Filmstädten, die erste Hochphase der Sexualaufklärungsfilmproduktion dar (Schmidt 2000, 23–46). Dieser Umstand war unter anderem zurückzuführen auf die verlagerte wissenschaftliche und populäre Auseinandersetzung mit den ›Kampfbegriffen‹ Hygiene und Sexualität, die wiederum mit sozioökonomischen, filmwirtschaftlichen und gesundheitspolitischen Umstrukturierungen um 1920 verknüpft waren. Im Weiteren werden zwei klinisch motivierte populärwissenschaftliche Filme besprochen, DIE HYGIENE DER EHE (A 1922)[2] und DIE GESCHLECHTSKRANKHEITEN UND IHRE FOLGEN (A 1922),[3] die beispielhaft für Debatten um Sexualität und Widerstand vor, während und nach ihrer Produktion, Projektion und Rezeption sind.

Sexualaufklärungsfilm und Volksgesundheitsfilm

Der Erste Weltkrieg und seine Folgen brachten eine höhere Zahl an ›epidemisch‹ auftretenden sogenannten ›Volksgesundheitskrankheiten‹ wie Tuberkulose und Geschlechtskrankheiten in das Bewusstsein von Sozialmedizinern und kommunalen Verwaltern. Daher wurden während und nach dem Krieg staatliche Interventionen zur Regulation von Sexualität gefördert (vgl. Sauerteig 2003; Eder 2009, 188–208; Überegger 2006; Wingfield

---

2   DIE HYGIENE DER EHE 35mm, s/w, 1651m, ca. 66 min (A 1922), zensierte Schweizer Fassung Emelka Film, R: Erwin Junger, Pan-Film, medizinische Leitung: Oskar Frankl, Hans Spitzy, Julius Tandler u. a.
3   DIE GESCHLECHTSKRANKHEITEN UND IHRE FOLGEN 35mm, s/w, ca. 950–1020 m, ca. 29 min (A 1922) medizinischer Direktor: Ernst Finger.

2013). Gesundheitsprophylaktische Vorkehrungen in Form von Propaganda und Beratungsstellen wurden forciert, so auch die *Eheberatungsstelle (Gesundheitliche Beratungsstelle für Ehewerber)* (vgl. Mesner 2010; McEwen 2016), die 1922 von dem Wiener Gesundheitsstadtrat und Sozialmediziner Julius Tandler (1869–1936) im Rathaus eröffnet wurde. Hinzu traten die von dem Mediziner und Psychoanalytiker Wilhelm Reich (1897–1957, vgl. Johler 2008) sowie der Ärztin Marie Frischauf (1882–1966, vgl. Fallend 2009) 1928 gegründete *Sozialistische Gesellschaft für Sexualberatung und Sexualforschung* sowie das von dem Publizisten, Sexualforscher und späteren Sportfunktionär Leo Schidrowitz (1894–1956) 1930 errichtete *Institut für Sexualforschung* (vgl. Marschik/Spitaler 2016, 28).

Der Versuch, unter Mitwirkung von Mediziner_innen und öffentlichen Instituten das »Gebiet des Sexes« (Foucault 1976, 60–93) mithilfe von Film zu prüfen und Wissen über Sexualität zu vermitteln, führte zu einem steten Kampf zwischen Wissenschaftlern und Medienproduzenten. Nicht zuletzt, da Mediziner_innen meistens keine Erfahrung mit Film oder populärer Wissensvermittlung besaßen und, umgekehrt, Filmemacher über keine Vorbildung hinsichtlich der filmischen Realisierung medizinisch komplexer Themen und didaktischer Vermittlungsstrategien verfügten (Pernick 1978, 25). In DIE GESCHLECHTSKRANKHEITEN UND IHRE FOLGEN brachte der im Wiener Allgemeinen Krankenhaus tätige Dermatologe Ernst Finger (1856–1939, vgl. Breunlich 1927) laufende klinische Bilder zu Ausmaß und Folgen von Geschlechtskrankheiten direkt zur Darstellung und versprach am Ende eine therapeutische Heilung, wobei er die genaueren sozialen Umstände und Formen der Übertragung jedoch visuell aussparte (Finger 1924, 65–69). Als Reaktion sahen viele Filmfirmen im Weiteren von einer öffentlichen Ausstellung schockierender Sensationsbilder und von expliziten Darstellungen ab, wie die von befallenen Geschlechtsteilen oder exponierten nackten Patient_innenkörpern. Mit dem Ziel, nicht mit pornografischen beziehungsweise erotischen Filmen assoziiert zu werden (Hirnsperger 2012, 39).

Mediziner aus Wiener Forschungs- und Lehrinstituten hingegen stuften klinische Laufbilder in mannigfaltigen Groß- und Detailaufnahmen zumeist als sachliche und forschungsrelevante Visualisierungspraxis ein, die auch einem öffentlichen Publikum präsentiert werden sollte. Potentiell bestand für die filmische Demonstration des bewegten nackten Körpers – groß auf die Leinwand projiziert – laut Ärzten jedoch auch im rein wissenschaftlichen Vorführkontext, wie er im universitären Hörsaal oder Konferenzsaal gegeben war, die Gefahr, dafür von Opponenten kritisiert zu werden (Streible/Roepke/Mebold 2007, 339). Als möglicher Kompromiss bot sich an, vornehmlich Männer und Kinder zur Demonstration heranzuziehen, deren Körper als weniger erotisierend und sexuell anzüglich erachtet wurden, wenn das jeweilige Fachgebiet es erlaubte und dementsprechende pathologische Fälle vorhanden waren (vgl. Pilz 2018).

Die Live-Demonstration von nur teilweise entblößten Patient_innen im Rahmen des klinisch-universitären Auditoriums hingegen war üblich und stieß bei Fachkolleg_innen auf weniger Unmut (vgl. Friedland/Herrn 2014). Was den Unterschied von projizierten bewegten Lichtbildern und Live-Demonstrationen anging, so lösten Filmbilder, die nackte Körper und Großaufnahmen von Genitalien zeigten, weitaus heftigere Reaktionen aus, die jedoch unterschiedlich gelagert waren. Die wissenschaftlichen Filmzuschauer_innen beurteilten hier, ob die nackten Körper als sexuell anzüglich oder, wie es die argumentierte Intention der Kliniker war, tatsächlich als Versuch, Körper ent-individualisierend und medizinisch-normiert zur Darstellung zu bringen, zu betrachten seien. Sehpraktiken waren nicht überall gleichmäßig etabliert, und die individuelle Reaktion darauf im Allgemeinen, sowohl im klinischen wie auch öffentlichen Projektionsraum, stets unvorhersehbar (vgl. *Die Kinowoche* 1919, 10; *Das Kino-Journal* 1923, 4–5).

In Wien arbeiteten behördliche Einrichtungen wie die *Staatliche Film-Hauptstelle* (FHS), das Unterrichtsministerium, das Volksgesundheitsamt und seine Beratungsstellen sowie die Universitätskliniken eng zusammen. Durch einen wissenschaftlichen Mitarbeiter der FHS wurden der Kontakt zu prominenten Institutsleitern an den Universitätskliniken hergestellt und Kooperationen eingeleitet. Dies genügte den offiziellen Stellen in den meisten Fällen als Versicherung für Wissenschaftlichkeit, weshalb vor der Fertigstellung des Materials selten weitere Kontrollschritte, wie die informelle Begutachtung durch andere behördliche Gesundheits- und Filmexperten, eingefordert wurden. Erste Probleme in Bezug auf filmrelevante Zensurfragen ergaben sich für staatliche Behörden, wie die Universitätskliniken und die Polizeidirektion, aus dem zunehmenden Interesse privater Filmemacher, die zunächst nicht mit dem üblichen Wiener Volks- und Hochschulbildungskontext zusammenhingen. Diese traten mit der Absicht an Klinikleiter heran, Filmaufnahmen in lokalen Gesundheitsanstalten und Kliniken (namentlich in psychiatrischen Anstalten, wie der *Klinik Am Steinhof*) zu tätigen, um vermeintlich aufklärerische populärwissenschaftliche Filme herzustellen.[4]

»Die Hygiene der Ehe«

Für den 1922 in Wien uraufgeführten Film DIE HYGIENE DER EHE hatte der Regisseur Erwin Junger für die Pan-Film A.G. eine Art filmische Zusammenschau von realen Fürsorge- und Behandlungseinrichtungen mit namentlicher Nennung jeweiliger Leiter und Kliniker zusammengestellt (Abb. 1). Unklar blieb jedoch, in welchem Produktionskontext die ursprünglichen klinischen Aufnahmen entstanden waren. Der populärwissenschaftliche Film zeichnete sich durch eine für diese Periode in Wien typische, zunächst

---

4 MUW Rundbrief HS.

Abb. 1: Filmankündigung ›Die Hygiene der Ehe‹, »Arbeiter-Zeitung« 1922, 10

als experimentell geltende Produktionspraxis aus. Grundsätzlich fußte er auf einem fiktionalen dramaturgischen Narrativ, zeigte aber auch realfilmische Drehorte und Personen (z. B. die Eheberatungsstelle und Tuberkuloseheilanstalten) sowie klinische Bilder von Patient_innen und pathologisch-anatomischen Präparaten. Die realfilmischen Aufnahmen einer Geburt, die entweder extra für den Film an der Frauenklinik hergestellt worden oder bereits zuvor an der I. Frauenklinik des Wiener Allgemeinen Krankenhauses (AKH) für klinische Lehre entstanden waren, wurden mit dem Einverständnis des Gynäkologen Heinrich Peham (1871–1930) verwendet.[5]

Der in der Tagespresse (*Arbeiter-Zeitung* 1922, 10) und in Paimann's Filmlisten als »volksbildnerisches Werk von wissenschaftlichem Interesse« (Paimann's Filmlisten 1922, 47) verzeichnete Film wurde in der zeitgenössischen deutschsprachigen Sekundärliteratur häufig herangezogen, um Debatten der Ehehygiene, der öffentlichen Gesundheitsaufklärung und daraus resultierende Kontroversen bei Produktion und Rezeption zu illustrieren (Laukötter 2012; Pilz 2014; Burger 2015). Nach den ersten Monaten der Projektion in Wiener Kinos wurde Roland Grassberger (1867–1956), der am Hygienischen Institut in Wien lehrte und in der christlich-sozialen Volksbildung tätig war (vgl. Grassberger 1921), von der Niederösterreichischen Landesregierung beauftragt, ein Gutachten über den Film zu erstellen. Er kritisierte die Bewerbung der Ehehygienestelle und die im Film genannten Institute. Für Grassberger waren insbesondere die im Film »vorgeführten Präparate von durchstoßenen Gebärmuttern, herausgerissenen [sic] Darm,

---

5   Die beschriebenen Szenen könnten auch von der durch die FHS zwischen 1919 und 1922 hergestellten gynäkologischen Lehrfilmserie in Kollaboration mit dem damaligen Vorstand Wilhelm Weibel stammen. Vgl. GANGART DER SCHWANGEREN (A 1920), Staatliche Film–Hauptstelle, 35mm. s/w. 66m. In: Verzeichnis der Filme der Staatlichen Film–Hauptstelle. Film Nr. 72. Medizin. Gynäkologie. Wien. 1924; DIE NORMALE GEBURT (A 1920). Staatliche Film-Hauptstelle. 35mm. s/w. 170m. In: Verzeichnis der Filme der Staatlichen Film-Hauptstelle. Film Nr. 23. Medizin. Gynäkologie. Wien. 1924

vom Rumpfe abgerissenen Kindesschädel [sic], [...] und Füße des Embryos« (Grassberger 1923, 1778) unannehmbar (Abb.2). Weiterhin monierte er die Projektion des nackten schwangeren Frauenkörpers und des Geburtsvorgangs jenseits der Klinik, seine Präsentation gegenüber einem gemischten Publikum, die außerhalb des medizinisch-limitierten Zugangs lag.[6] Der Aufklärungsfilm wurde in den folgenden Jahren regelmäßig in den Feuilletons der sozialdemokratischen Presse, wie etwa der *Arbeiter-Zeitung*, beworben, während die rechts-konservative *Reichspost* und *Die Neue Freie Presse* diese Art Filme als Schund und Untergang der Moral entschieden ablehnten (vgl. Schacherl 1922, 6; Spitzy 1923, 1879–1880; Cloeter 1922, 8).

Die Hygiene der Ehe zeigt die Beratung von drei Paaren, bei denen ergründet werden soll, ob ihr jeweiliger Gesundheitszustand für die Eheschließung geeignet sei. Die einführenden Zwischentitel erläutern, dass in einer glücklichen Ehe nur geistig und körperlich gesunde Menschen »lebenstüchtige Nachkommen erwarten können« (Foges 1922, 8–9). Dieser Grundsatz soll nun mit Hilfe einer filmischen Führung durch die Eheberatungsstelle, diverse Lungenheilanstalten und mittels Informationen zu Funktion und Anatomie der Geschlechtsorgane (Menstruation, Zeugung, Schwangerschaft, Geburt) und Säuglingspflege sowie zu selbstzugefügten, aber fehlgeschlagenen Schwanger-

Abb. 2: Anatomische Präparate, Embryos, »kriminelle Fruchtabtreibungen«; »Die Hygiene der Ehe« (1922)

---

6   N.N. 1923: Filmwerk »Die Hygiene der Ehe« Verweigerung der Vorführungsbewilligung, Rekurs In: AdR BKA-Allgemein 20–61, Karton 4818 Zl. 41017-23, Bundesministerium für soziale Verwaltung, Volksgesundheitsamt (28.7.1923).

schaftsabbrüchen nachgewiesen werden. Die Beratungsstelle wurde von den kommunalen Gesundheitsbehörden als präventive und offensive Strategie eingesetzt, um das ›Volksbewusstsein‹ darin zu bestärken, Verantwortung in Bezug auf Geschlechtskrankheiten, Erbdefekte und Geisteskrankheiten zu übernehmen. Wichtige Faktoren, um ihre Akzeptanz zu steigern, waren Freiwilligkeit und, zumindest bis 1934 (Mesner 2010, 68), die Ablehnung der Einführung einer obligatorischen, gesetzlich-standardisierten, rassenhygienischen Kontrolle, wie sie international diskutiert wurde. Die Pflicht der Bevölkerung Gesundheitsbewusstsein aufzuzeigen oder zumindest ihr Gewissen zu wecken, stand im Vordergrund des Beratungsprogramms. Es folgte der Überzeugung: »Krankheiten verhüten ist besser und wirtschaftlicher, als ausgebrochene Krankheiten heilen« (Kautsky 1923, 8). Trotz Kritik an den Darstellungsformen, die vor allem aus dem oppositionellen christlich-sozialen Lager kam, erkannten sozialdemokratische Organe, dass diese Fragen in dieser Zeit auch im Zusammenhang mit eugenischen Fragen diskutiert wurden (Dratzinger 1924, 1).

Die wiederkehrende Kritik am ›Roten Wien‹ durch die Beanstandung der Aufklärungsfilme zeigt sich besonders am Beispiel von DIE HYGIENE DER EHE und DIE GESCHLECHTSKRANKHEITEN UND IHRE FOLGEN. Während der im Film angeführte Arzt Julius Tandler als sozialdemokratischer Gesundheitsstadtrat tätig war, waren die genannten AKH-Kliniker und die erste Generation von FHS-Mitarbeitern das Gegenteil von Vorzeigesozialdemokraten: weder Heinrich Peham (1871–1930) noch der Orthopäde Hans Spitzy (1872–1956) oder der Dermatologe Ernst Finger. Unabhängig von ihrer politischen Positionierung standen die Kliniker in den meisten Fällen gewagten Darstellungs- und Medienformen für die Forschung und Lehre offen gegenüber und waren zunächst auch daran interessiert, diese einem Laienpublikum zugänglich zu machen. Es ist anzunehmen, dass sie zum einen der Gedanke faszinierte, nunmehr nicht nur in Presse oder Lehrbüchern, sondern auch im popularisierenden Wissenschaftsfilm vertreten zu sein. Zum anderen schienen sie sich aber nicht darüber im Klaren, wie dieser bei der Öffentlichkeit und bei Behörden ankam, in welcher Weise und für welches Publikum die an der Klinik hergestellten Filmszenen montiert wurden und wie leicht Kopien für andere Zwecke verwendet werden konnten. Spitzy, der im Film namentlich erwähnt wird und in seiner Anstalt zu sehen war, erklärte als Reaktion auf das abschätzige Gutachten von Grassberger, dass er die Filmaufnahmen nur bewilligt habe, da ihm diese als Gegenleistung kostenfrei für Vorträge und Unterricht zur Verfügung gestellt worden seien. Rückwirkend bereute er offensichtlich, mit dem Film DIE HYGIENE DER EHE in Verbindung gebracht worden zu sein und sprach von Missverständnissen und Missdeutungen, die in Zukunft zu vermeiden seien (Spitzy 1923, 1880). Die konkrete Kritik an der vermeintlich entsittlichenden Form der Darstellung im sexuellen Aufklärungsfilm des ›Roten Wien‹ kam grundsätzlich eher von den beteiligten Autoren und der Prominenz der gefilmten Wiener Institute, als dass sie durch den Stil der Filmbilder selbst ausgelöst wurde. Denn bei genauerem Hinsehen ähnelten sie populärwissenschaftlichen Filmen, die von konservativer Seite anerkannt wurden. Der wesentliche Unterschied bestand – auf einer Metaebene betrachtet – in Debatten, Reaktionen und divergierenden Zugangsbestimmungen (Byer 1983, 443). Dies drückte sich auch in ähnlich inhomogenen Reaktionen im Ausland aus. Während DIE HYGIENE DER EHE in Wien unter Jugendverbot stand und nur am Nachmittag und für Damen und Herren getrennt angeboten wurde, wurde derselbe Film – umbenannt in PROBLEME DER MENSCHWERDUNG – in Deutschland abends einem gemischten Publikum vorgeführt und war hier jugendfrei (Schmidt 2000, 66). In der Schweiz führte die Projektion der zunächst unzensierten Fassung unter dem Titel WAS JUNGE LEUTE VON DER EHE WISSEN MÜSSEN! (*Filmbote* 1923, 7) Berichten zufolge zu Ohnmacht, Verlobungsauflösung, Skandalen und Gerichtsterminen. Wohingegen in Ländern wie Tschechien, Ungarn, Frankreich und Belgien nicht von besonderen Vorkommnissen berichtet wurde (*Prager Tagblatt* 1922, o. S.).

Sozialdemokratische Journalist_innen wie Michael Schacherl (1869–1939) kritisierten die reaktionäre heuchlerische Resonanz von Erzkonservativen (Fischer 1990, 16–17), wie von der Redakteurin der *Neuen Freien Presse* Hermine Cloeter (1879–1970). Sie zitierte den Brief einer besorgten anonymen Leserin, die sich durch den Film angeblich in ihrem »Frauenempfinden« gestört fühlte und daher eine zum »Schutze der Jugend« und der »Rettung der Menschheit« empörte Filmrezension verfasste. Die Geburtsszene kommentierte sie wie folgt (Cloeter 1922, 8):

Wir erachten es als eine Herabwürdigung der Frau und nicht minder als eine Profanation der Wissenschaft, wenn Operationen, die jede Frau von innerer Würde, abgesehen von aller damit verknüpften körperlichen Not und Pein, nur mit einer empfindlichen Verletzung des Schamgefühls über sich ergehen läßt, einem Zufallspublikum auch nur im Bilde vorgeführt wird, das von der Straße schaulustig und neugierig lüstern in die Kinos strömt […]. Den Menschen das Schamgefühl nehmen, und geschähe dies auch mit wissenschaftlichen Mitteln und Methoden, heißt, sie ihrer letzten Würde entkleiden, und eine Aufklärungsarbeit, die diese Wege betritt, geht bedenklich in die Irre. Die ›Materie Mensch‹ ist nicht zu retten, zu bessern und zu heben, soferne man ihre Seele tötet, und die Wissenschaft allein vermag die Menschheit auch nicht um einen Schritt weiter zu bringen, wenn sie die Sitte verleugnet und verwirft.

In einer Zuschrift des im Film selbst auftretenden Gynäkologen der Frauenklinik, Heinrich Peham, an die *Neue Freie Presse* unterstützte dieser Cloeters Aufruf gegen den Film. Er erklärte, er habe die Aufnahmen nur durch eine Aufforderung des Volksgesundheitsamtes bewilligt, und bestritt jegliches Mitwirken bei der weiteren Produktion des Films. Er fügte den Vermerk hinzu, er sei von der Filmgesellschaft über die Verwendung des Films bewusst im Unklaren gelassen worden, habe einer Vorführung in öffentlichen Kinos niemals ausdrücklich zugestimmt und wolle nun rechtliche Schritte einleiten (Peham 1922, 7). Schacherl hingegen nahm an, dass hinter der besorgten Leserin vielmehr Cloeter selbst stecke, die es nicht gewagt habe zuzugeben, den Film mit eigenen Augen gesehen zu haben. In Bezug auf den Film bemängelte er lediglich das Nicht-Erwähnen der verbreiteten und zu Erbkrankheiten führenden Geschlechtskrankheiten, aufgrund derer die städtische Eheberatungsstelle primär ins Leben gerufen worden war. Schacherl berichtete von Reaktionen aus den Kinosälen, die in einigen Fällen zu verlegenem Gelächter geführt haben sollen. Gerade hier könne der Film Zuschauer_innen daran gewöhnen, sich den »Gefahren des Geschlechtsverkehrs, Mutterschaft [und] Geschlechtskrankheiten« zu stellen (Justinus 1921, 4). Auch hätte der Großteil des weiblichen Publikums bereits eine Geburt erlebt oder einer beigewohnt und amüsierte sich höchstens, diese nun im Film sehen zu können (Schacherl 1922, 6). Cloeters Filmkritik stufte er eher als hetzerische Parteipolitik, die am Beispiel von Die Hygiene der Ehe ausgetragen werde, denn als moralisches Problemerkennen ein. Weiterhin bezeichnete er Heinrich Pehams Rechtfertigungsversuch als decouragierte Haltung zum volksbildnerischen Film allgemein. Der Arzt hätte ihm ideologisch nahestehende Kolleg_innen nicht verstimmen wollen, daher vehement jegliche aktive Beteiligung am Film abgestritten und sich als unwissendes Opfer präsentiert. Auch Julius Tandler sah sich mit negativen Auswirkungen der Nacktaufnahmen der Schwangeren konfrontiert, äußerte sich in der öffentlichen Debatte allerdings nicht weiter zum Film.[7]

Den Konventionen der Zeit entsprechend wurden für die Produktion dieser Filme wissenschaftliche Regisseure herangezogen. Vermutlich war hier vorrangige Absicht, renommierte Kliniker und Leiter von Gesundheitsinstituten, wie Sanatorien und neu gegründeten Beratungsstellen, zu gewinnen.[8] Auch die Unterstützung durch staatliche Stellen und finanzi-

---

7 Siehe Briefanfrage der Schweizer »Vereinigung gegen Schund und Schmutz« an Tandler vom 4.5.1923. Die Vereinigung wollte sich bei Tandler informieren, ob dieser beim »marktschreierischen angekündigten« Film (Schweizer Titel) mitgewirkt habe, was er in einem Antwortschreiben vom 14.5.1923 verneinte. Vgl. Sammlungen der Medizinischen Universität Wien HS 4048/43.
8 Dies geschah durch die Bestellung von Wissenschaftlern. Bei der FHS war Leopold Niernberger als wissenschaftlicher Koordinator und Produzent in Erscheinung getreten. Seine Aufgabe war primär, anerkannte medizinische und wissenschaftliche Berater für die Lehrfilm-, Forschungsfilm- und Gesundheitsfilmpropaganda zu gewinnen. Siehe Übereinkommen der staatlichen Filmhauptstelle mit Dr. Leopold Niernberger, Vereinbarung Vertrag vom 15.10.1920. In: AdR BMU Zl. 2212 ex. 1920.

elle Förderung spielte eine wesentliche Rolle, um neue Formen und Strategien medialer Beratungskultur und -kommunikation zu untersuchen (McEwen 2016, 19). Die Hygiene der Ehe versprach wissenschaftlich einwandfrei und lehrreich zu sein und über den Stoff der Ehehygiene, ›Menschwerdung‹ und Sexualhygiene zu informieren (Abb. 3). Die von Kritiker_innen als willkürlich empfundene Präsentation einer auf- und abgehenden Schwangeren mit dem Geburtsakt sowie die unklare Rolle der in Zwischentiteln eingeführten Personen und Institute aus dem Wiener Medizinmilieu führten zu der oben beschriebenen aufgeladenen Debatte. Abgesehen von den ideologischen Faktoren wurden die sich aus pragmatischen Gründen ergebenden Produktionsumstände kritisiert: Klinische Originalschauplätze wurden meist kostenfrei zur Verfügung gestellt, Patient_innen in den öffentlichen Instituten ohne Gage vor die Kamera gebeten und dokumentarische Ausschnitte, die nicht selten von anderen im Umlauf befindlichen Filmen stammten, in Filmszenen montiert. Letztere wurden eingebunden in eine fiktionale Rahmenhandlung. Im Fall von Die Hygiene der Ehe wurde der junge Gynäkologe und frisch bestellte Leiter der Eheberatungsstelle, Karl Kautsky jr. (1892–1978), bei einer gestellten Konsultation und Untersuchung mit Schauspieler_innen, die sich im Ordinationszimmer als ehewillige Paare der Einrichtung beraten ließen, gefilmt.

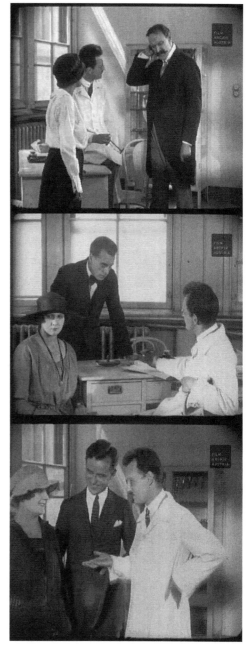

Abb. 3: Beratungssuchende Paare; »Die Hygiene der Ehe« (1922)

Alles in allem stellten die frühen Wiener Sexualhygienefilme eine hybride unberechenbare Mischung aus inszenierten Elementen dar, gekoppelt mit klinisch real-pathologischen Bewegtbildern, die bis dahin vorzüglich in klinische sowie wissenschaftliche Räume Eingang gefunden hatten. Die Aufklärung über Sexualität und ihre Kontrolle wurden in den Filmen ambivalent verhandelt: Je nach lokaler Vorführkonvention, persönlichen Befindlichkeiten von Begutachter_innen und politisch und kulturell gesteuertem Umgang traten mal strengere, mal liberalere Zensurbestimmungen und Reaktionen hervor (vgl. von Keitz 2005, 58). Mitwirkende aus Filmindustrie und Wissenschaft drängten auf strengere Vorgaben und verhandelten Strategien, um produzierte Bilder ›unverderblich‹ und ›unschädlich‹ zu gestalten (JAMA 1922, 1552).

Grassberger bestand in seinem Gutachten, das von der niederösterreichischen Landesregierung eingeholt wurde und in weiterer Folge auch an das Wiener Volksgesundheitsamt gesandt wurde, darauf, dass der Film seine aufklärerische Intention verfehlte:

Im Prinzipe und in dem mangelnden gesundheitserziehlichen Geschick des Verfassers begründete Mängel sind geeignet das Publikum eher zu verwirren als aufzuklären. Der Film verstößt durch die Vorführung des Geburtsvorganges vor einem gemischten Publikum, durch die detaillierte Vorführung, der für den Fachunterricht vorbehaltenen Bilder, die bei der öffentlichen Darbietung als ›Krudelitäten‹ wirken, gegen die Sitte. Er ist durch diese Mängel geeignet Aergernis zu erregen.[9]

Der Leiter des Volksgesundheitsamts in Wien Carl Helly (1865–1932), der die Wiener Aufführungen weiterhin unterstützte, reagierte auf die prominenten Kritiken, insbesondere der niederösterreichischen Begutachtung, die sich für die Zugangssperre einsetzte, in einem Akteneintrag, indem er einräumte:

Man kann sich jenem Teile des vom Universitätsprofessor Grahsberger [!] erstatteten Gutachtens vollkommen anschliessen, in welchem motiviert ausgeführt wird, mit welchen Schwierigkeiten sachgemäss Aufklärung über sexuelle Fragen verbunden sind [sic].[10]

Auf die Vorwürfe, denen zufolge der Filminhalt einem Laienpublikum nicht zumutbar wäre und die die Vorführung durch Universitätsprofessoren an ihren Arbeitsstätten als »Geschmacklosigkeit« bezeichneten, erwiderte Helly, dass die Verantwortung hier nicht bei den »Filmerzeugern« läge, sondern bei den Universitätsprofessoren selbst, die ihr Einverständnis gegeben hatten, gefilmt zu werden. Die Szenen, die klinische Präpa-

---

9 Akteneintrag von der niederösterreichischen Landesregierung zum Filmwerk: »›Die Hygiene der Ehe‹ Verweigerung der Vorführungsbewilligung, Rekurs« gesendet an das Volksgesundheitsamtes Bundesministerium für soziale Verwaltung vom 6.7.1923. Beschluss: Aufrechterhaltung der Untersagung in NÖ. In: AdR BKA-Allgemein 20–61 Karton 4818 Zl. 41017–23.

10 Siehe den Brief des Leiters des Volksgesundheitsamtes Bundesministerium für soziale Verwaltung Carl Helly an das Bundeskanzleramt (Inneres) vom 23.7.1923. Rekurs gegen die Verweigerung der Vorführungsbewilligung des Films »Hygiene der Ehe«. In: AdR BKA-Allgemein 20–6a Karton 4818 Zl. 41017–23.

rate sogenannter »verpönte[r] Eingriffe«[11], also durchgeführter krimineller Schwangerschaftsabbrüche, zeigten, sowie die Geburtsszene sorgten besonders für Unmut bei Kritiker_innen. Ihnen zufolge konnten diese Darstellungen nur zu »Verderbnis« der Zuschauer_innen führen. Grassberger erklärte in seinem Gutachten, dass »die Erfahrung lehrt, daß bei der großen Verbreitung sadistischer Anlagen, die über die harmlosere Brücke von Neugierde und über beliebige sexuelle Erregungen den Weg zur Anregung und Übung finden, alle solchen brutalen ›Unterrichtsversuche‹ für das breite Publikum schädlich wirken« (Grassberger 1922, 1778). Um ihn und die niederösterreichische Landesregierung zu beschwichtigen, erwiderte Helly, dass die angesprochenen, im Film gezeigten »anatomischen Präparate als Fruchtabtreibungsversuche, die selbst dem Arzte kaum ein klares Bild über den Sachverhalt bieten, beim Laien eher Langweile auslösen, als sadistische Bestrebungen«.[12] Er kommt zu dem Schluss, dass »die Erzeugung von Lehrfilmen noch in den Kinderschuhen steckt und dass infolgedessen und wegen der Eigenart der Filmherstellung Ungleichmässigkeiten in der Stoffverarbeitung kaum zu vermeiden sind«.[13]

Unter allen Hygienefilmen erfuhr der populärwissenschaftliche Sexualfilm wohl die prominenteste öffentliche und offizielle Debatte in Wien. Das Thema der Sexualaufklärung, aufbereitet in behördlich in Auftrag gegebenen Filmen, stand oftmals sicherlich in Kontrast zum Sexualalltag der Bevölkerung. Das breite öffentliche Interesse an diesem Thema führte jedoch zu zahlreichen Adaptionen in pseudowissenschaftlichen Filmen, wohingegen Filmstoffe, die sich weitaus weniger sensationalistisch der Hygiene von Haushalt, Kindern, Säuglingen oder Arbeit widmeten, alles in allem weniger Resonanz erfuhren. Wann immer im wissenschaftlichen oder volksbildenden Kontext ein Sexualhygienefilm Premiere hatte, der Themen wie Schwangerschaftsabbruch, Prostitution und Homosexualität behandelte, sorgte er für erhitzte Gemüter im Publikum und in der Presse.[14] Die erste Hälfte der 1920er Jahre verzeichnete insgesamt ein steigendes Interesse an der Mitwirkung bei Sexualaufklärungsfilmen, sowohl von behördlicher als auch industrieller Seite her, während das Filmgenre an sich weiterhin konsequent kontrovers diskutiert wurde.

»Die Geschlechtskrankheiten und ihre Folgen«
Die Dermatologen Ernst Finger, Gustav Riehl (1855–1943) und Leopold Arzt (1883–1955) von der Wiener Universitätsklinik für Geschlechts-

---

11 DIE HYGIENE DER EHE 00:25:15.
12 Rekurs gegen die Verweigerung der Vorführungsbewilligung des Films »Hygiene der Ehe«. In: AdR BKA-Allgemein 20–6a Karton 4818 Zl. 41017-23.
13 Ebd.
14 Vgl. ANDERS ALS DIE ANDEREN (D 1919) oder FRAUENNOT – FRAUENGLÜCK (CH 1929/30).

und Hautkrankheiten stellten sexuell übertragbare Infektionskrankheiten als Leitmotiv in den Vordergrund ihrer filmischen Narration (Archiv für Dermatologie und Syphilis 1924, 176). Sie realisierten filmische Adaptionen, um über die mannigfaltigen kongenitalen und infektiösen Typen und Stadien von Syphilis und Gonorrhö beziehungsweise Tripper zu informieren. Die Wiener Kliniker sprachen sich für die Notwendigkeit einer Früherkennung, Behandlung und Prophylaxe von Geschlechtskrankheiten aus und verorteten das größte Problem dieser »sozialen Gefahren« in den ›unaufgeklärten‹ Betroffenen, die sich aus Scham und Angst vor Stigmata nicht rechtzeitig an Ärzte wandten. Aufklärung über die Folgen des gefährlichen, »leichtsinnigen« sexuellen Lebenswandels, der Konsequenzen für das soziale Leben der Betroffenen sowie deren Nachkommen habe, sowie Verhütung und selbstregulative Maßnahmen wie Observation waren daher für Finger, Riehl und Arzt bevorzugte Inhalte des massenmedialen Kommunikationsmittels Film (Finger 1921, 3).

Der Film DIE GESCHLECHTSKRANKHEITEN UND IHRE FOLGEN wurde von der *Staatlichen Film-Hauptstelle* (FHS), die nach dem Ersten Weltkrieg aus der Filmstelle des Kriegspressequartiers hervorgegangen war, zusammen mit Ernst Finger am AKH-Institut für Geschlechts- und Hautkrankheiten und an der psychiatrischen *Pflegeanstalt für Geistes- und Nervenkranke Am Steinhof* hergestellt. Er begrüßt die Kinozuschauer_innen in den einführenden Zwischentiteln mit folgendem Text:

Verehrte Anwesende! Im Folgenden werden eine Reihe von Bildern vorgeführt, welche den Ernst, die Bedeutung und Verbreitung der Geschlechtskrankheiten illustrieren sollen. Bei Betrachtung der Bilder der vielfach schweren u. lebensgefährlichen Krankheits-Erscheinungen bitten wir vor Augen zu halten, daß die Geschlechtskrankheiten: 1. <u>vermeidbare</u> Erkrankungen sind, deren Verbreitung meist auf Unkenntnis derselben, Leichtsinn u. Mangel an Selbstbeherrschung zurückzuführen ist, und deren Vermeidung durch Mittel u. Maßregeln, die den Aerzten bekannt sind, möglich ist; 2. daß die Geschlechtskrankheiten <u>heilbare</u> Erkrankungen sind u. daß die schweren Erscheinungen, die im Folgenden gezeigt werden, wohl in jedem Falle durch eine rechtzeitige, entsprechende Behandlung zu vermeiden gewesen wären.[15]

Es folgen Szenen, die Formen von Gonorrhö beziehungsweise Tripper zeigen. Im Unterschied zu Filmen, die die explizite Darstellung erkrankter Geschlechtsteile vermieden oder bereits Probleme mit Zulassungsbeschränkungen hatten, wurden die Folgen der Tripperkrankung schon in der ersten Szene am Penis eines Patienten in Großaufnahme gezeigt – ähnlich

---

15 DIE GESCHLECHTSKRANKHEITEN UND IHRE FOLGEN (A 1922) zweite Zwischentitelblatt 01:00:39–01:01:25.

wie in der gleichnamigen deutschen UFA-Produktion und bei französischen Militärhygienefilmen (Bonah 2015, 26–28).[16] Einige Sekunden lang sieht man die Hände des behandelnden Arztes (ein junger unbenannter Kollege Fingers) an das befallene Genital greifen, um das typisch für Gonorrhö aus der Harnröhre tretende Sekret zu demonstrieren. Die Hände des Klinikers stellen einen Übergang zur nächsten Szene dar und werden nach weiteren Zugriffen auf ›pathologisches Patientenmaterial‹ beim Hantieren im Labor in Szene gesetzt. Sie zeigen in wenigen Schritten, wie die klinischen Instrumente und weiteres Material (Pipetten und chemische Lösungen) zu bedienen sind, um die Krankheitserreger im mikroskopischen Bild sichtbar zu machen. Es folgen mikrokinematographische Bilder, die in vielen anderen europäischen populärwissenschaftlichen Filmen zu Geschlechtskrankheiten ausschließlich im Verbund mit schematischen Bildern gezeigt wurden, um Geschlechtsteile und nackte Patientenkörperteile nicht exponieren zu müssen.[17] Mikroskopische Bilder, eingeblendete schematische Bilder und so weiter sollten Beschaffenheit, Form und Verlauf von Krankheitserregern visibilisieren. Diese Bildformen unterstützten den Eindruck von Wissenschaftlichkeit und sollten die filmische Darstellung deformierter Körperteile, angeborener Syphiliserkrankungen bei Neugeborenen und anonymisierter nackter geisteskranker Patien_innen, die ›Am

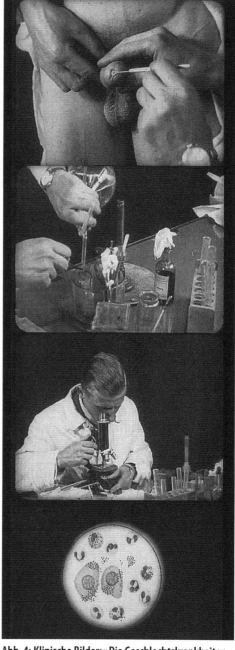

Abb. 4: Klinische Bilder; »Die Geschlechtskrankheiten und ihre Folgen« (1922)

16 Ebd., 01:01:43.
17 Ebd., 01:01:47–01:02:20.

Steinhof‹ interniert waren, objektiv erscheinen lassen, um der gefürchteten Kritik aus wissenschaftlichen Kreisen entgegenzuwirken (vgl. Hagener 2000) (Abb. 4).

In Die Geschlechtskrankheiten und ihre Folgen folgen im gleichen Ablauf und Ausschnitt weitere Krankheitsserienbilder von deformierten Penissen verschiedener Pathologietypen. (Die explizite Darstellung der überwiegend männlichen Genitalien wurde in der Presse nicht erwähnt.) Die Demonstration scheint nach Schweregrad und Häufigkeit angeordnet zu sein: Nach wiederkehrend inszenierten erkrankten männlichen Genitalien wird der Blick freigegeben auf eine mit Wucherungen übersäte Vagina einer Patientin, die mit Hilfe von klinischen Händen, die das Gesäß festhalten, und zwei Holzstäben, die die Schamlippen auseinanderspreizen, dem Kamerablick ausgesetzt wird.[18] Auch der von Wucherungen befallene Analbereich eines männlichen Patienten wird demonstriert. Während die Genitalien, devianten Wucherungen und Ausschläge im Film vergrößert erscheinen, versuchte man mit verschiedenen Hilfsmitteln, wie Lichtmasken, Augenbinden und herangezoomten vignettierten Kameraausschnitten, die Gesichter der Patient_innen zu anonymisieren. Auch, um die häufig betroffenen pathologischen Mundpartien besser filmen zu können.

Die Geschlechtskrankheiten und ihre Folgen, im Wiener Maria-Theresien-Kino im April 1922 vor geladenen Gästen uraufgeführt und in deutschen Städten wie Berlin und München programmiert, wurde 1924 im Verzeichnis der Filme der *Staatlichen Film-Hauptstelle* als »populär-wissenschaftlich« eingestuft. Der Film erlangte im umliegenden Bundesland Niederösterreich, das bereits den Film Die Hygiene der Ehe für den Kinovertrieb gesperrt hatte (Pilz 2014, 146), keine Genehmigung für die öffentliche Projektion. Der Landessanitätsrat sowie lokale Mediziner und Erzieher wurden für die Projektion des Films eigens ins Kino bestellt. Im Anschluss wurde dieser für weitere öffentliche Aufführungen im Bundesland vorbehaltlos gesperrt. Begründet wurde dies in einem Kommentar des Vorsitzenden des niederösterreichischen Landessanitätsrats mit den Anmerkungen,

1, das [sic] bei der großen Verantwortung, welche der sexuellen Aufklärung überhaupt zukomme, bei der heute herrschenden Einstellung des Filmbetriebes auf Sensationslust und Neugierde begründete Bedenken bestünden, ob Kinofilme überhaupt geeignet seien, mündliche Aufklärungen in der Form von Vorträgen bewährter ärztlicher Fachleute oder sittlich-erzieherisch gehaltener anderweitige Belehrung zu ersetzen
und

---

18 Ebd., 08:46:58.

2, daß der vorliegende Film diese Eignung nach Ansicht des n. ö. Landessanitätsrates nicht besitze, da mangelndes pädagogisches Geschick und erhebliche Lücken, sowie Textfassungen, die zu mißverständlicher Auffassung Veranlassung geben, diesen Film als minderwertig erscheinen ließen. Speziell sei ein Bild noch besonders geeignet, die Sittlichkeit zu verletzen. (Die überflüssige Zur-Schaustellung des penis [sic] im Bewegungsbilde bei Entnahme von Sekret für Untersuchungszwecke auf das Vorhandensein von Krankheitserregern anstatt einer bezüglichen schematischen Zeichnung).[19]

In DIE HYGIENE DER EHE wurde der schwangere, vor der Kamera auf und ablaufende Frauenkörper als für ein Laienpublikum nicht zuträglich erklärt, in DIE GESCHLECHTSKRANKHEITEN UND IHRE FOLGEN wurde die Darstellung des erkrankten Penis für verstörend befunden. Beide Darstellungsweisen wurden der überflüssigen Zurschaustellung bezichtigt, die nur »Sensationslust und Neugierde in aufdringlicher Weise«[20] anrege. Und während die Unsittlichkeit für Student_innen und Ärzte im Hörsaal nicht als Bedrohung empfunden wurde, sollte bedacht werden, dass der Film im Kinosaale, der vom Großteil der Zuschauer als ausschließliche

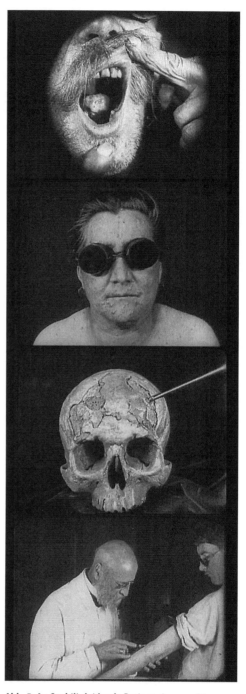

Abb. 5: An Syphilis leidende Patient_innen; »Die Geschlechtskrankheiten und ihre Folgen« (1922)

19 Filmwerk: »Die Geschlechtskrankheiten«, Nichtzulassung für niederösterreichischen Rekurs. In: ÖStA AdR, BKA, Bundesministerium für soziale Verwaltung (Volksgesundheitsamt), Ex. (2.10) 1923/Februar 1924, 20–6a, 4818, Zl. 52502/23.
20 Ebd.

Stätte von Vergnügungen leichtester und sogar frivoler Art gewertet werde und dessen Dunkel die Sinnlichkeit aufzustacheln geeignet sei, unbedingt derart [wirke], daß durch seine Vorführung gegen den Anstand und die guten Sitten verstoßen werde, insbesondere bei der Annahme, daß das Publikum des breitem [sic], zum Teile ungebildeten Schichten der Bevölkerung angehöre.[21]

Wiener Behörden unterstützten die Verbreitung und Projektion des Films jedoch auf nationaler und internationaler Ebene. Das Aufführungsreglement des Wiener Volksgesundheitsamts, das mit der FHS in engem Kontakt stand, verordnete allerdings bestimmte Einschränkungen. Gewisse Kriterien sollten gemäß behördlicher Anordnung berücksichtigt werden, damit das Publikum nicht mit anrüchigen Filmen fehlgeleitet werde. Die FHS wurde angewiesen, die Kinobetreiber_innen in folgenden Punkten zu unterweisen: Es sollten keine Unterhaltungsfilme unmittelbar vor oder nach der Vorstellung zu sehen sein. Auf Begleitmusik musste verzichtet werden, dafür sollte für jede Vorstellung ein wissenschaftlicher Vortragender beauftragt werden. Vorstellungen mussten immer für Damen und Herren getrennt erfolgen; die Filme durften nicht zu später Tageszeit programmiert sein; Jugendlichen und Kindern war der Zutritt verboten. Das aussagekräftigste Kriterium für die Haltung des Volksgesundheitsamts war die Anweisung an die FHS, keine Reklame oder sonstige Werbetätigkeit zu betreiben (wie dies zuvor bei DIE HYGIENE DER EHE vehement negativ hervorgehoben wurde), um die gefürchtete Assoziation mit Erotikfilmen, die üblicherweise in Boulevardmedien »marktschreierisch« beworben wurden, zu vermeiden.[22] Mit dieser Auflage erklärt sich das Fehlen von Ankündigungsannoncen und Filmrezensionen, wie sie für andere zeitgenössische Sexualaufklärungsfilme zahlreich in der Kino- und Tagespresse zu finden sind. Wenn Sexualaufklärungsfilme beworben und mit marktwirtschaftlichen Anliegen in Verbindung gebracht wurden, war stets auch der wissenschaftliche Anspruch und die Reputation der Filme bedroht und mit ablehnender gesellschaftlicher und behördlicher Kritik konfrontiert (*Kinofreund* 1924, 6).

Ein Grund dafür, dass moralisch intendierte ›Volkserziehung und -beeinflussung‹ mit Hilfe von Film und Kino als Lehrmittel sukzessive weniger stark diskreditiert wurde, war die veränderte Konnotation des Begriffs Aufklärungsfilm, der bis dato auch als Synonym für anrüchige Filme, die »nicht zu verwechseln« (*Neue Kino-Rundschau* 1921, 2) seien, gegolten hatte. An dem Film DIE GESCHLECHTSKRANKHEITEN UND IHRE FOLGEN wurde damit der nun positive Aspekt betont, »an Stelle der alten, falschen Prüderie, die die Augen schließt, um das Gift nicht zu sehen, die aber dabei der Ausbreitung des Vergiftungsprozesses Vorschub leistet, die wissen-

21 Ebd.
22 Ebd.

schaftliche und doch volkstümliche Aufklärung und Belehrung treten zu lassen« (*Neue Kino-Rundschau* 1921, 2). Man ging also davon aus, dass die klinischen Filmbilder nicht als anrüchig oder doppeldeutig empfunden wurden, abschreckend sollten sie definitiv sein. Demselben Kommentar nach sollten die neuen, wissenschaftlich fundiert belehrenden Filme dabei helfen, Vorurteile abzubauen, was sich bei der Filmsichtung selbst – und das wurde in zeitgenössischen Kommentaren ähnlich gesehen – nicht einwandfrei nachvollziehen lässt. Dies liegt vor allem an dem moralisch paternalistischen und anprangernden Ton der Texte, die einleitend und abschließend an die Zuschauer_innen adressiert waren (*Österreichischer Komet* 1925, 28; sp. 1925, 43). Der resümierende Schlusstitel, der sich direkt an die Anwesenden richtet, empfiehlt: »Legt eure falsche Scham ab! Sofort zum Arzt, wer sich krank fühlt!«. Eine Rezension beschrieb den Film sogar als sachlich und anschaulich, gerade durch die an den Kliniken entstandenen Bilder zu Krankheitsverlauf und schlimmstem Ausgang von Geschlechtskrankheiten. Sie bemängelte aber das Fehlen von Informationen zu den tatsächlichen Umständen der drohenden Ansteckung und Übertragung wie etwa durch Stillen (*Neue Kino-Rundschau* 1921, 2). Der Journalist räumte zugleich ein, dass die detaillierte Darstellung wiederum »mehr aufgeklärtes als der Aufklärung bedürftiges Publikum« anlocken würde und kommt zu dem Schluss, dass der Film zumindest »nie ›unanständig‹, aber auch nicht zu anekelnd« (*Österreichischer Komet* 1922, 28) wirke (vgl. Gertiser 2008; Gertiser 2015; Laukötter 2015).

Der internationale Vertrieb stand vor ähnlichen Problemen der Zuordnung. Wie die inkonsequente Haltung zu sexuellen Aufklärungsfilmen innerhalb eines Landes am Beispiel der Wiener und niederösterreichischen Behörden gezeigt hat, sollte der unterschiedlichen kulturellen, gesundheitspolitischen und rechtlichen Konventionen entsprechende Umgang mit diesen Filmen im Ausland noch unberechenbarer für die Filmverkäufer der FHS sein. DIE GESCHLECHTSKRANKHEITEN UND IHRE FOLGEN wurde, wie zuvor DIE HYGIENE DER EHE, ab 1922 auch in Berliner und ab 1925 in Münchner Kinos zugelassen, wobei die abschreckenden Bilder in Rezensionen als besonders wirkungsvoll angepriesen wurden (sp. 1925, 43).

Die unmittelbar danach produzierten populärwissenschaftlichen Sexualaufklärungsfilme, wie die von der Pan-Film A. G.[23] hergestellten Titel ALKOHOL, KRIMINALITÄT, SEXUALITÄT (A 1922), WIE SAG ICH'S MEINEM KINDE? (A 1923) und WAS IST LIEBE? (A 1924), zeigten rein fiktionale Handlungen. Sie wurden ebenfalls durch wissenschaftliche Bilder, schematische Inserts, mikrokinematographische Animationen, Statistiken und die Nachstellung von ärztlichen Beratungsszenen unterstützt, kamen aber ohne explizite kli-

---

23 Pan-Film A. G. laut Austria Forum von 1921–1936, siehe https://austria-forum.org/af/AustriaWiki/Liste_österreichischer_Filmproduktionsgesellschaften (Stand: 10.09.2017).

nische Bilder aus, die Fortpflanzung, Geburt und die schlimmsten Auswüchse von Geschlechtskrankheiten eindrücklich zeigten.

Die Hygiene der Ehe und Die Geschlechtskrankheiten und ihre Folgen wurden einige Jahre nach den ersten Kinoprojektionen rückwirkend zu rein zweckdienlichen klinischen Lehrfilmen erklärt. Waren Vertrieb und Projektionen ursprünglich primär für populärwissenschaftliche Räume vorgesehen gewesen, wurden Szenen oder ganze Filmkapitel nun teilweise zensiert und für öffentliche Vorführungen gesperrt, wie in Niederösterreich, Deutschland und der Schweiz der Fall. Während der überlieferte deutsche Filmprint die Szenen, die die auf- und ablaufende Schwangere und den Geburtsakt zeigen, mit schematischen Zeichnungen ersetzt hatte (Laukötter 2012, 55), wurden diese Szenen in der Schweizer Version ganz entfernt und setzen erst wieder mit der Darstellung des schreienden Neugeborenen ein.[24] Die Nutzung für den medizinischen Unterricht, Wissenschaftsvorträge und Ausstellungen hingegen wurde von allen politischen und gesellschaftlichen Lagern befürwortet (*Arbeiter-Zeitung* 1925). Die Pan-Filme wurden weiterhin staatlich gefördert und als »verbesserte« Art des vorangegangenen Aufklärungsfilms angekündigt. Sie richteten sich an ein jüngeres Publikum, reagierten also direkt auf die Kritik an früheren Sexualaufklärungsfilmen wie Die Hygiene der Ehe, die, zumindest offiziell, in Wien durchgehend für Jugendliche und Kinder verboten waren, obwohl gerade diese hätten belehrt werden müssen. Diese ›neue Generation‹ von Sexualaufklärungsfilmen verstand sich als Entgegenkommen der privaten Filmindustrie. Die nun ausschließlich fiktional gestalteten Drehbücher sowie das Involvieren ärztlicher und pädagogischer Drehbuchautor_innen und Regisseure hinter der Kamera sollten einen produktionspraktischen Kompromiss darstellen. Hierdurch sollte einerseits beharrlich kritischen Stimmen gegen den reinen Unterhaltungsfilm begegnet und dem einem Laienpublikum nicht zumutbaren, klinisch motivierten Aufklärungsfilm entgegengewirkt werden. Die überschwänglich positiven Zeitungsberichte aus Film- und Tagespresse zur Premiere von Alkohol, Kriminalität, Sexualität im Wiener Schwarzenbergkino sollten Volksbildung und Sozialpolitik einen Aufwind geben und eine aufgeschlossene volksnahe Haltung zu Aufklärungs- und Bildungsfilmen nahelegen, für die auch der damals im Publikum anwesende, parteilose Bundespräsident Michael Hainisch (1858–1940) stand (*Das Kino-Journal* 1922, 1 f.). Parallel dazu entstanden weitere Filme, die aufklärend und verhütend wirken sollten. Wiener Kliniker wurden immer noch beschäftigt, um von staatlicher und universitärer Seite aus im Film aufzutreten oder zumindest an der Produktion beteiligt

---

24 Vgl. Gutachten der *Film-Oberprüfstelle* in Berlin zur Verhandlung des Films »Hygiene der Ehe« vom 28.02 1925 siehe http://www.difarchiv.deutsches-filminstitut.de/zengut/df2tb520z.pdf (Stand: 12.03.2018).

zu sein. Tandler, Peham und Spitzy sollten aber an keiner populärwissenschaftlichen Filmproduktion mehr teilnehmen (Archiv für Dermatologie und Syphilis 1924, 176). Die komplexe Stellung des Sexualaufklärungsfilms in dieser Epoche forderte mitwirkende Filmindustrielle und staatliche Unterrichts- und Gesundheitsbehörden weiterhin heraus. Die hybride und interdisziplinäre Form des populärwissenschaftlichen Films wurde nie für alle Seiten zufriedenstellend aufgelöst, was sich vor allem durch das schwierige Erfassen von Daten zu Publikumsreaktionen und Auswirkungen der tatsächlichen Effekte und Aufklärungserfolge äußert. Rückwirkend wurden DIE HYGIENE DER EHE und andere Aufklärungsfilme der Pan-Film A. G. von Privatfilmindustriellen als Publikumserfolge adressiert. Für den Aufbau eines seriösen nationalen Lehrfilmprogramms wurden sie allerdings nicht als würdig erachtet, gerade weil sie angeblich »meist einen ziemlich offen betonten erotischen Beigeschmack hatten« (Imelski 1924, 472).

Zusammenfassend lässt sich sagen: Die sozialdemokratisch motivierten Hygieneinterventionen, die im Zusammenhang mit dem Medium Film Debatten über visuelle Vermittelbarkeit bei Zuschauer_innen und Journalist_innen auslösten, zeigten mehrere kulturhistorische Momente auf: Die populäre Rezeption erfolgte eng verschränkt mit soziologischen, kulturellen, gesundheitspolitischen und administrativen Fragen zur Vermittlung von Film. Sexualhygiene war nicht nur literarisch, sondern auch als theatralische Interpretation und Inszenierung von ›Krankheit‹ und ›Gesundheit‹ im Film verortet, was Wissen und einen neuartigen Zugang zu hygienischen Lebensmodellen propagieren und fördern sollte. Der Blick in und auf den lebenden weiblichen und männlichen Patient_innenkörper, seine pathologisierten Geschlechtsteile und die Reduktion auf physiologische Vorgänge, wie die Reproduktion und Ansteckung von Geschlechtskrankheiten, sind als visuelles Versuchsprogramm zu betrachten und bergen einen epistemischen und kulturellen Mehrwert, der in der medizinfilmischen Inszenierung selbst gründet. Die Pädagogisierbarkeit der Massen erschien im Kino möglich – die kinematographischen Bilder der ›Ehehygiene‹ und Fortpflanzung sollten gegen veraltete Prüderie und Moralvorstellungen gesetzt werden. Das Thematisieren von sexueller Aufklärung und sexuellen Gefahren traf gleichermaßen auf Zuspruch und Widerstand aus verschiedenen Lagern, was wiederum zurückwirkte auf die jeweilige soziopolitische Agenda. Der Status von Norm beziehungsweise Anomalie und Fragen filmischer Reglementierung regten weiterhin Debatten über eine möglichst aufgeschlossene, aber gleichzeitig ausreichend verbergende Darstellung an.

Literatur

Bonah, Christian / Anja Laukötter 2015 (Hg.): Introduction: Screening diseases. Films on sex hygiene in Germany and France in the first half of the 20th Century. In: *Gesnerus. Swiss Journal of the History of Medicine and Sciences* (Theme Issue: Screening Sex Hygiene Films in the first Half of the 20th Century) 72/1, 5–14.

Bonah, Christian 2015: »A word from man to man«. Interwar Venereal Disease Education Films for Military Audiences in France. In: *Gesnerus. Swiss Journal of the History of Medicine and Sciences* (Theme Issue: Screening Sex Hygiene Films in the first Half of the 20th Century) 72/1, 15–38.

Burger, Bianca 2015: Ehehygiene und ihre Vermittlung in Wien 1919–1933 unter besonderer Berücksichtigung des Aufklärungsfilms HYGIENE DER EHE (1922). Diplomarbeit Universität Wien.

Byer, Doris 1983: Rassenhygiene und Wohlfahrtspflege. Zur Entstehung eines sozialdemokratischen Machtdispositivs in Österreich bis 1934. Frankfurt a. M. / New York.

Cloeter, Hermine 1922: Der Baum der Erkenntnis im Film. In: *Neue Freie Presse* 20898 (12.11.), 8.

d. 1922: Aus der Welt des Films. In: *(Deutsche) Prager Tagblatt* 47/194 (20.8.) o. S.

Dr. Dratzinger 1924: Muckermann: Kind und Volk. In: *Tagblatt* 28/36 (13.2.), 1.

Eder, Franz X. 2009: Kultur der Begierde. Eine Geschichte der Sexualität. München.

Fallend, Karl 2009: Marie Frischauf-Pappenheim. In: Sigusch, Volkmar (Hg.): Personenlexikon der Sexualforschung. Frankfurt a. M., 204–206.

Finger, Ernst 1921: Zur Frage der sogenannten sexuellen Aufklärung. In: *Wiener Medizinische Wochenschrift* 29/9826, 3–4.

Finger, Ernst 1924: Die Geschlechtskrankheiten als Staatsgefahr und die Wege zu ihrer Bekämpfung. Wien, 65–69.

Fischer, W. 1990: Michael Schacherl. In: Österreichisches Biographisches Lexikon 1815–1950, Österreichische Akademie der Wissenschaften, Bd. 10. Wien, 16–17.

Foges, Ida 1922: Die Eheberatungsstelle der Stadt Wien. In: *Prager Tagblatt* 137, 8–9.

Foucault, Michel 2014 [1976]: Der Wille zum Wissen. Sexualität und Wahrheit I. Frankfurt a. Main.

Friedland, Alexander / Herrn, Rainer 2014: Der demonstrierte Wahnsinn. Die Klinik als Bühne. In: *Berichte zur Wissenschaftsgeschichte* 37, 309–331.

Gertiser, Anita 2008: Der Schrecken wohnt im Schönen: Darstellung devianter Sexualität in den Aufklärungsfilmen zur Bekämpfung der Geschlechtskrankheiten der 1920er Jahre. In: *zeitenblicke* 7/3. http://www.zeitenblicke.de/2008/3/gertiser/dippArticle.pdf (Stand: 12.3.2018).

Gertiser, Anita 2008: Ekel. Beobachtungen zu einer Strategie im Aufklärungsfilm zur Bekämpfung der Geschlechtskrankheiten der 1920er Jahre. In: *Figurationen* 9/1, 61–76.

Gertiser, Anita 2015: Falsche Scham. Strategien der Überzeugung in Aufklärungsfilmen zur Bekämpfung der Geschlechtskrankheiten (1918–1935). Göttingen.

Grassberger, Roland 1921: Ueber die sexuelle Aufklärung unserer Schuljugend. In: *Wiener Klinische Rundschau* 35/9-10, 35–37.

Grassberger, Roland 1923: Gutachten über den Film Hygiene der Ehe. In: *Wiener Medizinische Wochenschrift* 73/40, 1777–1779.

Hagener, Malte 2000 (Hg.): Geschlecht in Fesseln: Sexualität zwischen Aufklärung und Ausbeutung im Weimarer Kino 1918–1933. München.

Hirnsperger, Hans 2012: »Grausig und abschreckend«. Die Geschlechtskrankheiten und ihre Folgen (1920): Ein Lehrfilm im Kampf gegen die Geschlechtskrankheiten. In: *Filmblatt* 17/49, 39–47.

Imelski, Karl 1924: Die Lehrfilmerzeugung in Österreich. In: *Die Quelle* 74, 471–473.

Johler, Birgit 2008 (Hg.): Wilhelm Reich Revisited. Wien.

Justinus 1921: Die sogenannte sexuelle Aufklärung. Vortrag von Hofrat Professor Finger. In: *Neues Wiener Journal* 29/9826 (15.3), 3–4.

Kautsky, Karl 1923: Brief Kautsky, Karl an Redakteur L. E./G. Tagblatt 10. Juni 1923. Zitiert in: *Tagblatt* 136, 8.

Keitz, Ursula von 2005: Im Schatten des Gesetzes. Schwangerschaftskonflikt und Reproduktion im deutschsprachigen Film 1918–1933. Marburg.

Kinoannoncen 1922. In: *Arbeiter-Zeitung* 34/295 (3.11.), 10.

Köhne, Julia B. 2009: Kriegshysteriker. Strategische Bilder und mediale Techniken militärpsychiatrischen Wissens, 1914–1920. Husum.

Laukötter, Anja 2012: Hygiene der Ehe (1922) und die Gesundheitsaufklärung in der frühen Weimarer Republik. In: *Filmblatt* 17/49, 48–60.

Laukötter, Anja 2015: Vom Ekel zur Empathie. Strategien der Wissensvermittlung im Sexualaufklärungsfilm des 20. Jahrhunderts. In: Nikolow, Sybilla (Hg.): Erkenne dich selbst!: Strategien der Sichtbarmachung des Körpers im 20. Jahrhundert. Köln / Weimar / Wien, 305–319.

Marschik, Matthias / Georg Spitaler 2015: Leo Schidrowitz. Autor und Verleger, Sexualforscher und Sportfunktionär. Berlin.

McEwen, Britta 2016: Die Eheberatungsstelle des Roten Wien und die Kontrolle über den ehelichen Sex. In: Brunner, Andreas / Frauke Kreutler et al. (Hg.): Sex in Wien – Lust. Kontrolle. Ungehorsam (Sonderausstellung des Wien Museums, 411), Wien, 119–125.

Mesner, Maria 2010: Geburten/Kontrolle, Reproduktionspolitik im 20. Jahrhundert. Wien / Köln / Weimar.

N. N. 1919: Der Aufklärungsfilm. In: *Die Kinowoche* 1, 10.

N. N. 1920: Die Bekämpfung der Geschlechtskrankheiten. Eine Zählung der Kranken. In: *Arbeiter-Zeitung* 269 (29.9.), 5.

N. N. 1921: Das Kino als Lehranstalt – Zur Lehrfilmfrage. In: *Neue Kino-Rundschau* 211, 2–8.

N. N. 1921: Der Film als Volkserzieher. In: *Neue Kino-Rundschau* 209 (5.3.), 2.

N. N. 1922: Die Hygiene der Ehe. In: *Paimann's Filmlisten* (Die Wiener Vorführungen von 28. September bis 4. Oktober) 7/339, 47.

N. N. 1922: Die Geschlechtskrankheiten und ihre Folgen (Staatliche Filmhauptstelle). In: *Österreichischer Komet* 617 (15.4.), 28.

N. N. 1922: Fight Against Venereal Disease by Moving Pictures. In: *JAMA Journal of the American Medical Association* 78/20 (20.5.), 1552–1553.

N. N. 1922: Ein denkwürdiger Tag für die Filmindustrie. (Bundespräsident Hainisch bei der Pan-Film A. G.). In: *Das Kino-Journal* 638 (21.10.), 1–2.

N. N. 1922: Der Bundespräsident im Kino. In: *Das Kino-Journal*, 15/643 (25.11.), 1–2.

N. N. 1923: Das Kinopublikum von einst. In: *Das Kino-Journal* 16/668 (19.5.), 4–5.

N. N. 1923: »Brunneriana« in der Schweiz. In: *Filmbote* 30, 6–7.

N. N. Filmvorführungen Leopold Arzt 1924: 19. Das v. Hebrasche Wasserbett und seine Verwendung. (Der Film wurde von der Bundesfilmhauptstelle in Wien hergestellt.), 20. Die Mikrosporie. Der Film wurde von der Bundesfilmhauptstelle in Wien hergestellt.). In: *Archiv für Dermatologie und Syphilis* 145, 176–177.

N. N. 1924: Österreichische Filmindustrie: Pan-Film-A. G. In: *Kinofreund* 8 (4.3.), 6.

N. N. 1925: Die Geschlechtskrankheiten und ihre Folgen (Staatliche Filmhauptstelle). In: *Österreichische Komet* 617 (15.4.), 28.

N. N. 1925: Aus der Hygieneaustellung [28.4.–12.7.]. Vorträge und Filmvorführungen. Aufklärungsfilme: *Hygiene der Ehe* und *Die Geburt des Menschen*. In: *Arbeiter-Zeitung* 146/152/156 (28.5./4.6./8.6.), 9, 9, 6.

Österreichische Gesellschaft für Volksgesundheit, Sektionschef für Geschlechtskrankheiten 1927. In: Breunlich, Franz (Hg.): Wiener Wohlfahrtskataster. Ein Handbuch der Wiener öffentlichen und privaten Fürsorge-Einrichtungen. Wien.

Peham, Heinrich 1922: Der Baum der Erkenntnis im Film. Zuschrift des Hofrates Universitätsprofessors Dr. Peham. In: *Neue Freie Presse* 20900 (14.11.), 7.
Pernick, Martin S. 1978: Thomas Edison's Tuberculosis Films: Mass Media and Health Propaganda. In: *The Hastings Center Report*, 8/3, 21–27.
Pilz, Katrin 2014: Der schwangere Frauenkörper in der frühen Wiener Kinematografie. In: Schwarz, Werner Michael / Ingo Zechner (Hg.): Die helle und die dunkle Kammer der Moderne. Festschrift für Siegfried Mattl zum 60. Geburtstag. Wien, 145–151.
Pilz, Katrin 2018: Lorenz Böhlers Filme zur Notfallmedizin und Orthopädie. Debatten um Operationstechniken, Therapieformen, Konkurrenz und transnationaler Wissensvermittlung. In: Angetter, Daniela / Birgit Nemec / Herbert Posch (Hg.): Strukturen und Netzwerke – Medizin und Wissenschaft in Wien, 1848–1955. Wissenschaft, Politik, Ökonomie, Gesellschaft und Kultur im Kontext internationaler Veränderungsprozesse. Wien.
r. m. 1922: »Die Hygiene der Ehe«. In: *Prager Tagblatt* 234 (6.10.), 7.
Sauerteig, Lutz 2003: Militär, Medizin und Moral: Sexualität im Ersten Weltkrieg. In: Eckart, Wolfgang U. / Christoph Gradmann (Hg.): Die Medizin und der Erste Weltkrieg. Herbolzheim, 197–226.
Schacherl, Michael 1922: Die Geburt eines Kindes im Film. In: *Arbeiter-Zeitung* 307 (15.11.), 6.
Schmidt, Ulf 2000: Der Blick auf den Körper. Sozialhygienische Filme, Sexualaufklärung und Propaganda in der Weimarer Republik. In: Hagener, Malte (Hg.): Geschlecht in Fesseln: Sexualität zwischen Aufklärung und Ausbeutung im Weimarer Kino 1918–1933. München, 23-46.
Sobchack, Vivian 2004: Carnal Thoughts. Embodiment and moving Image Culture. Berkeley.
sp. 1925: Die Geschlechtskrankheiten. In: *Reichsfilmblatt* 4, 43.
Spitzy, Hans 1923: Zum Gutachten über den Film »Hygiene der Ehe« von Professor Dr. Graßberger. In: *Wiener Medizinische Wochenschrift* 42 (13.10.), 1879–1880.
Steiner, Herbert 1931 (Hg.): Sexualnot und Sexualreform – Sexual Misery and Sexual Reform – Les misères sexuelles et la réforme sexuelle. Verhandlungen der Weltliga für Sexualreform. Wien.
Streible, Dan / Martina Roepke / Anke Mebold 2007 (Hg.): Introduction: nontheatrical film. In: *Film History* 19/4, 339–343.
Überegger, Oswald 2006: Krieg als sexuelle Zäsur? Sexualmoral und Geschlechterstereotypen im kriegsgesellschaftlichen Diskurs über die Geschlechtskrankheiten. Kulturgeschichtliche Annäherungen. In: Kuprian, Hermann J. W. / Oswald Überegger (Hg.): Der Erste Weltkrieg im Alpenraum. Erfahrung, Deutung, Erinnerung. La Grande Guerra nell'arco alpino. Esperienze e memoria. Innsbruck, 351–366.
Verzeichnis der Filme der Staatlichen Film–Hauptstelle 1924, Film Nr. 23, Nr. 72. Medizin. Gynäkologie. Wien.
Wingfield, Nancy M. 2013: The Enemy Within. Regulating Prostitution and Controlling Venereal Disease in Cisleithanian Austria during the Great War. In: *Central European History* 46/3, 568–598.

Archive

Filmarchiv Deutsches Filminstitut Filmmuseum
Filmarchiv Austria
Österreichisches Staatsarchiv
Sammlungen der Medizinischen Universität Wien

Karin Moser
›DIE NEUE FRAU‹ ODER ›DIE VERLORENE REBELLION‹

Nun gut Fanchon Fadet, da Du so vernünftig sprichst und ich Dich zum ersten Mal in Deinem Leben sanft und willig sehe, so will ich Dir sagen, warum man Dich nicht so achtet, wie ein Mädchen von sechzehn Jahren erwarten könnte. Du bist in Deinem Benehmen und Deinen Manieren gar nicht wie ein Mädchen, sondern wie ein Junge und hältst nichts auf Deine Person. [...] Glaubst Du denn, ein sechzehnjähriges Mädchen lege Ehre damit ein, wenn es tut, was sich für ein Mädchen nicht geziemt? [...] Du bist gescheit und gibst kecke boshafte Antworten, und wer nicht davon getroffen wird, lacht darüber. Es ist auch recht gut, gescheiter und witziger zu sein als andere Leute; aber wenn man vorwitzig ist, macht man sich die Leute zu Feinden.
— George Sand, »Die kleine Fadette«

Ein Kobold, eine temperamentvolle furchtlose Nymphe von androgyner Gestalt ist jenes von George Sand erschaffene Geschöpf – die kleine Fadette. Frei von normativer Erziehung aufgewachsen sind ihr Anderssein und ›unfeminines‹ Verhalten eine Provokation für die Umwelt. Dem Misstrauen der Dorfbewohner begegnet sie mit Spott. Sie lässt sich nicht einschüchtern. Mit spitzer Zunge und scharfem Verstand wird das unliebsame Gegenüber von ihr abgestraft.

Wie sehr erinnert Fadette an jenen neuen Frauentypus, der in den ›Goldenen Zwanziger Jahren‹, den ›Roaring Twenties‹, den ›Années folles‹ in den Massenmedien, in Mode und Film gefeiert und idealisiert wurde. Die »Mondäne«, der »Flapper«[1] war grazil, lebensbejahend, sexuell aktiv, hatte einen androgynen Sex-Appeal, rauchte, trank und frönte zu Jazzrhythmen den neuen ›amoralischen‹ Tänzen. Das bürgerliche und modische Korsett hatte ausgedient. Frau trug kürzere, sich an den Körper anschmiegende Kleidung, zeigte mehr Haut und unterstrich ihre zunehmende Gleichstellung durch Bubikopf und eine Vorliebe für Sakkos, Hemden und Krawatten. Durchaus selbstbewusst verkündete man im zeitgenössischen Feuilleton daher: »[...W]ir können uns selbst schützen, seit unsere Röcke uns das Davonlaufen gestatten...« (Nelken 1928, 34).

---

[1] Der Begriff Flapper – von *to flap* (klatschen, flattern) – verweist einerseits auf Bewegungsabläufe beim Charleston und andererseits auf das unstete Wesen der so benannten jungen Frauen.

Abb. 1: Lya de Putti

Allerdings durfte die propagierte weibliche Aufmüpfigkeit und Koketterie gewisse Grenzen niemals überschreiten. Die immer noch auf patriarchalischen Werten basierende Gesellschaft geriet bestenfalls ein wenig ins Wanken, in ihren Grundfesten wurde sie keinesfalls gefährdet.

Realität und Fiktion – ›die neue Frau‹ der 1920er Jahre

Wir besaßen Individualität. Wir benahmen uns, wie es uns gefiel. Wir standen spät auf. Wir zogen an, was wir wollten. Heute ist man vorsichtig und behält eine bessere Gesundheit. Aber wir hatten mehr Spaß.

(Clara Bow, 1951)[2]

Unbändige Lebenslust, unkonventionelles Auftreten und sexuelle Freizügigkeit zeichneten es aus – das »It-Girl«[3]. Solche Mädchen hatten das gewisse Etwas mit einem gehörigen Schuss Sex-Appeal. ›Die neue Frau‹, die Garçonne,[4] der Flapper – sie symbolisierten eine euphorische Aufbruchsphase der Zwischenkriegszeit in Europa und in den USA. Als real gewordener Protest stellten sie sich gegen althergebrachte traditionelle Werte, boten eine burschikose Erscheinung, mit einem Hang zum Lasziven. Die jungenhaft wirkenden Körper betonten fließende, sich an den Körper anschmiegende Materialien. Gewagte Ausschnitte und unverschämt kurze Rocklängen reduzierten die Grenzen der Berührbarkeit und verkörperten sinnbildlich die neu gewonnene Bewegungsfreiheit der Frau (Abb. 1).

Schon jahrzehntelang kämpften Frauenrechtlerinnen um die individuelle Selbstbestimmung und Entfaltung der Frau. Doch erst die ökonomischen Bedingungen des Ersten Weltkriegs hatten deren gesellschaftliche Neupositionierung ermöglicht, ja erfordert. Mit der Absenz oder dem Tod

---

2   http://www.imdb.com/name/nm0001966/bio?ref_=nm_dyk_qt_sm#quotes; http://www.queensofvintage.com/clara-bow-career-and-style/2/ (Stand: 10.04.2018)

3   Der Typus des »It-Girls« wurde von der Autorin Elinor Glyn im gleichnamigen Roman geprägt. Ihrem Wunsch zufolge sollte Clara Bow das »It-Girl« in der Verfilmung des Stoffes verkörpern.

4   Der französische Begriff *garçonne* wurde im Jahr 1922 geläufig, als Victor Margueritte in seinem Roman *La garçonne* einen Archetyp der selbstbewussten jungen Frau, die gegen bestehende Moralkodizes rebellierte, erschuf.

der Männer erlangten Frauen eine neue Autonomie. Sie drangen vermehrt in die Berufstätigkeit und behaupteten sich als Familienoberhäupter. Die neuen Pflichten wollten mit neuen Rechten abgegolten sein. Neben dem erweiterten Zugang zur Berufsausbildung erkämpften sich Frauen in Österreich und Deutschland 1918 auch das Wahlrecht. Die weibliche Emanzipation konnte mit der Rückkehr der vom Krieg psychisch und physisch gebrochenen Männer verzögert, aber letztlich nicht mehr aufgehalten werden.

Dem ersten Inferno des Jahrhunderts entronnen und den drohenden ökonomischen Kollaps ignorierend, suchten Frau und Mann Ablenkung im Trouble des Nachtlebens. Für die neue Frauengeneration definierte sich Freiheit über den Zugang zu Vergnügungsstätten, der Möglichkeit, in Nachtlokalen Alkohol zu konsumieren, sich im flotten Tanzschritt über das Parkett zu bewegen und sexuelle Bedürfnisse zu artikulieren, oft auch auszuleben. Dieses eher konsumorientierte und freizügige Selbstverständnis stieß jedoch auf massiven Protest. Konservative bürgerliche Kräfte auf beiden Seiten des Ozeans liefen gegen den Verfall der Sitten Sturm. Diskutiert wurde über das auffällige Make-up der jungen Frauen, Rocklängen, Ausschnitte, transparente Stoffe sowie über ungraziöse, den Anstand vermissenlassende Tänze:

> To glide gracefully over a floor, keeping time to the rhythm and harmony of music, is a pleasant recreation and is pleasing to witness, but to jig and hop around like a chicken on a red-hot stove, at the same time shaking the body until it quivers like a disturbed glass of jell-o, is not only tremendously suggestive but is an offense against common decency that would not be permitted in a semirespectable road-house. (Baritz 1970, 259)

Als Gipfel der Schamlosigkeit empfanden die sittlichen Ordnungshüter schließlich den offen bekundeten Anspruch der jungen Frauen auf Petting und vorehelichen Sex (Haustedt 1999, 23; Hinterhäuser 1993, 27; Baritz 1970, 252, 262 f.).

Unerwartete Unterstützung im Kampf gegen das ›verwerfliche Gebaren‹ der weiblichen Jugend erhielt die bürgerliche Konservative aus den Reihen der älteren Frauenbewegung. Deren Exponentinnen verurteilten die offensive Erotik ihrer jungen Geschlechtsgenossinnen und forderten neue ›kameradschaftliche Vorbilder‹:

> Wer diese Weiber mit Bubikopf oder sonst verwegener Frisur, kurzem Rock und überschlagenem Bein, Rauchringel in die Luft blasen sieht, den packt der Ekel wider Willen, und er wird sich entmutigt sagen, dass solange dieser Typ im Wachsen statt im Aussterben ist – an einem Neuland mit dem Weibe als starker Beispielsmacht nicht zu denken ist. (Meyer 1924, 101–119)

Mit ihrer offenherzigen Betonung körperlicher Vorzüge werde die junge Frau zu einem »Spielzeug der Männer«, zu einer »Kollaborateurin der weiblichen Unterdrückung« (Scott 2005, 1). Die Frau, eben erst vom Korsett befreit, ließe sich eine neue männliche Schablone aufzwingen. Wurde einstmals die Taille in Form gepresst, tendierte Frau nun dazu, allzu augenscheinliche Rundungen mit um den Körper gewickelten Stoffbahnen abzubinden. Die Verursacher dieser Mode wären jene »jungen Männer, die vor dem echten Weib Angst hätten«, weshalb sie nun nach einem »knabenhaft, jungen Ding« verlangten[5] (Lawrence 1930, o. S.).

Den Frauenrechtlerinnen missfiel wohl auch, dass der politisch motivierte Terminus der ›neuen Frau‹, der erstmals nach der Revolution 1848 aufgekommen war und je nach Auslegung auf die Überwindung der Klassengesellschaft, die ökonomische Unabhängigkeit durch Erwerbstätigkeit und das Stimmrecht verwies, zu einer Modeerscheinung degradiert wurde. Ihrem Verständnis nach fehlte es der jungen Generation an ernst zu nehmenden Inhalten.

›Die neue Frau‹ war somit Ausdruck eines sich allmählich wandelnden Rollenverständnisses, das sich infolge des Ersten Weltkriegs nachhaltig weiterentwickelt hatte, sich aber immer noch in Bewegung befand, noch lange nicht am Ziel war und bis heute nicht ist. Mehrheitlich akzeptiert war die neue Freizügigkeit von Frauen bei weitem nicht, auch in der jüngeren Generation fanden sich zahlreiche Vertreter konservativer Werte.[6] Die flachshaarige sexuell kontrollierbare Jungfrau Mary Pickford präsentierte auch noch in den 1920er Jahren den Prototyp des amerikanischen Sweetheart und stand dem US-Publikum näher als der Flapper (Haskell 1987, 45; Studlar 2001, 210). Die Massenmedien und im Speziellen der Film reservierten immer noch den größten Raum für das anständige Mädchen und das Good Bad Girl, das sein Glück letztlich doch vor dem Traualtar fand. Was inhaltlich zu weit ging, wurde von der Zensur wieder zurechtgebogen. Obwohl zahlreiche Plots lediglich eine kontrollierte erotische Entfaltung zuließen, war es gerade das Medium Film, das neue Frauentypen, die mit traditionellen Rollenbildern brachen, in den Fokus rückte und damit alternative Handlungsräume, Verhaltensweisen und mitunter Lebensentwürfe aufzeigte (Cantó 2012, 88).

»Hosenrolle« – Die neue Freiheit will gelernt sein

Wen wundert es daher, dass die Frau, wo sie auf der Bühne stehen durfte und Königinnen, Mütter und Dirnen darstellte, sich alsbald auch der Rollen des Mannes bemächtigte oder doch zumindest Freude daran fand, sich als Mann zu verkleiden, ihr scheinbar

---

5 Eine sehr umfassende und kritische Analyse der Darstellung und Charakterisierung von Frauen in Massenmedien bietet die Anthologie »Featuring females«. Siehe: Cole 2005.
6 Vgl. dazu eine Studie an US-Colleges im Jahr 1921, die über zahlreiche von Studierenden organisierte Protestkampagnen und Moralkundgebungen, die sich gegen das »unsittliche Verhalten« ihrer Kommiliton/innen wandten, berichtet: Baritz 1970, 256–263.

Abb. 2, 3: Marlene Dietrich, Clara Bow (»Motion Picture Magazine«, März 1925)

minderwertiges Geschlecht abzulegen und, indem sie in die Männerkleider schlüpfte, sich im wahrsten Sinne des Wortes die Hosen anzuziehen. (Zerzawy 1950, 2, 262.)
Das Überschreiten und Auflösen von Geschlechtergrenzen, die Suche nach einem anderen weiblichen Ich, der Wunsch nach mentaler Freiheit sind wiederkehrende Themen in Literatur und Kunst.[7] Die Idee der Androgynie, die Verschmelzung weiblicher und männlicher Merkmale, gewann in der romantischen Dichtung des 19. Jahrhunderts zunehmend an Bedeutung. Die Auseinandersetzung mit dem eigenen Selbst und der Wunsch nach Vollkommenheit und Erfüllung blieben allerdings männlich zentriert. Im Mittelpunkt stand der romantische Held, der seine künstlerische Kraft, Kreativität und sein Genie nur in der Verbindung femininer und maskuliner Elemente voll entfalten konnte. Weibliche Figuren erreichten die androgyne Ganzheit erst durch emotional verstörende Erfahrungen oder infolge einer abweichenden Sozialisation. Letztlich hielt man aber an den ›naturgegebenen‹ Gegensätzen fest, wonach dem ›aktiven Mann‹ und der ›passiven Frau‹ vorbestimmte Rollen in der sozialen Ordnung zugewiesen wurden (Sipa 1994, 149–169). Die feministische Theorie nach Judith But-

---

[7] Beispiele wären u. a. die Figur der Viola in William Shakespeares *Twelfth Night, or What You Will*, Gilda in Guiseppe Verdis *Rigoletto* oder jene Gruppe selbstsicherer Frauen, die sich in Johann Nestroys Revolutionssatire *Freiheit in Krähwinkel* als Akademiker und Studenten verkleiden und auf die Barrikaden steigen.

ler unterscheidet hingegen zwischen dem biologischen Geschlecht und kulturell eingeübten Geschlechtsmerkmalen. Was als »männlich« oder »weiblich« gilt, sei kulturell bedingt und somit konstruiert, die Gesellschaft, in welcher Mann und Frau aufwachsen und sich bewegen, gebe den Geschlechtern Verhaltens- und ebenso Kleidungsregeln vor (Butler 1991). Fehlt es an gesellschaftlich etablierten eindeutigen Geschlechtszuweisungen, so würden die vorgegebenen Regeln außer Kraft gesetzt, Verwirrung und Unsicherheit seien die Folge.

Am offensichtlichsten erkennbar war die Aufhebung der kulturellen Zeichensysteme an der äußeren Erscheinung. Die Annäherung der femininen an die bis dahin als maskulin geltende Mode in den 1920er Jahren erschuf ein neues androgynes Massenideal. Eine nicht zu unterschätzende Vorbildwirkung kam dabei den Filmstars zu, die als Stilikonen Trends vorgaben. Gloria Swanson, Clara Bow oder Marlene Dietrich ließen sich nur zu gerne in Hosen ablichten[8] und signalisierten darin Kühnheit, Unabhängigkeit und das Auflehnen gegen traditionelle Konventionen (Abb. 2, 3). Die Inbesitznahme des »männlichen« Kleidungsstücks ließ nicht nur eine Verschiebung der Machtpositionen und damit die zunehmende Brüchigkeit der Geschlechterrollen erkennen. Den weiblichen Stars bot sich zudem eine Möglichkeit, sich nicht nur als Glamour-Schönheiten, sondern auch als ernst zu nehmende Schauspielerinnen vorzustellen.[9] Auch für den Stummfilmstar Louise Brooks eröffnete sich mit ihrer Hosenrolle in BEGGARS OF LIFE (USA 1928) eine neue Form der Ausdrucks- und Darstellungskunst (vgl. Krenn/Moser 2006). Eingehüllt in Männerkleidung, die als Tarnung dient, setzt sie in ihrem Spiel ganz auf die Expressivität ihrer Augen (Abb. 4). Freude, Lebenslust, Zuneigung, Angst, Schmerz, Stärke und vor allem Zorn – vielleicht ihr stärkster Ausdruck – lassen sich darin ablesen. Ein junges Farmermädchen in Hemd und Hose erzählt uns eine Geschichte der Angst, von Bedrohung und Gewalt. Während wir in Brooks' Gesicht blicken, wird parallel das vergangene Geschehen eingeblendet. In intensiver und bedrückender Weise werden wir allein über Handgesten, den bedrängenden Griff an Arm und Bluse des Mädchens, über das Einblenden der immer näher rückenden Beine des Ziehvaters, das Zurückweichen der jungen Frau, gefolgt von dem begierigen Blick und abstoßend lüsternen Handspiel des potenziellen Vergewaltigers, Zeugen eines Gewaltakts. Allzu eindringlich können wir die Beklommenheit und

---

8 Vgl. dazu etwa die Abbildungen im *Motion Picture Magazine*, März 1924 und März 1925.
9 Beispiele wären etwa Asta Nielsen in JUGEND UND TOLLHEIT (D 1912) und HAMLET (D 1921), Pola Negri in KOMTESSE DOLLY (D 1919), Mary Pickford in POOR LITTLE PEPPINA (USA 1916) und THE HOODLUM (USA 1919), aber auch Greta Garbo in QUEEN CHRISTINA (USA 1933) und Katharine Hepburn in CHRISTOPHER STRONG (USA 1933).

Abb. 4: Das Farmermädchen, Louise Brooks, in ›schützenden‹ Hosen; »Beggars of Life« (1928)

Furcht des Mädchens nachempfinden und erleben den tödlichen Schuss, der dem väterlichen Angreifer Einhalt gebietet, als Genugtuung.

Mit diesen wirkungsvollen Bildern wird schon eingangs eine triftige Begründung für das Tragen der Hose bereitgestellt. Kein Akt der Selbstverwirklichung lässt die androgyne Heldin in Hosen schlüpfen, vielmehr hat die Männerkleidung Schutzfunktion, sie dient als Tarnung vor den Gesetzeshütern. Wechselt sie die Kleidung auch aus Zwang, so entschlüpft sie der maskulinen Haut gegen Ende des Films zwanglos, um bereitwillig ein weißes, unschuldig-romantisches Kostüm anzulegen (Abb. 5). Vollzieht sich der Wechsel der Hülle anscheinend mühelos, so muss das Mädchen in Hosen aber erst einmal Schritt halten lernen: An der Seite eines jungen Vagabunden, der sich ihrer annimmt, macht sie sich auf die Flucht. Vorsichtig tänzelt sie über die Bahngleise, nach und nach findet sie ihren eigenen Rhythmus; sie imitiert weder den Tramp noch ahmt sie männlich konnotierte Bewegungen nach. Sie sucht ihre eigene maskuline Seite auszudrücken, so wie sie von ihr wahrgenommen und entdeckt wird. In ihrer Darstellung vermischen sich männliche und weibliche Gesten und Stile. Schlabberhosen und Schirmkappe, Augen- und Lippen-Make-up erschaffen eine anziehende hybride Erscheinung. Zahlreiche Großaufnahmen, Weichzeichner und ein sanfter seitlicher Lichteinfall unterstreichen die femininen Seiten der Hosenträgerin.

Bewegt sich Asta Nielsen in ihrer androgynen Identität (HAMLET, D 1921 und JUGEND UND TOLLHEIT, D 1912) zwischen »männlicher« Selbstsicher-

Abb. 5: Das Farmermädchen, Louise Brooks, wieder im Kleid; »Beggars of Life« (1928)

heit und »weiblicher« Schwermut und vermittelt Marlene Dietrich mit Frack und Zylinder (Morocco, USA 1930 und Blonde Venus, USA 1932) vor allem Unnahbarkeit, Professionalität, lässige Provokation und Kalkül, so erscheint uns Louise Brooks in Beggars of Life gelöst und entspannt, von den Zwängen des Frauseins befreit. Wird ihre weibliche Identität allerdings entlarvt, schlägt ihre Fröhlichkeit in Verletzlichkeit um. Sie wird wieder zu einem scheinbar verfügbaren Objekt männlicher Begierde. Umso mehr, als die erotische Uneindeutigkeit der androgynen Frau in maskuliner Kleidung einen besonderen Reiz hat. Das Unfassbare, Fremde entzieht sich der Kontrolle und löst Verunsicherung aus. Zugleich kann männliche Kleidung feminine Reize durchaus unterstreichen.[10] Trotzdem Louise Brooks weite Hosenkleider trägt, entlarvt ebendiese körpernahe männliche Adjustierung ihre Weiblichkeit. Es braucht nur einen Moment des Hinabbeugens, um ihre rückseitigen Proportionen, die sich am nun enganliegenden Hosenstoff abzeichnen, ins männliche Blickfeld zu rücken. Schützend zieht das Mädchen seine Kleider zusammen, bedeckt sich, senkt den Kopf – die männliche Perspektive auf die Frau ist wiederhergestellt (Abb. 5).

Auch in Hosen kann die Frau ohne männlichen Schutz nicht bestehen. Ihren Begleiter erklären die Landstreicher bezeichnender Weise zum »Scheich«, womit wiederum eine Degradierung der jungen Frau einhergeht. Sie wird zur Ware herabgewürdigt, für ihren Verbleib in der Gruppe soll sie sexuelle Gegenleistung erbringen: »Come on baby, don't be so exclusive!«. Erst als sie ihren Beschützer zu verlieren droht, ergreift sie die Initiative und setzt dabei ganz bewusst auf männliches Ego und Ehrgefühl: »I claim the right to pick my own guardian«.

---

10 In der ersten Hälfte des 19. Jahrhunderts erregten die hautengen Kostüme der hosentragenden Bühnendarstellerinnen großes Aufsehen. Empörte Kritiker meinten in dieser Form der Rolleninterpretation eine besonders perfide, nämlich ins Theaterkostüm gehüllte Form der Prostitution zu erblicken und erklärten daraufhin dem »Hosenweib« den Kampf. Vgl. Berg 1997, 61 f.

BEGGARS OF LIFE wird nicht grundlos als »Männerfilm« deklariert (Paris 1990, 25). Brooks' Hosenrolle ist in keiner Weise als Angriff auf das bestehende System zu verstehen. Vielmehr wird mit ihrer männlichen Erscheinung in dem sicheren Wissen kokettiert, dass die Ordnung aufrechterhalten bleibt. Ihre Rolle definiert sich über die Beziehung zu einem Mann – ein wiederkehrendes Prinzip. Eine Entscheidung zwischen der Liebe und dem virilen Gestus wird der vermännlichten Frau abverlangt. Für das Farmermädchen in Vagabundenkleidung ist das Ablegen der Hose kein Verzicht. Zusätzliche verlockende Freiheiten eröffnen sich mit dem männlichen Kleidungsstück für sie nicht.

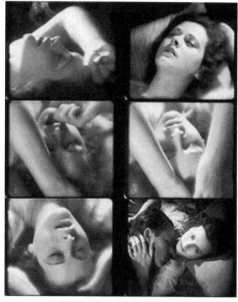

Abb. 6: Hedy Lamarr versinnbildlicht den Filmtitel: »Extase« (1933)

Sexuelle Selbstbestimmtheit: Halbwelten, exotische Terrains und Utopien
Der Film der 1920er und frühen 1930er Jahre schuf für die sexuell aktive Frau erotische Freiräume. Nur außerhalb der gesellschaftlichen Norm konnte sie ihrer Libido freien Lauf lassen – in den zwielichtigen Milieus der Großstädte, in der Welt des ›schönen Scheins‹ der Theater, Varietés, Revuen und Jahrmärkte oder an historisch exotischen und utopischen Orten. Dabei bedurfte die Erotik einer Verkleidung, einer mythischen Tarnung. Erotische Konnotationen und Visionen standen stellvertretend für das Unsagbare und Nicht-Darstellbare (Abb. 6).

Brigitte Helm, der Vamp des phantastischen Films (METROPOLIS, D 1925/26) schlechthin, verführt in DIE HERRIN VON ATLANTIS (D 1932) Kolonialoffizier Saint-Avil im Verlauf eines Schachspiels. Zu Beginn des Spiels ist Saint-Avil noch siegessicher. Doch dem verführerischen Blick Helms, begleitet von den im Hintergrund sich wiegenden Körpern exotischer Tänzerinnen, kann er nicht Stand halten. Das immer dominanter artikulierte »Schach« Antineas wird von einer Zug um Zug lauter anschwellenden orientalischen Musik getragen und endet schließlich, auf dem Höhepunkt, in einem klar formulierten »Matt« – Saint-Avil ist ihr erlegen.

Auch der von der USA-Zensur verbotene Skandalfilm EXTASE (ČSR 1933) transportiert sexuell motivierte Symbole, hier sind es vor allem erotisch aufgeladene Naturmetaphern. Ein welkender Blumenstrauß steht für die nicht vollzogene Defloration während der Hochzeitsnacht. Das Ende der Jungfernschaft demonstriert eine Perlenkette, die im ekstatischen Akt zerreißt und zu Boden gleitet. Vor dem Ehebruch wird in einer Montage die Brunft von Hengst und Stute vorgeführt.

Ein besonderes Augenmerk ist auf die Vamps der 1920er und frühen 1930erJahre zu richten. Ihre erotische Ausstrahlung umfasste ihr ganzes Wesen, war in jeder Geste ablesbar. Die Dramaturgie ihres Make-ups ließ das Gesicht noch mehr an Kontur gewinnen, die Augen leidenschaftlicher lodern. Die Ungarin und ehemalige Nachtclubtänzerin Lya de Putti spielte oft doppelbödige Rollen. Sie war gut und abgründig zugleich, wie etwa in MANON LESCAUT (D 1926), in dem sie als vermeintlich ›leichtes Mädchen‹ zum Objekt unbedingter, bis zum Verbrechen gehender Leidenschaft wird. Auf der Leinwand entfaltete de Putti eine geradezu hypnotische Wirkung. Der Filmkritiker Rudolf Arnheim schrieb 1925, sie wäre »schön, schlangenhaft und wollüstig«. Ihre Fähigkeit, erotische Erregung optisch zu demonstrieren, wäre überwältigend. (Heinzelmeier/Schulz 2000, 290)

In der Zeit des Stumm- und frühen Tonfilms erfolgte die Idealisierung der weiblichen Silhouette. Die Körper der Filmdiven wurden »als sinnliche Versuchung bzw. als erotische Waffe« inszeniert, welche das Publikum gleichermaßen »faszinierte und beängstigte« (Cantó 2012, 96). Man suchte das vollkommene Zusammenspiel von Körper und Kleidung. Beispielhaft dafür ist Helms mondäne Erscheinung in ALRAUNE (D 1930). Ihr enganliegendes Kleid mit tiefem Rückenausschnitt lässt beim Tanz ihre Geschmeidigkeit in der Bewegung erkennen. Ihre grazile Gestalt kommt im Bild zur Vollendung. Es bleibt der Eindruck, dass Erotik Teil ihres Wesens ist, ein permanenter Zustand.

Tanz ist Leidenschaft, Verführung, Ekstase, Rausch. Es ist kein Wunder, dass gerade in jenen Jahren, als weibliche Körperlichkeit und Sexualität das Filmschaffen prägten, der Tanz an Terrain gewann. Nackt- und Ausdruckstänzerinnen wie etwa Anita Berber und Lya de Putti wurden für den Film entdeckt und engagiert. Sie spielten sich oft selbst – verruchte exotische Tänzerinnen, die in Nachtclubs und Varietés für Stimmung sorgten. Eine Idealbesetzung für den dunklen leidenschaftlichen Vamp war offensichtlich de Putti. In VARIETÉ (D 1925) kündigt der Zwischentitel »Der fremde Zauber« den Tanz des Mädchens Berta-Marie an, das sie verkörpert. Die nackten Beine der de Putti und ihre exotischen Bewegungen versetzen das männliche Publikum in Raserei. Sie weiden sich lüstern an der schönen Fremden. Die andere, ›die neue Frau‹, wird oft als fremd, nicht dazugehörig, außerhalb stehend und deshalb reizvoll dargestellt. Berta-Marie steht im Gegensatz zur kleinbürgerlichen Ehefrau des Schaubudenbesitzers. Der Blick fällt auf die schöne Exotin: ihr kurzes Oberteil, das den nackten Bauch freigibt, ihr zurückgestecktes dunkles Haar (Abb. 7).

Die nicht angepasste Frau scheint interessanter, steht aber außerhalb der Norm und entspricht dem Gegenbild zu einer traditionell besetzten Rolle. Der Kontrast modern/konventionell-bürgerlich findet sich auch im Film Der blaue Engel (D 1930). Hier stehen Emil Jannings und Marlene Dietrich in Opposition zueinander. Das Spiel der beiden unterscheidet sich über Etappen drastisch. Jannings Mimik, Gestik und Intonation sind des Öfteren theatralisch und haben Stummfilmcharakter. Dietrich hingegen ist bereits fest im Tonfilm verwurzelt, sie setzt ihren Körper geschickt, aber nicht überbetont ein. Ihre Stimmführung ist der Realsituation angepasst und kippt nie ins »Hysterische«. Sie steht für das Moderne und ist doch oder vielleicht eben darum negativ gezeichnet. Die neue, noch fremde Frau brachte Unruhe in das bereits brüchige patriarchale Wertesystem.

Abb. 7: Lya de Putti als »fremde Schönheit«; »Varieté« (1925)

Die Femmes fatales der 1920er und beginnenden 1930er Jahre sind keine klassischen Bösen, keine männermordenden Vamps, die sich an den seelischen Qualen anderer vergnügen. Geld, Macht und Einfluss sind ihnen schlicht egal. Es geht ihnen um erotische Selbstbestimmung und ihre persönliche Unabhängigkeit. Das macht sie anziehender und zugleich gefährlicher als die klassischen Vamps, weil sie unberechenbar sind. Sie stellen das System auf den Kopf. Richard Oswalds Alraune (D 1930) wird in seiner psychologisch nuancierten Fassung nicht dämonisiert oder verurteilt. Sie ist das künstliche Produkt einer Gesellschaft, die sich vordergründig moralisch gebärdet, tatsächlich aber für berufliche Anerkennung und finanziellen Erfolg alle Werte verwirft. Alraune, das Nachtschattengeschöpf, das im Zuge eines medizinischen Experiments künstlich geschaffen wurde, begehrt auf gegen patriarchale, genetische oder ›naturgegebene‹ Fremdbestimmung und verweist so auf die Bedürfnisse einer modernen Frau.

Lola Lola in Der blaue Engel verkörpert die erhoffte weibliche Emanzipation. Sie sorgt für sich selbst, bietet Gesang und erotische Verführungskunst gegen Unterkunft und Verpflegung. Über Jahre ernährt sie ihren Mann mit. Sie gewinnt immer mehr an Kraft und Präsenz, während Professor Unrat an Selbstwert verliert. Lola Lola will ihren Mann nicht ruinieren. Über weite Strecken ist sie zärtlich und liebevoll zu ihm, allerdings widersetzt sie sich jeder von ihm gewünschten Veränderung und In-

Abb. 8: Brigitte Helm; »Die Herrin von Atlantis« (1932)

besitznahme. Auch Georg Wilhelm Pabsts Lulu (DIE BÜCHSE DER PANDORA, D 1929) lässt sich nicht vereinnahmen, alle derart angelegten Versuche scheitern. Sie hat einen natürlichen Zugang zu ihrer Sexualität, sie hat einfach Spaß daran. Wer immer ihr erotisches Interesse entgegenbringt, bekommt ein Lächeln, eine Umarmung geschenkt. Den jungen schwach gezeichneten Alwa Schön umsorgt sie mütterlich. Das erotische Interesse der Gräfin Geschwitz erstaunt sie, sie hält kurz inne, um ihr dann doch mit herzlicher Zuneigung zu begegnen. Es macht ihr Freude, begehrt zu werden, sie verurteilt niemanden – das ist Teil ihrer Faszination. Mann und Frau, die in und mit ihren gesellschaftlichen Zwängen leben, beneiden, aber verurteilen sie auch darum. Lulu deckt deren geheimste Wünsche, moralische Defizite und deren Scheinheiligkeit auf. Sie gehört keiner definierbaren gesellschaftlichen Gruppe an. Weder zählt sie zur heruntergekommenen Bourgeoisie noch zur wohlsituierten besseren Gesellschaft. Sie passt auch nicht in die Scheinwelt der Varietés, dafür ist sie in ihrer klassischen Schönheit zu anmutig und elegant. Lulu ist ein ätherisches, fast unwirkliches Wesen. Frauen wie Lulu, Lola Lola, Alraune pervertierten die männliche Ordnung. Sie repräsentierten ein modernes Gesellschaftsmodell, das Angst auslöste. Im Film verbindet sich diese Furcht mit dem Unheil, dem Verderben, das von der ›neuen Frau‹ ausging. In DIE BÜCHSE DER PANDORA bangt Dr. Schön ständig um seine gesellschaftliche Stellung, um den Verlust seiner Macht über Lulu. Nur einmal wird er schwach, er fällt Lulu in die Arme, er verliert die Kontrolle über seine Gefühle und meint, dass dies nun sein Todesurteil sei. Kurz darauf stirbt er auf tragische Weise.

Die Versuchung, der die Männer in DIE HERRIN VON ATLANTIS erliegen, ist so verführerisch und tödlich wie die betörenden Drogen, die sie konsumieren. Ein Rausch von Erotik umgibt Antinea, der sie alle in einen abhängigen Wahn treibt (Abb. 8). Antinea vereint Eros und Thanatos. Der Tod ereilt jedoch auch die sich der gesellschaftlichen Ordnung widersetzenden Frauen. Lulu wird von Jack the Ripper aufgeschlitzt, Manon Lescaut stirbt am Ende ihres Leidensweges in den Armen ihres Geliebten und Alraune wählt den Freitod. Die Zensur konnte also beruhigt sein…

Doch nicht immer muss die ihrer erotischen Leidenschaft nachgehende Frau büßen. In DER BLAUE ENGEL ist Professor Unrat gebrochen, alles, woran er geglaubt hat, ist zerstört. Lola Lola aber singt und betört wie eh und je, sie lebt ihr Leben weiter. Das Einzige, das sie verloren hat, ist ihr Ehemann. In ihren Augen ein geringer Verlust – ihre Existenz stört das keineswegs. Selbstbewusst und souverän agiert Eva in EXTASE. Obwohl sie ständig mit schwierigen Situationen konfrontiert ist (als unbefriedigte Braut, als zu ihrem Vater zurückgekehrte Noch-Ehefrau, als Ehebrecherin, als Witwe, als alleinerziehende Mutter), nimmt sie ihr Leben mutig in die Hand. Eva trifft die Entscheidungen: Sie entschließt sich, ihren Mann zu verlassen und die Ehe zu brechen. Statt sich in ein, von der klassischen Frauenrolle erwartetes, masochistisches Leid zu stürzen, kämpft sie aktiv dagegen an. Am Ende stirbt nicht sie, wie es allzu oft bei ›gefallenen Frauen‹ der Fall ist, sondern ihr Ehemann. In EXTASE wird also eine andere Synthese von Eros und Tod dargestellt.

Working Girl

Zum Bild der ›neuen Frau‹ zählte auch deren Versuch, sich eine gewisse ökonomische Unabhängigkeit zu schaffen. Frauenerwerbsarbeit war zwar keine Erfindung der Nachkriegsgesellschaft, aber nun waren die berufstätigen Frauen weithin sichtbar geworden (Brauerhoch 2007, 61). Sie prägten das städtische Bild. Junge berufstätige Frauen saßen nicht nur vor, sondern waren auch vermehrt auf der Leinwand zu finden. Working Girls wurden zu den neuen Trendsetterinnen in Mode und Lebensstil. Anders als ihre Vorgängerinnen zählten sie mehrheitlich zur Arbeiterschaft. Ein Angestelltenverhältnis empfanden sie daher als sozialen Aufstieg. Ökonomisch ein Stück unabhängiger eroberten sie sich neue (Stadt-)Räume. Ohne männliche Begleitung beschritten sie Straßen und Plätze, besuchten Cafés, Kinos, Tanz- und Vergnügungslokale und ließen mit dem selbstverdienten Geld ihrem Kaufrausch freien Lauf. Und doch fand sich die ›neue Frau‹ der 1920er und frühen 1930er Jahre allzu oft in romantischen Aschenputtel-Geschichten wieder, die von Mann und Frau erdacht waren. Amerikanische Drehbuchautorinnen, Produzentinnen und Regisseurinnen orientierten sich genau wie ihre männlichen Kollegen am Markt. Und die weiblichen Kinobesucherinnen träumten sich gerne mit ihren Heldinnen in eine Welt des schönen Scheins, der unbegrenzten Möglichkeiten (Haskell 1987, 4, 74, 91).

Wie zerbrechlich das propagierte bürgerliche Glück angesichts der geforderten und auch immer öfter gelebten Selbstbestimmung der Frau war, führt PRIX DE BEAUTÉ (F 1930) vor Augen. Lucienne erinnert an jene Working Girls, die sich mit unbändiger Energie und im Bewusstsein ihrer erotischen Körperlichkeit dem Hedonismus hingeben. Ein pulsierendes Lebensgefühl von Tempo, Konsumrausch, Technik und Massenvergnügen gibt in PRIX DE BEAUTÉ den Rhythmus vor. Die Zeichen der modernen Freizeitgesellschaft – lautschallende Musik, Körperkultexzesse im Schwimmbad und auf dem Laufsteg (Abb. 9), der lustvolle Reiz des Schausteller- und

Abb. 9: Miss Europe beim Badevergnügen; »Prix de beauté« (1930)

Jahrmarktsmilieus – werden abgelöst von Sinnbildern des industriellen Arbeitsalltags: die Mobilität und der Lärm der Straße, Großraumbüros, der eilige Schlag auf die Schreib- und der gleichmäßig ratternde Takt der Druckmaschinen. Auge und Ohr kommen nicht mehr zur Ruhe, moderne Zeiten sind angebrochen. Die Schreibkraft Lucienne steht inmitten dieser unaufhaltsamen Bewegung, sie wird zu einer Kultfigur hochstilisiert. Ihrem Aufstieg in den Olymp der Stars, der Verwirklichung all ihrer Träume und wohl auch der sämtlicher kleiner Angestellter, steht als ein Repräsentant alter traditionell männlicher Werte ihr Verlobter André entgegen. Dieser Konflikt, dieses Auseinanderklaffen von modernen und überholten Werten, gibt dem Film Spannung und lässt von Beginn an vermuten, dass hier zwei Welten aufeinanderprallen, die letztlich nie zusammenfinden werden. Luciennes Wunsch, an einem Schönheitswettbewerb teilzunehmen, wird von André nur mit Verachtung gestraft. Wenn es nach ihm ginge, wären sich derart zur Schau stellende Frauen vogelfrei, würden gedemütigt. Sie solle von einer solchen Laufbahn nicht einmal träumen. Der bloße Versuch, einen Wunsch in der Phantasie sichtbar zu machen, missfällt André, denn dieses erstmalige Vor-Augen-Führen gibt eine Richtung vor, der erste Schritt zur Verwirklichung ist damit gesetzt (Cowie 1997, 133). Lucienne widersetzt sich und wird Miss France, auf dem Laufsteg von Madrid erobert sie auch den Titel der Miss Europe. Ein Rausch der Bewunderung, der Exklusivität umhüllt sie. Die Welt steht ihr offen. Der »Prinzgemahl der Schönheitskönigin«, wie er abfällig genannt wird, reißt Lucienne aus ihrem realen Traum. Er ist nicht bereit, in ihrem Schatten zu stehen, sie muss sich zwischen Liebe und Ruhm entscheiden. Miss Europe gibt dem Druck nach und folgt dem Verlobten zurück nach Paris, um künftig als Frau an seiner Seite (und keinesfalls umgekehrt) zu leben. An dieser Stelle erfüllt sich meist das Lebensglück des Working Girls, ohne nachzufragen, wie sich das Dasein für eine bisher selbstständig agierende Frau nun wohl verändern mag. In Prix de beauté will man es wissen, und die Antwort ist allzu ernüchternd. Die Tristesse der Hausarbeit ist in jedem Blick, in jeder Bewegung Luciennes spürbar (Abb. 10). Eine klobige, ins kleinbürgerliche Bild passende Kuckucksuhr regelt den zeitlichen Ablauf, erinnert sie an ihre Pflichten. Gesellschaft leistet ihr einzig ein im

Abb. 10: Auf der Leinwand lebt der Star ewig weiter; »Prix de Beauté« (1930)

Käfig gefangener kleiner Vogel, der ihre eigene Lage besser versinnbildlicht als tausend Worte.

Ein neuerliches Angebot, der Beschwerlichkeit und Monotonie des Ehekerkers zu entfliehen – ihr wird ein Filmvertrag in Aussicht gestellt –, nimmt Lucienne wahr. Bei Nacht verlässt sie das Ehebett und hinterlässt nur einen Brief: »Ich habe mich zu sehr verändert. Ich habe Dich aufrichtig geliebt, vielleicht liebe ich Dich noch immer«. Doch Luciennes Eigenliebe hat die Oberhand gewonnen, der Preis für die bedingungslose Liebe war einfach zu groß. Die Verleugnung eigener Bedürfnisse wäre mit einer Aufgabe ihrer Persönlichkeit einhergegangen, wozu sie nicht bereit war. Ihre Träume, vor denen André sich so gefürchtet hat, erfüllen sich. Es gibt keinen Weg mehr zurück, auch nicht für den verlassenen Mann. Gekränkt, entehrt und seiner Kontrolle über Lucienne beraubt, sucht er ein letztes Mal und diesmal endgültig Gewalt über sie zu erlangen. Er dringt in den Filmvorführraum ein, in dem Lucienne und einer ihrer Verehrer, Prinz Grabovsky, die ersten Aufnahmen des neuen Stars begutachten, und beendet die Beziehung auf seine Weise. Ein Schuss, Lucienne sinkt tödlich getroffen in sich zusammen, Grabovsky legt ihren Kopf behutsam zurück. In einem Close-up stirbt sie vor unseren Augen, während ihr auf Zelluloid gebanntes Konterfei unaufhörlich ein einprägsames Lied wiedergibt. Den nachhallenden Abgesang einer Liebe, die schon lange keine mehr war: »Ne sois pas jaloux, tais-toi – / Je n'ai qu'un amour, c'est toi«.

Epilog

Tatsächlich blieb die soziale und ökonomische Unabhängigkeit von Frauen in den 1920er und frühen 1930er Jahren eine Utopie. Sie waren oftmals nicht gut ausgebildet, vielfach erwerbslos. Wenn sie eine Anstellung hatten, mussten sie lange Wochenarbeitszeiten in Kauf nehmen, hatten kaum Aussicht auf einen beruflichen Aufstieg und auch ihr Verdienst war mitunter mehr schlecht als recht (Jatho 2007, 12; Freytag/Tacke 2011, 10). Frauen verdienten in Deutschland zu Beginn der 1930er Jahre ein Viertel weniger als Männer mit dem unverschämten ›Argument‹, dass sie – im Gegensatz zu den Männern – ihre Hausarbeit selbst leisten könnten und dafür keine Bediensteten zu bezahlen hätten (Franzen-Hellersberg 1932, o. S.).

Vielfach endete das Experiment der Selbstständigkeit – in der Realität wie auch auf der Leinwand – mit der Ehe. Wurde mit durchaus materialistischer Ambition ein ›ansprechender Versorger‹ gefunden, hatten auch der Flapper, die Garçonne beziehungsweise die ›neue Frau‹ das ›eigentliche Ziel‹ erreicht. In den nachfolgenden dreißig Jahren beherrschten allen voran traditionelle Frauenbilder das Kino. Im faschistischen und nationalsozialistischen Filmschaffen, aber auch in der Nachkriegsgesellschaft wurde die weibliche Selbstbestimmtheit in all ihren Facetten (ökonomisch, sozial, sexuell etc.) wieder zurückgedrängt beziehungsweise völlig verdrängt. Es dominierten wieder reine Männergesellschaften, in welchen die Frauen nur eine untergeordnete Rolle spielten. Sie waren hehre, aber keineswegs gleichwertige Wesen. Eines jeden Mädchens Wunsch sollte sein, möglichst bald zu heiraten. Die Erfüllung hatten Frauen in der Ehe, bei Kind und Herd zu finden. (Vgl. Moser 2007)

Letztlich bedurfte es einer umfassenden Änderung der rechtlichen Situation, um Frauen zumindest gesetzlich dem Mann gleichzustellen. In Österreich geschah dies etwa Mitte der 1970er Jahre. Die Familienrechtsreform schaffte die Stellung des Ehemanns als Oberhaupt der Familie ab; die Gleichberechtigung der Frau in der Ehe wurde festgelegt. Der Mann konnte seiner Frau nicht mehr untersagen, berufstätig zu sein. Beide Partner waren nun verpflichtet, zum Unterhalt der Familie beizutragen, sei es durch Erwerbstätigkeit oder durch Hausarbeit. Mutter und Vater wurden gleiche Rechte und Pflichten gegenüber den Kindern eingeräumt. Im neuen Scheidungsrecht wurde die Möglichkeit der einvernehmlichen Scheidung geschaffen. Bei einer Auflösung der Ehe wurde nun eine Teilung des Vermögens vorgenommen. Im Ehe- und Scheidungsrecht galt nunmehr das Prinzip persönlicher Entscheidungsfreiheit und Selbstverantwortung. Zudem trat ein neues Strafgesetz in Kraft, das den Schwangerschaftsabbruch – nach entsprechender ärztlicher Beratung oder gemäß medizinisch begründeter Indikationsregelung – innerhalb der ersten drei Monate straffrei stellte. Ein Recht, das den Frauen ein weiteres Stück Selbstbestimmung ermöglichte (Moser/Leidinger 2010, 31).

Rechtlich wurde nach und nach die Gleichheit von Frau und Mann umgesetzt, gesellschaftlich und auch ökonomisch wird langsam nachgezogen. Allen voran ist die Einkommenssituation eine immer noch ungleiche. Beispielsweise weist die Statistik Austria für das Jahr 2016, bezogen auf eine ganzjährige unselbstständige Vollbeschäftigung, einen Unterschied im Jahreseinkommen von Frauen und Männern von 15,9 % aus; selbstredend zu Ungunsten der Arbeitnehmerinnen.[11] Welche Folgen daher etwa der 2018 beschlossene Wegfall des Gratiskindergartens in Oberösterreich nach sich ziehen wird, ist vorhersehbar: Wird die Betreuung zu teuer, bleibt ein Elternteil zu Hause und das ist mit berechnender Voraussicht jener, der weniger verdient. Ökonomisch angespannte Zeiten schaffen tendenziell Raum für längst veraltet geglaubte Rollenbilder.

Parallel idealisieren viele Medien weibliche »role models«, die sich scheinbar ausschließlich über Äußerlichkeiten definieren. Frauen werden dazu aufgefordert, sich laufend mit aktuellen Modetrends und vermeintlich äußerlichen Makeln zu beschäftigen. Selbstverständlich gibt es auch Gegenbewegungen, wie etwa Taryn Brumfitts Dokumentation EMBRACE (AUS 2016), die sich kritisch mit gängigen Schönheitsidealen sowie den damit einhergehenden Konsum- und Medienwelten auseinandersetzt.

Und doch hat gerade auch das »It-Girl«, – wie es Heike-Melba Fendel klar auf den Punkt gebracht hat – einen »schweren Begriffsschaden genommen«. Die Idee der Selbstbestimmtheit und Unabhängigkeit, welche die Frauen der 1920er und frühen 1930er Jahre (neben der modischen Befreiung vom Korsett) angetrieben hatte, scheint heute weniger Thema zu sein. Das Bemessen der Befähigung der jeweils aktuellen, medial hoffierten »It-Girls« dürfte sich auf deren »Förderung des Kleiderabsatzes« konzentrieren (Fendel 2011, 218). Die permanente Auseinandersetzung mit ›idealen‹ Körperpräsentationen, Selbstinszenierungen und Modetrends lenkt aber bestens von aktuellen gesellschaftlichen Problemen, sozialen Sorgen und ökonomischen Gleichstellungsbestrebungen ab. Die Rebellion der ›neuen Frau‹ der 1920er und frühen 1930er Jahre scheint sich verloren zu haben, denn noch haben Frauen die Gleichstellung nicht erreicht. Es ist daher nicht die Zeit, sich zu begnügen und ablenken zu lassen. Vielmehr muss die Rebellion weitergehen …

Literatur
Baritz, Loren 1970: The Culture of The Twenties. Indianapolis/New York.
Berg, Jan 1997: Asta Nielsen. Darstellung von Weiblichkeit und Weiblichkeit als Darstellung. In: Koebner, Thomas (Hg.): Idole des deutschen Films. Eine Galerie von Schlüsselfiguren. München, 54–74.

11 https://www.statistik.at/web_de/statistiken/menschen_und_gesellschaft/soziales/genderstatistik/einkommen/index.html (Stand: 08.04.2018)

Braucherhoch, Annette 2007: Arbeit, Liebe, Kino. In: Jatho, Gabriele/Rainer Rother (Hg.): City Girls. Frauenbilder im Stummfilm. Berlin, 59–87.
Butler, Judith 1991: Das Unbehagen der Geschlechter. Frankfurt a. M.
Cantó, Patricia Gozalbez 2012: Fotografische Inszenierungen von Weiblichkeit. Bielefeld.
Cowie, Elizabeth 1997: Representing the Woman. Cinema and Psychoanalysis. Minneapolis.
Cole, Ellen (Hg.) 2005: Featuring females: feminist analyses of media. Washington DC.
Fendel, Heike-Melba 2011: Das It-Girl im Laufe der Zeit. Wie aus Clara Bow eine Handtasche wurde… In: Freytag, Julia/Alexandra Tacke (Hg.): City Girls. Bubiköpfe und Blaustrümpfe in den 1920er Jahren. Köln/Weimar/Wien, 210–219.
Franzen-Hellersberg, Lisbeth 1932: Die jugendliche Arbeiterin. Ihre Arbeitsweise und Lebensform. Tübingen; zit. nach: Braucherhoch 2007, 62.
Freytag, Julia/Alexandra Tacke 2011: Einleitung. In: Freytag, Julia/Alexandra Tacke (Hg.): City Girls. Bubiköpfe und Blaustrümpfe in den 1920er Jahren. Köln/Weimar/Wien, 9–19.
Haskell, Molly 1987: From Reference to Rape. The Treatment of Women in The Movies. Chicago/London.
Haustedt, Birgit 1999: Die wilden Jahre in Berlin. Eine Klatsch- und Kulturgeschichte der Frauen. Dortmund.
Heinzelmeier, Adolf/Berndt Schulz 2000: Lexikon der deutschen Film- und TV-Stars, Berlin.
Hinterhäuser, Hans 1993: Victor Margueritte. La Garçonne (1922). In: Reichl, Edward/Heinz Thoma (Hg.): Zeitgeschichte und Roman im entre-deux-guerres. Bonn, 25–36.
Jatho, Gabriele 2007: City Girls. Aufbruch in den Zwanzigern. In: Jatho, Gabriele/Rainer Rother (Hg.): City Girls. Frauenbilder im Stummfilm. Berlin, 10–13.
Krenn, Günter/Karin Moser (Hg.) 2006: Louise Brooks. Rebellin, Ikone, Legende. Wien.
Lawrence, D. H. Mai 1930: Die Frau, wie Du sie willst. In: *Der Querschnitt. Das Magazin der aktuellen Ewigkeitswerte*. Berlin, zit. nach Faber, Monika (1998): Die Frau, wie du sie willst. Glamour, Kult und korrigierte Körper. Atelier Manassé 1922–1938. Wien, 7–9.
Meyer, Emanuele 1924: Das Weib als Persönlichkeit, Zürich/Leipzig; zit. nach Dorgerloh, Annette 1993: »Sie wollen wohl Ideale klauen …?«. Präfigurationen zu den Bildprägungen der »Neuen Frau«. In: Sykora, Katharina et al. (Hg.): Die neue Frau. Herausforderung für die Bildmedien der Zwanziger Jahre. Marburg, 25–50.
Moser, Karin 2007: »Frauen sind da doch wieder anders«. Paula Wessely als weibliche Repräsentantin österreichischer Identität und Kontinuität. In: Loacker, Armin (Hg.): Im Wechselspiel. Paula Wessely und der Film, Wien, 299–329.
Moser, Karin/Hannes Leidinger 2010: 1968–1995. Der Wohlfahrtsstaat im Wandel. Booklet zur DVD-Edition: Die Österreich-Box. Ein Jahrhundert Zeitgeschichte in originalen Filmdokumenten 1896–1995. Wien.
Nelken, Dinah (1928): Der neue Modestil gibt eine neue Anmut des Sitzens. In: *Elegante Welt* 24, 26.11.1928, 34.
Paris, Barry 1990: Louise Brooks. New York.
Scott, Linda M. 2005: Fresh Lipstick. Redressing Fashion and Feminism. Hampshire.
Sipa, Ingrid 1994: Die Androgynie als Abweichung von gesellschaftlichen Normen: Kleists »Marquise von O…«, Stifters »Brigitta« und George Sands »La petite Fadette«. In: Meesmann, Hartmut/Bernhard Sill (Hg.): Androgyn. Jeder Mensch in sich ein Paar? Androgynie als Ideal geschlechtlicher Identität. Weinheim, 149–169.
Studlar, Gaylyn (2001): Oh, »Doll Divine«: Mary Pickford, Masquerade, and the Pedophilic Gaze. In: *Camera Obscura. Feminism, Culture, and Media Studies* 48, Durham, 197–226.
Zerzawy, Kurt 1950: Entwicklungen, Wesen und Möglichkeiten der Hosenrolle, Diss. Wien; zit. nach Krafka, Elke 1997: Die Hosenrolle am Theater – Kostümierung oder Grenzüberschreitung?. In: Stoll, Andrea/Verena Wodtke-Werner (Hg.): Sakkorausch und Rollentausch. Dortmund, 35–54.

Barbara Eichinger
EXPERIMENT: PROJEKTIONENSERIE

Die vorliegende Bilderserie bietet Raum für vielfältigste Projektionen in Bezug auf Weiblichkeits- und Männlichkeitsentwürfe sowie deren Transgression, die die deutsche und österreichische Filmkultur zwischen Ende der 1910er und Anfang der 1930er Jahre hervorgebracht hat. Die in ihr auftauchenden Filmfiguren sind Verkörperungen bestimmter Formen und Vorstellungen von Sexualität, Erotik, Sinnlichkeit und Geschlechtlichkeit, die in dieser Zeitperiode *en vogue* oder verpönt waren, begehrt, idealisiert oder verworfen wurden. Zu einer visuellen Reise einladend bewegt sich die nachfolgende Collage durch diverse Filmphantasien, wobei die Imaginationen der Leser/innen die Leerstellen zwischen den Filmstills ausfüllen können.

Der Begriff »Projektion«, dessen Bedeutungsfeld zwischen selbststabilisierenden Abwehrmechanismen, konfligierendem Begehren und Wunschübertragung auf andere oszilliert, ist eng mit der Trias Sexualität, Widerstand und Film verbunden, da in diesem Bereich seine Mehrdeutigkeit zum Ausdruck kommt. Einerseits werden Filmbilder technisch auf die Leinwand projiziert, andererseits beinhaltet die Darstellung von Männlichkeit und Weiblichkeit Projektionen auf das jeweils andere Geschlecht oder die Überschreitung der Grenzlinien zwischen verschiedenen Vorstellungen von Geschlechtern. Die eingestreuten Zwischentitel künden von Spannungen zwischen den Geschlechtern. Denn wenn einer sagt »Wohin gehst Du?« und ein anderer antwortet: »Was gehts Dich an?!«, ist das eindeutig ein kontrollierender Einwurf und als Reaktion ein Ruf nach Freiheit.

Auch Sexualität wird durch Projektionen allererst ermöglicht, von ihnen getragen oder vereitelt. Daher sind in der Bilderserie allen Filmstills zweideutige, polarisierende oder herausfordernde Begriffe wie Kuss, Streit, Prickeln, freudlos oder Rache beigegeben, die in der Summe das Sexuelle und Filmische ausmachen. Erst der Anhang gibt in Form einer Liste preis, welche Filme sich hinter den Bildern verbergen. Davor ist die Serie ein Rätselspiel – eine Suche nach dem Verborgenen –, das die filmischen Gedächtnisse seiner Rezipient/innen anregen oder queren soll.

„Und nun ist alles
Gute in mir gestorben,
alles Unheil in mir geweckt!
Sünde nimm welchen
Lauf du willst!"

„Sehen Sie denn
nicht, was Sie tun?
Mit verbundenen Augen
stürzen Sie ins Verderben!"

„Ich brauche um mich
herum Glanz und Pracht,
ohne die ich nicht sein kann.
Es ist klüger, man lebt,
ohne zu denken!"

+++++Intrige+++Lüge+++Luxus+++Verderben+++Betörung+++++

Da zieht in seinem Geiste wieder jener lange Zug der Opfer des Strafgesetzes vorüber, dessen letztes er nun selber ist, und in seiner unbeschreiblichen Verzweiflung – nimmt er Gift.

„Wohin gehst Du?"

„Was gehts Dich an?!"

+++Erpressung+++Selbstmord+++Glaube+++Wahn+++Kontrolle++

Motto:

„Jetzt kann ich ruhig sterben, denn ich habe eine große Liebe gesehen."

++Muse+++Aufschrei+++Fiebertraum+++Opium+++Verführung++

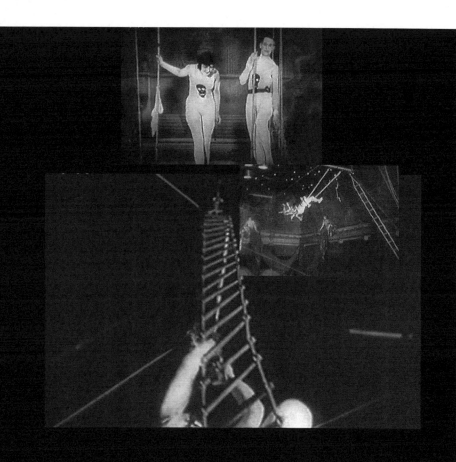

„Ich glaube die Leute haben recht. Du denkst nicht an eine Heirat. Gründe mir eine Existenz!"

++++++++++++Todesangst+++Höhenflug+++Eskalation+++++++++
+++++++++++++++++Schutz+++Unterwerfung+++++++++++++++

++Alraune+++Schönheit+++Verfall+++Wahnsinn+++Seelentod++

++++++++++Reue+++Nacktheit+++Gefängnis+++Zensur++++++++++

"Laßt mich einmal zu meinem Mädel, sonst werde ich wahnsinnig!"

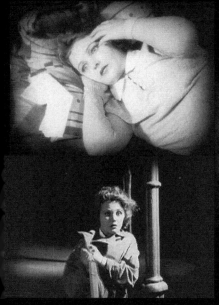

"Ich hab' schon erlebt, daß sich einer selbst entmannt hat, nur damit er endlich schlafen konnte."

++++++++++++Ehe+++Schuld+++Sehnsucht+++Not+++++++++++++
++++++++++++Einsamkeit+++Nacht+++Gewissen++++++++++++

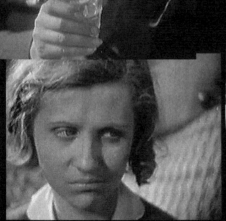

Medizinische Wochenschrift.

Man schätzt die Zahl der jährlichen Abtreibungen in Deutschland auf ca. eine halbe Million 800000, darunter ca. 10000 Todfälle (!) Aerzte berichten von Fällen wo von verbrecherischen Abtreibrinnen den Patientinnen sogar Cyankali (Blausäure) zur Abtreibung verabreicht wurde.

Dieses mörderischste Giften, das überhaupt Schleichweg erhältlich

„Gehen Sie nicht dahin, Mädchen wo man Sie mit unsauberen Instrumenten verletzt oder Ihnen gar Cyankali gibt... beides bedeutet den sicheren Tod!"

„Wie gerne würde ich helfen, wenn ich dürfte...

Das Gesetz bindet uns Ärzten doch die Hände!"

```
++++++++++Paragraph_2018+++Kind+++Engelmacher++++++++++
+++++++++++++Verzweiflung+++Cyankali++++++++++++++++++
```

FILMLISTE

ANDERS ALS DIE ANDEREN
(D 1919, R: Richard Oswald)

ANNA UND ELISABETH
(D 1933, R: Frank B. Wisbar)

EINE DIRNE IST ERMORDET WORDEN
(A/D 1930, R: Conrad Wiene)

DIE FREUDLOSE GASSE
(1925, R: Georg Wilhelm Pabst)

FRÜHLINGSERWACHEN
(D 1929, R: Richard Oswald)

MÄDCHEN IN UNIFORM
(D 1931, R: Leontine Sagan)

MICHAEL
(D 1924, R: Carl Theodor Dreyer)

DIE HERRIN VON ATLANTIS
(D 1932, R: Georg Wilhelm Pabst)

MANON LESCAUT
(D 1926, R: Arthur Robison)

SODOM UND GOMORRHA
(A 1922, R: Mihaly Kertész)

VARIETÉ
(D 1925, R: Ewald André Dupont)

DIDA IBSENS GESCHICHTE
(D 1918, R: Richard Oswald)

EKSTASE
(SCR 1933, R: Gustav Machatý)

GESCHLECHT IN FESSELN
(D 1928, R: Wilhelm Dieterle)

CYANKALI
(D 1930, R: Hans Tintner)

ALRAUNE
(D 1930, R: Richard Oswald)

DER BLAUE ENGEL
(D 1929/30, R: Josef von Sternberg)

Isabel Capeloa Gil
FROM SIEGFRIED KRACAUER TO BUSBY BERKELEY
Ornamental Bodies in 1930's film

Avant propos

In the 1930's, film theory explored the promise of cinema opening to new pathways, and as Anton Kaes argues, trying to come to terms with an acute medial transformation (Kaes 2016, 2) that was both social and cultural. There were Benjamin and Balázs, there were Kracauer and Arnheim, and many others. But beyond the speculative endeavour, practitioners were also conceptually creating the tools to approach, interpret and understand cinema as an art of its own. In pre- and/or post-theoretical guise, if we are to take Bordwell and Carroll's terms as strategic discussion tools (Bordwell/Carrol 1996), filmmakers too resorted to inventive techniques and produced a stream of images that did not simply react to the medial possibilities, but intervened in shaping gender norms and sexual politics, articulated the anxieties and desires of audiences in crisis, and gave visual conviction to political and social reform. Cinema became its own informal theory, reflecting and commenting on its technical possibilities and producing a visuality that informed the construction of the social.[1]

Thus, the trials of Depression-Era America and the crisis of capitalism were not only reflected on screen but also visually ›dealt with.‹ That is, film was also the ground where capitalism came to terms with its own inconsistencies, where alternative models were enunciated and tested. The musical, of all the possible genres, especially due to its potentially escapist side, became a strong epistemological framework where film grammar and visuals flamboyantly induced a visual ›speculation‹ on the trials of life. Franklin Delano Roosevelt, Governor of New York, on the way to become the 32nd US President in 1933, gave a speech on April 7, 1932, where he addressed the need for social reform, for a new deal between the state and the downtrodden and forgotten, many of whom had fought in the First World War said:

These unhappy times call for the building of plans that rest upon the forgotten, the unorganized but the indispensable units of economic power, for plans like those of 1917 that build from the bottom up and

---

[1] See on this topic the discussions by Bordwell and Carroll 1996; Casetti 2007; Kaes 2016, especially 2–7.

not from the top down, that put their faith once more in the forgotten man at the bottom of the economic pyramid. (Roosevelt 1932) One year later, the number ›Remember my Forgotten Man,‹ with Joan Blondell, became one of the hits of Busby Berkeley's Hollywood musical GOLDDIGGERS OF 1933 (1933). Exploring the service, suffering and fate of the forgotten, unemployed veterans of war, the number was a spectacular visualization of FDR's forgotten man rhetoric with the cinematic grammar providing visual conviction to politics.

But while Busby Berkeley was articulating a visual social theory of sorts, thinkers such as Walter Benjamin or Siegfried Kracauer were likewise drawing speculative energy from the repertoire of images that the reproducible technologies were increasingly making accessible. In what follows, I shall engage in a critical reading of Berkeley's and Kracauer's visual constructions of the social as exploratory endeavours into theorizing the crisis of the subject, sexual politics and the crisis of capitalism through a repertoire of images and cinematic technique.

Busby Berkeley and Girls on Film

In an interview given towards the end of his career, Busby Berkeley, the director and choreographer whose name is arguably indistinguishable from the development of the 1930's Girl Culture, was asked if he could single out favourites amongst the many dancers and actresses he had worked with. Berkeley's answer was enlightening: »No. A girl is a girl, is a girl.« The Steinian[2] remark denotes the director's cultivation of superficiality as production strategy, by addressing the body of the dancers and actresses he worked with as an abstract self-referential signifier. De-individualized and reduced to a sign, the girl does not connote differential meaning beyond a noun. She becomes a simple grammatical form, an ornament without any subjectivity or depth. In fact, the remark textualizes what Berkeley's films have effectively shown all along: the dissolve of the individual body into the chorus line, the transformation of flesh into decorative ornament in the visual semiotics of film.

Busby Berkeley was a brilliant choreographer and film director who transformed Hollywood musical film aesthetics with his dazzling kaleidoscopic visual manipulations of the musicals' *corps de ballet*, literally dissolved into abstract images. Though the musical was already an established genre, growing out of the vaudeville tradition, the industry's mounting investment in the early 1930's was the consequence of both, the ingenuity of dancers/choreographers like Fred Astaire and Busby Berkeley, whom

---

2   Berkeley's sentence is evocative of Gertrude Stein's verse ›A rose is a rose is a rose‹ from the 1913 poem ›Sacred Emily,‹ first published in the 1922 book *Geography and Plays*.

Warner Brothers famously called a »cinematerpsichorean« (Spivak 2011, 123), and the Depression stricken audiences need for escapist spectacular fantasies. In the early 1930's, Berkeley's elaborate dance routines seemed to provide visual form to the musicals' ostensibly superficial aesthetics. And yet, the embodied abstractions and the flamboyant extravaganza of some of the sketches in pictures such as GOLDDIGGERS OF 1933, FOOTLIGHT PARADE (1933), 42ND STREET (1933), or DAMES (1934) spoke to a reality beyond the male fantasies ushered in by the industry. While Berkeley's sexist imagination, homophobic humour and prejudice laden racial depictions[3] have been discussed at length (Ton 1973; Spivak 2011), clearly enabling an argument about film's substantiation of the 1930's America mainstream imaginary, the fact of the matter is that these films are not simply compromised with the shallowness of an exploding culture of display. While the formulaic narrative structures and the repetitive drill choreographies reflect the industry's business driven approach to film, it is my contention that there is a more nuanced story to tell. Berkeley's inventive genius in choreographic serialization articulated technological innovation with film direction inventiveness, a radically modernist vision in the production of geometrically minded sequences and shots blended with pre-code gender predispositions, which not only reflected but also produced Girl Culture aesthetics. More than a simple example of Hollywood's »extravagant use of technology, labour and equipment« in the service of »the latest psychological formulas« (Adorno/Horkheimer 1993, 95), as Adorno and Horkheimer famously wrote, Berkeley's bold experiments with camera movement and placement, set manipulation as well as the specific invention of his signature top shots were transformational on three distinct levels.

Firstly, they turned the musical into a proper filmic genre with its own medium-specific grammar. Berkeley's dance sketches produce a particular filmic language that is non-reproducible on stage. The overhead shots and the manipulation of perspective transformed the language of the musical film, distancing it from the heretofore simple filming of a basic stage production.[4] And by doing so, Berkeley catered to the silenced drive of

---

3   In Berkeley's films blackface or yellowface (›Shanghai Lil‹ from DAMES) sketches were recurring. In BABES ON BROADWAY from 1941, a 19 year-old Judy Garland is seen in blackface. A remarkable case in point is the exotic construction of Brazil in the sexually loaded ›The Lady in the Tutti-Frutti Hat‹ from 1943's THE GANG'S ALL HERE.

4   This becomes particularly manifest in epigonal reproductions of Berkeley's aesthetics. UFA film for instance produced in the 1930's and 1940's a number of musicals, clearly inspired by Hollywood, though this relation was disavowed due to Hollywood's perceived Jewish dominance, particularly because the main studio tycoons were of Jewish descent. Be as it may, and even though Berkeley's iconic productions were only shown in Germany in the 1970's (on television), the industry was aware of the innovations. The dance routines of HALLO JANINE (1939), directed by Carl Boese and with music by

his male spectators, turning filmic language into a medium for the self-expression of the male-coded unconscious.[5] Secondly, Berkeley boosted the *displayability*[6] of the Girl by introducing close-ups of the anonymous show girls' faces in the otherwise abstract prone dance sequences.[7] The sophisticated dance routines transformed the chorus line into modernist abstract figures, but it was the camera that ultimately shaped a new body politics that was marked by fracture (the deconstruction of integrity in the filming of the body), fetishization, derealisation by dint of repetition and serialization. In the end, the face close-ups, such as in the ›We're in the Money‹ routine from GOLDDIGGERS OF 1933, were no less contradictory. Because, while seemingly eulogizing the anonymous show girl, they ultimately convey individuation as defacing strategy. The face is no longer the place of revelation or where an inner truth is seeking to be revealed, as Giorgio Agamben writes (Agamben 2000, 90–91), but specifically the place of *exposition* (ibid., 92), of a falsified display. The close-ups of the chorus girls are then less revolutionary in providing screen time to the otherwise unnamed dancers than despairingly perverse in increasing the film's exhibitionary capacity by dint of boosting the fragmented exposure of the female body. In pre-code Hollywood, Busby's camera catered to the male imaginary by expanding its ability to penetrate secluded spaces and in so doing engaged the audience in an act of complicity that allowed him to get away with the trick. Taking up the peep show perspective, the camera peers through the spread legs of the dancers, resting passively as the legs move—e.g. in WHOPEE! (1930)—or panning through them (Fig. 1, 2) as in the ›Young and Healthy‹ sketch from 42nd STREET (1933), or even diving beneath and through the spread legs of the swimming girls in the extravagant ›By a Waterfall‹ from FOOTLIGHT PARADE.

The director's call to action in the waterfall number does not really leave

---

Peter Kreuder, were clearly indebted to the new winds that had been blowing out from across the Atlantic. Nonetheless, an iconic sketch such as ›Ich brauche keine Millionen (Musik, Musik, Musik)‹, performed by Marika Rökk, does not overcome the stage performance aesthetics. Particularly as it visually relates to Berkeley's staircase choreography in ›I only have eyes for you‹ from the 1934 DAMES. Unlike the latter German appropriation, Berkeley's stage and camera directions turn the routine into a straight forward cinematic device.

5 Berkeley was clear in his intent to bring the male spectator into places he had never dreamed of: »Girls, girls, can't you see? Sure a theater audience couldn't look down on a stage full of dancers, but that's no sign it wouldn't like to. If the camera can let 'em, why not?« (Spivak 2011, 204).

6 The term displayability articulates the film's ability to both show and showcase, that is, to make an object visible, but at the same time to subsume it to its commodified display value.

7 Berkeley stated: »I introduced the big close-up of beautiful girls. It had never been done before in musicals« (Spivak 2011, 51).

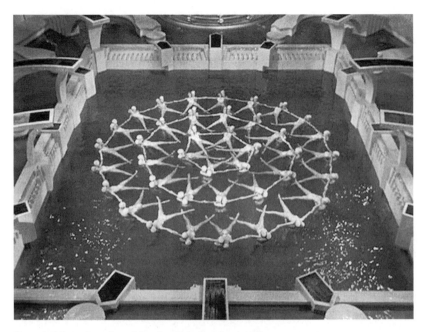

Fig. 1: Still from ›By a Waterfall‹; »Footlight Parade« (1933)

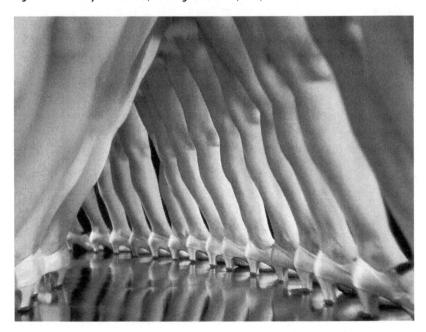

Fig. 2: Still from the ›Young and healthy‹ number with Dick Powell; »42nd Street«, 1934)

much room for doubt as to his voyeuristic intent. As his biographer reports, Busby is remembered as crying out to the troupe: »Okay girls, now spread your pretty little legs« (Spivak 2011, 92). Clearly, Busby's camera brazen explorations produce a comment on the unhinged desires of a perverse spectatorship, slicing the female body in fetishized shards. The fantasy of possessing the disjointed woman is visually epitomized in the final act of the number ›Pettin' in the Park‹ with Ruby Keeler and Dick Powell in GOLDDIGGERS OF 1933, as the woman reveals an armoured vest protecting her from the exploits of the suitor, who resorts to a can opener to slice it open and in the end accessing the forbidden flesh beneath. And yet, the voyeur is only to fail because the promise of finally owning the woman as suggested by the film is ultimately denied beyond the screen.

Thirdly, Busby Berkeley's cinematic choreographies produce visual ornaments that indicate a conceptual continuum between choreography and the social, articulating, on the one hand, the aestheticization of experience and, on the other, tapping into the tradition that connotes dance with social order. What is more, he places dance numbers as acts of its own right in the cinematic narrative, as sequences that move the action forward instead of being simple intermezzo breaks. In a mode of reverse appropriation, where the dissolve of the bodies into the geometric patterns of the choreographic assemblages produces abstraction, the number reveals the system of values, the ideology or even the infrastructure at work. In the context of the Depression they speak of the crisis of capitalism just as they effectively remain capitalism's bold metaphor. Routines such as the extravagant ›We're in the Money‹ (GOLDDIGGERS OF 1933), with golden clad girls coming into the camera and displaying huge dollar plates on their bodies, address the phenomenon of capitalist greed and the glitter of money culture while at the same time suggesting the failure of the capitalist infrastructure. The numbers perform in fact the very system that they would be set to conceal (Hewitt 2005, 206), and in this strategic antagonism, they express visually the theory of the ornament as described by Busby's theoretically minded contemporary Siegfried Kracauer.

Dance and the social imaginary

Dance has served the ornamental purpose of addressing social, economic and cultural change, the cycle and crisis. This pattern can be traced back to Xenophon, who in the *Oeconomicus*, compared a harmonious choric dance to a well-managed home (*oikos*) and hence to the managerial nexus of society at large (Xenophon 1990, 8, 21). The Greek historian stresses how the harmonious movement also endows with beauty the surrounding environment and the place where the dance occurs; how movement acquires a demiurgical quality that sustains what Agamben calls the »managerial paradigm« (*paradigma gestionale*, Agamben 2009, 33), or the model of the well-managed space/house/city. Another striking reference in this genealogy of the dance ornament's *oikonomia* is Friedrich Schiller's so-called *Kallias Letter*, an epistle to Gottfried Körner, dated February 23, 1793. In this letter, written at a time when Schiller was interested in Kantian aesthetic philosophy and its impact on his own philosophy of beauty, Schiller makes use of the dance metaphor—more specifically of the *Anglaise*[8]—to present an ethico-aesthetical allegory of an ideal society, one where individual freedom and sociopolitical order are harmoniously brought together:

> Ich weiß für das Ideal des schönen Umgangs kein passenderes Bild als einen gut getanzten und aus vielen verwickelten Touren komponierten englischen Tanz. Ein Zuschauer aus der Galerie sieht unzählige Bewegungen, die sich aufs bunteste durchkreuzen und ihre Richtung lebhaft und mutwillig verändern und doch niemals zusammenstoßen. Alles ist so geordnet, daß der eine schon Platz gemacht hat, wenn der andere kommt, alles fügt sich so geschickt und doch wieder so kunstlos ineinander, daß jeder nur seinem eigenen Kopf zu folgen scheint und doch nie dem anderen in den Weg tritt. Es ist das treffendste Sinnbild der behaupteten eigenen Freiheit und der geschonten Freiheit des Andern. (Schiller 1985, 425)[9]

Clearly, Schiller uses the dance metaphor to present the possibility of a change of paradigm in moments of crisis. He displays the shift from a society moved by the divine invisible hand to a human-centred one, from the autocratic court society to a liberal community marked by bourgeois values. The poet is enmeshed in the description as a kind of ethnographer, a hidden first-order observer, who describes the scene, placed in the balcony above the ball room, and views the dancers' balance and mastery of ›natural/ingenuous/sincere‹ movements (›*kunstlos*‹) as the harmonious union of individual freedom with respect for the freedom of the other.

Placed between the Taylorisation of the industrial system, the creative destruction of capitalism's cycles of boom and bust and the defence of cre-

---

8   The *Anglaise* was an eighteenth-century continental name for a wide variety of English Dances (Anglaise, the *Ecossaisse*). In France, it became known as *contredanse anglaise*. It was danced in longways with dancers facing each other, men to one side and women to the other in quick duple time. Bach's *French Suite n°3* provides an instance of the musical *Anglaise*.

9   »I cannot think of a better picture to describe the ideal of beautiful social interaction than a well-danced Anglaise with many complex turns. An observer standing on the balcony sees the dancers making endless movements, crossing each other, vividly and bravely changing direction and yet never clashing. Everything is so well-ordered that one dancer will already have made room for another when the latter moves in his direction. Everything fits so properly and yet so naturally that each dancer seems to follow in the direction to which his mind leads him and still is never in the way of another. It is the most appropriate symbol of emancipated individual freedom and of respect for the freedom of others« (my translation).

ativity and individual freedom, in the 1930s dance became both a strategic embodied device—in film and the arts at large—and a metaphor, in theory, to discuss the infrastructural tensions (in the economy and politics) of the twentieth century. Busby Berkeley's numbers for the 1930's musicals GOLDDIGGERS OF 1933 and FOOTLIGHT PARADE are cases in point of film's ability to produce a medium specific discourse on the crisis of capitalism. These inflation-torn allegories interpellate the viewer with popular-critical figurations of the capitalist system. Berkeley's works uncannily address the complex emplotment of the social and its upheavals by means of dance and performance. Using the body as performative metaphor, these choreographies tell a story with ups and downs, twists and turning points that address the clashing economic narratives of the market crashes in 1929. Faced with the inability to select one good version, they present the body and dance as the primordial means of emplotting against the grain, that is, of using dance as a counter-hegemonic mode of storytelling and worldmaking.

Siegfried Kracauer and dance as the ornament of crisis

In 1927, German critic Siegfried Kracauer published in the *Frankfurter Zeitung* a piece that was to become an allegorical *résumé* of the relation between capitalism and mass society.[10] For this, he resorted to dance, as Schiller had already done. However, unlike Schiller and Xenophon, Kracauer did not see in his case study an image of the harmonious functioning of society. Instead, he took the Tiller Girls, an English girl troupe from Manchester,[11] which had taken Europe and the US by storm, as the epitome of the phantom-like dimension of capitalism. Kracauer viewed the synchronic movements of the girls' legs as at once an abstract ornament, a superficial figure, and an unconscious allegory of the tendencies of a particular era. At the beginning of the essay, he explains how the ornament serves the purpose of illuminating deeper abstract reflections:

---

10   The piece was published in instalments on June 9 and 10, 1927, and was later included in the collection *Das Ornament der Masse*, published by Suhrkamp in 1963.

11   Kracauer is equivocal when he names the troupe that was having a season at the Admiralspalast in Berlin right before a condemnation of the American factory system. »Mit den Tiller Girls hat es begonnen. Diese Produkte der amerikanischen Zerstreuungsfabriken sind keine einzelnen Mädchen mehr« (Kracauer 1977, 50). Although the author does not state that the dancers are American, the juxtaposition with the next sentence leads the oblivious reader in the wrong direction. The dubious phrasing has given rise to a stream of mistaken appropriations by later critics that lasts to this day (see Petro, 56). The Tiller Girls were actually the creation of John Tiller, an entrepreneur from Manchester, and managed after his death by his wife. The success of the Tiller Girls gave way to a growing number of imitators, amongst them the Victoria Girls or the Jackson Girls, of American descent. Kracauer specifically refers to the American Alfred Jackson Girls in his later essay *Girls and Crisis* from 1931. This is not the case, however, in *Das Ornament der Masse*.

> The surface level expressions, however, by virtue of their unconscious nature, provide unmediated access to the fundamental substance of the state of things. Conversely, knowledge of this state of things depends on the interpretation of these surface-level expressions. The fundamental substance of an epoch and its unheeded impulses illuminate each other reciprocally. (Kracauer 1977, 74)

Arguably, although they are not essential, the surface-level ornaments, because of their unconscious nature, are crafted into the cultural tissue of the age. And in fact no thick description of this period would do, according to Kracauer, without the interpretation of these surface level expressions. Put bluntly, Kracauer makes a case for the pivotal importance of popular culture in diagnosing the social—and he did so long before the Birmingham School of Cultural Studies.[12] The Tiller Girls, or to be precise, the Tiller Girls-influenced girl troupes, serve the critic's purpose as an inspirational model for a performance where the individual is dissolved into a mass movement, thereby waiving agency and autonomy. As the chorus line moves a myriad of legs in synchronous movements, the bodies of the dancers become an abstraction, fragmented and de-eroticised in the service of communal spectacle.

> The process began with the Tiller Girls. These products of American distraction factories are no longer individual girls, but indissoluble girl clusters whose movements are demonstrations of mathematics. As they condense into figures in the revues, performances of the same geometric precision are taking place in what is always the same packed stadium, be it in Australia or India, not to mention America. The tiniest village, which they have not yet reached, learns about them through the weekly newsreels. One need only glance at the screen to learn that the ornaments are composed of thousands of bodies, sexless bodies in bathing suits. The regularity of their patterns is cheered by the masses, themselves arranged by the stands in tier upon ordered tier. (Kracauer 1977, 75)

Kracauer views this example of the nascent entertainment industry as an abstract allegory that in its organic allure dissolves individual freedom into the brainless mass, ready to be led by the ruling powers. Harmony is no longer a symbol of free association, as for Schiller, but rather the sign of a ›murky reasoning‹ (*getrübte Vernunft*) that submits to the abstraction of capitalist rationality and blurs subjective will with a false mythological thinking.[13] The ornament, that is an end in itself, is also ambivalent. On

---

12 In this he joins Georg Simmel's sociology of the contemporary as well as Walter Benjamin's contemporary appraisal of new technological developments.

13 Mythological is not completely opposed to rational, as in Adorno and Horkheimer's appraisal of myth in *Dialektik der Aufklärung*.

the one hand, if it were carried to its radical *telos*, the ornament would free the individual from the chains of both raw nature and instrumental reason and would allow him or her to reach a pure essential freedom. On the other hand, its conformity to reason is basically an illusion, as the mass ornament is debased into a mythological cult (ibid., 83), dressed in an abstract robe, as a surface-level expression that forecloses deeper inspection. In fact, the Tiller Girls' alienated movements represent the principle of capitalist production. The waves and geometrical figures simulate a false totality, supported by the work of Taylorisation, so that ultimately the girls' legs correspond to the hands in the factory (ibid., 79). Written before the Depression, Kracauer's essay is certainly a product of Weimar culture's critique of capitalism's false semblance of totality and its normative patterns. Although ideologically apart from the cycle theory put forth by Austrian economist and Harvard Professor Joseph Schumpeter,[14] Kracauer sees a cycle movement in the work of capitalism. However, what distinguishes the capitalist narrative is precisely its strong, annihilating and eventless story. This all changes with the Depression, or maybe not.

The capitalist model had entered a crisis and was seemingly in collapse, when in 1931, in the midst of the Depression, the critic discussed yet another instance of girl troupe culture, the Alfred Jackson Girls. Again, he sought to provide a convincing narrative about the capitalist debacle. In *Girls in Crisis*, published in the *Frankfurter Zeitung*,[15] he compared the girls' movements to a machine, as a contraption that reified the bodies into mechanical parts and prevented them from existing on their own.[16] If at its acme, the girl troupes represented the functioning of a flourishing economy, as a product of the post-war prosperity era, embodying the belief in a smooth, regular, ever burgeoning economy, once the Depression hit, they soon became the ornament for an opposing story. They told the winding narrative of a crushed and alienated economy:[17]

---

14 Schumpeter argued that whilst static, the capitalist system works in regular cycles with the Depression being one of them.
15 May 26, 1931.
16 See Hansen 1996 and Mülder-Bach 1997, on Kracauer's homosexuality and critical view of females.
17 Charles Chaplin's disjointed movements provide the counter-narrative to the Tiller Girls. Albeit critical of the happy ending drive of the Chaplin films, Kracauer saw Chaplin as a sort of messianic persona (see Mülder-Bach 1997), a resistant figuration to the Tiller ornament. The place of Chaplin in the theory of the Frankfurt School has been consistently addressed by the critics. Walter Benjamin for one, described Chaplin as an instance of cinema's progressive stance *vis-à-vis* painting in *Das Kunstwerk im Zeitalter seiner technischen Reproduzierbarkeit*. Because he allowed the spectator to experience both fruition and critique, as well as being able to disrupt the hegemonic organicism of the work of art, and to turn the fragmented body (see Gil 2000, 181) into a place of

When they formed themselves into an undulating snake, they delivered a radiant illustration of the virtues of the conveyor belt; when they stepped to a rapid beat, it sounded like ›business, business‹; when they raised their legs with mathematical precision above their heads, they joyfully affirmed the progress of rationalization; and when they continually repeated the same manoeuver, never breaking ranks, one had visions of an unbroken chain of automobiles gliding from the factory into the world and the feeling of knowing that there was no end to prosperity. Their faces were made up with an optimism that nipped all resistance to economic development in the bud, and the little cries of pleasure, issued in a precisely calculated rhythm, gave ever renewed praise to the splendours of existence in such circumstances. […] That has all changed today. […] And though they still swing their legs as energetically as before, they come, a phantom, from a yesterday dead and gone. (Kracauer 1994, 565)

The girls' fall epitomises the liquidation of capitalist economy as it was then known. I suggest that for Kracauer their fall and their uncanny return as the phantom from the past seem to address what was viewed as a turning point in the social narrative of modernity. But was he right? Perhaps two musicals from the 1930s could offer a more nuanced version of Kracauer's theory.

Busby Berkeley's politics of the ornament

Busby Berkeley, a former drill instructor for the US Army, became known for his ornamental chorus figurations for Hollywood musicals. Perceived by mainstream critics as flat ornaments of Hollywood's dream machine, the fact of the matter is that these ornamental routines are also the place where the choreographer exercises a noticeable critique of the institutional Hollywood way of seeing. Shipped to France in 1917, Lieutenant William Berkeley Enos, aka Busby Berkeley, was responsible for the marching drills at the Artillery School in Saumur. The repetitive drills—which he called ›the routine‹—were soon transformed into twisting, snaky intersected lines of men. Lt Enos transformed the parade drills aimed at disciplining the bodies and taming movement into lively coordinated sketches. Later in the war, he became an aerial observer and could see from the airplane vantage point, the enemy lines below and the troops moving, winding, in coordinated but abstract lines. These two experiences, as drill instructor and aerial observer, would be life changing for Busby and influence his work with the chorus line. They inspired his obsessive drill like coordination and the aerial abstract choreographic imaginary, epitomized in the signature top shot.

> resistance, Chaplin was hailed as the promoter of progressive aesthetic fruition in the time of mechanical reproduction (see Benjamin 1974, 460).

If the water fountain in Berkeley's 1933 musical Footlight Parade keenly illustrates Kracauer's critique of the girls' fake organicism on stage—their anonymity and lack of agency, the simulacrum of harmony as disintegration, with bodies dissolved as props into geometric figures—then a second number from the musical Golddiggers of 1933 offers a more complex version of this ambiguity, depicting both promise and catastrophe, alienation and fulfilment.

At the beginning of Golddiggers of 1933, a group of showgirls clad in extravagant golden robes perform the American Dream in the musical routine ›We're in the Money.‹ Praising the dream of opportunity and apparently oblivious to the hardships of the Depression, the girls move in snake-like waves, mimicking capitalist life cycles. Repeating Kracauer's argument, money is rendered a hoax as spectacular as the beautiful girls; as Elisabeth Bronfen compellingly contends, by fusing »[…] the dollar coins with the barely clad girls, [it] produce[s] a surplus of enjoyment« (Bronfen 2008, 54). As self-referential signifiers, the erotic bodies of the girls, moving in harmony, and the money itself are deprived of any essential meaning and debased to an artifice of capitalism's fetishized creative destruction. Yet, far from being a mere reactionary manipulation of the mass spectator, as the Frankfurt School thinkers—Kracauer amongst them—viewed the Hollywood musical comedies, Berkeley's routine is not lacking in social critique. In fact, the number is interrupted by the sheriff who comes to close the show and confiscate the props. After all, it is the Depression. The Hollywood musical and particularly Berkeley's musical routines, albeit constrained by the industry's propensity for consensus and happy endings, do clearly challenge the hegemonic discourse of entertainment with competing counter-narratives. As Stanley Cavell has argued in his study of Hollywood comedy, this is a place where America reflects critically by laughing itself to tears (Cavell 1981, 10).

Truth be told, the ›We're in the Money‹ routine annuls the euphoric narrative of capitalism. It introduces a reversal that the film will ultimately negotiate at the end, with order restored and a return to the money cycle. In terms of my argument, what is nonetheless striking is the dance ornament's freakish economic discourse, a sort of supplement to the abstract reasoning of capitalism that reveals the phantom logic of the system and indeed unravels its ›freakonomics,‹ or its ambition to become the hidden power of everything.[18] The freak narrative of Berkeley's extravaganza utters

---

18 ›Freakonomics‹ is a term coined by Chicago economist Steven D. Levitt and journalist Stephen J. Dubner to refer to economics' major power to interpret the world even if… otherwise. By pitting the case that gave vent to the liberalisation of abortion in the US, Roe vs. Wade, against decreasing crime rates when statistics predicted otherwise or by checking what sumo wrestlers and teachers have in common, they present a

performance's‹ power to portray the managerial paradigm in dismal clothes, it connotes the supplemental capacity of film to produce a medium-specific theory that taps into the gaps, the fractures, the antagonisms of the social, albeit cloaked in the spectacular attire of entertainment. If films like GOLDDIGGERS OF 1933 speak to the crisis of capitalism, they also comment, uphold and subvert societal norms and gender patterns. Busby Berkeley was the constructor of a certain Girl Culture that repeated the antagonistic drives of sexual freedom, on the one hand, and perverse displayability, on the other; screen visibility and objectification. Ultimately, Berkeley's girl is a girl, is a girl, is a girl. An ornament at the service of a ritual of social and political cohesion, a sign in a gendered cinematic semiotics, meaning nothing but... itself.

References

Adorno, Theodor/Max Horkheimer 1993: Dialectic of Enlightenment. New York.
Agamben, Giorgio 2000: »The Face« in Means without end. Notes on Politics. Minneapolis, 91–100.
— 2009: Il regno e la gloria. Per una genealogia teologica dell'economia e del governo. Vicenza.
Benjamin, Walter 1974: Abhandlungen. In: Tiedemann, Rolf /Hermann Schweppenhäuser (eds.): Gesammelte Schriften I.1. Frankfurt am Main.
Bordwell, David/Noel Carroll (eds.) 1996: Posttheory. Reconstructing Film Studies. Madison.
Bronfen, Elisabeth 2008: The Violence of Money. *Revista de Comunicação e Cultura* 6, 53–66.
Casetti, Francesco 2007: Theory, Post-Theory, Neo-Theories: Changes in Discourses, Changes in Objects. *Cinémas* 17/2–3, 33–45.
Cavell, Stanley 1981: Pursuits of Happiness: The Hollywood Comedy of Remarriage. Cambridge, MA.
Dixon, Winston Wheeler: »Frame by frame: Busby Berkeley«; https://www.youtube.com/watch?v=PVpfYpMERvI (retrieved March, 27, 2018).
Gil, Isabel Capeloa, 2000: ›Komm mit, o Schöne, komm mit mir zum Tanze.‹ Die Geschlechtspolitik und der Ort des Tanzes in Texten J. W. Goethes. *Runa* 28, 131–148.
Hansen, Miriam 1996: America, Paris, the Alps: Kracauer and Benjamin. In: Lüdtke, Alf et al. (eds.): Amerikanisierung. Traum und Alptraum in Deutschland des 20. Jahrhunderts. Stuttgart, 161–98.
Hewitt, Andrew 2005: Social Choreography. Ideology as Performance in Dance and Everyday Movement. Durham and London.
Kaes, Anton/Nicholas Baer/Michael Cowan (eds.) 2016: The Promise of Cinema. German Film Theory 1907–1933. Berkeley, 1–12.
Kracauer, Siegfried 1977: Das Ornament der Masse. Frankfurt am Main.
— 1994: Girls and Crisis. In: Kaes, Anton/Martin Jay/Edward Dimendberg (eds.): The Weimar Republic Sourcebook. Berkeley, 565–566.

different but still hegemonic narrative of economics, the one narrative that, according to them, can go on explaining how the world works. For »[i]f you learn to look at data the right way, you can explain riddles that otherwise might have seemed impossible. Because there is nothing like the sheer power of numbers to scrub away layers of confusion and contradiction« (Levitt and Dubner 13).

— 1995: Mass Ornament. Translated by Thomas Levin. Harvard.
Levitt, Steven D./Stephen J. Dubner 2005: Freakonomics: A Rogue Economist Explores the Hidden Side of Everything. New York.
Mulder-Bach, Inka 1997: Cinematic Ethnology: Siegfried Kracauer's The White Collar Masses. *New Left Review* 1/226, 41–56.
Petro, Patrice 1997: Perceptions of Difference: Women as Spectator and Spectacle. In: Ankum, Katharina van (ed.): Women in the Metropolis: Gender and Modernity in Weimar Culture. Berkeley, 41–66.
Roosevelt, Franklin Delano 1932, »The Forgotten Man Speech«, April 7, 1932; www.presidency.ucsb.edu/ws/?pid=88408 (retrieved March 28 2018).
Schiller, Friedrich 1985: Sämtliche Werke I, eds. Gerhard Fricke/Herbert G. Göpfert. München.
Spivak, Jeffry 2011: Buzz. The Life and Art of Busby Berkeley. Lexington.
Ton, Thomas 1973: The Busby Berkeley Book. London.
Xenophon 1990: Memorabilia. Oeconomicus. Symposium. Oxford.

Films

42ND STREET. Dir. Lloyd Bacon.
BABES ON BROADWAY. Dir. Busby Berkeley.
DAMES. Dir. Ray Enright.
FOOTLIGHT PARADE. Dir. Lloyd Bacon.
GOLDDIGGERS OF 1933. Dir. Mervin LeRoy
HALLO JANINE. Dir. Carl Boese
THE GANG'S ALL HERE. Dir. Busby Berkeley.
WHOPEE! Dir. Thornton Freeland.

Peter Grabher
EISENSTEINS SEXUELLE POLITIKEN

»Die fröhliche Wissenschaft, Plätze zu besetzen
Der Wille zur Macht für alle, ohne verdammte Führer
Direkte Aktion – die Zukunft der Menschheit!
Schwule, Lesben, Transen und Bis, verteidigt das Vaterland.«
— Pussy Riot: Tod dem Gefängnis, Freiheit dem Protest [2011]
(Pussy Riot! 2012, 28)

Im Dezember 1930 traf Sergej M. Eisenstein, der Regisseur des legendären PANZERKREUZER POTEMKIN (UdSSR 1925), in Mexiko ein, um in vierzehn Monaten mit seinem Kameramann Eduard Tissé und seinem Produktionsassistenten Grigori Alexandrow über 60.000 Meter Footage für einen Film zu drehen, den er niemals würde fertigstellen können.[1] Trotzdem war sein Aufenthalt in Mexiko (wie später für Antonin Artaud) ein Wendepunkt, eine Erfahrung der Deterritorialisierung, sowohl auf künstlerischer und intellektueller, als auch auf persönlicher und sexueller Ebene. In der folgenden Skizze wird es darum gehen, die Bedeutung dieser Erfahrung zu beschreiben und von ihr aus in Eisensteins kanonischer, in Filmen und Texten ausgeführter Filmästhetik nach einer spezifischen Ebene sexueller Politik(en) zu fragen, die in seiner Arbeit mit Bildern immer eine entscheidende Rolle gespielt hat.

Peter Greenaway hat Eisensteins Mexiko-Aufenthalt ins Zentrum seines Films EISENSTEIN IN GUANAJUATO (NL/MEX/FIN/B 2015) gestellt, ein Künstler-Biopic in der Tradition Ken Russells, das die visuelle Opulenz seiner Fiktionen immer wieder durch die Verwendung von historischer Footage und von Split Screen-Montagen ironisch bricht. Greenaways filmische Erzählung kondensiert die mexikanische Erfahrung Eisensteins in jenen zehn Tagen, die er in Guanajuato verbrachte, vom 21. bis 31. Oktober 1931, dem ›Día de los Muertos‹ – dem mexikanischen Totenfest. In diese Zeitspanne fiel auch der Jahrestag der russischen Revolution, der am 25. Oktober begangen wurde.[2] In Abwandlung des Untertitels seines Films OKTOBER (UdSSR 1928) schrieb Eisenstein über diese Zeit: »Das waren

---

[1] Zahlreiche bio- und filmografische Informationen für diesen Artikel wurden entnommen aus: Bulgakowa 1997.
[2] Am 7. November 1917 nach dem gregorianischen Kalender, der erst im Februar 1918 von den Bolschewiki eingeführt wurde.

Abb. 1: Filmstill aus »Eisenstein in Guanajuato«

zehn Tage, die Eisenstein erschütterten. Ich war nach Mexiko gefahren, um im Himmel anzukommen« (zit. n. Greenaway 2015, 12). Eisenstein (gespielt von Elmer Bäck) driftet im Film von Russland nach Mexiko, gleichsam von einem ›Oktober‹ in den anderen. In dieser Zeit unterbricht die sexuelle Begegnung mit dem Anthropologen und Religionswissenschaftler Jorge Palomino y Cañedo (gespielt von Luis Alberti), seinem Begleiter in Guanajuato, Eisensteins Hadern mit seiner eigenen Bi- beziehungsweise Homosexualität: Zweifel, Angst und Ambivalenz schlagen mit einem Mal in Erfüllung um (Abb. 1).

In vielen Zügen ähnelte das Mexiko der 1920er und 1930er Jahre der Sowjetunion: Eine andere Revolution, noch vor dem ›Roten Oktober‹, eine künstlerische Avantgarde, die ebenfalls ein Bündnis mit der sozialen Revolte eingegangen war, ein scharfer Kontrast zwischen urbaner Moderne und bäuerlichen Lebenswelten. In Greenaways Film ist die Sowjetunion weit entfernt, nur im Off ist sie repräsentiert durch die besorgte Telefonstimme von Eisensteins Assistentin Pera Ataschewa. Der Regisseur, der zuletzt DAS ALTE UND DAS NEUE [DIE GENERALLINIE] (UdSSR 1929) fertiggestellt hatte, lässt sich faszinieren von der kulturell spezifischen Weise, in der Eros und Thanatos in Mexiko miteinander ins Spiel gebracht werden. Eisensteins Begleiter Palomino y Cañedo wird zum Führer durch eine Welt, die sich von der Sowjetunion als eine ganz andere abhebt. Er weiht ihn nicht nur in die mexikanische Küche und Geschichte ein, sondern auch in die real existierende Sexualität und in ein Verhältnis zum Tod, das auf einer Konfrontation mit der eigenen Sterblichkeit beruht. Im ›Museum der Mumien‹ in Guanajuato und während der karnevalesken Prozession am ›Día de los Muertos‹ kulminiert diese Erfahrung. Die Figur Eisensteins wird im Film intensiven Werdensprozessen ausgesetzt, in denen er schließlich zu einem Anderen wird – die seltsamen Abenteuer des Sir Gay im Land der Zapatistas…

Für Eisenstein hatte die Oktoberrevolution eine initiale Deterritorialisierung bedeutet. 1939 schrieb er in einem autobiographischen Entwurf: »Die Revolution gab mir das Wertvollste in meinem Leben – sie machte mich zum Künstler. Ohne die Revolution, hätte ich niemals die Tragödie durchbrochen: Ich wäre Ingenieur geworden – wie der Vater, so der Sohn. Ich hatte Ideen, Wünsche, aber der Wind der Revolution gab mir die wichtigste Sache: die Freiheit der Selbstbestimmung« (zit. n. Kleiman 2017, 123).[3] Das Ereignis durchbrach das ödipale Schicksal, trotzdem blieb Eisenstein »sein Leben lang unpolitisch« (Bulgakowa 1997, 7), für Oksana Bulgakowa »die verblüffendste Entdeckung« (ebd.) im Zuge ihrer Arbeit an einer Biographie des Regisseurs. Eisensteins künstlerisches Revolutionär-Werden situierte das Politische nicht auf der Ebene von Recht und Macht, sondern auf der Ebene von Ideen und Affekten, von Wünschen und Begehren, auf die auch seine visuellen Montagen direkt ideoästhetisch einwirken wollten. Dabei bilden Sexualität, Eros und Ekstase in Eisensteins Texten, Zeichnungen und Filmen Grundmotive einer Kreativität, die auf komplizierte Weise der Idee des Kommunismus bis zuletzt treu geblieben ist.

Eisensteins Verhältnis zum Eros wurde von der dekadenten Ästhetik der Jahrhundertwende geprägt, »Russia's first sexual revolution« (Goryaeva in: Kleiman 2017, 9), die von Dichtern wie Wladimir Solowiow und Aleksandr Blok getragen wurde.[4] Bisexualität und Androgynität wurden hier als primäre sexuelle Gestalten gefeiert, die der sexuellen Differenzierung biologisch und ontologisch vorauslägen (vgl. Bershtein 2017, 75). Früh las Eisenstein den Kanon literarisch-erotischer Grenzüberschreitung: Ibsen, Maeterlinck, Mirbeau (*Der Garten der Qualen*), Sacher-Masoch, Sade, Schopenhauer, Weininger und Wilde. Aber er lebte keusch und machte sich Sorgen über das »Fehlen der erotischen Erregung« (zit. n. Bulgakowa 1997, 58), fürchtete, impotent oder homosexuell zu sein. Marie Seton erzählte er von der Hassliebe zu seiner Mutter, seinem ambivalenten Verhältnis zur Sexualität, das bisweilen in Ekel umschlug. Seine eigene Körperlichkeit beschrieb er wiederholt als disproportional, kindlich, clownesk.

Ein entscheidendes Leseerlebnis, 1918: Während eines Fronturlaubs verschlingt er in der Straßenbahn Freuds *Eine Kindheitserinnerung des Leonardo da Vinci* (Freud 1972 [1910]). Eisenstein: »Später auf der Plattform der Straßenbahn, in mörderischem Gedränge, bin ich so in das Büchlein vertieft, daß ich nicht merke, daß das Milchgefäß längst zerdrückt ist und die Milch Tropfen um Tropfen durch das […] Khaki des Rucksacks sickert« (zit. n. Etkind 1999, 394). Er plante, nach dem Krieg in Wien bei Freud in die Lehre zu gehen, denn in der Freud'schen Interpretation der Sexualität Leonardos erkannte er sich selbst wieder. Wie der Renaissance-

3   Übersetzung P. G.
4   Siehe dazu Crone 2010, weiterhin Bershtein 2012, 210–231.

künstler schien er über den Trieben zu stehen, deren Ansprüche er vollständig sublimieren zu können vermeinte. »Ohne Freud keine Sublimierung, ohne Sublimierung würde ich ein einfacher Ästhet werden wie Oscar Wilde. Freud entdeckte die Gesetze des individuellen Verhaltens, Marx die Gesetze der gesellschaftlichen Entwicklung. Ich benutzte das Wissen von Marx und Freud in den Stücken und Filmen, die ich in den letzten Jahren gemacht habe« (zit. n. Bulgakowa 1997, 108) schrieb er später. Allerdings koexistierten Sublimierung und Entsublimierung als obszöne Phantasien in Eisensteins Kreativität.

Auf sexualpolitischem Gebiet waren in der Zeit des Kriegskommunismus radikale Schritte gesetzt worden: Als erster Staat der Welt legalisierte die Sowjetunion die Abtreibung und bezahlte den Schwangerschaftsabbruch. Das sowjetische Scheidungsrecht war das liberalste weltweit: Scheidung wurde zur Privatangelegenheit, die keiner Begründung mehr bedurfte. Uneheliche Kinder wurden ehelichen gleichgestellt, umfassender Mutter- und Säuglingsschutz wurde eingeführt, die Bevormundung durch die Kirche beendet. Ideologische Ziele waren die Abschaffung der bürgerlichen Familie, der patriarchalen Ehe und die Befreiung der Frau. Abram Rooms BETT UND SOFA (UdSSR 1927) nach einem Drehbuch von Viktor Schklowski spiegelt diesen Liberalismus in einer Dreiecksgeschichte zweier Komsomolzen, Mitglieder des kommunistischen Jugendverbands, und einer emanzipierten Frau während der NÖP-Periode.[5] Der Film bildete das reale Beziehungsdreieck nach, das Wladimir Majakowski mit Lili und Ossip Brik öffentlich gelebt hatte. Wenig später würde Stalin der künstlerischen Autonomie der Avantgarde wie auch dem sexualpolitischen Liberalismus ein Ende bereiten.

Alexandra Kollontai hatte bereits 1918 eine freizügige ›neue Moral‹ der »erotischen Freundschaft« (Kollontaj 1977, 65) von ökonomisch unabhängigen und emotional freien Frauen und Männern verfochten, die Lenin gelegentlich als ›Glas-Wasser-Theorie‹ (vgl. Pop 2006) verspottete, weil sexuelle Bedürfnisse genauso wie Durst gestillt werden sollten. Kollontai forderte auch die Abschaffung der Prostitution als Kehrseite der monogamen Ehe. Soziologische Befragungen aus den 1920er Jahren zeigen, dass die tatsächlichen Verhältnisse nur bedingt der neuen ›Sexual-Moral‹ entsprachen: 80% von befragten männlichen Studenten in Moskau, Odessa und Omsk berichten, sie hätten versucht, enthaltsam zu leben, über die Hälfte der befragten Studentinnen hatte bis zum 30. Lebensjahr noch keinen Sex gehabt. Mit großer Mehrheit lehnten die Befragten Masturbation als schädlich und Homosexualität als unzulässig ab. »Weniger als die

---

5 Die ›Neue Ökonomische Politik (NÖP)‹ wurde 1921 von Lenin und Trotzki dekretiert und führte bis 1928 zu Dezentralisierung, Liberalisierung und der Einführung marktwirtschaftlicher Elemente in Landwirtschaft, Handel und Industrie.

Hälfte der Studenten in Odessa glauben, daß es Liebe gibt, obwohl 63% angeben, sie in ihrem Leben schon einmal empfunden zu haben. Kaum jede zweite Studentin beabsichtigt, irgendwann zu heiraten; immerhin ein Viertel selbiger befürworten die ›freie Liebe‹« (Etkind 1999, 230), so Aleksander Etkind, der sich dabei auf Befunde von Sheila Fitzpatrick stützt (vgl. Fitzpatrick 1978, 252–278).

An diese Diskurse schloss Eisenstein 1925 mit einem nicht verwirklichten Drehbuch mit dem spekulativen Titel *Jahrmarkt der Wollust* an, ein Nebenprojekt, das im Stil deutscher Aufklärungsfilme à la Richard Oswald in einigen narrativen Episoden sexual-hygienische Probleme auf dem Land und in der Stadt verhandeln sollte. Sein Schlusstitel hätte gelautet: »Kämpfen Sie nicht gegen die Prostitution, sondern gegen die Gesellschaftsordnung, die sie hervorgebracht hat!« (zit. n. Bulgakowa 1997, 77). Fünf Jahre später drehte Eisenstein mit Alexandrow und Tissé in Zürich den semidokumentarischen Film FRAUENNOT – FRAUENGLÜCK (CH 1930). Für diesen edukativen Auftragsfilm gegen die Illegalisierung der Abtreibung drehten sie eine Woche in einer gynäkologischen Klinik.

Im Verlauf der Krise, in die Eisenstein 1928, nach der Premiere von OKTOBER, stürzte, beschäftigte er sich obsessiv mit den Topoi Bi- beziehungsweise Homosexualität, etwa bei Sokrates und Johannes dem Täufer, der nach Eisensteins Meinung in Jesus verliebt war. Er fürchtete um seinen Verstand, mehr noch aber den Verlust seiner Kreativität durch eine erfolgreiche Therapie: »Der Regisseur muß Hemmungen durchbrechen. Seine Schwächen anästhesieren ist Kastration« (zit. n. Bulgakowa 1997, 103). Er konsultierte drei Ärzte: »Speschnew [Schulpsychologe] hat nichts gefunden. Salkind, die Psychoanalyse. Wir haben entschieden, auf die Liquidierung der Neurose zu verzichten, um meine Begabung nicht zu gefährden. Kramer [Internist] verschrieb mir Glycerophosphat« (zit. n. Bulgakowa 1997, 102). Auf Betreiben seiner Freundin Agnija Kassatkino – »die Erste, mit der ich geschlafen habe« (zit. n. Bulgakowa 1997, 57) – hatte Eisenstein bereits früher einige Sitzungen bei Aron Salkind absolviert, einem Psychoanalytiker, der 1924 in seinen *Zwölf Gebote des Sexuallebens des Proletariats* die Askese propagierte, damit die Energie der revolutionären Klasse nicht von ihrer historischen Mission in das unnütze Geschlechtsleben umgelenkt werde. Sexualpartner*innen sollten auf Basis der Klassenzugehörigkeit ausgewählt werden, es solle keine Eifersucht geben und keine »sexuellen Perversionen« (zit. n. Proctor, 2014),[6] worunter nach Salkinds Auffassung auch die Homosexualität fiel. Der letzte Punkt lautete: »Im Interesse der Revolution ist es die Pflicht des Proletariats in das Sexualleben anderer

---

6 Übersetzung P. G.

einzugreifen«.⁷ Salkinds Entwicklung von einem ›Freudismus‹, der die Bedeutung der Libido zugunsten des Macht- und Geltungsstrebens im Sinne Alfred Adlers einschränkte, hin zu einer biopolitisch ausgerichteten ›Pädologie‹, war charakteristisch für die Rezeption der Psychoanalyse in der Sowjetunion: Das Thema der Sexualität wurde vom Thema der Macht in den Hintergrund gedrängt.⁸

Auch Eisensteins früh beginnende Faszination für die Psychoanalyse schwankte zwischen Interesse und Ablehnung. Die Reflexologie interessierte ihn genauso: Ausgehend von der Agit-Prop-Ästhetik des Proletkults bezog er sich Anfang der 1920er Jahre für sein Konzept der Attraktionsmontage zum Zweck der ›Bearbeitung‹ des/der Zuschauenden »in einer gewünschten Richtung mittels einer Folge vorausberechneter Druckausübungen auf die Psyche« (Eisenstein 2006 [1924], 15) ganz auf die Forschungen Bechterews und Pawlows. Mit Lew Wygotski und Alexander Luria korrespondierte er über Fragen der Kunstpsychologie. Die »Agitation mithilfe einer Schau«, also zum Beispiel eines Films, bestünde genauso wie eine Pawlow'sche Versuchsanordnung in der »Schaffung einer Kette von bedingten Reflexen« (ebd., 22). Schlüsselbegriffe der Psychoanalyse wie Affekt, Katharsis und Sublimierung veränderten im Kontext dieser Wirkungsästhetik ihre Bedeutung. Das Kino sollte zu einer Kunst werden, die eine totale Sicht auf das Wirken der sozialen Maschine und damit auch Zugriff auf diese ermöglicht.

Bevor Eisenstein die Sowjetunion in Richtung Amerika verließ, schloss er die langwierige Arbeit an seinem Film DAS ALTE UND DAS NEUE (UdSSR 1929) ab, ein Auftragsfilm über die 1925 beschlossene ›Generallinie‹ zur sozialistischen Umgestaltung der sowjetischen Landwirtschaft. Eisenstein gestaltete in seinem Film mit den Mitteln einer entfesselten ›intellektuellen‹ Montage und in exzentrischen Kamerawinkeln das Bild einer mythischen Aufhebung der Gegensätze von Technik und Natur, Stadt und Land, Architektur und Gemeinschaft. In suggestiven Großaufnahmen agitierte er für den kooperativen Zusammenschluss der Bauern und Bäuerinnen, deren Emanzipation durch die zum Zeitpunkt der Dreharbeiten hochschwangere Laienschauspielerin Marfa Lapkina verkörpert wurde. Sie hatte selbst noch nie einen Film im Kino gesehen – zum ersten Mal stand mit ihr eine sich von der Gruppe abhebende Einzelperson im Zentrum eines Eisenstein-Films.

Zum Zeitpunkt der Filmpremiere am 7. Oktober 1929 war Eisenstein bereits zehn Wochen auf jener Reise durch Europa, in die USA und nach

---

7   Eine Ergänzung dazu lautete: »Sexuelle Attraktion durch Klassenantagonismus oder zu einem moralisch abstoßenden, unehrlichen Objekt ist genauso pervers wie das sexuelle Begehren eines Menschen für ein Krokodil oder einen Orang Utan«. Zit. n. Proctor 2014; Übersetzung P. G.
8   Siehe dazu Etkind 1999, Kap. 6–8.

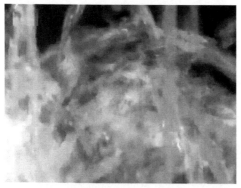

Abb. 2, 3, 4: Filmstills aus »Das Alte und das Neue« (1929)

Mexiko, von der er erst im Mai 1932 wieder zurückkehren würde. Trotzki war bereits in die Türkei abgeschoben und aus Eisensteins OKTOBER herausgeschnitten worden.⁹ Stalin hatte inzwischen die Lenin'sche ›Generallinie‹ zur sozialen Umgestaltung des Dorfes, gegen religiösen Irrationalismus und für die Emanzipation der Frau in Richtung ›Großer Wende‹ umgestellt. Die folgende ›Entkulakisierung‹ und Zwangskollektivierung der Landwirtschaft bedeutete von 1929 bis 1933 für Millionen Menschen den Tod durch Hunger oder im Lager. Die »ideoästhetische Generallinie Eisensteins« (Hans-Joachim Schlegel, in: Eisenstein 1984, 7) wurde von den laufenden Ereignissen überholt. Die soziale Transformation, die Eisensteins Film ästhetisch anstoßen sollte, war bereits durch schiere Gewalt in Gang gesetzt worden. Dieser Unzeitgemäßheit des Films trägt die von Stalin selbst vorgeschlagene Titeländerung Rechnung: Der Film soll die Überwindung des Alten durch das Neue nicht bewirken, sondern nachträglich propagandistisch bebildern (vgl. Eisenstein 1984, 9 f.).¹⁰

Eine Sequenz ist für Eisensteins Aufladung der Montage mit sexuellen Bedeutungen paradigmatisch. Mit den ersten Einnahmen hat die Dorf-Kooperative eine handbetriebene Milch-Zentrifuge, einen sogenannten ›Separator‹, angeschafft, um aus Milch Butter herzustellen. Die erste Vorführung der Maschine vor den skeptischen Bauern inszenierte

---

9 Er kam 1937 nach Mexiko, wo er 1940 von Ramón Mercader, einem Agenten Stalins, ermordet wurde.
10 Oksana Bulgakowa beschreibt die Unterredungen von Eisenstein und Alexandrow mit Stalin in ihrer Biographie (Bulgakowa 1997, 115 f.).

Eisenstein als anschauliche Beweisführung für die Überlegenheit sozialistischer Technik über religiösen Aberglauben, der zuvor in einer Prozession dargestellt wurde, in deren Verlauf die Popen des Dorfes erfolglos den ersehnten Regen herbeizubeten versuchten. Gespannt blicken die Bauern nun auf die rotierende Zentrifuge. Eisensteins rasante Montage spielt offen mit sexuellen Konnotationen der rhythmischen Bewegung und des Überfließens des Rahms aus der Maschine. Großaufnahmen lachender Männer und Frauen präsentieren Erfüllung und Entspannung, Affekte, die den irrational-religiösen Affekten von Schuld und Ressentiment sinnfällig entgegengesetzt werden (Abb. 2–4).

1931 schrieb die französische Zeitschrift ›Le Mois‹ über diese Sequenz:
Und plötzlich verwandelt sich die sämig gewordene Milch in Rahm! Die Augen funkeln, die Zähne blitzen in einem breiter werdenden Lächeln auf. Die Bäuerin Marfa streckt die Hände aus, um mit ihnen den Rahmfluß in Empfang zu nehmen, der vertikal auf sie zuströmt, sie bespritzt, ihr Gesicht vollspritzt, sie aber lacht aus vollem Halse! Das ist eine sinnliche, fast animalische Freude. Es scheint, als ob sie bereit wäre, ihre Kleidung abzuwerfen und in rasender Leidenschaft nackt in diese Ströme auf sie niederprasselnden Wohlstands, der sie umströmenden Rahmstrahlen zu springen […] (Eisenstein 1984 [1946/47], 197 f.).

Eisenstein zitierte 1947 diese Filmkritik und betonte, dass es rein »kompositorische Mittel« sind, durch welche »eine ekstatische Leidenschaft von solcher Stärke erreicht wird, daß sie fast in einem orgiastischen Tanz der Filmheldin zu münden scheint […]« (ebd., 198).

Obwohl ständiges Sujet in seinen Zeichnungen, ist die Sexualität in Eisensteins verwirklichten Filmen kaum jemals ein explizites Thema. In seinen wirkungsästhetischen Überlegungen war sie jedoch immer mitgedacht, meist im Zusammenhang mit dem Begriff der Ekstase. Das Konzept des filmischen Pathos, das Eisenstein anhand des PANZERKREUZER POTEMKIN entwickelte und dem Konzept des Organischen gegenüberstellte, beruht auf einer Erfahrung des Außer-Sich-Seins: »Pathos ist das, was den Zuschauer von seinem Sitz auffahren läßt; das, was ihn von der Stelle springen läßt; das, was ihn Beifall klatschen und schreien läßt; das, was seine Augen vor Begeisterung glänzen läßt, bevor sie sich mit den Tränen der Begeisterung füllen […]. Mit einem Wort: Pathos ist alles das, was den Zuschauer ›außer sich geraten‹ läßt« (Eisenstein 1973 [1939], 172 f.).

Die Montage ›pathetisiert‹ in der Separator-Sequenz einen alltäglichen, technischen Vorgang zu revolutionären Zwecken. Sexuelle Affekte und Zeichen werden dazu ins Soziale übertragen, die Idee der Kollektivität erotisch aufgeladen. Gilles Deleuze zufolge hebt die Montage den gezeigten Vorgang »in eine im eigentlichen Sinne kosmische Dimension« (Deleuze 1989, 58), sexuelle Deutungen dieses visuellen Feuerwerks wies er zurück: »Die Psychoanalyse hat diesen berühmten Bildern von der Milchzentrifuge eine derartig kindische Behandlung angedeihen lassen, daß es schwierig geworden ist, ihre schlichte Schönheit wiederzufinden« (ebd., 245). Mit Jacqueline Rose könnte man sagen, dass sich hier »[d]as Bild [...] der sexuellen Referenz [beugt], doch nur insofern, als die Referenz an sich durch die Arbeit am Bild in Frage gestellt wird« (Rose 1996, 235). Rose zufolge begegneten sich die Lust am Zeigen und die Lust am Sehen in einer Arena, die »zugleich ästhetisch und politisch« (ebd.) sei: »Kunst und sexuelle Politik besetzen sie gleichermaßen. Die Verbindung von Sexualität und Bild ruft einen bestimmten Dialog hervor, den der übliche Gegensatz zwischen formalen Operationen im Bild und einer von außen herangetragenen Politik nicht angemessen abdeckt« (ebd.). Das Politische in Eisensteins Filmen findet sich eher auf dieser Ebene der Präsentation einer sexuellen Aufladung des Bildes im weitesten Sinn, als auf der Ebene einer thematischen Referenz zu politisch-historischen Gegenständen, die sie auf den ersten Blick zu repräsentieren scheinen.

In seinem Text *La folie Eisenstein* liest Jacques Rancière das Delirium der Milchzentrifuge im Sinne einer ekstatischen Kunst des Kommunismus. Thema dieses Filmes sei der Kommunismus als solcher, die Überlegenheit der kollektiven über die individuelle Wirtschaft, die allein mit den Mitteln der Montage dargestellt werden sollte. Deren Wirksamkeit steigere sich in DAS ALTE UND DAS NEUE zu einem dionysischen Pawlowismus (vgl. Rancière 2001, 46). Im Zentrum stehe dabei der Körper Marfas, der eine Idee begehrenswert machen solle: »Diese männerlose Frau, ohne Eltern oder Kinder, sehnt sich nur nach Kommunismus. Das ginge noch, wenn sie wenigstens eine heilige Jungfrau der reinen Idee wäre. Aber nicht das geringste an Marfas Kommunismus ist ideell« (Rancière 2001, 49). Der grundlegende Mechanismus dieser Verführung bestehe in einer Verschiebung von Energien, die etwa einem sowjetischen Traktor jene Affekte übertrage, die sonst nur von einem menschlichen Körper zum anderen übergingen. Rancière: »Marfa wird schließlich mit dem Traktor vereinigt, anstatt mit dem Traktoristen« (ebd.). Eisenstein habe auf diese Weise nicht das Kino in den Dienst des Kommunismus gestellt, sondern den Kommunismus im Kino auf die Probe gestellt. Seine Kunst sei deshalb keine kritische wie etwa die Brecht'sche: »Sie sollte ekstatisch sein und die Ideenverbindungen direkt in Bildabläufe übersetzen, und somit ein neues Regime der Sinnlichkeit hervorrufen« (ebd., 51).

Hollywood war nicht gewillt ein solches Kino zu produzieren: Ein Jahr nach der Premiere von DAS ALTE UND DAS NEUE zerschlugen sich alle Pläne Eisensteins, mit der Paramount einen Film zu drehen. In dieser Situation machte er sich an ein Filmprojekt über Mexiko, dessen Produktion ein Amateur übernahm, der Schriftsteller Upton Sinclair. Mit seiner Frau Mary trieb Sinclair etwa 50.000 $ für den Film auf – ein absolutes Low-

Budget-Projekt für jemanden wie Eisenstein, der bislang immer auf unbegrenzte staatliche Ressourcen zurückgreifen konnte.[11] Bulgakowa: »Mit diesem Vertrag begann ein Abenteuer, das als einer der größten Skandale in die Filmgeschichte eingehen und das Image von Upton Sinclair ebenso tief erschüttern sollte wie die Karriere Eisensteins« (Bulgakowa 1997, 151).[12]

Bis die Dreharbeiten abgebrochen wurden und Eisenstein ohne sein Filmmaterial, das Sinclair unter Verschluss hielt, Mexiko wieder verlassen musste, erlebte er allerdings eine kreative Hochphase, »an unmatched burst of creative activity, as is evident from his drawings, and sexual experimentation« (Salazkina 2009, 11). Am freiesten drückte sich dies in zahllosen oft blasphemischen und erotomanischen Zeichnungen aus.[13] Naum Kleiman: »In Mexico, Eisenstein felt that a line on paper was the only way he could freely express things he could neither say in words, nor write with his pen, nor shoot on film. And how this would serve him back home, where you could neither speak, or write, nor film frankly!« (Kleiman 2017, 24). Diese Zeichnungen trugen Eisenstein wiederholt den Vorwurf der ›Perversion‹ ein. Sie zeigen Menschen, Tiere, Fabelwesen, anthropomorphisierte Geschlechtsteile, biblische, mythologische und literarische Gestalten in den ungewöhnlichsten sexuellen Konstellationen. Jedoch waren sie keineswegs einfach pornografisch, so Joan Neuberger: »They do not seem to be designed to arouse the viewer, they hardly seemed designed for viewers at all« (Neuberger 2012, 8). Oft stellt Eisenstein die sexuellen Bezüge in einen nicht-sexuellen historischen und soziokulturellen Kontext. Immer wieder spielen die Zeichnungen auf groteske Weise mit dem Zusammenhang von Sex und Gewalt. Für Neuberger sind sie »the flip side of his identification with Freud's Leonardo: not civilizing or productive sublimation but dialectical exploration of the suppressed desires themselves« (ebd., 25). Nicht einfach neurotische Phantasien eines traurigen Individuums, vielmehr Dokumente eines experimentellen Spiels um anthropologische Fragen: »How far can the body go before reaching a state of prenatal prelogic? Or ecstatic transcendence? Where are the boundaries of the body that he wanted to escape?« (ebd.)

In Mexiko arbeitete Eisenstein eine Theorie der Sexualität aus, in welcher der Begriff der Ekstase, um den er seit seiner Jugend kreiste,[14] im Zentrum stand (Abb. 5). Evgenij Bershtein: »Exploring ecstasy as both

---

11 Als Howard Hawks 1934 für die MGM-Produktion Viva Villa! Pancho Villas Leben verfilmte, konnte er dafür etwas mehr als 1 Mio. $ ausgeben.
12 Siehe weiters Geduld 1970.
13 Siehe Eisenstein 1999, sowie Neuberger 2012.
14 Bereits Anfang der 1920er Jahre hatte er in seinem Tagebuch eine Theatertheorie entlang eines okkultistischen Schemas formuliert: Körper und Seele bildeten die Grundseiten eines Dreiecks, der Geist die Spitze. Geistige Erfüllung in der Ekstase könne über die Empfindung des Rhythmus erzielt werden.

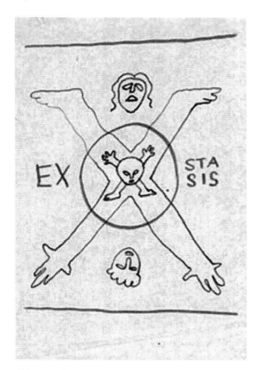

Abb. 5: Zeichnung von S. M. Eisenstein, ca. 1931; Quelle: Neuberger 2012, 43.

an artistic technique and ontological phenomenon, he identified bisexuality as a foundation for ›ek-stasis‹« (Bershtein 2017, 80). Eisenstein lehnte sich hier an Magnus Hirschfelds Theorie der ›sexuellen Zwischenstufen‹[15] an, aber auch an den platonischen Mythos von den Kugelmenschen.[16] Als er später, auf dem Rückweg nach Moskau, in Berlin Hirschfelds Institut für Sexualwissenschaft besuchte, wurde ihm dort ein Patient vorgestellt, ein bulgarischer Ingenieur, der gerne elegante Damengarderobe trug: »When I asked this Bulgarian man what moves him to wear a lady's costume and hair (a wig) and what he felt while doing so, he answered with great conviction and consistently that putting on a woman's dress, he kind of begins to sense that he is whole and superior to ordinary people« (Eisenstein 2002, 286 zit. n. Bershtein 2017, 76).

Für Eisenstein war dies ein Beispiel für seine in Mexiko weiterentwickelte These, dass das Erreichen des bisexuellen Urzustands dem Erreichen einer übermenschlichen Stufe gleichkäme. In Eisensteins Konzeption der Sexualität spielen die Geschlechterdifferenz und die Wahrnehmung dieser Differenz, die Traumata der Kastration und des Neids, also das gesamte ödipale Drama keine Rolle. Vielmehr orientiert er sich an der Idee einer Überwindung der Zweigeschlechtlichkeit in der Rückkehr zu einer prä-logischen prä-natalen bi-sexuellen Einheit. Homosexualität verstand er dabei als Ausdruck einer ursprünglichen Bisexualität. Seit seiner Reise nach Mexiko bilden die Begriffe Dialektik, Bisexualität und Ekstase als dynamische Einheit der Gegensätze die Grundlage für Eisensteins Denken: »[T]he dialectical principle in sex is bisexuality […], this is why almost all ecstatics have a distinct element of bisexuality« (zit. n. Bershtein 2017, 80). Dabei fanden sexueller Mystizismus, Geniekult und Friedrich Engels' *Dialektik der Natur* zu einer den offiziellen dialektischen Materialismus überschreitenden Konzeption zusammen (vgl. Marx/Engels 1985). Noch 1944 wird Eisenstein glauben, der »regressive impulse« (zit. n. Bershtein 2017, 76) in

15 Siehe Hirschfeld 1918.
16 Siehe Platon: Symposion 189c–193e.

Richtung primärer Bisexualität könne umgesetzt werden in »a progressive use by uniting men and women in collective labor that advances a common social ideal« (ebd.), wie Bershtein Eisenstein paraphrasiert.

Eisensteins Mexiko-Film sollte aus mehreren Episoden bestehen, in denen die Vergangenheit und Gegenwart des Landes eine Synthese bilden: Darstellungen des indigenen, präkolumbianischen, des kolonisierten, christianisierten und schließlich des revolutionären und gegenwärtigen Mexiko sollten zu einen polyphonen Bild zusammentreten – ähnlich wie in jenen ›Murales‹, in denen Diego Rivera mexikanische Geschichte verdichtete. Eine erste Episode – *Sandunga* betitelt – wäre in mythischer Vorzeit angesiedelt gewesen, eine zweite – *Fiesta* – während der Conquista und eine dritte Episode – *Maguey* – hätte die Gewaltverhältnisse auf einer Hazienda zu Zeiten des Diktators Porfirio Díaz narrativ inszeniert. Während von diesen Teilen zahlreiche Aufnahmen existieren, konnte Eisenstein die vierte Episode mit dem Titel *Soldadera*, die der Revolution von 1910 gewidmet sein sollte, nicht mehr drehen. Diese Filmteile wären wiederum von einem Prolog zum Totenkult der Azteken und Maya und einem karnevalistischen Epilog rund um den Tag der Toten des Jahres 1931 eingerahmt worden (vgl. Eisenstein 1957 [1930/31]).

Vor allem die *Sandunga*-Episode kreiste um Fragen von Sexualität, Familie und Genderstereotypen. Die Dreharbeiten in Oaxaca, am Isthmus von Tehuantepec, sollten ein urkommunistisches Matriarchat bebildern, das jenen matrilinearen Strukturen bei den melanesischen Trobriander ähnelte, über die Bronislaw Malinowski in den 1920er Jahren geschrieben hatte (vgl. Malinowski 1929). Eisenstein las in Mexiko die Studien von Lucien Lévy-Bruhl zur ›primitiven Mentalität‹ (vgl. Lévy-Bruhl 1966 [1922]) und schmökerte in den zwölf Bänden von James Frazers *The Golden Bough* (vgl. Frazer 1907 ff.). Seine Faszination für die hier beschriebenen Sozietäten jenseits von Kapitalismus und Kommunismus korrespondierte mit einer Tendenz, zu der auch Flahertys und Murnaus gleichzeitig auf Bora Bora und Tahiti gedrehter Film TABU (USA 1931) gehörte, der 1931 einen Oscar für die beste Kamera gewann. Die Weltwirtschaftskrise leistete exotischer Weltflucht Vorschub, gleichzeitig manifestierte sich in diesen Filmprojekten ein letztes Mal die internationalistische Utopie des Stummfilms: Ein dem Krieg entgegenarbeitendes ›Völkerbund-Kino‹[17] sollte die Menschheit über alle nationalen und sprachlichen Grenzen hinweg verbinden.

---

17 Vgl. dazu Laura Mulveys Präsentation in: »Eisenstein in Mexico: thinking about birth, death and rebirth of film works.« Videostream einer Filmvorführung und Diskussion mit Laura Mulvey, Ian Christie u. a., Regent Street Cinema London, 24.04.2016, https://vimeo.com/185565918 (zugegriffen am 13.3.2018).

Abb. 6, 7, 8: Filmstills aus »¡Que viva México!« (1979)

Das erste Text-Konzept zur *Sandunga*-Episode[18] beschreibt eine transhistorische paradiesische Welt, in der Frauen dominieren: »Wie die Bienenkönigin herrscht die Mutter in Tehuantepec. Wie durch ein Wunder hat sich hier die seit Jahrhunderten bestehende weibliche Stammesordnung bis in unsere Zeit erhalten« (Eisenstein 1957 [1930/31], 252),[19] schrieb Eisenstein in einem ersten Textentwurf zum Film. In der Fassung mit dem Titel ¡QUE VIVA MÉXICO!,[20] die Eisensteins Assistent Grigori Alexandrow 1979 aus Bildern und Texten Eisensteins erstellte, kommentiert eine Off-Stimme zu Aufnahmen à la Gauguin: »Die Frau arbeitet, die Frau wählt sich einen Mann, die Frau führt den Mann in das neue Haus – Matriarchat«. Partnerwahl und Heirat kulminieren in der Familiengründung (Abb. 6–8).

Eine Einstellung zeigt die neue Familie, in der das Patriarchat aufgehoben ist: Die Frau bildet die schützende Spitze des Familiendreiecks, während der Mann in der Hängematte mit dem Kind ›mütterlichen‹ Blickkontakt hält. Eisenstein inszeniert hier buchstäblich Malinowskis Beschreibung der

18 Sandunga ist der Name eines zapotekischen Hochzeitstanzes. Eine detaillierte Analyse der *Sandunga*-Episode bietet Salazkina 2009, 54–89.
19 Übersetzung P. G.
20 Neben rein exploitativen Kompilationen wie THUNDER OVER MEXICO (USA 1933), EISENSTEIN IN MEXICO (USA 1933) und DEATH DAY (USA 1934) unternahmen mehrere Filmemacher ernsthafte Versuche, das gedrehte Material nach Eisensteins Plänen zu montieren: Marie Seton in TIME IN THE SUN (USA 1940), Jay Leydas 4-stündiger EISENSTEIN'S MEXICAN PROJECT (USA 1958) und schließlich Grigori Alexandrow in ¡QUE VIVA MEXICO! (DA ZDRAVSTVUYET MEKSIKA!) (UdSSR 1979). Einen kurzen Vergleich dieser Fassungen bietet Vassilieva 2010.

›primitiven‹ Familie Melanesiens, »in der die physischen Bande der Vaterschaft unbekannt sind und Mutterrecht obwaltet« (Malinowski 1985 [1924], 225), sodass »der Vater dennoch in einer viel intimeren Beziehung zu den Kindern steht, als es normalerweise bei uns selbst der Fall ist« (ebd.).

Tatsächlich standen die Gefilmten den Dreharbeiten fallweise skeptisch gegenüber, eine Gruppe von Männern attackierte die Filmemacher, weil sie deren Kamera für eine Maschine hielten, mit der man durch die Kleidung der Frauen hindurch sehen könne (vgl. Salazkina 2009, 54). Masha Salazkina sieht die gesamte Konzeption Eisensteins kritisch:

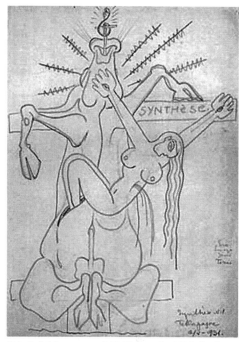

Abb. 9: Zeichnung von S. M. Eisenstein, 1931; Quelle: http://www.artnet.com

> By repressing the notion of sexual difference, for example, in favor of the ›bi-sex‹ (which Eisenstein identifies with the earlier prelogical forms of being), he in fact creates not the radical totality but rather a utopian community of effeminized men, quite simply excluding women from the picture (ebd., 13).[21]

Anders als in DAS ALTE UND DAS NEUE, in dem die ehe- und kinderlose Hauptfigur Marfa das kommunistische Begehren verkörperte, stehen in Eisensteins mexikanischem Filmprojekt moderne Frauen nirgends im Zentrum der Erzählung. Seine Inszenierung des zapotekischen Matriarchats filterte die soziale Komplexität von Geschlechterverhältnissen in Oaxaca[22] durch eine Konzeption, die dem präkolonialen mütterlichen Urkommunismus von vornherein eine strategische Funktion innerhalb der Narration zuwies – die einer gleichsam pränatalen Ressource, eines Ursprungs, den die Gegenwart des in der Revolution neugeborenen Mexikos einholen soll.

Ähnlich wie die *Fiesta*-Episode, die um Conquista und Corrida kreisen sollte, stellte auch die *Maguey*-Episode der femininen Welt eine martialische, abergläubische, koloniale, grausame, patriarchale Welt gegenüber. In seinen Zeichnungen hatte Eisenstein auch solche Sujets auf extreme Weise sexualisiert: Eine 1931 in Tetlapayac entstandene Darstellung zeigt ein Kru-

---

21 Siehe dazu auch Salazkina 2009, 178.
22 Zur Diskussion der matriarchalen Traditionen und der Genderverhältnisse in Oaxaca vgl. Bennholdt-Thomsen 1994 sowie Lynn 2016.

Abb. 10: Filmstill aus »¡Que viva México!« (1979)

zifix mit Stier- und Frauenkörper, eine blasphemische *Synthèse* aus den Topoi von Eva, Europa, Jesus und Torero, wie Eisenstein handschriftlich auf dem Blatt notierte (Abb. 9). Eine weitere mit *Portail pour la mission indienne* betitelte Zeichnung[23] stellt in grotesker Weise zwei feiste ›Padres‹ dar, die indigene Buben zur Fellatio nötigen und liest so das koloniale Gewaltverhältnis als Vergewaltigung. Auch in den Filmaufnahmen ist die Kritik an der Kirche deutlich, jedoch wesentlich metaphorischer vorgetragen.

Eisensteins mexikanisches Filmprojekt ist voller falscher Dokumentarismen und wahrer Fiktionen: Gelegentlich mussten Aufnahmen an anderem Ort oder mit Darsteller*innen aus anderen Regionen gedreht werden, weil sich die Gefilmten weigerten, an den Dreharbeiten teilzunehmen. Während die ländlichen Matriarchinnen tatsächlich von Schauspielerinnen aus Mexiko City dargestellt wurden (vgl. Salazkina 2009, 64), spielten in der darauffolgenden *Maguey*-Episode Besitzer und Bauern der Hacienda Tetlapayac am Fuß des heiligen Vulkans Popocatépetl sich selbst (vgl. Bulgakowa 1997, 160). In der Narration dieser Episode lehnen sich die indigenen Bauern gegen den Haziendero auf, der sie in einem »Zustand purer Sklaverei« (Eisenstein 1957 [1930/31], 254)[24] hält und für sich das ›ius primae noctis‹ in Anspruch nimmt – ein Vorspiel zur mexikanischen Revolution von 1910. Die Revolte der ›Peones‹ nach der Vergewaltigung von Maria endet mit einem Gewaltexzess (Abb. 10): Die jungen Männer wer-

23 Siehe Neuberger 2012, 32.
24 Übersetzung P. G.

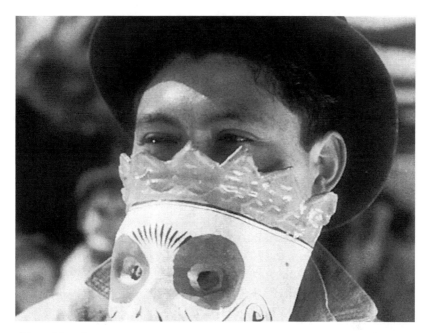

Abb. 11: Filmstill aus »¡Que viva México!« (1979)

den bis zu den Hälsen in die Erde eingegraben und dann von reitenden ›Charros‹, mexikanischen Cowboys, zu Tode getrampelt, nachdem diese sich mit ›Pulque‹ berauschten, jenem vergorenen Saft, den die Bauern aus den riesigen, dornigen Blättern der Agave – ›Maguey‹ – saugen. Wie auch andere Sequenzen des Films spielt sie auf die homosexuell konnotierte Ikonographie vom Martyrium des Heiligen Sebastian an. Der Regisseur setzte dabei das Leben der Schauspieler aufs Spiel, einer von ihnen erlitt bei den Dreharbeiten für diese Szene eine lebensgefährliche Schädelfraktur.

Sexualität wird in ¡QUE VIVA MÉXICO! zum Material einer sozialen Allegorik, in der nicht die Geschlechterdifferenz im Mittelpunkt steht, sondern die historisch variable Form, in der Gesellschaften den dialektischen Gegensatz von Leben und Tod regeln. Der Film sollte die Gegenwart in dieser Perspektive als Moment innerhalb einer zyklischen Zeit darstellen. Der Epilog, der auf die nicht gedrehte *Soldadera*-Episode über eine Heldin der mexikanischen Revolution folgen sollte, wäre dem Tag der Toten gewidmet gewesen, an dem sich die »große Weisheit Mexikos hinsichtlich des Todes« (Eisenstein 1957 [1930/31], 251f.),[25] die Erfahrung der »Einheit von Tod und Leben« (ebd.), ins Exzessive gesteigert hätte:

Und die noch größere Weisheit Mexikos: diesen ewigen Kreislauf zu genießen. Totentag in Mexiko. Tag größter Heiterkeit und Freude. Der Tag, an dem Mexiko den Tod herausfordert und sich über ihn

25 Übersetzung P. G.

lustig macht – der Tod ist nur ein Schritt zu einem weiteren Zyklus des Lebens – warum ihn also fürchten! (ebd.)
In Alexandrows Version des Filmes endet der Kommentar zu Aufnahmen von Menschen mit Skeletten, Zuckerschädeln und Toten-Masken mit einem Blick in die Zukunft (Abb. 11): »Wer steckt hinter dieser Maske? Ist es der, den eine Soldadera geboren hat? Und dem es beschieden sein wird, auf ein mit seinen Händen gestaltetes, auf ein wahrhaft freies Mexiko zu blicken?«.

Das Scheitern seines mexikanischen Filmprojekts im Februar 1932 wurde für Eisenstein zu einer persönlichen Tragödie. Ein paar Monate zuvor hatte er geschrieben:

> Ich bin in bester Gesellschaft, nämlich absolut allein. Ich bin wie der Ewige Jude oder Dante, der durch die Hölle irrt – [...]. ›Mass movement‹, [...] begleitet meinen Weg im Film, richtig muss es heißen ›mess movement‹. Ich bin verzweifelt darüber, daß ich nicht verzweifle und immer noch der dümmste Optimist in der Welt bleibe (zit. n. Bulgakowa 1997, 169).

Ohne Film und ohne sein Filmmaterial, politisch marginalisiert und als ›pervers‹ denunziert,[26] kehrte er nach fast drei Jahren im Mai 1932 in eine Sowjetunion zurück, die Stalin immer fester im Griff hatte. Sein Plan, wie Mexiko auch Moskau über die Zeiten in einem episodisch organisierten Film darzustellen, wurde im Zeichen des ›sozialistischen Realismus‹ abgelehnt. Seinen nächsten Film würde er erst sechs Jahre später drehen können, aber auch ALEXANDER NEWSKI (UdSSR 1938), ein gegen den Nationalsozialismus gerichteter Film, wurde nach Abschluss des Hitler-Stalin-Pakts aus dem Verkehr gezogen.

Während der Bahnfahrt von Berlin nach Moskau im Mai 1932 begegnete Eisenstein zum ersten Mal Bertolt Brecht. Die beiden vertraten diametral gegensätzliche Positionen hinsichtlich der in diesem Moment entscheidenden Frage einer ästhetischen Politik angesichts des Faschismus.[27] Brecht sah Eisensteins Filme mit Skepsis, er fand, dass gegenüber der so erfolgreichen faschistischen Affektpolitik die Kunst das kritische Vermögen der Zuschauer*innen stärken und diese nicht emotional überwältigen dürfe. Aus Brechts Sicht hatten Eisensteins Filme eine gefährliche anästhesierende Wirkung. Für Eisenstein dagegen griff Brechts Rationalismus zu kurz. Er bewegte sich mit seiner Kunst bewusst auf demselben affektiven Terrain,

---

26 Upton Sinclair z. B. schrieb 1933 in einem Brief über Eisenstein: »Suppose also I should tell you that the great artist is a sexual pervert, and that he shipped into the United States an enormous mass of unthinkably filthy drawings and photographs, the former made on my time and the latter made with our money!« Zit. n. Salazkina 2009, 191.

27 Lars Kleberg hat zu dieser Begegnung einen fiktiven Dialog auf breiter Quellenbasis geschrieben; siehe Kleberg 1987.

auf dem der Faschismus seit der Weltwirtschaftskrise erfolgreich war. ¡QUE VIVA MÉXICO! und KUHLE WAMPE ODER: WEM GEHÖRT DIE WELT? (D 1932), an dessen Drehbuch Brecht mitarbeitete, verkörperten 1932 unterschiedliche filmästhetische Positionen gegen die faschistische Ästhetisierung der Politik, wie sie sich im selben Jahr in Leni Riefenstahls DAS BLAUE LICHT (D 1932) abzuzeichnen begann. In allen drei Filmen bildete Sexualität das Gravitationszentrum, das sie auf unterschiedliche Weise umkreisten und von dem ausgehend sie spezifische sexuelle Politiken ins Bild setzten.

Eisenstein kontaktierte 1934 den Mann, der am meisten über den Zusammenhang von Sex und Politik wusste: Wilhelm Reich, den Verfasser der *Massenpsychologie des Faschismus* (1933), den seit dem Wiener Justizpalastbrand im Juli 1927 die Frage beschäftigte, wie es möglich war, dass so viele Menschen mit aller Macht ihre eigene und die Unterdrückung anderer begehren konnten. Der später verfemte und in einem US-amerikanischen Gefängnis verstorbene Reich bereitete mit seinen Forschungen einer psycho-politischen Faschismustheorie im Zeichen des ›autoritären Charakters‹ (Erich Fromm, Max Horkheimer/Theodor W. Adorno) und später der ›Männerphantasien‹ (Klaus Theweleit) den Weg. 1929 hatte Reich selbst die Sowjetunion besucht und war »mit ermutigenden und belebenden Eindrücken […] zurückgekehrt« (Reich 1995 [1931], 23).[28]

Reich war erst vor kurzem aus der ›Internationalen Psychoanalytischen Vereinigung‹ ausgeschlossen worden, weil er die psychoanalytische Praxis zu einer Art politischer Neurosen-Prophylaxe auf Massenbasis umbauen wollte.[29] Aus der KPD war er bereits verbannt worden, nachdem diese seine Schriften und den von ihm gegründeten ›Deutschen Reichsverband für proletarische Sexualpolitik (Sexpol)‹ als ›unmarxistisch‹ gebrandmarkt hatte. Eisenstein bat Reich brieflich um verschiedene Schriften, darunter die *Die Funktion des Orgasmus* (1927). In seinem Antwortschreiben vom 14. Juli 1934 aus dem Kopenhagener Exil äußerte Reich nun seine Freude darüber,
> von einem führenden Genossen auf dem Gebiete der Kunst zu hören, daß die Kunst sehr viel mit dem Zentralproblem der lebendigen Substanz, dem Orgasmus, zu tun hat. Das hört man sonst nicht oder erfährt im Gegenteil viel Ablehnung, wenn man es wagt, die hohe Kunst in so ›niedrige Gebiete‹ wie das Geschlechtsleben zu ziehen. (Eisenstein 1984, 254)

Reich stellte eine proletarische Kulturpolitik in Frage, die jeden Zusammenhang von Kunst und Sexualität leugnet: »Mich beschäftigt seit vielen Jahren die Frage, wie man der bürgerlichen filmischen Sexualpolitik eine revolutionäre bewusst und konsequent entgegensetzen könnte« (ebd., 255).

---

28 Siehe dazu Etkind 1999, 302 ff.
29 Siehe Peglau 2013.

Reich lobte den POTEMKIN, von dessen »Rhythmik« – »eine direkte Fortführung des biologisch-sexuellen Grundrhythmus« – man »richtig überwältigt« (ebd.) sei. Er lud Eisenstein ein, ihm seine Ansichten mitzuteilen über die Möglichkeiten, »das menschliche Gefühlsleben inclusive des sexuellen in die rationalen Ziele der revolutionären Kulturpolitik hineinzuarbeiten« (ebd.).

Eisensteins Antwort fiel freundlich aus, aber sie offenbarte die vollkommen andere Sicht, die er selbst auf Sexualität entwickelt hatte. In seinem undatierten Brief kritisierte er Reich und die Psychoanalyse insgesamt, weil das »Geschlechtlich-Sexuelle viel zu stark betont« (ebd., 256) werde; dieses sei lediglich eine Äußerung des »Organisch-Vegetativen« (ebd.). Seine Konzepte der ›Ekstase‹ und des ›Pathos‹ seien nicht auf die Sexualität reduzierbar. Im Gegenteil sei der sexuelle Orgasmus nur eine »Zwischenstation«, eine »Einzelerscheinung« (ebd.) des Ekstatischen, das seinerseits auf »Urphänomenen beruht, die prä-sexuell« (ebd.) seien. Eisenstein sah in der Psychoanalyse »die Widerspiegelung einer pathologischen sozialen Welt. Die Hypersexualisierung aus Gründen der sozialen Not ist – für *diese* Welt – ›normal‹« (ebd., 257). Von daher erkläre sich die Ablehnung der Psychoanalyse »durch das ganze philosophische System eines ganzen – und des einzigen – *soziell gesunden* Landes!« (ebd., 258).

Diese schroffe Ablehnung der Psychoanalyse spiegelte Eisensteins theoretische Entwicklung wider: In Notizen, die er 1932 für einen Artikel von Anita Brenner über seine mexikanischen Zeichnungen geschrieben hatte (wobei er über sich in der dritten Person sprach), formulierte er eine Dialektik der Ekstase, die von seinen persönlichen sexuellen Erfahrungen ausging:

> The experience of the dialectical phenomenon instead of its understanding – this is what E. characterizes as the state of ex-statis and its urge toward the main mystery of being, which can become accessible through ex-stasis (Vedas, the Catholics – all ecstasies lead to the same thing and all are identical in terms of their goals and methods – having merely local variations). (Eisenstein 2008, 494 zit. n. Salazkina 2009, 123).

Allerdings ermögliche erst die Existenz des Proletariats den Übergang von rein subjektiven – religiösen oder sexuellen – Formen der Ekstase zu kollektiven Formen dialektischer Erfahrung:

> Dialectical epiphany remains on the stage of subjective experience up until the point of sufficient social differentiation, which would allow for the visible development of the phenomenon on the social organism (which corresponds to the sharp separation of the proletariat as a class). (ebd.)

In anderen Worten: Solange der historische Prozess als eine Abfolge von Klassenkämpfen nicht jenes Stadium erreicht hat, das in Russland mit der

Oktoberrevolution erreicht wurde, können dialektische Erfahrungen nur in Form sexueller Orgiastik gemacht werden, eine ›triviale‹ Lösung für ein Problem, für das andererseits die religiöse Ekstase eine ›überwundene‹ Lösung darstelle. Paradoxerweise führt der Weg zum Fortschritt für Eisenstein über eine radikale Regression, eine Rückkehr auf eine primordiale prä-sexuelle Ebene, die er ›protoplasmisch‹ nennt und die das Soziale im Biologischen fundiert:

> In addition to this year's discoveries: the protoplasm. [It's a] social moment in biology: the emergence of the social from two [...] cells: that's already a conflict of interests! [...] We have everything. It's time to create the system as a whole. And we must. By all means. Mexico?!!! I challenge myself! The challenge is accepted (Eisenstein 2002, 15 zit. n. Salazkina 2009, 125).

Masha Salazkina zufolge zielt dieses Denken auf die Möglichkeit, zu einem gänzlich neuen sozialen Zustand durchzubrechen, in dem alle Differenzierungen hinsichtlich Klasse und Geschlecht aufgehoben wären, zum ›Neuen Menschen‹, ja: Übermenschen. Sie zitiert einen Text Eisensteins, in dem dieser ein Nietzscheanisches Projekt formuliert:

> These ideas about bisexuality here bear no relation to any narrow sexual problem. We are interested in the issue of the ›lifting‹ of this biological field of application of the conceptual opposites through the image of an imaginary superhuman who unites the oppositions. Always and everywhere the possession of these qualities of the originary idol is linked to the ability to reach the superhuman state (zit. n. Salazkina 2009, 126 f.).

Eisenstein formulierte auf dieser Basis eine neue Wirkungsästhetik: In der Kulmination der Ekstase provoziere die Kunst beim Rezipienten einen Affekt, der ihn ins prälogische, totemistische, animistische Denken zurückversetze. Dass diese Regression höchst ambivalent ist, war Eisenstein bewusst: Ähnlich wie Drogen oder Schizophrenie lähme sie höhere differenzierende Gehirnaktivitäten und könne potentiell in kollektive Barbarei münden. Oksana Bulgakowa: »Der Rückfall zweier Staaten in den regressiven Zustand – der beiden progressivsten und einst revolutionärsten in Europa, der Ausbruch von Massenpsychose und Massenhysterie in Deutschland und der Sowjetunion – beeinflußte die Entwicklung dieser Hypothese nicht weniger als das Mexiko-Erlebnis« (Bulgakowa 1997, 204). Eisenstein erwog deswegen gelegentlich, die Beschäftigung mit Kunst ganz aufzugeben. Die Gesetzmäßigkeiten des frühen ›sinnlichen Denkens‹ bildeten notwendig die Grundlage wirkungsstarker Kunsttechniken und Werke. Sie sollten konstruktiv in der Kunstpraxis erkannt und operativ benutzt werden, wobei die Analyse nicht entfallen dürfe, um nicht ins Chaos mythologischer Barbarei abzugleiten (vgl. Bulgakowa 1997, 205). Dionysos und Apoll sollten durch Orpheus versöhnt werden.

Die Differenzen zwischen Reich und Eisenstein in Bezug auf die proletarische Kulturpolitik hatte zahlreiche Ursachen. Eisensteins Abkehr von der Psychoanalyse passte zur gleichzeitigen Unterdrückung der Psychoanalyse und der Person Leo Trotzkis ab 1927.[30] Dieser hatte große Hoffnungen in die Psychoanalyse gesetzt und mit seiner Demontage war auch die Freud'sche Lehre in Ungnade gefallen. Sie wurde von Salkinds ›Pädologie‹ abgelöst.[31] In Stalins Sowjetunion kam es in den 1930er Jahren zu einer Zurücknahme der radikalen Reformen von 1917. Die Lenin'schen Dekrete *Von der Auflösung der Ehe* und *Von der Zivilehe, den Kindern und der Eintragung in den Zivilstand* hatten die patriarchale Familie in ihren Grundfesten erschüttert und eine neue Lebensweise, einen neuen Alltag – ›Nowij Byt‹ – begründet. Die Bolschewiki stützten sich dabei auf *Die Deutsche Ideologie* von Marx und Engels: »Dass die Aufhebung der getrennten Wirtschaft von der Aufhebung der Familie nicht zu trennen ist, versteht sich von selbst« (Marx/Engels 2017, 19).

1934 verstand sich dies überhaupt nicht mehr von selbst: Im März wurde ein Gesetz zur verschärften Verfolgung Homosexueller erlassen, das nicht mehr nur ›Notzucht‹ beziehungsweise ›Verführung Minderjähriger‹, sondern Homosexualität als solche mit bis zu acht Jahren Gefängnis oder Lager bestrafte. Bulgakowa: »Die erotische Unschuld des sowjetischen Volkes wurde über das neuerlich wieder gepflegte klassische Ideal und Grundmuster Familie genauso scharf bewacht wie seine ideologische« (Bulgakowa 1997, 199). Auch Wilhelm Reich kritisierte die ›Sexual-Reaktion‹ in der Sowjetunion: »Wir können uns nicht mehr auf die sexuelle Freiheit der Sowjetjugend berufen« (Reich 1971, 157f.) schrieb er 1936 und konstatierte »eine Rückkehr zu autoritärmoralischen Formen der Regelung des menschlichen Liebeslebens« (ebd., 159). Nach 1945 wird er gar vom ›roten Faschismus‹ sprechen, eine Formel, deren subversives Potential eine Generation später W. R. – DIE MYSTERIEN DES ORGANISMUS (JUG/BRD 1971), Dušan Makavejevs furioser Film über Wilhelm Reich voll ausspielen wird.

Die ›Sexual-Reaktion‹ betraf Eisenstein persönlich: Um sich vor Verfolgung zu schützen, ging er im Oktober 1934 eine platonische Zweckehe mit Pera Ataschewa ein, seiner langjährigen Assistentin. Ihr hatte er drei Jahre zuvor als einziger (in einem Brief vom 25. November 1931) von seiner erotischen Begegnung mit Palomino y Cañedo berichtet:

> I was madly in love for ten days, and then got everything I wanted. [...] It seems I have crushed the complex that had been weighing down on me for ten years (or more!). [...] [F]or the first time I am experiencing and not evaluating (I feel like a butterfly – *do you see*

---

30 Siehe dazu Etkind 1999, Kap. 7. Weiters: TROTZKIS TRAUM. PSYCHOANALYSE IM LANDE DER BOLSCHEWIKI (D/RUS 2000, R: Eduard Schreiber & Regine Kühn).
31 Siehe dazu Etkind 1999, Kap. 8.

me from there?). (Zit. n. Salazkina 2009, 136)

Er gibt dieser Erfahrung weitreichende Bedeutung – die ästhetisch-sexuelle Entladung komme der Explosion eines Panzers gleich und führe zu einer psycho-physischen Synthese (Abb. 12):

> I think that psychologically it is going to have huge consequences. An explosion of a complex is an amazing thing. The psychoanalytical case is typical, of course: for ten years I have had the division of objects into physiological and sentimental levels: I sleep with the former, but don't ›love‹, the latter I ›adore‹ but don't have coitus with. Here everything came together, seems like for the first time; besides we have here the case of aesthetic discharge – which is of course throughly sexual (ebd.).

Abb. 12: Foto von Sergej M. Eisenstein in Tetlapayac, das er 1931 mit dem Text »Makes people jealous« an Ivor Montagu schickte; Quelle: Christie/Taylor, Richard 1993, 72.

Und weiter:

> Consider it a delirium of joy. [...] Before me is a whole energetic apparatus (*fundus*) which is new and unusual for me. What follows? What follows? What follows? But there is something profoundly new in me. Perhaps I am on my way to ›humanity‹? (ebd., 136 f.).

Harter Jump-cut in die Gegenwart: Peter Greenaway trat 2015 mit einem Finanzierungsantrag für seinen Eisenstein-Film an den russischen ›Gosfilmofond‹ heran. Nikolaj Borodatschow, der damalige Leiter des 1948, im Sterbejahr von Eisenstein gegründeten staatlichen Filmarchivs, lehnte eine Förderung des Filmprojekts ab, wenn Details über Eisensteins »non-traditional sexual orientation« (zit. n. Moscow Times, 5.1.2015) im Drehbuch verblieben: »I don't want to talk about it, but this theme in the script doesn't suit us«, aber Greenaway insistiere, »that this aspect of Eisenstein's life is important for the film. If things don't work out, we will not engage in the project« (ebd.). Borodatschows Verlautbarungen passen zu einem Gesetz, das die Duma 2013 verabschiedete und die Darstellung von Homosexualität in den Medien als ›homosexuelle Propaganda‹ unter Strafe stellt. Greenaway blieb bei seiner schwulen Version Eisensteins: »Have you seen Potemkin recently?«, fragte er in einem Berlinale-Interview: »It's full of penises, shooting, ejaculating, and naked sailors. If you're interested in queer theory then it's a delight for you« (Gray 2015).

Die Aktualität, von der aus die vorliegende Annäherung an Eisensteins sexuelle Politiken unternommen wird, ist problematisch: Nie zuvor stand das Erinnerungsobjekt der Oktoberrevolution derart quer zur Gegenwart der Erinnernden wie heute. Wie die einst reale oder imaginierte[32] Präsenz der Oktoberrevolution bestimmt auch ihre Absenz eine Gegenwart, aus der jegliche utopische Energie zugunsten eines ›kapitalistischen Realismus‹ (Mark Fisher)[33] als einer unsichtbaren Barriere für das Denken und Handeln zu verschwinden scheint. Obwohl die historische Realität der Sowjetunion weitgehend als totalitär zu beschreiben ist, rächt sich ihr Verschwinden an der Gegenwart, indem mit ihm auch die liberalen Ziele von Freiheit, Gleichheit, Fortschritt und Demokratie an Bindungskraft verlieren. Stattdessen kehren allenthalben überwundene Formen der Herrschaft wieder. In Russland selbst, wo ein offizielles Erinnern der Revolution heute unmöglich ist,[34] stützt sich postsowjetische Herrschaft auf den Nationalismus und das Bündnis mit der orthodoxen Kirche. Das Feld dessen, was man in den 1920er Jahren ›Sexual-Politik‹ nannte, spielt heute wieder eine zentrale Rolle: Traditionalistische Familienpolitik, moralkonservative Geschlechterbilder und Homophobie sind in Putins Russland Teil der Staatsdoktrin.[35]

(Refrain) Jungfrau Maria, heilige Muttergottes,
räum Putin aus dem Weg, räum Putin aus dem Weg, räum Putin aus dem Weg!
Schwarzer Priesterrock, goldene Schulterklappen,
die ganze Gemeinde kriecht in buckelnder Verbeugung,
das Gespenst der Freiheit ist im Himmel
Homosexuelle werden in Ketten nach Sibirien geschickt.
Der KGB-Chef ist euer Oberheiliger
Lässt Demonstranten unter Geleitschutz ins Gefängnis abführen
Um seine Heiligkeit nicht zu verärgern
Müssen Frauen gebären und lieben.
Scheiße, Scheiße, die Scheiße des Herrn!
Scheiße, Scheiße, die Scheiße des Herrn!
(Refrain) Jungfrau Maria, heilige Muttergottes,
werd' Feministin, werd' Feministin, werd' Feministin!
(Pussy Riot! 2012, 15)[36]

---

32 Siehe dazu etwa Grabher 2007.
33 Vgl. Fisher 2009.
34 Vgl. Fitzpatrick 2017.
35 Siehe dazu etwa Tragler 2018.
36 Siehe dazu Pussy vs. Putin (R 2013), R: Gogol's Wives, sowie Pussy Riot: A Punk Prayer (R/GB 2013), R: Mike Lerner & Maxim Pozdorovkin.

Abb. 13: Foto von Marija Aljochina von Pussy Riot während der Performance ›Riot Days‹ in der Wiener ›Arena‹, 9. März 2018; Quelle: P. G.

Sergej Eisenstein hätte das *Punk-Gebet* gefallen, das feministische Aktivistinnen am 21. Februar 2012 in der Christ-Erlöser-Kathedrale in Moskau aufführten, dem zentralen Gotteshaus der Russisch-Orthodoxen Kirche und Sinnbild für die Verflechtung von Staat, Religion und Wirtschaft in Russland. Drei Aktivistinnen von ›Pussy Riot‹ – Nadja Tolokonnikowa, Marija Aljochina und Jekaterina Samuzewitsch – wurden dafür wegen ›Rowdytums aus religiösem Hass‹ zu zwei Jahren Straflager verurteilt. Die bunten Strickmasken von ›Pussy Riot‹ (Abb. 13) erinnerten dabei an die schwarzen ›Pasamontañas‹ der indigenen Zapatist*innen Mexikos. Ich möchte dies als Indiz für das Fortbestehen einer ›intergalaktischen‹ Internationalen von Masken des Widerstands[37] lesen, an der auch Eisenstein beteiligt war: Mit 60.000 Metern eines nie vollendeten – und vielleicht unmöglichen – Films, der alle Gegensätze in sich aufnehmen wollte, und der alle politischen Fragen in sexuelle verwandelte – und umgekehrt.

---

37 Siehe dazu Waibel 2007.

Literatur

Bennholdt-Thomsen, Veronika 1994: Juchitán – Stadt der Frauen. Vom Leben im Matriarchat. Reinbek bei Hamburg.

Bershtein, Evgenii 2012: The notion of universal bisexuality in Russion religious philosophy. In: Alapuro, Risto/Arto S. Mustajoki/Pekka Pesonen (Hg.): Understanding Russianness. Routledge advances in sociology. London/New York, 210–231.

Bershtein, Evgenii 2017: Eisenstein's Letter to Magnus Hirschfeld. Text and Context. In: Neuberger, Joan/Antonio Somaini (Hg.): The Flying Carpet. Studies on Eisenstein and Russian Cinema in Honor of Naum Kleiman. Mailand/Paris, 75–86.

Bulgakowa, Oksana 1997: Sergej Eisenstein. Eine Biographie. Berlin.

Crone, Anna Lisa 2010: Eros and Creativity in Russian Religious Renewal. The Philosophers and the Freudians. Leiden/Boston.

Deleuze, Gilles 1989: Das Bewegungs-Bild (Kino 1). Frankfurt am Main.

Eisenstein, Sergej M. 1957 [1930/31]: First Outline of Que Viva Mexico! In: Leyda, Jay (Hg.): The film sense. New York, 251–255.

Eisenstein, Sergej M. 1973 [1939]: Das Organische und das Pathos in der Komposition des Filmes ›Panzerkreuzer Potemkin‹. In: Schlegel, Hans-Joachim (Hg.): Schriften 2 – Panzerkreuzer Potemkin. München, 150–186.

Eisenstein, Sergej M. 1984: Schriften 4 – Das Alte und das Neue (Die Generallinie). Mit den Notaten eines Vertonungsplanes und einem Briefwechsel mit Wilhelm Reich im Anhang, hg. von Hans-Joachim Schlegel. München.

Eisenstein, Sergej M. 1984 [1946/47]: Separator und Gralskelch. In: Schlegel, Hans-Joachim (Hg.): Schriften 4 – Das Alte und das Neue (Die Generallinie). München, 194–218.

Eisenstein, Sergej M. 1999: Dessins secrets. Paris.

Eisenstein, Sergej M. 2002: Metod 1. Moskva.

Eisenstein, Sergej M. 2006 [1924]: »Montage der Filmattraktionen«. In: Diederichs, Helmut H. (Hg.): Jenseits der Einstellung. Schriften zur Filmtheorie. Frankfurt am Main, 15–40.

Eisenstein, Sergej M. 2008: Metod/Die Methode, Bd. 2. Berlin et al.

Etkind, Alexander 1996: Eros des Unmöglichen. Die Geschichte der Psychoanalyse in Rußland. Leipzig.

Fisher, Mark 2009: Capitalist realism: is there no alternative?. Winchester et al.

Fitzpatrick, Sheila (1978): Sex and Revolution: An Examination of Literary and Statistical Data on the Mores of Soviet Students in the 1920s. *The Journal of Modern History* 50/2, 252–278.

Fitzpatrick, Sheila (2017): Celebrating (or Not) The Russian Revolution. *Journal of Contemporary History* 52/4, 816–831.

Frazer, James George 1907 ff.: The Golden Bough. A study in magic and religion [3. Auflage in 12 Bdn.]. New York.

Freud, Sigmund 1972 [1910]: »Eine Kindheitserinnerung des Leonardo da Vinci.« In: Freud, Sigmund: Studienausgabe, Bd. 10: Bildende Kunst und Literatur, Frankfurt am Main.

Geduld, Harry M. (Hg.) 1970: Sergej Eisenstein and Upton Sinclair. The making and unmaking of Que viva Mexico. London.

Grabher, Peter 2007: Sowjet-Projektionen. Die Filmarbeit der kommunistischen Organisationen in der Ersten Republik (1918–1933). In: Dewald, Christian (Hg.): Arbeiterkino. Linke Filmkultur der Ersten Republik. Wien, 221–303.

Gray, Carmen (2018): Greenaway offends Russia with film about Soviet director's gay affair, 30.03.2015: www.theguardian.com/world/2015/mar/30/peter-greenaway-sergei-eisenstein-in-guanajuato (Stand: 18.3.2018).

Greenaway, Peter 2015: Booklet zur DVD »Eisenstein in Guanajuato«. Berlin.

Hirschfeld, Magnus 1918: Sexualpathologie. Ein Lehrbuch für Ärzte und Studierende, Bd. 2: Sexuelle Zwischenstufen. Das männliche Weib und der weibliche Mann. Bonn.
Kleberg, Lars 1987: In the sign of Aquarius. In: Kleberg, Lars/Håkan Lövgren (Hg.): Eisenstein revisited. A collection of essays. Stockholm, 39–63.
Kleiman, Naum 2017: Eisenstein on Paper: Graphic Works by the Master of Film. New York.
Kollontaj, Alexandra 1977 [1918]: Die neue Moral und die Arbeiterklasse. Mit einer Einführung in die Probleme der Frauenemanzipation im nachrevolutionären Rußland von Monika Israel. Münster.
Lévy-Bruhl, Lucien 1966 [1922]: Die geistige Welt der Primitiven. Darmstadt.
Malinowski, Bronislaw 1929: The sexual life of savages in North-Western Melanesia. New York.
Malinowski, Bronislaw 1985 [1924]: Mutterrechtliche Familie und Ödipus-Komplex. In: Malinowski, Bronislaw: Eine wissenschaftliche Theorie der Kultur und andere Aufsätze, Frankfurt am Main, 211–264.
Marx, Karl/Friedrich Engels 1985: MEGA I/26: Dialektik der Natur (1873–1882)/Friedrich Engels. Apparat. Berlin et. al.
Marx, Karl/Friedrich Engels 2017: MEGA I/5: Werke, Artikel, Entwürfe: Manuskripte und Drucke zur Deutschen Ideologie. Berlin.
Moscow Times, 05.01.2015: Russia's Film Foundation Doesn't Want Greenaway to Show Eisenstein Was Gay in Biopic: http://themoscowtimes.com/articles/russias-film-foundation-doesnt-want-greenaway-to-show-eisenstein-was-gay-in-biopic-42678 (Stand: 28.2.2018).
Neuberger, Joan (2012): Strange circus: Eisenstein's sex drawings. *Studies in Russian and Soviet Cinema* 6/1, 5–52.
Peglau, Andreas 2013: Unpolitische Wissenschaft. Wilhelm Reich und die Psychoanalyse im Nationalsozialismus. Gießen.
Pop, Paul (2006): Ist Sex subversiv? Linke Theorien der sexuellen Befreiung und Gender-Dekonstruktion; www.grundrisse.net/grundrisse20/paul_pop.htm (Stand: 10.2.2018).
Proctor, Hannah (2014): Reason Displaces All Love, 14.02.2014; https://thenewinquiry.com/reason-displaces-all-love/ (Stand: 9.2.2018).
Rancière, Jacques 2001: Die Filmfabel. Berlin.
Reich, Wilhelm 1927: Die Funktion des Orgasmus. Zur Psychopathologie und zur Soziologie des Geschlechtslebens. Leipzig/Wien.
Reich, Wilhelm 1995 [1931]: Der Einbruch der sexuellen Zwangsmoral. Zur Geschichte der sexuellen Ökonomie. Köln.
Reich, Wilhelm 1933: Massenpsychologie des Faschismus. Zur Sexualökonomie der politischen Reaktion und zur proletarischen Sexualpolitik. Kopenhagen.
Reich, Wilhelm 1936: Die Sexualität im Kulturkampf. Zur sozialistischen Umstrukturierung des Menschen [= erw. Aufl. v. »Geschlechtsreife, Enthaltsamkeit, Ehemoral«, 1930], Kopenhagen.
Reich, Wilhelm 1971: Die sexuelle Revolution. Zur charakterlichen Selbststeuerung des Menschen. Frankfurt am Main.
Rose, Jacqueline 1996: Sexualität im Feld der Anschauung. Wien.
Salazkina, Masha 2009: In excess: Sergei Eisenstein's Mexico. Chicago.
Stephen, Lynn (2016): Sexualities and Genders in Zapotec Oaxaca. *Latin American Perspectives*, http://journals.sagepub.com/doi/abs/10.1177/0094582X0202900203?journalCode=lapa (Stand: 11.3.2018).
Tragler, Christina 2017: ›Homosexuelle waren in Russland die leichtesten Opfer‹, Interview mit Kristina Stoeckl, 03.02.2017; https://derstandard.at/2000053357087/Homosexuelle-waren-in-Russland-die-leichtesten-Opfer (Stand: 27.2.2018).
Vassilieva, Julia (2010): Sergei Eisenstein's ¡Qué viva México! through time: Historicizing value judgement. *Continuum: Journal of Media & Cultural Studies* 24, 693–705.

Waibel, Thomas 2007: Die Masken des Widerstandes: Spiritualität und Politik in Mesoamerika. Dissertation; Universität Wien.
Eisenstein in Mexico: thinking about birth, death and rebirth of film works. Videostream einer Filmvorführung und Diskussion mit Laura Mulvey, Ian Christie u. a., Regent Street Cinema London, 24.04.2016; https://vimeo.com/185565918 (Stand: 13.3.2018).
Pussy Riot! 2012: Ein Punk-Gebet für Freiheit. Hamburg.

Filme

PANZERKREUZER POTEMKIN (UdSSR 1925), R: Sergej M. Eisenstein, 75 min.
BETT UND SOFA (UdSSR 1927), R: Abram Room, 104 min.
OKTOBER (UdSSR 1928), R: Sergej M. Eisenstein, 104 min.
DAS ALTE UND DAS NEUE (UdSSR 1929), R: Sergej M. Eisenstein, 121 min.
FRAUENNOT – FRAUENGLÜCK (CH 1930), R: Eduard Tissé, 71 min.
TABU (USA 1931), R: Friedrich Wilhelm Murnau & Robert J. Flaherty, 84 min.
KUHLE WAMPE ODER: WEM GEHÖRT DIE WELT? (D 1932), R: Slatan Dudow, 71 min.
DAS BLAUE LICHT (D 1932), R: Leni Riefenstahl, 86 min.
ALEXANDER NEWSKI (UdSSR 1938), R: Sergej M. Eisenstein, 111 min.
W. R. – DIE MYSTERIEN DES ORGANISMUS (JUG/BRD 1971), R: Dušan Makavejev, 85 min.
¡QUE VIVA MÉXICO! (UdSSR 1979), R: Sergej M. Eisenstein/Grigori Alexandrow, 90 min.
EISENSTEIN IN GUANAJUATO (NL/MEX/FIN/B 2015), R: Peter Greenaway, 105 min.

Helga Amesberger und Brigitte Halbmayr
SEX ALS TAUSCHMITTEL
Beispiele aus Mauthausen

Sexuelle Beziehungen sind kein Thema, das sich im Zusammenhang mit KZ-Haft als erstes aufdrängen würde. Der Alltag der Häftlinge war von anderen Umständen als Sexualität geprägt: von SS-Terror, andauernder Todesangst, Zwangsarbeit, Hunger und Überlebenskampf. Dennoch gab es auch Sexualität. Deren Ermöglichen wie deren Ausleben oder Missbrauch war Bestandteil dieses Alltags. In den Interviews mit Mauthausen-Überlebenden,[1] insbesondere jenen mit Männern, ist immer wieder von Sexualität im Lager die Rede, was nach deren Bedeutung für den einzelnen Häftling und seinem Erfahrungsspektrum fragen lässt.

Wesentlich für die Behandlung des Topos ist die Berücksichtigung der besonderen Umstände und Regeln in einem Konzentrationslager und damit die Kontextualisierung der Sexualität. An Orten »absoluter Macht«, wie Wolfgang Sofsky 1999 die NS-Konzentrationslager definierte, ist auch Sexualität in erster Linie im Spannungsfeld von Mächtigkeit und Ohnmacht, Zwang und Gewähren, Selbstbehauptung und Hinnahme zu ergründen. Zwischenmenschlichkeit, Austausch persönlicher Zuneigungen, emotionale Hingabe, Solidarität und Vertrauen – dies waren Verhaltensweisen und Werte in einer Welt außerhalb der Lagermauern. Im täglichen Überlebenskampf der Häftlinge fanden sie kaum Platz und ließen sich nur gegen die Intention der SS verwirklichen. Trotzdem lassen sich die Konzentrationslager in der Retrospektive nicht als »verkehrte Welt« bezeichnen, in der alle Regeln von außen nicht mehr galten beziehungsweise auf den Kopf gestellt waren. Vielmehr können sie, wie Maja Suderland ausführt, als »Zerrbild« der ›normalen‹ Gesellschaft, aus der die Häftlinge kamen, gesehen werden (Suderland 2009, 230). Die Klassifikationen, Stereotype und Vorurteile, unter dem Eindruck derer Häftlinge wie das Bewachungspersonal sozialisiert worden waren, galten auch in

---

[1] In den Jahren 2002 und 2003 wurden im Rahmen des *Mauthausen Survivors Documentation Project* (MSDP) weltweit rund 800 lebensgeschichtliche narrative Interviews mit Überlebenden des Konzentrationslagers Mauthausen und seiner rund 40 Außenlager geführt. Die Projektleitung hatte Gerhard Botz vom *Ludwig Boltzmann-Institut für historische Sozialforschung*, das Projektmanagement das Institut für Konfliktforschung (Helga Amesberger und Brigitte Halbmayr), die Projektverwaltung das *Dokumentationsarchiv des österreichischen Widerstandes* inne. Die Interviews sind über den Auftraggeber des Projekts, das Mauthausen Memorial, in dessen Archiv (AMM) zugänglich.

den Zwangslagern. Die Hierarchie innerhalb dieser von der »Deutschen Volksgemeinschaft« ausgeschlossenen Randgruppen blieb bestehen, wenn sie nicht gar verschärft wurde. So wurden beispielsweise das Einhalten geschlechtsspezifischer Normen von den Mithäftlingen stärker eingefordert und Verletzungen dieser Normen sanktioniert, wie etwa Zoë Waxman konstatiert (Waxman 2017).

Bei jeglicher Art von Austausch ging es grundsätzlich um den eigenen Nutzen, den eigenen Vorteil. Gesten der Freundschaft, Solidarität oder Liebe konnten sich nur sehr wenige leisten oder waren auf (meist familiäre) Kleingruppen beschränkt. Es galt vor allem, den Tag zu überstehen, den Körper gesund und arbeitsfähig zu erhalten und – an erster Stelle – den Hunger zu stillen. Die zugewiesenen Nahrungsrationen waren zum Überleben deutlich zu gering, zusätzliches Essen ließ sich jedoch nur illegal beschaffen. Für eine zusätzliche Brotration tauschte man die letzten Habseligkeiten ein, der Hunger bestimmte jegliches Verhalten (Sofsky 1999, 185 f.).

Die Positionierung innerhalb der Häftlingshierarchie bestimmte entscheidend die Überlebenschancen im KZ. Sie war zwar durch die SS vorgegeben und richtete sich vor allem nach dem Verfolgungsgrund und der nationalen Zugehörigkeit, zugleich aber war sie dahingehend variabel, dass man sich innerhalb der eigenen Gruppe eine Besserstellung erarbeiten oder eben in der Hierarchie absteigen konnte. Das Betonen der »feinen Unterschiede« (P. Bourdieu) ermöglichte es, wie ebenfalls Suderland in ihrem Kapitel über die »Häftlingsgesellschaft« ausführt (Suderland 2009, 223–318), die von der SS anhand der Winkelmarkierung zugewiesene soziale Positionierung zu festigen oder gegebenenfalls aufzuweichen. Dabei halfen vertraute Betrachtungsweisen und soziale Erfahrungen, die die SS mit den Lagerinsass/innen in Teilen durchaus gemeinsam hatte. Fürs Überleben konnte ausschlaggebend sein, sich Möglichkeiten des regelmäßigen »Organisierens« von begehrten Gütern zu schaffen und in einen Handel mit ihnen einzusteigen. Zu diesen Tauschwaren gehörten auch sexuelle Dienstleistungen.

Wie der Großteil der Beziehungen im Lager waren auch sexuelle instrumentalisiert: Sexualität hatte sowohl einen hohen Symbol- als auch Tauschwert. Den hohen Symbolwert erlangte sie, indem bereits das Interesse an Sexualität eine gewisse Besserstellung eines Häftlings anzeigte. Er stach aus der Masse der Hungernden heraus und war nicht ausschließlich mit dem Thema des Nahrungserwerbs beschäftigt. Sexualität jenseits von Masturbation und Onanie war im Prinzip der bessergestellten Schicht der Funktionshäftlinge vorbehalten. Sie hatten Zugang zu Nahrung und anderen wertvollen Gütern, mit diesem ›Kapital‹ konnten sie sich Dienstleistungen ›erkaufen‹. Der Tauschwert wurde meist in Brot- und Essensrationen festgesetzt, in Zigaretten oder tatsächlichen Luxusgütern wie Schmuck, Kleidung oder Modeaccessoires. Sex für Brot, mit dieser kurzen Formel lässt sich dieser von vielen missbilligte, aber dennoch häufig durchgeführte Tauschhandel prägnant zusammenfassen.

Von einer relativen Häufigkeit sexueller Beziehungen ausgehend – wie auch immer diese sich genau gestalteten (vgl. Amesberger et al. 2004; Jaiser 2005; Shik 2005; Chatwood 2010) – erörtern wir in diesem Artikel die Frage, wie und welche Formen von Sexualität in Interviews mit männlichen und weiblichen Überlebenden des Konzentrationslagers Mauthausen thematisiert wurden. Da ungleich mehr Männer als Frauen über Sexualität in Mauthausen berichteten, wird in erster Linie auf die männliche Perspektive eingegangen.[2] In 30 von 74 ausgewerteten Interviews mit männlichen Mauthausen-Überlebenden werden Aspekte von Sexualität im Lager angesprochen, hingegen ist dies nur in 17 von 87 Interviews mit Frauen der Fall.[3]

Rüdiger Lautmann definiert Sexualität als »kommunikative Beziehung, bei der Akteure Gefühle erleben, die eine genitale Lust zum Zentrum haben, ohne sich darauf zu beschränken« (Lautmann 1989, 568). Lautmanns Überlegungen stellen die Möglichkeit einer auf Gleichheit beruhenden sexuellen Beziehung in den Vordergrund. Das Augenmerk in diesem Beitrag liegt jedoch auf der Funktionalisierung von Sex als Tauschmittel in einer von absoluter Überwachung, Kontrolle und starker Hierarchisierung gekennzeichneten »totalen Institution«. Diese Hierarchisierung bewirkte, dass bei sexuellen Beziehungen im Lager selten ein Austausch zwischen gleichberechtigten Personen vorlag, sondern dieses Verhältnis von Überlegenheitsansprüchen und Unterordnung und somit von unterschiedlicher Mächtigkeit geprägt war. Daraus folgt, dass die Mehrzahl sexueller Beziehungen im KZ zwischen hierarchisch ungleich gestellten Häftlingen stattfand und somit weithin eine Form sexueller Gewalt darstellt.[4] Dies gilt

---

2   Dies hängt primär damit zusammen, dass die Mehrheit der Frauen eine vergleichsweise kurze Zeit in Mauthausen – als dem zumeist letzten von zahlreichen Haftorten – inhaftiert waren und dieser Ort daher in den weiblichen Erinnerungsberichten generell einen geringeren Platz einnimmt. So ist auch von lesbischen Beziehungen im Zusammenhang mit Mauthausen in den Interviews keine Rede. Generell scheint es in patriarchal geprägten Gesellschaften für Männer weitaus selbstverständlicher zu sein, über Sexualität zu sprechen. Zu den zwischengeschlechtlichen Erfahrungen der Frauen im Hinblick auf Sex als Tauschmittel vgl. den Abschnitt zu Heterosexualität in diesem Beitrag bzw. Amesberger/Halbmayr 2010 (191–205 und 253–273).
3   In den folgenden Ausführungen werden die Zitate aus den Interviews des MSDP-Projekts lediglich mit einem Kurzbeleg versehen. Die interviewten Personen werden dahingehend anonymisiert, dass ihr Familienname nicht ausgeschrieben wird, mit Ausnahme von Hans Maršálek, der selbst zum Thema Mauthausen publiziert hat. Dies geschieht im Zusammenhang mit der notwendigen Anonymisierung zweier männlicher Mauthausen-Überlebender, die das Häftlingsbordell besucht hatten (siehe Abschnitt »Heterosexuelle Begegnungen im KZ Mauthausen«).
4   Damit wollen wir die Möglichkeit von Liebesbeziehungen zwischen zwei gleichgestellten Menschen im Konzentrationslager nicht in Abrede, jedoch ihre Häufigkeit/Do-

sowohl für homosexuelle wie auch für heterosexuelle Beziehungen, wie es nachstehend zu zeigen gilt.

Homosexualität im Kontext einer totalen Institution

Der »Kriminelle« war auch homosexuell
Mit Einführung der »Häftlingsselbstverwaltung« delegierte die SS ihr Exekutivrecht an gewisse Häftlinge, ohne dabei selbst die absolute Kontrolle abzugeben. Auch die Funktionshäftlinge waren vor der Willkür der SS nicht geschützt. Die kleine Gruppe der Funktionäre war Teil und zugleich Ausdruck der Hierarchisierung der Lagergesellschaft, der Gesamtheit aller sich in einem KZ befindlichen Häftlinge. Die Mehrzahl der Häftlinge spürte in erster Linie die Brutalität ihrer Häftlingskollegen, die sie daher in zahlreichen Fällen »auf der anderen Seite«, nämlich jener der SS, stehen sah. Der Überlebenskampf wurde nicht gegen die SS allein geführt, »[b]eileibe nicht, genauso, ja noch mehr gegen seine eigenen Mitgefangenen!« (Kogon 1946, IX).

Falk Pingel beziffert die Anzahl derer, die zur »Oberschicht« der Häftlinge in einem KZ gezählt werden können, auf etwa zehn Prozent aller Häftlinge (Pingel 1978, 180). Im Stammlager Mauthausen waren dies in erster Linie deutsche und österreichische als »kriminelle« Häftlinge eingestufte Menschen, zu einem deutlich geringeren Teil politische Häftlinge. Mit steigenden Häftlingszahlen – die Häftlinge kamen aus allen Ländern Europas – konnten ab 1943 auch politische spanische, polnische und tschechische Langzeithäftlinge in Lagerfunktionen aufrücken (Freund/Perz 2006, 318). Die Dominanz der »Kriminellen« dauerte bis ins Frühjahr 1944 an; ihr bedeutender Negativeinfluss konnte erst in den Befreiungstagen zurückgedrängt werden (vgl. Maršálek 2006, 109; Freund/Perz 2006, 318).

Die Dominanz der sogenannten »grünen Winkel« in Lagerfunktionen im Stammlager Mauthausen spiegelt sich auch in den Interviewpassagen der Mauthausenüberlebenden wider, wenn es um die Thematisierung von sexuellen Beziehungen geht.[5] Vielfach erfolgt eine Gleichsetzung von »Kapos« und »Kriminellen« – was, wie oben erläutert, in Mauthausen tatsächlich häufig geschah, wobei diese nicht selten zusätzlich als homosexuell attribuiert werden. Die Zuschreibung könnte auch dem Versuch einer retrospektiven Abgrenzung geschuldet sein. Auffallend ist, dass die Interviewpartner

---

minanz im KZ in Frage stellen. Zu Begrifflichkeit und Formen sexueller Gewalt vgl. Amesberger et al. 2004, 95–158.
5 Keiner der 74 interviewten Männer war als »Krimineller« in Mauthausen registriert. 18 wurden als Juden verfolgt, einer als Zeuge Jehovas, einer als »Zigeuner«. Die übrigen 50 waren als politische Häftlinge inhaftiert, darunter vier Kriegsgefangene, fünf kamen als zivile Zwangsarbeiter ins Lager und zwei als Geiseln.

meist selbst auf homosexuelle Beziehungen zu sprechen kommen, Heterosexualität dagegen – oft im Zusammenhang mit dem Lagerbordell – eher aufgrund von Fragen der Interviewer und Interviewerinnen Thema wird. Dies kann damit zusammenhängen, dass die Männer mehrheitlich nichts mit dem Lagerbordell zu tun hatten, sie aber sehr wohl mit Homosexualität konfrontiert waren. Möglicherweise scheute man in den Interviews auch die Herausforderung, durch die Erwähnung heterosexueller Beziehungen in einem Männerlager quasi ›automatisch‹ auf das Lagerbordell und eigene Erfahrungen zu sprechen zu kommen.

Obwohl homosexuelle Praktiken im Lager offiziell verboten waren, war allgemein bekannt, dass sich die »Lagerprominenz« jugendliche Mithäftlinge als Geliebte nahm.[6] So schildert etwa der Italiener Raimondo R. die Privilegien der Kapos:

Jedenfalls aßen sie [die Prominenten] sich satt, hatten ein ziemlich bequemes Leben, sogar Liebhaber. Das waren junge Männer, die Armen, die sich dazu hergegeben hatten, um es ihnen/[7] es gab also sehr viel Homosexualität. (Interview mit Raimondo R., MSDP_009; vgl. auch MSDP_014)

Homosexuelle Beziehungen waren Resultat einer Reihe von Begünstigungen, die für den durchschnittlichen Häftling unerreichbar und – angesichts des eigenen Elends – geradezu frivol erscheinen mussten. In den Interviews wird in der Rede über homosexuelle Beziehungen das ungleiche Machtverhältnis thematisiert, beispielsweise wenn Reno B. (MSDP_518) berichtet, dass homosexuelle Mithäftlinge »zum Vergnügen des Blockführers hingebracht wurden«.

Eindeutige Täter-Opfer-Zuschreibungen

Große Übereinstimmung gibt es in den Interviews darüber, wer die »Täter« und wer die »Opfer« waren. »Täter« sind demnach Angehörige der »Lagerprominenz«, also Funktionshäftlinge. So vertreten beispielsweise der polnische Überlebende Janusz B. (MSDP_78) und der ehemalige französische Häftling Jean H. (MSDP_330) die Ansicht, dass mehr oder weniger alle Kapos und Blockfunktionäre – ob Block- oder Stubenältester, Schreiber oder Friseur – homosexuell waren oder zumindest solche Verhältnisse hatten. Nach Einschätzung des italienischen Mauthausen-Häftlings Alberto T. (MSDP_016) »[waren] die Kapos fast alle schwul, homosexuell [räuspert sich]. Tatsächlich umgaben sie sich mit ein oder zwei Jungs für ihre sexuellen Bedürfnisse«. Als »Opfer« werden primär Jugendliche ausgemacht. Auch Hans Maršálek erklärt im Interview, es sei allgemein be-

---

6 Vgl. etwa die Aussage von Marcello M. (MSDP_014): »Homosexuelle Beziehungen waren von der SS strengstens verboten, aber sie wurden allgemein praktiziert«.
7 Der Schrägstrich in einem Zitat bedeutet einen Satzabbruch.

kannt gewesen, dass sich die Blockfunktionäre, meistens die Blockältesten, 14–15-jährige Buben für Stubendienste nahmen und diese auch als »Liebesobjekte«, so Maršálek, benutzten. Großteils seien dies polnische Jungen und Jugendliche aus der damaligen Sowjetunion gewesen (Interview mit Maršálek, MSDP_572). Maršálek schließt aus, dass auch spanische Jugendliche als »Pipel«,[8] wie die sexuell missbrauchten Jugendlichen im Lagerjargon hießen, herangezogen wurden (Maršálek 2006, 113). Er argumentiert dies damit, dass alle spanischen Jugendlichen Steinmetzlehrlinge gewesen seien. Dem widersprechen jedoch Aussagen von ehemaligen spanischen Häftlingen (vgl. Cabeza L., MSDP_195, Pablo E., MSDP_194), denen zufolge auch spanische Jugendliche den Kapos im Steinbruch zu sexuellen Diensten zur Verfügung zu stehen hatten.

Wie ist zu erklären, dass Maršálek spanische Jugendliche so dezidiert von der Opferkategorie ausnimmt? Eine mögliche Interpretation ist, dass damit das Konstrukt, ausschließlich »kriminelle« Häftlinge hätten Jugendliche missbraucht, nicht mehr Bestand hätte. Denn unter den Kapos im Steinbruch waren auch politisch verfolgte Spanier. Das Bild des heroischen, jegliche persönlichen Bedürfnisse hintanstellenden und selbst in schwierigsten Lebenssituationen solidarisch handelnden politischen Häftlings muss anscheinend aufrechterhalten werden. Ein derartig tadelloses Verhalten impliziert, eventuelle Privilegien nicht zum eigenen Vorteil auszunutzen. Dazu gehört auch die ›richtige‹ sexuelle, nämlich heterosexuelle Orientierung beziehungsweise ein entsprechendes Verhalten, wie die in den Interviews vielfach zum Ausdruck gebrachte Abscheu und Ablehnung von Homosexualität im Allgemeinen dies nahelegen (vgl. hierzu auch Suderland 2009, 245–268). Homosexualität wird dabei als »Perversität« eingestuft. Der Friseur in seinem Block war nach Meinung Janusz B.s auch »so ein Perverser« (MSDP_78). Er habe ihn einmal, so erzählt B., nackt durch den ganzen Block gejagt, zum Gaudium der Mithäftlinge, nachdem der Friseur ihn ohne Bekleidung auf die oberste Pritsche hatte hinaufsteigen sehen.

Sexuelle Beziehungen zu Jugendlichen als Gewaltverhältnis
Auffällig ist, dass in den eben zitierten wie auch in anderen Interviews zwar von ungleichen Machtverhältnissen die Rede ist, diese aber gleichzeitig nicht als Gewaltverhältnisse wahrgenommen zu werden scheinen. Nur wenige entrüsten sich in grundlegender Weise über den sexuellen Missbrauch von Minderjährigen. Im Vordergrund der Erzählungen der

---

8 »Pipel« ist ausdrücklich sexuell konnotiert. »Pipe«, ein in Österreich gebrauchter Ausdruck für Hahn (Wasser- oder Zapfhahn) und »Pipel« als umgangssprachlicher Begriff für Penis sind vermutlich als etymologische Ursprünge sinngebend. Im Berlinerischen werden kleine, ängstliche/schwächliche Jungen als »Pipel« gehänselt (Amesberger et al. 2004, 151 f.).

Männer stehen Aspekte der Privilegierung, die mit einem derartigen Gewaltverhältnis einhergingen: ausreichend zu essen zu haben, von harter Arbeit verschont zu sein, nicht Wind und Wetter ausgesetzt zu sein, in einem sauberen Bett schlafen zu können, mitunter mehr Intimsphäre zu haben. Die meiste Zeit verbrachten sie im Block, für dessen Sauberkeit die Stubendienst-Häftlinge unter ihnen zuständig waren. Die Protektion durch einen höherrangigen Funktionshäftling stattete die jungen Burschen ihrerseits mit Macht aus, die sie mitunter auch brutal einsetzten. Luigi V. erzählt mit spürbarer Bitterkeit, dass er von einem kleinen Buben, den er auf zwölf Jahre schätzte, mit der Peitsche geschlagen wurde. Dass junge Burschen derart agieren konnten, erklärt Luigi V. mit den Worten: »Weil sie von den Kapos unterstützt wurden. Denn die Kapos/ es waren die Geliebten der Kapos« (Interview mit Luigi V., MSDP_525). Diese »Betthaserln« oder »Puppenjungen« – so die geringschätzige Bezeichnung von Josef Kohout gegenüber diesen Burschen, der selbst als Homosexueller verfolgt und im KZ mit dem »rosa Winkel« gekennzeichnet wurde – scheinen im Gegensatz zu den Rosa-Winkeligen wegen ihres sexuellen Verhaltens nicht dem Gespött, den Demütigungen und schweren Misshandlungen durch andere Häftlinge ausgesetzt gewesen zu sein (Heger [Kohout] 2001, 145 f., zit. nach Suderland 2009, 261).

Dennoch lässt das sexuelle Verhältnis selbst nach dem Ausmaß von Zwang und Gewalt fragen – ein diskursiver Rahmen, der in den Interviews von den ehemaligen Mauthausenhäftlingen selten gesetzt wird. Auch der prekäre Status der sogenannten »Pipel« wird kaum reflektiert. Die Prekarität ergab sich aus dem Abhängigkeitsverhältnis vom Kapo. Der »Pipel« musste sich die ›Gunst‹ des Kapos erhalten, indem er ihm Dienste jeglicher Art leistete, etwa: begehrte Dinge (z. B. Tabak) organisieren oder diese von anderen erpressen, besonders auf Ordnung und Sauberkeit im Block achten, für Unterhaltung (Lieder, Gedichte, Geschichten etc.) sorgen. Verlor er die bevorzugte Stellung, konnte dies für ihn sehr gefährlich werden, insbesondere wenn er sich in der Vergangenheit Mithäftlingen gegenüber nicht korrekt verhalten hatte.

Andere Schilderungen zeigen, wie diese Jungen anderen Mithäftlingen zu Hilfe kamen und ihren Einfluss in positiver Weise für diese geltend machten. Nicht nur die Freundschaft zu einem Funktionshäftling, sondern auch zu dessen »Geliebten« konnte einen Vorteil verschaffen. Der 26-jährige Reno B. etwa merkte bald, dass er sich Giorgio, den »Geliebten« seines Blockführers, zum Freund machen konnte, indem er ihm mit seinen Erzählungen über seine früheren Erlebnisse in Ägypten, am Roten Meer und in der Wüste die Zeit vertrieb. »Ich war für ihn wie ein Kino, er wusste nämlich nicht, was er den ganzen Tag machen sollte, er musste ja nicht arbeiten!« (Interview mit Reno B., MSDP_518). Reno B. erarbeitete sich so die Stellung des ständigen Begleiters von Giorgio. Dieser machte tatsächlich seinen Einfluss für seine »Begleitdame«, wie Reno B. seine Rolle gegenüber Giorgio retrospektiv beschreibt, geltend. Künftig wurde er nicht mehr zum Steineschleppen abkommandiert.

»Lager-Homosexualität«

Im Interview bemerkt Reno B. zudem, dass sich Giorgio von allen »Giorgia« nennen ließ, wie auch der »Liebhaber« des Blockschreibers allgemein als »Linda« bekannt war. Diese Feminisierung der Namen verweist auf die Art der Homosexualität, wie sie in (geschlossenen) Männergesellschaften (Militär, Kloster) häufig vorkam und vorkommt (vgl. Theweleit 2000), und ebenso auf die jeweilige Rolle in einer homosexuellen Beziehung. Heterosexualität konnte im Männerlager nicht gelebt werden, die sexuellen Bedürfnisse wurden daher mit Burschen und/oder Männern ausgelebt. Es ist anzunehmen, dass es sich in vielen Fällen um eine sogenannte Ersatz-Homosexualität oder »Lager-Homosexualität« gehandelt hat, im Zuge derer heterosexuelle Paarbeziehungen simuliert wurden. Gemäß dem Buchenwald-Überlebenden und Psychologen Ernst Federn waren »Ersatz-Homosexuelle« leicht daran zu erkennen, dass sie sich ausschließlich mädchenhafte Burschen als Partner wählten (Federn 1998, 58). Der Serbe Pavle M. bezeichnet dieses Phänomen homosexueller Zuwendung als »Pseudohomosexualität«, das sich aus der Männergesellschaft ergab und sich »nach der Freilassung und der Normalisierung des Lebens« wieder gelegt habe (Interview mit Pavle M., MSDP_676). In diesen Beziehungen konnte sich durchaus eine starke Emotionalität entwickeln, die von den Mithäftlingen jedoch mit Spott quittiert wurde, insbesondere bei Eifersuchtsszenen: »Wir hatten im Block einmal Gelegenheit, diese Liebesbeziehungen aus/ [lacht] zu sehen. Also das sind Zärtlichkeitsergüsse, die man in normalen Beziehungen zwischen Mann und Frau nicht sieht« (Interview mit Pavle M., MSDP_676).

Dominant sind in den Interviews die Erzählungen über die Ersatz-Homosexualität der privilegierten Häftlinge, während über die sexuelle Orientierung des Gegenübers nicht reflektiert wird. Ebenso wenig sind wegen Homosexualität inhaftierte Männer Thema in den Interviews.

Erfahrungen sexueller Gewalt

Die spanischen Häftlinge hatten für die jungen Burschen, die Funktionshäftlingen sexuelle Dienste leisten mussten, ebenfalls effeminierte Bezeichnungen; sie nannten sie neben »amiguitos« auch »amiguitas«. Die dadurch signalisierte Abwertung konnte durchaus auch die Kapos treffen, folgt man den Aussagen des Spaniers Cabeza L. Einen Oberkapo hießen sie »Enriquito«, da er »lauter sehr weibische Gesten hatte« (Interview mit Cabeza L., MSDP_195). Die für die Funktionshäftlinge mit sexuellen Beziehungen zu Kindern und Jugendlichen verwendete spanische Bezeichnung »maccarones« [Zuhälter] ist insofern irreführend, als »Zuhälter« zwar bedeutete, von (den Einnahmen von) Prostituierten zu leben, Cabeza L. jedoch im Interview die Situation umgekehrt darstellt: »Die *maccarones* stahlen das Essen, um es den *amiguitos* [den ›kleinen Freunden‹] zu geben, den *amiguitas* [den ›kleinen Freundinnen‹]« (Interview mit Cabeza L., MSDP_195).

Die umfangreichen, aber etwas verwirrenden Interviewpassagen mit Cabeza L. rund um das Thema sexuelle Beziehungen legen nahe, dass er selbst in der Rolle einer »amiguita« war. Er weist dies zwar zurück, jedoch verspricht er sich mehrmals und meint auch, dass er ohne Essensnachschlag nicht habe auskommen können, weshalb er sich um eine andere Stellung im Lager bemühte. Den Nachschlag habe er bekommen, so erklärt Cabeza L., da ein Freund mit ihm teilte, der selbst ein »amiguito« beziehungsweise eine »amiguita« war. Für die These, dass Cabeza L. selbst Opfer sexualisierter Gewalt wurde, sprechen mehrere Aspekte. Derartige Erfahrungen werden erzählbar, indem man sie in der Fiktion einem Freund oder einer Freundin widerfahren lässt, während man selbst höchstens Augen- oder Ohrenzeuge gewesen sei. Solche Erzählungen sind dann häufig, wie auch im Fall Cabeza L.s, verwirrend, lückenhaft und widersprüchlich angelegt. Der/die ErzählerIn möchte sich zum einen nicht durch Detailkenntnisse ›verraten‹, zum anderen ist es eine Strategie des Selbstschutzes, um nicht erneut seelisch in die Geschichte ›hineinzukippen‹, das traumatisierende Erlebte wiedererleben zu müssen. In Cabeza L.s Erzählung fällt außerdem auf, dass er von Brotdiebstahl, Essensentzug und Hunger immer wieder in Verbindung mit den »amiguitas« und »maccarones«, aber auch in Zusammenhang mit Sexzwangsarbeit erzählt. Auch dies kann als ein Hinweis auf das Vorliegen sexueller Gewalt gedeutet werden (Amesberger 2012, 240 f.).

Während Cabeza L. der einzige im Interviewsample ist, der – zumindest ansatzweise – von einem eigenen Involviertsein in diese Art des Tauschgeschäfts spricht, thematisieren andere Interviewte eher die Bedrohung, im KZ Mauthausen selbst Opfer sexueller Ausbeutung zu werden. Viele Jugendliche waren sexuell noch gänzlich unerfahren, sodass sie Annäherungsversuche von Seiten männlicher Häftlinge nicht zu deuten wussten. Die Kapos und Blockfunktionäre nutzten zudem den Schock der jungen Häftlinge nach der entwürdigenden Ankunftsprozedur und den ersten Lagererfahrungen aus. Der Deutsche Karl B. (MSDP_232) erzählt von den Annäherungsversuchen des Blockältesten ihm und seinem Freund Benda gegenüber, als sie im Januar 1945 nach Mauthausen kamen. Karl B. war zu diesem Zeitpunkt noch keine 19 Jahre alt. Dabei wird deutlich, wie die Jugendlichen durch leichtere Arbeitsbedingungen, angenehmere Schlafgelegenheiten und besseres Essen in den Stubendienst gelockt wurden. Karl B. und sein Freund verstanden erst nach einiger Zeit, das Entgegenkommen des Blockältesten zu deuten. Die Verwundbarkeit der Jugendlichen war zum einen durch ihr junges Alter und ihre sexuelle Unerfahrenheit gegeben, wodurch sie ein nur geringes Repertoire an Handlungs- und Widersetzungsstrategien hatten. Karl B. und Brenda überlegten, in ein ›normales‹ Kommando zurückzugehen – zu »fliehen«, wie Karl es nannte. Aber die Entscheidung sei ihnen durch den Aufstand der russischen Offiziere im Nebenblock abgenommen worden. Die Zusammenhänge bleiben unklar, dennoch verdeutlicht diese Interviewpassage, dass die Bedrohung und Verwundbarkeit auch, beziehungsweise insbesondere aufgrund des großen Machtgefälles zwischen den Funktionshäftlingen und den jugendlichen Häftlingen bestand.

Verortung homosexueller Annäherung in einem Gewaltverhältnis
Ehemalige Häftlinge, die selbst keine homosexuellen Annäherungsversuche im Konzentrationslager erinnern, sind im Widerstreit darüber, ob die jungen Burschen, die sich in ein Abhängigkeitsverhältnis zu einem Kapo oder Blockfunktionär begeben hatten, dies freiwillig oder unter Zwang taten. Raimondo R. räumt ein, dass es am Anfang der Beziehungsanbahnung zu Gewalttätigkeiten gekommen sein mag. Insgesamt hätte in den meisten Fällen jedoch Zustimmung geherrscht, »im Sinne, dass diese [Art von] Beziehungen bedeuteten, sich das Leben zu retten und begünstigte Bedingungen zu genießen, eben nicht zu hungern und so weiter. Also ich glaube, dass es im Großen und Ganzen eine Zustimmung gab« (Interview mit Raimondo R., MSDP_009). Auch Jean H. aus Frankreich tendiert dazu, die Kosten-Nutzen-Kalkulation als Zustimmung zu werten, wenn er folgenden Dialog zwischen zwei jugendlichen Häftlingen wiedergibt: »›Würdest du dich in den Arsch ficken lassen für ein halbes Brot?‹ Die Antwort des anderen: ›Ach, für ein ganzes schon, aber für ein halbes ...‹. Solche Gedankengänge hatten die Häftlinge« (Interview mit Jean H., MSDP_330).

In den analysierten Interviews wird der Zwangsaspekt dahingehend umschrieben, dass die Pipel-Arrangements meist in Verbindung mit Hunger und Sattwerden thematisiert werden. Die jungen Burschen, die sich auf sexuelle Verhältnisse mit hierarchisch höherstehenden anderen Häftlingen einließen, bekamen mehr und qualitativ hochwertigeres Essen. Manche von ihnen konnten sich sogar satt essen. Dies wird in den Interviews immer wieder als Erklärung für diese Art sexueller Beziehung genannt. Für die überwiegende Mehrheit der Lagerinsassen war Sattsein ein Zustand, den sie selbst lange nicht erlebt hatten. Für sie war offensichtlich nachvollziehbar, dass, um ihn zu erreichen, ein hoher seelischer und körperlicher Einsatz in Kauf genommen wurde, auch wenn sie ein ähnliches Verhältnis für sich selbst ausschlossen oder froh waren, nicht vor eine derartige Entscheidung gestellt worden zu sein. Das Ausmaß von physischer und psychischer Gewalt mag von Fall zu Fall verschieden gewesen sein; auch mag in manchen Fällen Zuneigung zwischen den Beteiligten der Ausgangspunkt ihrer sexuellen Beziehung gewesen sein. Was bei diesem Diskurs ins

Auge fällt ist, dass ausschließlich die Kapos als die Initiatoren der sexuellen Beziehungen dargestellt werden. Eine Erzählung, die einschlösse, dass die Jugendlichen und jungen Männer selbst die Initiative ergriffen, die sexuelle Nähe zu hierarchisch höherstehenden Häftlingen gesucht hätten, fehlt. Ob dies tatsächlich nicht stattgefunden hat oder lediglich nicht erinnert wird oder als nicht erzählbar gilt, da es nicht in das dominante Bild vom übermächtigen und grausamen Funktionshäftling passt, kann nicht beurteilt werden. Durch die Rede von Kosten-Nutzen-Abwägungen, die eine Entscheidung implizieren, wird den »Opfern« aber immerhin eine eingeschränkte Form von Handlungsmächtigkeit zugeschrieben. Grundlegend für diese sexuellen Verhältnisse war ein von Mangel, Auszehrung und struktureller Gewalt geprägter Lageralltag, eine Situation, in der manche sich ihr Überleben als »Liebhaber« mächtiger Häftlinge sicherten. Selbst wenn dies eine bewusste Überlebensstrategie war, so ist dieses Verhältnis doch aufgrund der strukturellen Gewalt (Todesangst, Hunger, Mangelernährung, Zwangsarbeit etc.) wie auch der direkt ausgeübten Gewalt als fortgesetzte sexuelle Gewalt zu bezeichnen.

Heterosexuelle Begegnungen im KZ Mauthausen

In den Erzählungen über heterosexuelle Begegnungen im KZ-System Mauthausen nehmen solche im Zusammenhang mit den wenigen Frauen in den Häftlingsbordellen von Mauthausen und Gusen einen zentralen Raum ein. In diesen Bordellen mussten weibliche Häftlinge aus Ravensbrück, die mehrheitlich als »Asoziale« verfolgt wurden, Zwangsarbeit leisten. Von Begegnungen mit den Tausenden von Frauen, welche vor allem in den letzten Monaten vor der Befreiung nach Mauthausen deportiert worden waren (viele von ihnen wurden im Anschluss in andere Lager weiterverschleppt), ist nur vereinzelt die Rede, wie weiter unten ausgeführt wird.

Zur Thematik Sexzwangsarbeit liegen mittlerweile einige Veröffentlichungen vor (vgl. Paul 1994, Schikorra 2000, Wickert 2002, Sommer 2003 und 2010, Amesberger et al. 2004, Halbmayr 2005). Dabei nimmt gerade das Bordell im Stammlager Mauthausen eine besondere Rolle ein, war es doch das erste Lagerbordell, welches die SS im Frühjahr 1942 einrichten ließ. Es stellte damit einen Prototyp für die weiteren neun Häftlingsbordelle in NS-Konzentrationslagern dar. Im Folgenden wird – wie bereits im Abschnitt über homosexuelle Beziehungen – in erster Linie auf die Erzählungen ehemaliger männlicher Mauthausen-Häftlinge eingegangen, und zwar in Bezug auf die Möglichkeiten sexueller Begegnungen mit den Sexzwangsarbeiterinnen und die Art der Darstellung dieser Kontakte.

Darstellung des Bordellbesuchs durch die Bordellgänger
Besonders interessant sind in diesem Zusammenhang Aussagen von zwei Spaniern, die selbst als »Kunden« ins Bordell gegangen waren – wenn

auch nur ein einziges Mal, so der eine, beziehungsweise ein oder zweimal, so der andere. Ob diese Angaben stimmen, darf hinterfragt werden, denn sowohl die Existenz als auch der Besuch des Lagerbordells waren und sind in der Narration über Mauthausen tabuisiert. Dass sich die Interviewten der allgemeinen Ablehnung und Verurteilung wegen einer Inanspruchnahme von Sexzwangsarbeit bewusst sind, wird durch die Analyse des Gesprächsverlaufs deutlich. So fragt die Interviewerin Pablo E., ob es in Mauthausen die Möglichkeit gab, mit Frauen Beziehungen zu haben. Pablo E. bejaht, möchte aber nicht darüber sprechen, da dies zu heikel sei: »Weil ... wenn Sie erzählen, dass es in Mauthausen Baracken mit Prostituierten gab, wird man sagen: ›Aber war das ein Konzentrationslager oder ein Kabarett?‹ Davon möchte ich nichts wissen« (Interview mit Pablo E., MSDP_194). Dann erzählt er aber doch – immer bereitwilliger – und schlägt auch das Angebot der Interviewerin aufzuhören aus. Pablo E. sah »die Prostituierten« jeden Morgen aus der Baracke 1 herauskommen, um zwischen dieser und der Lagermauer spazieren zu gehen. Man konnte sich ihnen nicht nähern, da sie von Aufseherinnen bewacht wurden. »Es waren ungefähr zehn Frauen. Von Nummer 1 bis Nummer 10. Und alle gingen hinaus ... die waren gut gepflegt, sauber, angezogen und alles. Und jeden Tag gingen sie hinaus ....« Jede, so meint Pablo E., habe einen Geliebten unter den »Prominenten« gehabt. Die Tickets für einen Bordellbesuch hätten die Blockältesten unter den »Bevorzugten« verteilt. Als die Interviewerin einwirft: »Aber Sie waren ja ein Bevorzugter! Sie mussten ja Tickets haben ...«, bestätigt Pablo E., dass er eines hatte, mit dem er auch hingegangen sei, aber eben nur einmal.

Cabeza L. stieg im Laufe der Lagerhaft vom »Pipel« zum »Privilegierten« auf, dem ein Bordellbesuch möglich wurde. Auf das Thema kommt er im Interview in dem Augenblick zu sprechen, als die Interviewerin seine Ausführungen zu den »maccarones«, den Zuhältern, auf Prostitution von Frauen bezieht und nicht, wie von Cabeza L. ursprünglich gemeint, auf die Funktionshäftlinge, die sich junge Häftlinge als »Liebhaber« hielten. Die Aufforderung, doch von Kontakten mit den Frauen im Bordell zu erzählen, beantwortet er nach einem überschwänglichem Auflachen mit: »Sie bringen mich in eine heikle Lage. Denn zum Schluss habe ich es auch geschafft, ein Privilegierter zu werden, deshalb bin ich lebend herausgekommen« (vgl. Interview mit Cabeza L., MSDP_195). Cabeza L. gibt an, ein oder zweimal im Lagerbordell gewesen zu sein. Er erklärt, was einen Privilegiertenstatus ausmacht: »Wenn man den Magen voll hat, nun ja, dann funktionieren alle Dinge, wie es sich gehört bei einem Menschen. Bei mir funktionierte es auch, wie es sich gehört, und ich nutzte ein oder zwei Mal die Gelegenheit« (Interview mit Cabeza L., MSDP_195).

Beide Männer begründen ihren lediglich ein- oder zweimaligen Besuch mit den spezifischen Umständen während des Sexkontakts. Sie empören sich darüber, dass sie beim Geschlechtsverkehr von der SS durch ein

Guckloch beobachtet worden seien. Die SS kontrollierte, ob die Vorschriften – es war nur Geschlechtsverkehr im Liegen, in der sogenannten »Missionarsstellung«, erlaubt – eingehalten wurden (Hans Maršálek, MSDP_572). Hierzu Pablo E.: »Aber stellen Sie sich vor […,] jemand schaut dir durch ein Guckloch zu. Für mich war das die größte Erniedrigung der Welt« (Interview mit Pablo E., MSDP_194). Ähnlich Cabeza L.: »Weil es ein Witz war, das Ganze. Nicht, weil Sie vielleicht mit der Frau zusammen waren und der Typ, der Hauptmann, der ging auf dem Gang spazieren, öffnete das Fensterchen, um zu sehen, was wir da drinnen trieben, stellen Sie sich dieses Bild vor« (Interview mit Cabeza L., MSDP_195).

Die Empörung der Interviewten gilt der Demütigung durch die Überwachung und das voyeuristische Gebaren der SS-Männer. Nur sie selbst – nicht etwa auch die zum Sex gezwungenen Frauen – seien durch dieses Vorgehen gedemütigt worden. Sie begreifen sich hier nicht und an keiner anderen Stelle im Interview als Gewaltausübende, als Teil eines Gewaltverhältnisses, in welchem sie als Bordellgänger die zum Sex zwangsverpflichteten Frauen in Täterschaft begegneten. Ihren Bordellbesuch stellen sie in keiner Weise (auch nicht nachträglich) in Frage. Für sie liegt hier keine sexuelle Gewalt vor, ebenso wenig sehen sie darin eine Erniedrigung der Sexzwangsarbeiterinnen. Pablo E. stilisiert sich hinsichtlich des Beobachtetwerdens durch die SS vielmehr selbst als »Opfer«. Er lässt auch den Einwand der Interviewerin, dass es sich um Zwangsprostitution handelte, nicht gelten. Vielmehr besteht er darauf, dass die betreffenden Frauen tatsächlich Prostituierte waren. Dadurch leugnet er den Zwangscharakter der Prostitution im Lager. Cabeza L. sieht zwar, dass die Frauen selbst Gefangene waren, die sich unter dem Versprechen, nach ein paar Monaten frei gelassen zu werden, zu diesem Arbeitskommando gemeldet hätten. Aber auch er erkennt nicht seine Teilhabe am Gewaltsystem beziehungsweise seine Täterschaft.

Bordell-Frauen aus der Sicht der Häftlinge
Die von anderen Häftlingen vorgenommenen Charakterisierungen der Frauen in den Bordellen in Mauthausen und Gusen oszillieren zwischen »ganz normale Frauen«, die sich raschere Freiheit erhofften, »schöne Mädels« beziehungsweise »schöne oder fesche Weiber«, »(leichtlebige) Mädchen«, »Prostituierte« und »Huren«. Besonders deutlich drückt sich Henri M. aus: »Sie müssen mich schon entschuldigen, also, es ist wirklich traurig, aber das waren zumeist Mädels aus Familien, deren Äußeres ihrem Laster entsprach« (Interview mit Henri M., MSDP_318). Einige Männer, darunter auch Jean-Laurent G., heben hingegen die Hilfsbereitschaft der Bordellfrauen hervor: »Ich bringe diesen Mädchen Anerkennung entgegen, sie waren nett und versuchten immer, uns zu helfen« (Interview mit Jean-Laurent G., MSDP_835). Der Tenor dieser Beschreibungen ist, wie

diese Zitate zeigen, tendenziell abwertend. Sie verweisen darauf, dass die gesellschaftlich eingeübten bürgerlich-patriarchalen Geschlechternormen und -verhältnisse auch im Konzentrationslager wirksam waren. Selbst im Kontext von Sexzwangsarbeit bleibt die Stigmatisierung von Prostituierten bestehen.

Über die Lebens- und Arbeitsbedingungen dieser Frauen reflektieren die männlichen Interviewten nicht. Einige Interviewpassagen legen zwar nahe, dass die Errichtung von Lagerbordellen als besondere Perfidie der Nazis gesehen wird, gleichzeitig bleibt die Empörung der Interviewten unbestimmt. Der Slowene Tone G. leitet seine Erzählung über das Eintreffen der ersten Bordellfrauen mit dem Hinweis auf die Verachtung der Menschenwürde ein, die sich an der Einrichtung des Lagerbordells zeige. Dabei ist jedoch unklar, welcher Aspekt ihn genau zu seiner Aussage führt. Hingegen erfolgt eine klare Distanzierung gegenüber dieser Institution durch den Verweis auf die Nationalität der Bordellgänger:

> Die Verachtung der Menschenwürde zeigte sich in Mauthausen auch darin, dass die Deutschen ein Lagerbordell für die Besuche leichtlebiger Mädchen einrichteten. [...] Gegen Ende des Herbstes haben wir durch die Bürofenster am Vormittag schon gesehen, wie eine SS-Aufseherin die ersten weiblichen Gefangenen aus Ravensbrück auf kurze Spaziergänge führte, diese sind ins Bordell zum Vergnügen deutscher Sträflinge gekommen. (Interview mit Tone G., MSDP_693)

Michael H. findet beinahe keine Worte, um sein Entsetzen darüber zum Ausdruck zu bringen, dass Frauen aus Ravensbrück – dort waren auch seine Frau und seine Schwester inhaftiert – ausgesucht wurden, um in Mauthausen und Gusen den Kapos (und in Gusen v. a. auch den ukrainischen Wachmännern) sexuell zu dienen:

> Das war so: In Ravensbrück, verstehen Sie mich, haben sie fesche Weiber ausgesucht und dann haben sie sie im KZ verteilt. Das war so. Schande zum Erzählen, wirklich wahr, aber das ist keine Lügerei, weil ich lüge die Maria nicht an und Gott, das sage ich, aber das ist wirklich eine Schande zum Erzählen. Aber wissen Sie eh, wie das ist, die das machen, haben keine Schande, nein. (Interview mit Michael H., MSDP_710)

Die Charakterisierung der Bordellgänger

Die Charakterisierung der Bordellgänger hat Ähnlichkeit mit derer, die homosexuelle Gewaltbeziehungen unterhalten haben. Wiederum sind es fast ausnahmslos Funktionshäftlinge, »Kriminelle«, Deutsche und »Wohlgenährte«, die das Häftlingsbordell frequentiert haben sollen. Nicht selten werden sie in einem Atemzug mit der SS genannt, insbesondere von ehemaligen Häftlingen in Gusen: »Die Kunden waren Kapos, keiner von uns, nicht wahr, Obermeister und auch SSler, nicht wahr. Aber normalerweise hatten die Männer der SS ihre – wie sagt man – ihre persönliche Hure. So muss man das nennen« (Interview mit Henri M., MSDP_318). Auch Michael H. gibt preis, dass es SS-Männer und Kapos sowie Blockälteste waren, die in Gusen das Bordell besuchten (Interview mit Michael H., MSDP_710).[9]

Wenngleich offiziell streng reguliert – Ablauf des Bordellbesuchs, Bezahlung, Zuteilung der Frau, Stellung beim Geschlechtsverkehr etc. – lassen zahlreiche Berichte darauf schließen, dass es, wie Hans Maršálek sich ausdrückt, »zahlreiche Affären« im Bordell gegeben habe. Die Männer versuchten, mit Alkohol, Zigaretten, Kleidern aus den »Effektenkammern«,[10] Schmuck bis hin zu Goldstücken, die Gunst der Frauen für sich zu gewinnen. Dies betonen auch Pablo E. und Cabeza L., die beiden bereits zitierten Bordellgänger. Hans Maršálek erzählt dazu im Interview ausführlich:

> Es gab sehr viele Affären dort. Die Männer, die da plötzlich in den Armen der Frauen hingen, beim Geschlechtsverkehr, die waren, die sind manche, wirklich verliebt worden, Liebe gewesen. Die haben versucht, Verschiedenes zu organisieren, zu stehlen, Stoffe, Schmuck, in der Effektenkammer, bei Zugängen und so weiter. Und in der Nacht kamen sie zum Fenster im Block 1, zu den Zimmern der Frauen. [...] Und da sind sie dann gekommen in der Nacht, haben ihnen die verschiedenen Geschenke gebracht, und klarerweise kam es vor, dass zwei, drei Männer sich verliebt haben in die gleiche Frau. Da gab es Schlägereien, und sind verschiedene Sachen aufgeflogen, von den Frauen ausgehend, die das weitererzählt haben. (Interview mit Hans Maršálek, MSDP_572)

Äußerst abfällig berichtet der ehemalige Häftling Kanthack über die Bordellfrauen. Er beanstandet die zur Schau gestellten guten Beziehungen der »Dirnen« zu ihren »Kavalieren«, so die Wortwahl Kanthacks: »In der letzten Zeit, als die Auflösungserscheinungen immer wahrnehmbarer wurden, gingen sie dann schon Arm in Arm mit ihren Kavalieren spazieren und küssten und umarmten sich am hellen Tag im Sonnenschein, angesichts aller anderen Häftlinge. Noch später wurden sie dann [...] Blockführerinnen bei den anderen weiblichen Häftlingen und gingen nun naturgemäß erst recht frei und offen mit ›ihren Freiern‹ spazieren.« (vgl. Bericht Kanthack, AMM V/03/20, 24)

Zusammenfassend lässt sich sagen, dass die Darstellung der zur Prostitution gezwungenen Frauen in den untersuchten Interviews nach typisch

---

9 Tatsächlich verkehrten im Bordell in Gusen auch SS-Männer, da dieses in einen Abschnitt für die männlichen Häftlinge und einen für die ukrainischen Wachmänner geteilt war.
10 Baracke, in der die Kleidung und Habseligkeiten der ankommenden Häftlinge gelagert, sortiert und verwertet wurden.

patriarchalen Mustern erfolgt: Wenn es um Risikobereitschaft geht, um die Gunst der Frauen zu buhlen und um in Tauschhandel dafür zu treten, sind Männer die Akteure. Der Zwangscharakter der Prostitution wird nicht beachtet, auch nicht die täglich erfahrene Gewalt. Vielmehr wird ausschließlich der »Wohlstand« der Frauen gesehen, die bessere Unterkunft, Ernährung und Versorgung mit Kleidung, die Geschenke der Männer und das Vorzeigen ihrer privilegierten Beziehungen zu manchen Häftlingen oder auch SS-Männern.

Begegnungen von Frauen und Männern außerhalb des Bordells
Mit dem Aufeinandertreffen weiblicher und männlicher Häftlinge in einem Konzentrationslager stieg die Gefahr der sexuellen Gewalt für weibliche Häftlinge beträchtlich. Einen erschütternden Bericht bergen die Erinnerungen von Hans Maršálek über Kurt Pany, der zeitgleich mit ihm Lagerschreiber war (Pany als erster, Maršálek als zweiter Lagerschreiber). Maršálek meint, Pany habe als jung Verheirateter stark unter dem Zwang zur sexuellen Enthaltsamkeit im Lager gelitten. Als am 7. März 1945 ein großer Transport mit Frauen und Kindern aus Ravensbrück in Mauthausen einlangte, habe eine Holländerin unter ihnen Nachrichten von Panys Frau, die mit ihr Mithäftling in Ravensbrück war, an deren Ehemann überbringen wollen – sie fragte noch während der Aufnahmeprozedur nach ihm. Pany traf die Frau nackt in den Duschräumen an, nahm sie mit zu seiner Schlafstelle in der Lagerschreibstube und hatte mit ihr Geschlechtsverkehr. Die Frau ist den darauffolgenden Blutungen erlegen, auch ein Revierarzt konnte ihr nicht mehr helfen. Maršálek ist es nicht möglich, diese Handlung seines Kollegen als Vergewaltigung zu benennen. Er spekulierte auf eine Gegenleistung der Frau aus Dankbarkeit für Essen, konstatierte allerdings auch eine übermäßige sexuelle Gier bei Pany. Auf die Frage der Interviewerin, ob Pany diese Begegnung damals denn als freiwilligen Geschlechtsverkehr der Holländerin hingestellt habe, erwidert Maršálek:

Ja, na sicher. Ja, freiwillig, das weiß ich nicht, das kann ich nicht sagen. Sicher, wie sich das abgespielt hat, diese Vorgänge bezüglich der Liebkosungen und der [...] Frau, hat wahrscheinlich zu essen bekommen, irgendwo in seinem Zimmer. Er hat in der sogenannten Schwabstube geschlafen und gelebt, die waren in der Schreibstube. Na ja, und da, ob er ihr etwas zu trinken gegeben hat, ob sie etwas gegessen haben, das weiß ich nicht, das kann ich nicht sagen. Aber vergewaltigt hat er sie nicht. Da war schon eine gewisse Dankbarkeit der Frau wahrscheinlich auch. Das weiß ich nicht, kann ich nicht sagen. Aber Gier war da vorhanden bei ihm, das weiß ich, er hat ununterbrochen über die Möglichkeiten des Geschlechtsverkehrs, wo man da zu einer Frau kommen könnte, erzählt. In den letzten Tagen vor allem. (Interview mit Hans Maršálek, MSDP_572)

Selbst wenn es sich um konsensualen Sex gehandelt hätte, bleibt die Tatsache, dass die Frau an den Folgen des Geschlechtsverkehrs gestorben ist. Dieser muss also äußerst brutal erfolgt sein. Dennoch scheint Maršálek die Gewalt nicht sehen zu können oder wahrhaben zu wollen.

Die Sichtweise von ehemaligen weiblichen Häftlingen auf sexuelle Begegnungen
Die weiblichen Häftlinge hingegen geben nicht nur zahlreiche Hinweise auf sexuelle Gewalt, sie benennen diese auch als solche. Der Schock und die Erniedrigung der Aufnahmeprozedur, diesmal nicht nur in Anwesenheit von SS-Männern, sondern auch von männlichen Häftlingen, sind in vielen Erinnerungen gegenwärtig. Hinzu kommen Vorfälle, die für die damals noch jungen Frauen anfangs gar nicht in ihre bisherige Erfahrungswelt einzuordnen waren. So erzählt Regina L., damals 15-jährig, über ihre ersten Eindrücke in Mauthausen:
Nun, und da stehen wir dann im Stockdunkel und du weißt nicht, was geschieht. Und dann siehst du vage Figuren [betont] in dunklen, schwarzen Capes und die kommen auf einen Teil von uns zu, zu unseren Frauen, und da bewegt sich was. – Aber was sich da bewegt, das weißt du dann nicht. He, du bist/. In der Zeit war ich fünfzehn. Du wurdest nie aufgeklärt. Und was das undeutliche Bewegen unter den schwarzen Capes da in der Ferne war, davon hattest du keine Ahnung. Das hast du erst später begriffen. He, da wurde kein Mucks gemacht. Die, die Frauen wurden einfach überfallen, mussten ihren Mund halten und, und, und, und alles ertragen, was da geschah, alles unter so einem schwarzen Cape. In dem dunklen, schwarzen Gang. Nun, dann schlussendlich, dann wurdest du in ein Gebäude getrieben. (Interview mit Regina L., MSDP_547)
Regina L. geht nicht weiter darauf ein, wer diese sexuellen Übergriffe beging, aber sie identifiziert das Geschehen als Gewalt.
Von den Frauen werden zahlreiche Situationen erinnert, in denen die männlichen Bewacher und Häftlinge sexualisierte/sexuelle Gewalt[11] an den

---

11 Unter »sexueller Gewalt« verstehen wir ein Übergehen der sexuellen Selbstbestimmung einer Person, wobei nicht notwendigerweise körperliche Gewalt angewendet werden muss. Sexuelle Gewalt liegt auch vor, wenn durch ökonomische, kulturelle, psychische oder rechtliche Mittel sexuelle Handlung erzwungen, nur bestimmte Sexualitäten gesellschaftlich akzeptiert werden (z. B. Verbot von Homosexualität) oder Sexualität an sich beeinträchtigt wird (z. B. durch weibliche Genitalverstümmelung). Von »sexualisierter Gewalt« sprechen wir, wenn zwar keine Körpergrenzen überschritten werden, die Übergriffe aber dazu angetan sind, die Menschen zu erniedrigen, zu demütigen und in ihrem Schamgefühl zu verletzen. »Der Begriff der sexualisierten Gewalt bezieht sich sowohl auf die Dimension der direkten/personalen Gewalt als auch auf die Dimension der indirekten/strukturellen Gewalt. Letzteres bedeutet im Kontext der KZ-Haft vor

weiblichen Häftlingen ausübten. Insbesondere die Aufnahmeprozedur wird als traumatisierendes Ereignis geschildert. Die Überlebenden erlebten sie als extrem demütigend, erniedrigend und beschämend. Das erzwungene Nacktsein in der Dusche und bei der Entlausung in Anwesenheit von SS-Männern und männlichen (Funktions-)Häftlingen, der wahrgenommene sexualisierte Blick, das Begehren der Männer und die abschätzigen Bemerkungen verletzten die Frauen zutiefst. Die Körpergrenzen der Frau wurden – mit Erlaubnis beziehungsweise durch die Aufforderung der SS – durch erzwungene Untersuchungen, bei der Ganzkörperrasur und Desinfektion überschritten.

Die ganze Nacht haben sie uns dort behalten, und tags darauf haben sie uns sortiert und mit einer Sache begonnen, die für uns zum Grässlichsten und Schlimmsten gehörte, und wir, alles Mädchen mit dem Ideal der Keuschheit, der *Azione Cattolica*, man begann/. Unterdessen waren wir natürlich nackt, das ist das Geringste, und dann berührten sie uns überall, sie sagten, dass sie uns untersuchten, es waren kräftige Burschen von der SS, die ihren Spott mit uns trieben. (Interview mit Carla M., MSDP_005)

Ähnlich den männlichen Häftlingen erzählen einige Frauen von sexuellen Handlungen als Tauschgeschäft. Irena L. bringt im folgenden Interviewausschnitt nicht nur ihre Abscheu gegenüber jenen Menschen zum Ausdruck, die Notsituationen zu ihrem Vorteil ausnutzten, sie distanziert sich auch von der Frau, die sexuelle Handlungen bei sich zuließ.

Zunächst haben uns diese Männer empfangen, diese... diese Kriminellen. Ich habe das nicht erzählt, ich wollte nicht. [...] Da kam plötzlich einer der kriminellen Deutschen und er hatte zwei Sardinenbüchsen und eine ist aufgestanden und er hat mit ihr Geschlechtsverkehr ausgeübt, mit so einer hageren Vogelscheuche, [...]. Er gab [ihr] die zwei [Büchsen], sie stand und er tat das seine. (Interview mit Irena L., MSDP_291)

Irena L. äußerst nicht nur kein Verständnis für das Verhalten ihrer Leidensgenossin, sie wertet sie zudem als »Vogelscheuche« ab. Wäre die Frau schön gewesen – so legt diese Attribuierung nahe –, hätte Irena L. das Verhalten des »kriminellen Deutschen« eventuell noch nachvollziehen können. So aber werden die Handelnden des Tauschgeschäfts gleichermaßen geächtet.

Das Aufeinandertreffen von Frauen und Männern im Konzentrationslager ist in der Erinnerung der weiblichen Häftlinge geprägt von sexuellen Übergriffen von Seiten der Männer und einem mit der Verletzung der sexuellen Integrität einhergehenden tief empfundenen Schamgefühl

allem die fehlende Intimsphäre, mangelnde Hygienemöglichkeiten und unzureichende Bekleidung, wodurch die Integrität der gefangenen Menschen verletzt und ihre Intimität negiert wurde.« (Amesberger/Auer/Halbmayr 2004, 19).

bei den »Opfern«. Die Scham der Frauen bezieht sich dabei auch auf den Umstand, männlichen Blicken des Begehrens ausgesetzt gewesen zu sein. Die sexuellen Beziehungen zwischen Männern und Frauen spiegeln hier heterogene Gewaltverhältnisse im Konzentrationslager wider, in dem Sexualität im Überlebenskampf in vielfacher Weise instrumentalisiert und als Herrschaftsinstrument eingesetzt wurde.

Sex als Tauschmittel: ein Ausdruck von Gewalt?

Abschließend möchten wir der Frage nachgehen, inwiefern im Kontext einer »totalen Institution« Sex als Tauschmittel ein Akt selbstbestimmter Entscheidung sein konnte oder vielmehr als Gewalt definiert werden muss. In den Narrationen der männlichen wie weiblichen Überlebenden spielt Sexualität gemessen an der Gesamtheit der Erzählungen nur eine untergeordnete Rolle. Aufgrund des gesellschaftlichen Tabus, mit dem Sexualität belegt ist, unterscheiden sich die analysierten Interviews in puncto ihrer Thematisierung vermutlich nicht wesentlich von lebensgeschichtlichen Interviews mit Nicht-Verfolgten. Konsens scheint darüber zu herrschen, dass die Möglichkeit, Sexualität auszuleben beziehungsweise anderen aufzuzwingen, nur einer dünnen Schicht von privilegierten Funktionshäftlingen vorbehalten war. Da in diesem Beitrag ausschließlich von sexuellen Handlungen mit zumindest einer zweiten Person die Rede ist und es in den Interviews keine Erzählungen über Sex mit hierarchisch gleichgestellten Partner/innen gibt, stellt sich die Frage nach den Machtverhältnissen.

Ein Tauschhandel setzt voraus, dass zwei Personen etwas zu tauschen *haben*. Im einen Fall besteht das ›Kapital‹ in der übergeordneten Machtposition und im Zugang zu überlebenswichtigen Gütern, allen voran Nahrungsmitteln, was wiederum die körperlichen Voraussetzungen für Geschlechtsverkehr schafft beziehungsweise sexuelle Bedürfnisse überhaupt erst wieder zum Vorschein bringt. Im anderen Fall sind möglicherweise Aussehen, Jugendlichkeit, Charme oder eben Ausnutz- und Ausbeutbarkeit durch das Erdulden von oder Einwilligen in einen sexuellen Akt das einzige ›Kapital‹. Das Machtgefälle zwischen diesen beiden Positionen ist evident.

Ein Tauschhandel setzt auch voraus, dass zwei Personen etwas tauschen *wollen*, wobei der Wille möglicherweise nicht in beiden Fällen als frei bezeichnet werden kann. Das heißt, sie brauchen oder begehren etwas, das sie selbst nicht besitzen oder zu dem sie keinen Zugang haben. Die Durchsetzungskraft hängt dabei stark vom jeweiligen Handlungsspielraum[12] der Beteiligten ab. Trotz des Kontextes Konzentrationslager, der durch ein enormes Ausmaß von struktureller Gewalt gekennzeichnet war, das jegliche Handlungs*freiheit* außer Kraft setzte, war dennoch jedem Häftling ein (wenn auch sehr geringer) Handlungs*spielraum* gegeben, der auch dem/

---

12 Handlungsspielraum definieren wir als die Summe aller möglichen Handlungen.

der Schlechtergestellten in diesem Setting eine Entscheidung abrang beziehungsweise ermöglichte, ob er/sie auf den Handel eingeht oder nicht.

Schlussendlich müssen die Involvierten den zu tauschenden Gütern einen *ähnlichen* Wert beimessen. Beide entscheiden für sich über die Angemessenheit, was auch immer die jeweilige Bewertungsgrundlage ist. Im Kontext Konzentrationslager herrschte aufgrund der allgemeinen Zwangs- und Todesangstsituation sowie der eingangs ausgeführten Hierarchie in der Häftlingsgesellschaft ein Machtungleichgewicht, das es nahezu verunmöglicht, den Tausch von Sex gegen überlebenswichtige Güter nicht als Gewaltverhältnis zu fassen.

Johan Galtung unterscheidet in seiner Gewalttheorie zwischen direkter persönlicher und indirekter struktureller Gewalt (Galtung 1975). Unter direkter persönlicher Gewalt versteht Galtung, dass körperliche oder psychische Gewalt von einer Person gegen eine andere Person ausgeübt wird, während indirekte Gewalt einem System innewohnt, sich in ungleichen Machtverhältnissen äußert und zu ungleichen Lebenschancen führt. Beide Formen der Gewalt bedingen einander. Das heißt, persönliche Gewalt kann nur aufgrund struktureller Gewalt ausgeübt werden und die strukturelle Gewalt braucht ihre Vollstrecker/innen (Galtung 1975, 9–17). Im Kontext des Konzentrationslagers lag strukturelle Gewalt aber stets in hohem Ausmaß vor. Sie äußerte sich darin, dass eine kleine Gruppe von Häftlingen sowohl materiell als auch ideell/symbolisch privilegiert war und entsprechende Macht hatte, während die Mehrheit vom Tod durch Hunger oder Ermordung und schwerster Zwangsarbeit bedroht war, mit einem äußerst limitierten Handlungsspielraum. Dadurch lässt sich ein gleichberechtigter, konsensual entschiedener Tausch von Sex gegen materielle (oder immaterielle) Güter nur schwer ohne jegliche persönliche Gewalt(androhung) vorstellen.

Die Interviewpassagen über die sexuellen Beziehungen im Lager gehen jedoch überwiegend von einer – nicht durch persönliche Gewalt herbeigeführten – Übereinkunft aus. Ist dies mangelnde Sensibilität, eine Verkennung der Machtverhältnisse? Äußern sich hier – mit Bezug auf die heterosexuellen Begegnungen – patriarchale Ungleichheitsverhältnisse, die den Blick auf Abhängigkeit, Bedrohung und Unterwerfung von Frauen verstellen? Oder zeigt sich – mit Bezug auf die homosexuellen Begegnungen – hier eher die Schwierigkeit, Männer auch als »Opfer« von Gewalt und als verletzlich zu sehen, weshalb die Zeitzeug(inn)en in ihren Erzählungen eher die Handlungsmächtigkeit – so gering sie auch war – in den Vordergrund rücken?

Zahlreiche Überlieferungen von Überlebenden künden vom existenzbedrohenden Mangel an Überlebensnotwendigem, von der täglich erlebten Gewalt, ihrem Überlebenskampf. Sie zeugen jedoch auch vom Erfindungsreichtum, von eigenen wie solidarischen Handlungen untereinander, die beim Überleben halfen. Das heißt, selbst im Konzentrationslager hatte der/die Einzelne Handlungsmöglichkeiten, die Menschen agierten – in Anlehnung an Hermann Langbeins berühmtes Werk (1980) – nicht wie Schafe, die sich widerstandslos zur Schlachtbank führen ließen. Sie handelten, sie trafen im Rahmen ihrer Möglichkeiten Entscheidungen. Der individuelle Handlungsspielraum war abhängig von zahlreichen strukturellen Faktoren (Häftlingsgruppe, Alter, Nationalität, Geschlecht, Haftdauer, etc.) und, wie auch die Interviews zeigen, er konnte sich im Lauf der Verfolgung und Internierung verändern. Dennoch bleibt die Tatsache der äußerst ungleichen Machtverhältnisse und Überlebenschancen. Innerhalb eines Gewaltsystems gibt es keine gewaltfreien Verhältnisse und scheinbar eindeutige Kategorien wie »Täter« und »Opfer« verlieren bis zu einem gewissen Grad ihre Aussagekraft.

Literatur

Amesberger, Helga 2012: Oral History und Traumatisierung – am Beispiel der Erfahrung sexualisierter Gewalt während der nationalsozialistischen Verfolgung. In: Konrad, Helmut/Gerhard Botz/Stefan Karner/Siegfried Mattl (Hg.): Terror und Geschichte. Veröffentlichungen des Clusters Geschichte der Ludwig Boltzmann Gesellschaft, Bd. 2. Wien, 233–246.

Amesberger, Helga/Brigitte Halbmayr 2010: Weibliche Häftlinge im KZ Mauthausen und seinen Außenlagern. Unveröff. Manuskript. Wien.

Amesberger, Helga/Katrin Auer/Brigitte Halbmayr 2004: Sexualisierte Gewalt. Weibliche Erfahrungen in NS-Konzentrationslagern. Wien.

Amesberger, Helga/Brigitte Halbmayr 2001: Vom Leben und Überleben – Wege nach Ravensbrück. Das Frauenkonzentrationslager in der Erinnerung, Bd. 1: Dokumentation und Analyse. Wien.

Amesberger, Helga/Brigitte Halbmayr: Gewalt – Sterben – Tod. In: Prenninger, Alexander/Gerhard Botz/Regina Fritz (Hg.): Europa in Mauthausen. Die Geschichte der Überlebenden eines nationalsozialistischen Konzentrationslagers in Österreich, Bd. 3: Gefangen in Mauthausen. Wien/Köln/Graz (im Druck).

Botz, Gerhard/Bernadette Dewald/Alexander Prenninger 2004: Mauthausen erzählen – Narrating Mauthausen. In: Bundesministerium für Inneres (Hg.): Das Gedächtnis von Mauthausen. Wien.

Chatwood, Kirsty 2010: Schillinger and the Dancer. Representing Agency and Sexual Violence in Holocaust Testimonies. In: Hedgepeth, Sonja M./Rochelle G. Saidel (Hg.): Sexual Violence against Jewish Women during the Holocaust. Waltham, Mass., 61–74.

Eschebach, Insa/Regina Mühlhäuser (Hg.) 2008: Krieg und Geschlecht. Sexuelle Gewalt im Krieg und Sex-Zwangsarbeit in NS-Konzentrationslagern. Berlin.

Federn, Ernst 1998: Versuch einer Psychologie des Terrors (1946/1989). In: Kaufhold, Roland (Hg.): Versuche zur Psychologie des Terrors. Material zum Leben und Werk von Ernst Federn. Gießen, 35–75.

Freund, Florian/Bertrand Perz 2006: Mauthausen – Stammlager. In: Benz, Wolfgang/Barbara Distel (Hg.): Der Ort des Terrors. Geschichte der nationalsozialistischen Konzentrationslager, Bd. 4: Flossenbürg, Mauthausen, Ravensbrück. München, 293–346.

Galtung, Johan 1975: Strukturelle Gewalt. Beiträge zur Friedensforschung. Reinbek bei Hamburg.

Halbmayr, Brigitte 2005: Arbeitskommando »Sonderbau«. Zur Bedeutung und Funktion von Bordellen im KZ. *Dachauer Hefte* 21, 217–236.

Heger, Heinz [Pseudonym für Josef Kohout] 2001 [1972]: Die Männer mit dem rosa Winkel. Hamburg.

Heike, Irmtraud/Bernhard Strebel 1994: Häftlingsselbstverwaltung und Funktionshäftlinge im Konzentrationslager Ravensbrück. In: Füllberg-Stollberg, Claus/Martina Jung/Renate Riebe/Martina Scheitenberger (Hg.): Frauen in Konzentrationslagern. Bergen-Belsen, Ravensbrück. Bremen, 89–98.

Jaiser, Constanze 2005: Repräsentation von Sexualität und Gewalt in Zeugnissen jüdischer und nicht-jüdischer Überlebender. In: Bock, Gisela (Hg.): Genozid und Geschlecht. Frankfurt am Main, 123–148.

Kogon, Eugen 1946: Der SS-Staat. Das System der deutschen Konzentrationslager. München.

Langbein, Hermann 1980: …nicht wie die Schafe zur Schlachtbank. Widerstand in den nationalsozialistischen Konzentrationslagern 1938–1945. Frankfurt am Main.

Lautmann, Rüdiger 1989: Sexualität. In: Endruweit, Günter/Gisela Trommsdorff (Hg.): Wörterbuch der Soziologie, Bd. 3. Stuttgart, 568–569.

Maršálek, Hans ^{4}2006: Die Geschichte des Konzentrationslagers Mauthausen. Dokumentation. Wien.

Paul, Christa 1994: Zwangsprostitution. Staatlich errichtete Bordelle im Nationalsozialismus. Berlin.

Pfeifer, Wolfgang ^{6}2003: Etymologisches Wörterbuch des Deutschen. München.

Pingel, Falk 1978: Häftlinge unter SS-Herrschaft. Widerstand, Selbstbehauptung und Vernichtung im Konzentrationslager. Hamburg.

Schikorra, Christa 2000: Prostitution weiblicher KZ-Häftlinge als Zwangsarbeit. Zur Situation »asozialer« Häftlinge im Frauen-KZ Ravensbrück. *Dachauer Hefte* 16, 112–124.

Shik, Na'ama 2005: Weibliche Erfahrungen in Auschwitz-Birkenau. In: Bock, Gisela (Hg.): Genozid und Geschlecht. Jüdische Frauen im nationalsozialistischen Lagersystem. Frankfurt am Main, 103–122.

Sofsky, Wolfgang 1999: Die Ordnung des Terrors. Das Konzentrationslager. Frankfurt am Main.

Sommer, Robert 2003: Der Sonderbau. Die Errichtung von Bordellen in den nationalsozialistischen Konzentrationslagern. Magisterarbeit HU Berlin.

Sommer, Robert ^{2}2010: Das KZ-Bordell. Sexuelle Zwangsarbeit in nationalsozialistischen Konzentrationslagern. Paderborn et al.

Suderland, Maja 2009: Ein Extremfall des Sozialen. Die Häftlingsgesellschaft in den nationalsozialistischen Konzentrationslagern. Frankfurt am Main/New York.

Theweleit, Klaus 2000 [1977]: Männerphantasien, Bd. 1 und 2. München/Zürich.

Waxman, Zoë 2017: Women in the Holocaust. A Feminist History. Oxford.

Wickert, Christl 2002: Tabu Lagerbordell. Vom Umgang mit der Zwangsprostitution nach 1945. In: Eschebach, Insa/Sigrid Jacobeit/Silke Wenk (Hg.): Gedächtnis und Geschlecht. Deutungsmuster in Darstellungen des nationalsozialistischen Genozids. Frankfurt am Main/New York, 41–58.

Klaus S. Davidowicz
»THAT'S BIG TALK FOR A LITTLE GUN«
Geschlechterrollenwechsel in Nicholas Rays »Johnny Guitar« (1954)

»Johnny Guitar« – eine Entdeckung des Autorenkinos

Jean-Luc Godard zeigt in seinem Pop-Art-Film Pierrot le Fou von 1965 einen ungewöhnlichen häuslichen Streit. Die Kinder sind noch nicht vom Kindermädchen zu Bett gebracht worden, da Ferdinand (Jean-Paul Belmondo) ihr zum dritten Mal in der Woche erlaubt hat, ins Kino zu gehen: »Es läuft ›Johnny Guitar‹. Für sie ist das Bildung«. Godard hatte bereits als Kritiker für *Cahiers du Cinéma* emphatisch geschrieben:

> Es gab das Theater (Griffith), die Dichtung (Murnau), die Malerei (Rossellini), den Tanz (Eisenstein), die Musik (Renoir). Fortan gibt es das Kino. Und das Kino ist Nicholas Ray. (Godard 1985 [1958], 118)

André Bazin, Jacques Rivette, Luc Moullet, Claude Chabrol oder François Truffaut von *Cahiers du Cinéma* feierten in den 1950er Jahren den US-amerikanischen Film und seine ›auteurs‹. Eine ganze Kritikergeneration entdeckte das Besondere und Außergewöhnliche in Western von Anthony Mann, Budd Boetticher, Samuel Fuller oder Nicholas Ray, die in den USA teilweise als B-Filme abgetan wurden beziehungsweise ratlosen Kritikern gegenüberstanden. Der Western wurde in Frankreich als Kunstform salonfähig gemacht, ebenso wie der Thriller à la Alfred Hitchcock, einer weiteren Gottheit der Kritiker von den *Cahiers du Cinéma*. So verwundert es nicht, dass in ihrer Liste der besten Filme von 1954/55 sowohl Johnny Guitar als auch Apache (1954) von Robert Aldrich und Rear Window (1954) von Alfred Hitchcock aufscheinen.

Auch Truffaut zollte Ray später in seinem Neo-Noir La Siréne du Mississipi von 1969 nach Cornel Woolrich Respekt. Das Wort »Cinema« nimmt die ganze Breite des Scope-Bildes ein (Abb. 1), bevor die Kamera nach unten auf den Eingang schwenkt. Besucherinnen und Besucher strömen aus dem Kino, in dem Johnny Guitar gezeigt wird. Unter ihnen Julie (Catherine Deneuve) und Louis (Jean-Paul Belmondo) (Abb. 2). Verwundert gibt Julie zu, dass das nicht einfach ein »Film mit Pferden« gewesen sei. Und Louis ergänzt: »Es war eine Liebesgeschichte mit viel Gefühl (C'était une histoire d'amour, avec des sentiments).«

Truffaut selbst hatte Johnny Guitar unter dem Titel »L'Admirable Certitude« in den *Cahiers du Cinéma* scharfsinnig beschrieben:

Abb. 1: »cinema« nimmt die ganze Breite des Scope-Bildes ein, Screenshot der MGM; »Das Geheimnis der falschen Braut« [Original: »La Siréne du Mississipi«] (1969), DVD 2003.

Abb. 2: Catherine Deneuve und Jean-Paul Belmondo nach einem Screening von »Johnny Guitar«, lobbycard von www.moviestilldbs.com

Johnny Guitar is not really a Western, nor is it an ›intellectual Western‹. It is a Western that is dream-like, magical, unreal to a degree, delirious. It was but a step from the dream to Freudianism, a step our Anglo-Saxon colleagues have taken by talking about the ›psychoanalytical Western‹. But the qualities of this film, Ray's qualities, are not those; they cannot possibly be seen by anyone who has never ventured a look through a camera eyepiece […]. With Hawks we witness a triumph of the mind, with Nick Ray it is a triumph of the heart [...] but to anyone who would reject them both I make so bold as to say this: Stop going to the cinema, don't watch any more films, for you will never know the meaning of inspiration, of a view-finder, of poetic intuition, a frame, a shot, an idea, a good film, the cinema. An insufferable pretension? No: a wonderful certainty. (Truffaut 1985 [1955]: Kritik zu JOHNNY GUITAR, Reprint in den: *Cahiers du Cinéma* 1, 107f.)

JOHNNY GUITAR hatte sich sehr schnell zum Liebling der französischen Kritik entwickelt. Die Kritiker sahen nicht nur, wie die für das Western-Genre üblichen Figurenkonstellationen auf den Kopf gestellt wurden. Darüber hinaus erlebten sie, wie im Gewand eines Western eine Parabel auf die USA zur Zeit der sogenannten Hexenjagd unter Senator McCarthy erzählt wurde. Joan Crawford hatte ursprünglich die Rechte an der Romanvorlage von Roy Chanslor erstanden, noch bevor das Buch erschienen war, und sie dann an das Republic Pictures Studio weiter verkauft. Allerdings mit der Auflage, dass sie bei einer Verfilmung die Hauptrolle übernehmen würde. Republic Pictures war der Spezialist für Western und B-Filme. Herbert J. Yates, der Chef der Republic Pictures Studios, arbeitete mit geringem Budget und oft mit Stars, die den Zenit ihrer Karriere bereits überschritten hatten. Selbst das Farbverfahren der Republic, Truecolor, galt als eher günstige Variante des Farbfilms. Der Drehbuchautor Philip Yordan erinnerte sich an die Produktion des Films: »Wissen Sie, wie der Film zustande gekommen ist? Herbert J. Yates hat einfach gesagt: ›Nehmen Sie sich Joan Crawford und sehen Sie zu, dass die Dreharbeiten sie glücklich machen‹. Wir haben uns dann für den Roman von Chanslor entschieden, aber kein einziges Wort davon benutzt, nur den Titel« (zit. n. Hembus 1977, 318 f.).

Im selben Jahr wie JOHNNY GUITAR produzierte Republic Pictures typische B-Western wie THE OUTCAST in der Regie von William Witney. Wer ins Kino ging und einen geradlinigen Republic-Western erwartete, konnte durch JOHNNY GUITAR nur enttäuscht werden. Ein Western, in dem ein ›hold-up‹ auf eine Postkutsche von weit oben, aus der Vogelperspektive gezeigt wird und die ›action‹ daher kaum wahrnehmbar ist (Abb. 3), und vor allem Frauen als ›gun men‹ und Hauptfiguren positionierte, erzürnte die US-Kritiker. *Variety* schrieb nach der Premiere:

Joan Crawford, whose previous Western was MONTANA MOON in 1930, has another try at the wide open spaces with JOHNNY GUITAR. Like MOON, it proves the actress should leave saddles and levis [sic!] to someone else and stick to city lights for a background. The Roy Chanslor novel on which Philip Yordan based the screenplay provides this Republic release with a conventional oater basis. Scripter Yordan and director Nicholas Ray became so involved with character nuances and neuroses, that ›Johnny Guitar‹ never has enough chance to

Abb. 3: Postkutsche aus der Vogelperspektive; »Johnny Guitar« (1954)

rear up in the saddle and ride at an acceptable outdoor pace. (o. A.: Film Review »Johnny Guitar«. *Variety* vom 31. Dezember 1953)

Bosley Crothers Männlichkeit war durch die Tatsache, dass Joan Crawford nicht nur die Fäden der Handlung zieht, sondern auch sonst im Western nur von Männern dominierte Handlungen bis zum Showdown vollzieht, so irritiert worden, dass er JOHNNY GUITAR in der *New York Times* als Fiasko bezeichnete:

In ›Johnny Guitar‹ [...] Joan Crawford plays essentially the role that Van Heflin played in ›Shane.‹ [...] But this condescension to Miss Crawford and her technically recognized sex does nothing more for the picture than give it some academic aspects of romance. No more femininity comes from her than from the rugged Mr. Heflin in ›Shane.‹ For the lady, as usual, is as sexless as the lions on the public library steps and as sharp and romantically forbidding as a package of unwrapped razor blades. [...] However, neither Miss Crawford nor director Nicholas Ray has made it any more than a flat walk-through—or occasional ride-through—of western clichés. [...] There's a great deal of talk and a little shooting, and at one point Miss Crawford is almost lynched-looking in this situation like a figure in a waxworks of famous crimes. [...] The color is slightly awful and the Arizona scenery is only fair. Let's put it down as a fiasco. (Crowther 1954, The Screen in Review. In: *The New York Times*, 19)

Martin Scorcese hat beschrieben, wie der Film in den USA zunächst ausgelacht oder ignoriert wurde. Das europäische Publikum hätte dagegen die besonderen Qualitäten von JOHNNY GUITAR geliebt, »full of ambiguities and subtexts that rendered it extremely modern.« (Scorcese, Einführung zu JOHNNY GUITAR, Blu Ray von Olive Films, 2012)

Nachdem die *Cahiers du Cinéma* den Film auf ihren besonderen Altar der Verehrung gehoben hatten, sollten Autoren wie Joe Hembus, Norbert Grob oder Georg Seeßlen, die sich mit dem Western-Genre auseinandersetzten, JOHNNY GUITAR als Western-Klassiker begreifen und so gehört er heute auch in den USA zum Kanon der Filme, die das Western-Genre bestimmen. Gerade weil JOHNNY GUITAR so barock, opulent und übertrieben inszeniert wurde, hat er sich langsam zum Kultfilm entwickelt, der wiederum andere Regisseure fasziniert hat. Die von Crowthers als »slightly awful« bezeichnete Farbfotographie des Films sollte Ingmar Bergman zu seiner Farbdramaturgie in SCHREIE UND FLÜSTERN (1972) inspirieren (vgl. Heinzlmeier et al. 1983, 176).

Natürlich ein Western

Nicholas Ray hatte bis zu JOHNNY GUITAR vor allem Noir-Krimidramen wie KNOCK ON ANY DOOR (1949), IN A LONELY PLACE (1950) oder ON DANGEROUS GROUND (1952) gedreht. Desillusionierte Figuren, deren zerfurchte Gesichter schon zu Beginn des Films ihr Vorleben erzählen, wurden kongenial von Robert Ryan oder Humphrey Bogart belebt. Nur FLYING LEATHERNECKS (1951) fällt in dieser Periode völlig aus dem Rahmen. Ein Kriegsactionfilm mit John Wayne ohne nennenswerte Tiefen, der Ray die Gelegenheit gab, zum ersten Mal mit dem Farbfilm zu experimentieren. JOHNNY GUITAR war nach dem zeitgenössischen Rodeo-Drama THE LUSTY MEN (1952) Rays erster Western, was im Jahr 1954 allerdings nichts Besonderes war. Das Western-Genre wäre dank der singenden Cowboys und billiger Serials in den 1930er Jahren beinahe völlig heruntergekommen. Im Gegensatz zu Science-Fiction-Serials wie FLASH GORDON (1936–1940) sind diese Filmchen mit dem unvermeidlichen Cliffhanger nach rund 25 Minuten heute nur noch schwer verdaulich. Erst 1939 sollte der Western mit einer ganzen Reihe von Filmen triumphal seinen Einstand im Tonfilm geben, von STAGECOACH (R: John Ford) und UNION PACIFIC (R: Cecil B. DeMille) bis zu JESSE JAMES (R: Henry King) und DODGE CITY (R: Michael Curtiz). Nach dieser erfolgreichen Wiederbelebung sollten Regisseure wie Howard Hawks oder John Ford mit Stars wie John Wayne oder Henry Fonda das Genre in den 1940er Jahren solide etablieren. Zu Beginn der 1950er Jahre hatte der Western zu seiner ›klassischen erwachsenen‹ Form gefunden. Budd Boetticher drehte minimalistische Western mit dem stoischen Randolph Scott in Pokerspiel-Manier während Anthony Mann James Stewart Psycho-Dramen erleben lässt, die den Protagonisten stets knapp an die Grenze zum Amoklauf bringen.

Im Jahr 1954, als JOHNNY GUITAR am 5. Mai seine Premiere feierte, sind wir inmitten dieser Hochzeit des Western-Genres. Nachdem Delmer Daves in BROKEN ARROW (1950) die Native Americans mit menschlichen Zügen porträtiert hatte, sollten ebenfalls 1954 zahlreiche weitere Filme über Native Americans erscheinen, wie BROKEN LANCE (R: Edward Dmytryk) oder TAZA, SON OF COCHISE (R: Douglas Sirk). Robert Aldrich hatte in diesem Jahr mit Burt Lancaster gleich zwei Meisterwerke gedreht, APACHE und den Mexiko-Revolutionswestern VERA CRUZ, die Blaupause für unzählige Italo-Western. Die Zeit der psychologisch ausgefeilten griechisch-tragischen »Edelwestern« – so versuchte man in Deutschland hilflos den amerikanischen Begriff »Adult Western« zu erklären –, erlebte mit WARLOCK (1959) in der Regie von Edward Dmytryk schließlich ihren Höhe- und Endpunkt.

Es sind alles Filme, die es auf großartige Weise verstehen, griechische Mythologie mit der amerikanischen Mythologie der »Frontier« erfolgreich zu verschmelzen. Die von den Drehbuchautoren entwickelten Dramen um verlorene und heimkehrende Söhne, sich bekämpfende Könige und Königinnen, wie BROKEN LANCE (1954, R: Edward Dmytryk) oder GUN GLORY (1957, R: Roy Rowland), haben mehr mit Sophokles und Euripides gemein als mit den Western-Pulp Novels, auf denen die Drehbücher teilweise – oft nur dem Namen nach – basieren. Besonders Philip Yordan, der Drehbuchautor von JOHNNY GUITAR, war Spezialist darin, klassische griechische Tragödienthemen im Gewand populärer Genres wie dem Western nachzuerzählen (vgl. Winkler 2001, 120 ff.). Yordan, groß geworden in einer »middle-class *Jewish* neighbourhood in Chicago«, schrieb die Drehbücher für einige der besten Western der 1950er Jahre, darunter THE MAN FROM LARAMIE (1955, R: Anthony Mann) und THE BRAVADOS (1958, R: Henry King).

> I detest a certain type of modern would-be ›hero‹, people who are obsessed only by getting their daily bread. I have tried to react against this petty bourgeois mentality and attempted to discover again the purity of the heroes of classical tragedy. I have always wanted to re-create a tragic mythology, giving a large role to destiny, solitude, nobility. At the same time I've tried to join this type of hero to typically American characters, the characters of popular fiction. (Philip Yordan, zit. n. Buscombe 1988, 397)

Es wird immer wieder behauptet, nicht Yordan, sondern Ben Maddow, der in dieser furchtbaren Periode der Kommunistenjagd »blacklisted« war, hätte das Drehbuch verfasst. Pat McGilligan hatte später Maddow interviewt:

> The best-known of the ›surrogates,‹ and one of the first of the blacklistees to join the Yordan payroll, was the poet, documentarist, and screenwriter Ben Maddow. [...] Out of work under his own name, he was grateful to Yordan for the opportunity to ›write underground,‹ and Maddow is credited in various film encyclopedias as having scripted such Yordan-signed films during the 1950s as Johnny Gui-

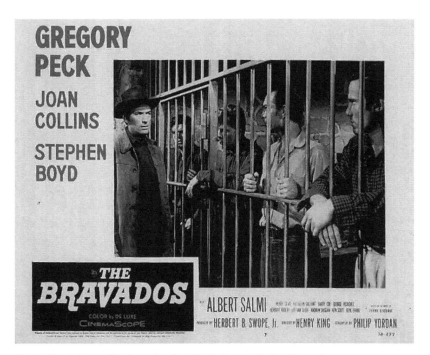

Abb. 4: Filmplakat zu »The Bravados« (1958) mit Gregory Peck, lobbycard von www.moviestilldbs.com

tar. [...] Though Yordan admitted to some of this (he even conceded that Maddow wrote the only novel ›by Philip Yordan,‹ Man of the West), he bridled at the question mark of Johnny Guitar and told a long anecdote about the writing of that ›bold excursion into camp‹ that was convincing in its detail. When I first asked Maddow about writing Johnny Guitar, he was adamant that he had written the screenplay, though he said he never met Nicholas Ray [...,] and he could not remember ever having seen the finished film at a screening. After I mailed him a video copy of the motion picture and he had had a chance to view it, he had to confess he did not recognize any of the script as his own. In short, Maddow himself may be mistaken about Johnny Guitar. (McGilligan 1997, 332 ff.)

Yordans Drehbuch basierte auf dem 1953 erschienenen Roman *Johnny Guitar* von Roy Chanslor und hat mit dieser Vorlage – zum Glück – nahezu nichts mehr zu tun. Chanslors *Johnny Guitar* ist ein seifiger Groschenroman im Western-Milieu, der zumindest erklärt, warum Vienna diesen ungewöhnlichen Vornamen hat. Viennas Eltern hatten sich in Wien kennengelernt, wo ihr Vater sein Medizinstudium beendet hatte. In den USA starb der Vater an der »Tonopah-Seuche«, die er zu bekämpfen versucht hatte. Viennas Mutter verarmte und arbeitete in einem Bordell, in dem Vienna groß wurde.

Liebe! Dafür hat meine Mutter gelebt. Und dafür ist sie auch gestorben! Liebe! Das ist Betrug! Eine Falle für die Frau! Ich will keine Liebe! Ich brauche keine Liebe! Ich nehme mir dafür...Geld! [...] Und alles, was man sich damit kaufen kann. Freiheit. Sicherheit. Vienna...Wien! Angenehmes Leben in Luxus. Musik. Alle Annehmlichkeiten der Zivilisation. (Chanslor 1975, 114)
Yordan veränderte ganze Handlungsstränge, Charaktere und Figurenkonstellationen. So können wir in der überbordenden barocken Opulenz seiner Figuren einige Verwandtschaft zu den anderen, aus dem psychologischen Gleichgewicht geratenen Westernhelden Yordans, wie beispielsweise in THE BRAVADOS (1958), erkennen (Abb. 4). Gregory Peck spielt dort einen bitteren Rächer, der an seinem Rachefeldzug zu Grunde geht und am Ende nur durch die Zuwendung zur Kirche erlöst werden kann. Sterling Haydens Szene in JOHNNY GUITAR, als er erneut seiner ›gun crazyness‹ verfällt und beinahe den jungen Turkey (Ben Cooper) erschießt, erinnert an Pecks durchgedrehte sadistische Racheaktionen im späteren Film.

Frauen und Männer im Geschlechtertwist

Die meisten Western dieser klassischen Westernperiode haben durchweg männliche Hauptfiguren, die das Geschehen vorantreiben und am Ende zum Showdown antreten. Frauen sind zwar Objekte der Sehnsucht, werden begehrt und gesucht oder sind bereits verloren, aber sie stehen nicht im Zentrum der Handlung. Häufig sind sie nur der Grund, warum »a man has to do what a man has to do«. Und in den wenigen Western, in denen Frauen die Hauptrolle spielen, widerfährt ihnen ein höchst zweifelhaftes Schicksal. Obwohl die schwarz-gewandete Jessica Drummond in Samuel Fullers FORTY GUNS (1957) eine ›wilde Horde‹ mit ihrer Peitsche anführt und souverän von Barbara Stanwyck gespielt wird, muss sie erst vom ›starken Mann‹ wortwörtlich ›gezähmt‹ werden, wie der *theme song* des Films, »High Ridin' Woman«, plastisch macht:

She's a high ridin' woman with a whip,
She's a woman that all men desire,
But there's no man can tame her
That's why they name her
The high ridin' woman with a whip.
But if someone could break her
And take her whip away,
Someone big, someone strong, someone tall,
You may find that the woman with a whip
Is only a woman after all.

Obwohl FORTY GUNS immer für seine starken Frauenfiguren gelobt wird, ist er doch nichts weiter als eine Macho-Ballade über die Earp-Brüder (hier Bonnell genannt) in extravaganten Kameraeinstellungen, wobei der »tall man« Barry Sullivan am Rande der Lächerlichkeit agiert.

Johnny Guitar beginnt mit einem Saloon am Rande eines verwehten Irgendwo, das wohl Quentin Tarantino zu seiner »Minnie's Haberdashery«-Taverne in The Hateful Eight (2015) inspiriert haben mag. Die Besitzerin Vienna (Joan Crawford) besitzt ein Modell für eine Stadt, die entstehen soll, wenn die Eisenbahnstrecke fertiggestellt sein wird. Sie hatte früher als Prostituierte gearbeitet, um das Geld für diesen Besitz aufbringen zu können. Für die Viehzüchter stellt Vienna ein Symbol der sie bedrohenden Veränderungen dar. Aber nach der geläufigen Exposition – Rancher gegen Eisenbahn und Stacheldraht – wird dieser Plotstrang nicht weiterverfolgt.

Vienna ist Chefin von vier männlichen Mitarbeitern, die ihr treu ergeben sind. Robert Osterloh (Sam) und Paul Fix (Eddie) spielen die zwei Croupiers. Mit stoischer Ruhe drehen sie das Roulette und untermalen die Dominanz ihrer Chefin – »Spin the wheel, Eddie!«. Ein dritter Mann kümmert sich um den Ausschank, während Tom (John Carradine) als Koch arbeitet (Abb. 5–7). Sam hat eine der denkwürdigsten Textzeilen des Drehbuchs: »Never seen a woman who was more a man. She thinks like one, acts like one, and sometimes makes me feel like I'm not« (Johnny Guitar, Blu Ray von Olive Films 2012, 00:06:01–00:06:08).

Abb. 5–7: Charaktere aus »Johnny Guitar« (1954)

In den ersten Szenen trägt Vienna ein männliches Western-Outfit mit dunkelblauem Hemd und rostfarbener Reithose. Als sie hört, dass die Viehzüchter kommen, schnallt sie sich völlig selbstverständlich den Colt um (Abb. 8). Zu einer Zeit, in der Frauen im Western höchstens einen Revolver mit einer Kugel bekamen, um sich vor den so genannten »Indianern« zu schützen, wie in Stagecoach (1939, R: John Ford), beziehungs-

Abb. 8: Vienna mit umgeschnalltem Colt; »Johnny Guitar« (1954)

weise die Waffen der Männer laden durften, wie in RED RIVER (1948, R: Howard Hawks), tritt Vienna selbst in Aktion und überlässt dies nicht den vier Männern.

Sprachrohr der ankommenden Viehzüchter ist nicht etwa die Figur, die wir erwarten würden, nämlich John McIvers (Ward Bond). Dieser handelt nur, wenn die tatsächliche Anführerin, Emma Small (Mercedes McCambridge), den Befehl dazu gibt (vgl. Abb. 14, 19). Emma ist eine Figur wie aus einem britischen Hammer-Horrorfilm, eine Hexenjägerin biblischen Ausmaßes. Sie hasst Vienna, wobei im Spiel der beiden durchaus lesbische Untertöne durchschimmern. Emmas Hass ist ergo eher als Wut und Scham über ihre eigene gleichgeschlechtliche Begierde zu deuten. Die während des Films immer wieder laut werdenden Anschuldigungen gegen Vienna sind haltlos und aus der Luft gegriffen. Smalls Bruder ist bei einem Postkutschenüberfall getötet worden, und sie verdächtigt Vienna und die vierköpfige Bande des »Dancing Kid«, der von Scott Brady gespielt wird. Emma begehrt nicht nur Vienna, sondern auch »Dancing Kid«. Aus Abwehr sinnt ihr ›puritanisch-prüdes‹ Hirn darauf, beide zu vernichten.

But there is hardly a moment when Emma can tear her eyes away from Vienna to glance at the Kid. All of the sexual energy is between the two women, no matter what they say about the men. Crawford wanted Claire Trevor for the role, but the studio, perhaps having studied the script carefully, insisted on McCambridge, who was not a lesbian but played one, as they say, in the movies. (Roger Ebert, Review zu

Abb. 9: Der Kaffee liebende Johnny Guitar; »Johnny Guitar« (1954)

Abb. 10: Die Männer des »Dancing Kid«; »Johnny Guitar« (1954)

Johnny Guitar vom 8. Mai 2008, https://www.rogerebert.com/reviews/johnny-guitar-1954 (Stand: 25.3.2018))
Emma Small ist ein faszinierender Bösewicht, die an sexuell frustrierte Priesterfiguren wie zum Beispiel Claude Frollo (Alain Cuny) aus Notre Dame de Paris (F 1956, R: Jean Delannoy) erinnert, der sein Objekt der Begierde ebenfalls ausradieren will.

> Vienna: Why do you hate him so? What did he ever do to you? Maybe you don't hate him.
> Emma: Oh, he was always eyeing me. I never told my poor brother because Len would have killed him. That's why he held up the stage and killed my brother. Because now he thinks he can get me, that's why.
> Vienna: You've got it a little twisted, haven't you, Emma? Now you think you can get him. You want the Kid and you're so ashamed of it, you want him dead. You want me dead, too. Then maybe you can sleep nights.
> (Johnny Guitar, 00:11:11,005–00:11:59,095)

Obwohl es keinerlei Beweise gibt, wird Vienna und ihrer Bande ein 24-Stunden-Ultimatum gestellt, die Gegend zu verlassen. Die Titelfigur des Films, Johnny Guitar, ist ein ehemaliger ›gunslinger‹ und Ex-Geliebter von Vienna. Ihre Liebesgeschichte liegt bereits fünf Jahre zurück, und nun hat Vienna ihn gebeten, zu ihr zu kommen. Johnny ist für Vienna ein nahezu gleichwertiger Partner, allerdings mit einigen psychischen Defekten. Zunächst wird Johnny als cool-lässige Figur eingeführt, die nichts aus der Ruhe zu bringen scheint (Abb. 9):

> Johnny: There's nothing like a good smoke and a cup of coffee. You know, some men got the cravin' for gold and silver, others need lots of land with herds of cattle. And there's those that got the weakness for whiskey and for women. When you boil it all down, what does a

Abb. 11: Johnnys ›gun crazyness‹; »Johnny Guitar« (1954)

Abb. 12: Vienna stoppt Johnny; »Johnny Guitar« (1954)

man really need? Just a smoke and a cup of coffee. (JOHNNY GUITAR, 00:16:49,927–00:17:17,162)
Als jedoch einer der Männer des »Dancing Kid«, Bart Lonergan (Ernest Borgnine), ihn zu einem idiotischen Macho-Spielchen-Schlagabtausch herausfordert, geht Johnny darauf ein (Abb. 10). Vienna kann dann nur noch desinteressiert und resigniert murmeln, dass sie das bitte draußen regeln sollen. So stellt die zwangsläufige Prügelei zwischen Johnny und Bart keine Untermalung von Johnnys Männlichkeit dar, wie in anderen Western, sondern wirkt einfach nur lästig und unnötig – nach dem Motto: »Boys will be boys«.

Als dann noch ein weiteres Bandenmitglied, der junge Turkey (Ben Cooper), wild im Saloon seinen Revolver leer schießt, wird er nicht wie in anderen Western von einer besonnenen Gary-Cooper-Figur ruhig zur Vernunft gebracht. Vielmehr verliert Johnny, der angeblich keine Waffen trägt und nicht schießen kann, die Selbstbeherrschung (Abb. 11). Im letzten Augenblick wird er von Vienna daran gehindert, Turkey zu erschießen. Vienna kann sich dann nur noch über Johnny und seine ›gun crazyness‹ wundern (Abb. 12).

In diesen ersten Szenen entwickelt sich Johnnys Charakter zu einer fragwürdigen und unberechenbaren Figur, während Vienna nicht nur ihre Dominanz behält, sondern auch die Empathie des Publikums. Auch die Kamera unterstreicht dies in einer denkwürdigen Szene – Vienna steht oberhalb der Treppe und blickt auf Emma und die Viehzüchter herab, mit der Waffe in der Hand (Abb. 13), was Emma rasend macht: »Look at her, standing up there, staring down on us, like a somebody. Go get her! Drag her down!« (Abb. 14).

Vienna jedoch beschließt zu bleiben, ihren Saloon zu schließen und abzuwarten, bis die Eisenbahn die Gegend erreicht hat. Um ihre Mitarbeiter auszuzahlen, hebt sie ihr gesamtes Erspartes von der Bank ab. »Dancing Kid«, der eigentlich kein Bandit ist, sondern mit seinen drei Freunden

Abb. 13: Vienna mit Pistole; »Johnny Guitar« (1954)

Abb. 14: Die aggressive Emma; »Johnny Guitar« (1954)

eine Silbermine abbaut, deren Zugang hinter einem Wasserfall versteckt ist, lässt sich zu einem ebenfalls sinnlosen Männlichkeitsakt hinreißen. Da die Bewohner ihn ohnehin für einen Banditen halten und die Mine kaum etwas abwirft, überfällt er mit seinen Leuten just in dem Moment die Bank, als Vienna sich dort aufhält. Emma, die wiederholt Vienna mit »Dancing Kid« und seiner Bande in Verbindung gebracht hatte, hat dadurch einen konkreten Anlass, ihren Verdacht bestätigt zu wissen. Ein zentraler Teil des Plots dreht sich folglich um fadenscheinige Anklagen, Denunziationen und darum, Zeugen mit Hilfe von Gewalt unter Druck zu setzen und Geständnisse zu erpressen. Dadurch gewinnt der Film an zeitgeschichtlicher Tiefe, da hier eindeutig auf Senator Joseph McCarthy und das House Un-American Activities Committee (HUAC) angespielt wird. Vienna zieht sich jedoch nicht zurück, sondern bleibt in ihrem geschlossenen Saloon und zahlt zuvor drei ihrer Mitarbeiter aus. Turkey, der bei der Flucht nach dem Überfall verletzt wurde, sucht ausgerechnet bei Vienna Zuflucht (Abb. 15, 17). In einer grandiosen Szene sitzt Vienna im weißen Kleid als sprichwörtliche ›Unschuld‹ am Klavier, während Emma und der Viehzüchter-Mob wie eine Bande schwarzer Geier den Saloon stürmen (Abb. 16). Sie formieren sich fulminant in V-Form, während Vienna ruhig weiterspielt (Abb. 18). Allerdings wird der verletzte Turkey gefunden. Vienna stützt ihn, bevor er kurz darauf von Emma und dem Mob ergriffen wird. Diese Szenen erinnern an christliche Ikonographien, an Pietà und Kreuzigung. Der junge Turkey ist in den Momenten stets mit ausgebreiteten Armen zu sehen und seine blutigen Verletzungen werden dabei betont (vgl. Abb. 15). Vienna nimmt den verwundeten Turkey dabei wie Maria Jesus in den Arm und versucht ihn zu beschützen (vgl. Abb. 17).

Sie kann seine Ermordung jedoch nicht verhindern und gerät selbst in tödliche Bedrängnis. Tom, der als letzter Mitarbeiter noch bei ihr geblieben war, schreitet ein, um Vienna zu retten. Es ist ein gut gemeintes, aber sinnloses Opfer. Er wird von Emma Small erschossen und dabei löst sich

Abb. 15-17: Der verletzte, bei Vienna schutzsuchende Turkey; Emma und der Viehzüchter-Mob in V-Form; Filmplakat mit verletztem Turkey; »Johnny Guitar« (1954), lobbycard von www.moviestilldbs.com

aus seiner Pistole noch ein Schuss, der ausgerechnet den Marshall trifft, der sich schützend vor Vienna gestellt hatte.

Die Szenen mit der schwarz gekleideten Posse, angeführt von Emma Small, erinnern an den religiösen Fanatismus der Puritaner und ihre Hexenjagd im amerikanischen Salem 1692, besonders Emma mit ihrem weißen Kragen und dem schwarzen Kleid, ein eindeutiger Hinweis auf die puritanische Tracht (Abb. 19). Der theokratische Kampf der Puritaner gegen jegliche vermeintliche ›Unreinheit‹ wie zum Beispiel Tanz oder ›weltliche Lektüre‹, die sie als Bedrohung ihres asketischen Glaubens verstanden, führte zu Bespitzelungen und Denunziationen und endete mit Massenverhaftungen und Hinrichtungen. Dieses historische Ereignis nutzte Arthur Miller 1953 für sein Theaterstück *The Crucible* als Folie für die zeitgenössische anti-kommunistische Hexenjagd Senator McCarthys. So haben wir in der Verfolgung Viennas durch McIvers und Emma Small mehrere Deutungsebenen. Zum einen drehen Nicholas Ray und Philip Yordan die üblichen Figurenmuster auf den Kopf. McIvers und Emma sind ja eigentlich die anständigen »guten Bürger«, unterstützt von der lokalen Polizei. Im Film sind sie jedoch von Anfang an die Bösewichte, die ihre Macht missbrauchen und Menschen zu Tode hetzen, ähnlich wie die Puritaner 1692 beziehungsweise Senator McCarthy und sein Ausschuss in den USA der 1950er Jahre. Vienna, Johnny und »Dancing Kid« dagegen sind als ehemalige Prostituierte, Revolverheld und Bankräuber die positiven Figuren des Films, denen unser Mitgefühl gilt. So zeigt Ray eine He-

Abb. 18: Vienna am Klavier; »Johnny Guitar« (1954)

Abb. 19: Emma in puritanischer Tracht; »Johnny Guitar« (1954)

xenjagd auf von der Gesellschaft ausgestoßene und zu Unrecht verfolgte Menschen und spiegelt dadurch die amerikanische anti-kommunistische Hysterie seiner Zeit (Abb. 20).

Da zu einer echten Hexenjagd auch Feuer gehört, brennt Emma Viennas Saloon kurzerhand nieder. McIvers lässt Turkey aufhängen, jedoch können weder er noch seine Männer eine Frau aufhängen. Als Emma das übernehmen möchte, wird Vienna durch Johnny befreit – schließlich darf er doch für ein paar Szenen den Helden spielen, was durch den Dialog jedoch ironisch gebrochen wird:

Johnny: First chance I ever had to be a hero. I couldn't pass it up.

(JOHNNY GUITAR, 01:26:13,086–01:26:14,379)

Vienna flieht zusammen mit Johnny zur Mine von »Dancing Kid« jenseits des Wasserfalls. Auch hier zeigt sich Johnny als nicht besonders vorausschauend. Er entdeckt zwar das Pferd des toten Turkey, kommt aber nicht auf die Idee, dass Emma und der Mob es benutzen könnten, um das Versteck von »Dancing Kid« zu finden.

Am Ende sind es nur Vienna und Emma, die in einem denkwürdigen Showdown aufeinander treffen. Vienna gestattet ihr den ersten Schuss und wird in die Schulter getroffen. Der herbeieilende »Dancing Kid« wird von Emma durch einen gezielten Kopfschuss erledigt. Vienna erschießt daraufhin Emma. Für Johnny passiert das alles offenbar viel zu schnell, denn er schaut wie gelähmt zu. McIvers und der Mob haben genug von der Gewalt und mit dem Verlust ihrer Anführerin haben sie offenbar auch ihren Antrieb verloren. Gereinigt durch den Wasserfall steht dem Happy-End von Vienna und Johnny nun nichts mehr im Wege, während Peggy Lees Song »Johnny Guitar« zu hören ist.

Die haltlose und nur auf Eifersucht und Hass begründete Jagd auf Vienna ist eine Western-Hexenjagd und im Showdown wird die auf den Kopf gestellte Western-Konstellation konsequent zu Ende geführt. Der Revolverheld Johnny Guitar ist psychisch instabil und sieht während der Endkämpfe nur in der Position eines passiven Zuschauers zu. Er übernimmt

 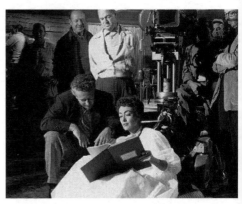

Abb. 20: Emma als anti-kommunistische Hysterikerin; »Johnny Guitar« (1954)

Abb. 21: Szenenphoto hinter den Kulissen beim Dreh von »Johnny Guitar« (1954), lobbycard von www.moviestilldbs.com

quasi die Funktion einer ›Gefährtin‹, die normalerweise mit Frauenrollen verknüpft ist. Die Darbietungen seiner Männlichkeit wirken gewollt, zuweilen sind sie peinlich. Selbst bei der Rettung Viennas hat diese selbst die Zügel in der Hand und führt Johnny zu »Dancing Kid«. Vienna und Emma übernehmen die traditionellen Rollen des ›good guy‹ und des ›bad guy‹, wobei beide entgegen aller Klischees und Stereotypen nicht nur die Handlung vorantreiben, sondern auch die Colts in den Händen halten.

Das filmische Duell hatte seine Vorlage in der Wirklichkeit. Es gab anscheinend große Spannungen zwischen Joan Crawford und Mercedes McCambridge:

It really heightened the dramatic conflict, I thought it was heaven-sent that the two [women] genuinely couldn't stand one another because the hatred just radiated off the screen and made it that much more intense. But then I realized it had gone too far. I became afraid that all that anger would spill over and put an end to the picture. And no ›heightened reality‹ is worth that. (Nicholas Ray, zit. n.: Quirk/Schoell 2002, 179)

So findet man in der Literatur zu Ray oder Crawford in den Kapiteln zu JOHNNY GUITAR vor allem Beschreibungen dieser Kämpfe, die sich hinter der Kamera abspielten (Abb. 21). Aber das nimmt dem Film nicht seine Einzigartigkeit. Dank der Regie von Ray und Yordans Drehbuch erleben wir einen Western mit auf den Kopf gestellten traditionellen Rollenvorstellungen. Unterstützt wird dies durch die Farbkompositionen von Harry Stradling Sr., die wechselnden Kostüme mit ihren schillernden Farben von Sheila O'Brien und die Musik von Victor Young. So ist JOHNNY GUITAR im Grunde ganz große Oper mit nur einem Lied.

So cinema stands on the borderline between the novel and the theatre. I don't think that any director can assert that his style is the long shot, the medium shot or the closeup, unless he has the mind of a civil servant. One thing is certain, time and space play no role at all in the construction of a film, the cinema is unaware of them; a scene can carry you into another world, another age. One simply tries to capture, in flight, moments of truth, as much by thought as by intuition, instinct, or too rarely by flashes of inspiration. And those moments of truth can be either comic or tragic if one is dealing with kings great enough to fall. That is how a film is made, the rest is simply a question of looking at life and people. (Interview mit Nicholas Ray, in: Hillier (Hg.): *Cahiers du Cinéma* 1, 124)

Literatur

Buscombe, Edward (Hg.) 1988: The BFI Companion to the Western. London.
Chanslor, Roy 1975: Johnny Guitar. [Übers. v. Alfred Dunkel] München.
Crowther, Bosley (28. Mai 1954): The Screen in Review; ›Johnny Guitar‹ Opens at the Mayfair. *The New York Times*, 19.
Ebert, Roger 2008: Review zu JOHNNY GUITAR, https://www.rogerebert.com/reviews/johnny-guitar-1954 (Stand: 25.3.2018).
Godard, Jean-Luc 1985: Kritik zu BITTER VICTORY (1957). *Cahiers du Cinéma* 79 (Januar 1958). Reprint in: Hillier, Jim (Hg.): *Cahiers du Cinéma* 1. Cambridge, 118.
Heinzlmeier, Adolf/Jürgen Menningen/Berndt Schulz 1983: Kultfilme. Hamburg.
Hembus, Joe 1977: Western-Film-Lexikon. 1272 Filme von 1894 bis 1975. Frankfurt am Main et al., 318 f.
Kiefer, Bernd/Norbert Grob/Marcus Stiglegger 2003: Filmgenres Western. Stuttgart.
McGilligan, Pat (Hg.) 1997: Backstory 2. Interviews with Screenwriters of the 1940s and 1950s. Berkeley.
McGilligan, Patrick/Nicholas Ray 2011: The Glorious Failure of an American Director. New York.
o. A., *Variety*, Johnny Guitar, 31. Dezember 1953.
Petersen, Jennifer 1998: The Competing Tunes of Johnny Guitar: Liberalism, Sexuality, and Masquerade. In: Kitses, Jim/Rickman, Gregg (Hg.): The Western Reader. New York, 321 ff.
Quirk, Lawrence J./William Schoell 2002: Joan Crawford. Lexington.
Scorcese, Martin 2012: Einführung zu JOHNNY GUITAR, Blu Ray von Olive Films.
Seeßlen, Georg 2011: Filmwissen: Western. Marburg.
Truffaut, François 1985: Kritik zu JOHNNY GUITAR. In: *Cahiers du Cinéma* 46 (April 1955). Reprint in: Hillier, Jim (Hg.): *Cahiers du Cinéma* 1. Cambridge, 107 f.
Winkler, Martin M. 2001: Tragic Features in Ford's The Searchers. In: Ders. (Hg.): Classical Myth and Culture in the Cinema. Oxford, 120 ff.

Gerda Klingenböck
TREIBSAND UND ABGRUND
*Sexualität und Geschlechterkampf in Hiroshi Teshigaharas
»Die Frau in den Dünen« (1964)*

Während der Titel des Films in deutscher Übersetzung DIE FRAU IN DEN DÜNEN lautet, findet sich in der englischen Übersetzung eine Gleichsetzung von »Frau« und »Sand«, so wie im japanischen Originaltitel SUNA NO ONNA – SAND WOMAN. Das Gleichsetzen von »Sand« und »Frau« wird im Film in zahlreichen Kameraeinstellungen vorgenommen.

Ohne diesen besonderen Film vergleichen zu wollen, würde auch ein anderer Titel eines berühmten japanischen Films passen: AI NO KORIDA (J 1976; R: Nagaso Oshima) oder BULLFIGHT OF LOVE. Sowohl Teshigahara als auch Oshima verengen die Filmhandlung auf eine klaustrophobisch inszenierte Dynamik zwischen Frau und Mann. Das Japanische kennt zahlreiche Lehnworte aus anderen Sprachen; »corrida« kommt aus dem Spanischen und bedeutet »Stierkampf«. Im Verlauf des zweieinhalbstündigen Films Teshigaharas wird das Publikum in den hypnotischen Bann eines bildmächtigen ritualisierten archaischen Zweikampfs in einer zunehmend surrealen Atmosphäre gezogen. In AI NO KORIDA markiert der Tod des Liebhabers das Ende des Ringens; im nicht minder radikalen Film DIE FRAU IN DEN DÜNEN von 1964 kommt es hingegen zu einer schweren Erkrankung der Frau mit mitunter tödlichem Ausgang und zum Tod der bürgerlichen Identität des Mannes.

DIE FRAU IN DEN DÜNEN ist ein vielfach preisgekrönter Film, der der japanischen *Nouvelle Vague* zugeordnet wird. Im Jahr 1964 erhielt er bei den Filmfestspielen in Cannes den Spezialpreis der Jury. Bei der Oscarverleihung ein Jahr darauf war er als Bester fremdsprachiger Film nominiert; ein Jahr später wurde Regisseur Teshigahara für den Film als erster japanischer Regisseur in der Kategorie Beste Regie nominiert. Auch in Japan gewannen Teshigahara und der Komponist Toru Takemitsu für ihn zahlreiche Preise. DIE FRAU IN DEN DÜNEN ist die Verfilmung des gleichnamigen Romans von Kōbō Abe aus dem Jahr 1962, mit dem der Autor seinen internationalen Durchbruch hatte. Der Regisseur Teshigahara arbeitete über Jahre eng mit dem Schriftsteller zusammen und verfilmte neben DIE FRAU IN DEN DÜNEN noch drei weitere seiner Romane: DIE FALLGRUBE (OTOSHIANA, J 1962), DAS GESICHT DES ANDEREN (TANIN NO KAO, J 1966) und DER MANN OHNE LANDKARTE (MOETSUKITA CHIZU, J 1968).

Hiroshi Teshigahara wurde 1927 in Tokyo geboren und starb 2001 an

Leukämie. Wie bei den Regisseuren Kenji Mizoguchi und Akira Kurosawa lag der Beginn seiner künstlerischen Laufbahn in der Malerei mit einem besonderen Interesse für den Surrealismus. Seine ersten und seine letzten Filme waren Dokumentarfilme, wie zum Beispiel die Dokumentationen über Hokusai (1953) und Antonio Gaudi (1984) oder einen Meister der japanischen Teezeremonie, Rikyu (1989). Das dokumentarische Genre behielt über verschiedene Schaffensperioden hinweg eine große Bedeutung für ihn. Die Verschmelzung von Elementen des Dokumentarfilms mit denen des Spielfilms zeichnet seine Arbeitsweise in beiden Genres aus. Teshigahara machte sich mit Hilfe seines Vaters, des Ikebana-Meisters Sofu Teshigahara, von den etablierten Filmgesellschaften unabhängig und gründete wie andere Filmemacher der japanischen *Nouvelle Vague* eine eigene Filmproduktionsfirma. Nach dem Tod seines Vaters und der zunehmenden Erstarrung der Bewegung im Anschluss an ihre erste Blüte zog er sich aus der Filmszene weitgehend zurück. Stattdessen führte er die Ikebana-Schule seines Vaters weiter und arbeitete als Keramiker. Teshigahara gründete in den sechziger Jahren eine interdisziplinäre Gruppe von Filmemachern, Filmkritikern, Musikern, Autoren und Bildenden Künstlern. Die Filmkünstler der japanischen *Nouvelle Vague* brachen nicht nur aus dem engen japanischen Filmsystem aus, das bis dahin von einigen wenigen Filmgesellschaften dominiert wurde und in den sechziger Jahren in seine erste große Krise geriet. Sie sprengten zudem Genregrenzen und erprobten teilweise einen erweiterten Kunstbegriff. Gemein war ihnen trotz ihrer avantgardistischen Ausrichtung die Rückbesinnung auf traditionelle japanische Kunstformen, denen es nicht weniger an Radikalität fehlte. Teshigahara gelang die Überwindung der Genregrenzen in besonderer Weise in der engen Zusammenarbeit mit dem bereits erwähnten Autor Kōbō Abe und dem Musiker Takemitsu Toru. Bei den im Zusammenspiel entstandenen Filmen als Gesamtkunstwerke sind sowohl das zugrundeliegende Buch beziehungsweise das Drehbuch als auch die Ton- und Musikebene nicht von der Regiearbeit zu trennen. Daher möchte ich hier in Kürze die Arbeiten Kōbō Abes und Takemitsu Torus vorstellen.

Kōbō Abes Roman war nicht nur die Grundlage für die Die Frau in den Dünen, der Autor schrieb auch das Drehbuch selbst und war durchgehend am Filmprozess beteiligt. Zu seinen literarischen und philosophisch-theoretischen Vorbildern zählten unter anderem Fjodor Dostojewski, Martin Heidegger, Edmund Husserl, Wladimir Majakowski und Edgar Allen Poe. Von Jean-Paul Sartre ließ er sich zu Schilderungen des Menschen in der Massengesellschaft inspirieren und von Franz Kafka und Karl Jaspers zu allegorischen Vorstellungen psychologischer Vorgänge. Abe war in der von den Japanern besetzten Mandschurei aufgewachsen und studierte wie sein Vater Medizin. Seine Mutter stammte von der Insel Hokkaido, auf der auch er Zeit verbrachte. Diese Erfahrungen machten Abe zu einem Japaner, der zwar auf japanischem Territorium, aber doch fern einer klassisch japanischen Gesellschaft aufgewachsen war. Er interessierte sich für Mathematik und beschäftigte sich wie die Hauptfigur in seinem berühmtesten Roman mit der Entomologie. Wiederkehrende Topoi seiner Werke sind Themen wie menschliche Entfremdung, Isolation, Identitätsverlust und Metamorphose; er kreierte alptraumhafte Räume, aus Fieberträumen entstandene surreale Visionen. Kriegserlebnisse in der Mandschurei machten ihn zum Pazifisten, und aus diesem Grund schloß er sich im Nachkriegs-Japan auch den Kommunisten an. Bei einem Europabesuch im Jahr 1957, anlässlich einer Einladung zum 20. Parteitag der KPdSU, fing er an, sich von der Parteidoktrin zu distanzieren. Die allgemeine Oppression und der Rassismus gegen Sinti und Roma, den er vor Ort aus erster Hand miterlebte, stießen ihn ab. Nach Niederschlagen des Ungarischen Aufstands 1958 kehrte er der Partei endgültig den Rücken (Cahill 2008, 17).

Der Kulturhistoriker Manfred Osten schrieb über Abe: »Für ihn als Autor ist allein wichtig, der Fabel ein Höchstmaß an Ambivalenz zu sichern, um sie auf diese Weise dem vorschnellen Zugriff der Logik zu entziehen. Literatur ist nur dort faszinierend, wo sie, der Logik des Traums folgend, eine Gegenwelt schaffe gegenüber den feinsinnig-hochmütigen Forderungen der Ratio und ihrer zielstrebigen Dynamik« (Osten 1996, 19). DIE FRAU IN DEN DÜNEN ist einerseits eine Fabel, eine fantastische poetische Erzählung. Andererseits steckt im vordergründig surrealen Setting eine wie unter dem Mikroskop sezierte dokumentarische Beobachtung des Alltäglichen, die in einer klammen und unbarmherzigen Konfrontation mit der modernen Gesellschaft mündet. Die im Folgenden angeführten Zitate sind – wenn nicht anders angegeben – Zitate aus dem Roman Kōbō Abes, dem eigentlich eine ausführliche Analyse gebühren würde. Die Verfilmung entspricht in Teilen dem Versuch einer geradezu wortwörtlichen Übersetzung seiner Worte in Bilder.

Der Film DIE FRAU IN DEN DÜNEN beginnt mit Klang, sodann folgen abstrakte Zeichnungen des Regisseurs und Kalligraphie (Abb. 1). In einer dokumentarischen Sound-Collage dominieren zuerst Klänge einer Stadt, die schließlich in die vom Komponisten Takemitsu Toru so hypnotisch komponierten Streicherklänge des Sandes und der zu gespannter Konzentration zwingenden Taiko übergehen. Inuhiko Yomoda spricht in diesem Zusammenhang von einem »experimentellen Wettstreit von Musik und Bild« (Yomota 2000, 132). Auch wenn man nicht von einem Wettstreit sprechen muss, so eröffnet die Tonebene im Film doch ganz sicher eine weitere, dem Bild gleichberechtigte narrative Dimension.

In seinen Kompositionen verbindet Takemitsu Toru, einer der bekanntesten japanischen Komponisten für Orchester und Kammerensemble für moderne Musik, Einflüsse der Wiener Schule mit avantgardistischen Techniken und klassischen japanischen Instrumenten. Auch seine Kunst

Abb. 1: Die wellenförmige Zeichnung des Sandes. Titelgrafik aus dem künstlerisch gestalteten Vorspann von »Die Frau in den Dünen« (1964)

sprengt Genregrenzen: Er interessierte sich für Literatur und Malerei, komponierte elektronische Musik und schrieb als Filmenthusiast die Filmmusik zu mehr als einhundert Filmen (z. B. für Akira Kurosawas Ran und Kobayashi Masakis Kwaidan, 1964) sowie Musik für Theater, Radio und Fernsehen. Im Jahr 1951 gründete er zusammen mit anderen KünstlerInnen die »Experimentelle Werkstatt«, die bald durch ihre avantgardistischen und multimedialen Aufführungen von sich reden machte. Als Anhänger der »Musique concrète« benutzte er in seinen elektronischen Stücken ausschließlich natürliche anstelle von elektronisch generierten Klängen (vgl. Water Music 1960, Kwaidan).

Kippende Horizonte und das Matrjoschka-Prinzip
You can't really judge a mosaic if you don't look at it from a distance. If you really get close to it you get lost in detail. You get away from one detail only to get caught in another. Perhaps what he had been seeing up until now was not the sand but grains of sand. (Kōbō 1972, 235)
Bereits zu Beginn des Films Die Frau in den Dünen dominieren die filmischen Gestaltungsmittel, die ihn durchweg prägen werden: Detailaufnahmen, die teilweise makroskopisch wirken, Großaufnahmen und long shot-Einstellungen, die für die japanische Filmtradition so charakteristisch scheinen und die Inuhiko Yomota auf die japanische Erzähltradition des frühen Stummfilms zurückführt (Yomota 2000, 45). Der Film beginnt

Abb. 2: Der Mann in den Dünen. Filmplakat zu »Women in the Dunes«

wie bei der Tonebene in der Abstraktion. Die Aufnahmen sind in Schwarz-Weiß gehalten, was zu dieser Zeit keinesfalls eine technische Notwendigkeit, sondern eine ästhetische Wahl darstellte. Auf diese Weise kommt die großartige kontrastreiche Fotographie des Kameramanns Hiroshi Segawa zur Geltung.

Das erste Bild des Films zeigt – zuerst unter dem Mikroskop vergrößert und in einer extremen Detailaufnahme – ein Sandkorn, schimmernd wie Gold und wie später der Körper der weiblichen Protagonistin. Mikroskopische Detailaufnahmen sind ein charakteristisches Stilmittel dieses Films. Sie schaffen einerseits einen sezierenden genauen Blick in einer quasi wissenschaftlichen, fast gnadenlos objektiv anmutenden Untersuchung. Dieser Blick wirkt wie alle Detailaufnahmen aber auch verfremdend und schreibt dem untersuchten Objekt weitere Bedeutungsebenen zu, die sich zum Teil erst im Verlauf des Films entfalten. In einer Art destabilisierendem establishing shot zeigen die Anfangseinstellungen im Folgenden Sandkörner, diesmal in weiter entfernter Ansicht. Ein Zoom-Out: Ein weiteres Bild der Sandkörner, die in fast animistischer Weise durch einen Moiré-Effekt lebendig zu werden scheinen. Raster, Interferenzen. Dann die Oberfläche des Sandes, auf die der Wind die charakteristischen wellenförmigen, graphischen Muster gezeichnet hat, Zeichen für Veränderung und Vergänglichkeit.

One day in August a man disappeared. He had simply set out for the seashore on a holiday, scarcely half a day away by train, and nothing more was ever heard of him. Investigation by the police and inquiries in the newspapers had both proved fruitless. (Kōbō 1972, 3)

In langen Einstellungen und mühevoller Körperhaltung erklimmt nun ein Wanderer die Düne, in modernistischer Funktionskleidung der sechziger Jahre, in Khakihosen und voll ausgerüstet mit Hut, Stock, Rucksack, Sonnenbrille, Insektenkescher, Fotoapparat und Botanisiertrommel (Abb. 2). Begleitet vom hohen sirrenden Sound der Violine, dem Motiv des Sandes, wirkt die menschliche Gestalt wie ein Eindringling in die abstrakte Welt der Klänge und der anorganischen Gebilde. Der Mann streift tatkräftig durch den Sand, als Forscher, Entdecker und Wissenschaftler.

Die Kamera begleitet den Wanderer nach langer Mitfahrt in die weite Totale. Für einen kurzen Moment sieht man das Meer, und es gibt kurz die

Möglichkeit zur Orientierung. Dies ist eine der wenigen Szenen, in denen dem/der Filmzuschauenden gestattet wird, die gesehene Szenerie im weiteren Sinne räumlich zu verorten. Das Meer weist hier Richtung und Weg. Die Größenverhältnisse werden in diesem Film noch viele Male verschwimmen. Die Kamera wird in ihren Einstellungen immer wieder direkt von der Makroaufnahme in die weite Totale gehen. Nur um zu zeigen, dass sich in der Totalen wie bei einer Matrjoschka-Puppe wieder ein neues Universum auftut. Die Größenverhältnisse kippen, man verliert die Orientierung. Was klein ist, wird groß und übermächtig, was groß zu sein scheint, erscheint in der nächsten Kameraeinstellung klein wie ein Insekt. Zu diesem Zeitpunkt hat der Mann noch eine Identität, aber keinen Namen. Erst am Ende des Films erfahren die Zuschauenden seinen Namen durch die Abbildung einer Vermisstenliste aus Tokyo: Niki Jumpei, seit sieben Jahren vermisst, als verschollen registriert. Er ist Lehrer, im wissenschaftlichen Nebenberuf Entomologe, er ist in den Dünen, um Insekten zu sammeln.

Ein anderes Wesen hinterlässt seine Spuren im Sand: eine Sandraupe. Es wechseln die Größenverhältnisse, die Raupe ist ebenfalls eine wandernde Gestalt, eingefangen in einer weiten Totalen, vor den Weiten der Dünen. Subjekt- und Objektstatus wechseln, der Mann kommt ins Bild, schießt ein Foto, sperrt die Raupe in seine Botanisiertrommel. Die Raupe befindet sich nun in einem klaustrophobischen, obschon durchsichtigen Gefängnis, wie unter dem Vergrößerungsglas des männlichen Blicks. Später wird der Mann sie vermessen und genau beschreiben, so wie er selbst im Laufe des Films vermessen und beschrieben werden wird.

In einem lange schon gestrandeten und versandeten Boot liegend macht er Rast. Das Boot sieht aus wie vom Sand überflutet, es ist funktionsuntüchtig. Ein surrealistisches Bild: ein Boot, das auf Sand fährt. In einem der späteren Gespräche mit der Frau wird der Mann dieses Bild benutzen. Ihr gemeinsames Leben am Grund der Klippe sei so sinnlos wie ein Haus, das auf Wasser gebaut wurde, wo eigentlich ein Boot gefragt wäre. Hier hat sich der Mann ein Boot auf Sand für seine Rast und seine Tagträume ausgesucht, ohne zu wissen, dass sich in diesem Bild bereits sein zukünftiges (oder bereits gegenwärtiges) Dilemma abzeichnet. Das Boot markiert auch eine Wende; hier beginnt seine Entführung, seine Fährfahrt über einen Fluss aus Sand, hinüber in eine andere Dimension.

Die Rast gerät zu einer Art Traumsequenz, der innere Monolog des Mannes über seine Lebenssituation wird hörbar:

> The certificates we use to make certain of one another: contracts, licenses, ID cards, permits, deeds, certifications, registrations, carry permits, union cards, testimonials, bills, IOUs, temporary permits, letters of consent, income statements, certificates of custody, even proof of pedigree. Is that all of them? Have I forgotten any? [englische Untertitel]

Abb. 3, 4: Konfrontation im Morgenlicht; »Die Frau in den Dünen« (1964)

In einer Überblendung mit dem Sand erscheint das Portrait einer Frau, die der Mann scheinbar in der Stadt zurückgelassen hat. Ist er ihr entflohen, um in der Einsamkeit am Strand Insekten zu sammeln?

Men and women are slaves to their fear to be cheated. In turn they dream up new certificates to proof their innocence. No one can say where it will end. They seem endless.

Die Meditation und Träumerei im Sand wird von einem Beobachter unterbrochen. Der Lehrer hat den letzten Bus versäumt, erklärt ihm ein älterer Dorfbewohner. Er verspricht, ihn für eine Nacht unterzubringen. Männer aus dem Dorf bringen den für diesen Tag Gestrandeten sodann zu einer jungen Witwe, die am Grund einer circa zehn Meter tiefen Sandgrube wohnt. Letztere kann nur über eine Strickleiter erreicht und verlassen werden. Die Hütte der Frau ist ein einfacher Bretterverschlag, sie begrüßt ihren Gast mit verhaltener Neugierde. Sie erfüllt ihre Rolle als Gastgeberin und als traditionelle japanische Frau. Bei Tisch bedient sie den Mann und bewirtet ihn mit Tee und Speisen. Zum ersten Mal zeigt der Film die beiden bei Tätigkeiten, die im Weiteren zu ihren alltäglichen abendlichen Verrichtungen gehören werden. Die Frau reinigt das Geschirr, der Mann spießt seine Insekten auf und reinigt seine Kamera. Als der Mann sein Nachtlager einnimmt, beginnt sie in mysteriöser nächtlicher Sisyphusarbeit den in jede Ritze der hölzernen Behausung eindringenden Sand wegzuschaufeln.

Überblendungen

Sich in Bildern überlagernd und in nicht enden wollender Bewegung dringt der Sand in die Träume des Mannes ein. Im Morgenlicht werden die weichen Linien des Sandes mit dem Schimmer des nackten Körpers der Frau überblendet. Der Mann befindet sich plötzlich in einer ungewollt intimen Konfrontation. Während er sich zum Aufbruch fertig macht, betrachtet er die schlafende Frau (Abb. 3, 4). Ein Tuch bedeckt ihr Gesicht. Als Schutz vor der Helligkeit oder dem auch nachts unablässig rieselnden Sand? Eine feine Schicht Sand liegt auf ihrer Haut, die Kamera verweilt

Abb. 5: Der erste von zahlreichen Fluchtversuchen; »Die Frau in den Dünen« (1964)

auf den wellenförmigen Linien ihres Haares, so wie sie auch immer wieder auf das wellenförmige Muster des Sandes verweist (vgl. Abb. 1). Der Mann hinterlässt sein Gastgeld und ist bemüht, schnell körperliche Distanz zwischen sich und die Frau zu bringen. Es stellt sich jedoch heraus, dass die Strickleiter entfernt wurde und die Sandklippen sich auch unter großer Anstrengung nicht erklimmen lassen. Er weckt die Frau mit der Bitte, die Leiter wieder zu installieren. Doch diese verweigert die Kommunikation. Er erkennt, dass die Leiter nur von oben, vom Rand des Sandlochs aus, hochgezogen werden kann. Sie erklärt ihm seine neue Situation: Er müsse verstehen, dass dieses Leben zu hart für eine Frau allein sei. Ihr Haus fungiere schließlich als eine Art Bollwerk für das Dorf. Der Mann erkennt mit ohnmächtigem Zorn, dass er nun ein Gefangener dieser Frau ist.

Die trichterartige Sandgrube in den Dünen mit auf dem Grund liegender Hütte wird nun zum Schauplatz für das Kammerspiel des Kampfes und der Annäherung zwischen Mann und Frau. Der allgegenwärtige Sand ist der dritte Akteur, der dritte Schauspieler. Die Szenographie der Hütte wirkt in ihrer klaustrophobischen Beschränktheit wie eine Guckkastenbühne, die umgebende steile Sandklippe bildet eine Arena. Das Geschehen am Grund des Trichters kann von den innerfilmischen voyeuristischen Zuschauer/innen, den Dorfbewohner/Innen, die die eigentlichen Drahtzieher dieser Entführung sind, vom Klippenrand der Grube aus nach Belieben beobachtet, angefeuert und/oder gesteuert werden – wenn diese Voyeure ihre »Opfer« nicht gerade sich selbst überlassen, der einsamen Zweisamkeit, was über weite Strecken der Filmhandlung der Fall ist.

Gewalt und Mitgefühl

Als der Mann seine Lage erkennt, versucht er sofort zu fliehen (Abb. 5). Aber das erste Mal scheitert er, denn die Klippen lassen sich nicht bezwingen. Der Sand zeigt seine Macht und beginnt zu toben und Lawinen loszulassen. Der Mann wird vorübergehend von einer Sandlawine verschüttet. Die Frau wäscht dem Verletzten in einer zärtlichen Berührung den Sand vom Körper. Er ›dankt‹ ihr dies, indem er sie fesselt und knebelt. Sein Plan ist, mit der Frau als Geisel die Dorfbewohner zu erpressen. Diese erträgt die demütigende Situation mit weit mehr Gelassenheit und Geduld, als ihr Peiniger bisher gezeigt hat oder je zeigen wird. Sie benimmt sich wie eine Mutter, die darauf wartet, dass das Tantrum des Kleinkindes vorübergeht.

Ungerührt entziehen die Dorfbewohner den beiden in den kommenden Tagen Wasser und Nahrung. Nun sind die Frau und der Mann zwei Gefangene auf dem Grund der Grube (Abb. 6). In Folge ihres quälenden Martyriums erscheinen sie in Großaufnahme. Im Detail sind Sandkörner auf der porigen Haut sichtbar (Abb. 7), die Menschen erscheinen wie Insekten unter dem Mikroskop. In Zwischenschnitten sieht man das Fließen und Strömen des Sandes, der langsam aber stetig überall eindringt.

The barrenness of sand, as it is usually pictured, was not caused by simple dryness, but apparently was due to the ceaseless movement that made it inhospitable to all living things. What a difference compared with the dreary way human beings clung together year in year out. (Kōbō 1972, 14)

Während der Misshandlung der Frau durch den Mann lockert er bei Bedarf ihre Fesseln oder kratzt sie hinter dem Ohr. Als er sie laufen lässt, beginnt sie sofort wieder mit der Sisyphusarbeit des Schaufelns. In der Hoffnung, dass dann die Rationen von Wasser und Nahrung wieder eintreffen. In diesem gemeinsamen Dilemma findet ein Dialog zwischen den beiden statt. Es ist zu erfahren, dass die Frau den Ort, an dem sie geboren wurde, niemals verlassen hat, dass ihr Ehemann und ihre Tochter vom Sand begraben wurden und dass der Mann nicht das erste Entführungsopfer ist, das das Dorf ihr zuführt. In den Gesprächen der beiden tut sich nicht nur ein Gegensatz zwischen Stadt und Land, sondern auch ein Klassengegensatz auf. Die Dorfbewohner gehören scheinbar zu einer Minderheit am Rande der Gesellschaft, mitunter in Anspielung auf stark diskriminierte Ethnien innerhalb der japanischen Gesellschaft oder auf die frühere japanische Kaste der Burakumin (Mitchell 2006). Ein späterer Dialog lässt wissen, dass die Dorfbewohner/innen den stark salzhaltigen Sand aus der Grube unter der Hand illegal zu Wucherpreisen verkaufen. Die Frau zeigt ihre grausame Seite: Wenn der salzige minderwertige Sand Gebäude zum Einstürzen brächte, wäre es ihr egal. Das Leben außerhalb ihrer Gemeinschaft interessiere sie nicht, so wie sich auch niemand von außen für sie interessiere.

 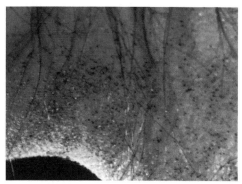

Abb. 6: Zwei Geiseln; »Die Frau in den Dünen« (1964)

Abb. 7: Extreme Details: Sand und Haut; »Die Frau in den Dünen« (1964)

In der angespannten Gesprächssituation kommt es wieder zu einem Kampf, der durch die Berührung der Brust zur Umarmung wird. Es ist infolge nun der Mann, der der Frau anbietet, den Sand von ihrem Körper zu wischen. Der Versuch, die Körper gegenseitig vom Sand zu befreien, führt Mann und Frau zum Sex, den besonders die Frau bereitwillig zulässt und zu genießen scheint. Die Liebesszene, die 1964 einiges Aufsehen verursachte, wird auf der Tonebene durch ein Geräusch des Rieselns eingeleitet, das schließlich in das dem Sand zugeordneten, hoch sirrende Streicherthema übergeht. Die Haare der Frau breiten sich im Sand aus, die Haut der sich darin wälzenden Liebenden ist völlig damit bedeckt. Körper und Sand sind nun ekstatisch vereint; für den Moment sind alle Gegensätze und jede Bedrohung aufgehoben.

Waffenstillstand und zweiter Fluchtversuch
Suddenly a sorrow the color of dawn welled up in him. They might as well lick each other's wounds. But they would lick forever, and the wounds would never heal, and in the end their tongues would be worn away. (Kōbō 1972, 207)
Der Mann gibt weitere Versuche, der Grube zu entkommen, auf. Zugleich erklärt er, nur solange weiterschaufeln zu wollen, bis er gerettet werde. Widerstrebend macht er sich Seite an Seite mit der Frau an die absurde nächtliche Arbeit: »Does it not feel pointless to you? Are you shovelling sand to live or living to shovel sand? How can you stand being trapped like this«. Die Frau antwortet einfach nur: »There is nothing for me to do on the outside«. Sie kennt die Freiheit nicht und will sie auch nicht kennenlernen. Für ihre eigene Bedeutungslosigkeit mache dies keinen Unterschied.

Wir sehen Mann und Frau bei ihren täglichen Verrichtungen. Vor allem die Frau arbeitet unablässig und geht geschäftig der Karikatur ihres Haushaltes nach. Der Mann fädelt eine Verführungsszene ein: Die Frau solle ihm bei der Körperpflege helfen, er bräuchte ein Bad. Dazu muss Wasser erwärmt werden. Er verleitet sie dazu, mit ihm Shōchū zu trinken, billigen japanischen Gerstenschnaps. In einem quasi vorindustriellen Waschritual wäscht die Frau mit ritualisierten Gesten den Körper des Mannes, so wie sie ihn auch bei Tisch und im Haus bedient. Eine ähnliche Szene enthält IM REICH DER SINNE (1976) von Nagisa Oshima, in der Kichizo, der Hauptcharakter des Films, in einem sich wiederholenden morgendlichen Ritual von seiner Ehefrau gewaschen wird. Eine Handlung, bei der in IM REICH DER SINNE die Berührungen zum täglichen Sex führen. Das Waschen des Mannes scheint einerseits die hierarchische Ordnung zu zementieren, andererseits transportiert die tastende Intimität eine berührende Form der Erotik. Auch inszeniert der Mann sich hier zuweilen als Objekt der Verführung – eine Umkehrung der Rollen – wenn auch nur zu einem listigen Zweck.

Die Frau wäscht den Mann, von den Füßen aufwärts. In Großaufnahme sehen wir ihre Hände auf dem Körper des Mannes und ihr Gesicht, in dem sich ihr wachsendes Begehren: ein seltenes Bild im westlichen Kino (Abb. 8–17). Hier hat das Wasser einen seiner wenigen, aber wichtigen Auftritte im Film. Wasserdampf beim Eingießen in den Zuber, das bereitete Bad in der kargen Hütte ist ein sinnlicher Luxus. Man sieht jedes Detail des Waschens eines anderen Menschen, das Aufschäumen der Seife zwischen den Händen der Frau, das Rubbeln zwischen den Zehen, die Schaumspuren der Seife auf der Haut und der Körperbehaarung des Mannes, all das auf der Tonebene von den dazugehörenden Originalgeräuschen begleitet. In einer Detailaufnahme glänzen die Schweißperlen als Ornament auf dem Rücken des Mannes (Abb. 16), die Hände der Frau wischen sie mit immer drängenderen Bewegungen in Großaufnahme weg, ihr Atem wird lauter und hörbarer. Der Körper des Mannes steht im Zentrum, und die Kamera lässt in Großaufnahmen und teilweise subjektiver Einstellung den Blick der Frau und ihr Begehren jedes Zentimeters seiner Haut nachvollziehen. Der Mann ist in Sichtweite seines Ziels, er blickt triumphierend – aber sein Blick flackert unter ihren Berührungen. Als wäre Sexualität nicht das Thema, wird der Akt selbst nicht mehr gezeigt. Nach einem Zwischenschnitt auf die Düne und den in fließenden Bewegungen rieselnden Sand sieht man die Frau schlafen und der Mann kann seinen lang gehegten Fluchtplan umsetzen. Er hat sein Ziel erreicht.

Der gelungene Fluchtversuch

Der Mann hat seine Flucht lange vorbereitet, mit einer Schere hat er sich einen Widerhaken gebaut. Vom Dach der Hütte aus wirft er das Seil nach oben, das ihn aus der Sandgrube bringt. Er flieht in die Dünenlandschaft, aber außerhalb der Sandgrube fehlt ihm jegliche Orientierung. Es wird Nacht, er wird von Dorfbewohnern verfolgt, die den Flüchtenden bemerkt haben, und gerät in Treibsand. Die Dorfbewohner graben ihn

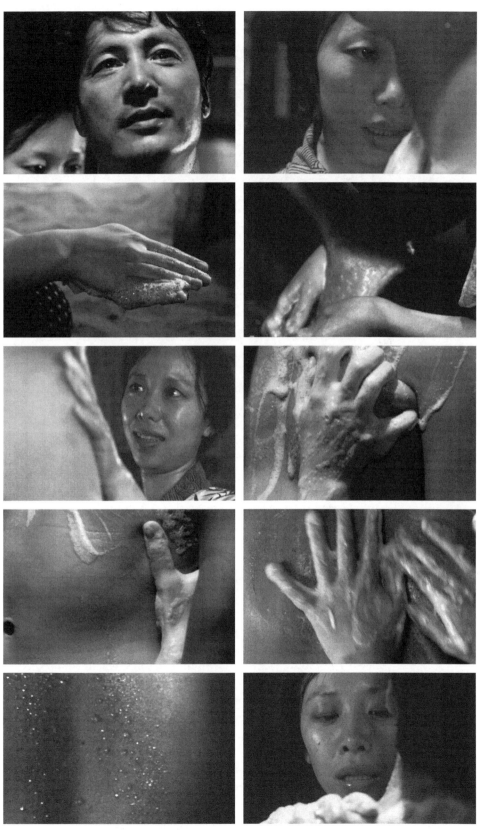

Abb. 8–17: Die Frau wäscht den Mann mit wachsendem Begehren; »Die Frau in den Dünen« (1964)

Abb. 18: Häusliche Szenen; »Die Frau in den Dünen« (1964)

mit hämischen Kommentaren wieder aus: Es gäbe viel Treibsand in der Gegend. Würde man graben, würde man sicher einige Wertsachen und viele Kameras entdecken.

Sie bringen ihn zurück in die Grube. Auf dem Gesicht der Frau, das in Großaufnahme gezeigt wird, zeichnet sich tiefe Verletzung und Schmerz über den Verrat des Mannes ab. Zum ersten Mal sieht man sie weinen. Sie fragt ihn, ob er eine Frau in Tokyo habe. Er entgegnet empört, dass sie das nichts anginge. Sie stimmt zu. Er fügt hinzu, dass er ihr bei Gelingen seiner Flucht ein Radio geschickt hätte. Das Gesicht der Frau hellt sich auf, sie bietet ihm an, ihn zu waschen...

Nach dieser zweiten misslungenen Flucht ändert sich die Beziehungsdynamik der beiden. Es sind inzwischen drei Monate vergangen. Sie sprechen offener miteinander, eigentlich spricht jeder über sich, die beiden Positionen stehen nebeneinander. Er sagt: »Even if it's only a lie, it helps to have hope, that tomorrow things will change«. Sie erwidert: »I'm so frightened every morning when I go to sleep that I'll wake up alone again. That really frightens me«. Der Mann spricht mit ihr nun offen über seinen Wunsch nach Freiheit und zeigt ihr seine neueste technische Konstruktion: eine Krähenfalle. Mit einer Krähe soll eine Hilfsbotschaft gesendet werden. Die Frau bezweifelt, dass er überhaupt je gesucht worden sei. Was bedeute ihm sein Leben in Tokyo? Was gäbe es da für ihn?

Im weiteren Verlauf nähern sich die beiden immer weiter an. Tatsächlich gleicht ihr Zusammensein immer mehr einem Eheleben (Abb. 18). Sie besorgt sich zusätzliche Heimarbeit und schaufelt Sand, arbeitet noch

Abb. 19: Nach dem Abzug der Dorfbewohner; »Die Frau in den Dünen« (1964)

mehr – mit dem Ziel, ihm ein Radio zu kaufen, das seine Situation erleichtern soll. Er verbrennt seine Insektensammlung und verabschiedet sich damit von einem essentiellen Teil seines früheren Lebens.

Eines Nachts überraschen die Dorfbewohner, Männer und Frauen, das Paar beim Sandschaufeln, ausgestattet mit Fackeln und Taschenlampen. Sie erscheinen in Masken wie Geister oder Dämonen oberhalb der Klippe und blicken auf die Gefangenen in der Grube herunter. Sie unterbreiten ihnen ein unmoralisches Angebot: Wenn das Paar öffentlich miteinander schlafe, dürfe der Mann jeden Tag für einige Minuten das Meer sehen. Es kommt zu einer der rätselhaftesten Szenen des Films. Sie erinnert zum einen an folkloristische erotische Bräuche der Landbevölkerung aus der ›freieren‹ Edo-Zeit, auf die sich einige japanische Künstler der sechziger Jahre in ihren Schriften bezogen (Turim 2008, 149). Zum anderen stellt sie indirekt einen weiteren Ausbruchsversuch des Mannes ohne Rücksicht auf die Frau dar, einen Ausbruch von Gewalt in einer gewalttätigen Situation. Der Mann möchte auf das Angebot der spähenden Dorfbewohner/innen eingehen und zerrt die Frau gewaltsam aus dem Haus. Sie kämpfen. Die Dorfbewohner sehen dem Geschehen vom Klippenrand aus mit voyeuristischem Interesse und lautem Gejohle zu, die Lichter der Taschenlampen tanzen über die Szene. Fast gelingt es dem Mann, die Frau zu vergewaltigen: »Who cares? We are living like animals anyway!«. Doch sie wehrt sich erfolgreich mit einem Tritt in seine Genitalien. Beide bleiben geschlagen und gedemütigt am Grund der Grube zurück, während die Dorfbewohner/innen abziehen.

Es wird kälter, der Wind heult. Mehr Krähen, ein Versprechen auf Freiheit. Am Grund der Krähenfalle, in Form eines abgedeckten hölzernen Fasses, hat sich eines Tages Wasser angesammelt. Zufällig hat der Mann eine Methode entdeckt, wie aus dem Sand Wasser gefiltert werden kann. Er erforscht und verfeinert seine Methode, behält seine Aufzeichnungen jedoch für sich.

Im Zusammensein mit der Frau mehren sich die fürsorglichen Gesten. Aber es kommt zu einem Notfall, die Frau erkrankt ernsthaft. Dem Mann gelingt es, die Dorfbewohner zu Hilfe zu holen, so dass die Frau, die eine Eileiterschwangerschaft erleidet, aus der Grube transportiert wird. Es ist nun ausgerechnet die Frau, die ihr Gefängnis nach langer Zeit verlässt, aber ängstlich und gegen ihren Willen. Im Anschluss an diese Szene entdeckt der Mann, dass die Strickleiter von den Dorfbewohnern beim Weggehen nicht wieder hochgezogen wurde. Der Weg in die Freiheit steht ihm offen. Er klettert hoch und geht an den Strand, sieht endlich das Meer. Doch die Freiheit hat für den Mann ihre Bedeutung verloren. Am Strand stehend sieht er verloren aus. Er geht zurück zur Hütte in der Sandgrube, spiegelt sich in seinem selbstgebauten Krähenfallen-Brunnen. Dann blickt er hoch zur Klippe und sieht plötzlich ein Kind, das zu ihm vom Klippenrand aus herunterblickt. Es scheint, als bleibe er schließlich freiwillig in seinem Gefängnis, um sich der Erforschung der Wassergewinnung zu widmen: »There's no need to rush away just yet. I have a return ticket. […] I can think about escaping the day after that«. Wie eingangs erwähnt wird im Abspann des Films auf einer Vermisstenliste sein Name genannt.

Zusammenfassend lässt sich sagen: Dem Film DIE FRAU IN DEN DÜNEN gelingt es, in seiner radikalen Reduktion auf ein Kammerspiel im immergleichen Setting in den Dialogen und Bildern einen ungeheuren visuellen Reichtum zu erzielen und eine geradezu hypnotische Spannung aufrechtzuerhalten. Durch die literarische Vorlage und die zahlreichen sich überlagernden Bilder und Symbole steht er etlichen Deutungsmöglichkeiten offen, die sich auch in den verschiedenen Filmkritiken spiegeln. Hier heißt es, der Film symbolisiere die Orientierungslosigkeit der japanischen Nachkriegsgesellschaft, den Konflikt zwischen Tradition und Moderne (Lexikon des internationalen Films. Zweitausendeins). Andere sehen in der Schilderung der Zwänge der »ursprünglichen Dorfgemeinschaft« die Abkehr vom Kommunismus und die Hinwendung zum Individualismus (Motoyama 1995, 314). Wieder andere erblicken in der Filmstory die Aufgabe der bürgerlichen Individualität zugunsten eines größeren Ganzen: Der Mann finde in der Beziehung zu der Frau und in seiner Erfindung des Brunnens für das Dorf zu seiner wahren Bestimmung, die ihm wichtiger sei als seine persönliche Freiheit (Thomas 1997).

Der Film bietet in seinen Bildern viele Metaphern an, etwa das Sisyphos-Motiv, das im Roman von Abe in einem Dialog auch angesprochen wird: die ewige und sinnentleerte Strafarbeit in der Unterwelt. Ein anderes mythisches Bild ist die Gefangennahme eines Mannes durch eine mysteriöse Frau: Odysseus auf seinen Irrfahrten in der Falle von Kalypso oder als Gefangener der Zauberin Circe. Wie bei der FRAU IN DEN DÜNEN kommt Odysseus aus beiden Gefangenschaften frei. Er ergreift die Gelegenheit hierzu in einem Moment, als es schon viel zu spät zu sein scheint für eine Rückkehr in sein altes Leben – im Gegensatz zum Gefangenen der FRAU IN DEN DÜNEN.

Der Film benutzt den magischen Realismus seiner Bilder und verleiht der Handlung im Gegenzug etwas sehr Realistisches. Die Parabel nutzt sich nicht ab, sondern bleibt kraftvoll und frisch, wie auch der Filmkritiker Roger Ebert beschreibt: »Unlike some parables that are powerful the first time but merely pious when revisited, ›Woman in the Dunes‹ retains its power because it is a perfect union of subject, style and idea« (Ebert 1998).

Um das rätselhafte Ende des Films einordnen zu können, hilft es, wenn man sich den Protagonisten in DIE FRAU IN DEN DÜNEN, der weiter Sand schaufelt, als glücklichen Sisyphos aus Camus' Essay vorstellt und sich in Erinnerung ruft, dass die Künstler der japanischen Avantgarde Anhänger des Existentialismus waren. Sich der Absurdität des Lebens bewusst zu werden, bedeutet die Entdeckung der Freiheit:

Wenn es das Absurde gibt, dann nur im Universum des Menschen. Sobald dieser Begriff sich in ein Sprungbrett in die Ewigkeit verwandelt, ist er nicht mehr mit der menschlichen Hellsichtigkeit verbunden. Dann ist das Absurde nicht mehr die Evidenz, die der Mensch feststellt, ohne in sie einzuwilligen. Der Kampf ist dann vermieden. Der Mensch integriert das Absurde und lässt damit sein eigentliches Wesen verschwinden, das Gegensatz, Zerrissenheit und Entzweiung ist. Dieser Sprung ist ein Ausweichen. (Camus 2006, 51)

Wie schon erwähnt, hatten Künstlergruppen großen Einfluss auf die japanische Avantgarde und damit auf Teshigahara und Abe. Die Künstlergruppe Gutai versuchte, performative Künste und Bildende Künste zu verschmelzen. Ihr Gründer Joshihara Jiro schrieb: »When creating art Gutai artists do not force the material into submission. If one leaves the material as it is, presenting it just as material, then it starts to tell us something and speaks with a mighty voice«. Gutai proklamierte das Prinzip der japanischen Ästhetik von »mono no aware«: die Traurigkeit der Dinge – jenseits der Grenzen der Natur und von menschlichen Beziehungen. Dies schließt ausdrücklich den Verfall der von Menschen gemachten Objekte und Institutionen mit ein. Diese Philosophie wird in Abes Arbeit zur Quelle ihrer Schönheit, die in der Absurdität, Vergeblichkeit und Vergänglichkeit des Lebens gründet. In diesem Sinne hat Gutai ein neues visuelles Vokabular erfunden, um die Beschränktheit der menschlichen Existenz auszudrücken (Cahill 2009, 36).

Nur auf den ersten Blick ist die Frau die ›Andere‹ oder sind die Dorfbewohner die ›Anderen‹. Nur auf den ersten Blick ist der Mann einer Frau ›in die Falle‹ gegangen oder im Treibsand oder Abgrund verschwunden. Der Kampf der beiden, ihr Ringen, bekommt im Laufe der Handlung und bei jedem fehlgeschlagenen Fluchtversuch des Mannes den Hauch einer Annäherung der Positionen. Es wird klar, dass beide Gefangene dieser besonderen Situation sind. Der Kampf schleift die gegensätzlichen Identitäten ab, so wie Sand durch unendliche Bewegung immer feiner wird.

In der Selbstgewissheit des Mannes, seinem Abgleiten in den Wahnsinn durch den Verlust seiner alten bürgerlichen Identität und in der Passivität und stoischen Geduld der Frau zeigt sich die klassische Konstitution männlicher und weiblicher Identitätsmodelle innerhalb der japanischen Gesellschaft. Identitäten, die im Film ›durch den Sand‹ subsequent unterminiert und schlussendlich ausgelöscht werden. DIE FRAU IN DEN DÜNEN zeigt die sukzessive Demontage von Männlichkeit durch die stoische Ausdauer und nicht zuletzt das Begehren und Genießen der Frau (Abb. 20) und macht damit eine Parallele zu gesellschaftlichen Entwicklungen auf.

Ist in diesem Setting – jenseits der Tatsache, dass eine traditionell orientierte ungebildete Frau zur Gefängniswärterin eines Mannes wird und ihn sexuell begehrt –, auch eine Demontage von Weiblichkeitskonstruktionen zu erblicken? Es gibt nur wenig Literatur zum Film, die sich explizit mit der Figur der Frau beschäftigt hat. Sie bleibt mysteriös und ein Enigma. Aber in dem psychologisch feinfühlig gespielten Schlagabtausch zwischen den beiden Schauspieler/innen, Eiji Okada und Kyoko Kishida, gewinnt sie an berührender Menschlichkeit und Persönlichkeit.

Nicht zuletzt zeigt der Film eine Form des Geschlechterkampfes, bei der Sexualität – trotz der dem Film generell zugrundeliegenden erotischen Komponente – keine übergeordnete Bedeutung hat. Jedenfalls keine Bedeutung, die über anderen alltäglichen Handlungen oder der anorganischen Materie oder dem Land stehen würde. Wir sehen Gewalt, Leidenschaft und Zärtlichkeit, Mitgefühl und Zartheit; die Sexualität bringt durchaus eine Weichheit in die drastische Situation der beiden. Von Liebe wird aber in dieser feindlichen Umwelt, die das Universum dieses Films bestimmt, nicht gesprochen. Das Existentielle dominiert.

In diesem Ringen um Dominanz sehen wir den Mann in seiner traditionellen Rolle, die er im Laufe des Films mehr und mehr aufgeben muss. Er definiert, erklärt, macht Pläne und führt sie aus, betreibt Wissenschaft, ist sich selbst gewiss. Doch letztendlich ist es die Frau, die ihn mit ihrer endlosen Geduld, Hartnäckigkeit und Resilienz sanft unterwirft. Als er sich noch als Übernachtungsgast wähnte, erklärt sie ihm, dass der überall eindringende Sand alle Gegenstände in der Hütte zersetzt. Der Mann glaubt ihr nicht, Sand sei doch trocken. Warum und wie solle er Dinge und Holz zum Verrotten bringen? Es ist nicht das letzte Mal, dass die Frau

Abb. 20: Die genießende Frau; »Die Frau in den Dünen« (1964)

gegenüber dem Gelehrten aus der Großstadt recht behält. So wie die Entität Sand wirkt sie unablässig und stetig auf den Mann ein und am Ende ist er es, der seinen ›Aggregatzustand‹ verändert. Zerrieben und zersetzt sind alle seine früheren Gewissheiten.

Das Erotische im Film, die Sexualität, findet sich in allen Dingen, Menschen und Bildern:

> More than almost any other film I can think of, ›Woman in the Dunes‹ uses visuals to create a tangible texture—of sand, of skin, of water seeping into sand and changing its nature. It is not so much that the woman is seductive as that you sense, as you look at her, exactly how it would feel to touch her skin. The film's sexuality is part of its overall reality: In this pit, life is reduced to work, sleep, food and sex, and when the woman wishes for a radio, ›so we could keep up with the news,‹ she only underlines how meaningless that would be. (Ebert 1998)

Als die Frau ins Ungewisse weggebracht wird und der Mann allein zurückbleibt, zeigt er im Ansatz zwar Mitgefühl für die Erkrankte, zugleich aber eine kühle Unberührtheit. Es ist nicht klar, ob er auf die Frau warten wird und ob sie überhaupt zurückkehren wird. Am Ende des Films steht ein neuer Anfang, eine Transformation, vielleicht aber auch nur menschliche Leere: »mono no aware«, die Traurigkeit der Dinge. Der glückliche Sisyphos, der sich letztendlich auch im gerade verlorenen Geschlechterkampf in seiner Absurdität frei fühlen kann.

Literatur

Lexikon des internationalen Films. Zweitausendeins. https://www.zweitausendeins.de/filmlexikon/?sucheNach=titel&wert=25281 (Stand: 23.2.2018).

Cahill, Devon A. 2009: The work of Abe Kobo in the 1960's The Struggle for Identity in Modernity; Japan, the West, and beyond. Theses. Paper 72. New Jersey.

Camus, Albert 2006: Der Mythos des Sisyphos. Hamburg.

Ebert, Roger 1998: Woman in the Dunes; https://www.rogerebert.com (Stand 28.2.2018).

Kōbō Abe 1972: The Woman in The Dunes. New York.

Mellen, Joan 1975: Voices of the Japanese Cinema. New York.

Mitchell, David 2006: No escape. In: https://www.theguardian.com/books/2006/oct/07/featuresreviews.guardianreview26 (Stand: 18.2.2018).

Motoyama, Motsuko 1995: The Literature and Politics of Abe Kōbō: Farewell to Communism in Suna no Onna. *Monumenta Nipponica* 50/3, 305–323.

Osten, Manfred 1996: Die Erotik des Pfirsichs: 12 Porträts japanischer Schriftsteller. Frankfurt am Main.

Thomas, Kevin 1997: ›Woman in the Dunes‹ an Erotic Masterpiece. *LA Times* http://articles.latimes.com/1997/sep/05/entertainment/ca-28927 (Stand: 28.2.2018).

Turim, Maureen 1998: The Films of Oshima Nagisa. Images of a Japanese Iconoclast. Berkeley.

Williams, Linda 2008: Screening Sex. Durham.

Yomota, Inuhiko 2000: Im Reich der Sinne. 100 Jahre japanischer Film. Frankfurt am Main.

Yoshihara, Jiro 1996: »The Gutai Manifesto.« Genijitsu Shincho [1956]. In: Stiles, Kristine/Peter Howard Selz (Hg.): Theories and Documents of Contemporary Art: A Sourcebook of Artists' Writings. Berkeley.

Filme

Die Fallgrube (Otoshiana, J 1962), R: Hiroshi Teshigahara.
Die Frau in den Dünen (Suna no onna, J 1964), R: Hiroshi Teshigahara.
Das Gesicht des Anderen (tanin no kao, J 1966), R: Hiroshi Teshigahara.
Der Mann ohne Landkarte (moetsukita chizu, J 1968), R: Hiroshi Teshigahara.
Im Reich der Sinne (ai no korida, J 1976), R: Nagisa Oshima.

Anna Schober
EROTIK, GEWALT UND FOLKLORE
*Die Inszenierung geschlechtlicher und ethnischer Differenz
im jugoslawischen Kino um 1968*

Die *Novi film*-Bewegung

Gegenstand folgender Ausführungen sind Filme jugoslawischer Filmemacher wie Karpo A. Godina, Bahrudin Čengić und Dušan Makavejev, die meist einer Bewegung zugerechnet werden, die heute international vor allem unter dem Begriff *Crni Talas (Black Wave)* bekannt ist. Diese Benennung war jedoch zunächst eine, die einen Blick von außen, das heißt von Seiten des Regimes, wiedergab. Der von den Filmschaffenden selbst gewählte Name war *Novi film* – in Anlehnung an die *Nouvelle Vague* und neue Filmtendenzen in Osteuropa (etwa in Polen oder der Tschechoslowakei) (vgl. Godina 2013, 51). Die Filmschaffenden, die diese Bewegung mitkonstituierten, absolvierten ihre Lehrjahre in den jugoslawischen Kino-Clubs, also in Amateurfilm-Clubs, die Teil des staatlichen Programms *Narodna Tehnika* waren, welches die staatssozialistischen Autoritäten in Imitation des sowjetischen Systems der Jugenderziehung einsetzten. Das Programm stellte einen institutionellen Rahmen, aber auch Lokalitäten und ökonomische Mittel zur Verfügung, um die Jugendlichen außerhalb der Schule und anderer Erziehungsinstitutionen von ihren Familienverbänden zu trennen und sie so eng wie möglich in die Produktion einer sozialistischen ›neuen Welt‹ einzubeziehen (Babac 2001, 74 ff.; vgl. Schober 2013, 67 ff.).[1]

Das Einsetzen dieser Kino-Clubs ist ein Beispiel für eine Indienstnahme des Kinoraums von Seiten offizieller, staatlicher Einheiten, wie sie für die Moderne typisch war. Während es in west- und zentraleuropäischen Ländern mit politischen Mehrparteiensystemen diesbezüglich eine Vielzahl miteinander widerstreitender Initiativen gab, waren in realsozialistischen Ländern mit Einparteiensystemen wie Jugoslawien solche Initiativen streng zentralisiert. Sie gingen von den bürokratischen Apparaten, die von den kommunistischen Parteien dominiert waren, aus, die in der Regel nur sehr eingeschränkt andere als die eigenen, offiziellen Initiativen im Be-

---

[1] Die folgenden Ausführungen beruhen zum Teil auf Recherchen, die ich im Rahmen des Forschungsprojekts *City-Squats: The Cinema as a space for political action*, gefördert vom FWF. Austrian Science Fund, 2006–2009, getätigt habe. Sie sind in ausführlicher Form auf Englisch publiziert zu finden in: Schober 2013.

reich öffentlicher ideologischer Beeinflussung der Bevölkerung zuließen (vgl. Goulding 2002, 8). Eine explizite Auseinandersetzung zwischen verschiedenen Positionen war deshalb auch im Bereich Film und Kino weitgehend ausgeschlossen. Nichtsdestotrotz gab es seit den 1960er Jahren in Jugoslawien mehr Filme aus Westeuropa und den USA in den Kinos zu sehen als unmittelbar nach dem Krieg, und die heimische Produktion trat differenzierter auf als die der unmittelbaren Nachkriegszeit, in der vorwiegend Partisanen-Filme hergestellt worden waren und als Regisseure häufig ehemalige Militärs dienten (vgl. Goulding 2002, 37, 43).

Verschiedene Filmemacher dieser jungen Amateurfilmszene in Jugoslawien begannen bald, Inszenierungen zu schaffen, die den Erwartungen des Parteiapparats nicht entsprachen. Diese Filme präsentierten Beobachtungen und Emotionen, Geschichten und Figurenkonstellationen sowie eine ästhetische Formensprache, die mit der offiziellen Ideologie nur schwer vereinbar waren. Dazu kam, dass aufgrund des hohen Stellenwerts, der dem Film als Mittel staatlicher Propaganda im sozialistischen Einparteienstaat Jugoslawien zukam, die Produktionen der jungen Nachwuchsfilmemacher[2] von Kritikern und Journalisten ausgiebig kommentiert wurden und sich mehrere von ihnen, aber auch manche Drehbuchautoren, auf die Seite der ›neuen Filmemacher‹ stellten. Dabei verband sich das Interesse an neuartigen Filmen oft mit einer Leidenschaft für andere subkulturelle Erscheinungen, etwa für Jazz, wodurch sich der Einzugskreis der Bewegung zusätzlich verbreiterte (vgl. Schober 2013, 59).

Ähnlich wie vergleichbare Gruppen in Zentraleuropa entstand die *Novi film*-Bewegung als Antwort auf und in Zurückweisung von gesellschaftlich vorherrschenden Auftrittsweisen von Filmkultur. Die sich selbst dieser Bewegung zurechnenden Regisseure lehnten zum Beispiel heroische Partisanen-Filme ab, wie sie von offizieller Seite produziert worden waren, aber auch die Filmstile der Mehrheit der Kino-Amateure, die seit den 1950er Jahren auch außerhalb dieser Clubs häufiger auftraten (vgl. Schober 2013, 79). Da offene Opposition und Auseinandersetzungen im Einparteiensystem ausgeschlossen waren, konnten diese, anders als in vergleichbaren kritischen Bewegungen in West- und Zentraleuropa, nicht explizit verhandelt werden. Die Filmemacher standen vielmehr in einer eher impliziten, und häufig auf die ästhetische Ebene verlagerten, individuellen Verhandlung mit der Partei und deren Führer Josip Broz Tito.

Zu Beginn der Kinoclubbewegung, also Anfang der 1960er Jahre, gerieten vereinzelte Filmemacher wie Marco Babac oder Kokan Rakonjac unbeabsichtigt in Konflikt mit den staatssozialistischen Autoritäten. Ausgelöst wurde dieser meistens durch scheinbar ›unpolitische‹ Sachverhalte

---

2   Als Filmschaffende, aber auch als Kritiker und Drehbuchautoren waren nahezu ausschließlich Männer tätig. Dazu ausführlicher: Schober 2013, 74.

wie die Darstellung von Einsamkeit, Liebe, Entfremdung oder Sexualität, also durch Themen, die von offizieller Seite als ›bürgerlich‹, ›dekadent‹ und von daher mit dem Sozialismus unvereinbar wahrgenommen wurden. Ende der 1960er und Anfang der 1970er Jahre wurde die Konfrontation zwischen den Filmschaffenden und dem sozialistischen Einparteiensystem dann expliziter geführt, wobei die Auseinandersetzung, wie bereits bemerkt, häufig auf eine ästhetische Ebene verlagert wurde. Dementsprechend bedienten sich zahlreiche der Filme der *Novi film*-Autoren einer ungewöhnlichen ästhetischen Formensprache, geprägt von ›gefundenen‹ Geschichten, Montagen und Collagen (zusammengesetzt aus Fotografien, Spielfilmen, wissenschaftlichen Filmen, Cartoons, Musicals etc.), einer betont haptischen und taktilen Ästhetik, dem Einfügen surrealer Szenen sowie vom Einsatz von Parodie, Ironie und Humor. Dabei ist die *Novi film*-Bewegung nicht durch einen einzigen kohärenten Stil charakterisiert, sondern ein Überbegriff für verschiedenste stilistische Zugänge, denen jedoch gemein ist, dass in Filmen meist dasjenige Repräsentation findet, was in der offiziellen, öffentlichen Kultur Tito-Jugoslawiens tabuisiert war beziehungsweise ausgegrenzt oder marginalisiert wurde.

Der offizielle Umgang mit Differenz im jugoslawischen Einparteiensystem

Wie Zygmunt Bauman dargelegt hat, war die Moderne – und zwar in westlichen und zentraleuropäischen wie auch in realsozialistischen Ländern – davon geprägt, dass das Universelle in den Vordergrund gespielt wurde (Bauman 1991, 8). Damit ging ein Verdrängen oder zumindest eine starke Kontrolle von Partikularitäten und kultureller Differenz einher – neben einigen Differenzen, die gleichzeitig privilegiert und universalisiert wurden, wie etwa ›die Nation‹ oder ›das Proletariat‹. Die Maxime lautete, Partikularität, Differenz und das damit verbundene Potenzial an Unordnung soweit wie möglich zurückzudrängen, auch wenn durch die vielzähligen Versuche, Ordnung durchzusetzen, immer wieder neue Unordnung entstand (vgl. Schober 2013, 48).

Über seine frühe Einbindung in Erziehungs-, Reform- und Werbediskurse verschiedener Institutionen der Moderne war das Kino Teil der Bemühungen, moderne Ordnung zu realisieren. Das Vorführen von Filmen wurde zum Beispiel durch Einbeziehen in größere Diskurszusammenhänge, durch die Präsenz von Diskussions- und Informationselementen während der Veranstaltungen sowie durch informative Ergänzungen wie Untertitelung und Logos gerahmt. Zugleich wirkte das Vorführen von Filmen (wie moderner Konsum überhaupt) all diesen auf diversen Ebenen angesiedelten Versuchen, zu vereindeutigen und zu explizieren, entgegen. Denn Filme sprechen das Publikum vor allem auch emotional an und können signifikante Begegnungen mit dem Fremden und Unbekannten hervorrufen, die wiederum moderne Ordnungsbemühungen – zum Beispiel hinsichtlich von Reinheitskonzepten in Bezug auf ›Nation‹ oder ›Klasse‹ oder hinsichtlich politischer Zuschreibungen – herausfordern (Schober 2013, 49).

In der jugoslawischen staatssozialistischen Gesellschaft wurde das Fokussieren auf das Universelle und das Eliminieren von Ambivalenz, die für die Moderne insgesamt so charakteristisch sind, in spezifischer Weise umgesetzt – etwa in der öffentlichen Omnipräsenz des Bildes Titos als Verkörperung eines ungeteilten Volkes und der strengen Überwachung des Umgangs mit diesem Bild sowie von mit diesem verbundenen kollektiven Ritualen. Denn in politischen Einparteiensystemen wie sie der Titoismus darstellte, war das Potenzial von Kino als Ort des Befragens von Sinn und des Herstellens von Öffentlichkeit (zum Beispiel in Bezug auf die Figur des Egokratens) in besonderer Weise problematisch. Solche autoritären Einparteiensysteme sind, wie Claude Lefort darlegt, davon gekennzeichnet, Auseinandersetzungen und Konflikte, durch die eine mehrstimmige ›öffentliche Sphäre‹ überhaupt erst entstehen kann, auszuschalten (Lefort 1986, 297 ff.). Den zentralen Platz der Macht[3] nimmt hier ein selbst nicht abwählbarer Führer ein, der zugleich als Verkörperung der einen, herrschenden Partei sowie eines ungeteilten Volkes (*naši narodi* / our people) und einer Klasse, der des Proletariats, auftrat. Es kam also zu einer engen Verschweißung von Macht und Gesellschaft. Zugleich verbreitete der Parteiapparat eine Propaganda, in der verneint wurde, dass Differenz konstitutiv für Gesellschaft sei. Die einzige akzeptierte und breit zirkulierte Differenz war die zwischen dem ›Volk als Einem‹ (repräsentiert durch eine Klasse, das Proletariat, sowie eine Partei und deren Führer Tito) und seinen Feinden (die alte überwunden geglaubte Gesellschaft, die zugleich die bourgeoise, kapitalistische, imperialistische Welt repräsentierte) (vgl. Schober 2013, 53).

Das politische System im ehemaligen Jugoslawien war davon gekennzeichnet, dass 1950 ein sozialistisches Selbstmanagement-System (socijalistički samoupravni sistem) eingeführt wurde, das kollektives eigendynamisches Handeln stärkte, wobei zugleich ein nachdrückliches Augenmerk darauf gelegt wurde, dass solche Aktivitäten nicht zur Bildung einer explizit artikulierten politischen Opposition führten (Lyndall 1984, 73 ff.). Entsprechend der offiziellen Ideologie war Film aufgefordert, die Arbeiterin/ den Arbeiter, die Partei und ihren Führer Tito darzustellen (Schober 2013, 54). Dabei stach eine spezifische Figur als besonders privilegierte Repräsentationsfigur heraus: die Partisanin/ der Partisan, über den die neue, sozialistische Ordnung umgesetzt worden war. Dementsprechend waren es auch

---

3 In solchen Gesellschaften wird der zentrale Platz der Macht demnach nicht – wie in westlich-demokratischen politischen Systemen – grundsätzlich freigehalten und nur temporär, über Wahlen, durch wieder abwählbare politische Repräsentationsfiguren besetzt.

Bilder des Egokraten Tito selbst sowie die der Partisaninnen und Partisanen, deren Handhabe am stärksten kontrolliert und überwacht wurden. Filme, die das Bild Titos zum Beispiel humoristisch herausforderten, galten als verdächtig und ihre Regisseure gerieten in Konflikt mit der staatlichen Bürokratie und Zensur (vgl. Schober 2013, 77 f.). Zur gleichen Zeit eröffnete die 1950 durchgesetzte Ideologie des Selbstmanagements einen gewissen Spielraum für individuelle und kollektive Initiativen und Experimente. Über Handlungen in und um Kino[4] sowie die öffentliche Präsenz unkonventioneller Filme konnte sich deshalb auch in diesem Kontext eine nicht-konformistische, öffentlich-ästhetische Bewegung konstituieren, die Räume okkupierte, ein Publikum fand, weitere Initiativen nach sich zog und einen in den Medien präsenten Diskurs hervorrief. Die so entstehende Bewegung trug zur Herausbildung einer öffentlichen Sphäre bei, die mit einem Begriff von Oleg Yanitskii als »informeller öffentlicher Raum« (1993) bezeichnet werden kann.[5]

Das Konstituieren eines neuen transnationalen Bezugsrahmens

Wie Auseinandersetzung und Konflikt, so war auch die Präsenz von Differenz innerhalb des sozialistischen Regimes Jugoslawiens genau überwacht und kontrolliert – etwa mit dem Slogan *brastvo i jedinstvo* (Brüderlichkeit und Einheit), der Einigkeit und nicht-antagonistische Beziehungen zwischen ›Brüdern‹ postulierte (vgl. Schober 2013, 54). Dabei war insbesondere das Thematisieren von Differenz zwischen nationalen oder religiösen Gruppen innerjugoslawisch streng überwacht. Die einzige offiziell gesetzte und damit ›legitime‹ Differenz war, wie bereits erwähnt, diejenige *vis á vis* anderer politischer (kapitalistischer, imperialistischer, stalinistischer) Systeme.

In Reaktion auf die allgemeine Kontrolle und Unterdrückung von Differenz fokussierten sich diejenigen Regisseure, die offiziell als ›schwarz‹ eingestuft wurden, häufig auf die Repräsentation all dessen, was aus Sicht des Regimes als ›abweichend‹, ›abnormal‹ und ›ungewöhnlich‹ galt. Dazu gehörten beispielsweise Konflikte und Auseinandersetzung, insbesondere rund um die Erinnerung an den zweiten Weltkrieg, Prostitution, Pornografie oder Arbeitslosigkeit, die Existenz von Einsamkeit, Entfremdung, Langeweile, Bedeutungsverlust und leidenschaftlicher Liebe, aber vor al-

---

4 Damit sind zum Beispiel Handlungen angesprochen, die mit dem Konzipieren und Gestalten von Filmen einhergingen, die von der offiziellen Ideologie abwichen; die im Zuge damit verknüpften Happening-artigen Veranstaltungen oder in Zusammenhang mit der halb-öffentlichen Präsentation von verwandten Positionen aus dem Ausland stattfanden oder die in Verbindung mit Diskussionsveranstaltungen auftraten.

5 Eine strikte Unterscheidung zwischen demokratischen und autoritären politischen Systemen hinsichtlich der Möglichkeit der Herstellung von Öffentlichkeit, wie sie Claude Lefort vorgeschlagen hat, kann demnach nicht aufrechterhalten werden.

lem auch regionale oder gar nationale oder religiöse Differenz und ihre Symbole und Erscheinungsweisen. In manchen Filmen wurden Gesellschaftsutopien auf Frauen projiziert, wobei geschlechtliche Differenz dann stets mit nationaler oder regionaler bzw. politischer Differenz überlagert auftrat. Wichtig für die Filme von *Novi film*-Autoren war zudem, dass sie dies alles in einer unkonventionellen ästhetischen Formensprache vorführten, was auch von der Kritik breit kommentiert wurde.

Ähnlich wie ihre Kolleginnen und Kollegen in Zentraleuropa adaptierten die jungen *Novi*-Filmemacher im ehemaligen Jugoslawien für ihre Produktionen Inputs aus einer Vielzahl von Quellen. Sie bezogen sich – um nur einige zu nennen – auf die französische *Nouvelle Vague*, den Surrealismus, den italienischen Neorealismus oder das US-amerikanische Undergroundkino genauso wie auf Filme der postrevolutionären Zeit in der SU oder der Zwischenkriegszeit allgemein. Wie der Filmemacher Želimir Žilnik es ausdrückte, verfügten sie über ein überaus reichhaltiges Filmrepertoire: »Alles was neu war, aus dem Westen und Osten« (Interview mit dem Filmemacher, zitiert n. Schober 2012, 89). Zugleich wurden Filme aus West- beziehungsweise Zentraleuropa oder den USA im ehemaligen Jugoslawien vorgeführt, ebenso wie Filme aus Jugoslawien in zentral- und westeuropäischen oder in US-amerikanischen Städten wie New York liefen, wodurch der Ost-West-Gegensatz herausgefordert wurde. Zudem bezogen sich die jungen Filmschaffenden verstärkt auf zeitgenössische, auf einer globalen Ebene angesiedelte, politische Auseinandersetzungen – etwa diejenigen gegen den Vietnam-Krieg oder die anti-imperialistischen Kämpfe in Lateinamerika. Insgesamt wirkte die *Novi film*-Bewegung – ähnlich wie zentral- und westeuropäische Kinobewegungen um 1968 – an der Konstitution eines neuen transnationalen Bezugsrahmens[6] mit, in dem die bisherige Ost-West-Polarität durch eine Opposition »Nord-Süd« respektive »Erste Welt-Dritte Welt« ersetzt worden war und Differenzen multipliziert auftraten. Durch die medial sichtbaren Skandale, die diese Bewegung auf den zentralen internationalen Filmfestivals wie Cannes, Venedig oder der Berlinale entfachte, erhielt dieses Ausstellen und Re-Organisieren von Differenz nachdrücklich öffentliche Präsenz.

Der Begriff ›ethnisch‹ verbreitete sich dabei als Selbst- und Fremdbeschreibungsbegriff von Gruppen in den USA wie in Europa ebenfalls erst mit den gegenkulturellen Bewegungen der 1960er Jahre, die eine je eigene Ethnizität wiederentdeckten und gegen den Universalismus der Moderne, geprägt von der Norm des weißen männlichen Staatsbürgers, in Anschlag brachten.[7] Für ein solches Wiederentdecken von ethnischer Differenz wurden kulturelle Foren, wie zum Beispiel Literatur-, Theater-, Film-, Folklore-

---

6 Dazu ausführlicher: Schober 2013, 82 ff., vgl. Klimke 2010, 241.
7 Halter 2006, 172; vgl. Schober 2009, 246.

veranstaltungen oder Feste, adaptiert. Auch in den Filmen der *Novi film*-Bewegung in Jugoslawien wurden kulturalisierte regionale, nationale oder religiöse Partikularitäten verstärkt in die erzählten Geschichten eingebaut und manchmal auch plakativ in den Vordergrund gespielt (Schober 2017, 9 ff.). Diesbezüglich breitere, vermittelnde öffentliche Diskurse, die sich auf den Begriff ›ethnisch‹ beziehen, existieren jedoch erst seit den 1980er Jahren. Vorher waren in Zusammenhang mit der Markierung von Differenz Begriffe, die mit ›Nation‹ in Verbindung standen, wie *narodni* oder *narodnost*, üblich. Regionale und nationale, religiöse und geschlechtliche Differenz wurden dabei – in häufig miteinander überlagerter Form – in diesen Filmen auf verschiedenste Weise porträtiert.

Das Spektakel regional differenzierter Gebräuche

Regionale oder nationale Differenz wird zunächst über die Präsentation spektakulärer Gebräuche der ländlichen Bevölkerung in Szene gesetzt. Eines der prominentesten Beispiele dafür ist der Kurzfilm ZDRAVI LJUDI ZA RAZONODU/LITANY OF HAPPY PEOPLE von Karpo Godina (1971).[8] Er ähnelt einem heutigen Musikvideo und zeigt Vertreter und Vertreterinnen verschiedener nationaler, ethnischer und religiöser Gruppen, die in der Vojvodina leben. Dabei wird eine Montage von Bildern mit einer Reihe von Songs der bekannten Musiker-Brüder Predrag und Mladen Vranešević, auch als *Laboratorija Zvuka* bekannt, unterlegt – womit Pioniere der alternativen ex-jugoslawischen Rockszene eingebunden wurden.

Die Bilder treten als aneinandergereihte Standbilder oder Tableaus auf und präsentieren Einzelfiguren oder Gruppen in mehr oder minder prächtigen, lokalen, gruppenspezifisch fein ausdifferenzierten Kleidern, in vielen Fällen in Trachten, manchmal aber im neutraleren Anzug oder im Arbeitsgewand (Abb. 1).

Auch verschiedenste Priester unterschiedlicher Konfessionen in Ordenskleidung sind zu sehen. Die Personen sind in ebenfalls gruppenspezifisch zuordenbaren architektonischen Situationen aufgenommen, also vor spektakulär gestalteten, weil je nach kultureller Zugehörigkeit bunt eingefärbten Hausfassaden oder vor ›typischen‹ Gerätschaften wie einem Ziehbrunnen. Diese Standbilder werden von kurzen Interviews unterbrochen, wobei hier wie bei den Tableaus selbst sowie bei der Montage der Bilder zur Musik ein freundlicher leicht ironischer Ton vorherrscht.

Über die Inszenierung in Form von Tableaus werden die verschiedenen Volksgruppen fast wie in einem Schaufenster ausgestellt. Regionale, nationale oder religiöse Partikularitäten werden ähnlich wie in einem Touristenwerbefilm zelebriert und beworben. Der kulturalisierende, das heißt

---

[8] Parallelen gibt es zu Filmen von Želimir Žilnik, zum Beispiel zu NEWSREEL ON VILLAGE YOUTH, IN WINTER (1967).

Abb. 1: Kurzfilm »Zdravi Ljudi Za Razonodu/Litany Of Happy People« (YU 1971)

Traditionen unterscheidende und ausstellende Aspekt der Gestaltung wird auch dadurch unterstrichen, dass Geschlechterdifferenz betont konventionell dargestellt ist. Frauen werden oft mit Kindern in Szene gesetzt, als Teil von Großfamilien oder auch in erotischer Aufmachung als Begleitfiguren männlicher Selbstinszenierung. Demgegenüber posieren Männer häufig mit Arbeitsgeräten oder als kirchliche Würdenträger. Es gibt diesbezüglich aber auch humoristische Einschübe, etwa wenn eine ältere Frau, traditionell schwarzgekleidet wie eine Witwe, erzählt, sie werde sich einen Mann suchen, der reich ist und bald sterben werde.

Quer durch den Film werden verschiedenste Gruppen repräsentiert: Russen, Ukrainer, Kroaten, Ungarn, Slowenen, Rumänen oder Roma. Als Trennbilder zwischen den Gruppen fungieren Landschaftsaufnahmen, die ebenfalls wieder als länger stillgestellte Einzelbilder einmontiert werden. Die Intention des Filmemachers war, anhand der Vojvodina ein Portrait Gesamtjugoslawiens als Vielvölkerstaat zu schaffen. In einem Interview streicht Karpo Godina ein diesbezügliches Detail heraus, das für den damaligen lokalen Kontext vor Ort wichtig war (Godina 2013, 45): Die Vojvodina war in diesem Zeitraum zwar eine Provinz Serbiens, die Serben wurden jedoch nicht wie die anderen als ›ethnische‹ Gruppe im Film präsentiert, wohl aber über die Musik eingebracht und zwar in der Form, dass sie ihre Liebe zu den anderen Volksgruppen proklamierten, etwa mit dem Refrain: »We love the Croats and the Croats love us back« (mi volimo Hrvate i Hrvati vole nas). Und es war diese von oben, also von Seiten des Regimes verordnete Liebe zwischen den Volksgruppen, die Godina Ende des Films nochmals explizit thematisiert und herausfordert.

Die Montage aus Bildern und Musik vermittelt insgesamt einen betont folkloristisch-bunten, heiteren und konfliktfreien Eindruck, der vom Filmtitel LITANY OF HAPPY PEOPLE unterstrichen wird. Dies stand jedoch in starkem Kontrast zum Zeitpunkt der Fertigstellung des Films, dem Jahr 1971, in dem mit dem sogenannten ›Kroatischen Frühling‹ ein neuer Höhepunkt innerer Auseinandersetzungen rund um die ›nationale Frage‹ im ehemaligen Jugoslawien zu verzeichnen war (Rusinow 1977, 245 ff.; Bieber 2005, 57 ff.). Die Ironie des Films erscheint unter diesem Blickwinkel wie eine ästhetische Taktik, um die mit nationaler Differenz real verbundene Konflikthaftigkeit in Schach halten zu können.⁹ Zugleich wird damit aber auch die von offizieller Seite immer wieder proklamierte ›Liebe‹ zwischen den Gruppen, die in diesem Film über lange Strecken auch als Liebe der Serben zu den anderen, in Jugoslawien präsenten Nationalitäten präsentiert wird, konterkariert und thematisiert. Am Schluss des Films wird ein diesbezüglicher Höhepunkt gesetzt. Denn hier wird die ästhetische Inszenierung kultureller (nationaler, regionaler, religiöser und ethnischer) Differenzen ganz explizit in Opposition zum Internationalismus des real-sozialistischen System gestellt, indem der Song zu diesen Bildern festhält: »Let the Eastern block as a whole be buried deep in a hole« (Zakopala se u zemlju istočna zajednica cela).

Wie andere Filme von *Novi film*-Autoren hat auch dieser auf Festivals in West- und Zentraleuropa große Aufmerksamkeit erhalten. Er wurde beispielsweise 1971 vom Kurzfilmfestival in Oberhausen ausgezeichnet. Dadurch wurden die in ihm dargestellten kulturellen Differenzen nachdrücklich mit öffentlicher Präsenz ausgestattet, was wiederum das Konfliktpotenzial dieser Filme ›zu Hause‹, also in Jugoslawien, verstärkte. Der Film gewann zwar zunächst auch einen Preis auf dem Belgrader Dokumentar- und Kurzfilmfestival, wurde nichtsdestotrotz aber wie andere *Novi film*-Produktionen sehr bald ›im Bunker‹ verstaut – wie die Autoren selbst die inneren Zensurpraktiken des jugoslawischen Sozialismus bezeichneten (Schober 2013, 53). Sein Regisseur, Karpo Godina, wurde infolge mit einem teilweisen Arbeitsverbot für ›solche‹ Filmaktivitäten belegt und konnte für längere Zeit nur als Kameramann weiterarbeiten.

Verdrängte, unter die Oberfläche gekehrte Differenz und die Ausbreitung kriegerischer Handlungen
Nationale Differenz wurde auch in Form von Rückblenden in die Zeit des Faschismus und die unmittelbare Nachkriegszeit filmisch thematisiert.

---

9 Ironie kann als zweischneidiges Schwert verstanden werden, d. h., ihr wohnt neben der Bedeutungen herausfordernden und ablenkenden Kraft auch das Potenzial inne, vorab existierende Gruppenzusammenhänge zu affirmieren. Ironie kann demnach nicht nur herrschende Bedeutungzuweisungen unterminieren, sondern auch eine konservative Rolle spielen, die zum Beispiel Neuerungen und Veränderungen kontrolliert. Dazu: Hutcheon 1994, 18, 91 f.; vgl. Schober 2009, 198 ff., 246.

Ein diesbezüglich provokantes Beispiel ist MALI VOJNICI [PLAYING SOLDIERS] (1967) von Bahrudin ›Bata‹ Čengić. Anhand der Milieustudie über die Zöglinge eines Waisenheims fokussiert der Film auf den Zusammenhang zwischen dem Verdrängen von Differenz in der Zeit des real existierenden Sozialismus und einer Serie von Gewalthandlungen, die sich aus dem Fortwirken von Spannungen zwischen nationalen Gruppen ergab. Das Heim war, wie der Film vorführt, unmittelbar nach dem Krieg in einem entlegenen Kloster provisorisch eingerichtet worden und beherbergte eine vorwiegend monosexuelle Gruppe: neben den Kindern, allesamt Buben, gab es nur einen erwachsenen Erzieher sowie eine Betreuerin, Lucija, die gleichzeitig auch als Geliebte des Erziehers eingeführt wird.

Zu Beginn des Films zeigt eine längere Einstellung den offenen Wagon eines Zugs, auf dem eine Gruppe älterer Männer lagert. Etwas abseits sitzt ein kleiner Junge und ein Soldat fungiert als Aufseher. Einer der Männer spricht den Jungen in deutscher Sprache an, worauf dieser ebenfalls auf Deutsch antwortet. Der ältere Mann im Film reagiert überrascht und zugleich sind auch wir im Zuschauerraum durch diesen narrativen *view behind* in die Geschichte einbezogen und wissen nun: Der Junge versteht Deutsch und gibt sich im folgenden Gespräch dann auch als Deutscher zu erkennen, indem er die anwesenden ehemaligen Soldaten nach dem möglichen Verbleib seines Vaters fragt. Mit den Worten »Sei klug«, »Du kennst doch ihre Sprache«? rät der ehemalige Soldat gegen Ende dieser Sequenz dem Jungen, sich vor Ort nicht als Deutscher erkennen zu geben.

Wir im Zuschauerraum sind also gleich zu Beginn des Films als Mitwissende einbezogen. Den anderen Kindern im Kinderheim, in das Hanno aufgenommen wird, bleibt dieses Wissen um seine Herkunft, strikt verwehrt. Der Erzieher, der ihn aufnimmt, erschrickt bei der Durchsicht seiner Papiere und macht ihm deutlich, dass er seine wahre Identität zu verheimlichen habe: »Die anderen Kinder dürfen nichts erfahren«. Deshalb verleiht er Hanno Dessau, wie der volle Name des Jungen lautet, einen anderen Namen: Bosko Grubac.

Die filmische Narration entfaltet sich rund um Hannos langsame Eingliederung in die Bubengruppe, die sich im Heim gebildet hat (Abb. 2), und zeichnet später die schrittweise Aufdeckung seiner Identität sowie seine Verfolgung nach. Die Bubengruppe ist einer Gruppe von Soldaten vergleichbar streng hierarchisch gegliedert dargestellt. Sie wird von einem Anführer dominiert und es gibt Jüngere und Schwächere, die von den Älteren und Stärkeren beschützt werden müssen. Diese Hierarchien sowie das Gewaltpotenzial, das der Bubengruppe innewohnt, werden gleich zu Beginn des Films inszenatorisch in den Vordergrund gerückt. Noch bevor Hanno im Kinderheim ankommt und in ›Bosko‹ umgetauft wird, zeigt eine Szene die Buben beim Jagen eines Hundes, der schließlich als ›Deutscher‹ identifiziert und hingerichtet wird.

Abb. 2: »Mali Vojnici/Playing Soldiers« (YU 1967)

Der Film thematisiert die Abwesenheit der Väter und Mütter der Jungen, wie diese umgekommen beziehungsweise aus deren Leben verschwunden sind, sowie die Sehnsucht, sie wiederzufinden. Daneben bildet die Erziehung hin zum Sozialismus, der die Buben und insbesondere Hanno unterzogen werden, einen wichtigen Strang der filmischen Erzählung. Eine dieser Szenen gestaltet Čengić in ausgeprägt surrealer Form. Er setzt hierzu eine Art poetischen Surrealismus ein, der zu der Verstörung, die der Film auf offizieller Seite wie auf Seiten des Publikums ausgelöst hat, nachdrücklich beigetragen hat (Branko 1999; Goulding 2002, 76). In der betreffenden Sequenz begegnen wir Hanno alias Bosko auf einem Pferd sitzend gleichsam magisch und rückwärts durch ein Kornfeld gleiten, ihm gegenüber befindet sich der Erzieher, der ihn in Bezug auf den Sozialismus unterrichtet. Erst als die Kamera näher rückt, erkennen wir im Zuschauerraum, dass sich alle Beteiligten auf einem Boot befinden, das vom Erzieher in einem Wasserkanal hinter dem Kornfeld durch Rudern und in Gegenrichtung zur Reitposition Hannos fortbewegt wird. Solch surreale Szenen, in denen die Identität und Verortbarkeit der Objekte zweifelhaft gemacht wird, durchbrechen den Film an mehreren Stellen. In einer der Anfangsszenen sieht man beispielsweise Kornbüschel, die scheinbar autonom hinter einer der Klostermauern vorbeispazieren. Nach einer ersten Irritation kommt ins Bild, dass sie von den Buben getragen werden, die sich wie Soldaten unter ihnen versteckt halten, um so getarnt ins Heim zurückzukehren.

Im letzten Drittel des Films nimmt die Erzählung eine dramatische Wendung. Die Kinder begleiten einen ihrer Kameraden, der von seinem Vater wiedergefunden und abgeholt wird, ein Stück weit und trinken dabei ausgelassen Schnaps. An den Gesängen, die die Gruppe erklingen lässt, kann Hanno alias Bosko nicht teilnehmen, da er die Lieder und deren

Texte nicht kennt. Das macht ihn in den Augen des Anführers der Bubenbande verdächtig. Vollends bestätigt wird dieser Verdacht, als Hanno auf seiner Mundharmonika ein deutsches Lied spielt. Diese Mundharmonika hatte er zu Beginn des Films vom Aufsichtssoldaten im Zug, der sie dem deutschen Soldaten, mit dem der Junge im Gespräch war, weggenommen hatte, erhalten. Einzelne Objekte wie dieses übernehmen im Film wiederholt eine Schlüsselrolle.

Daraufhin beginnt die Gruppe, Hanno alias Bosko zunächst zu ächten – etwa, indem ihm ein Hakenkreuz aus Papier auf den Rücken geheftet oder indem er mit Schlamm beworfen wird. Hier changiert er noch zwischen ›einer von uns‹ und ›Deutscher‹. Schließlich wird er jedoch vollends zum Feind, dem durch Folter zunächst ein Geständnis entlockt wird, woraufhin er bedingungslos gejagt wird. Diese Eigendynamik innerhalb der Bubengruppe, in der die Ausgrenzung bis zur gewaltvollen Verfolgung schrittweise gesteigert vorgeführt wird, setzt Čengić in starken Kontrast zur offiziellen Handhabung des Konflikts von Seiten der Heimleitung. Denn diese ist von weitgehender Unfähigkeit geprägt, trotzdem der Leiter und dessen Geliebte erkennen wie ernsthaft sich die Lage für Hanno darstellt. Zunächst wird von Seiten der Heimleitung striktes Schweigen bezüglich der wahren Identität Hannos verordnet. Als die Wahrheit seiner Zugehörigkeit langsam zu Tage tritt, reagiert der Erzieher unbeholfen und ineffektiv, etwa indem er Hanno die Mundharmonika wegnimmt und ihm verbietet, ›solche‹ Lieder je wieder verlauten zu lassen. Diese Szenen leben auch von einer Spannung zwischen den Slogans sozialistischer Erziehung und der Dynamik innerhalb der Kindergruppe. Angesichts der repräsentierten Schicksale und der Verstrickung zwischen den Figuren sowie der sich entwickelnden Ausschlussdynamik klingen solcherlei Aussprüche zunehmend hohl, wobei einzelne Gestalten wie etwa ein Prediger als verständnisvolle Kontrastfiguren eingesetzt werden, wodurch auch in diesem Film Religion positiv besetzt auftritt.

Über diese, sich durch den gesamten Film ziehende Spannung wird nationale, kulturalisierte Differenz und deren Handhabung im Staatssozialismus explizit thematisiert. Das Kinderheim erscheint als eine Art Gesellschaft im Kleinen, steht also in leicht verschobener Form für das zeitgenössische Gesamtjugoslawien, das, wie das Heim selbst, erst im Aufbau begriffen ist und in den Überresten der bisherigen Welt – hier einem Kloster, in dem ein Lenin-, Stalin- und Titobild provisorisch über die Gesichter eines christlichen Abendmahlbilds geklebt sind – eingerichtet werden muss. Dabei verhandelt Čengić das Problem vordergründig anhand eines für die offizielle Ideologie nicht anstößigen, ja sogar erwünschten bzw. offiziell nahegelegten historischen Narrativs: des befreiten neuen Jugoslawien unmittelbar nach dem Zweiten Weltkrieg, wobei als Differenz diejenige zwischen Deutschen und Jugoslawen beziehungsweise Nazis und Kom-

Abb. 3: »Mali Vojnici/Playing Soldiers« (YU 1967)

munisten gewählt wurde. Zugleich führt der Film vor, wie unfähig und brüchig die offizielle Praxis angesichts von Konflikten ist, die mit Identität und Differenz zu tun haben und wie diese Unfähigkeit dazu führt, dass Spannungen sich Schritt für Schritt zu einer gewaltsamen, selbst wieder kriegerischen Entladung hin entwickeln. Dabei zeigt Čengić durch zahlreiche Details auf, wie abgeschnitten die offizielle Sprache, die von Befreiung und Neuaufbau des Sozialismus erzählt, und die mit ihr verbundenen Rituale von real existierenden Konflikten sind. Letztere prägen einen Alltag, in dem Zugehörigkeiten einfach nicht versteckt werden können, sondern immer wieder zum Ausdruck kommen – etwa über das Medium der Musik, das eine Art Leitmotiv des Films darstellt.

Die Buben verlassen sich bei der Austragung ihrer Konflikte nicht auf das offizielle Regime – in diesem Fall die Heimleitung, die aber für die führenden Kader des realsozialistischen Systems allgemein steht –, sondern nehmen seine Lösung selbst in die Hand. Dies hat, wie der Film zeigt, weitere gewaltvolle, kriegerische Auseinandersetzungen mit all ihren Konsequenzen zur Folge (Abb. 3).

Im Film taucht der Heimleiter zwar an mehreren Stellen, an denen die Bubenbande Hanno in die Ecke treibt und mit Erschießung droht, unvermutet als Retter auf. Die Jagd geht aber immer weiter. Dabei wählt Čengić bezüglich des Schicksals Hannos ein offenes, wenn auch sehr dramatisches Ende: Er zeigt den auf uns, im Zuschauerraum, zulaufenden Jungen und seine Verfolger, wobei die Bilder zunehmend unscharf werden. Dazwischenmontiert bekommen wir im Gegenzug auch zu sehen, was Hanno sieht: eine glühende immer näherkommende Sonne. Dabei spielt dieses Ende beständig mit der Möglichkeit, der Heimleiter könnte einmal nicht zur Stelle sein und die intendierte Exekution Vollstreckung finden.

Das Augenmerk auf Differenz und den Umgang mit ihr wird noch dadurch verstärkt, dass auch eine zweite Differenz, die im Film präsent ist, zum Anlass einer Gewalthandlung wird: Geschlechterdifferenz. Das Thematisieren dieser Differenz durchzieht ebenfalls den gesamten Film. Auch wenn sie gegenüber der Verhandlung von nationaler Identität und ihrer potenziellen Konflikthaftigkeit deutlich weniger Raum einnimmt, zählen die Episoden, in denen sie verhandelt wird, zu den emotional am stärksten aufgeladenen des gesamten Films. Zentrale Figur für diese Thematisierung ist Lucija, die Freundin des Heimleiters, die zunächst als erotische und gleichzeitig ein wenig mütterliche Projektionsfläche für die Buben fungiert – ähnlich wie die Marienstatue, die ebenfalls an mehreren Stellen auftaucht. Sie ist schwanger, wie eine Szene deutlich macht, in der sie sich gestützt von ihrem Geliebten erbricht. Zugleich wird Lucija in ihrem erotischen Verhältnis zum Heimleiter von den Buben akribisch beobachtet und kommentiert – etwa, indem letztere zur Untermalung des Liebesspiels der beiden ein Musik-spielendes Grammophon auf ein Boot setzen und auf den kleinen See schicken, an dem sich die Liebenden verabredet hatten.

Im Zuge dessen, dass Hanno alias Bosko verdächtigt wird, Deutscher zu sein, bewerfen ihn die anderen Buben in einer Szene mit Schlamm und bespritzen und beschmutzen sich dabei auch gegenseitig. Nachdem der Erzieher der Aggression ein Ende gesetzt hat, sieht man die Jungen unter der Dusche, wie sie sich den Schlamm vom Leib waschen. Lucija ist unter ihnen, seift sie ein, duscht sie ab, und ist ihnen sorgsam behilflich. Plötzlich verabreden sich zwei der älteren Jungen über Blickkontakt miteinander. Sie werfen sich abrupt auf Lucija und vergewaltigen sie. Es folgt eine von heftiger Gewalt gekennzeichnete Gruppenvergewaltigung, der sich die schreiende Lucija nicht zu entziehen vermag. Auch hier unterbricht, nachdem die Vergewaltigung mehrfach vollzogen worden ist, das Auftauchen des Heimleiters das Geschehen.

Mit der Darstellung einer Vergewaltigung, wie sie vielfach in Kriegsberichten geschildert wurde, verschärft Čengić das Bild, das er in Zusammenhang mit Differenz zeichnet. Er portraitiert eine monosexuelle Gesellschaft, in der nicht nur nationale, sondern jede Form der Differenz zum Ausgangspunkt von Gewalthandlungen wird. Der Aufseher, der in der Miniaturgesellschaft des Heims für das Regime steht, hat die Dynamik innerhalb der Belegschaft nicht unter Kontrolle. Seine Uniform wirkt bisweilen wie ein Karnevalskostüm, das er für einen Auftritt anzieht, hohl wie die Floskeln in Bezug auf den Sozialismus, die er mit anderen Mitgliedern der Erwachsenengesellschaft – etwa dem Vater eines der Jungen – austauscht.

Lucija selbst wird im Film nicht sehr detailreich charakterisiert. In einer Szene, in der sie sich mit dem Heimleiter über Hanno unterhält, wirkt sie unverständiger als ersterer und an wieder anderer Stelle tritt sie wie eine Dienstbotin auf, die den Heimleiter und seine Besuche bewirtet. Obwohl zunächst eher im Hintergrund der Narration, ist die Inszenierung von Geschlechterdifferenz für den Film sehr wichtig. Denn über sie wird der Umgang mit Differenz verallgemeinert, das heißt, es wird deutlich gemacht, dass in diesem gesellschaftlichen Kontext und unter dem herrschenden Regime jede Form des Andersseins gejagt, bedroht, ausgelöscht und gewaltsam angeeignet werden kann.

Geschlechtliche und ethnische Differenz als Projektionsfläche für Gesellschaftsutopie

Differenz wird in den Filmen der *Novi film*-Bewegung auch thematisiert, indem Weiblichkeit als Projektionsfläche für die Utopie einer besseren emanzipierteren und befreiteren Gesellschaft in Szene gesetzt wird. Beispiel dafür sind die frühen Spielfilme von Dušan Makavejev, einem der bekanntesten Filmemacher der Bewegung. Differenz in Form der Repräsentation regionaler Partikularitäten und von nationaler oder religiöser Zugehörigkeit ist dabei in fast allen der frühen Spielfilme, die Makavejev in Jugoslawien produziert hat, präsent. Da die Repräsentation von nationaler Differenz jedoch, wie eingangs ausgeführt, in Jugoslawien stark überwacht war, wurde dieser Aspekt üblicherweise nicht zur Haupterzählung eines Films erhoben, sondern eher in Form von Details und Nebenerzählungen eingeschleust. Von Makavejev wurde Geschlechterdifferenz dagegen sehr häufig explizit zum Gegenstand der Erzählung gemacht. In seinen Filmen trat sie nicht selten überlagert mit ethnischer Differenz auf, was anhand des Films LJUBAVNI SLUAJ ILI TRAGEDIJA SLUBENICE P.T.T. (LOVE AFFAIR, OR THE TRAGEDY OF THE SWITCHBOARD OPERATOR) aus dem Jahr 1967 besonders deutlich wird.

Der Film erzählt die Geschichte von Izabela (Eva Ras), einer jungen Telefonistin, und Ahmed (Slobodan Aligrudić), einem etwas älteren Sanitätsinspektor und Parteimitglied. Die Narration erfolgt non-linear, und in ihr werden ganz verschiedene Diskursfundstücke aus den Bereichen Kriminologie, Hygiene, Pornografie und Sexualkunde montiert. Der Plot ist schnell erzählt: Izabela und Ahmed treffen sich zufällig beim Flanieren durch Belgrad und beginnen eine dauerhafte und glückliche Beziehung. Während Ahmed für einige Zeit arbeitsbedingt abwesend ist, betrügt ihn Izabela mit einem jungen Kollegen von der Post, Mića. Sie wird schwanger und es bleibt offen, von wem das Kind stammt. Izabela erlebt eine Krise und weist Ahmeds Heiratsantrag brüsk zurück. In einer der darauffolgenden Streitszenen, während sie versucht, Ahmed am Selbstmord zu hindern, fällt Izabela in den Brunnen und ertrinkt. Ahmed ist der Hauptverdächtige und wird festgenommen.

Diese Geschichte, in der es hauptsächlich um Liebe und Verrat geht, lebt von starken Kontrasten zwischen den beiden Hauptcharakteren. Izabela erscheint spielerisch, sinnlich, modern, offen für Neues und ist sexuell sehr aktiv, ja promisk. Demgegenüber wird Ahmed angespannt und betont ängstlich bezüglich seines Rufs, seiner Arbeit und seiner Parteimitgliedschaft charakterisiert. Er trinkt keinen Alkohol und ist erotisch nicht sehr erfahren – so gesteht er Izabela beispielsweise, dass sie seine erste ›moderne Frau‹ sei. Diese Oppositionen sind auch in ethnisch-kulturellen und religiösen Begriffen in Szene gesetzt. Izabela repräsentiert die ungarische Minderheit, die mit einem moderneren Lebensstil assoziiert ist, während Ahmed als Mitglied der muslimisch-slawischen Bevölkerungsgruppe ausgewiesen ist, die, wie der Film zeigt, als konservativ, traditionell und betont männerdominiert galt. Der Film führt vor, in welchen Weisen diese Unterschiede in Konflikt treten, sowie, dass die beiden Hauptfiguren durch eine Art von kulturellem Abstand voneinander getrennt sind – etwa wenn Izabela für Ahmed ein ungarisches Lied singt und er daraufhin meint, »ich verstehe kein Wort«; oder wenn sie nackt durch das Zimmer tänzelt und er sie ängstlich auffordert, Kleider anzuziehen.

Die kulturellen Unterschiede der Hauptcharaktere sind sehr präsent, werden aber immer wieder an geschlechtliche Differenz rückgebunden. Makavejev setzt selten ethnische Differenz zwischen verschiedenen Männern oder innerhalb von Frauengruppen in Szene, sondern akzentuiert die sexuelle Differenz zwischen Individuen durch die detailreiche Figuration von ethnischer Differenz. Dabei, und das ist für den ex-jugoslawischen Kontext wichtig, wird diese Differenz gleichzeitig als eine vorgeführt, in der ein spielerischer, freier und offenerer Zugang zur Welt und im Besonderen zum Kommunismus, wie ihn Izabela vorführt, in starkem Kontrast zu einem eher engen, rigiden und gehemmten Weltbezug wie Ahmed ihn verkörpert, gesetzt wird (vgl. Schober 2013, 168 f.).

Durch Figuren wie Izabela zelebriert Makavejev sinnliche Befreiung, Freude, Humor, Spontaneität und Kreativität, als, wie Daniel Goulding es nennt, »anti-death mechanisms of counter-repression« (Goulding 1994, 224). Ein solches Zelebrieren erfolgt in einer Vielzahl von Szenen – etwa, wenn sie Kaffee auf einem umgedrehten Bügeleisen braut oder freudig einen Apfelstrudel backt und dabei mit dem Strudelteig wie mit einem Riesenluftballon spielt (Abb. 4).

Diese Szenen leben zudem von Bildern, die uns im Zuschauerraum auf haptische, sinnliche Weise in das Geschehen involvieren. Ahmed dient dagegen über den gesamten Film hinweg als rigide und sehr konventionsverhaftete Kontrastfigur (vgl. Schober 2013, 169).

Izabela ist auch Beispiel für die starken Frauenfiguren, die Makavejevs Filme kennzeichnen, weswegen er manchmal auch als »Feminist« bezeichnet wird (z. B. von Durgnat 1999, 87). Diese Bezeichnung ist jedoch nicht ganz zutreffend. Denn in seinen Filmen werden wir nicht mit einer politisch-aktivistischen Selbstpräsentation von Frauen konfrontiert. Makavejev knüpft eher an eine andere Tradition an, in der Figurationen von Weiblich-

Abb. 4: Eva Ras als Izabela in »Ljubavni Slučaj Ili Tragedija Službenice Ptt/Love Affair, Or The Tragedy Of The Switchboard Operator« (YU 1967), mit Dank an die Jugosloveska Kinoteka, Belgrad

keit all das verkörperten, was die männerdominierte Welt des offiziellen, bürokratischen und wirtschaftlichen Lebens ausschließt – zum Beispiel Sinnlichkeit, Sexualität, Schönheit, Unkonventionalität. Diese Tradition, die in Künsten wie Literatur, Malerei und in der politischen Allegorie insbesondere seit dem 18. und 19. Jahrhundert dominant war, ist davon gekennzeichnet, dass Weiblichkeit von meist männlichen Kulturschaffenden benutzt wird, um sich gegenüber dem Status Quo neu zu positionieren (Pechriggl 2000, 164 ff.; Schober 2011, 394). Izabela steht dieser Tradition entsprechend für einen neuen, befreiteren, freudvolleren und weniger repressiven Zugang zum Leben, den Makavejev in seiner Umwelt anscheinend vermisste. Denn letztere sah er, wie er in einem zeitgenössischen Interview festhielt, als von Korruption und von »sozialer Schizophrenie«[10] geprägt an. Der Autor projiziert also seine utopische Version von Gesellschaft auf die weibliche Hauptfigur des Films und benutzt ethnische Charakteristika,

---

10 In Bezug auf den Sozialismus in Jugoslawien hielt Makavejev fest: »Wir verfügen über eine außerordentlich gute Verfassung, perfekte Gesetze, ein exzellentes Programm und demokratische und humanitäre Prinzipien. Die Praxis hat damit aber nichts zu tun ... In unserem Fall ist alles stärker sichtbar. Man weiß, dass derselbe Funktionär, der einen demokratischen und humanitären Diskurs führt, gleichzeitig seine Macht missbraucht« (Übersetzung A. S., zitiert nach: Ciment 1968, 19).

um dies zu akzentuieren und eine Differenz gegenüber dem Gegebenen zu verstärken (vgl. Schober 2013, 170).

Coda
Ästhetische, sexuelle, ethnische und nationale Aspekte treten in unseren Erfahrungen von Differenz zunächst unentwirrbar vermischt auf. Um eine solche Erfahrung von Differenz als spezifische, etwa als beispielsweise nationale, zu figurieren sind – wie Naoki Sakai aufzeigt (Sakai 2005, 5 und 11) – vermittelnde Diskurse notwendig, die uns als Subjekte ansprechen und in uns das Gefühl erzeugen, zeitlich und räumlich entfernte Ereignisse seien in Wirklichkeit ›unsere‹ Ereignisse. Wie die hier besprochenen Filme detailreich vorführen, veränderten sich diese Diskurse in Jugoslawien in den späten 1960er Jahren. Kulturelle Differenz und Ethnizität[11] wurden in ihnen plakativ ausgestellt und ein Stück weit auch beworben. Zugleich wurde der praktische Umgang mit Differenz im jugoslawischen Staatssozialismus in ihnen kritisch reflektiert und ironisch-humoristisch herausgefordert und in manchen Fällen wird Geschlechterdifferenz überlagert mit ethnischer Differenz utopisch aufgeladen präsentiert. Diese Filme verbinden sich dabei mit anderen, politischen und kulturellen Diskursen in Jugoslawien, in denen der vormals hegemoniale Begriff des Selbstmanagements seit den späten 1960er Jahren durch den der ›Nation‹ ersetzt wurde, wie Rei Shigeno zeigt (Shigeno 2004, 236).

In den um 1968 entstehenden Filmen waren Diskurse, die sich auf ›Nation‹ und ›Ethnizität‹[12] stützen, aber noch nicht als die zentralen vermittelnden Diskurse präsent. Vielmehr wurden hier vordergründig andere Alternativdiskurse der 1960er Jahre, wie sexuelle Befreiung und die Betonung und Problematisierung geschlechtlicher Differenz, aufgegriffen, um die herrschende Ideologie und gängige Praktiken des Sozialismus herauszufordern. In diese Inszenierungen und Geschichten wurde zugleich das Thematisieren von Differenzen zwischen verschiedenen regionalen, nationalen und religiösen Kulturen eingestreut. Wie Makavejevs Filme zeigen, wurde in manchen Fällen die Utopie einer besseren, das heißt emanzipierteren Gesellschaft auf weibliche Figuren projiziert, wobei Geschlechterdifferenz auch hier durch ethnisch-kulturelle Differenz akzentuiert wurde.

11   Vamik Volkan definiert »ethnische Gruppen« folgendermaßen als soziale Zusammenhänge, deren Mitglieder »folk religious beliefs and practices, language, a sense of historical continuity, a common ancestry, place of origin, and shared history« verbänden (Ders. 1997, 21). Selbst wenn traditioneller Rassismus heute nicht völlig verschwunden ist, wurde er, so Volkan, über weite Strecken durch einen Neo-Rassismus ersetzt, der sich nicht auf Biologie, sondern auf Anthropologie sowie auf ein ideologisches Bekenntnis zu Differenz stützt und bemüht ist, Gemeinschaften separat zu halten.
12   Zu diesen Diskursen und wie diese mit neuen Heldenbildnissen im post-jugoslawischen Serbien und Kroatien in Beziehung stehen: siehe Sabo 2017.

Filme wie MALI VOJNICI (1967) dagegen erscheinen in der historischen Rückschau spätere Entwicklungen vorwegzunehmen: Das hier thematisierte Zusammenspiel von Verdrängung von Differenz und Fortwirken von Spannung zwischen verschiedenen kulturalisierten Gruppen hat in den ›ethnischen Säuberungen‹ und Kriegen der 1990er Jahre eine gewaltsame Entladung gefunden.

Literatur

Babac, Marko 2001: Kino-Klub »Beograd«. Belgrad.
Bauman, Zygmunt 1991: Modernity and Ambivalence. Cambridge.
Bieber, Florian 2005: Nationalismus in Serbien vom Tode Titos bis zum Ende der Ära Milošević. Wien.
Branko, Pavel 1999: Two Roots of Yugoslav Cinema (Report from the Pula Festival 1968); übersetzt in: www.art-in-society.de/AS3/Y-film.html (Zugriff: 30.01.2018).
Ciment, Michel/Bernhard Cohn 1971: Entretien avec Dusan Makavejev sur ›WR, Les mystères de l'organisme‹. *Positif. Revue mensuelle du cinéma* 129 (juillet-août), 48–53.
Durgnat, Raymond 1999: WR: Mysteries of the Organism. London.
Godina, Karpo 2013: Interview with Karpo Godina. In: Filmkollektiv Frankfurt (Hg.): On the cinema of Karpo Godina or A book in 71383 words. Frankfurt am Main, 19–89.
Goulding, Daniel 1994: Makavejev. In: Goulding, Daniel (Hg.): Five film-makers. Tarkovsky, Forman, Polanski, Szabó, Makavejev. Bloomington/Indianapolis, 209–263.
Goulding, Daniel 2002: Liberated Cinema: The Yugoslav Experience 1945–2001. Bloomington/Indianapolis.
Halter, Marylin 2006: Ethnic and Racial Identity. In: Ueda, Reed (Hg.): A Companion to American Immigration. Oxford, 161–176.
Hutcheon, Linda 1994: Irony's edge. The theory and politics of irony. London/New York.
Klimke, Martin (2010): The Other Alliance. Student Protest in West Germany and The United States in the Global Sixties. Princeton/Oxford.
Lefort, Claude 1986: The Political Forms of Modern Societies: Bureaucracy, Democracy, Totalitarianism. Cambridge.
Lydall, Harold 1984: Yugoslav Socialism: Theory and Practice. Oxford.
Makavejev, Dušan 1977: Interview with Dušan Makavejev. *Ciné-Tracts. A Journal of Film, Communications. Culture and Politics* 1 (Summer), 48–53.
Pechriggl, Alice 2000: Corps Transfigurés. Stratifications de l'imaginairer des sexes/genres, Bd. 1 (Du corps à l'imaginaire civique). Paris.
Rusinow, Dennison 1977: The Yugoslaw Experiment, 1948–1974. London.
Sabo, Klaudija 2017: Ikonen der Nationen: Heldendarstellungen im post-sozialistischen Kroatien und Serbien. Oldenbourg.
Sakai, Naoki 2005: Introduction. Nationality and the Politics of the Mother Tongue. In: Sakai, Naoki/Brett de Bary/Toshio Iyotani (Hg.): Deconstructing Nationality. New York, 1–38.
Shigeno, Rei 2004: From the Dialectics of the Universal to the Politics of Exclusion: The Philosophy, Politics and Nationalism of the Praxis Group from the 1950s to the 1990, PhD thesis. Colchester.
Schober, Anna 2009: Ironie, Montage, Verfremdung. Ästhetische Taktiken und die politische Gestalt der Demokratie. Paderborn.
Schober, Anna 2012: Die bestechenden Anderen (und das Bestechende der Anderen). Subversion Massenkultur und das (politische) Subjekt im Werden. In: Bandi, Nina/

Michael G. Kraft/Sebastian Lasinger (Hg.): Kunst, Krise, Subversion: Zur Politik der Ästhetik. Bielefeld, 63–104.

Schober, Anna 2013: The Cinema Makers. Public life and the exhibition of difference in south-eastern and central Europe since the 1960s. Bristol/Chicago.

Schober, Anna 2017: Geschlecht als Kultur unter Kulturen: Reservoir an Bildern und Bezugsgefüge für politische Einmischung. In: Langenhohl, Andreas/Dies. (Hg.): Metamorphosen von Kultur und Geschlecht. Genealogien, Praktiken, Imaginationen. Paderborn, 7–30.

Volkan, Vamik 1997: Bloodlines. From Ethnic Pride to Ethnic Terrorism. New York.

Yanitskii, Oleg 1993: Russian Environmentalism: Figures, Facts, Opinions. Moscow.

Filme

BRACA (YU 1964), R: Marko Babac, 4 min.
LJUBAVNI SLUAJ ILI TRAGEDIJA SLUBENICE P. T.T. (YU 1967), R: Dušan Makavejev, 79 min.
MALI VOJNICI (YU 1967), R: Bahrudin Čengić, 92 min.
ZDRAVI LJUDI ZA RAZONODU (YU 1971), R: Karpo Godina, 10 min.

Klaudija Sabo
DIE REVOLUTION NACH DER REVOLUTION
Die jugoslawische Jugend im Aufbruch im Film
»Rani Radovi« (1969) von Želimir Žilnik

Rani Radovi [Frühe Werke] (1969) wird nicht ohne Grund als der ›sozialistische Easy Rider‹ Jugoslawiens betitelt (Gržinić 160, 2009). Beide Filme sind nicht nur im selben Jahr veröffentlicht worden, sondern hielten der US-amerikanischen beziehungsweise der jugoslawischen Gesellschaft schonungslos den Spiegel vor und hinterfragten die in dem jeweiligen Land verankerten und mittlerweile erstarrten Idealismen der Zeit. So wie in Easy Rider mit den Mythen der Hippiegeneration in Amerika gebrochen wird, so wird auch in Želimir Žilniks Rani Radovi das gesellschaftliche und politische System der ehemaligen PartisanenkämpferInnen und sozialistischen RevolutionärInnen kritisch durchleuchtet. Beide Filme erlangten in den jeweiligen Ländern Kultcharakter, da sie den Zeitgeist pointiert widerspiegelten. Über die 68er-Generation in den USA wurde und wird nach wie vor in den Medien ausladend berichtet, doch weiß man nur wenig über dieselbe Zeitperiode im (süd-)osteuropäischen Raum. Rani Radovi gibt einen Einblick in diese Periode und portraitiert das widerständige Begehren der jugoslawischen Jugendkultur der Nachkriegsgeneration.

Widerstand zeigt sich dabei auf mehreren Ebenen; drei davon sollen im vorliegenden Aufsatz vorgestellt werden. Auf der ersten vordergründigen Ebene thematisiert der Film den radikalen Protest und das idealistische Gebaren einer jungen Generation, die mit agitatorischen Liedern und marxistisch-leninistischen Lehrsätzen versuchen, auf politisch aktivistische Weise innerhalb der Gesellschaft sozialistische ›Dogmen‹ in die Realität umzusetzen. Denn Ziel ist es, eine Revolution nach der Revolution zu entfachen, wobei die sozialistischen Ideale weiterentwickelt und so ein gesellschaftlicher ›Wohlstand‹ hervorgerufen werden sollten. Auf einer zweiten Ebene werden die Rolle der Frau und die im Zuge der sozialistischen Revolution gewünschte Emanzipation sowie die damit in Verbindung stehende Sexualität thematisiert. Jugoslava, die Hauptdarstellerin von Rani Radovi klärt in dem Film nicht nur ihre Mitbürgerinnen sexuell auf, sondern integriert das sexuelle Leben im Sozialismus in ihrem alltäglichen Tun (Abb. 1). Auf einer dritten Metaebene birgt die Bildästhetik eine visuelle Provokation in sich, welche die Betrachtenden mit Jump Cuts, Brüchen im Zeitkontinuuum und dokumentarischen Einschüben immer wieder an die Grenzen ihrer Sehgewohnheiten bringt.

Abb. 1: Die küssende Jugoslava; »Rani Radovi« [»Frühe Werke«] (1969)

Zeichen der Zeit – Rani Radovi

Als er der jugoslawischen Bevölkerung im Jahr 1969 präsentiert wurde, entpuppte sich RANI RADOVI als Publikumserfolg. Nach Marina Gržinić beruhte sein Erfolg auf dem Erfassen der gegenwärtigen Zustände, da der Film die soziopolitischen Themen seiner Zeit geschickt einfing und sich so auch die jugoslawische Bevölkerung in großen Teilen darin wiederfand (Gržinić 2009, 68). Die vier HauptdarstellerInnen des Films referieren mit ihren Handlungen auf die Studentenunruhen, die im ehemaligen Jugoslawien ein Jahr vor Erscheinen des Films stattfanden. Die stärksten Ausschreitungen entwickelten sich Anfang Juni 1968 in Belgrad, bei denen sich die StudentInnen sowie generell junge Menschen für die Beseitigung von sozialen Ungleichheiten einsetzten und mehrere Tage an der Belgrader Universität streikten. Den Auslöser gab ein Popkonzert am Abend des 2. Juni 1968 in Novi Beograd, auf dem es zu Prügeleien zwischen Jugendlichen und der Polizei kam. Tausende demonstrierten daraufhin am nächsten Tag und besetzten diverse Universitätsgebäude. Die Proteste weiteten sich auf Ljubljana, Zagreb und Sarajevo aus. Die Forderungen der DemonstrantInnen bezogen sich vornehmlich auf die Erweiterung von demokratischen Rechten, den Ausbau der sozialen Gerechtigkeit und die Verbesserung der Studienbedingungen. Der Ausspruch, der sich auch immer wieder im Film findet, »Nieder mit der roten Bourgeoisie«, war einer der Leitsprüche der Demonstrierenden. Mit der roten Bourgeoisie waren hier die ehemaligen IdealistInnen und (PartisanInnen)KämpferInnen gemeint, die sich nach Meinung der RevolutionärInnen im sozialistischen System eingerichtet und es sich dort gemütlich gemacht hätten (vgl. Calic 2010).

Der Regisseur Žilnik schließt an diese Ereignisse an und fängt mit seinem Film die Enttäuschungen der Nachkriegsgeneration ein, die in der erweiterten Etablierung des Sozialismus keinerlei Progress mehr erkennt. Žilnik zufolge versucht der Film RANI RADOVI, »[...] die religiösen Mythen des Sozialismus zu demystifizieren« (Prejdova 2009, 79). Die vier ProtagonistInnen verdeutlichen mit ihrem persistenten und widerständigen Gebaren die Missstände im sozialistischen Alltag. Dabei tragen sie dafür Sorge, dass die Revolution im Marx'schen Sinne von Unten erfolgt und so auch die Handlungsmacht einzig und allein den ArbeiterInnen und BäuerInnen zugesprochen wird. Selbst der Titel des Films, RANI RADOVI, verweist auf die populäre Anthologie von Karl Marx und Friedrich Engels, die in Jugoslawien erstmals 1953 unter demselben Namen (*Rani Radovi/Frühe Werke*) veröffentlicht wurde. Beide Autoren zelebrierten in ihren Schriften den wesentlichen Grundsatz von der Herrschaft des Proletariats. Doch laut Žilnik sah die Wirklichkeit innerhalb des realsozialistischen Jugoslawiens anders aus: Die politische Entscheidungsmacht war fünfundzwanzig Jahre nach der Machtübernahme Josip Broz Titos hauptsächlich in den Händen einer politischen Elite und nicht bei den ArbeiterInnen und Bauern (Gržinić 160, 2009). Der Film RANI RADOVI wird jedoch nicht müde, immer wieder auf die Kluft zwischen Theorie und Praxis zu verweisen, die im damaligen jugoslawischen realsozialistischen System über die Jahre hinweg mehr und mehr sichtbar wurde.

Žilnik ist jedoch nicht der einzige, der sich kritisch mit dem sozialistischen System auseinandersetzte und die gesellschaftlichen Verhältnisse in seinen Filmen[1] durchleuchtete. Er ist Teil einer ›linken Filmbewegung‹, die mit ihrem künstlerischen Schaffen ›Zwischenergebnisse‹ der politisch gesellschaftlichen Entwicklung liefern und eine kritische Bestandsaufnahme leisten wollte (Jana George 2014, 2001).

Der Neue Jugoslawische Film

Der *Neue Jugoslawische Film*, der in den 1960er Jahren auflebte, wird von dem Filmhistoriker Pavle Levi als die reichste und komplexeste Periode der jugoslawischen Filmkultur bezeichnet (vgl. Levi 2007, 62). Diese Filmbewegung wandte sich zunehmend heiklen oder tabuisierten Themen aus Vergangenheit und Gegenwart zu (vgl. Sundhaussen 2012, 158) und analysierte mit Schärfe und anarchistischem Humor die Kehrseiten einer sozialistischen Gesellschaft. Filme solcher Art waren nur in jener Zeitperiode

---

[1] Zu den wesentlichen Vertretern zählten: Aleksander Petrović, Zivojin Pavlović, Dušan Makavejev (in Serbien), Ante Babaja, Krsto Papić, Vatroslav Mimica (in Kroatien), Boštjan Hladnik, Matajaž Klopčić (in Slowenien). Siehe dazu auch: Anna Schober. The Cinema Makers. Chicago 2014; Daniel J. Goulding. Liberated Cinema. The Yugoslav Experience 1945-2001, Indiana 2001.

möglich, die Žilnik als eine Ära des »reifen Titoism« bezeichnete – »when the Yugoslav model was more open, more successful and more communicative than other state models of socialism« (Prejdová 2009, 208). Die sozialistische Revolution in Jugoslawien ist innerhalb des *Neuen Jugoslawischen Films* der hauptsächliche Gegenstand filmischer Betrachtungen. Die Filmbewegung nahm sich das Recht heraus, sich selbst zu dienen, als eine Kritik aller existierenden Zustände von der Freiheit »[…] to be a conscience – often an unavoidably sombre one – of the land, the nation, the society, and the individuals that comprise it« (Liehm 1977, 429).

Die oftmals düsteren und fatalistischen Sichtweisen der Filme blieben von offizieller Seite nicht ohne Reaktion und erhielten im späteren Verlauf den Beinamen *Schwarze Welle* (Levi 2007, 79). Geprägt wurde der Ausdruck im Jahr 1969 von einem Kulturfunktionär der Zeitschrift *Borba* (Kampf), der sich abschätzig über die Filme äußerte und diese dunkle, kritische und nicht beschönigende Sichtweise der Filmschaffenden kritisierte (Jovičić 1969, 22 f.). Allerdings wäre es nicht richtig, die Bewegung als antitotalitär oder antikommunistisch aufzufassen, wie es dem Kurator Gal Kirn zufolge oftmals der Fall gewesen ist. »Anders als Künstler in anderen sozialistischen Ländern wollten die jugoslawischen Künstler den Kommunismus nicht aufgegeben.« […] »Die Schwarze Welle wollte, dass der revolutionäre Prozess weitergeht«, betont Kirn. »Ihre Position war nicht dissident, sondern inhärent.«[2]

Filme, die dem *Neuen Jugoslawischen Film* zugeordnet werden, eint ein ähnlicher ästhetischer wie auch narrativer Zugang. Ihre Narration entspricht keiner linearen oder chronologisch aufgebauten Abfolge. Kausale Zusammenhänge werden immer wieder durchbrochen, so dass dem Zuschauer/der Zuschauerin die Möglichkeit der Orientierung verwehrt wird. Die eigentlichen Handlungsmotivationen der ProtagonistInnen sind selten eindeutig. Zudem wird das Medium Film in den Filmen kritisch reflektiert und die Stellung von BetrachterIn, Film und Regisseuren immer wieder neuverhandelt. Auch an RANE RADOVI können zahlreiche dieser Stilelemente festgemacht werden. Unter formalen Gesichtspunkten betrachtet fällt an dem Film auf, dass ein klassischer Erzählstrang fehlt. Die einzelnen Stationen, welche die ProtagonistInnen durchlaufen, fügen sich nicht zu einer logisch ablaufenden Ereigniskette zusammen. Die Narration scheint nicht geschlossen. Die häufig erfolgten Sprünge (jump cuts) zwischen einzelnen Szenen brechen zudem die Regeln der Schnittkonvention. Die Struktur des Films ist eine Collage von Episoden, deren jeweilige Anfänge und Enden nur selten an konkrete Referenzpunkte anknüpfen. Dadurch

---

2 Sonja Vogel: Die Schwarze Welle, 15.4.2013, http://www.taz.de/!5069374/; siehe dazu auch Andreas Filipović 2017: Debates on society and socialism in the Yugoslav film of the 1960s: the partisan issue. Wien [unveröffentlichte Dissertationsschrift].

werden die Szenen unterbrochen, voneinander getrennt oder erscheinen unvollendet. Zudem folgen oftmals auf lange Einstellungen erstaunlich kurze Szenen. Die Betrachtenden werden so mit jeder Szene neu konfrontiert und müssen sich mit dem Gezeigten arrangieren sowie diese immer wieder neu einordnen. Des Weiteren stellt der Film übergangslos Wechsel her, die zwischen Elementen des Dokumentarfilms und Szenen des klassischen Spielfilms changieren. So werden die Zuschauenden wiederum aus dem Erzählfluss herausgerissen und aufgefordert, den Film genretechnisch einzuordnen. Mittlerweile ist die reiche Periode experimenteller Filme außerhalb des ex-jugoslawischen Territoriums in Vergessenheit geraten. Nur wenige Filmschaffende der Periode sind in der internationalen Filmszene heute noch bekannt (Sundhaussen 2012, 159).

Rani Radovi und die Zensur

Zwar gab es offiziell keine Zensur, jene Filme, die politisch unerwünscht waren, wurden aber dennoch boykottiert, indem sie nicht ins Kinoprogramm aufgenommen und damit subtil weggeblendet wurden (Simeunović 2011, 230). Auch der Film RANI RADOVI geriet durch die Kritik an den politischen Zuständen sowie die Thematisierung sexueller Freiheiten ins Kreuzfeuer der politischen Obrigkeiten. Die staatlich eingesetzten Autoritäten veranlassten, dass der Film zeitweilig aus der Öffentlichkeit verbannt wurde. Die Aufforderung des Filmrückzugs wurde zwei Monate nach dem Filmstart erteilt. Verschiedenen Berichten zufolge habe Tito höchstpersönlich den Film bereits nach fünfzehn Minuten gestoppt und verlangt, dass er vom Markt genommen werde.[3]

Dem vorausgehend wurden im Dezember 1968 die Dreharbeiten an RANI RADOVI beendet und die fertiggestellte Version am 8. März 1969 von der Zensurkommission freigegeben. Wie die Presse berichtete, wurde bereits im Februar verlautbart, dass der Film im Juli 1969 auf den Internationalen Filmfestspielen Berlin laufen solle. Des Weiteren sollte dieser in New York in der Woche des jugoslawischen Films als Eröffnungsfilm gezeigt werden. Nur kurz vor seinem Screening auf dem Berliner Filmfestival wurde der Film vom Kreisstaatsanwalt Spasoje Milošev vorläufig verboten, da er laut seinen Angaben die gesellschaftliche Moral verletze. Daraufhin folgte ein Gerichtsprozess, welcher RANI RADOVI vollständig aus dem Verkehr ziehen sollte. Am 25. Juni hob der Richter Ljubomir Radović das Urteil des Staatsanwalts jedoch auf und Anfang Juli durfte der Film dann wieder gezeigt werden (vgl. George 2014, 202). Im selben Monat noch erhielt der Film den Goldenen Bären auf dem 19. Internationalen Filmfestival 1969 in Berlin.

---

3 Vgl. Stefan Steinberg, Anders Ernst: Interview mit dem Filmemacher Želimir Žilnik, 12. Juli 2001, https://www.wsws.org/de/articles/2001/07/zil2-j12.html (Zugiff: 3.4.2018).

Abb. 2: Jugoslava mit Schaum bedeckt; »Rani Radovi« [»Frühe Werke«] (1969)

Politischer Widerstand

RANI RADOVI begleitet vier agitatorische ProtagonistInnen, die gemeinsam um die Häuser und durch die Dörfer ziehen, um revolutionäre Ideale zur Veränderung der Verhältnisse zu verbreiten und so den in den Dörfern hart arbeitenden Menschen ›das Glück‹ zu verheißen. Die einzige Frau und Worführerin der Gruppe ist Jugoslava, die gleich in der ersten Szene des Schwarz-Weiß-Films eingeführt wird. Ihr mit Schaum bedeckter Kopf sagt mit Blick in die Kamera und damit zu den Betrachtenden: »Guten Morgen!« (Abb. 2). Dieses Anfangsbild wird mit Aufnahmen gegengeschnitten, auf denen im Bildhintergrund ihr Vater zu sehen ist, wie er im Garten in Schwerstarbeit mit einer Schaufel ein Loch aushebt. Die Szene endet mit dem lächelnden Gesicht der jungen Frau und dem Satz, dass sie sich ein besseres Leben wünsche. Dieser Wunsch nach einer Verbesserung der realsozialistischen Zustände innerhalb des schon bestehenden Systems ist der programmatische Aufhänger des Films. Dieser Forderung hingen nicht nur die jungen DemonstrantInnen an, sondern auch die FilmemacherInnen des *Neuen Jugoslawischen Films*. Das Prinzip des besseren Lebens zielte jedoch nicht auf die Abkehr vom realsozialistischen System ab, sondern eher auf eine ›zweite Revolution‹ – also eine Umsetzung der schon bestehenden Ideale.

Die Schauspielerin Milja Vujanović, welche die Rolle der Jugoslava angenommen hatte, wurde im Vorjahr der Veröffentlichung des Films, nämlich 1967, zur Schönheitskönigin Jugoslawiens (Serbiens) gewählt. Ihre Wahl als Hauptdarstellerin eröffnet eine weitere Bedeutungsebene, denn die Figur der Schönheitskönigin birgt Sarah Banet-Wiser zufolge eine stark nationale Symbolik in sich: »It constitutes icons and heroes, it functions as a metaphor for the collective nation, and it offers a classic liberal narrative of individualism as the appropriate life trajectory« (Banet-Wiser 2004, 70). Sie produziert damit nach Banet-Wiser Bilder und Geschichten, die das mediale Rollenmodell und die geschlechterspezifische Vorlage dafür bilden, wie die jugoslawische Frau zu sein habe und was sie in Zukunft erfüllen solle. Mit der Figur der Jugoslava im Film hat das klassische Image der Schönheitskönigin jedoch nur wenig gemein. Ihr energisches Auftreten, die weite Hose und Arbeiterjacke fallen unförmig an ihrem zarten Körper herab und haben eher etwas hartes denn lieblich-zugängliches an sich. Jugoslavas Äußeres entspricht nicht unbedingt einem Weiblichkeitsstereotyp und dem hier besetzten Image der Schönheitskönigin. Die Tatsache, dass Žilnik der Figur den Vornamen Jugoslava gibt, verweist auf zwei Punkte: dass sie als allegorische Repräsentation des Staates fungiert und damit zur Mutter der Nation – also der Föderalistischen Republik Jugoslawiens – empor gehoben wird und dass sie damit ein sozialistisch geprägtes Gegenbild zur US-amerikanisch, westlich geprägten Schönheitsköniginnenschablone eröffnet.

Obwohl die Figur Jugoslava ähnlich wie ihre männlichen Kumpanen gekleidet ist, bildet sie einen Gegensatz zu ihren männlichen Gefährten und in gewisser Weise auch zu der männlich dominierten jugoslawischen Gesellschaft. Sie ist die aktivste Person in der Gruppe, schwingt in der Öffentlichkeit feurig-agitatorische Reden und ist gegenüber den jungen Männern harsch und direkt. Zudem erhält der Zuschauende allein von Jugoslava Einblick in ihr »Privatleben«. Über Jugoslava erfahren wir schon in der ersten Szene, dass ihr Vater oft zu viel trinkt und im betrunkenen Zustand gewalttätig wird. Sie lebt mit ihrer Mutter und ihrer Schwester in einer armseligen Behausung am Rande der Stadt. Über die familiären Hintergründe der drei Männer, Marko, Dragiša und Kruno, erfahren wir dagegen kaum was.

Der alltägliche Kampf
Der alltägliche Kampf der vier ProtagonistInnen im Hinblick auf die Verbreitung ihrer Ideale, wird zumeist untereinander sowie mit den Bauern/Bäuerinnen und ArbeiterInnen ausgefochten – obwohl die Auseinandersetzung mit letzteren weniger einer Interaktion denn einem einseitigen Verbreiten von marxistischen Parolen gleicht. Denn nach Meinung der aktivistischen Gruppe ist nur mithilfe der Arbeitergemeinschaft und mit den Lehren von Marx eine Verbesserung der realsozialistischen Zustände möglich. Jedoch haben die Bauern/Bäuerinnen und ArbeiterInnen kein Interesse an den Vieren und/oder versuchen, sie sogar mit physischer Gewalt zu vertreiben. Vladimir Roksandić schreibt in seiner Filmkritik in der studentischen Zeitung *Studenski List*, die ProtagonistInnen befänden sich in einem ideologischen Vakuum: »Ihre Handlungen führen ins Leere

Abb. 3: Die Revolutionäre werden von den Dorfbewohnern im Schlamm verprügelt; »Rani Radovi« [»Frühe Werke«] (1969)

und das ist den ProtagonistInnen schon im Vorhinein klar« (Roksandić 1969). Obwohl die Motivationen der jungen Revolutionäre weitestgehend im Unklaren bleiben, wird herausgestellt, dass sie an ihren Idealen festhalten und versuchen, die jugoslawische Bevölkerung von den marxistisch-leninistischen Lehren zu überzeugen. So sehen wir beispielsweise, wie Jugoslava in einer halboffenen Ruine auf einem Podest zur Durchführung der Kulturrevolution aufruft. Die DorfbewohnerInnen zeigen jedoch kein Interesse an ihren Bemühungen, sie führen lieber ihre jeweiligen Talente auf einer improvisierten Bühne auf. Ein älterer Junge macht Tiergeräusche nach, ein Mann hebt einen Baumstamm und dreht sich mit diesem und ein kleiner Junge tanzt den Kasatschok.[4] Doch die Gruppe lässt sich von der Ignoranz der ansässigen BewohnerInnen nicht beeindrucken. In der nächsten Szene sehen wir die jungen Leute erneut durchs Dorf fahren. Jugoslava ruft durch einen Lautsprecher politische Parolen, die von der »Idiotie des Landlebens« künden. In der nächsten Einstellung werden die vier von den männlichen Dorfbewohnern im Schlamm verprügelt (Abb. 3). Einer der jungen Männer, Dragiša, reißt sich los und rennt weg. Die Kamera begleitet seine Flucht in einer langen Einstellung. Die sich heftig wehrende junge Frau wird weggeschleift und ausgezogen. Die letzte

---

4   Der Kasatschok ist ursprünglich ein kosakischer Volkstanz der Wehrbauern in der Ost-Ukraine. Dabei kreuzen die Tänzer die Arme vor der Brust und vollführen den Wechselsprung zwischen gestrecktem und angewinkeltem Bein in der Hocke.

Abb. 4: PartisanInnenkampf; »Rani Radovi« [»Frühe Werke«] (1969)

Einstellung zeigt sie barbusig von zwei Männern gehalten. Hier bricht die Szene ab. Der Zuschauende wird so im Unklaren darüber gelassen, ob sie, im Gegensatz zu ihren männlichen Kumpanen, neben physischer auch sexualisierte Gewalt durch die Bauern erfahren hat.

Wenig später, nachdem sie von den Dorfbewohnern fortgejagt wurde, setzt die Gruppe ihren revolutionären Kampf im Wald weiter fort. Der Kampf gleicht eher einem spielerischen Unterfangen: Sie rutschen Abhänge hinunter, machen Bockspringen und ringen auf dem Boden. Jugoslava wirkt amüsiert und richtet dann plötzlich eine Pistole auf den am Boden liegenden Dragiša. Mit den Worten »Lass uns Freunde sein«, lässt sie einen Schuss los, Dragiša ist jedoch nicht verletzt. Darauf folgen mehrere Szenen, in denen die ProtagonistInnen untereinander Gewalt ausüben und militant interagieren – dazu gehören Spiele, in denen ›Gefangene‹ abgeführt werden, auf ›Feinde‹ geschossen wird. Dabei bleibt stets unklar, wer Feind und wer Freund ist, beziehungsweise, wer überhaupt zu welcher Partei gehört. Hierbei rezitieren die vier das medial vermittelte und von ihnen reenactete nationale Narrativ der jugoslawischen HeldInnen, das bereits Stoff für den PartisanInnenfilm bot, der das jugoslawische Filmschaffen der Nachkriegszeit beherrschte und ein wichtiges Element des jugoslawischen Gründungsmythos war. Ihr ganzes Gebaren hat dabei stets Spielcharakter, deutet eine in der Vergangenheit liegende Revolution an, an der sie selbst nie teilgenommen haben. Als Nachkriegsgeneration bleibt ihnen nur ihr eigens kreierter Kampf, der sich in einer ›zweiten Revolution‹ entlädt und auf eine Verbesserung des Sozialismus zielt. So mutet der PartisanInnenkampf der vier wie eine verblasste Parabel an, eine von Žilnik als ironisch identifizierte Spiegelung der medialen Rollenmodelle, die hier auf ein Spiel reduziert wird und abseits der gegenwärtigen Problematiken steht (Abb. 4).

Nach dem Intermezzo im Wald weist Jugoslava die Gruppe an, in die Stadt zurückkehren. Sie erklärt ihren Genossen, als Revolutionäre seien sie bisher erfolglos gewesen, weil sie nur als BetrachterInnen fungiert hätten. Hierauf sollten nun Taten folgen. Sie entscheiden sich, in die Lebensrealität der ArbeiterInnen einzutauchen, indem sie selbst arbeiten gehen, woraufhin die vier einige Fotos und Kleidungsstücke verbrennen und so symbolisch mit ihrem vorherigen Leben brechen. Kurz darauf sehen wir die Gruppe in einer Zementfabrik, in der sie mit anderen Arbeitern Steine und Säcke schleppen. Jugoslava finden die ZuschauerInnen in der nachfolgenden Einstellung ohnmächtig vor. Marko und Dragiša tragen sie in den dunklen Heizungskeller, wo sie ihr Zitronensaft in den Mund träufeln, bis sie langsam wieder zu sich kommt. Auch die Taktik, Teil des Geschehens zu sein, geht letztlich nicht auf, da die vier schnell an die Grenzen ihrer körperlichen Kräfte stoßen. Doch schon kurz nach ihrem Schwächeanfall sehen wir Jugoslava wieder auf einem fahrenden Zug mit stolzer Brust und wehendem blonden Haar und im nächsten Moment schon auf der Straße stehen, wo sie die ArbeiterInnen bei Arbeitsschluss zum Anhalten auffordert, um sie mit propagandistischen Materialien auszustatten. Niemand kümmert sich um die rufende Jugoslava, einige PassantInnen beobachten lächelnd und neugierig das Geschehen. Der Moment des Scheiterns ist wiederum offenbar.

Jugoslavas Beschluss, von der Revolution abzulassen, erfolgt im letzten Drittel des Films, nachdem sie in der Frauendusche neben den Umkleideraum mit Marko geschlafen hat. Kurz darauf sagt Marko in einem der Arbeiterunterkünfte zu Jugoslava, dass sie nach ›dieser Sache‹ nicht mehr zu ihm kommen solle. Jugoslava nimmt seine Forderung stoisch hin, fügt während sie durch die Unterkunft geht jedoch forsch hinzu, dass sie hier alle wie Vieh leben würden. Sie schlägt Marko vor, stattdessen in der baufälligen Villa, in der sie und die ArbeiterInnen untergebracht sind, einen der Räume herzurichten, in dem sie gemeinsam leben könnten. Marko schickt sie jedoch unbeeindruckt in den Frauentrakt, woraufhin sie sich, ohne sich zu verabschieden, auf den Weg zurück in ihr Elternhaus macht. Offen bleibt hierbei, inwiefern Jugoslava schon mit ihrem Vorschlag an Marko mit ihren revolutionären Vorstellungen brechen wollte, um sich ein Heim mit monogamer Familienstruktur zu errichten, oder die Idee von einer gemeinsamen Unterkunft den Grundstein für einen neuen Stützpunkt und weitere Aktionen legen sollte.

Abb. 5: Kruno und Jugoslava; »Rani Radovi« [»Frühe Werke«] (1969)

Der sexuelle Akt als politische Tat

Als Vertreter der auf die Barrikaden gehenden jungen Generation besetzen die Anhänger des *Neuen Jugoslawischen Films* zentrale Themen wie Revolution und Sexualität. In ihren Filmen zeigt sich, dass sie zum einen in ihren revolutionären Bestrebungen politisch radikal waren, und zum anderen freizügig in ihrem sexuellen Umgang: »Das jugoslawische Kino kannte bis dahin nur sanfte Schilderungen zarter Liebesbeziehungen, neu war die Wucht des Sexuellen, die das neue Autorenkino mit sich brachte. Die dargestellte Sexualität wurde meistens als Pornographie, als das neue ›Opium fürs Volk‹ abgestempelt« (Simeunović 2011, 234).

In RANI RADOVI hat Jugoslava am Ende des Films mit allen drei Gefährten geschlafen. Sexualität wird hier jedoch eher abseits von romantisch wahrgenommenen Liebesbeziehungen praktiziert. Das sexuelle Verhältnis zwischen Jugoslava und Dragiša, das im Film zuerst Erwähnung findet, ist eher unverbindlich. Sie treten nicht als klassisches Liebespaar auf, sondern werden als Paar lediglich vor und nach dem Geschlechtsverkehr gezeigt. Jugoslava lässt Dragiša dabei spüren, dass sie ihn für den Unerfahreneren von beiden hält. Um ihm die Scham zu nehmen, liest sie ihm beispielsweise aus einem Brief von Marx an Arnold Ruge vor und zitiert dabei den Satz: »Scham ist bereits eine Revolution«.[5] Daraufhin balanciert Jugoslava,

---

5   Ruge spielt in den Briefen auf den Sieg der französischen Revolution über den deutschen Patriotismus an. Arnold, Ruge; Karl Marx: Deutsch-französische Jahrbücher, Paris 1844, S. 17 f.

Abb. 6: Marko und Jugoslava im Duschraum; »Rani Radovi« [»Frühe Werke«] (1969)

deren ganzer Körper nackt zu sehen ist, auf dem liegenden Dragiša. Währenddessen zieht sie ihn wegen seiner Machosprüche auf, etwa weil er ihr mitgeteilt hat, dass er sieben Mal in einer Nacht mit ihr schlafen könne. Beim gemeinsamen Essen bestätigt sie Dragiša, dass das erste Mal nicht schlecht gewesen sei. Daraufhin erwidert Dragiša, dass er sofort wieder könnte, noch bevor sie überhaupt »britva« (Rasierklinge) zu sagen im Stande wäre.

Das sexuelle Verhältnis Jugoslavas zu Kruno wird weniger ausführlich dargestellt. Ihre Nacktheit im Auto lässt darauf schließen, dass sie miteinander intim waren (Abb. 5). Auch Kruno gegenüber wirkt Jugoslava eher distanziert und gibt zudem veraltete Vorurteile in Bezug auf männliche Sexualität von sich: »Du bist der einzige Mann, den ich kenne, der onaniert«, sagt sie zu ihm, während sie sich anziehen. Daraufhin erwidert Kruno, sie habe keine Ahnung, da dies doch alle machen würden. Schnippisch erwidert Jugoslava: »Sei ruhig, deshalb vertrocknet euch allen das Rückgrat«. Die antiquierten Aussagen stehen in Widerspruch zu ihrem ansonsten freizügigen Handeln. Denn ihre Bemühungen, die Dorffrauen sexuell aufzuklären, zeigen sie vielmehr als eine gebildete und über Sexualität informierte Person. Dabei beantwortet sie verschiedene Fragen der hauptsächlich bäuerlich geprägten Gemeinschaft: Ob es besser sei, Tabletten oder Irrigatoren als Verhütungsmittel zu benutzen? Wie oft dürfen Frauen abtreiben, ohne gesundheitliche Folgen zu befürchten? In welchem Alter sei es am besten, ein Kind zu bekommen? Als es um die Verhütungsfrage geht, tut Jugoslava jedoch so, als ob sie selbst sexuell inaktiv wäre: »Es gibt zwei wichtige Methoden, um keine Kinder zu bekommen. Erstens, sich niemandem hinzugeben – was wir Unverheirateten tun – und, zweitens, für euch, die ihr mit Leuten lebt, verschiedene Mittel zu benutzen«. Jugoslavas hiesige Worte stehen im Widerspruch zu ihren Taten, da sie als unverheiratete Frau keineswegs abstinent lebt. Diese Widersprüchlichkeit soll womöglich die Doppelmoral der Gesellschaft verdeutlichen, die der sexuellen Freiheit nicht offen frönt, sondern oberflächlich betrachtet noch in den veralteten sexuellen Rollenmodellen verhaftet ist. Žilinik rührt so an gesellschaftlich anerkannte Grenzen. Er selbst erläutert in einem Interview für die Zeitschrift *Svijet* (Welt), dass der Film auch das Thema der Freiheit innerhalb der Jugendkultur behandle. Rani Radovi »[…] versucht, auf die Fragen zu antworten, wie frei sie [die Jugendlichen ›Anm. d Verf.‹] heute tatsächlich sind, wie wenig komplexbeladen sie im Hinblick auf politische Ideologien sowie auch auf der Ebene von Tabus sind, die eine soziale Gemeinschaft mit sich bringt« (o. A. 1989).

Jugoslavas sexuelle Beziehung zu dem Dritten im Bunde, Marko, wird ebenso offen wie diejenige zu Dragiša gezeigt. Der Betrachtende nimmt Teil an der sexuell aufgeladenen und spielerischen Annäherung der beiden. Das anfängliche neckische Spiel unter der Dusche geht über in ein leidenschaftliches Treiben, die heiß dampfenden Strahlen, die aus dem Duschköpfen sprengen, untermalen ihr ungezügeltes Begehren (Abb. 6). Das Umspielen der nackten Körper wird von Jugoslava wiederum entromantisiert und mit Verweisen zu Engels intellektualisiert, indem sie sagt: »Wenn Engels nicht gesagt hätte, dass wahre geschlechtliche Liebe einzig bei den Proletariern existiert, würdest du heute nichts bekommen«.[6]

Letztlich überwiegt bei Jugoslava der Eindruck, dass sie ihre offene Sexualität nicht aus romantischen Empfindungen heraus praktiziert, sondern sie diese eher als eine Pflicht, eine Form der sexuellen Revolution ansieht. Ein Moment im Film steht dem jedoch entgegen. Dort ist eine Frau mit dem Namen Lepa zu sehen, die in einer Szene sowohl mit Dragiša als auch mit Kruno schlafen könnte. Jugoslava reagiert in dem Moment eifersüchtig und sagt: »Lepa mach' es bloß nicht mit beiden!«, woraufhin sie von beiden Männern rausgeschmissen wird. Am nächsten Tag verurteilt sie das Verhalten der Männer: »Nach der Sache mit Lepa – mir kommt es hoch, wenn ich euch sehe«. Es wirkt so, als wäre sie sichtlich erregt und mehr ein beleidigtes und gekränktes Mädchen, als eine für freie Sexualität einstehende Revolutionärin.

Ende der Revolution

Im letzten Filmabschnitt, nachdem Jugoslava nach Hause zurückgekehrt ist, statten ihr die jungen Männer einen Besuch ab. Sie fordern sie harsch auf, mit ihnen mitzukommen, woraufhin die erboste und schimpfende Jugoslava mutig voranstapft und die drei Männer ihr folgen. Ihr Äußeres hat sich, seitdem sie wieder bei ihren Eltern wohnt und ihr revolutionäres Wesen abgelegt hat, stark verändert. Statt der groben und schweren Jacke und Hose trägt sie ein helles Sommerkleid, welches im Vergleich zu ihrer vormals ›revolutionären‹ Kleidung eher ›weiblich‹ wirkt. Auf Jugoslavas Frage, was die Männer von ihr wollten, antwortet Dragiša: »Mal sehen, ob

---

6   In seinen Schriften »Der Ursprung der Familie, des Privateigentums und des Staats« stellt Engels heraus, dass die Geschlechtsliebe nur im Proletariat eine wirkliche Regel sein könne. Die Proletarierehe dient bei ihm somit als Vorbild für die gesamte Gesellschaft (Engels 2017, 25).

du es auch mit uns dreien kannst«. Daraufhin antwortet Jugoslava, dass sie nicht mehr an ihnen interessiert sei und sie künftig nicht begleiten werde. Während sie entschlossen davongeht, laufen ihr die drei Männer nach und halten sie fest. Sie wehrt sich, ihre Haare geraten durcheinander, ihr Oberteil zerreißt durch das energische Gerangel. Letztlich befreit sie sich aus ihrer Umklammerung und ruft ihnen ungehalten entgegen: »Dann schauen wir mal, wer von euch der erste sein will?«. Nachdem keiner reagiert, wirft sie den dreien vor: »Niemals zieht ihr etwas bis zum Ende durch«. Während Kruno und Dragiša daraufhin versuchen, ein Stück Stoff in Brand zu setzen, zieht Marko seine Pistole aus der Tasche und schießt dreimal auf Jugoslava, die daraufhin tot zu Boden fällt. Einem Staatsakt vergleichbar wird daraufhin die Leiche von Jugoslava mit der Fahne bedeckt und von den Männern angezündet.

Die Tatsache, dass Jugoslava offensichtlich von der politischen Linie abweicht, berechtigt die Genossen hier offenbar zur mörderischen Tat. Der PartisanInnenkampf wird nun doch bis zum Ende durchgeführt und Jugoslava zur Verräterin erklärt, die von ihren Kameraden exekutiert werden darf. Auch die Betitelung des letzten Teils des Films mit dem Ausspruch des französischen Revolutionärs Louis Antoine de Saint-Just: »Wer eine Revolution nur halb durchführt, schaufelt sein eigenes Grab!« deutet auf die Notwendigkeit der Weiterführung der Revolution hin und das Beseitigen aller Faktoren, die gegen ihre Ziele sprechen könnten. Dennoch eröffnet das radikale und gewaltvolle Ende eine Reihe Fragen. Offen bleibt nach wie vor, ob Jugoslava eine allegorische Funktion einnimmt und für den jugoslawischen Staat steht, der mit dem Scheitern der ›zweiten Revolution‹ untergeht. Oder, ob sie eher den revolutionären Impuls der Jugend widerspiegelt und mit ihrem Tod damit auch die Idee der Freiheit stirbt.

Schluss

Das Weiterführen der Revolution kann als Leitthema der vier ProtagonistInnen im Film gesehen werden: »[D]ie Politik ist die Hauptambition und das Interesse der Helden, politische Symbole sind ihre alltäglichen Zeichen und Sex die gesellschaftliche politische Tat« (Prejdová 2009, 80). Eine Vielzahl an filmischen Verweisen schlägt eine Brücke zu den kurz vor der Umsetzung des Films RANI RADOVI aufflammenden Studentenunruhen im Jahr 1968. Hier korrespondiert das Geschehen der Zeit mit den filmischen Handlungen. Das Bemühen der jungen RevolutionärInnen im Film um eine ›zweite Revolution‹ gestaltet sich als Sisyphos-Akt und führt kontinuierlich ins Leere. Žilnik problematisiert eindringlich, wie die jungen ProtagonistInnen in einem permanenten Spannungsverhältnis zwischen dem Ideal einer sozialistischen Gesellschaft und der Konfrontation mit der Alltagsrealität stehen.

In RANI RADOVI wird überdies deutlich gemacht, dass die Bevölkerung kein Interesse an den revolutionären Ideen der Jugend hat. Im Gegenteil, die revolutionsbegeisterten Jugendlichen werden als unliebsame Störenfriede wahrgenommen, geschlagen, vertrieben und der Polizei ausgehändigt. Auch die auf dem Programm der Revolutionäre stehende Promiskuität und der darausfolgende Versuch der sexuellen Revolution prallen hart auf die gesellschaftlichen Erwartungshaltungen und rücken an die eigenen emotionalen Grenzen des Machbaren. Diese Dissonanz zwischen Fortschrittsdogma und der Realität eines überforderten Systems wird in Radi Radovi schonungslos offengelegt.

Zusätzlich entwickelten sich Anfang der 1970er Jahre starke nationale Spannungen innerhalb der kroatischen Teilrepublik, die im sogenannten ›Kroatischen Frühling‹ ihren Höhepunkt hatten. Hierbei erklang vor allem der Ruf nach mehr Rechten und Autonomie innerhalb der Teilrepublik. Die innerhalb des kroatischen Intellektuellenkreises sowie der Studentenschaft aufgestauten Bedürfnisse veranlassten die Obrigkeiten allerdings, die Regeln zu verschärfen. Hierdurch wurde schließlich auch die Filmbewegung der *Neue Jugoslawische Film* stark eingeschränkt, was sich bei den Filmschaffenden in Berufsverbot und Emigrationsverbot manifestierte.

Mit dem detaillierten Zeigen der brutalen Attacke auf Jugoslava und ihrem folgenden Tod am Ende des Film nahm Žilnik womöglich schon Ende der 1960er Jahre die künftige Entwicklung verblassender und nicht realisierbarer sozialistischer Ideologie vorweg, was in den 1990er Jahren schließlich zu einem gewaltsamen Ende des jugoslawischen Staates führte.

Literatur

Banet-Wiser, Sarah 2004: Miss America, National Identity and the Identity Politics of Whiteness. In: Watson, Elwood/Darcy Martin (Hg.): There she is, Miss America. The Politics of Sex, Beauty and Race in America's most famous Pageant. New York, 67–93.
Calic, Marie Janine 2010: Geschichte Jugoslawiens im 20. Jahrhundert. München.
Engels, Friedrich 2017 [1884]: Der Ursprung der Familie, des Privateigentums und des Staats. Berlin.
Filipović, Andreas 2017: Debates on society and socialism in the Yugoslav film of the 1960s: the partisan issue. Wien [unveröffentlichte Dissertationsschrift].
George, Jana 2014: Zwischen Ideologie, Kritik und künstlerischer Freiheit. Gesellschaftskritische Filme in Jugoslawien (1963–1973). Jena [unveröffentlichte Dissertationsschrift].
Goulding, Daniel J. 2001: Liberated Cinema. The Yugoslav Experience 1945–2001. Indiana.
Gržinić, Marina 2009: Filmska Produkcija Avantgarde Bivše Jugoslavije i Njeni Rani Radovi Videni Kroz Biopolitiku i Nekropolitiku, in: Branka Ćurčić (Hg.): Za Ideju – Protiv Stanja. Analiza i sistematizacija umetničkog stvaralaštva Želimir Žilnika. Novi Sad, 57–66.
Haucke, Lutz 2009: Nouvelle Vague in Osteuropa. Zur ostmittel- und südosteuropäischen Filmgeschichte 1960–1970. Berlin.
Jovičić, Vladimir (3.8.1969): Crni talas u našim film. *Borba Reflektor*, 22–29.
Levi, Pavle 2007: Disintegration in Frames. Aesthetics and Ideology in the Yugoslav and post-Yugoslav Cinema. Stanford.

Liehm, Mira 1977: Antonin J. Liehm: The Most Important Art. Soviet and East European Film After 1945. California.

o. A. 7.2.1989: Žilnik ipak priznaje. Svijet. Sarajevo.

Prejdová, Dominika 2009: Angažovani film prema Želimir Žilniku. In: Branka Ćurčić (Hg.): Za Ideju – Protiv Stanja. Analiza i sistematizacija umetničkog stvaralaštva Želimir Žilnika. Novi Sad, 206–216.

Roksandić, Vladimir 21.10.1969: Rani Radovi Želimir Žilnika, Studenstki List, Zagreb.

Schober, Anna 2014: The Cinema Makers. Chicago.

Simeunović, Tatjana 2011: Die Schwarze Welle erreicht die Gegenwart. In: Gieriger, Georg/Sylvia Hötzl Christine Roner (Hg.): Spielformen der Macht. Interdisziplinäre Perspektiven auf Macht im Rahmen junger slawistischer Forschung. Innsbruck, 227–243.

Steinberg, Stefan/ Anders Ernst: Interview mit dem Filmemacher Želimir Žilnik, 12. Juli 2001, https://www.wsws.org/de/articles/2001/07/zil2-j12.html (Zugriff: 3.4.2018).

Sundhaussen, Holm 2012: Jugoslawien und seine Nachfolgestaaten 1943–2011: Eine ungewöhnliche Geschichte des Gewöhnlichen. Köln/Wien.

Julia Barbara Köhne
ABSENTES VERGEGENWÄRTIGEN[1]
Schwangerschaftsabbruch und Fötalimagologie in westlichen Filmkulturen seit den 1960er Jahren

Die Geschichte der Visualisierung von freiwilligem Schwangerschaftsabbruch und abzutreibenden oder abgetriebenen Ungeborenen umfasst verschiedene Phasen, in denen die Position der Schwangeren und die des Embryos oder Fötus ästhetisch und soziopolitisch immer wieder neu verhandelt wurden. Aus moralischer, familienpolitischer und juristischer Sicht steht bei einer induzierten Abtreibung das Interesse der schutzbedürftigen und von seiner Trägerin abhängigen ›Leibesfrucht‹ dem Recht der Frau auf Selbstbestimmung über ihren Körper und ihr weiteres Leben entgegen. Das Lebensrecht des Bauchbewohners und damit verwoben die Frage der Zulässigkeit einer *abruptio graviditatis* werden je nach religiös-ethischen, gesellschaftlichen und nationalpolitischen Rahmenbedingungen unterschiedlich gewichtet. Der medizinisch, durch fremde Hand oder eigenhändig durchgeführte (illegale) Abort[2] ist ein asymmetrischer Eingriff, der auf den Tod des Abzutreibenden zielt, welches im Begriff ist, zu einem menschlichen Wesen heranzureifen (›Nasciturus‹). Unter Umständen ist er aber auch mit gravierenden somatischen und seelischen Risiken für die Abtreibende verbunden. Dies begründet, weshalb der Abbruch nicht nur als persönliche Entscheidung der Betroffenen gilt, sondern Abtreibungsgegner/innen, sogenannte »Lebensschützer«, die mitunter konservativ, rechtsradikal oder fundamentalistisch eingestellt sind, und Abtreibungsbefürwortende auf kollektiver Ebene hitzig miteinander diskutieren. Das Spektrum der ethisch-politischen Debatten reicht dabei von der Forderung nach umfassender Legalisierung und uneingeschränkter Selbstbestimmung über Fristenlösungen bis hin zum vollständigen Verbot und der Strafbarkeit des Eingriffs und von Empfängnisverhütung überhaupt.

---

1 Dieser Beitrag fußt auf dem Vortrag »Mediale Darstellung von Schwangerschaftsabbruch und Reproduktion«, den ich im Sommersemester 2011, am 24.5.2011, innerhalb der Ringvorlesung »Reproduktion und Kontrolle. Schwangerschaftsabbruch und Fristenregelung in Österreich« an der Universität Wien gehalten habe. Die Vorlesungsreihe wurde organisiert von Kati Hellwagner (ÖH Uni Wien), Maria Mesner und Dorith Weber, in Kooperation mit dem Referat Genderforschung.
2 Der Begriff »Abort« leitet sich etymologisch von lateinisch *aboriri* gleich entschwinden, verschwinden, untergehen, vergehen ab.

Einfluss fötalimagologischer Bilder
Die Historie der Diskussionen um eine Liberalisierung versus Restriktion eines aggravierten Beendens von Schwangerschaft ist eng verbunden mit der Geschichte der bildlichen Darstellung der in das Drama involvierten Positionen, vor allem der des Fötus. Die Geschichte fötaler Bewegtbilder wird zum einen bestimmt von einem medizinhistorischen und populärwissenschaftlichen Strang, zum anderen von spiel- und dokumentarfilmischen Bildern. Zunächst muss gesagt werden, dass das Thema der illegalen Abtreibung in weiten Teilen der Bild- und Filmgeschichte ganz ausgelassen wurde, da es ähnlich wie andere kriminelle Handlungen, wie etwa weibliche Kindstötung (vgl. Heft 2013), als besonders verachtenswert und klassische Weiblichkeitsmuster konterkarierend galt. Das Zeigen des Abtreibungsvorgangs und der ›echten‹ oder maskentechnisch nachgebauten fötalen Leiche bildeten lange Zeit auffällige visuelle Leerstellen. Ein Grund hierfür ist, dass die »spezifische Identität« und der »eigene Wert« des Fötus vor seiner mechanisch-objektiven Abbildbarkeit (Daston/Galison 2007) unklar waren, was zu seiner Abwesenheit in der Vorstellungswelt der jeweiligen Gesellschaft führte (Boltanski 2007, 45f.). Die seltene bis komplett ausgesparte Repräsentation läuft im Übrigen der Häufigkeit und Geläufigkeit der Praxis des vorzeitigen Schwangerschaftsabbruchs in der Realität zuwider – angeblich treibt im Schnitt circa eine von vier US-amerikanischen Frauen vor ihrem 45. Lebensjahr einmal ab.[3] Die Nicht-Repräsentanz steht außerdem im Widerspruch zu der ansonsten omnipräsenten Darstellung von diversen Sexualitäten und sexuellen Handlungen im Film. Im Gegensatz zu den multiplen Spektakeln der Sexualität im Film bleibt das vorzeitige Ende eines ungeborenen Lebens im Verborgenen und Verschleierten. Mit Ausnahme einiger Beispiele aus der Medizinfilmgeschichte und frühen Spielfilmgeschichte, wie etwa den justizkritischen Aufklärungsfilmen KREUZZUG DES WEIBES [Die Tragödie des §144; D 1926] (von Keitz 2000) oder CYANCALI (D 1930), fand eine explizite Sichtbarmachung bis zu den 1960er Jahren nur schwer Raum. In diesen Fällen nutzte der Film seine künstlerischen Mittel schon früh, um auf politische Missstände in Verbindung mit Abtreibung hinzuweisen. In CYANCALI erwarten die zwanzigjährige Hete und ihr Freund Paul ein Wunschkind, sehen sich jedoch durch einen finanziellen Engpass zu einer illegalen Abtreibung gezwungen, was in der Weimarer Republik aufgrund des Paragraphen 218 des Strafgesetzbuchs ein massives Problem darstellte. Ein Mitwisser erpresst sie und verlangt von Hete als Gegenleis-

---

[3] Diese Angaben aus dem Jahr 2011 stammen vom Guttmacher Institute, www.youtube.com/watch?v=rY-bQ6UzhNI; siehe auch die Angaben von 2014: https://www.guttmacher.org/fact-sheet/induced-abortion-united-states (Stand: 15.5.2018). Vgl. auch die ähnlichen Zahlen, die Boltanski für Frankreich zitiert (Boltanski 2007, 45).

Abb. 1: Eine Überdosis Zyankali als Abortivum; »Cyancali« (1930)

tung Geschlechtsverkehr, von einem bestechlichen Mediziner erhalten sie keine Hilfe, eine ungewollt schwangere Nachbarin und Mehrfachmutter stürzt sich aus Verzweiflung aus dem Fenster. Und auch Hetes Selbstabtreibungsversuche resultieren in Kindbettfieber und schließlich im Vergiftungstod durch zu hoch dosiertes Zyankali (Abb. 1).

Wie im vorliegenden Beitrag anhand ausgewählter filmischer Artefakte nachgezeichnet wird, finden sich in der Filmgeschichte – falls überhaupt thematisiert – verschiedene Umgangsweisen mit den Tabuisierungen von Abtreibung und Stigmatisierungen von Abtreibenden, die in der außerfilmischen Welt stattfinden (vgl. Diehl 2010). Mal erfüllt das Medium Film dabei eine enttabuisierende Funktion, indem es mögliche Positionierungen im Feld des Rechts und in der soziokulturellen Bewertung von Abtreibung aufzeigt, strittige Fragen aufgreift, Repressionen offenlegt und politische Verkrustungen kritisiert. Mal trägt es (ungewollt) dazu bei, das Thema Abtreibung zu verunglimpfen und abtreibende Frauen abzuwerten. In einigen Filmen finden sich auch Mischformen aus beiden Richtungen. Jedenfalls aber hat die Evidenz und Dringlichkeit verleihende Verfilmung von Wissen zum Topos Abtreibung einen maßgeblichen Einfluss auf seine gesellschaftliche Wahrnehmung und die Beurteilung und gegebenenfalls Akzeptanz erwünschter oder durchgeführter Schwangerschaftsabbrüche. Audiovisuelle Regime sind hier ausschlaggebend an der Steuerung soziopolitischer, juristischer und emotionaler Systeme in der Realität beteiligt.

Absente Images

Abgesehen vom Genre des medizinischen Abtreibungsfilms waren die ersten Jahrzehnte der Filmgeschichte bildsprachlich von einer Tendenz zum Indirekten, zur Abstraktion und zu Andeutungen des tatsächlichen Akts geprägt. Ein Beispiel hierfür ist der Stummfilm FRAUENNOT – FRAUENGLÜCK (CHE 1930) in der Regie von Eduard Tissé, geschnitten von Sergej M. Eisenstein, in dem die Risiken illegaler Abtreibungen dem Sicherheitsversprechen eines legal, fachgerecht und auf Basis einer medizinischen Indikation durchgeführten Eingriffs in der Zürcher Universitäts-Frauenklinik in Parallelmontagen gegenübergestellt werden. Großaufnahmen von Gesichtern, Händen und blitzenden medizinischen Instrumenten fungieren hier als Ersatzzeichen, die an die Stelle nicht-zeigbarer graphischer Abtreibungsbilder treten. Lange Zeit bildeten die Aktion des Schwangerschaftsabbruchs selbst, der abzutreibende Fötus oder die entnommene Fötusleiche sowie der bei der Operation geöffnete Frauenschoß ein dreifaches Unsichtbares. Alle drei Elemente waren vor den 1960er Jahren in populären (Film-)Bildern nicht zeigbar und daher kulturell weitgehend unsichtbar (Boltanski 2007, 43–45). Der Embryo beziehungsweise Fötus war – abgesehen von einigen historischen Zeichnungen und medizinischen Präparaten – bis dahin eine Gestalt, die nur als Symbol, mystischer Verweis oder durch die Narration der Schwangeren adressierbar war. Dieser Umstand korrespondiert mit der »kulturellen Ortlosigkeit« des Fötus, die diesem noch aus der Zeit seiner Kriminalisierung und Diskreditierung im 19. Jahrhundert anhing. Die Medizinhistorikerin Barbara Duden stellt fest: »Kulturgeschichtlich gehört das Ungeborene in die Kategorie der ›Verborgenen‹, zu der auch die Toten, die Heiligen, Engel, Elementargeister und anderes gerechnet werden können« (Duden 1991, 20).

Da der Fötus, von wenigen Ausnahmen abgesehen,[4] in der medizinisch-visuellen Kultur und der Populärkultur bis Mitte der 1960er Jahre schlichtweg nicht repräsentiert wurde, stellte er auch keine attraktive Identifikationsfigur dar: kein Image ohne ein Image. Die Geschlechterforscherin Carol A. Stabile erörtert:

> [... Der Fötus] verfügte über keine massenwirksame, visuell einprägsame Referenz. Das ist auch nicht weiter verwunderlich, denn die

---

4 Die Anthropologin Lynn M. Morgan schildert eine Ausnahme in Form eines nur etwa vier Millimeter großen und ca. 28+ Tage alten Embryos, der den Namen »Carnegie No. 836« trägt und im Jahr 1914 durch Zufall von der Carnegie Institution of Washington, Department of Embryology ›sichergestellt‹ werden konnte. Seitdem wurde es ausgehärtet und in hauchdünne Scheiben geschnitten sowie in vielfacher Weise abgezeichnet, photographiert, nachmodelliert, beschrieben und dient mittlerweile als Vorlage für 3D- und 4D-Modelle in Bewegung. Morgan zeigt in ihrer sozialen Biographie dieses Embryos, wie das tote Wissenschaftsobjekt sich im Laufe der Zeit in ein Symbol für aktives Leben verwandeln konnte (Morgan 2004).

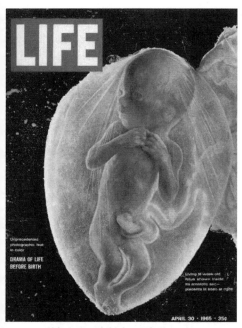
Abb. 2: Coverbild des »Life Magazine« vom 30. April 1965

Abb. 3: Lennart Nilssons infantilisierende Photographie eines 20 Wochen alten Fötus; Nilsson/Hamberger 2003 [1967], 140.

rechtliche bzw. medizinische Trennung von Frau und Fötus ist historisch beispiellos. Eine Politik, die den Fötus zum autonomen Subjekt machte – vom Frauenkörper unterschieden, aber auch bzw. gerade deshalb staatlicher Obhut bedürfend –, hatte sich erst einmal um die Voraussetzungen seiner Repräsentierbarkeit zu kümmern. (Stabile 2003 [1997])
In der Zeit vor Erfindung der Pränataldiagnostik, der Sonographie (»Ultraschall«) und später der Magnetresonanztomografie fehlte dem Embryo/Fötus die ideelle Aura, identitäre Lobby und ästhetische Glaubwürdigkeit (Tsiaras/Werth 2003 [2002]). Durch die fehlende Sichtbarkeit und damit Kredibilität des ungeborenen oder abzutreibenden Fötus, die insbesondere photographisch oder filmisch erzeugte Bilder zu generieren im Stande sind, konnte auch das politische Existenzrecht des im weiblichen Körperinneren Verborgenen verleugnet oder zumindest leichter dezimiert werden. Mit dem absenten mechanisch-authentischen Fötusbild – im Sinne von kultur-, medien- und medizingeschichtlich fehlend oder nicht am Orte – blieb auch sein soziales Image absent.

1965 – Nilssons Fötenphotographie

Dies änderte sich schlagartig am 30. April 1965, als das *Life Magazine* ein Coverbild veröffentlichte, auf dem die Photographie eines 18 Wochen alten Fötus abgebildet war (Abb. 2), angefertigt von dem schwedischen

Wissenschaftsphotographen Lennart Nilsson – nebst einem Photoessay mit dem Titel »Drama of Life Before Birth« im Innenteil des Hefts.[5] Das, was in dem Artikel wie *in utero*-Einsichten in die bis dato ungesehene Welt des Ungeborenen im Mutterleib aussieht, die Bauchdecke schwangerer Frauen gleichsam überwindend, entpuppt sich bei näherer photographiegeschichtlicher Betrachtung als künstliche Bilder mit Fakecharakter. Denn Nilsson arbeitete zum Großteil mit toten abgetriebenen Föten, die er makrophotographisch und in Weitwinkeloptik erfasste und mit einer speziellen Beleuchtungstechnik illuminierte.[6] Die anscheinend aus sich selbst heraus leuchtenden Ungeborenen wirken hierdurch wie von christologischen Gloriolen umkränzte, potentielle Menschenkinder, die noch auf ihre Geburt warten (Abb. 3). Totes Präparatmaterial zeugt hier paradoxerweise für die zarten Anfänge menschlichen Lebens. Vielfach ist kritisiert worden, dass bei diesen naturalisierenden und revitalisierenden Aufnahmen des posthumen Fötus, und anderen aus der religiösen oder esoterischen Kunstgeschichte stammenden Bildern, der Körper der Schwangeren, ihre Plazenta, die Fruchthülle und damit die strategische Position der Schwangeren eliminiert und zu einem reinen Gefäßcharakter herabgewürdigt würden (vgl. Krieger 1995, 8–24, zu Nilsson: hier 9 f.). Zum Naturalisierungseffekt schreibt Duden: »Die Bilder des schwedischen Photographen Lennart Nilsson sind die Linsen, durch die der Fötus als natürliche Tatsache erscheint. [...] Fötoskopie war Ausleuchtung des intimen Dunkels durch das ›natürliche‹ Schlüsselloch – ein extremer Fall des Fernrohrs« (Duden 1991, 25, 67).

Eingespeist in öffentliche Rezeptionsnetze verhalfen die Nilssonschen künstlerischen Aufnahmen aus dem ›Leben‹ des pränatalen Fötus, der epistemologisch den Status eines technologisch verlebendigten Untoten innehatte, ihm zu einem (Rechts-)Personen- und Subjektstatus und vergrößerten dessen Lobby immens – in Konkurrenz zur Unantastbarkeit, Integrität und Gewichtigkeit der Schwangerenposition (vgl. auch Duden 2002, 84–91).[7] Die Medizinhistorikerin Laury Oaks schreibt zur Spannung zwischen Subjektivierungs- und Entmenschlichungsbestrebungen im Ab-

---

5 Vgl. www.lennartnilsson.com/ oder http://time.com/3876085/drama-of-life-before-birth-landmark-work-five-decades-later/ (15.5.2018).
6 Nilsson photographierte Innenansichten des Körpers sowie dem Körper der Frau entnommene tote, lichttechnisch präparierte Föten. Siehe Nilsson/Hamberger 2003 [1967].
7 Luc Boltanski beschreibt, dass im bisherigen Abtreibungsdiskurs eine Rhetorik des Konflikts vorherrsche, bei der die Position des Fötus und die Position der Schwangeren – als sich einer potentiellen Mutterschaft verweigernd – gegeneinander ausgespielt würden. Deswegen sei es schwierig, die in einer wissenschaftlichen Untersuchung angebrachte »axiologische Neutralität« einzunehmen. Der neutrale Neologismus »freiwilliger Schwangerschaftsabbruch« sei von der älteren Vokabel der »Abtreibung« abgelöst worden (Boltanski 2007, 15 f., 23).

treibungsdiskurs und zur privilegierten Stellung des Fötus in der »öffentlichen Imagination« durch sein Sichtbarmachen:
> Pro-choice feminist advocates have reacted to the antiabortion movement's mobilization of the fetus as its primary symbol by refusing to recognize the fetus as a subject or agent. [...] Images of the fetus as autonomous threaten to overshadow the significance of pregnant women's bodies in the reproductive process, devalue the relationship between pregnant women and their fetuses, and represent women as adversaries of their babies-to-be. Of pressing concern is the proliferation of fetal representations that establish the fetus as an actor who lives beyond the boundaries of a pregnant woman's body and inhabits a privileged place in the public imagination. (Oaks 2000, 63 f.)

Durch ein vermehrtes fötologisches Wissen, dieses sekundierende religiös und extraterrestrisch anmutende Bild- und Symbolpolitiken ab Mitte der 1960er Jahre, was sich seit den 1970er Jahren verstärkt auch in Spielfilmen niederschlug,[8] wurde der Status des Fötus als ungeborenes Individuum gesteigert – als verletzliche schützenswerte fötale Person, der Menschenrechte und prinzipiell das Recht zu leben zustanden. Durch ihr filmisches Ins-Bild-Setzen wurde die fötale Kategorie stark gefördert: Das Image formte hier das Image. Sekundiert wurde die Vergegenwärtigung via Bildlichkeit immer auch von einer Tendenz zum Transzendenten und Wunderbaren. Im Umkehrschluss schmälerte die neuartige Interpretation des Fötus via Verbildlichung, ermöglicht durch moderne bildgebende Verfahren der Pränataldiagnostik, die ihn als vom Schwangerenkörper autonomes Wesen konstruieren, die Agency schwangerer Frauen in Bezug auf ihre Autonomie und ihren Platz im sozialen Gebilde (s. auch Barbara Orlands »Der Mensch entsteht im Bild« von 2003).[9] Die »freie Sicht im Unterleibskino« (Dworschak zit. Alexander Tsiaras, in: Dworschak 2003, 126) bedeutete wiederum eine Zunahme der Argumente gegen die Legitimierung und Legalisierung von Schwangerschaftsabbruch.

Neue Evidenzmacht filmischer Bilder und Realpolitik

Im Weiteren wird erkundet, wie die Macht des Sichtbarmachens des Fötus via medizinisch-dokumentarischer (pränataler) Visualisierungstechnologien mit der Geschichte fiktiver fötaler Spielfilmbilder zusammenhängt. Die Analyse erkundet die symbolischen Dimensionen der Filmbilder über

---

8 Siehe die Analyse zu DEMON SEED (1977) weiter unten; Köhne 2009, 414–440.
9 Vgl. Dienel, Christiane 1995: Kinderzahl und Staatsräson. Münster; Usborne, Cornelie 1994: Frauenkörper – Volkskörper. Münster; Staupe, Gisela (Hg.) 1993: Unter anderen Umständen. Zur Geschichte der Abtreibung. Dresden [u. a.]: Deutsches Hygiene-Museum [u. a.]. Berlin; Petersen, Peter 1986: Schwangerschaftsabbruch. Unser Bewußtsein von Tod und Leben. Stuttgart.

in den meisten Fällen illegalen Schwangerschaftsabbruch, dessen Bedrohlichkeit in seiner Irreversibilität besteht. Dabei geraten folgende Fragen ins Blickfeld: Wie werden der nicht legale medizinische Eingriff und fötale Biologie generell in Szene gesetzt? Wie wurde das intra-uterinäre Leben, etwa in medizinischen Lehrfilmen der 1980er Jahre, via filmischem Bild imaginiert? Welchen epistemischen und politischen (Subjekt-)Status verlieh der filmische Verbildlichungsprozess dem Fötus und, umgekehrt, seiner potentiellen Mutter? Wird der Fötus in seiner wissenschaftlichen Verfilmung objektiviert oder mythisiert? Kollidieren hier Wissenschafts- und Filmsprache oder ergänzen sich ihre Codierungen? Welche Rolle kommt dem Filmischen in diesem Bild-Wissen-Macht-Spiel zu? Und: Welche Wirkung auf das kulturelle Imaginäre und die *abortion*-Realpolitik hatten Spielfilme im Gegensatz zu Medizinfilmen? Wie korrespondieren in beiden Genres die dramaturgischen Ingredienzen Wissenschaftserzählung, Dokumentation, Familiendrama, Kriminalstory und Erotikfilm – insofern parallel wirksam – miteinander? Was hatte die wissenschaftliche und populärkulturelle Verfilmung von Abbrüchen – vor dem Hintergrund der jeweiligen rechtlichen Situation der produzierenden Filmnation – für Auswirkungen auf westliche Debatten um die Legalisierung von Abtreibung?

Außerdem wird die Frage sein, inwiefern die Evidenzmacht, die neuartige medizinische Visualisierungstechnologien und Verspielfilmungen vor allem in den 1960er bis 1980er Jahren kreierten, dekonstruktivistischen Lesarten des Fötus entgegenstand. Gemeint sind hier vor allem US-amerikanische dekonstruktivistische Theoretiker/innen, die das pränatale Leben als unbedingt vom Körper der Frau abhängig sahen und den Subjektstatus des ungeborenen Wesens schwächen wollten. Sie kritisierten, der Fötus sei durch seine artifizielle photographische Sichtbarmachung seit Mitte der 1960er Jahre zu einem historisch, sozial und visuell konstruierten Wesen erhoben worden, das über seine Visualisierung »stufenweise Eintritt in die symbolische Ordnung« erhalten habe (vgl. Boltanski 2007, 273 f.). In ihren Augen essentialisierten, biologisierten und personalisierten die Nilssonschen Fötenphotographien ebenso wie medizinische Dokumentationen wie THE SILENT SCREAM (USA 1984) oder ECLIPSE OF REASON (USA 1987) Bilder des Ungeborenen (u. a. Hartouni 1999, 296 ff.).

Bei der chronologisch geordneten Erkundung geraten – mit Ausnahme von Israel – primär europäische, vor allem deutschsprachige, und US-amerikanische Filmproduktionen in den Blick, die, aus unterschiedlichen nationalen Kontexten stammen und dementsprechend höchst unterschiedlich rezipiert, bemerkenswerte Bildlichkeiten zum Thema beitragen. Ausschlaggebend für die Auswahl waren drei Faktoren: der Versuch eines allgemeinen Überblicks, der Nachweis einer zunehmenden Tendenz zum Vergegenwärtigen von zuvor bildgeschichtlich Absentem sowie das Zeigen einer vielfältigen Bandbreite an visuellen Repräsentationen und politischen

Argumentationen in konkreten Filmbeispielen. Trotz der Heterogenität der Produktionszusammenhänge fallen wiederkehrende visuelle Codierungen auf, die als poetologische Surplus angesehen werden können, die das filmische Medium stets mitproduziert. Die Analysen konzentrieren sich auf die jeweilige Personenkonstellation (Schwangere, Abtreibende(r), dritte Hilfspersonen, institutionelle Autoritäten), die Darstellung des Abtreibungsvorgangs als solchen und der Fötusleiche sowie auffällige religiöse, symbolische und politische Implikationen der Fötenrepräsentation. Die These ist, dass der Grad an Explizitheit, Spektakularität und das Skandalöse der hiesig untersuchten Filme bis in die 2000er Jahre stetig zunahm, vor allem was die filmische Portraitierung des abgetriebenen Fötus angeht, dem die Kamera buchstäblich sukzessive immer näher ›zu Leibe rückt‹. Diesbezügliche dramatische Höhepunkte in der westlichen Spielfilmkultur waren GELEGENHEITSARBEIT EINER SKLAVIN (D 1973) von Alexander Kluge und 4 MONATE, 3 WOCHEN UND 2 TAGE (ROU/BEL 2008) von Cristian Mungiu. Diese beiden, wie auch andere für diesen Aufsatz ausgewählte Spielfilme, markieren signifikante Verschiebungen in Bezug auf das (unzensierte) Sichtbarmachen des toten Fötus und dessen fehlendes Begräbnis sowie beim Kluge-Film die ›Offenheit‹ der Repräsentation des Schwangerenschoßes. Anhand weiterer filmischer Referenzen, zum Beispiel auf EINE FRAUENSACHE (F 1988) in der Regie von Claude Chabrol oder IF THESE WALLS COULD TALK (USA 1996) von der Sängerin Cher und Nancy Savoca, wird gezeigt, wie die Explizitheitskurve mit dem Verlauf der *pro-choice*-Legalisierungsdebatten beziehungsweise den *pro-life*-Bewegungen und der Wahrnehmung der Abtreibung als »genozidale Technik« (Luc Boltanski) korrespondierte.

Analysen von Abtreibungsfilmen

Validieren des Mutterwerdens, Identifikation der Schwangeren mit ihrem abzutreibenden Nachwuchs

Obschon in Schweden bereits 1938 ein Gesetz in Kraft trat, das den Schwangerschaftsabbruch unter strengen Auflagen – Vergewaltigung, Gefährdung des Lebens der Schwangeren, eugenische Gründe und bald darauf auch auf Basis sozialer und gesundheitlicher Indikationen – legalisierte, war es in den 1950er Jahren in Schweden schwierig, eine Abtreibung durchführen zu lassen.[10] Der schwedische Regisseur Ingmar Bergmann verlagert die äußeren Schwierigkeiten auf den Gewissenskonflikt schwangerer Frauen

---

10 Lindahl, Katarina: Die schwedischen Erfahrungen mit legalem und unter medizinisch sicheren Bedingungen durchgeführtem Schwangerschaftsabbruch und Prävention, http://abtreibung.at/wp-content/uploads/2009/04/Pages-from-abbruch_in_eu-4.pdf (Stand: 15.5.2018).

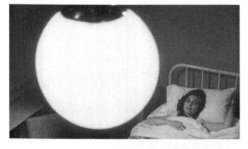

Abb. 4–6: Jo, von ihrem Mann zur Abtreibung gedrängt; Jo identifiziert sich mit dem Schicksal des Ungeborenen; Nach dem Abort: Jos Lachweinkrampf; »The Pumpkin Eater« (1964)

mit Abtreibungsabsicht und entwirft eine Konstellation, in der es insgesamt um die Validierung des Kindeslebens geht. Sein Schwarz-Weiß-Spielfilm NÄRA LIVET [NAHE DEM LEBEN] aus dem Jahr 1958, der großteils auf zwei Erzählungen von Ulla Isaksson basiert, erzählt von einem Ausschnitt aus dem Leben dreier in unterschiedlichen Stadien schwangerer Frauen, die sich in einem Zimmer auf der gynäkologischen Station eines Krankenhauses begegnen. Während die eine die Totgeburt ihres Wunschkindes erleben muss und die andere eine ohnehin befürchtete Fehlgeburt erleidet, intendiert die 19-jährige Hjördis (Bibi Andersson) bei ihrer Einlieferung noch, eine Abtreibung vornehmen zu lassen – auch auf Drängen ihres Partners hin. Das Bezeugen der Schicksale ihrer beiden Zimmergenossinnen bringt sie jedoch davon ab, und sie beschließt, das Kind im Verbund mit ihrer Mutter aufzuziehen.

Anders als bei dieser durch eine geteilte Krankenhauserfahrung abgewendeten Abtreibung wird dieselbe in dem britischen *New Wave*-inspirierten Spielfilm THE PUMPKIN EATER [SCHLAFZIMMERSTREIT] aus dem Jahr 1964 in der Regie von Jack Clayton durchgeführt, optisch jedoch ausgeblendet. Die achtfache Mutter Jo, erneut schwanger und Ehefrau eines treusorgenden, jedoch notorisch untreuen Ehemanns, stimmt auf sein Drängen hin und nach Zureden männlicher Mediziner einem initiierten Abort ihres weiteren Nachwuchses zu (Abb. 4). Zusätzlich soll eine Sterilisation das Reproduktionsthema für die Familie endgültig beenden. Ihr Mann möchte hierdurch angeblich mehr Freiraum für sie selbst und Zeit für die Pflege ihrer Beziehung erwirken. Es wird angedeutet, dass dies – obwohl eine weitere Geburt gesundheitliche Risiken für Jo birgt – nicht unbedingt ihren eigenen Wünschen entspricht. Als sie dennoch einwilligt, wird offiziell die psychiatrische Diagnose »Depression« angegeben, um den Eingriff zu legalisieren. Stellvertretend für Jos Dilemma und die eigentliche Operation wählt der Film ein Sur-

Abb. 7, 8: Die Hausfrau und Mutter Roswitha Bronski; »Gelegenheitsarbeit einer Sklavin« (1973)

rogatbild, bei dem Jo symbolisch mit der fragilen Position des Ungeborenen assoziiert wird. Hierzu schwenkt die Kamera langsam auf eine an der Krankenzimmerdecke angebrachte Kugellampe, deren strahlender Glaskörper in den nächsten dreißig Sekunden zunehmend den Kader ausfüllen wird. Aus dieser erhöhten Perspektive blicken die Zuschauer/innen auf Jos – auch noch kurz vor dem Eingriff – grüblerisches Gesicht herunter. In ihrem Kopf hallt die Stimme des Mediziners als Voice-Off wider: »It's a matter of sterilisation. Perfectly simple and straightforward. Afterwards you can live a completely normal married life. But of course you will never conceive again«. Die Schwangere hält sich mit der linken Hand an den Gitterstäben ihres Krankenhausbetts fest und starrt aufs helle Deckenlicht (Abb. 5). Es wirkt, als denke sie neben dem grundsätzlichen Verunmöglichen weiterer Schwangerschaften durch Sterilisation an das ihrem jetzigen Bauchbewohner bevorstehende Ende. Ihr Identifizieren mit seinem Schicksal wird zum einen durch ihr Festhalten am Bettgestell angezeigt; es macht den Anschein, als kralle sie sich, ebenso wie in ihrer Vorstellung der Fötus an der Uteruswand, am Bett fest. Indem zum anderen nur ihr Kopf und ihre beide Arme aus dem Weiß von Kopfkissen und Bettdecke herausragen, wirkt die selbst zart und zerbrechlich; ihre Position in der Welt scheint in diesem Moment ungesichert. Sukzessive wird nun ihr Antlitz vollständig von dem hellen Lampenball überdeckt.[11] Dies entspricht ästhetisch einer Weißblende und zugleich einer symbolischen Auslöschung desjenigen psychisch-mentalen Anteils in Jo, der sich mit dem ›todgeweihten‹ Fötus identifiziert. Damit bleiben den Zuschauer/innen kaum mehr Zweifel, dass sie sich in diesem einsamen Moment doch noch umentscheidet. – Nach ausgeführtem Abbruch bekommt Jo in einem blütenweißen Nachthemd, das Unschuld und Neuanfang signifiziert, im Krankenhaus-

---

11 Ikonologisch erinnert die Bildkomposition an die pränatalen Fötus-Mondbilder Kubricks, wobei die Position Jos der des Fötus entspricht (vgl. Abb. 24).

bett liegend einen Lachweinkrampf (Abb. 6). Dieser oszilliert zwischen vorgetäuschter Erleichterung ihrem Mann gegenüber, der an ihrem Bett kniet und der Frischoperierten gut zuredet, und hysterisch-schuldbewusster Verzweiflung. Ihr Gesicht wechselt rasch zwischen Gelöstheit und äußerster Anspannung hin und her, was an die verhinderten Geburtswehen erinnern mag. Jo murmelt, sie bräuchte sich fortan nicht mehr zu sorgen. Ob sie damit die umgangene Sorge um ein Neugeborenes oder die Angst vor weiteren außerehelichen Affairen ihres Mannes meint, bleibt offen.

Moving Closer, Sexualisierungen der Abtreibenden und Horrorfizierung der Abtreibung

Obwohl es optisch nie explizit ins Bild rückt, arbeiten die beschriebenen Szenen aus THE PUMPKIN EATER der Lobby des Ungeborenen zu, was durch das Unentschiedensein der Schwangeren und ihre Identifikation mit ihm unterstrichen wird. Im Kontrast hierzu kassiert der Regisseur Alexander Kluge in dem ›Frauenfilm‹ GELEGENHEITSARBEIT EINER SKLAVIN (BRD 1973) jegliche Bilder des Zweifelns der Abtreibungswilligen, die wir erst *nach* dem Moment der Entscheidungsfindung, genauer bei der Abtreibung selbst, kennenlernen. Über ihre Beweggründe erfahren wir nichts, nicht, ob der Abbruch ihrem eigenen Willen innerhalb der »Fristenlösung« entsprach oder eine medizinische, eugenische, soziale oder kriminalistische Indikation jenseits der 12. Schwangerschaftswoche vorliegt, die die Abtreibung des, den Filmbildern nach zu urteilen, circa 10 bis 12 Wochen alten Fötus motiviert. Setting und Konfliktpotential des Films werden in wenigen, aber treffsicheren Worten von der Kommentarstimme des Regisseurs selbst erklärt. Sie spricht über die Protagonistin des Films, die Hausfrau Roswitha Bronski, Ehefrau Franz Bronskis und Mutter zweier Kinder (Abb. 7, 8), gespielt von Kluges Schwester Alexandra Kluge: »In einem anderen Stadtteil hat sie ihr Geschäft. Um sich selbst mehr Kinder leisten zu können, unterhält Roswitha eine Abtreibungspraxis«. Wegen einiger symbolischer Übercodierungen, einstellungstechnischer Idiosynkrasien und ästhetischer Fehlgriffe ist GELEGENHEITSARBEIT EINER SKLAVIN zeitgenössisch scharf kritisiert worden, obwohl er sich eindeutig für die Freiheit der Schwangerenposition ausspricht.

In einem halb abgedunkelten theatralen Raum, der in einer verlassenen Altbauwohnung im Hinterhof liegt, bezeugen die Zuschauer/innen den künstlich herbeigeführten Abort. Vorsichtig, aber bestimmt nimmt Roswitha die Abtreibung an der Patientin vor, die an den Beinhalterungen des Gynäkologenstuhls festgeschnallt ist. Wir sehen, wie sich Roswitha in nicht vollständig sachkundiger Weise sterile Gummihandschuhe anzieht. Dabei passiert optisch etwas, das der Photographietheoretiker Roland Barthes in einem anderen Kontext auf der Ebene der Rezeption historischer Familienphotographien als *punctum* beschrieben hat. Es handelt sich um ein

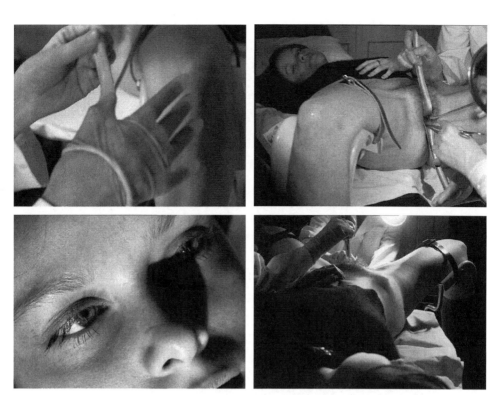

Abb. 9–12: ›Kondomfinger‹ zielt auf Vaginalöffnung; Der Schwangerenschoß in Großaufnahme; Das kühle, aber sexualisierte Gesicht der Schwangeren; Subjektive Perspektive der Schwangeren; »Gelegenheitsarbeit einer Sklavin« (1973)

zufällig wirkendes Detail, das ambig ist und einen Bedeutungsüberschuss produziert: Als die weiß bekittelte Roswitha mit dem Anlegen der sterilen Handschuhe kämpf, nimmt sie kurzzeitig ihre andere Hand zuhilfe. Mit Daumen und Zeigefinger der freien Hand zieht sie den Gummifinger des rechten Daumens in einer Weise in die Länge (um ihn vorzudehnen), die an das Anlegen eines Präservativs erinnert. Im Bildhintergrund ist währenddessen der geöffnete Schoß der Schwangeren zu sehen. Der ›Kondomfinger‹ zielt bezeichnenderweise genau auf ihre Vaginalöffnung (Abb. 9). Ein unfreiwilliger Kommentar auf versäumten Safer Sex der Abtreibenden?

In der gesamten Szene schwenkt die Kamera mehrfach zwischen Close-up-Ansichten des Antlitzes der Schwangeren und Nahansichten ihres Intimbereichs hin und her. Scham und Scheideneingang, an dem sekundiert von mehreren medizinischen Metallgeräten zwei Händepaare herumwerkeln, werden in Großaufnahme gezeigt, ein Alleinstellungsmerkmal dieses Abtreibungsfilms (Abb. 10). Die Reaktionen der Schwangeren sind zurückgenommen, subtil bis unmerklich. Erfolglos versucht man, ihrem kühlen Gesicht eine eindeutige Regung zu entnehmen (Abb. 11). In einigen Einstellungen scheint es so, als erotisiere und sexualisiere die Art des Filmens die Schwangere. Zum Beispiel mag die Offenheit irritieren, mit der sie – wie in anderen Szenen auch Roswitha selbst – in die Kamera blickt. Als unfrei-

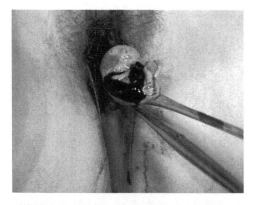

Abb. 13–15: Der als Ganzes entnommene Fötus; Fötus in Embryonalstellung; Der durch Metallgeräte gesteinigte Fötus; »Gelegenheitsarbeit einer Sklavin« (1973)

willig sexualisierend könnte ebenfalls missverstanden werden, wie ihre Wimpern im Close-up sinnlich auf- und niederschlagen und ihr Mund sich von Zeit zu Zeit öffnet oder verzieht, als nehme sie in diesem Moment ein Zwicken in ihrem Unterleib wahr. Zum Teil ist die Kamera hinter dem Kopf der liegenden Schwangeren platziert, so dass wir zusammen mit ihr an ihrem Leib entlang auf die ansonsten sachlich ablaufende Abtreibungsszene blicken (Abb. 12).

Im Gegensatz zu ihrem schwer deutbaren Konterfei sprechen ihre Hände eine deutlichere Sprache: Mit der linken Hand streicht die Schwangere über ihren Bauch. Der innere Operationsvorgang, das Aufdehnen des Muttermunds und die Ausschabung des Fötus aus der Gebärmutter spiegeln sich darin, dass sie in der Nabelgegend in ihr Bauchdeckenfleisch kneift. Ein leises Ächzen ist zu hören, das akustisch nicht leicht zuordenbar ist: Entweder seufzt sie oder Roswitha leise, als der Fötus sich löst. Während des Vorgangs bettet die Abtreibende ihren Kopf mehrmals zur anderen Seite. Ein Achssprung, ein Wechsel von der Kopf- zur Schoßperspektive; die Kamera zoomt wieder auf den mit Metallklammern künstlich aufgehaltenen Vaginaleingang. Der Blick in den offenen Schoß der Frau, dem der abgetriebene tote Fötus entnommen wird, ist eine in Spielfilmen selten gesehene, wenn nicht ungesehene Kameraperspektive. Die ungewöhnliche Art, in der das Geschlecht der Frau hier zu sehen ist, legt indirekt das relative Ungeübtsein der Zuschauer/innen-Augen ob solcher Bilder offen. Hintergrund ist die tendenziell zögerliche kulturelle Repräsentation des weiblichen Genitals außerhalb der Pornographiesphäre, sieht man von einigen wenigen kunstgeschichtlichen

Artefakten ab, wie unter anderem Gustave Courbets *L'Origine du monde* aus dem Jahr 1866,[12] Szenen aus frühen Abtreibungsfilmen (vgl. Katrin Pilz‹ Aufsatz in diesem Band) oder neueren Vaginaabdrucken aus Gips.[13]

Nach dem Herausschaben einer unförmigen Masse, die wie der Fruchtsack oder Mutterkuchen aussieht, wird aus dem Schoß der Namenlosen nun der mit Blut überzogene leblose Fötus im Ganzen zutage gefördert – in zusammengerollter Embryonalstellung (Abb. 13). Details seines Körpers, der Kopf mit Ohren und die Beine, sind gut zu erkennen, sein Gesicht hingegen nicht. Eine klare Ansicht des Gesichts hätte dem Abgetriebenen auf fötalimagologischer Ebene unverkennbare Wesensmerkmale, den Anstrich von Identität, Einzigartigkeit und Menschlichkeit verliehen. Sobald der Fötus sich außerhalb des Körpers befindet, kippt das löffelartige Kürettierinstrument derart, dass er hinunterfällt, buchstäblich über den unteren Kader-Rand von der Bildfläche verschwindet. Blitzschnell folgt ihm die Kamera, indem sie nach unten schwenkt, um den Fötus nun in Nahaufnahme in Augenschein zu nehmen. Er liegt kopfüber, kaum mehr mit Blut verschmiert. Sein Gesicht ist von der Kamera abgewandt (Abb. 14); zugleich sind noch mehr Einzelheiten des Körpers zu erkennen. Auf der Tonebene ist zu hören, wie Roswitha sich der Gummihandschuhe entledigt. Eine zweite Einstellung auf das abgetriebene (Un-)Wesen aus weiterer Entfernung folgt. Es ist zu sehen, dass der Fötus mitten in der Schale mit den gebrauchten Instrumenten ›gelandet‹ ist. Achtlos wird nun von einer unsichtbaren Hand ein weiteres Werkzeug auf seinen elastisch anmutenden Körper geschmissen, so dass dieser sich unter der Gewalteinwirkung passiv bewegt. Er schnellt auf den Minirücken, so dass seine Beine in die Höhe ragen – wie bei einem hilflos auf seinem Panzer liegenden Käfer (Abb. 15). Es wirkt, als müsse seine Bedeutungslosigkeit erneut durch Metalleinwirkung besiegelt werden. Die Beine zucken oder wippen von dem Schlag noch nach, als den Körper eine weitere Metallschere trifft, und noch eine und noch eine. Durch diese ›metallene Steinigung‹ wird der symbolische Status des abgetriebenen Fötus klargestellt, er ist reif für die Entsorgung im Abfalleimer. Während die Schale, das unwirtliche ›Grab‹ des Fötus, von der Assistentin fortgeräumt wird, trinkt nicht etwa die ehemalige Schwangere, sondern Roswitha hastig ein paar Schlucke Kaffee. Bis hierher wurde während des gesamten Eingriffs, der in der Filmzeit dreieinhalb Minuten dauert, kein einziges Wort gesprochen, zumindest war auf verbaler Ebene keine Kommunikation zu vernehmen. Nachdem sie vom Gynäkologenstuhl losgeschnürt worden ist, wird der Patientin stattdessen ein Gläschen

---

12 Das Vaginamuseum bietet einen Überblick über vorhandene Darstellungen: http://www.vaginamuseum.at/home (Stand: 15.5.2018).
13 Vgl. beispielsweise: https://www.bellydeluxe.de/intimabformung-1-vagina-abdruck/ (Stand: 15.5.2018).

Martini eingeschenkt, von der selbsternannten Ärztin höchst persönlich. Sie bedankt sich und lächelt verhalten. Roswitha gibt ihr in knapper Form Instruktionen: »Jetzt legen Sie sich zuhause drei Tage hin. Täglich Fieber messen. Wenn Fieber kommt, gleich hier melden. Ebenfalls, wenn die Blutung länger als zwei Tage dauert, melden Sie sich hier«. Roswitha löst die Ledergurte, klappt ihre Schenkel zusammen und hilft ihr aus dem Gynäkologenstuhl auf.

Anhand des westdeutschen Films GELEGENHEITSARBEIT EINER SKLAVIN lässt sich zeigen, wie eng Entwicklungen in der Spielfilmkultur mit öffentlichen Debatten um eine Strafrechtsreform zusammenhingen und vice versa. Zu Beginn der 1970er Jahre wurde in Westdeutschland der Paragraph 218 des Strafgesetzbuchs von Frauenrechtlerinnen radikal infrage gestellt. Am 6.6.1971 gingen mittels eines *Stern*-Magazin-Covers bekanntermaßen 374 Frauen in die öffentliche Illegalität, indem sie offen zu ihren Abtreibungen standen.[14] Im Juni des Jahres 1974 wurde der Paragraph reformiert und die »Fristenlösung« gesetzlich verabschiedet, die Abtreibungen bis zur 12. Schwangerschaftswoche erlaubte. Diese Entscheidung wurde ein Jahr darauf für verfassungswidrig erklärt, da so die Verpflichtung des Gesetzgebers zum Schutz heranwachsenden menschlichen Lebens nicht gewährleistet sei, worauf 1976 als Kompromiss die Indikationsregelung in Kraft trat, die eine medizinische, sozial-ethische oder kriminalistische Begründung vorsah.[15]

Als Kluges Film GELEGENHEITSARBEIT EINER SKLAVIN über eine illegale Abtreibungspraxis am 7. Dezember 1973 in München veröffentlicht wurde (FSK 18), geschah dies als direkte Intervention in den hitzigen politischen Disput. *Die Zeit* hielt fest: »Er *zeigt* eine Abtreibung so lapidar und sachlich, daß sie als ein sehr natürlicher, verständlicher, menschlicher Vorgang erscheint [...]«.[16] Der Neunzigminüter entstand just in einer der empfindlichsten Phasen der damaligen Debatte um die Reformierung des Abtreibungsgesetzes. Durch seine offene Darstellung der Autarkie anstrebenden Abtreibenden, der Details des Abtreibungsvorgangs selbst, der Fötusleiche sowie der sozialen Zwänge der Abtreibungsärztin gehört er zweifelsohne zu den politisch couragiertesten Filmentwürfen seiner Zeit, die eindeutig für einen freiheitlichen Schwangerschaftsabbruch, also *pro-choice* argumentierten. Vermutlich liegt es daher an seiner Portraitierung der emotional passiv wirkenden Schwangeren und vor allem der Gewaltförmigkeit,

---

14 Siehe auch die *arte*-Dokumentation »WIR HABEN ABGETRIEBEN« – DAS ENDE DES SCHWEIGENS (D 2011): https://www.youtube.com/watch?v=3H27FFrxzkA (Stand: 15.5.2018).

15 Vgl. Bundeszentrale für politische Bildung, »1975: Streit um straffreie Abtreibung vor dem Verfassungsgericht« vom 25.2.2015, www.bpb.de/politik/hintergrund-aktuell/201776/1975-streit-um-straffreie-abtreibung (Stand: 15.5.2018).

16 Donner, Wolf (4. Januar 1974): Film: »Gelegenheitsarbeit einer Sklavin«. Alexander Kluges Neubeginn. *Die Zeit*, Nr. 2.

Abb. 16: Absente Live-Abtreibungsbilder, leeres Studio mit Joachim Brauner; »Panorama« (BRD 11. März 1974)

Disrespektierlichkeit und Mehrdeutigkeit seiner fötologischen Bilder, wie oben angeschnitten, dass der Film damals als Skandal- und Streitobjekt galt und von Frauenrechtlerinnen stark kritisiert wurde, was seiner eigentlichen politischen Stoßrichtung zuwiderläuft. Ansatzpunkt für eine Kritik an dem Lehr- und Thesenfilm der Geschwister Kluge war die darin verfolgte »realistische Methode«, wie Feministinnen und Macherinnen der Zeitschrift *Frauen und Film* hervorhoben (Schlüpmann 1988, 129 ff.). Problematisiert wurde die direkte provokative filmische Schilderung der Abtreibung mit anschließendem Bild des toten Fötus, wobei die Fötenleiche in der sterilen Schale unter den Abtreibungsutensilien regelrecht ›begraben‹ werde (vgl. Abb. 15). Neben der allzu ›realistischen‹ Darstellungsweise (was aus gynäkologischer Sicht zu diskutieren wäre …) wurde die Frauenfigur Roswitha als wenig sympathisch und ergo nicht zur Identifikation einladend und der Film aus diesem Grund als kontraproduktiv für die zu erkämpfende Entkriminalisierungsforderung befunden. Und dies, obwohl Roswitha sich tapfer der innerfamiliären Unterdrückung durch ihren Mann widersetzt, von einem bis dahin kooperativen Gynäkologen eines ›Kunstfehlers‹ bezichtigt wird, worauf sie ihre Tätigkeit aufgeben muss, Zweifachmutter ist, sich solidarisch mit Frauen zeigt, die in der Klemme stecken, und sich auch im späteren Filmverlauf gesellschaftspolitische Handlungsmacht erkämpft – zumindest vorübergehend. Auch wenn Geschlechterungleichheit, indem sie hier narrativ wiederholt wird, kritisch reflektiert wird, waren Symboliken wie die folgende scheinbar ungeschickt platziert: Als Roswitha ihre Praxis aufgrund der Denunziation schließen muss, tauscht sie die Abtreibungsutensilien kurzerhand (und sprechenderweise) gegen tierärztliche aus, um ihren bisherigen illegalen Job zu vertuschen. Hierdurch wird Abtreibung retroaktiv mit Veterinärmedizin, also indirekt mit der animalischen Sphäre,

Abb. 17, 18: Drei Pubertierende in Tel Aviv; Die sedierte Nili in den Händen des Gynäkologen; »Eis am Stiel« (1977/8)

wenn nicht analogisiert, so doch symbolmächtig assoziiert, was einer Dehumanisierung der weiblichen Reproduktionssphäre gleichkommt.

Wie sehr einige Medienvertreter und sicherlich auch ein Großteil der Öffentlichkeit eine lebensechte Repräsentation der Abtreibung scheuten, zeigt neben GELEGENHEITSARBEIT EINER SKLAVIN das folgende Beispiel. Ein paar Monate nach Veröffentlichung des Kluge-Films und einige Wochen vor Beschluss der »Fristenregelung«, nämlich am 11. März 1974, wollte die ›Frauenrechtlerin‹ Alice Schwarzer in PANORAMA, einer Kultursendung des deutschen Fernsehens, für die sie tätig war, vor laufender Kamera eine Abtreibung zeigen. Die Übertragung der Live-Abtreibungs-Reportage wurde von den ARD-Intendanten jedoch kurz vor Sendebeginn vereitelt. »[...] Daraufhin weigerte sich die Redaktion um den damaligen Redaktionsleiter Peter Merseburger, vor die Kamera zu treten. Nach dem Vorspann sahen die verblüfften Zuschauer/innen ein leeres Studio, in dem lediglich der spätere ARD-TAGESSCHAU-Sprecher Joachim Brauner saß, der eine Erklärung der Redakteure verlas.«[17] Die brisanten dokumentarischen Abtreibungsbilder verblieben damit zwar im Reich des Unsichtbaren, riefen aus dieser Position jedoch dennoch ein reges Presseecho hervor (Abb. 16). Die PANORAMA-Sendung ist also ein filmisches Denkmal für die damalige Nicht-Repräsentierbarkeit von liveübertragenen Abtreibungen.

Drei Jahre später erschien in Israel der erste Teil der LEMON POPSICLE-Trilogie mit dem Untertitel ESKIMO LIMON [EIS AM STIEL] (1977/8) in der Regie von Boaz Davidson. Er soll hier stellvertretend für eine ganze Reihe anderer Teenie-Sex-Filme sowie Sex- und Aufklärungsfilme stehen. In der Komödie durchleben die Schüler Benny Weiß (Jesse Katzur), Johnny (Zachi Noy) und Bobby/Momo (Jonathan Segal) im Tel Aviv der 1950er Jahre lebend alle Höhen und Tiefen pubertärer Sexualität (Abb. 17). Sie verlie-

---

17 Kai-Hinrich Renner: ›Panorama‹ wird 50 – und ein bisschen wie früher. In: *Hamburger Abendblatt*, 26.05.11; https://www.abendblatt.de/kultur-live/article106538749/Panorama-wird-50-und-ein-bisschen-wie-frueher.html (Stand: 25.3.2018).

Abb. 19, 20: Susans Selbstabtreibungsversuch; Das Computerkind reklamiert ein Recht auf Leben; »Demon Seed« (1977)

ben sich und haben zum ersten Mal Sex, was bei einem minderjährigen Mädchen zu einer Schwangerschaft führt. Obwohl Benny nicht der Inseminierende war und damit keine direkte Verantwortung trägt, begleitet er Nili zu der beklemmend wirkenden Konsultation beim Frauenarzt, da er sie verehrt und bewundert. Unter Vorwürfen stimmt letzterer einer Abtreibung zu. Als Benny das Praxiszimmer verlassen soll, ertönt ironischerweise der Brian Hyland-Song: »Guess it's gonna be a cold lonely summer / but I'll fill the emptiness / I'll send you all my love every day in a letter / sealed with a kiss«. Während sich das neue Paar zum Abschied schier endlos lang in die Augen blickt, lächelt Benny die Verängstigte aufmunternd an, bevor die Tür hinter ihm ins Schloss fällt. Die Arzt-Patientinnen-Beziehung wird stark sexualisiert dargestellt: »Was stehen sie so da, sie müssen sich schon ausziehen«. Die Kamera gleitet – vermutlich in Nachahmung des (von der jungen Frau antizipierten) ärztlichen Blicks – an Nilis Körper hinunter, auf ihre entblößte Brust, und bezeugt, wie sie ihren Hosenbund öffnet. Der medizinische Grund dafür, warum die schwangere Patientin bei der Abtreibung selbst vollständig nackt sein soll, ist nicht ersichtlich. Zu alledem wird sie während des Eingriffs in Vollnarkose versetzt, was bei ihr und dem Publikum weitere ungute Assoziationen und Phantasien

Abb. 21: Rachsüchtiges Killerbaby, das seiner Abtreibung entging; »It's Alive« (1974)

weckt (Abb. 18). Insgesamt wirkt die Eis am Stiel-Abtreibungsszene stark geprägt von männlicher Bewertung und Kontrollmacht sowie ausbeuterischer Sexualisierung.

Der US-Horrorfilm Demon Seed [Des Teufels Saat], ebenfalls veröffentlicht im Jahr 1977, scheint feministische »Mein Bauch gehört mir«-Debatten der 1970er Jahre, die das Recht der Schwangeren auf Selbstbestimmung über ihren Körper und auf Familienplanung intonierten, zerrbildartig zu spiegeln. Im Film gerät die Kindertherapeutin Susan in ihrem eigenen Haus in die Fänge eines Supercomputers, den ihr Ehemann selbst erschaffen hat (vgl. Köhne 2009). In Absenz ihres nichtsahnenden Mannes interniert, foltert und vergewaltigt dieser sie, um ihren Eierstöcken unter größter Gewalteinwirkung ein befruchtungsfähiges Ei zu entnehmen. Demon Seed visualisiert die alte Gebärneid-Männerphantasie, die in der exklusiven Potenz von Frauen gründet, Leben zu geben, indem er eine extraleibliche Schwangerschaft ohne Frauenkörper – und ergo ohne natürliche Gebärmutter, Plazenta, Fruchtblase et cetera – ersinnt, was der Reproduktionsmedizin bis heute nicht geglückt ist. Dem Computer gelingt es nun, in einem externalisierten gigantischen künstlichen Uterus, verkörpert und gesteuert durch ihn als Maschine, eine fruchttragende Schwangerschaft stattfinden zu lassen. Susan, die leibliche Mutter und Eizellenspenderin des heranreifenden Computerkinds, einem Hybrid aus Mensch und Maschine mit organischer Hülle, führt daraufhin am Ende des Films einen missglückenden Abtreibungsversuch durch. Bei diesem reißt sie einen blutgefüllten Schlauch, ein Analogon der Nabelschnur, aus der makrosierten, vom Computer nachgebauten Gebärmutter heraus (Abb. 19). Sie initiiert hierdurch einen Abort, den das zu früh geborene Computerkind jedoch überlebt. Es stellt sich heraus, dass der Computer einen noch perfideren Plan verfolgt hat: Um Susans Zuneigung zu dem hybriden Computerkind, Nachkomme der beiden ungleichen Mensch-Maschine-Eltern, zu triggern, hat er ein Kind kreiert, das ihrer verstorbenen Tochter, die das Ehepaar durch Krankheit verloren hatte, zum Verwechseln ähnlich sieht. Der letzte Blick, den die Filmkamera von Susan einfängt, ist skeptisch auf ihre neu/wiedergeborene Tochter gerichtet. Es wird klar, dass es ihr nicht leicht fallen wird, dem Computergeschöpf ihre mütterliche Liebe vorzuenthalten. Vor allem, da es unvermittelt mit metallener Stimme feststellt: »I am alive!« und damit sein Recht auf Leben reklamiert (Abb. 20). Der Computer hat sein Ziel verwirklicht, sich über das Menschenkind Zugang zur menschlichen Gefühlswelt zu verschaffen.

Der Ausspruch des Computerkinds stellt sowohl eine Reminiszenz an den US-Horror-Tonfilmklassiker FRANKENSTEIN (1931) von James Whale dar, in dem der schöpferische Dr. Henry Frankenstein ob seiner animierten monströsen Kreatur aus Leichenteilen entzückt ruft: »It's alive, it's alive, it's alive!«, als auch an Larry Cohens US-Horrorfilm IT'S ALIVE [DIE WIEGE DES BÖSEN] aus dem Jahr 1974. Letzterer handelt von einem äußerst destruktiven Killerbaby, das unmittelbar nach seiner Geburt als menschenfressende Bestie auftritt und alle Personen im Kreissaal tötet (Abb. 21). Hintergrund für seine Aggressivität sind ›Erinnerungen‹ des Neugeborenen an Gespräche seiner Eltern über eine geplante Abtreibung, die es pränatal durch die Bauchdecke passiv ›mitgehört‹ hat. Obwohl sich die Eltern letztlich doch gegen eine Abtreibung entschieden hatten (»I'm glad we decided to have the baby.«), verübt das Baby nun im postnatalen Zustand kalte Rache. In Wechselwirkung mit dem *pro-choice*-Diskursfeld könnte das rachsüchtige Baby als Figur gelesen werden, die die Agency der Fötusposition übernimmt und stellvertretend für seine schutzbedürftigen Kolleg/innen an abtreibenden Eltern per se sowie generell an der sich im Weiteren nicht nur in den USA stark ausprägenden Abtreibungsbranche Vergeltung übt.

In der filmischen Repräsentation der Schwangerschaft in DEMON SEED, deren Ablauf hier zeitlich auf einen weiblichen Monatszyklus gerafft ist, zeigen computergesteuerte Monitorbilder der gefesselten Schwangeren prä-

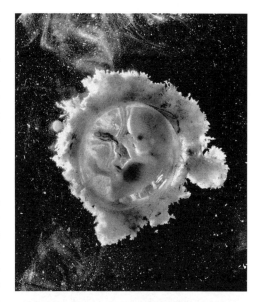

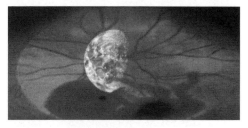

Abb. 22: Nilssons »Der Raumfahrer« von 1965 – ein 11 Wochen alter und 6 cm großer toter Fötus
Abb. 23: Sandwichbild aus Fötusphoto Nilssons und Mondansicht; »Demon Seed« (1977)
Abb. 24: Filmplakat zu Stanley Kubricks »2001 – A Space Odyssey« (1968)

natale Ansichten ihres fötalen Nachwuchses. Mediengeschichtlich handelt es sich um oben angesprochene Aufnahmen von Nilsson,[18] teilweise kombiniert mit Bildern vom Mond. Die Verknüpfung der Wissens- und Bildpartikel Fötus und Mond hatte 1977 bereits eine visuelle Vorgeschichte. Der Film DEMON SEED schließt hier an eine bestehende Collageformation an, die Nilsson bereits in seinem Bild »Der Raumfahrer« von 1965 verwendet hatte (Abb. 22)[19]: »Schwebend im eigenen Universum. Der Fötus ruht sicher in seinem rosa Universum, den Dottersack wie einen Mond über seinem Kopf« (Nilsson/Hamberger 2003 [1967], 120). Im Film wird ein Bild gezeigt, das einen angeblich pränatalen Fötus in einer Quasi-Spacekapsel mit einer Mondansicht aus dem All paart (Abb. 23). Vier Jahre vor der ersten Mondlandung offenbart diese bildgewordene Technikphantasie Nilssons die Trajektorie menschlichen extraterrestrischen Größenwahns. Drei Jahre später kombinierte auch Stanley Kubrick für seinen Film 2001 – A SPACE ODYSSEY (1968) eine Photographie des Ungeborenen mit dem Bild der Weltkugel aus einer Space-Perspektive (Abb. 24). Warum aber wird zur Darstellung eines hochtechnologischen Vorgangs wie der Raumfahrt beziehungsweise der Schwerelosigkeit im Raum auf Föten zurückgegriffen und vice versa? Liegt die Parallelisierbarkeit der beiden Räume in den Schwebezuständen, die der mütterliche Uterus durch Fruchtwasser und das Weltall durch das Fehlen von Schwerkraft kreieren? Es scheint, als solle dieses bildliche Space-Vokabular das Konstrukt ›vorgeburtliches menschliches Leben‹ auf eine erhabene Stufe heben und seine Unfassbarkeit demonstrieren (vgl. hierzu Boltanski 2007, 489 FN 55; Newman 1996).

Generell lässt sich für Bilder des Fötus feststellen, dass sie es in ihrer Funktion als »Medienembleme« (Duden 1991, 85) ermöglichen, den Fötus als »Vertreter des heranreifenden menschlichen Lebens zu feiern« (Boltanski 2007, 273), indem Rezipierende imaginär vom Fötus auf den Säugling springen. Dies bedingt, dass sie von Gegner/innen der Legalisierung der Abtreibung leicht vereinnahmt werden können, wie der Soziologe Luc Boltanski in *Soziologie der Abtreibung* von 2007 anmerkt.

Live-Abtreibung im Dokumentarfilmstil: Verwissenschaftlichung
Zugespitzt wird die Explizitheit der Darstellung der fötalen Position durch Ultraschallbewegtbilder eines echten Fötus, dessen Abtreibung im Film THE SILENT SCREAM [DER STUMME SCHREI] (1984) annäherungsweise in Echtzeit gezeigt wird. In Bezug auf die Geschichte visualisierter Schwangerschaftsunterbrechung besitzt die US-amerikanische wissenschaftliche Dokumentation THE SILENT SCREAM mit dem Gynäkologen Bernard N.

---

18 Nilsson photographierte Innenansichten des Körpers sowie dem Körper der Frau entnommene tote lichttechnisch präparierte Föten. Siehe Nilsson/Hamberger 2003 [1967].
19 Nilsson, Lennart/Lars Hamberger: Ein Kind entsteht. Der Bildband, 6.

Nathanson (1926–2011) besondere Aussagekraft. Denn der gynäkologische Lehrfilm bedeutete einen gravierenden Einschnitt in die sich seit den 1970er Jahren entwickelnde Fötologie, welche an neue Visualisierungstechnologien gekoppelt war. Vor mehr als 30 Jahren wurde hier mithilfe von »Ultraschall-Aufnahmetechnik« das mögliche Verhalten eines Fötus während des Abtreibungsvorgangs – dessen »Todeskampf« – gefilmt, wie es Nathanson im Film formuliert. Ultraschall, ein bildgebendes Verfahren zur Untersuchung von organischem Gewebe, wurde 1958 von Ian Donalds eingesetzt, um erste sonographische Aufnahmen eines Ungeborenen zu erzeugen. Jedoch erst ab den 1970er Jahren fand es vermehrt und circa ab 1990 regelmäßig in der Pränataldiagnostik Verwendung. Spektakulärerweise zeigte THE SILENT SCREAM also zur damaligen Zeit nur in medizinischen Fachkreisen bekannte Aufnahmen und reklamierte im Abtreibungsfilmgenre hierdurch eine Monopolstellung.[20]

Der wissenschaftliche Film THE SILENT SCREAM zeigt einen Abbruch, wobei der Mediziner den abzutreibenden Fötus in der Gebärmutter als menschliches Wesen, als Person, als ›fötales Subjekt‹ entwirft und damit dessen pränatale Identität und soziopolitische Perspektive zu stärken sucht.[21] Die Politikwissenschaftlerin Rosalind Pollack Petchesky schreibt:

> With formidable cunning, it translated the still and by-now stale images of fetus as ›baby‹ into real-time video, thus (1) giving those images an immediate interface with the electronic media; (2) transforming antiabortion rhetoric from a mainly religious/mystical to a medical/technological mode; and (3) bringing the fetal image ›to life‹. (Pollack Petchesky 1987, 264)

Der Medizinfilm bezieht seine Schlagkraft aus der anthropomorphisierenden Darstellung des prä-abortalen Fötus, dem vor allem durch den Kommentar, gesprochen von Nathanson selbst, entscheidende menschliche Attribute zugewiesen werden, indem er ihn durchweg als vollwertiges und ernstzunehmendes »Kind« adressiert. Zudem charakterisiert Nathanson die Abtreibung in dem *contra-choice*-Dokumentarfilm eindeutig als »Gewalttat«, der Film präsentiert sich als persönliches Geständnis und zugleich Ermahnung eines Ex-Abtreibungsmediziners. – Mit seiner starken humanisierenden und emotionalisierenden Tendenz grätschte THE SILENT SCREAM in die seinerzeit wieder angeheizte Debatte der Abbruchsfrage, trotz partieller Legalisierung seit Mitte der 1970er Jahre.

---

20 Bis im Jahr 1987 ein weiterer, noch stärker *contra-choice* ausgerichteter Film mit dem Titel ECLIPSE OF REASON erschien, kommentiert von dem bekannten Schauspieler Charlton Heston: www.youtube.com/watch?v=_nff8I2FVnIof (Stand: 25.3.2018).

21 Die Englische-Literaturwissenschaftlerin Lauren Berlant spricht davon, dieser und andere Filme »[were] generating an image of citizenship as a kind of iconic superpersonhood, of which the fetus is the most perfect unbroken example« (Berlant 1994, 5). Vgl. hierzu außerdem: Stormer 2000.

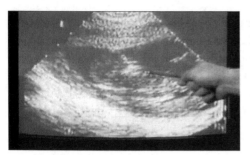 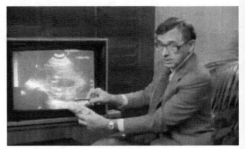

Abb. 25, 26: Der Stumme Schrei des ›Kindes‹ vor seiner Abtreibung; Dr. Nathanson mit Babypuppe; »The Silent Scream« (1984)

Auf akustischer wie bildlicher Ebene finden in THE SILENT SCREAM zahlreiche Humanisierungen statt. In authentisierender und individualisierender Manier wird beispielsweise ausgeführt, der Fötus nehme seinen Daumen in den Mund oder sein Herzschlag habe angesichts der Bedrohung durch das während der Abtreibung abgeflossene schützende Fruchtwasser doppelte Geschwindigkeit angenommen. Seine Bewegungen seien heftig geworden, denn das »Kind« spüre die aggressive Invasion der Abtreibungsinstrumente in sein »Heiligtum« (»sancuary«), gemeint ist die Gebärmutter. In einem »mitleiderregenden« Versuch sei das Kind bemüht, sich in die entgegengesetzte Richtung zu bewegen, aus der es die »tödliche Gefahr« (»most mortal danger imaginable«) wittere.

Mit seinen nie zuvor gesehenen Aufnahmen erhebt der Film Anspruch auf das Zeigen von Wirklichkeit und Wahrheit. In einer Beschreibung zum Film heißt es: »This film shows how the baby tries to shout (without emitting sound, for that reason the title) and to escape of the tools that try to kill it«.[22] Der Film als Wahrheitsmaschine wird zum Zeugen und im Verbund mit Nathanson zum Anwalt des »stummen Schreis« des Ungeborenen, der in Großaufnahme visualisiert wird. Die Behauptung, es handele sich bei dem ultraschalltechnisch Bezeugten um einen stummen Schrei – ohne Frage der dramaturgische Höhepunkt des Films – ist Resultat einer Interpretationsleistung, die in Anschluss an ein ›eingefrorenes‹ Standbild gemacht wird, auf dem der Säugling den Mund öffnet (Abb. 25). Nathanson bezeichnet den geöffneten Mund als »chilling silent scream« auf dem Gesicht eines Kindes, das kurz vor seiner Auslöschung stehe (»threatened imminently with extinction«).

Besonderes Gewicht und Kredibilität sollten Nathansons Aussagen durch Offenlegung der Vorgeschichte des Films erhalten. Auf seiner Homepage gab Nathanson zu Lebzeiten preis, er sei Mitbegründer der nationalen Vereinigung für die Aufhebung des gesetzlichen Abtreibungsverbotes

---

22 Siehe IMDb/Summary: https://www.imdb.com/title/tt1218041/plotsummary (Stand: 25.3.2018).

in den Vereinigten Staaten (NARAL), die im Jahr 1968 entstand, gewesen und im Anschluss Leiter der Geburtshilfeabteilung einer der größten Abtreibungskliniken weltweit, dem Center for Reproductive and Sexual Health (CRASH) in New York. In dieser Funktion behauptete er über sich selbst, »persönlich für 75.000 Schwangerschaftsabbrüche verantwortlich« gewesen zu sein und davon »15.000 Abtreibungen eigenhändig« in seiner Privatpraxis durchgeführt zu haben.[23] Angeblich ging es vor allem auf mediale Aktivitäten dieser und nachfolgend aktiver Gruppierungen zurück, dass im Jahr 1975 das höchste Gericht in den Vereinigten Staaten von Amerika Abtreibungen landesweit und auf Verlangen bis kurz vor der Geburt legalisierte. Den Wendepunkt, wie nämlich aus einem überzeugten Abtreibungsarzt, der ein äußerst lukratives Geschäft führt, ein *pro-life*-Befürworter werden konnte, begründet Nathanson mit der Interventionskraft der neuen Visualisierungstechnologie Ultraschall. Sie habe befördert, dass ethisch-philosophische Fragen nach dem Beginn menschlichen Lebens noch einmal anders intoniert werden konnten.

Den Mythisierungen nach, die sich um die Produktion von THE SILENT SCREAM ranken, erschütterten die ersten sonographischen Aufnahmen eines Abbruchs Dr. Nathanson und weitere anwesende Ärzte mit großer Abtreibungserfahrung sowie eine *pro-abortion*-Frauenrechtlerin derart, dass sie bei Ansicht des Filmmaterials den Raum verlassen mussten und mental eine Kehrtwende machten. Infolgedessen kämpften sie angeblich geschlossen und entschieden für das Recht des ungeborenen Lebens. Ihre spontane Reaktion, die im Ausstieg aus der Branche endete, wird im Stil einer Erweckungsgeschichte der Filmemacher/innen erzählt.

Die *pro-life*-Position wird filmimmanent vielfältig ausgestaltet: Nathansons mündliche Kommentierung des in THE SILENT SCREAM auf einem TV-Gerät abgespielten Ultraschallfilms fällt moralisierend und emotionalisierend aus. Auf dem dramaturgischen Höhepunkt enthält das Vokabular vermehrt Gewaltmetaphern; es wird berichtet, die Enthauptung des Kindes habe bereits stattgefunden; sein Kopf sei durch den Druck des Ansaugschlauchs vom Rumpf, den unteren Extremitäten abgerissen worden und müsse nun zerquetscht und zermalmt hinaustransportiert werden: »[T]he free floating head is crushed, disembodied, destroyed« etc. Währenddessen veranschaulicht Nathanson mittels einer Zange, die er an den Fernsehmonitor hält, auf dem die Umrisse des Fötuskopfs zu sehen sind, wie dies genau vonstatten geht. Die akustische Ebene unterstreicht durch künstlich eingefügte Knackgeräusche und den Einsatz von Musik das »crushing of the head«. Nathanson gibt preis, dass die Operateure, um ihr Bewusstsein von dem eigentlichen Vorgang (»the grissly reality«)

---

23 Ungesicherte Angaben zur Vorgeschichte finden sich auf der homepage: www.aktion-leben.de/BAK/Abtreibung/Argumente/sld01.htm (Stand: 25.3.2018).

abzuschirmen, auf den zu zertrümmernden Kopf ausschließlich in einer Geheimsprache referierten – der Fachterminus laute »No. 1«. Um sich vor der selbstinitiierten Grausamkeit und etwaigen Schuldgefühlen zu schützen, werde verschlüsselt gesprochen: »Is No. 1 out yet? Are we finished?«. Diese Sprechweise dehumanisiert und entpersonalisiert den Fötus; die bewusste Tötung und deren Gewaltförmigkeit werden hierdurch sprachlich verschleiert. Nathansons Sprache als Kommentator in THE SILENT SCREAM dagegen verstärkt letztere an vielen Stellen bewusst, etwa wenn er von der Unterdruckabsaugpumpe als einem Instrument spricht, das einer Naturgewalt vergleichbar eine »typhoonlike series of echos« hervorrufe. Das Abtreibungsutensil der Zange sieht martialisch aus; sein Vorzeigen – ähnlich wie bei einem Folterinstrument, das zur Steigerung der Imaginationskraft und Abschreckung vor der Folteraktion gezeigt wird – erhöht die Empathiemöglichkeiten für die Zuschauenden. Die Bild-Ton-Collage erweist sich als wirkungsvoller Kunstgriff innerhalb der Dokumentation, suggeriert dieser Moment doch den Zuschauenden, sie befänden sich zusammen mit der realen Zange selbst im Uterus der abtreibungswilligen Schwangeren, wären also am »Ungeborenenmord« beteiligt: als Täter und als Opfer. Eine zum Größenvergleich beigelegte unbekleidete Plastikbabypuppe intensiviert diesen Effekt noch (Abb. 26), indem sie eine extra-uterinäre Repräsentanz des in diesem Augenblick getöteten Fötus und zugleich eine Referenz auf ein Kinderleben herstellt, von dem gerade entschieden wurde, dass es nie gelebt werden wird. Im Hintergrund wird Glockenläuten eingespielt, als Nathanson das Abtreibungsreenactment mit diesen Worten schließt: »[T]here once was a living defenseless tiny human being here«.

Später im Film bezeichnet Nathanson abtreibende Frauen indirekt als Killerinnen: »Here and now: Stop the killing!«, inklusive mahnend erhobenem Zeigefinger, den er in Richtung Kamera streckt. Er diktiert weiterhin, den vorliegenden Film solle »jede Frau vor einer Abtreibung sehen« müssen. Nathanson beschwört die Menschheit geradezu, angesichts ihrer bisherigen Errungenschaften, wie zum Beispiel der Mondlandung (!), die prompt visuell eingespielt wird, doch eine andere Lösung als Abtreibung zu finden.

Das Beispiel THE SILENT SCREAM macht auf eindrückliche Weise evident, welch plausibilisierende und zugleich irritierende und dramatisierende Macht Live-Bewegtbilder des ungeborenen und abzutreibenden Fötus haben, auch wenn sie Schwarz-Weiß und grobkörnig sind.[24] Selbst für einen Arzt, der bis dato nach eigenen Angaben tausende Eingriffe vorgenommen

---

24 THE SILENT SCREAM, der zehn Jahre nach der verhinderten PANORAMA-Sendung entstand, kann insofern als Verschärfung der Idee der damaligen PANORAMA-Redakteur/innen angesehen werden, als er nicht nur den Live-Faktor veranschaulicht, sondern zudem intra-uterinäre Ansichten des abzutreibenden Fötus vor und während dessen Tötung im Mutterleib liefert.

hatte – aber eben, wie die im Mutterleib verborgen stattfindende Schwangerschaft selbst, im Verborgenen des weiblichen Körperinnern und nicht in visueller Explizitheit, die Einblick in die fötalen Reaktionen gibt. Die laufenden Ultraschallbilder scheinen bezüglich der fötalen Lobby eine emotionalisierende Verschiebung hervorzubringen, die mit dem logisch-kognitiven Wissen des Abtreibungsarztes und seinem Tastwissen, die zuvor den Abbruch steuerten, kontrastiert. Die Filmbilder des Ultraschallvideos suggerierten offensichtlich eine solch gewaltige Evidenz, Materialität und Endlichkeit, dass trotz medizinischer Ausbildung, weißem Arztkittel und Plastikhandschuhen jegliche Möglichkeit zur Distanznahme vom Eingriff einschmolz.

The Silent Scream markiert nicht nur einen Paradigmenwechsel hinsichtlich medizinischer Visualisierungstechnologien, die der Sichtbarkeit durch den Röntgenblick eine weitere anatomische Sehweise hinzufügte. Wie der Titel verrät, der auf ein stummes beziehungsweise zum Verstummen gebrachtes menschliches Wesen verweist, das gar nicht erst die Möglichkeit des ersten, Leben spendenden Schreis erhält, wuchs durch den in The Silent Scream nahezu in Echtzeit bezeugten Abbruch darüberhinaus der Subjektstatus des Fötus exponentiell an. Die politische Umwertung hinsichtlich des fragilen, aber überlebenswürdigen Status des Ungeborenen, der seit Nilssons animierter Fötenphotographie befördert worden war (vgl. Abb. 3), intensivierte sich in der ultraschalltechnischen Verfilmung in The Silent Scream und dem Nachfolgefilm Eclipse of Reason (USA 1987) mit Charlton Heston noch. Seine Präsenz in lebendiger Bewegtheit während des Live-Schwangerschaftsabbruchs in The Silent Scream steigerte seine symbolische Präsenz und vermenschlichte ihn repräsentational: Er wurde als mit Emotionen, Schmerzempfindlichkeit und Todesangst ausgestattet imaginiert, was Gegnern des Schwangerschaftsabbruchs wesentliche Argumente in die Hände spielte.[25]

Risiken illegaler Abtreibungen und Strafbarkeit der die Abtreibungen Durchführenden

Ende desselben Jahrzehnts intervenierte die Spielfilmszene durch Produktionen wie Dirty Dancing (USA 1987) in diese rigide, die Wahlfreiheit der schwangeren Frau gefährdende *anti-abortion*-Darstellungsweise. In ent-ideologisierender Manier führt der Tanzfilm die Nöte einer ungewollt schwanger gewordenen Profitänzerin vor, die in einem Ferienhotelkomplex arbeitet und durch eine illegale Abtreibung ihr Leben in Gefahr bringt. Um ihre Lebensgrundlage zu sichern und ohne die Unterstützung des potentiellen Vaters, beauftragt Penny (Cynthia Rhodes) kurzerhand

---

25 Vgl. zum Konnex von Sichtbarmachen des Fötus und Abtreibungspolitik auch Shrage 2002.

Abb. 27, 28: Marie als männlich konnotierte Penetrierende; »Une affaire de femmes« (1988)

einen ›Quacksalber‹, den Eingriff vorzunehmen. Der Prozess ihrer Entscheidungsfindung wird dabei weitgehend ausgeblendet. Nur durch Zufall kann die Schmerzleidende von einem professionellen Mediziner aus der Notfallsituation gerettet werden. Die Filmszene lässt sich als visuelles *pro-choice*-Argument einordnen, da sie auf die Verzweiflung und Angst der alleingelassenen Schwangeren eingeht sowie auf die fatalen Konsequenzen illegalen Abtreibens unter unhygienischen Bedingungen und nicht auf das künftige, durch die Abtreibung verhinderte Leben des Kindes. DIRTY DANCING gehört zu den filmischen Artefakten, die offen und auf dramatische Weise auf die gesundheitlichen Risiken von Hinterhofabtreibungen aufmerksam machen und die abtreibende Schwangere für ihre Entscheidung nicht abwerten.

Die Filmtragödie UNE AFFAIRE DE FEMMES [EINE FRAUENSACHE] (F 1988) von Claude Chabrol basiert auf dem historischen Fall der Marie-Louise Giraud, die 1943 wegen mehr als zwei Dutzend illegalen Abtreibungen in Paris guillotiniert wurde. In der filmischen Adaption betätigt sich eine Hausfrau und Zweifachmutter, namens Marie (Isabelle Huppert), während des Zweiten Weltkriegs im von Deutschen besetzten Frankreich als so genannte ›Engelmacherin‹. Obwohl Abtreibung in Frankreich seit den 1920er Jahren, als Folge der großen Verluste des Ersten Weltkriegs und seit Anfang der 1940er Jahre nochmal verschärft, unter Strafe stand, versucht Marie – ähnlich wie bei GELEGENHEITSARBEIT EINER SKLAVIN – von dem Erlös ihre ärmliche Lage aufzubessern. Sie verwendet hierfür ein Verhütungsmittel, genannt »Mutterdusche« für Vaginalspülungen, das Anfang der 1940er Jahre auch zur (Selbst-)Abtreibung benutzt wurde. Mit ihrer Hilfe wurde bereits in der Weimarer Republik Seifenlauge in die Gebärmutter gespritzt, was die Abtötung der »Leibesfrucht« zur Folge hatte und Wehentätigkeit auslöste (Staupe 1993, Abb. S. 24, 47). Ähnlich der Freudschen Urszene bezeugt Maries Sohn die Abtreibungen seiner Mutter auf dem Küchenfußboden durchs Schlüsselloch. Die Schenkelperspektive sexualisiert die Schwangere und der heiße Seifenlauge spritzende Abtreibungsschlauch macht Marie zur männlich konnotierten Penetrierenden (Abb. 27, 28). Wie um die Doppelcodierung zu unterstreichen, sagt die Schwangere lachend: »Ich muss dran denken, dass es Leute gibt, die es auf dem Boden treiben«. Als ihr Ehemann aus der Kriegsgefangenschaft heimgekehrt führt Marie ihr geheimes Geschäft ohne dessen Billigung weiter – ebenso wie die Vermietung von Zimmern an Prostituierte (»Kuppelei«). Ihre Geschäftstüchtigkeit und Skrupellosigkeit werden demonstriert, als sie nach einem Abtreibungsfall, bei dem ihre Kundin infolge des Eingriffs ums Leben kommt und sechs Kinder zurücklässt, dennoch Geld annimmt. Die Verwandte, die sich in Zukunft um die Kinder kümmern will, sagt daraufhin: »Wissen Sie nicht, dass die Ungeborenen schon eine Seele haben? Sie tun mir leid«.

Als ihr Mann sie denunziert, wird Marie durch ein Sondergericht der Vichy-Regierung, das Tribunal d'État, in Abstimmung mit der deutschen Militärverwaltung zum Tode verurteilt und hingerichtet, da sie dem Staat Kinder, das heißt künftige Soldaten geraubt habe. Dieser Staatsgerichtshof war laut dem Autor der Romanvorlage, der auch als Drehbuchautor wirkte, Francis Szpiner in der historischen Szenerie ein »juristisches Monstrum«, das zur Besatzungszeit eine bestimmte, zuvor vereinbarte Anzahl an Hinrichtungen vornehmen

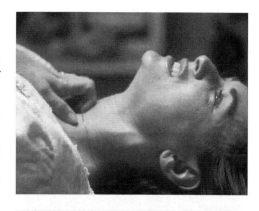

Abb. 29–31: Kriegswitwe Claire im Schmerz bei der illegalen Abtreibung; Die verblutende Claire, Pièta: Verblutende Abtreibungsärztin im Schoß der Abtreibenden; »If These Walls Could Talk« (1996)

musste, um die Auflagen der Nationalsozialisten zu erfüllen. Das Sondergericht unterzog rückwirkend Urteile bereits gerichteter (freigesprochener) Personen einer Revision und wandelte diese in die Todesstrafe um. Giraud wurde Szpiners Archivrecherchen zufolge wegen antinationaler Umtriebe hingerichtet, Abtreibung galt als »nationale Plage«. Dabei wurde Giraud, die ihr Haus auch als Stundenhotel nutzen ließ, erst peu à peu zu einer routinierten Abtreiberin. Als »Abschaum der Gesellschaft« stigmatisiert suchte die Vichy-Regierung, das Land von solcherlei Personen zu ›säubern‹, was der Spielfilm UNE AFFAIRE DE FEMMES kritisiert.[26]

Ein weiterer *pro-choice*-Film, der US-amerikanische Fernsehfilm IF THESE WALLS COULD TALK [HAUS DER STUMMEN SCHREIE] (1996) in der Regie von Cher und Nancy Savoca, feierte acht Jahre später Premiere. Der Episodenfilm setzt drei Geschichten über ungewollte Schwangerschaft und die Abtreibungsfrage in Szene, die sich über eine Zeitspanne von vier Jahrzehnten in demselben Haus ereignen (1952/1974/1996). Der Vorspann der Trilogie collagiert prägnante Ausschnitte aus TV-Reportagen und wichtige Bildelemente aus Fernsehmagazinen zu in den drei Zeitphasen jeweils geführten Abtreibungsdebatten. Die aufscheinenden Transparente, Plakate und Redeausschnitte zeugen einerseits von verhärteten Fronten innerhalb der Abtreibungsdiskurse, endlosen Debatten sowie Diskriminierungen, Kriminalisierungen und Ächtungen abtreibender Frauen zwischen den 1950er und 1990er Jahren, andererseits erzählen sie von Öffnungen, die durch Legalisierungs- und Legitimierungsbestrebungen von Frauenrechtlerinnen erkämpft wurden.

Im Jahr 1952 versucht die alleinstehende Kriegswitwe und Krankenschwester Claire (Demi Moore), die sich in einem schwierigen einsamen Moment infolge des Verlusts ihres Gatten mit ihrem Schwager eingelassen hat, die daraus folgende Schwangerschaft, die die sich in Trauer Befindliche gesellschaftlich bloßstellen würde, mit einer Stricknadel zu beenden.[27] Doch der Selbstversuch misslingt. Nachdem sich Claire erfolglos bemüht hat, ihrer fassungslosen Schwägerin die Gründe für ihren Fehltritt zu erklären, wendet sie sich schließlich an einen illegalen Abtreiber. Dieser weigert sich, seine Geräte zu sterilisieren, obwohl die Schwangere Angst vor einer Infektion äußert. Doch der Abtreibende nutzt die klandestinen Umstände und seine männliche Machtposition aus (»Don't move. The more you move the more it's going to hurt.«) und lässt die Witwe mit ihren Schmerzen allein. Es ist der einzige Film, in dem in mehreren Close-ups sowohl massive Schmerzen beim Öffnen des Muttermunds als auch bei der sonstigen Prozedur hervorgehoben werden (Abb. 29). Von einem Blutsturz geschwächt gelingt es Claire nicht mehr rechtzeitig, der Notfall-Ambulanz ihre Adresse durchzugeben, bevor sie verblutet (Abb. 30).

In der nächsten 1974-Episode entscheidet sich eine schwangere bereits mehrfache Mutter (Sissy Spacek), an deren Seite ein liebe- und verständnisvoller Mann wirkt, gegen eine Abtreibung, obwohl sie deswegen ihren Studienwunsch und ihr berufliches Fortkommen endgültig aufgeben muss.

---

26 Vgl. Francis Szpiners Ausführungen im DVD-Zusatzmaterial.
27 Die Szene erinnert stark an die tödlich endende Selbstabtreibung der Protagonistin in REVOLUTIONARY ROAD [ZEITEN DES AUFRUHRS] (USA/UK 2008), der ebenfalls in den den USA der 1950er Jahre spielt.

In der dritten Episode wählt eine junge Studentin, die mit ihrem Professor ein Verhältnis hatte, im Jahr 1996 einen Abbruch in einer Abtreibungsklinik, obwohl ihre Zimmergenossin ihr beim Aufziehen des Kindes zur Seite stehen würde und auch strikt gegen die Abtreibung argumentiert. Die Studentin sucht die professionelle Abtreibungspraxis von Dr. Thomson, gespielt von Cher, auf, die gerade von demonstrierenden Abtreibungsgegner/innen belagert wird. Während die Abtreibung ohne Vollnarkose und per Saugkürettage/Absaugmethode durchgeführt wird, filmt die Kamera, wieder in Nahaufnahme, das tränenüberströmte Gesicht der jungen Frau im Wechsel mit der zielgerichtet arbeitenden Medizinerin. Eine Assistentin redet ihr gut zu und hält ihre Hand. Mehrfach wird die Szenerie im Praxisinneren mit Szenen des Tumults vor dem Gebäude gegengeschnitten. Nachdem die Extremitäten des Fötus entfernt wurden, wird sein Kopf mit einer Zange herausgeholt. Es wird gezeigt, wie das mit Mullbinden umwickelte Fötenhaupt auf den Operationsbestecktisch gelegt wird. Der Film liefert also kein explizites Bild eines toten Fötus, sondern verhüllt die kleine Leiche.

Plötzlich dringt ein fanatischer Abtreibungsgegner (eventuell mit protestantisch-fundamentalistischem Einschlag) ins Behandlungszimmer ein und erschießt kurzerhand die Abtreibungsärztin: »Murderer!«. Mit diesem aggressiven Akt will er offensichtlich nicht die Schwangere mit Abtreibungswunsch, sondern das exekutierende medizinische System treffen. Mit dieser Verlagerung des kritischen Fokus von der Position der Abtreibenden auf das medizinische Abtreibungssystem wird ein historischer Paradigmenwechsel signifiziert, der nunmehr die Industrialisierung und Kommerzialisierung des Abtreibungsgeschäfts anprangert. Dr. Thomson, die Opfer des Anschlags wird, stirbt einen Märtyrertod. Am Ende des Massakers bleibt die Abtreibende mit der Abtreibungsärztin allein zurück. Von der Operation geschwächt und von der Hinrichtung geschockt, kriecht sie zu der tödlich Verwundeten hin und kniet vor ihr nieder. Sie öffnet ihren Schoß, wie um die Ärztin darin aufzunehmen und schreit um Hilfe. Die letzte Episode endet also nicht mit dem verblutenden Schoß der abtreibenden Frau (wie in der ersten 1952-Episode), sondern der Vereinigung des Abtreibendenblutes mit dem ausströmenden Herzblut der Abtreiberin. Die zweifach von weiblichem Blut getränkte umgeschriebene Pietàformel untermalt ein weiteres Mal die Gefährdung von Abtreibungsärzt/innen in der Abtreibungsindustrie (Abb. 31).

Der Film zeichnet sich dadurch aus, dass er die Gefühlslagen der schwangeren Frauen jenseits der Zeitphase und Legalitätsfrage gleichbleibend intensiv und ambivalent charakterisiert. Verschiedene Perspektiven, gesellschaftliche und politische Lager kommen zu Wort, innerfamiläre wie persönliche Gründe für den Abtreibungswunsch, der große äußere und innere Druck wird erzählt. Die Konstellationsabhängigkeit der Entscheidung und der Wert der freiheitlichen Wahlmöglichkeit jeder Frau werden zelebriert.

Übertretung des Spätabtreibungstabus
Der rumänische Spielfilm 4 LUNI, 3 SPTMÂNI I 2 ZILE [4 MONATE, 3 WOCHEN UND 2 TAGE] des Regisseurs Cristian Mungiu von 2008 berührt gleich mehrere gesellschaftliche Tabus, indem er von der Vergewaltigung einer Schwangeren und einer weit fortgeschrittenen Spätabtreibung[28] im fünften Monat erzählt sowie die kinderähnliche Fötenleiche frontal ins Bild setzt. Der Film spielt im Rumänien des Jahres 1987, auf dem Höhepunkt und kurz vor dem Fall der kommunistischen Diktatur unter Nicolae Ceaușescu (1965–1989), als Abtreibung vor und nach dem dritten Monat mit hohen Gefängnisstrafen geahndet wurde, aber auch jegliche Empfängnisverhütung verboten war. Kurz nach seinem Machtantritt verbot das Ceaușescu-Regime jegliche Familienplanung bei Familien mit unter sechs Kindern, was starken Druck auf die intimsten zwischenmenschlichen Bereiche ausübte und generell maskulinistische Kontrolle beförderte. Der rumänischen Filmemacherin und Filmtheoretikerin Ioana Uricaru zufolge war Abtreibung in diesem totalitaristischen Staatssystem keine Frage von persönlicher Freiheit und ethischen Prinzipien. Als unterbezahlte Vollzeitarbeiterinnen mit mehreren Kindern, die zugleich für den Haushalt zu sorgen und dabei immense Schwierigkeiten hatten, genügend und qualitativ annehmbare Nahrungsmittel aufzutreiben, waren Frauen aufgrund ihrer finanziellen Notlage oftmals zu ihr gezwungen (Uricaru 2008, 17).

4 MONATE, 3 WOCHEN UND 2 TAGE fokussiert auf einen kurzen Ausschnitt aus der Geschichte zweier eng befreundeter rumänischer Studentinnen, gespielt von Anamaria Marinca und Laura Vasiliu, wobei eine von ihnen sich mit dem Thema ungewollte Schwangerschaft konfrontiert sieht. Otilia und Găbița sind Zimmergenossinnen im Wohnheim und letztere ist im fünften Monat schwanger. Sie möchte eine illegale Abtreibung, was im damaligen Rumänien mit mehreren Jahren Gefängnisstrafe belegt war, vornehmen lassen und findet Unterstützung bei ihrer aufopferungsvollen Freundin – ein Lehrstück über zwischenmenschliche Solidarität wider allen patriarchalen und totalitaristischen Repressionsdrucks.

Statt der pränatalen Bindung zwischen Mutter und Ungeborenem wird in 4 MONATE, 3 WOCHEN UND 2 TAGE die Freundschaft zwischen den beiden jungen Frauen ausgeleuchtet, die durch die katastrophalen Folgewirkungen des in Komplizenschaft vollzogenen illegalen Schwangerschaftsabbruchs ausgehärtet wird.[29] Selbst nach den Vergewaltigungen beider Frauen

---

28 Vgl. Diekämper 2014, 81.
29 Mit dem Soziologen Luc Boltanski lässt sich sagen, dass Găbița dem Fötus aufgrund ihrer finanziell prekären Situation keine »Gastfreundschaft« gewähren kann, die eigent-

durch den Abtreiber, die laut Aggressor (Vladimir Ivanov) durch verschiedene Nachlässigkeiten der Schwangeren verschuldet worden wären und die er als Teil der Bezahlung für seine Dienste auffasst, sagt Otilia zu Găbița, sie sei der einzige Mensch auf der Welt, auf den sie sich verlassen könne.

Găbițas Stärke und Otilias Schicksal als Mitwisserin, ja sogar Mitinitiatorin und Unterstützerin, bestehen darin, dass erstere zumindest partiell mit der selbstauferlegten Schweigepraxis bricht, der zahlreiche abtreibungswillige Schwangere folgen. Boltanski erklärt hierzu in *Soziologie der Abtreibung*:

> Er soll so wenig Spuren wie möglich in der Welt hinterlassen, selbst im Gedächtnis, wenn auch nicht in dem der Frau selbst, so doch im Gedächtnis der anderen. So sagen viele [...] Frauen, sie hätten von ihrer Abtreibung mit niemandem, nicht einmal mit nahestehenden Menschen gesprochen, aus Angst, man würde sie später daran erinnern, daß dieses nicht existiert habende Wesen die Möglichkeit gehabt hätte, auf der Welt zu sein (»wenn er leben würde, wäre er jetzt so und so alt usw.«). (Boltanski 2007, 233)

Das kollaborative Band, das Otilia mit Găbița verbindet, vereitelt das von Boltanski angesprochene Verdammtsein zum Alleinsein mit der Entscheidung, der Abtreibungserfahrung und der Rückerinnerung an dieselbe. Die Frauen teilen diese Erlebnisstufen und verwandeln sie in eine gemeinsame Erinnerung, deren multiple Schrecken sie im Verbund parieren. Uricaru beschreibt Otilias besondere weibliche Heldenhaftigkeit: »Without formulating abstract arguments or pompous motivations, Otilia instinctively resists the most effective and least obvious tool of this totalitarian regime: the contamination and corruption of intimate human relationships« (Uricaru 2008, 16).

Der Abtreiber und Vergewaltiger, der seine Macht über die Mädchen gegen sie und ihre körperliche Integrität und Unversehrtheit ausspielt, trägt ironischerweise den Namen Bebe. Im Verlauf der Verhandlungen im Vorfeld des Aborts dreht der redegewandte Mann es auf geschickte Weise so, dass es wirkt, als ob die beiden Frauen die sexuellen Gewaltakte gegenüber ihnen selbst erwünschten, um ihn, der sich selbst auch in Gefahr brächte, angemessen zu entlohnen. Bebe übernimmt insgesamt ambivalente Funktionen, indem er nicht nur als mäßig sachgerecht und verantwortlich handelnder illegaler Abtreibender fungiert, der auch seine eigene Freiheit aufs Spiel setzt. Zudem ist der Kriminelle auch verhörende Institution, die der im fünften Monat Schwangeren indirekt Vorhaltungen macht und

---

lich als moralische Verpflichtung gilt (Boltanski 2007, 332 ff.). Găbița nutzt daher die Macht der Mutter, die das *nicht* bestätigt, was sich »im Fleisch« eingenistet hat, »die Spur eines anderen in sich selbst«, indem sie es als nicht zu ihr zugehörig erklärt und es ausstößt (Boltanski 2007, 379, 101).

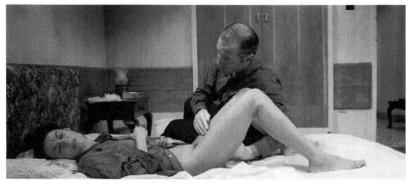

Abb. 32: Găbițas in Seitenansicht bei der illegalen Abtreibung; »4 Monate, 3 Wochen und 2 Tage« (2008)

Schuldgefühle einredet. Zugleich tritt er als mahnende und beschützende Vaterfigur auf, die Otilia erklärt, wie sie die Fötenleiche im Anschluss gefahrlos zu entsorgen habe. Bebe mimt den fürsorglichen Freund, den rettenden Vertrauten, der helfen will, wenige Minuten nachdem er sich als erpresserischer und gewaltbereiter Zweifach-Vergewaltiger entpuppt hat, dem Otilia unbemerkt ein Messer entwenden konnte. Umschrieben wird dies mit seiner sarkastisch-beschönigenden Frage: »Ich bin wirklich sehr nett und will Ihnen nur helfen, deswegen finde ich, dass Sie auch nett zu mir sein könnten, oder? [...Ihr] sagt mir, welche als erste dran ist.«. Es ist gerade diese Mischung und Unentscheidbarkeit, die Bebes Figur, Präsenz und Monologe so unerträglich und schmerzvoll machen.

Die Perfidie besteht darin, dass die Illegalität nicht ahnbare geheime Unrechtstaten ermöglicht, was am treffsichersten in den sexuellen Gewaltakten Bebes zum Ausdruck kommt. Die beiden sind bereits durch ihre Anfrage auf eine Abtreibung in ein absolutes Abhängigkeitsverhältnis zu Bebe eingestiegen (dem Mitwisser der Abtreibungsabsicht in CYANCALI vergleichbar, der die Schwangere ebenfalls erpressen wollte). Ihr Schicksal – in diesem fragwürdigen, menschenunwürdigen medizinisch-hygienischen illegalen Kontext – liegt in seinen Händen. Wie ein *perpetuum mobile* unterhält die männliche Machtposition sich hier quasi selbst, indem Bebe dafür sorgt, dass er sein Abtreibungsgeschäft auch in Zukunft weiterführen kann. Durch Vergewaltigungen bei der Arbeit, wie hier der nicht-schwangeren Freundin Otilia (Der Film lässt an anderer Stelle offen, ob sie selbst auch schwanger ist.), schafft er sich neue Aufträge. In diesem Zirkel aus Vergewaltigung und Abtreibung wird Otilia unweigerlich potentiell zu einer neuen Abtreibungskundin von ihm, die ihm weiteres Geld und noch mehr erzwungenen Sex mit anderen allzu hilfsbereiten jungen Mädchen einbringen könnte. Jedoch auch in den Schoß der schwangeren Găbița setzt er seine Spermienmarke, da es hier ohnehin irrelevant erscheint und das Problem hinterlassener Spuren sich durch seinen Eingriff

Abb. 33: Frontalblick auf die Fötenleiche vor ihrer Entsorgung; »4 Monate, 3 Wochen und 2 Tage« (2008)

von selbst erledigen wird. Um mit der männlichen Position verknüpftem Voyeurismus und Skopophilie entgegenzuwirken (Laura Mulvey), werden die Zuschauenden keine Augenzeug/innen der erzwungenen sexuellen Akte. Stattdessen bleibt die Kamera bei der gerade nicht Vergewaltigten im Badezimmer, wodurch jeweils deren Überforderung und Ohnmacht erlebbar werden, bis die Vergewaltigte wortlos hereinkommt, um sich in der Badewanne den Schoß auszuspülen.

Die Darstellung der Initiation des Abtreibungsvorgangs selbst erfolgt aus der Seitenansicht auf die halbbekleidete Găbiţa, die auf dem Hotelbett liegt – hinter ihr Bebe, der mit diversen medizinischen Instrumenten hantiert (Abb. 32). Bebe agiert in aller Sachlichkeit, wobei er oberflächlich die Maske des versiert handelnden und zugewandten Mediziners aufsetzt. Seine Gummihandschuhe bieten doppelten Schutz, sie schützen Găbiţa vor einer Infektion und verhindern, dass er Fingerabdrücke auf den zurückgelassenen Instrumenten hinterlässt, die ihn im Nachhinein der kriminellen Tat überführen könnten. Der Dialog fällt weitgehend einseitig und ernüchternd aus, wobei Bebe Găbiţa mehrfach paternalistisch Verhaltensanweisungen erteilt: »Leg Dich hin!«, »Schön locker lassen!«, »Sag mir, wenn Du fühlst, dass es sticht. Hat es gestochen?« – »Ja.« – »Kannst Du das hier [die Sonde mit gereinigtem Wasser] festhalten?«. Im Anschluss soll Găbiţa stundenlang mit aufgestellten Beinen liegend warten, bis durch den gerade initiierten Abort die Wehentätigkeit einsetzt. Sodann soll sie sich auf die Toilette setzen: »Dann geht es einfacher. Wichtig ist, dass Du nicht die Nabelschnur abtrennst, bis die Nachgeburt raus ist. Bleib schön ruhig, bis es losgeht, klar?«. Bebe gibt ihr einen Klaps auf die Wade und setzt fürsorglich hinzu: »Wenn's Dir schlecht geht, ruf mich an, dann komm' ich vorbei. [...] Hey, viel Glück«. Die verbal angekündigte weitere Prozessur wird dem Publikum, das stattdessen Otilias Abendverlauf folgt, vorenthalten.³⁰ Die ausgesparten Abortbilder werden durch Zuschauerimaginationen ersetzt, die durch Worte Bebes angetriggert werden, die überaus graphisch ausfallen: »Auf keinen Fall dürft Ihr den Fötus in die Toilette werfen, sonst gibt's ne Verstopfung. Weder ganz noch in kleinen Stücken. Auch nicht vergraben, es könnten Hunde danach wühlen«.

Den abgetriebenen Fötus bekommen die Zuschauenden erst in posthumem Zustand zu sehen. Trotz minutenlanger Szenen mit nur einer Einstellung oder wenigen Schnitten haben sich die Zuschauenden bis zu diesem Punkt des Films daran gewöhnt, dass dieser in den entscheidenden Augenblicken bildtechnisch weniger preisgibt, als jeweils erwartet (und erhofft?). Vielfach ist immer gerade das nicht zu sehen, worauf sich Neugierde, Schaulust und visuelles Begehren richten mögen, wie die Vergewaltigungen oder der Ausstoßungsvorgang des (toten) Fötus. Nach den zahlreichen visuellen Auslassungen trifft einen das explizite Bild der blutigen Fötusleiche, die auf einem leichentuchähnlichen weißen Handtuch auf dem Badezimmerboden liegt, wie ein Schlag ins Gesicht (Abb. 33). Es kommt einer überfordernden Zumutung nahe, das Ergebnis des illegalen Akts, dessen Mitwisser/in man auf skopophile Weise geworden ist, tatsächlich sehen und dem Anblick standhalten zu müssen. Denn das, was dort letztlich zu sehen ist, hat morphologisch große Ähnlichkeit mit einem frühgeborenen Kind, welches im Stande ist, Empathie und Mitleid zu erregen. Doch die Tatsache des Todes verwandelt es auf struktureller Ebene in ein Horrorwesen, das in seiner anklagenden Bewegungslosigkeit, Stummheit und profanen Drappierung auf dem blutigen Badehandtuch ängstigt und einschüchtert. Die Fötusleiche wird hier zu einem semiotischen Knotenpunkt, in dem alle bisher äußerlich gezeigten Macht- und Gewaltverstrickungen zusammenlaufen und der doch etwas ganz anderes signifiziert: ein verpasstes Menschenleben. Unwillkürlich interessiert in diesem Augenblick plötzlich *seine* Geschichte und gerade der Part, der visuell ausgespart wurde. Es ist wahrscheinlich, dass der abgetriebene Fötus erst außerhalb des Mutterleibs verstarb, nachdem die Plazenta sich abgelöst hat. Boltanski gibt für solche Fälle grundsätzlich zu bedenken: »Man kann kaum sagen, daß der Fötus ›stirbt‹, da sich ja alles so abspielt, als müßte man geboren sein, lebend geboren sein, um sterben zu können«. »Das umgebrachte Neugeborene hinterläßt keinerlei Spur in der kollektiven Erinnerung. Es ist nur Fleisch« (Boltanski 2007, 47, 83). Was genau passierte während seiner kurzen Lebensspanne außerhalb des Mutterleibs? Wie lange schlug sein Herz; setzte die Lungenatmung ein? Wurde das ›un-

---

30 Es ist fraglich, inwieweit der Film die Abtreibung realistisch darstellt. Weder wird der Muttermund händisch aufgedehnt, noch der Schwangeren ein Wehenmittel verabreicht. Es wird suggeriert, als reiche das Einbringen von Wasser in die Gebärmutter durch eine Plastiksonde aus, um die körpereigene Ausstoßung des Fötus auszulösen.

geborene Kind‹ von mütterlicher Hand getötet? Oder hat Găbiţa das bis zuletzt nicht abgenabelte Wesen sich selbst überlassen? Hat sie seinen Tod bezeugt oder sich im Nebenzimmer schlafen gelegt? Hat sie noch mit dem Gedanken gespielt, es durch medizinische Hilfe retten zu lassen? Der Film liefert keine Antworten. – Die Zuschauenden können aber anhand ihrer eigenen Phantasien zu diesem verstörenden und alarmierenden Bild eines blutigen Klumpens, der grotesk gestrandet, schutzbedürftig, aber schutzlos wirkt, wenigstens ansatzweise ermessen, was Găbiţa erlebt haben muss. Warum musste das Wesen die Anbindung an die Mutter verlieren? Weshalb hatte das Abgetriebene als lebendiges Wesen keinen Platz in dieser Welt? Wer trägt die Verantwortung, die Gesellschaft oder die überforderte Jugendliche? Ist die Mutter, die keine Mutter sein konnte, nun im Schockzustand einer ›Kindsmörderin‹, also einer Frau, die sich wagt, gegen den ›biologischen Imperativ der Schwangerschaft‹ aufzubegehren?

Als Otilia Stunden später ins Hotelzimmer zurückkehrt, informiert Găbiţa sie in knappen Worten über den gelungenen Abort: »Es ist raus, es liegt im Bad«. Die jugendliche Mutter kann ihren Nachwuchs offenbar nicht adäquat adressieren und bezeichnet ihn daher distanzerzeugend schlichtweg als »es«. Sie verweigert eine Namensgebung und konkrete Benennungen wie »mein totes Kind« oder »das von mir getötete Kind«, die »es« vom Status her in die Nähe einer Fehl- oder Totgeburt oder gar eines regulär geborenen Kindes bringen würden. Otilia geht schwer atmend ins nebenliegende Bad, in dem die Neonröhre gespenstisch flackert, bevor sie »es« kalt anleuchtet. Die bleiche Otilia kniet sich zu ihm nieder, als unvermittelt das Telephon klingelt. Dieses intradiegetische Geräusch durchbricht die gespannte Atmosphäre und ehrfurchtsvolle Haltung Otilias. Erst als Otilia aufspringt, sehen die Zuschauenden nicht mehr nur ihr Gesicht in Großaufnahme, sondern erstmals den postnatalen toten Fötus selbst, von Angesicht zu Angesicht. Sein Geschlecht ist verhüllt und er liegt mit geschlossenen Augen da. Es sind diese wenigen Sekunden, die die Zuschauenden exklusiv mit dem posthumen Fötus alleingelassen werden, die sie in der Rückerinnerung an diese Filmszene heimsuchen mögen, tiefergehende Reflexionen und Fragen provozieren, denen man sich kaum entziehen kann. Wegen seines fortgeschrittenen Alters, seiner Größe und nicht zu verleugnenden Kindlichkeit, die den Fötus zu einem ›Körper von Gewicht‹ (Judith Butler) machen, reklamiert er bildtechnisch gesehen grundsätzlich einen anderen Status als andere jüngere Filmföten, wie beispielsweise der Zwölfwochenfötus in GELEGENHEITSARBEIT EINER SKLAVIN. Denn diesem Fötus ist seine herannahende Lebensfähigkeit und Menschlichkeit anzusehen. Und unwillkürlich mag der Rezipierende sich fragen, was/wer/wie er gewesen wäre, wenn er als Wunsch- oder Adoptivkind geboren worden wäre und wie er vielleicht doch hätte gerettet werden können.

Nach heutigen westlichen Maßstäben gilt das im Film namenlose und geschlechtlich unmarkierte Wesen mit seinen über 500 Gramm schon als Person, der ein Eintrag ins Geburtsregister, eine Sterbeurkunde und eine Bestattung zustünden, was jedoch durch die in 4 MONATE, 3 WOCHEN UND 2 TAGE abgebildeten Illegalitätsumstände verhindert wird. Die von der Austreibung sichtlich geschwächte Găbiţa bittet die Freundin, die ihr das Entsorgen des fleischlichen ›Beweisstücks‹ der kriminellen Handlung abnehmen wird, inständig, für ein Begräbnis zu sorgen, ohne dazu klare Vorstellungen zu äußern. Otilia greift in diesem Moment der Verwirrung zu einer Notlüge (Oder ist sie zu diesem Zeitpunkt noch willens, den Freundinnenwunsch zu erfüllen?) und versichert ihr: »Keine Sorge, ich werf's nicht weg«. Sie nimmt damit das Schicksal des Ungeborenen in verkehrter Form vorweg. Denn in der Realität wird sie dazu gezwungen sein, die Fötusleiche als das zu entsorgen, was sie dem Status nach ist: ein für alle Beteiligten und Mitwisser gefährliches Indiz ihres Gesetzesverstoßes. So wird das fehlende Begräbnisritual für abgetriebene Föten, hier wie im Leben, als verpasster kultureller Akt und daher auch als nicht betrauernswert inszeniert – das abgetriebene Wesen war laut Boltanski ohnehin nie ins Leben gekommen.[31]

Auch im Anschluss wird die Ex-Schwangere von Otilia wohl keine ehrliche Antwort auf die Frage erhalten, was sie mit dem toten Fötus gemacht hat. Wie es ihnen Bebe zum Abschied noch geraten hatte, wird Otilia ihn gegen den ausdrücklichen Wunsch ihrer Freundin von einer oberen Etage den Müllschacht eines außerhalb liegenden Hochhauses hinunterwerfen. Verpackt in ihren Rucksack sucht Otilia zuvor aber noch nach einem ›würdigeren‹ Ort, an dem sie die Fötenleiche verscharren könnte. Aber am Ende der nächtlichen Begräbnisstätten-Suchaktion entscheidet sich die Protagonistin schließlich doch für den Abfallschacht eines Hochhauses. In der dramatischen Entwicklung des Films erscheint dies als die einzig folgerichtige, als notwendige Tat. Nicht erst in dieser Szene switcht der Film ins Horrorgenre: Das dumpf hallende Echo-Geräusch, das erklingt, als der tote Nicht-Säugling den Schacht hinunterfällt und dabei gegen dessen Metallwände schlägt, wirkt desillusionierend. Diese Talfahrt, dieser zweite dunkle Schacht, durch den das Wesen geschickt wird, dieser

---

31 Zur Frage von verabsäumten *post-abortion*-Föten-Begräbnissen kennt die Filmgeschichte einige Beispiele. In ihnen wird die Verfehlung des sozialen Kollektivs aufgegriffen, das sich durch das Unterlassen eines Begräbnisses offensichtlich selbst vor dem Eingeständnis der Personen- und Menschwerdung und der verpassten Rettung, die hierdurch quittiert würde, schützen will. In zwei Spielfilmen werden die verfehlten Bestattungen kurzerhand nachgeholt: In PALIMDROME (USA 2004) werden Plastiktüten mit abgetriebenen Föten begraben und in FEMALE PERVERSIONS (USA/D 1996) vergräbt ein junges Mädchen bei jeder Periode ihr in einem Tuch aufgefangenes Blut, genauer das verlorene Mutterei, in dem in ihrer Wahrnehmung zur Hälfte ein ungeborenes Kind präformiert war.

Todeskanal spiegelt den Geburtskanal des mütterlichen Schoßes verzerrt wider, durch den keine Geburt, sondern eine Abtreibung erfolgt ist. Beide Schächte symbolisieren strukturell also ein ähnliches Ziel: das Vernichten des noch lebendigen Fötus beziehungsweise das Beiseiteschaffen des toten Fötus, den jetzt die unsichtbare Müllpressmaschine erwartet.

In 4 Monate, 3 Wochen und 2 Tage wird Leben in der Diktatur als »prekärer Balanceakt« und als höchst fragile Angelegenheit ausgestellt (Uricaru 2008, 13). Der Film hat die ineinander verschlungene Geschichte der verzweifelten Mutter, einer selbstlosen Helferin und des abgetriebenen Fötus offengelegt, wobei er von jeglicher Moralisierung absieht und der Schwangeren Entscheidungsfreiheit über ihr Leben zugesteht. Am Ende des Films bedient sich der Regisseur eines geschickten Kunstgriffs, um die Handlungen der beiden Frauen abzusegnen. Der letzte gefilmte Blick Otilias geht direkt in die Kamera und macht die Zuschauenden noch einmal verstärkt zu Verbündeten des Frauenbündnisses. Er signifiziert keinen pädagogisch-didaktischen Akt, sondern eine Rückversicherung über die Verbindung, die sich zwischen der Heldin Otilia und dem Publikum angesichts des gemeinsam erlebten Ausnahmetags gebildet haben mag, und eine Nachfrage, was davon in Zukunft inner- und extradiegetisch erinnert werden wird.

Conclusion

Seit Mitte der 1960er und in den 1970er Jahren passierten signifikante Verschiebungen hinsichtlich der Wahrnehmung des intra-uterinären Lebens beziehungsweise des ungeborenen und abzutreibenden Fötus. Auf drei verschiedenen Achsen: erstens, in der Realpolitik und Rechtsprechung zahlreicher westlicher Länder bezüglich der Frage der Legalisierung von Abtreibung, zweitens, in der Biotechnologie, der Reproduktionsmedizin (künstliche Befruchtung, Tiefkühltechnik und Samenbank, *in-vitro*-Fertilisation und Embryotransfer),[32] den gynäkologisch und in der Pränataldiagnostik/Fötologie eingesetzten Visualisierungstechnologien (Sonographie/ Ultraschall, Herztöne des Kindes etc.) sowie den Verhütungsmethoden (Pillenknick)[33] und drittens, auf der Achse der Spiel-, Lehr- und Dokumentarfilme und deren Audiovisualisierung und Fiktionalisierung der Abtreibungsthematik – vor allem im Hinblick auf das Zeigen offener Schwangerenschöße, die Ausgestaltung der Abtreibungsprozedur und die Darstellung

---

32 Siehe hierzu auch den Kinodokumentarfilm Frozen Angels (D/USA 2005) von Frauke Sandig, in dem die Kalifornische Reproduktionstechnologieindustrie mit ihren fraglichen Selektionsdogmen in ein kritisches Licht gerückt wird.

33 Die zahlreichen sicheren und besser zugänglichen Verhütungsmittel erhöhten wiederum den Druck auf ungewollt schwangere Frauen, denen man nunmehr Unbedachtsamkeit und Schuld zuwies (Boltanski 2007).

der Fötenleiche. Die Visualisierungstechnologien Röntgen und Sonographie sowie Nilssons Fötenphotographie von Anfang der 1960er Jahre revolutionierten die Auffassung des Ungeborenen grundlegend, indem sie das visuell lange absente und tabuisierte Image des abzutreibenden oder abgetriebenen Fötus ins Blickfeld rückten, was subjektivierende und personalisierende Effekte zeitigte. Neben pränatalen Ultraschallbewegtbildern in THE SILENT SCREAM sorgten Ungeborenenbilder in Spielfilmen wie DEMON SEED oder von abgetriebenen toten Föten in GELEGENHEITSARBEIT EINER SKLAVIN oder 4 MONATE, 3 WOCHEN UND 2 TAGE für ambivalente Deutungsmöglichkeiten. Während das Sichtbarmachen des lebenden Fötus, wie in THE SILENT SCREAM, indem Aufnahmen einer von der neuen Visualisierungstechnik Ultraschall begleiteten echten Abtreibung gezeigt werden, meist für dessen Schutz eingesetzt wurde, kann die Angesichtigkeit der Fötusleiche trotz ihrer intrinsischen ›Grausamkeit‹ ansonsten eher *pro-choice*-Filmen zugeordnet werden.

Auf den ersten Blick bot sich an, die vorliegenden Beispiele aus westlichen Spielfilmkulturen nach Filmen mit der Tendenz zu *pro-life*-Lebensschutz, der Abtreibung als genozidal und Straftat adressiert, versus *pro-choice*-Filmen, was ein *contra-life* impliziert, zu unterteilen. Bei eingehender Relektüre der Filmtexte zeigte sich jedoch, dass die abtreibende Schwangere in den Filmen nicht selten zwischen einem emanzipatorisch-emphatischen »Mein-Bauch gehört mir« und den psychischen Abgründen einer Abtreibung hin und her schwankt. Was zunächst wie eine treffsichere Strukturierung für den Abtreibungsfilmkorpus aussah, erschien schließlich als zu simplifizierend, synthetisierend und klassifizierend. Denn die Mehrzahl der untersuchten Abtreibungsfilme erwies sich als wesentlich deutungsoffener und positionstechnisch verspielter, als zunächst vermutet. Zahlreiche Abtreibungsfilme eint, dass sie innovative Darstellungsweisen jenseits komplexitätsreduzierender ideologisch, religiös oder politisch aufgeladener Debatten suchen. Sie arbeiten einer Entstigmatisierung und Entkriminalisierung des Abtreibungsdiskurses zu, indem sie für die natale Freiheit der Schwangeren argumentieren, die sich durch Abtreibung – gelesen als widerständigen politischen Akt – ihr Selbstbestimmungsrecht über ihren Körper und die Kontrolle über ihre Fortpflanzungslinie wieder aneignet. Neben relativ eindeutigen Filmbeispielen wie THE SILENT SCREAM, der einerseits von der wissenschaftlich-objektivierenden medizinischen Aura zu profitieren sucht, andererseits aber höchst repressiv argumentiert, gibt es eine Vielzahl, die eher Graustufen und Zwischenzonen produzieren, Fragen akkumulieren und Widersprüche unaufgelöst lassen. Sexualpolitisch betrachtet verweisen die aufklärerisch-emanzipatorischen Filme zum einen auf das Recht von Frauen auf eine selbstständige Entscheidung in der Frage von Schwangerschaftsabbruch, auch wenn letzterer Gewalt gegen ihren eigenen Körper inkludiert (vgl. verfilmte missglückende Selbstversuche).

Zum anderen führen die Filme die aggressiven patriarchalen Kräfte vor, die dies mitunter zu verhindern suchen (Mediziner, Strafrecht, Väter). Auch wenn die Fötusposition hier zwischen subjektivierender Sichtbarkeit und obskurem Verbergen oszilliert, unterstützt die westliche spielfilmische Bilderpolitik insgesamt die Lobby der abtreibenden Schwangeren. Das Gros der Filme zeichnet aus, dass es Sympathie und Empathie für die Position der Schwangeren zu erwirken sucht, bei gleichzeitiger emotionalisierender Emphase auf die fragile Sphäre des abzutreibenden Fötus, wie in THE PUMPKIN EATER. 4 MONATE, 3 WOCHEN UND 2 TAGE ist hierfür ein Paradebeispiel, da der das Spätabtreibungstabu brechende Spielfilm beide Positionen zu einer vulnerablen Melange vereint, die emotionale Bindung der Schwangeren zum Ungeborenen nicht infragestellt und das Dilemma damit auf die Spitze treibt. Die Sichtbarkeit des ausgestoßenen kindsähnlichen toten Fötus befähigt dazu, sich ansatzweise mit seiner symbolischen Position zu identifizieren. Dabei werden die Handlungen der illegal Abtreibenden und der Mitwisserin in keiner Szene abgewertet oder deren Entscheidungsfreiheit und Würde desavouiert. Die Zuschauenden werden vielmehr zu Kompliz/innen, die sukzessive angeleitet werden, ihre komplizierten Gefühlssituationen nachzuempfinden. Ähnliche wie in zahlreichen anderen Filmen, wie DIRTY DANCING oder IF THESE WALL COULD TALK, werden die schwierigen Hintergründe sowie gesundheitlichen, sozialen und finanziellen Risiken ausgeleuchtet (Kindbettfieber, Verbluten, Infektionsgefahr), die mit einem illegalen Schwangerschaftsabbruch zusammenhängen können. In mindestens drei weiteren Filmen, in dem frühen Film CYANKALI, NAHE DEM LEBEN und EIS AM STIL, wird die Abhängigkeit der Schwangeren von patriarchalen Strukturen und Kontrollinstanzen kritisch benannt, die vom Ausnutzen der männlichen Macht- und Blickperspektive bis hin zu Vergewaltigung reichen kann. Die Position des potentiellen Vaters hingegen bleibt in fast allen untersuchten Fällen blass; die Schwangere wird mit der Entscheidung und den Nachfolgeproblemen alleingelassen; die Abtreibungsmission findet im Verborgen-Heimlichen statt.

Obwohl die Lobby des Fötus durch dessen Visualisierung im medizinischen Bild und in Spielfilmbildern seit den 1960er Jahren grundsätzlich zunahm, was theoretisch das Abtreibungsverbot gestärkt haben müsste, wird unterm Strich dennoch das politische Legalisierungslager mit Positivargumenten angereichert. Auf indirekte Weise plädiert die internationale Filmkunst damit für eine legale Lösung. Denn es werden die Gewissenskämpfe, sozialen Nöte, gesundheitlichen Risiken und die ambivalente Emotionalität der abtreibungswilligen Schwangeren ästhetisch ausgekleidet, was jedoch stets als in Konkurrenz zur prekären Lage des Fötus stehend gezeigt wird.

Literatur

Berlant, Lauren (Herbst, 1994): America, »Fat,« the Fetus. *Boundary 2* 21(3), 145–195.
Boltanski, Luc 2007: Soziologie der Abtreibung. Zur Lage des fötalen Lebens. Übersetzt v. Marianne Schneider. Frankfurt am Main.
Daston, Lorraine/Peter Galison 2007: Objektivität. Übersetzt v. Christa Krüger. Frankfurt am Main.
Diekämper, Julia 2014: Reproduziertes Leben. Biomacht in Zeiten der Präimplantationsdiagnostik. Bielefeld.
Diehl, Sarah 2010: Die Stigmatisierung der Abtreibung in Politik und Medizin – Hintergründe und Folgen. In: Busch, Ulrike (Hg.): Sexuelle und reproduktive Gesundheit und Rechte. Nationale und internationale Perspektiven. Baden-Baden, 1–22.
Duden, Barbara 1991: Der Frauenleib als öffentlicher Ort. Vom Missbrauch des Begriffs Leben. Hamburg/Zürich.
Duden, Barbara 2002: Die Gene im Kopf – der Fötus im Bauch. Historisches zum Frauenkörper. Hannover.
Dworschak, Manfred 2003: Der gläserne Embryo. *Der Spiegel* 18, 126–131.
Hartouni, Valerie 1999: Reflections on Abortion Politics and Practices Called ›Person‹. In: Morgan, Lynn/Meredith Michaels (Hg.): Fetal Positions, Feminist Practices. Philadelphia, 296–303.
Heft, Kathleen 2013: Kindsmord als Phänomen Ostdeutschlands? – Eine Analyse medialer Diskursverschiebungen. In: Lee, Hyunseon/Isabel Maurer Queipo (Hg.): Mörderinnen. Künstlerische und mediale Inszenierungen weiblicher Verbrechen. Bielefeld, 305–328.
Keitz, Ursula von 2000: Sittenfilm zwischen Markt und Rechtspolitik: Martin Bergers Kreuzzug des Weibes und seine amerikanische Fassung UNWELCOME CHILDREN. In: Hagener, Malte/Jan Hans (Hg.): Geschlecht in Fesseln. Sexualität zwischen Aufklärung und Ausbeutung im Weimarer Kino 1918–1933. München, 139–154.
Köhne, Julia 2009: Ein träumender und ein traumatisierender Computer. Repräsentationen des Unbewussten in Donald Cammells DEMON SEED (1977). In: Braun, Christina von/Dorothea Dornhof/Eva Johach (Hg.): Das Unbewusste. Krisis und Kapital der Wissenschaften. Studien zum Verhältnis von Wissen und Geschlecht. Bielefeld, 414–440.
Krieger, Verena 1995: Der Kosmos-Fötus. Neue Schwangerschaftsästhetik und die Elimination der Frau. *Feministische Studien* 2: Einsprüche, 8–24.
Lindahl, Katarina: Die schwedischen Erfahrungen mit legalem und unter medizinisch sicheren Bedingungen durchgeführtem Schwangerschaftsabbruch und Prävention. In: http://abtreibung.at/wp-content/uploads/2009/04/Pages-from-abbruch_in_eu-4.pdf (Stand: 15.5.2018).
Morgan, Lynn M. 2004: A Social Biography of Carnegie Embryo No. 836. *The Anatomical Record* (Part B: New Anat.) 276B: 3–7.
Newman, Karen 1996: Fetal Positions, Individualism, Science, Visuality. Stanford.
Nilsson, Lennart/Lars Hamberger 2003 [1967]: Ein Kind entsteht. Bilddokumentation über die Entwicklung des Lebens im Mutterleib. München.
Oaks, Laury 2000: Smoke-Filled Wombs and Fragile Fetuses: The Social Politics of Fetal Representation. *Signs. Journal of Women in Culture and Society* 26(1), 63–108.
Orland, Barbara 2003: Der Mensch entsteht im Bild. Postmoderne Visualisierungstechniken und Geburten. In: Bildwelten des Wissens. Kunsthistorisches Jahrbuch für Bildkritik, Bd. 1,1: Bilder in Prozessen, 21–32.
Pollack Petchesky, Rosalind (Summer 1987): Fetal Images: The Power of Visual Culture in the Politics of Reproduction. *Feminist Studies* 13(2), 263–292.

Schlüpmann, Heide/Jamie Owen Daniel (Herbst 1988): ›What Is Different Is Good‹: Women and Femininity in the Films of Alexander Kluge. *October* 46: Alexander Kluge: Theoretical Writings, Stories, and an Interview, 129–150.

Shrage, Laurie (Frühling 2002): From Reproductive Rights to Reproductive Barbie: Post-Porn Modernism and Abortion. *Feminist Studies* 28(1), 61–93.

Stabile, Carol A. 1997: Täuschungsmanöver »Fötus«. In: Privileg Blick, Edition ID-Archiv. Reprint in *nadir*, Hamburg: von 16.05.2003: https://www.nadir.org/nadir/aktuell/2003/05/16/16028.html (Stand: 15.5.2018).

Staupe, Gisela (Hg.) 1993: Unter anderen Umständen. Zur Geschichte der Abtreibung. Eine Publikation des Deutschen Hygiene-Museums Dresden. Berlin.

Stormer, Nathan (Herbst 2000): Prenatal Space. *Signs. Journal of Women in Culture and Society* 26(1), 109–144.

Tsiaras, Alexander/Barry Werth 2003 [2002]: Wunder des Lebens. Wie ein Kind entsteht. [Original: From Conception to Birth. A Life Unfolds]. München.

Uricaru, Ioana (Sommer 2008): 4 Months, 3 Weeks and 2 Days: The Corruption of Intimacy. *Film Quarterly* 61(4), 12–17.

Filme

4 Luni, 3 Sptmâni i 2 Zile [4 Monate, 3 Wochen, 2 Tage] (ROU/BEL 2008), R: Cristian Mungiu, 113 min.
Cyancali (D 1930), R: Hans Tinter, 86 min.
Demon Seed [Des Teufels Saat] (USA 1977), R: Donald Cammell, 94 min.
Dirty Dancing (USA 1987), R: Emile Ardolino, 96 min.
Eclipse of Reason (USA 1987), R: R. Anderson, Stars: Bernard N. Nathanson und Charlton Heston, 27 min.
Lemon Popsicle [Eis am Stiel], 1. Teil der Trilogie: Eskimo Limon (ISR 1978), R: Boaz Davidson, 94 min.
Female Perversions (USA/D 1996), R: Susan Streitfeld, 120 min.
Frankenstein (USA 1931), R: James Whale, 71 min.
Frauennot – Frauenglück (Schweiz 1930), R: Eduard Tissé, Schnitt: Sergej M. Eisenstein, 71 min.
Gelegenheitsarbeit einer Sklavin (BRD 1973), R: Alexander Kluges, 89 min.
If These Walls Could Talk [Haus der stummen Schreie] (USA 1996), R: Cher und Nancy Savoca, 97 min.
It's Alive [Die Wiege des Bösen] (USA 1974), R: Larry Cohen, 92 min.
Kreuzzug des Weibes (Die Tragödie des §144) (D 1926), R: Martin Berger.
Nära livet [Nahe dem Leben] (SWE 1958), R: Ingmar Bergmann, 83 min.
Palimdrome (USA 2004), R: Todd Solondz, 100 min.
Panorama, ARD-Kultursendung des deutschen Fernsehens vom 11. März 1974.
Revolutionary Road [Zeiten des Aufruhrs] (USA/UK 2008), R: Sam Mendes, 119 min.
The Pumpkin Eater [Schlafzimmerstreit] (UK 1964), R: Jack Clayton, 118 min.
The Silent Scream (USA 1984), R: Jack Dabner, Star: Bernard N. Nathanson, 35 min.
Une Affaire de Femmes [Eine Frauensache] (F 1988), R: Claude Chabrol, 108 min.

Christina Wieder
ÄSTHETISCHE GRENZÜBERSCHREITUNGEN UND WIDERSTÄNDIGE KÖRPER IN FERNANDO SOLANAS' »TANGOS. EL EXILIO DE GARDEL« (1985)

Die argentinische Militärdiktatur in den Jahren 1976 bis 1983 war eine einschneidende Phase nicht nur für die Geschichte und Kultur Argentiniens, sondern auch für viele davon betroffene Individuen, die im Widerstand, im Exil oder in lokalen sowie internationalen Solidaritätsbewegungen aktiv waren. Die seit 1976 regierende Militärjunta, die durch einen brutalen Putsch an die Macht kam, griff zu extremen Gewaltmaßnahmen und schreckte auch vor Formen sexueller Gewalt gegen politisch Andersgesinnte nicht zurück. Noch deutlicher formuliert, der strategische Einsatz sexueller Gewalt gegen Mitglieder des Widerstands war ein Mittel zum Machterhalt der Militärs und stellte eine massive Bedrohung der psychischen sowie physischen Integrität der betroffenen Personen dar (CONADEP 1984, Tortura). Maßnahmen zur Aufarbeitung dieser gewaltsamen Epoche der argentinischen Geschichte wurden in den vergangenen 35 Jahren zahlreich ergriffen, obwohl nicht alle gleichermaßen erfolgreich waren (vgl. Roninger/Sznajder 1997, 158 ff.). Schließlich war selbst das Sprechen über diese Erfahrungen, bedingt durch das fortwährend turbulente politische Klima im Land, keinesfalls leicht.

In meinem Beitrag werde ich durch die Analyse von Fernando ›Pino‹ Solanas' Film TANGOS. EL EXILIO DE GARDEL aus dem Jahr 1985 den Verstrickungen von sexueller Gewalt und Widerstand im argentinischen Militärdiktaturkontext nachgehen. Während TANGOS. EL EXILIO DE GARDEL zumeist als Film über das Exil besprochen wird und ihm – angelehnt an kursierende Narrative – damit ein gewisser passiver Charakter zugesprochen wurde, werde ich hingegen argumentieren, dass Solanas aus der Situation des Exils heraus durch seinen Film nicht nur über Widerstand spricht, sondern selbst widerständige Akte setzt. Zentral für das Verständnis einer solchen Lesart des Films ist, dass Solanas vor allem körperliche Erfahrungen und physische Ausdrucksformen heranzieht, die es ihm erlauben, aus einer scheinbaren Passivität auszubrechen. Der Umgang mit Körperinszenierungen wird deshalb in der folgenden Analyse eine wichtige Rolle spielen – insbesondere um sich der Frage anzunähern, wie Solanas in den Jahren der Diktatur beziehungsweise in der darauffolgenden Phase der Re-Demokratisierung versuchte, das Schweigen über sexuelle

Gewalt zu brechen, Raum zu schaffen, um Zeugenschaft ablegen zu können, sowie widerständiges Handeln sichtbar zu machen. Dazu werde ich zuerst den historischen Kontext erörtern und die Rahmenbedingungen der Filmproduktion in den Jahren der Diktatur besprechen, und davon ausgehend auf die in dieser Zeit kursierenden stigmatisierenden Narrative zu Exil und Widerstand eingehen. Diese erfüllten durchaus machtpolitische Funktionen und wirkten weit über die Jahre der Diktatur hinaus auch auf die argentinische Filmproduktion ein. Daran anschließend werden in einem letzten filmanalytischen Teil Fernando ›Pino‹ Solanas' im Pariser Exil entstandener Film TANGOS. EL EXILIO DE GARDEL behandelt und die darin beinhalteten Ebenen von politischer, ästhetischer und körperlicher Widerständigkeit thematisiert. Diese drei Ebenen sollen jedoch nicht als voneinander getrennte Dimensionen verstanden werden, sondern als ineinandergreifende Ausdrucksformen. Durch ein solches ständiges Ineinandergreifen, das gleichzeitig Reibungsmomente mit sich bringt, kreiert Solanas in seinem Film eine Atmosphäre der Uneindeutigkeit, die auch als Widerständigkeit gelesen werden kann. Denn die Strategie, durch filmische Mittel Ambivalenzen zu schaffen, stellte in verschiedenen historischen Momenten eine Möglichkeit dar, der Zensur zu entkommen oder aber sich aufoktroyierten Sichtweisen zu widersetzen.

Politisches Kino und exilierte Ideologien

Die argentinische Filmproduktion war, ähnlich wie das Land selbst, von Kämpfen um politische Unabhängigkeit geprägt. Doch während sich der Staat Argentinien im Jahr 1816 für unabhängig von Spanien erklärte, stand die Filmproduktion des Landes noch bis in die 1930er Jahre unter starkem Einfluss US-amerikanischer Produktionsfirmen. Eine Vielzahl Filmschaffender zeigte jedoch Bestrebungen, sich von diesem Abhängigkeitsverhältnis zu emanzipieren und entwickelte dem entgegenwirkend eine eigenständige argentinische Filmsprache und -ästhetik, die wiederum die Produktionsbedingungen prägte (vgl. Finkielman 2004, 156–197). Eine zentrale Funktion in diesem Entwicklungsprozess übernahm die Integration des Tangos in filmische Arbeiten. Der Tango entstand in der zweiten Hälfte des 19. Jahrhunderts in den Vororten von Buenos Aires, in denen zahlreiche Menschen unterschiedlichster Herkunft zusammenfanden. Durch die Musik und den Tanz schufen sich diese Menschen in ihrer neuen Umgebung Ausdrucksmöglichkeiten, um über Schmerz, Trauer und Entwurzelung zu ›sprechen‹ (vgl. Feierstein 2009, 60). Noch heute bildet das Aufeinandertreffen so vieler verschiedener Migrationserfahrungen, kultureller Erinnerungsformen und deren Vermengung in Form des Tangos eine Konstante des argentinischen kulturellen Gedächtnisses (vgl. D'Lugo, 9 ff.). Selbst im durch die Militärdiktatur verursachten Exil der 1970er und 1980er Jahre spielte der Tango eine zentrale Rolle bei der Frage nach kulturellen Identifikationsmöglichkeiten, die auch Solanas in seinem Film immer wieder stellt. Obgleich stets durch eine gewisse sexuelle Aura bestimmt, und damit im Widerspruch zum peronistischen Konservativismus stehend, fungierte der Tango auch während der peronistischen Regierungszeit als kulturelles Bindeglied. Umso mehr sorgte es für Furore, als die militärisch-faschistische Regierung ab 1976 aktive Vorstöße wagte, um den Tango als anrüchige Kunstform zu diffamieren, ihn aus dem kollektiven Gedächtnis zu verdrängen und allgemein peronistische Ideologien in der Kunst zu eliminieren. Der Tango nahm auf diesem Wege selbst einen widerständigen Charakter an und verleiht damit Solanas' Filmtitel TANGOS. EL EXILIO DE GARDEL einen widerspenstigen Unterton.

Fernando Solanas' Werdegang als Filmschaffender war nicht erst durch das Exil geprägt von politischen Kämpfen und Auseinandersetzungen mit Deterritorialisierung. Bereits durch sein Mitwirken an der Bewegung des *Dritten Kinos* ordnete er sich in einen hochpolitisierten Diskurs des Filmschaffens ein. Die Filmbewegung des *Dritten Kinos*, deren Namensgebung als Persiflage auf den diskriminierenden Terminus »Dritte Welt« gedacht war, lebte vor allem in den 1960er und frühen 1970er Jahren in jenen so titulierten Ländern auf und verortete sich thematisch im Kontext der lateinamerikanischen Befreiungskämpfe. Der Bewegung angehörige Filmschaffende verfolgten das Anliegen, durch die Auseinandersetzung mit post-, de- und neokolonialen Theorien sowie deren Auswirkung auf den lateinamerikanischen Subkontinent eine eigenständige Ästhetik zu schaffen. Neue Formen des dokumentarischen Filmschaffens sollten es auf visueller Ebene erlauben, über soziale Ungleichheit, politische Repression und Verfolgung sprechen zu können (vgl. García Espinosa 1997, 71–82; Birri 1997, 86–94). Solanas selbst wirkte sowohl durch sein dokumentarisches und fiktionales Filmschaffen als auch seine theoretischen Arbeiten entscheidend an der Entwicklung des *Dritten Kinos* mit. Gemeinsam mit Octavio Getino verfasste er mit »Hacia un tercer cine« (1969) ein Manifest des argentinischen *Dritten Kinos* (Solanas/Getino 1997, 33–58). Sie forcierten darin kritische Perspektiven auf Neokolonialismus, Kapitalismus sowie deren Auswirkungen auf künstlerische Produktionen. Deutlich wird dies in ihrer Kritik am massenorientierten Kino Hollywoods (»first cinema«), welches ihrem Verständnis nach in erster Linie einer kapitalistischen Zielsetzung entspricht. Auch dem sogenannten »second cinema«, geprägt durch die französische Nouvelle Vague oder den italienischen Neorealismus, gelingt es der Argumentation Solanas' und Getinos nach nicht, der Vorstellung der Zuschauer_innen, derzufolge Film als reines Konsum- und Unterhaltungsgut zu verstehen ist, zu entkommen (Solanas/Getino 1997, 33–48).

Diese progressive und freie filmhistorische Phase sollte jedoch nicht allzu lange andauern. Obgleich sich einige Vertreter_innen des *Dritten Kinos* ideologisch der ersten peronistischen Regierungszeit (1946–1955) verbunden fühlten, erwiesen sich die zweite peronistische Regierungsphase (1973–1976), nach Peróns Rückkehr aus dem spanisch-faschistischen Exil, und seine erneute Präsidentschaft ab dem Jahr 1973 als bittere Niederlage für die freie Filmproduktion. Restriktionen und Erlasse, welche die Kunstproduktion reglementierten, zu Zensurbestimmungen führten und sich folglich auch auf das Filmschaffen auswirkten, schufen für Kunstkreise ein missliches Klima (vgl. Getino, 2005, 70 ff.). Zunehmend zeichnete sich jedoch das Scheitern von Peróns zweiter Regierungszeit ab, denn das Militär gewann stetig mehr Einfluss und konnte breite Kreise der Regierung ideologisch und personell infiltrieren (Novaro 2011, 127 ff.). Das steigende Klima der Gewalt im Land, beginnend mit dem Wirken der peronistisch-paramilitärischen Organisation Triple A (Alianza Anticomunista Argentina) ab Ende des Jahres 1973, führte zu Anfeindungen gegen linke Filmschaffende und kulminierte in gewaltsamen Übergriffen auf Anhänger_innen des *Dritten Kinos*. So kam es etwa zu einem Bombenanschlag auf Gerardo Vallejos Haus und zur Entführung und wahrscheinlich auch Ermordung von Raymundo Gleyzer (Manzano 2004, 54).

Die während der zweiten peronistischen Regierungszeit eingeführten Maßnahmen zur Unterdrückung linker Ideologien wurden ab 1976 ohne große Umstände von der Militärregierung übernommen und verunmöglichten, durch immer härter werdende Repressionsaktionen und Zensurbestimmungen vielen Kunstschaffenden ihre Tätigkeit auszuüben. So fasste, wie viele andere auch, Fernando Solanas im Jahr 1976 den Entschluss, Argentinien zu verlassen und ins Exil nach Paris zu gehen (AIDA 1981, 147).

Nach Jahren der staatlichen Gewalt endete die Militärdiktatur im Jahr 1983 und wurde durch demokratische Wahlen abgelöst. Für viele Exilierte bedeutete dies die Erfüllung des Wunsches nach einer Rückkehr nach Argentinien. Ihre euphorische Stimmung wurde jedoch alsbald durch fundamentale Veränderungen getrübt, die sich aufgrund der vieljährigen Militärherrschaft ereignet hatten, sowie dadurch, dass die Reintegration Exilierter in breiten Teilen der Gesellschaft auf nur wenig Begeisterung stieß. Rückkehrende waren allzu oft mit Vorwürfen Gebliebener konfrontiert, sie wären durch ihr politisches Engagement eine Gefahr für die Bevölkerung. Nicht selten wurde ihnen – völlig unabhängig von den Beweggründen, weshalb sie das Land verlassen hatten – unterstellt, sie wären in Organisationen verstrickt, die bewaffneten Widerstand leisteten (Franco 2008, 275 ff.). Diese willkürlichen Zuschreibungen basierten einerseits auf der Propaganda der Militärjunta, die ebensolche Anschuldigungen forcierte, um ein Klima der Angst zu schüren und dadurch potenzielle widerständige Handlungen zu unterbinden (Novaro 2011, 156). Andererseits wurden derartige Vorurteile auch noch nach Beenden der Militärherrschaft durch die Verbreitung der sogenannten ›teoría de los dos demonios‹ (Theorie der zwei Dämonen) fortgesetzt.

Ernesto Sabato, Schriftsteller und erster Vorsitzender der *Kommission zur Aufdeckung der Verbrechen der Militärdiktatur* (CONADEP), die Teil der Menschenrechtsorganisation *Nunca Más* ist, bediente sich etwa dieser Ideologie. In seinem Vorwort zur Stellungnahme des *Informe Nunca Más*, welches erst 2006 geändert wurde, schrieb er, dass die beiden politischen Extreme, die rechtsradikale Militärjunta gleichermaßen wie Guerilla-Organisationen des Widerstands, die Verantwortung für die ab 1976 kulminierende Gewalt trügen (CONADEP 1984, Prólogo). Zwar erkannte er das unverhältnismäßige Ausmaß an Gewalt seitens der Militärjunta als Antwort auf linken Aktivismus an. Dennoch reproduzierte er durch die eben genannte Gleichsetzung von linkem Widerstand mit rechter staatlicher Gewalt jenes Bild, das linke Ideologien beziehungsweise regimekritische Perspektiven per se als potenzielle Gefahr identifizierte. Solche Anschuldigungen führten schließlich dazu, dass Exilierte nach der Rückkehr versuchten, ihre Biografien so unpolitisch wie möglich darzustellen. Obgleich zahlreiche Exilierte von fundamentaler Bedeutung für den organisierten Widerstand gegen die Menschenrechtsverletzungen der Militärdiktatur waren, lässt sich in diversen Zeitzeug_innenberichten erkennen, dass einige sich davon zu distanzieren versuchten und erst viel später über ihr politisches Engagement sprechen wollten (Franco 2010, 310 ff.).

Mehrere Filmschaffende, die selbst das Exil erlebt hatten, lehnten sich gegen die stigmatisierenden Narrative von Seiten der Gebliebenen und der Militärdiktatur auf, indem sie in ihren Filmproduktionen die vielgestaltigen politischen Dimensionen des Exils aufzeigten (Jensen 2005, 170 f.). Auch Fernando Solanas' TANGOS. EL EXILIO DE GARDEL reiht sich in diese Serie postdiktatorischer Filme über das Exil ein. Er schafft es sogar, durch die in ihm enthaltene Darstellungsvielfalt exilbezogener Anliegen und Problematiken, die Verstrickung von Sexualität und Widerstand anzusprechen.

Die Widerständigkeit des Exils

Der Film TANGOS. EL EXILIO DE GARDEL ist in seiner Konzeption so vielschichtig, dass es ihm gelingt, auf unterschiedlichen Ebenen und in diversen geografischen Regionen ein Publikum anzusprechen. Kaum ein anderer Film der argentinischen Filmgeschichte erreichte einerseits eine solche Breitenwirksamkeit in Form internationaler Anerkennungen, etwa bei Filmfestivals, und hatte andererseits so nachhaltig gesellschaftspolitischen Einfluss auch über die Grenzen Argentiniens hinaus. Denn Solanas' TANGOS. EL EXILIO DE GARDEL wendet sich nicht bloß an ein argentinisches Publikum, sondern ebenso an das Publikum der Aufnahmeländer, denen er gleichermaßen die Frage nach gesellschaftlicher Verantwortung stellt.

Bei den Internationalen Filmfestspielen in Venedig, wo der Film 1985 Premiere feierte, gewann Solanas nicht nur den Spezialpreis der Jury, sondern auch den UNICEF- sowie den Pasinetti Preis. Das Havanna Film

Festival rühmte Tangos. El Exilio de Gardel im selben Jahr mit dem Grand Coral, und in Frankreich wurden Astor Piazzollas Kompositionen im Jahr darauf mit einem Cèsar für die Beste Filmmusik prämiert. Erst 1987, durch den vorherigen internationalen Erfolg, sollte auch die *Asociación de Cronistas Cinematográficos de la Argentina* auf den Film aufmerksam werden und Tangos. El Exilio de Gardel in mehreren Kategorien für die Condor de Plata-Verleihung nominieren. Mit beeindruckenden fünf Preisen für den besten Film, beste Regie, beste Kamera, beste Montage und beste Filmmusik wurde Tangos. El Exilio de Gardel schließlich auch in Argentinien ausgezeichnet.

Die französisch-argentinische Co-Produktion handelt vom Exildasein eines Künstler_innenkollektivs, das in Paris weilt und, während es auf das Ende der Militärdiktatur wartet, ein Tanztheater – die *tanguedia* – probt (Abb. 1). Das Künstler_innenkollektiv setzt sich aus unterschiedlichen Charakteren zusammen, die sich alle aufgrund der Repression gezwungen sahen, Argentinien zu verlassen. Dennoch erfährt man auf narrativer Ebene wenig über die persönlichen Erlebnisse, die zur Exilsituation führten. Vielmehr werden die vorangegangenen Geschehnisse visuell nur angedeutet. Zwar werden Themen wie Verfolgung, politische Gefangenschaft, das Verschwinden von Personen oder Zensur (v. a. für die Künstler_innen von existentieller Bedeutung) in Gesprächen immer wieder angeschnitten, deren individuell-biografische und kollektiv-gesellschaftliche Bedeutungen wird jedoch auf einer non-verbalen Ebene, durch Tanz, Musik oder Bühnenrequisiten, Ausdruck verliehen. Repräsentativ für die kollektive Exilerfahrung steht die Gruppe von Musiker_innen, Tänzer_innen, Regisseur_innen etc. mit dem gemeinsamen Anliegen, die *tanguedia* namens *El Exilio de Gardel* in Paris aufzuführen.

Parallel dazu kreieren auch die Töchter und Söhne der Exilierten ein Tangospektakel, das sich sowohl durch Tanz und Musik als auch durch die narrative Struktur von jenem der Elterngeneration unterscheidet. Innerhalb derselben Kunstform entstehen somit zwei parallellaufende, sich teilweise konträr gegenüberstehende Narrationen zum Leben im Pariser Exil. Maria, Protagonistin und Tochter der exilierten Tänzerin Mariana, erzählt durch ihre Stimme aus dem *Off* gleichzeitig ihre eigene und die Geschichte ihrer Mutter, die wiederum die durch die Militärdiktatur erlebten Leiden als Protagonistin der *tanguedia* darstellt. Die Perspektive des Exils, repräsentiert durch die zwei Generationen, erweitert sich um eine weitere: diejenige der Gebliebenen beziehungsweise derer, die nicht mehr fliehen konnten. Juan Uno, ein Freund des Tangokollektivs, der in Buenos Aires blieb und dort fortwährend Repressionen zu fürchten hatte, ist der literarische Verfasser des Tangostücks, das zum Teil auch autobiografische Elemente inkludiert. Tangos. El Exilio de Gardel spricht somit gleichermaßen über das Exil wie über die Diktatur – zwei Pole, die für Sola-

Abb. 1: Probearbeiten zur »tanguedia«; Abb. 2: Flugblätter im Film; Filmstills aus: »Tangos. El Exilio de Gardel«

nas nur als Einheit denkbar sind und sich dennoch unentwegt aneinander reiben, sich abstoßen, widerborstig sind.

Der Film bietet mehrere Anknüpfungspunkte, um über Widerstand zu sprechen. Er zeigt Solidaritätsbewegungen und Demonstrationszüge in Frankreich, direkte Auseinandersetzungen zwischen Exilierten und Vertreter_innen der Militärdiktatur oder Bilder von Flugblättern, die durch Stiegenhäuser fliegen (Abb. 2). Dieser letztgenannte Einsatz von Flugblättern spricht nicht nur ein visuelles Gedächtnis an, das diese Medien mit politisch widerständigen Aktionen in Verbindung bringt. Darüber hinaus impliziert er eine Idee, eine Anleitung für widerständiges Handeln, das sich durch eine gewisse Flüchtigkeit und eine niedrigschwellige Umsetzung auszeichnet.

Obgleich diese eher dezenten Anspielungen auf konkretes politisches widerständiges Handeln in TANGOS. EL EXILIO DE GARDEL erkennbar sind, ist es vor allem die Darstellung von Antagonismen, die im Film ein widerständiges Aufbegehren sichtbar macht. Solche Antagonismen, die ich im Folgenden genauer erörtern werde, sind in einem unterschiedlichen Verständnis von Theater, stilistischen Traditionen oder der ungleichen Darstellung der beiden Generationen auszumachen.

Zentral für das Verständnis des Films ist, dass das in Paris weilende Künstler_innenkollektiv sich in erster Linie über seine Kunst, also über die *tanguedia*, Ausdrucksmöglichkeiten und daran anschließende politische Handlungsräume schafft. Die *tanguedia* (zusammengesetzt aus *tango*+*tragedia*+*comedia*) ist essentiell, um die räumlichen Dimensionen des Films samt deren Bedeutung für das Exilleben verstehen zu können, das stets von einer inneren sowie geografischen Zerrissenheit geprägt ist. Ebenso wie die *tanguedia* bestimmt der Dualismus von Hier und Dort die Struktur des Films und funktioniert, wie bereits angesprochen, in Bezug auf Diktatur und Exil, nur in der Widersprüchlichkeit einer unvereinbaren Einheit. Die Zerrissenheit der Exilierten wird durch diverse visuelle Anspielungen betont: Telefonzellen und Bahnhöfe deuten implizit die konkret

Abb. 3: Die Jugendlichen in den Weiten der Stadt; Abb. 4: Die durch Gitterstäbe gefangene Elterngeneration; Filmstills aus: »Tangos. El Exilio de Gardel«

vorliegenden geografischen Distanzen an. Spiegel vervielfachen Marianas Gestalt bis ins Unendliche und verleihen ihrem Wunsch nach persönlicher Vervielfältigung Ausdruck. Das unerfüllbare Verlangen, zugleich Hier und Dort sein zu können, betrifft letztlich beide sich im Exil befindlichen Generationen, repräsentiert durch die Mutter-Tochter-Beziehung Marias und Marianas (Rodríguez Marino 2008). Während die junge Generation, für die Maria steht, auf der Pariser Freiluftbühne in den Weiten der Stadt verloren wirkt (Abb. 3), scheint die Kamera – der Erzählung der Elterngeneration angepasst – das Gefühl der sozialen und politischen Isolation einfangen zu wollen. Durch wiederholte Blicke durch Gitterstäbe oder träge und dunkle Räumlichkeiten soll das Leben im Exil nachempfindbar gemacht werden (Abb. 4). Diese Unterscheidung in der Darstellung der beiden Generationen ist beispielhaft als einer der Antagonismen im Film zu nennen, der eine spannungsgeladene Aura kreiert und durch die enge, dennoch konfliktgeladene Mutter-Kind-Beziehung das ständige Ineinandergreifen von Politischem und Privatem verdeutlicht.

Die Auseinandersetzung mit Räumlichkeit ist weiterhin insofern zentral, als dass auch die zeitliche Struktur des Films nur über diese verständlich wird. Da die Erzählung in TANGOS. EL EXILIO DE GARDEL weder einen klaren Anfang noch ein Ende hat und keiner chronologischen Logik folgt, also fragmentiert ist und dennoch zusammenhängt, geht Christian Wehr davon aus, dass der Film durch die ständige Wiederholung der Gräueltaten in Form der *tanguedia*, repräsentiert durch Theaterproben und Tanz, die psychische Struktur des Traumas nachzubilden sucht (Wehr 2011, 224). Vergleicht man die zeitliche Struktur von TANGOS. EL EXILIO DE GARDEL mit jener, die Sigmund Freud in *Jenseits des Lustprinzips* (1920) für das Trauma beschreibt, lassen sich zahlreiche Parallelen finden. Freud beschreibt das Trauma als ein Erlebnis, das fundamental auf die psychische Entwicklung eines Menschen einwirkt. Beispielhaft nennt er Fälle von Kindesmissbrauch oder Unfälle, welche die Psyche in eine akute Stresssituation versetzen und das Subjekt durch überschüssiges Einwirken äußerer Reize in seiner Ich-Funktion gefährden. Damit einhergehend kommt es zu Erinnerungslücken, die durch eine rege Fantasieproduktion zu füllen versucht werden; allerdings wird dabei die Erinnerung nicht wiederhergestellt. Nach Freud führt Traumatisierung zu zwanghaften Wiederholungsschleifen, in denen das traumatische Erlebnis zwar stetig aufs Neue reproduziert wird, fehlende Erinnerungsstücke jedoch nur partiell wiedererlangt beziehungsweise verschüttete Anteile des Unbewussten erzählbar werden können (Freud 2010, 191–249).

Die Bedeutung dieser Überlegungen für Migrationserfahrungen, wie jene des Exils, analysieren Leon und Rebeca Grinberg. Sie gehen davon aus, dass die traumatische Erfahrung, verursacht durch Migration beziehungsweise Exil, und die damit einhergehende Zerrissenheit durch das spezifische Charakteristikum der Verlassenheit beschrieben werden kann. Die Autor_innen argumentieren, dass solche Gefühle des Verlassenseins oder der Desintegration ursprünglich auf dem Geburtstrauma basieren und als Reaktion auf das Trauma der Migration entstehen. In diesen späteren Entwicklungsphasen könne das Wiedererleben des Geburtstraumas, so Grinberg und Grinberg, die Ich-Funktion nicht nur gefährden, sondern gar zum Verlust der Ich-Grenzen führen. Ihr Ansatz, dass Traumata nicht allein aufgrund akuter Reizüberflutungen entstehen, sondern ebenso auf Situationen zurückgehen können, die sich über einen längeren Zeitraum erstrecken, erlaubt es, die Erfahrung des Exils als traumatische zu denken (Grinberg/Grinberg 1990, 9 ff.). Interessant ist, dass die Künstler_innen in der *tanguedia* nicht ihre gegenwärtige Exilerfahrung verarbeiten, sondern die Gewaltakte und Leidensgeschichten re-inszenieren, die während der Diktatur den Alltag zahlreicher in Argentinien gebliebener Widerstandskämpfer_innen dominierten. Dabei bleibt unklar, ob die Darsteller_innen vor dem Weggehen selbst diesen Übergriffen ausgesetzt waren, ihre Erzählungen also auch aus den eigenen Biografien schöpfen oder aber, ob sie die Geschichten der Gebliebenen wiedergeben. Beide Lesarten können als Strategie gelesen werden, die es den Exilierten ermöglicht, einen Teil der argentinischen Geschichte zu erzählen, um somit selbst im distanzierten Exil Teil dieser Gesellschaft bleiben zu können. Die Exilierten im Film schließen auf diese Weise eine Allianz mit den Opfern der Militärdiktatur und können sich somit auch selbst als solche positionieren. Dies mag einerseits eigennützige Gründe haben, denn so können die Exilierten ihre eigenen Schuldgefühle, andere ver- oder zurückgelassen zu haben, bearbeiten – Leon und Rebeca Grinberg nennen dieses Empfinden das »Überlebenssyndrom« im Exil (Grinberg/Grinberg 1990, 183). Andererseits ist diese Strategie des Sichtbarmachens durch Vereinnahmung im Kontext der negativen Stimmung gegenüber Exilierten zu sehen, die nach ihrer Rückkehr nicht als Betroffene der Militärdiktatur eingestuft, sondern als Verräter_innen, als Feiglinge stigmatisiert wurden.

Ähnlich der filmischen Gesamtstruktur, die weder eine chronologische Narration zulässt, noch einen tatsächlichen Schlusspunkt setzt, folgen auch die *tanguedia* und das Exil selbst dieser Logik. Sie stellen die Tangogruppe vor die Herausforderung, ein (künstlerisches) Ende finden zu müssen. Da sich die *tanguedia* jedoch als kollektives Projekt der Exilierten charakterisieren lässt und das Exil erst mit der Beseitigung der Diktatur abgeschlossen werden kann, stehen Diktatur und Exil gleichermaßen wie Exil und *tanguedia* in einer zeitlichen Interdependenz. Fernando Solanas schafft durch die zeitliche Strukturierung und die Inszenierung von Räumlichkeit im Film Möglichkeiten, um Reibungsmomente, Konflikte oder Annäherungs- und Distanzierungsprozesse zu veranschaulichen. Er provoziert jedoch gleichzeitig ein Gefühl der Unvereinbarkeit von Zeit und Raum in TANGOS. EL EXILIO DE GARDEL und fordert dadurch ständig zum Überschreiten filmischer Grenzen, zum Sprengen des Rahmens auf, was eine potentielle Zusammenführung dieser beiden Ebenen möglich machen soll.

Ein weiterer grenzüberschreitender Antagonismus kann am Leben und Werk des Regisseurs Fernando Solanas selbst festgemacht werden. Anhand seiner Biografie kann veranschaulicht werden, wie einerseits seine internationale Bekanntheit als Vorreiter des *Dritten Kinos* das Fortsetzen des künstlerischen Schaffens im Exil vereinfachte. Andererseits wird deutlich, wie sich seine ehemals stark nationalistisch geprägte sowie dem lateinamerikanischen Denken verpflichtete Filmideologie durch die erzwungene Migration verändert und seine Filmästhetik beeinflusst hat. Solanas distanziert sich im Exil etwa vom dokumentarischen Filmschaffen und nähert sich verstärkt fiktionalen Erzählungen an. Dennoch bleiben gewisse Elemente dieser Vergangenheit erhalten. So tauchen in TANGOS. EL EXILIO DE GARDEL beispielsweise immer wieder dokumentarische Bilder auf, ähnlich wie die für das *Dritte Kino* typische Erzählstimme aus dem *Off*, welche Geschichte aus lateinamerikanischer Perspektive zu erzählen beginnt. Während die Stimme nur kurz zu Wort kommt und schon bald wieder outfadet, wirken die einmontierten dokumentarischen Bilder wie Leihgaben aus einer anderen Zeit. TANGOS. EL EXILIO DE GARDEL stellte Solanas vor die Herausforderung, die eigens mitgestaltete cineastische Tradition Argentiniens in ihrer politischen Dimension mit der vormals stark kritisierten europäischen Filmkultur in Einklang zu bringen, von der sich das *Dritte Kino* stets abzugrenzen versuchte.

Hamid Naficy, der Solanas' Filmschaffen um TANGOS. EL EXILIO DE GARDEL, SUR (1987) und EL VIAJE (1992) als Beispiele für das *accented cinema* (Naficy 2001) nennt, beschreibt ebendiesen bemerkbaren stilistischen Wandel als zentrales und wiederkehrendes Charakteristikum der von ihm behandelten Exilfilme. Handelt es sich hierbei teilweise um Assimilationsprozesse und Annäherungen an die dominierende Kulturlandschaft des nahen Umfelds, so zeigt Solanas durch die implizite Thematisierung stilistischer Konfrontationen ebenso das Bestreben nach Aufrechterhaltung der eigenen Form (Naficy 2001, 7 ff.). In TANGOS. EL EXILIO DE GARDEL treten Solanas' Filmkunst, die sich stets im Kontext und nahe der Ästhetik des *Dritten Kinos* verortete, und das französische Kino mit den jeweils repräsentativen künstlerischen Strömungen der unterschiedlichen geografischen Regionen, also dem Magischen Realismus und dem Surrealismus, in ein dialogisches Streitgespräch. Die visuellen Reibungsmomente können im Film stellvertretend für soziale und politische Konfrontationen während des Exils gelesen werden. Sie verhandeln Kommunikationsschwierigkeiten, Formen und Forderungen der Anpassung sowie widerständiges Verhalten gegenüber hierarchischer Strukturen im Kulturbetrieb. Der exilierte Tangomusiker Juan Dos macht im Zuge dieser Disskussionen seinem französischen Kollegen Pierre den Vorwurf, diese Ästhetik nicht verstehen zu wollen, indem er sagt »*No es desorden, es otro orden. No es falta de estilo, es otro estilo. Es otra forma*« / »*Es ist keine Unordnung, es ist eine andere Ordnung. Es ist kein Fehlen an Stil, es ist ein anderer Stil. Es ist eine andere Form*«. Genau dieser Bruch mit der vorgegebenen ästhetischen Ordnung ist von essentieller Bedeutung für das Tangokollektiv. Denn wie der in Buenos Aires lebende Juan Uno auf einer bekritzelten Serviette festhält, gilt es als Grundsatz der *tanguedia*, die Regeln der Ästhetik zu brechen (»*Tirar por la ventana las reglas estéticas! Mezclar los generos! Romper las fórmulas para encontrar la nuestra!*« / »*Die Regeln der Ästhetik aus dem Fenster werfen! Die Genres mischen! Die Formen zerstören, um die unsere zu finden!*«), um eine Reaktion auf die vorherrschende Konfusion zu erreichen. Obgleich der Film auf diesem Wege zu einer Art ästhetischen Revolution aufruft, so scheint in Anbetracht dessen, dass der allumfassende Regelbruch zwar angedeutet, jedoch nicht gänzlich vollzogen wird, die Bezeichnung ›ästhetische Grenzüberschreitungen‹ angemessener. Grenzüberschreitungen lassen sich an der durch das Exil entstandenen Hinwendung Solanas' zur Fiktion und der nunmehr peripher bemerkbaren Nutzung dokumentarischer Mittel und Visualisierungsstrategien des *Dritten Kinos* festmachen, ebenso am Wechselspiel zwischen europäisch geprägtem Surrealismus und in lateinamerikanischer Tradition stehendem Magischen Realismus. In jeglicher Hinsicht kommt es also zu stilistischen und thematischen Überschneidungen zwischen den unterschiedlichen Strömungen, die dadurch auch das widerständige Verhalten sich selbst gegenüber sichtbar machen. Solanas' Anleihen beim sogenannten »zweiten Kino« implizieren im Übrigen keine ästhetische Unterwürfigkeit, sondern artikulieren konkrete Kritikpunkte an der im Film als überheblich inszenierten französischen Aufnahmegesellschaft. Vor allem im Aufeinandertreffen von Künstler_innen der *tanguedia* und französischen Theaterschaffenden werden die von Solanas kritisierte Ignoranz gegenüber anderen Ausdrucksformen und die mitschwingende Exotisierung deutlich. Die Annäherung an die französische Filmkultur scheint Solanas insgesamt die Möglichkeit zu bieten, auch das Publikum im Aufnahmeland direkt zu adressieren.

In diesem Konglomerat aus ständigen Konfrontationen mit scheinbar Widersprüchlichem und dem daraus resultierenden unentwegten Hinterfragen dessen, was gesehen wird und was im Dunklen bleibt, kann der Film schließlich auch über staatlichen Terror in Form von Folter, Entführungen oder sexuellen Übergriffen sprechen. Obgleich letzte Themen nicht in verbalisierter Form verhandelt werden, schafft Solanas eine Form der Vermittlung durch Visualisierung, die es erlaubt, diese implizit anzudeuten. Andere Produktionen des post-diktatorischen Filmschaffens arbeiteten zur Thematisierung solcher Erfahrungen oftmals mit Flashbacks. Solanas dagegen setzt diese filmische Methode in TANGOS. EL EXILIO DE GARDEL nur ein einziges Mal ein, als die Entführung von Marias Vater gezeigt wird. Die nur wenigen Sekunden dauernde Sequenz wird nicht in den eigentlichen narrativen Strang eingebaut und durch Farbgebung, Belichtung und Kamerafahrt vom restlichen Film abgegrenzt. Sie verfolgt eher das Ziel, einen Überraschungseffekt zu bewirken und die Willkür darzustellen, der die meisten ins Exil getriebenen Menschen vor dem Fortgehen ausgesetzt waren. Mehr als zur Darstellung vergangener Geschehnisse dient die Sequenz im Sinne Gilles Deleuzes als Kristallbild, also zur Veranschaulichung, dass nicht etwa der aktuelle zeitliche Rahmen der einzig relevante ist, sondern dieser immer durch Vorhergegangenes bedingt ist und damit auch mit einer linearen Chronologie brechen kann (Deleuze 1991, 95 ff.).

Zeugnisse sexueller Gewalt und körperliche Widerständigkeit
Die traumatisierenden Erlebnisse werden in TANGOS. EL EXILIO DE GARDEL – mit Ausnahme der eben erwähnten Sequenz – nicht über Flashbacks visualisiert, sondern finden direkt Eingang in die gegenwärtige Situation des tänzerisch inszenierten Exils. Zusätzlich wird der Tanz von speziellen Bühnenrequisiten im Theater oder in privaten Räumlichkeiten unterstützt und muss im Weiteren in seinen unterschiedlichen zeitlichen Dimensionen behandelt werden: einerseits als Instrument der Zeug_innenschaft bezüglich vergangener Ereignisse in Form einer visuell-körperlichen Sprache, andererseits als Werkzeug des Widerstands, welches den Exilierten in der von Sprachlosigkeit dominierten Situation des Exils sowie nach ihrer Rückkehr zur Verfügung steht.

Ein zentrales an die Darstellungsformen des Tanzes gekoppeltes Element in TANGOS. EL EXILIO DE GARDEL sind Puppen, die sowohl als Bühnenrequisiten als auch als ständige Weggefährtinnen in jeglichen Alltagssituationen der Exilierten präsent sind (Abb. 5, 6). Die Tänzer_innen werden nicht nur unentwegt von Puppen begleitet, sie nehmen deren statische Formen auch in ihre Choreografien auf, internalisieren ihre Bewegungen und identifizieren sich gewissermaßen mit ihnen. Diese Puppen fin-

Abb.: 5, 6: Puppen als Begleiterinnen der Exilierten; Filmstills aus: »Tangos. El Exilio de Gardel«

den sich in fast allen Akten, Räumlichkeiten und in TANGOS. EL EXILIO DE GARDEL verwendeten Kunstformen. Sie erinnern in ihrer Visualität an die Arbeiten von Cindy Sherman aus den 1980er und 1990er Jahren, in denen diese in den Reihen *Disasters* und *Sex Pictures* Puppenfiguren und Körperteilprothesen inszenierte, die durch entfremdende Posen schockieren (vgl. Cruz 1997). Der provozierte Schockeffekt in Shermans Serien – dem in TANGOS. EL EXILIO DE GARDEL vergleichbar – sollte die Reflexion von externen Zuschreibungen diverser Identitätsmerkmale (traditionelle Rollenbilder, Sexualitäten oder Gruppenzugehörigkeiten) bewirken, die wiederum unterschiedliche Formen von Diskriminierung bedingen. In der Filmgeschichte übernahmen Puppen, die zunehmend seit den 1980er Jahren durchaus provokativ in filmische Arbeiten eingeflochten wurden, unterschiedliche Darstellungsfunktionen. Puppen als Doppelgängerinnen sind dabei eine wiederholte Form der Inszenierung (Wulff 2012, 77 ff.). Die physische Ähnlichkeit von Puppen mit Menschen, welche sie in zahlreichen visuellen Auseinandersetzungen als Doppelgänger_innen erscheinen und auf diese Weise eine implizite Todesmetapher mitschwingen lässt (vgl. Macho 2017, 336 ff.), ist insofern relevant, als dass sie die Möglichkeit zur Identifikation mit Personen ermöglicht, die vor der Flucht im Leben der Exilierten präsent waren. Puppen fungieren in TANGOS. EL EXILIO DE GARDEL als Substitut für fehlende Bezugspersonen, die zwar in dieser Form physisch repräsentiert werden, handlungstechnisch jedoch inaktiv bleiben. Solanas kreiert in seinem Film ein ständiges Wechselspiel, das die Figuren auf der Grenze zwischen Leben und Tod platziert. Dies legt die Interpretation nahe, dass Puppen hier stellvertretend für die vielen Verschwundenen und Entführten, die *desaparecidos*, stehen. Der Begriff *desaparecidos* bezeichnet Betroffene jener Aktionen der Militärjunta, in denen sogenannte »innere Feinde« eliminiert werden sollten. Das Verschwindenlassen von Personen, in Regierungskreisen als »plan antisubversivo« (Novaro 2011, 143) bekannt, verfolgte nicht nur das Ziel, die betroffenen Personen aus der Gesellschaft auszuschließen, sie in Arbeitslagern zu versammeln

Abb.: 7, 8: Die Künstler_innen integrieren Puppen in ihre Choreografien; Filmstills aus: »Tangos. El Exilio de Gardel«

und schließlich zu ermorden, sondern diente der absoluten Auslöschung ihrer Existenz. Durch diese Strategie wurden rund 30.000 Menschen umgebracht, sie wurden ohne jede Spur aus dem Verkehr gezogen, und den Angehörigen wurde jegliche Information darüber verweigert, was mit den *desaparecidos* geschah (CONADEP 1984, Conclusiones).

Die Verbindung von Tanz mit der Inszenierung der Puppen befähigt die exilierten Schauspieler_innen schließlich, über die Gewalt in Form von Folter oder sexuellen Übergriffen zu sprechen. Bereits beim ersten Erscheinen der Jugendlichen in TANGOS. EL EXILIO DE GARDEL führen diese Tanzbewegungen aus, die durch eine statische Körperhaltung und ruckartige Gesten eine parodistische Darstellung von Puppen nahelegen (Abb. 7). Während sie, im Gegensatz zur Elterngeneration, nicht unentwegt von den Puppenfiguren umgeben sind, scheinen sie trotzdem von den Erfahrungen der Eltern beeinflusst zu sein, was auf eine transgenerationale Traumatisierung schließen lässt (Blankers 2013, 30 ff.). Die Eltern widmen diesem Grenzgebiet zwischen menschlichen fließenden Bewegungen und der Statik der Puppen in der *tanguedia* eine eigene Tanzsequenz. Umgeben von tatsächlichen Puppen beginnen die Tänzer_innen die Szene mit minimalistischen schnellen Bewegungen in Imitation ihrer (Puppen-)Begleiter_innen, bis sie schließlich zu den sanften und langsamen Posen des Tangos überleiten (Abb. 8).

Die Tanzsequenz wird dazu immer wieder durch einmontierte Bilder von Puppen unterbrochen. Die Szene verdeutlicht erneut, dass die Puppen als Stellvertreter_innen für die *desaparecidos* Teil der Identität der exilierten Künstler_innen sind, während sie für die Jugendlichen eine wohl eher undefinierte beziehungsweise unzuordenbare Konstante darstellen. Da die Künstler_innen der *tanguedia*, wie bereits angeschnitten, in Form des Tanzes jene Geschichten erzählen, die sie zum Teil nicht selbst, sondern die die Verschwundenen erlebten, drängt sich die Frage auf, wie die Identifikation beziehungsweise Vereinnahmung der Erfahrungen seitens der Exilierten gerechtfertigt werden kann.

Cathy Caruth erzählt in ihrem Buch *Unclaimed Experience. Trauma, Narrative, and History* die sogenannte Parabel von der Wunde und der Stimme (Caruth 1996, 1–9), indem sie sich auf Freuds Text *Jenseits des Lustprinzips* bezieht. Sie weist hier der Stimme als Zeugnis einer Wunde einen spezifischen Ort zu, wodurch die Toten die Lebendigen für die erfahrenen Ungerechtigkeiten anklagen können. Der Widerspruch besteht darin, dass die Stimme Zugang zu einer traumatischen Erfahrung bietet, deren Wahrheit zwar bezeugt werden kann, gleichzeitig bleibt ein genaues Wissen über das Bezeugte jedoch unerreichbar. Freud beschreibt in seinen Ausführungen, dass Tankredi seine derzeit verkleidete Geliebte Clorinde unwissentlich ermordet hat. Daraufhin schlägt er im Zauberwald einen Baum, aus dessen Wunde nicht nur Blut strömt, sondern auch die darin gebannte Stimme Clorindes, die Tankredi nun für seine Tat anklagt. Erst durch Wiederholung der Tat, des gewaltsamen unwissentlichen Erschlagens seiner Geliebten, und indem Clorindes Stimme die Wahrheit aus erster Hand bezeugt, kann Tankredi sich seiner Schuld bewusst werden (Freud 2010, 208 ff.). Da es sich um die Stimme einer Toten handelt, stellt sich die Frage, ob diese, wie Caruth argumentiert, als Zeugnis herangezogen werden kann, oder ob es sich – wie im Falle von TANGOS. EL EXILIO DE GARDEL – nicht eher um die Schwierigkeit der Überlebenden handelt, über ebendiese Wunde zu sprechen.

Durch die Verschmelzung von Tänzer_innen und Puppen in der *tanguedia* entsteht der Eindruck der Identifikation beziehungsweise der Berufung auf die Opfer. Doch obgleich sie in Form von Puppen physisch präsent sind, wird ihnen keine Stimme zur Anklage beziehungsweise um Zeugnis geben zu können, zugestanden. Tatsächlich können die Exilierten im Film trotz der Wiederholung der Taten in Form von Tanzinszenierungen nicht für die Toten sprechen. Doch sie können versuchen, ihnen Gehör zu verschaffen, wie es Ulrich Baer beschreibt:

> Eine Aussage wird erst dadurch zu einem Zeugnis, daß sich der Zeuge in seiner Erzählung an einen anderen richtet. Die persönlichen Belange des Zeugen werden erst in der Ansprache an andere überschritten, und die Aussage des Zeugens steht erst dann, durch diese Ansprache und diesen Anruf um Gehör, für eine universelle Wahrheit ein. Zeugen verlangen von ihrem Publikum eine Antwort, und diese Forderung verhallt ungehört, wenn niemand zuhören will oder kann. (Baer 2000, 7)

Da die verbale Kommunikationsebene zum Scheitern verurteilt ist, da weder die Toten, die *desaparecidos*, über eine Stimme verfügen, noch die Exilierten aufgrund sprachlicher Barrieren Zugang zu einem zuhörenden Publikum haben, bleibt einzig die Möglichkeit einer körperlich-darstellenden Form der Sprache, die durch Tanz die Erzählungen agieren lässt (Abb. 9). Die körperlichen Darstellungsformen können ebenso als Ant-

Abb.: 9, 10: Sprechen über sexuelle Gewalt und Folter in Form des Tanzes; Filmstills aus: »Tangos. El Exilio de Gardel«

wort auf vorangegangene körperliche Erfahrungen gelesen werden, die oftmals der Ursprung der Traumatisierung waren. Wie diverse Zeitzeug_innen berichteten, bestanden die Foltermethoden der Militärs in massiven Übergriffe auf die Intimsphäre (CONADEP 1984, Tortura) und zielten etwa durch Schläge auf primäre und sekundäre Geschlechtsorgane darauf ab, die betroffenen Personen physisch und psychisch zu brechen, ohne sie vorerst zu töten (Fiechnter 2008, 45 ff.). Auch hier scheint ein Rückbezug auf den Einsatz von Puppen im Bühnenbild sinnvoll, denn eine weitere verbreitete Interpretation dieser Figuren stellt ihre sexuelle Komponente ins Zentrum. In kulturhistorischen Auseinandersetzungen werden Puppen auch als Hinweis auf abweichende sexuellen Erfahrungen gelesen (Wulff 2012, 81 ff.), die wiederum der Ursprung traumatisierender Erlebnisse sein können. Die Folter, wie sie während der argentinischen Militärdiktatur praktiziert wurde, konnte zur völligen Entwertung der menschlichen Souveränität führen, indem andere Menschen über den eigenen Körper sowie dessen Reproduktionsfähigkeit verfügten.

Solanas deutet solche Erfahrungen durch die Choreografie und darin enthaltene getanzte Vergewaltigungsszenen an (Abb. 10). Parallel dazu zeigt er immer wieder kindliche Puppenfiguren. Denn die Übergriffe auf die Intimsphäre in Form von sexueller Gewalt hatten vor allem für entführte Frauen gravierende Folgen. Viele schwangere Frauen waren während der Inhaftierung fortwährender Folter ausgesetzt. Sobald sie gebaren, wurden sie ermordet, während die Kinder zu regimetreuen Familien gebracht wurden. Es handelte sich also nicht mehr bloß um die Auslöschung der Person, die von grausamster Folter begleitet war, sondern um das Verhindern einer zukünftigen Form der Erinnerung an die betroffene Person (CONADEP 1984, Nacimientos en cautiverio). Mit diesem Wissen, welches keiner anklagenden Zeugenschaft der Toten bedarf, da die Strategie des Verschwindenlassens von Personen sowie das extreme Ausmaß der Folter weitgehend bekannt waren – nicht nur die Tochter von Gerardo und Alciras, beide Teil der Pariser Exilgemeinde im Film, wurde entführt, auch

Ana, die Besucherin aus Argentinien, spricht offen darüber (»*ya no se tortura como antes*«/»*Es wird nicht mehr gefoltert wie früher*«) –, bleibt zwar der Tanz eine Form der bezeugenden Mitteilung, ermöglicht jedoch gleichzeitig eine weiterführende Interpretation.

Sowohl die vorab erläuterte Genrediskussion, die als Versuch gedeutet werden kann, widerständiges Denken sichtbar zu machen, als auch der Tanz als Ausdrucksform von Zeug_innenschaft zielen beide darauf ab, ein Publikum und damit Gehör zu finden, um schließlich auch mitbestimmen, politisch mitgestalten zu können. Der Wunsch nach Mitteilung und damit einhergehend nach Partizipation ist in einer Exilsituation doppelt schwierig. Einerseits dominieren im Film im französischen Exil sprachliche und ästhetische Barrieren den Alltag, andererseits herrscht in Argentinien nach der Rückkehr eine ablehnende Haltung gegenüber Exilierten vor. Wie vorab erläutert, erleben die Exilierten im Film ihren Aufenthalt in Paris als Gefangenschaft und dieses Empfinden erstreckt sich nun auch auf die Rückkehr. In dieser filmischen Inszenierung von sozialer und politischer Isolation, die darüberhinaus noch von einer sprachlichen Begrenztheit gezeichnet ist, kann der Körper als Weg zur politischen Partizipation herangezogen werden.

Folgt man hier Judith Butlers Überlegungen zur *Politik des Todestriebes. Der Fall der Todesstrafe* lässt sich in der Verbindung von Todestrieb und Lustprinzip ein destruktives menschliches Verhalten erkennen (Butler 2014, 31–62). Butler beschreibt in ihren Ausführungen, wie Gefängnisinsassen, die nicht nur gesellschaftlich isoliert sind, sondern denen darüberhinaus Möglichkeiten zur politischen Mitbestimmung entzogen wurden, einzig der Weg über den Körper bleibt, um als politische Subjekte sichtbar zu werden beziehungsweise gesellschaftliche Aufmerksamkeit zu erlangen. Wie inhaftierte Menschen in Gefängnissen beispielsweise nur durch die Verweigerung von Nahrung und in diesem Sinne durch die Absage an die eigene körperliche Ökonomie die normenschaffenden Prozesse solcher Institutionen beeinflussen könnten (Butler 2014, 59 ff.), bleibt den Exilierten in der erlebten sozialen und politischen Isolation ebenso nur der Einsatz des Körpers, um sich der auferlegten passiven Existenz widersetzen zu können. Dies bedeutet, dass im Falle von Tangos. El Exilio de Gardel durch im Theater geschaffene Wiederholungsprozesse Normen sowohl geschaffen, als auch dekonstruiert werden können. Durch Folter und sexuelle Gewalt verletzte Körper können somit durch reproduktive Strukturen im Theater beziehungsweise in Form des Tanzes selbst zu Instrumenten des Widerstands werden. In diesem Sinne zeigen die dargestellten Leibeserfahrungen, also der Tanz, dass dieser »ein Weg zu einer Rückkehr zum Körper sein kann, dem Körper als einem gelebten Ort der Möglichkeiten, dem Körper als einem Ort für eine Reihe sich kulturell erweiternder Möglichkeiten« (Butler 1997, 10). Über körperliche Ausdrucksformen können sich die Exilierten im Film damit nicht nur ausdrücken und mitteilen, sondern darüberhinaus auch ihre Instrumentalisierung verweigern. Sie scheuen sich nicht vor der Konfrontation mit dem französischen Theaterpublikum oder den in Argentinien Gebliebenen. Sie widersetzen sich vielmehr durch aufwühlende und unverständliche Tanzszenen dieser Funktionalisierung, gleichermaßen wie der Film dies tut – etwa durch die Uneinordenbarkeit in ein Genre oder eine unklare zeitliche Struktur.

Solanas lässt in TANGOS. EL EXILIO DE GARDEL den Tanz aus der Distanz wirken und unzählige Widersprüchlichkeiten kursieren. Doch, wie Dorothee Ott schreibt, ist dies »kein Mangel der Inszenierung, sondern die Absicht des Regisseurs, dass sich die Bedeutung der Tanzszenen [...] nur bis zu einem gewissen Grad erschließt« (Ott 2008, 90). Während die ständig anwesenden Puppen in Großaufnahmen gezeigt werden, bleiben die Gesichter der Tänzer_innen meist unkenntlich. Denn es sind sie, die ihre Geschichten noch erzählen, ihre Anliegen noch artikulieren müssen. Solanas macht seine Motivation in TANGOS. EL EXILIO DE GARDEL jedoch nur bedingt transparent, er forciert sie nicht etwa durch explizite Äußerungen oder eindeutige Darstellungen innerhalb der Choreografien, noch verwendet er unterstützende filmische Mittel, um die Tanzsequenzen verständlicher zu machen. Er folgt auch hier wieder der mehrfach angesprochenen Devise der Konfusion, der Uneindeutigkeit, die seine Form der Widerständigkeit am besten ausdrückt.

Conclusio
Zwar entstand der Film TANGOS. EL EXILIO DE GARDEL 1985, nach Ende der argentinischen Militärdiktatur, doch hatten zahlreiche aus dem Exil zurückgekehrte Personen fortwährend mit den Kontinuitäten der staatlichen Gewaltherrschaft, mit diskriminierenden Strukturen und Narrativen sowie mit denunzierenden Handlungen zu kämpfen (Roninger/Sznajder 1997, 164 ff.). Der Tanz als Dekonstruktionsversuch normativer Sichtweisen und die damit verbundene Entökonomisierung des Körpers sind also nicht bloß Ausdrucksmittel des Widerstands im als Gefangenschaft erlebten Exil, sondern erfüllen auch nach der Rückkehr diese Funktion.

Solanas wählt in TANGOS. EL EXILIO DE GARDEL eine subtile Art des Widerstands, eine Form der Darstellung, die sowohl die scheinbare Passivität des Exils einfängt, um damit im Publikum ein Bewusstsein für die erlebte Isolation zu entwickeln, als auch zahlreiche politisch widerständige Akte zeigt. Häufig können diese erst bei genauerer Betrachtung als solche entziffert werden. TANGOS. EL EXILIO DE GARDEL versucht durch die Verknüpfung von unterschiedlichen stilistischen Strömungen, das Verschwimmen von Genregrenzen oder den Einsatz von spezifischen Bühnenrequisiten, trotz des feindseligen Klimas gegenüber Rückkehrenden in der post-diktatorischen Gesellschaft, Raum zu schaffen, um über Widerstand zu sprechen sowie Widerstand zu leisten.

Literatur

Asociación Internacional para la Defensa de los Artistas Víctimas de la Represión (AIDA) 1981: Argentina, cómo matar la cultura. Testimonios: 1976–1981. Madrid.

Baer, Ulrich 2000: Einleitung, In: Ders. (Hg.): ›Niemand zeugt für den Zeugen‹. Erinnerungskultur und historische Verantwortung nach der Shoah. Frankfurt am Main, 7–32.

Birri, Fernando 1997 [1962]: Cinema and Underdevelopment. In: Martin, Michael T. (Hg.): New Latin American cinema. V. 1. Theory, practices, and transcontinental articulations. Detourt, 86–94.

Blankers, Elisa 2013: A new generation: How refugee trauma affects parenting and child development. Utrecht.

Butler, Judith 1997: Körper von Gewicht. Frankfurt am Main.

Butler, Judith 2014: Politik des Todestriebes. Der Fall der Todesstrafe, Sigmund Freud Vorlesung 2014. Wien/Berlin.

Caruth, Cathy 1996: Unclaimed experience. Trauma, Narrative, and History. Baltimore.

Cruz, Amanda 1997: Cindy Sherman: retrospective. London.

Deleuze, Gilles 1991: Das Zeit-Bild. Kino 2. Frankfurt am Main.

Feierstein, Liliana Ruth 2009: De orillas y de textos. Entretangos. In: Vanden Berghe, Kristine (Hg.): El retorno de los galeones. Literatura, arte, cultura popular, historia. Brüssel, 59–76.

Finkielman, Jorge 2004: The film industry in Argentina: an illustrated cultural history. Jefferson.

Franco, Marina 2008: El exilio: argentinos en Francia durante la dictatura. Buenos Aires.

Franco, Marina 2010: Algunas reflexiones en torno al acto de exilio en el pasado reciente argentino, In: Bohoslavsky, Ernesto/Marina Franco/Mariana Iglesias/David Lvovich (Hg.): Problemas de historia reciente del Cono Sur. Buenos Aires, 302–322.

Freud, Sigmund 2010 [1920]: Jenseits des Lustprinzips, In: Ders.: Das Ich und das Es. Metapsychologische Schriften. Frankfurt am Main, 191–249.

García Espinosa, Julio 1997 [1971]: For an Imperfect Cinema, In: Martin, Michael T. (Hg.): New Latin American cinema. V. 1. Theory, practices, and transcontinental articulations. Detourt, 71–82.

Getino, Octavio 2005 (1998): Cine argentino: Entre lo posible y lo deseable. Buenos Aires.

Grinberg, León/Rebeca Grinberg 1990: Psychoanalyse der Migration und des Exils. München/Wien.

Macho, Thomas 2017: Das Leben nehmen. Suizid in der Moderne. Berlin.

Manzano, Valeria (2004): Combates por la historia: Interpretaciones de la historia del movimiento obrero en el cine militante argentino al principio de los 1970's. *Film & History: An Interdisciplinary Journal of Film and Television Studies* 34 (2), 46–57.

Naficy, Hamid 2001: An accented cinema: exilic and diasporic filmmaking. Princeton.

Novaro, Marcos 2011: Historia de la Argentina: 1955–2010. Buenos Aires.

Ott, Dorothee 2008: Shall we dance and sing? Zeitgenössische Musical- und Tanzfilme. Konstanz.

Rodríguez Marino, Paula 2008: Concepciones del tiempo y espacio en la representación del exilio argentino en Tangos. El exilio de Gardel y Sentimientos. Mirta de Linieres a Estambul. Vortrag vom V Jornada de investigación en Comunicación. »la comunicación como ámbito de Construcción de la realidad social«, Universidad de General Sarmiento, 5. und 6. November 2008.

Roninger, Luis/Mario Sznajder 1997: Menschenrechtsverletzungen in Argentinien: Kollektives Erinnern und Vergessen nach der Redemokratisierung, In: Smith, Gary/Avishai Margalit (Hg.): Amnestie oder Die Politik der Erinnerung in der Demokratie. Frankfurt am Main, 155–178.

Solanas, Fernando/Octavio Getino 1997 [1969]: Towards a Third Cinema: Notes and Experiences for the Development of a Cinema of Liberation in the Third World, In: Martin, Michael T. (Hg.): New Latin American cinema. V. 1. Theory, practices, and transcontinental articulations. Detourt, 33–58.

Wehr, Christian 2011: Memoria cultural, experiencia histórica y perspectiva mesiánica en el cine de Fernando Solanas: Tangos. El exilio de Gardel (1985). *Taller de Letras* 49 (Juli–Dez.), 219–230.

Wulff, Hans J. 2012: Mannequins: Kulturgeschichtliche, semiotische und ästhetische Aspekte der Schaufensterpuppe im Film. *KulturPoetik: Zeitschrift für Kulturgeschichtliche Literaturwissenschaft/Journal of Cultural Poetics* 12 (1), 72–91

Internetquellen

CONADEP (1984), Informe Núnca Más, Prólogo. In: www.desaparecidos.org/arg/conadep/nuncamas/ (Stand: 03.02.18, 12:20).

CONADEP (1984), Informe Núnca Más, Tortura. In: www.desaparecidos.org/arg/conadep/nuncamas/26.html (Stand: 03.02.18, 12:20).

CONADEP (1984), Informe Núnca Más, Nacimiento en cautiverio. In: www.desaparecidos.org/arg/conadep/nuncamas/302.html (Stand: 03.02.18, 12:20).

CONADEP (1984), Informe Núnca Más, Conclusiones. In: www.desaparecidos.org/arg/conadep/nuncamas/ (Stand: 03.02.18, 12:20).

Andreas Filipovic
VOR DER VERTREIBUNG AUS DEM PARADIES
Živko Nikolić' »Lepota Poroka« [»Die Schönheit der Sünde«] (1986)

Die filmhistorische Forschung zum jugoslawischen Kino und seiner gesellschaftlichen Verortung hat in den letzten Jahren, aufbauend auf grundlegenden Studien wie Pavle Levis *Disintegration in Frames* (Levi 2007) und Dina Iordanovas *Cinema of Flames* (Iordanova 2001), an analytischer Schärfe gewonnen. Das einst vorherrschende Bild einer allzu einfachen Dichotomie ›dissidenteR FilmemacherIn / autoritäres Regime‹ weicht mehr und mehr einem Verständnis komplexer Prozesse beim Schaffen eigenständiger kultureller Erzeugnisse im Kontext einer gesamtjugoslawischen sozialistischen Filmkultur (Jovanović 2011, 2012 und 2015, Kirn 2012). Iordanova fügte den weiter reichenden Bezugsrahmen eines Balkankinos beziehungsweise die Dimensionen einer europäischen und weltweiten Filmkultur hinzu (vgl. Iordanova 2003 und 2010), innerhalb derer die jeweiligen nationalen Filmkulturen in einer Reihe von Wechselwirkungen interagieren.

Im Gegensatz zu den ›kritischen‹ AutorInnenfilmen und den großen, als Blockbuster inszenierten PartisanInnenfilmen der 1960er und frühen 1970er Jahre (Kirn 2012, Jakiša 2013) oder den postjugoslawischen Filmen der 1990er Jahre (Iordanova 2001, Sabo 2017) wurde das Filmschaffen in den 1980er Jahren in Jugoslawien bisher von der Forschung vernachlässigt und beschränkte sich auf vereinzelte Untersuchungen und Überblickswerke (Goulding 2002, Rohringer 2008). Die Achtziger stellen somit das unterschätzte Jahrzehnt dar, welches in anderen Feldern der historischen Forschung zu Jugoslawien zuletzt jedoch wieder stärker in den Mittelpunkt gerückt ist (Archer/Duda/Stubbs 2017, Schult 2017) und bald auch filmgeschichtlich vermehrte Zuwendung erfahren sollte.

In diesem Artikel wird ein bemerkenswerter Beitrag zum jugoslawischen Filmschaffen der 1980er Jahre, Živko Nikolić' LEPOTA POROKA [DIE SCHÖNHEIT DER SÜNDE] (1986), der in der westlichen Literatur bisher nur einmal vorgestellt wurde (Marić 2006) und in Österreich zuletzt vor gut zwanzig Jahren im Rahmen der Filmschau »Ciné Méditerranée« des *Filmarchiv Austria* aufgeführt wurde, vor dem Hintergrund der eingangs erwähnten Paradigmen in seinem historischen Kontext und hinsichtlich seiner Verarbeitung sozialer Transformationsprozesse im Jugoslawien der achtziger Jahre besprochen.

Nikolić wandte sich in seinen Filmen gegen ein reaktionäres kleingeistiges Gesellschaftsbild und warnte zugleich vor den scheinbaren Freiheiten der (post-)modernen Gesellschaft. Er verhandelte seine Themen dabei auf der Ebene von Geschlechterrollen und Sexualität, wobei er dem Traditionalismus und der Entfremdung widerständige Formen in Gestalt ironischer Brechungen und eines radikalen Humanismus entgegenstellte. Daniel J. Goulding (2002) benennt in seinem Standardwerk die Filme aus der Zeitperiode von Anfang bis Mitte der achtziger Jahre als ein zweites ›Coming-of-Age‹ des jugoslawischen Films sowie als bedeutende Quelle der weltweiten Filmkultur. Dabei deutet er neben dem Betonen der unbestreitbaren Qualität der Filme bereits auf eine neue Form der Auseinandersetzung mit gesellschaftlichen Fragen in dieser Spätphase des sozialistischen Jugoslawiens hin (Goulding 2002, 147).

Modernism In-Between und die Populärkultur der achtziger Jahre
Der den historischen Umständen geschuldete jugoslawische ›Sonderweg‹ nahm bereits kurz nach der Staatsgründung maßgeblichen Einfluss auf die Gesellschaft und ihre Filmkultur. Denn von der Sowjetunion verstoßen fand sich das zunächst noch strenge, aber selbstbewusst umgesetzte jugoslawische Modernisierungsprojekt des Sozialismus in der Systemauseinandersetzung unversehens zwischen den Blöcken wieder. Aus der Not dieses ›Zwischen-den-Stühlen-Sitzens‹ heraus entwickelte Jugoslawien die zunächst einzigartige Position eines »Modernism In-Between« (Kulić, Mrduljaš, Thaler 2012, 22), der beides umfasste – das Beste und das Schlechteste aus zwei Welten. So konkurrierte das auch von Teilen der westlichen Linken vielbeachtete und auf direktere Mitsprache der ArbeiterInnen abzielende »System der ArbeiterInnenselbstverwaltung« (Schult 2017, 34) mit der sich immer stärker durchsetzenden Orientierung an und Abhängigkeit von der westlichen kapitalistischen Produktions- und Organisationsweise in einem ›sozialistischen Markt‹. Sozialistische Ideologie und Terminologie trafen zunehmend auf westliche kulturelle Einflüsse und schließlich Hegemonie. Dabei standen sich bürokratische Institutionen und forcierter Wettbewerb, sozialistisches Selbstverständnis und liberale Reformen, fortschrittliche Vorstellungen und Zielsetzungen sowie historische Argumentation und Legitimation in allen gesellschaftlichen Bereichen gegenseitig im Wege. Zugleich öffneten sich Räume für eigene und eigenwillige intellektuelle und künstlerische Positionen, die Grenzen zwischen etablierten Konzepten überwanden und das Land in seinen Besonderheiten abbildeten und bestärkten.

In Jugoslawien jedoch, so viel war klar, standen Theorie und Praxis nicht im Einklang miteinander. Das 1950 implementierte »System der ArbeiterInnenselbstverwaltung« sollte die Teilhabe an Entscheidungsprozessen fördern (Schult 2017, 34), während Dezentralisierung und Liberalisierung zugleich Wettbewerb und Produktivität steigern helfen sollten. In der Theorie hatten die jugoslawischen ArbeiterInnen mehr Mitbestimmungsmöglichkeiten in ihren Betrieben als ihre KollegInnen in anderen sozialistischen oder gar kapitalistischen Ländern. In der Praxis wurde dies jedoch zumeist nicht umgesetzt, vielmehr unterschied sich das betriebliche Verhalten der jugoslawischen kaum von jenem der ArbeiterInnen anderer Länder, wobei formelle und informelle Herrschafts- und Subversionspraktiken fließend waren (Schult 2017, 329–331).

Ähnliches galt auch für das Feld der Kultur. Die Eigenheiten der jugoslawischen Kulturpolitik (vgl. Lilly 1997) sahen etwa vor, dass FilmemacherInnen – im Sinne des nun ebenfalls selbst verwalteten Filmsektors – ›FilmarbeiterInnen‹ waren, die auch Funktionen und Managementpositionen einnahmen. Sie sollten an Entscheidungsprozessen und an der Administration teilnehmen und ebenso wie das Publikum aktiv in künstlerische Debatten eingebunden werden (Lilly 1997, 151). So verlagerte sich infolgedessen die Handlungsebene von einem direkten Eingriff der Partei beziehungsweise von der unmittelbaren Organisation durch Parteiorgane hin zu weitgehender Selbstbestimmung der jeweils beteiligten Personen in den Organen und Institutionen der Verwaltung und von der föderalen Ebene hin zur lokalen Ebene der Filmproduktionseinheiten und regionalen Kommissionen. Schlussendlich schienen häufig auch ökonomische Erfordernisse des Marktes das Primat der Politik zu durchbrechen.

Der zunächst unter dem Slogan des »Wettbewerbs der Ideen« (Lilly 1997, 149–150) geübte Verzicht der Partei – in einer scheinbaren kulturpolitischen Pluralität – auf eine zentrale Formulierung wünschenswerter inhaltlicher oder ästhetischer Leitlinien sollte zum einen Debatten und Dialoge ermöglichen. Zum anderen eröffnete er für die Filmkultur wie auch andere kulturelle Bereiche (vgl. Karge 2010, 21–24) ein komplexes und durchaus widersprüchliches Spannungsfeld sozialer Praktiken entlang der Eckpunkte ›Ideologie‹, ›künstlerische Linie/Form‹, ›öffentlicher Zuspruch‹ oder ›ökonomischer Erfolg‹. Bestimmte künstlerische Positionierungen konnten dabei – je nach konkreter Stellung der handelnden Personen, der Zeitperiode, der Region und der jeweiligen politischen Konjunktur – ganz unterschiedliche Reaktionen hervorrufen.

Eine Zuspitzung erfuhren die Verhältnisse auf dem Feld von Kunst und Kultur in den 1960er Jahren, als ökonomische Krisen, immer weiter divergierende Interessen der regionalen Eliten/Zentren, philosophische Einflüsse und generationelle Konflikte auf die Protestkultur im *Novi film* (jugoslawischer Neuer Film) und anderen künstlerischen Avantgardebewegungen der 1960er Jahre trafen. Die aufgeregten Polemiken der späten 1960er und frühen 1970er Jahre markierten zugleich einen ersten Höhepunkt und Niedergang eigenständigen künstlerischen Schaffens, durch eine immer dominantere kulturelle Hegemonie westlicher, vor allem pop-kultureller Einflüsse. Der Versuch eigener, teils gigantomanischer Blockbusterproduktionen auf dem Gebiet des Films führte zum wirtschaftlichen

Kollaps eines großen Teils der jugoslawischen Filmproduktion zu Beginn der 1970er Jahre.

Beide Phänomene – Autorenfilme wie Großproduktionen – führten zu einer ersten internationalen Anerkennung des jugoslawischen Films. Dabei blieben Debatten über die Gestalt und Probleme des jugoslawischen Sozialismus bis zum Tode Titos auf die politische, ökonomische und intellektuelle Elite beschränkt. In den 1980ern jedoch überwanden sie die institutionellen und elitären Schranken.

Die ineinander verschränkten politischen, sozialen und ökonomischen Krisen wurden in einer zuvor nicht gekannten Breite und Offenheit, nicht ohne einen gewissen Zynismus, insbesondere auch in den großen Medien wie dem TV unter Beteiligung eines bedeutenden Teils der Bevölkerung diskutiert. Die immer größer werdende Kluft zwischen Theorie und Praxis wurde auch von vielen zuvor nicht mit gesellschaftlichen Fragen befassten Menschen thematisiert, indem sie die binären Konzepte aufnahmen und reproduzierten, die jene Kluft widerspiegelten (etwa Worte/Handlungen, Plan/Realisierung, Rechte/Pflichten, damals/jetzt) (vgl. Musić/Archer 2018).

Konsum und Tourismus

Die Gründe für diesen Wandel waren vielfältig und der veränderten politischen Situation nach der Lockerung der repressiven Politik der siebziger Jahre sowie der Unsicherheit nach dem Tod des Staatsgründers geschuldet. Mit der zweiten Ölkrise spitzte sich die wirtschaftliche Krise unübersehbar zu. Zweifel an einem auf industriellem Wachstum fußenden Fortschrittsversprechen wurden immer lauter. Ökonomisch hatten sich die seit dem Bruch mit der Sowjetunion begonnenen und ab Mitte der 1950er immer weiter vorangetriebenen liberalen Reformen zunächst als recht erfolgreich erwiesen. Jugoslawien hatte bis Mitte der 1960er Jahre hervorragende wirtschaftliche Wachstumsraten zu verzeichnen. Diese schlugen sich in wachsendem Wohlstand und einer damit einhergehenden sozialen Transformation und Differenzierung im Hinblick auf Industrialisierung, Urbanisierung und schließlich auch Individualisierung einer aus diesem Prozess erwachsenen Mittelschicht gegenüber der in weiten Teilen noch ländlich und traditionell geprägten Gesellschaft nieder (Breda Luthar 2010, 347–349; Duda 2016, 174–175).

Der aufkommenden Unzufriedenheit im Zuge der industriellen Krise der späten 1960er und der 1970er Jahre, die sich zunächst in sozialen Unruhen der um ihre Zukunft und Arbeitsplätze bangenden Studierenden und anschließend in maßgeblich von den politischen und intellektuellen Eliten der jeweiligen regionalen republikanischen Zentren getragenen nationalistischen Aufwallungen entlud, trachtete man mit der weiteren Forcierung von Konsum und Freizeitindustrie zu begegnen (Duda 2010b, 310–312;

Stöhle 2016, 114–117). Angesichts der dafür notwendigen westlichen Kredite verstärkte dies die ökonomische Schieflage jedoch nur noch weiter.

Eine immer bedeutendere Rolle kam mit zunehmender Krise in der Industrie dem Tourismus zu, der sowohl die Konsumbedürfnisse der eigenen Bevölkerung zu stillen schien, als auch für das dringend benötigte (Devisen-)Einkommen sorgte und von den 1950er Jahren bis in die 1980er Jahre zum wichtigsten Wirtschaftszweig aufstieg (Duda 2016, 177–181). Mit der steigenden wirtschaftlichen Bedeutung der einstmals so beschaulichen Städte und Dörfer an der Adria traten zu den bereits vorhandenen Widersprüchen zwischen den alten regionalen Metropolen und einem Stadt/Land-Gefälle neue Bruchlinien zwischen der Küstenregion und dem Rest des Landes, vor allem aber dem unmittelbar benachbarten rural geprägten Hinterland, zutage. Fragen der gesellschaftlichen Modernisierung und Vorstellungen von einer modernen Lebensweise wurden immer weniger in den Haupt- und Industriestädten des Landes, als vielmehr in den dynamischen Dienstleistungszentren an der Küste verhandelt und geformt. Der ursprünglich öffentlich konzipierte Tourismussektor konnte die rasant steigende Nachfrage jedoch kaum parieren, weswegen ein immer größerer Anteil des Gästeansturms mit der privaten Vermietung von Gästezimmern bewältigt wurde. An einem Fallbeispiel beziffert Karin Taylor den Anteil privat vermieteter Quartiere und Campingplätze bei Nächtigungen im Jahr 1985 bereits mit zwei Dritteln – und dies bei einem immensen Aufkommen von bis zu 68,2 Millionen Nächtigungen allein für die spätere Republik Kroatien bei einem historischen Hoch im Jahr 1986, wobei 26,7 Millionen Nächtigungen auf JugoslawInnen und 41,5 Millionen auf ausländische TouristInnen entfielen (Duda 2010a, 177–178; Taylor 2010b, 242–243). Die dabei entstandenen teils engen informellen Beziehungen zwischen Gästen und GastgeberInnen sowie der veränderte ökonomische Status letzterer veränderten soziale und moralische Normen, schufen immer weitere Konsumbegehrlichkeiten bei den Ansässigen und warfen aufgrund der Urlaubserwartungen der Gäste im Hinblick auf südländische Gastfreundschaft Fragen nach Exotisierung und Selbstexotisierung auf (Taylor 2010a, 334–335; Taylor 2010b, 275). Die tiefe ökonomische Krise der 1980er Jahre mit der grassierenden Inflation konnten die Touristenanstürme indes ebenso wenig aufhalten.

New Yugoslav Cinema

Nach den Aufregungen und Skandalen, erzwungenen Emigrationen und wirtschaftlichen Pleiten der sechziger und frühen siebziger Jahre war das jugoslawische Kino am Boden und das Publikum vor dem Fernseher, wo es Woche für Woche auf die Ausstrahlung der neuesten US-amerikanischen Serien wartete. Umso paradoxer, so meint Daniel J. Goulding, mutet es an, dass gerade unter den erschwerten ökonomischen Bedingungen in der ersten Hälfte der achtziger Jahre eine Reihe von Filmen, die er unter dem Namen des *New Yugoslav Cinema* zusammenfasst, wieder ein großes Publikum fand und für eine kreative ›Wiedergeburt‹ des jugoslawischen Kinos sorgte (Goulding 2002, 145–147). Immerhin teilten die ansonsten stilistisch sehr unterschiedlichen Filme zumeist den pessimistischen bis zynischen Grundton der Zeit.

Den Weg hierfür hatte eine Gruppe jüngerer Regisseure bereitet, die allesamt Absolventen der für das europäische Kino so bedeutenden Prager Filmhochschule FAMU waren, darunter Lordan Zafranović, Goran Paskaljević und Emir Kusturica. Ihnen folgten Filmemacher wie Slobodan Šijan, Stole Popov oder Branko Baletić mit Werken wie Ko to tamo peva? [Who's Singin' Over There?] (1980), Kako sam sistematski uništen od idiota [How I Was Systematically Destroyed by Idiots] (1983), Srena nova '49 [Happy New Year 1949] (1986) oder Balkan ekspres [Balkan Express] (1980), die jeweils national und international reüssieren konnten und ebenso wie Kusturicas Cannes-prämierter Otac na slubenom putu [When Father Was Away on Business] (1985) die Vorstellung vom jugoslawischen Kino bis heute prägen.

Die wieder gelockerten Zensurbestimmungen nutzend näherten diese neuen Regisseure sich oftmals Themen an, die bis dato als Tabu gegolten hatten und verbanden dabei das Tragische mit dem Komischen. Häufig wirkte das Fernsehen als Innovationstreiber, wie auch im Fall des beständigsten Vertreters des relativ überschaubaren montenegrinischen Kinos, Živko Nikolić. Außerhalb Jugoslawiens weniger bekannt als seine Kollegen wird er im Land selbst zumeist zuerst mit der TV-Serie Djekna [Djekna jos nije umrla, a ka' ce ne znamo; Djekna ist noch nicht gestorben und wann es so weit wein wird, wissen wir nicht] (1988–1989), in welcher die Familie eines montenegrinischen ›alten Mütterchens‹ vergeblich auf deren Tod wartet, identifiziert und zunehmend als Meister der Bildgestaltung gefeiert (Radosavljević 2014). Dem Thema traditioneller und konservativer Milieus blieb er auch in seinen Kinofilmen verhaftet, wobei die Handlung sich aus der Konfrontation verschiedener Welten entwickelt. Lepota Poroka [Die Schönheit der Sünde] (1986) wird als Abschluss einer Trilogie verstanden, die mit seinem surrealen Erstling Beštije [Hexen] (1977) und einer weiteren scharfen politischen Satire, Udo Nevieno [Ein nie geschehenes Wunder] (1984), ihren Anfang genommen hatte.

Balkanismus und Genre

Und so beginnt die Geschichte über die Emanzipation einer jungen Frau vom Lande in einem touristischen Nudistencamp an der Adriaküste, welche just im Jahr 1986 erschien, als Jugoslawien den Höhepunkt an Gästenächtigungen verzeichnen konnte – ungewohnt düster, in Lichtsetzung und Farben eher an ein vormodernes Ölgemälde als an ein lebendiges Bild postmoderner Identitätssuche erinnernd.

Grausam und geheimnisvoll stellt sich die Eröffnungssequenz des Films dar. Langsam nähert sich ein Mann in traditioneller Tracht auf seinem Pferd und zwei Packeseln in einer schroffen Gebirgslandschaft des Nachts seinem Zuhause, nur um seine Frau mit einem anderen Mann zu ertappen. Während dieser in die Dunkelheit des Waldes flieht, fährt die Kamera auf die halb bekleidete Ehefrau zu. In ihrer Erotik materialisieren sich in jenem Moment ihre Sünde und seine Schande. Sie gesteht ihren Betrug und legt ihr Leben in die Hände ihres Ehemanns. Die Zuschauenden werden ZeugInnen eines archaischen Rituals, demzufolge die Frau nicht nur zum Tode verurteilt, sondern auch noch gezwungen wird, an ihrer eigenen Exekution mitzuwirken, um die gekränkte Ehre ihres Mannes wiederherzustellen. Nachdem sie einen Laib Brot gebacken und ihren Ehering auf einem Holzpflock abgelegt hat, übergibt sie ihrem Ehemann einen großen Hammer. Daraufhin wird sie draußen in den Bergen – und hier wird die Grausamkeit vollends sichtbar – vor den kritisch fordernden Augen der alten Frauen des Dorfes durch einen Hammerschlag ihres Ehemanns auf das auf ihrem Kopf platzierte Brot zu Tode gebracht. Erst danach erscheint – wie zum Hohn – der Filmtitel LEPOTA POROKA. Erst jetzt setzt die eigentliche Handlung des Films ein, der sich als geistreiche und pikante zeitgenössische Komödie entfaltet, an dessen Ende das geschilderte Ritual nochmals eine Rolle spielen wird.

Noch 1995 hat Karl Kaser in seiner umfangreichen Studie über Familien und Verwandtschaftsverhältnisse auf dem Balkan die gesellschaftliche Dimension des (männlichen) Begriffs der »Ehre« und des der (weiblichen) »Schande« herausgearbeitet. So ginge es dabei nicht nur »um die Fortsetzung der Blutlinie als ein primäres Ziel des individuellen Mannes«, sondern auch um die Identität der gesamten Gruppe. Aus diesem Grund führte »Ehre« als Ideologie zu der gesellschaftlichen Verpflichtung, über die Sexualität der Frau zu wachen, während den Männern autonome Handlungsmöglichkeit als Voraussetzung für Heldentum zugestanden werde (Kaser 1995, 101–102). Der »Kulturraum Balkan« (und insbesondere die bergigen Regionen wie hier Montenegro) sei, Kaser zufolge, nach wie vor von einem »balkanischen Patriarchat« geprägt, das auf männerrechtlicher und generationeller Ordnung aufbaue und unter den spezifischen sozioökonomischen und ökologischen Bedingungen bis in die Gegenwart weiterbestehe. Dabei habe sich »diese Balkankultur« auf Grundlage ihrer Weidewirtschaft und der geographischen Randlage sowie durch ihre fehlende soziale und politische Integration zunächst dem sozialistischen Menschen- und Kulturideal »in einer Art Schwebezustand zwischen Tradition und Fortschritt« entzogen und schließlich auch »dem westlichen Kulturmodell lange Zeit Widerstand geleistet« (Kaser 1995, 9–10). Der Autor sieht diese Strukturen zwar »im Rahmen von demographischem Wandel und Modernisierungsprozess einem bedeutenden Wandel unterworfen« (Kaser 1995, 471), jedoch seien traditionelle – vor allem patriarchale – Wertemuster in teils veränderter Form weiterhin vorhanden. Letztere seien in der Phase der Transformation starken Spannungen ausgesetzt, was die Gefahr in sich berge, »dass diese gesellschaftlichen Krisensituationen zur Entladung gelangen« könnten (Kaser 1995, 16).

Kasers Beschreibungen des ›Balkans‹ weisen auch auf ein anderes Phänomen hin, das Maria Todorova zwei Jahre später aufgriff und analysierte, nämlich die auch durch westliche Intellektuelle und ForscherInnen vollzogene Zuschreibung negativer Charakteristika, die zu einer Externalisierung dieses kulturellen Raums als »vormodern« und »rückständig« und seiner Positionierung in Kontrast zu einem »modernen« und »westlichen« Europa führte (Todorova 1997, 7–9). Todorova wie auch Dina Iordanova haben zudem herausgearbeitet, dass die »Orientalisierung« des Balkans nicht ausschließlich als »westliches Projekt« zu verstehen sei. Vielmehr hätten auch KünstlerInnen und Intellektuelle aus der Region selbst durch seine Übernahme und Perpetuierung an einem entlang westlicher Stereotype konstruierten Bild des Balkans mitgewirkt (Iordanova 2001, 56).

Margit Rohringer bezieht sich in ihrer deutschsprachigen Studie zum jugoslawischen Film der 1980er Jahre (Rohringer, 2007), die sich allerdings auf die Produktion der drei Republiken Serbien, Kroatien und Bosnien-Herzegowina beschränkt, vorrangig auf Kaser. Sie geht dabei der Frage nach, wie sich nationale Identitäten und Vorurteile im Vorfeld der Sezessionskriege verändert haben und ob die nationale Spaltung des Landes in der Filmindustrie bereits in der untersuchten Zeitperiode vorweggenommen worden war. Rohringer untersucht dafür anhand eines großen Korpus an Filmen die Konstruktionen von kollektiven Identitäten wie Ethnie/Nation, Religion, Klasse, Geschlecht oder Generation (Rohringer 2007, 15). Rohringer sieht in den meisten untersuchten Kategorien Unterschiede und Widersprüche und betont damit das Spezifische jeder einzelnen Produktion. Dennoch sieht sie die Unumstößlichkeit patriarchaler Geschlechterbeziehungen ebenso in allen jugoslawischen Filmen der Zeit gegeben, als auch den »größten gemeinsamen Nenner des jugoslawischen Spielfilms der 80er-Jahre« im »augenscheinlichen Bedürfnis, eine ›Revision‹ der Geschichte seines Landes vorzunehmen, indem er auf vielfältige Weise die Vergangenheit und Gegenwart miteinander in Bezug setzt« (Rohringer 2007, 277). Für sie haben die FilmemacherInnen jener Zeit die Sezession nicht eindeutig betrieben, jedoch den Zerfall Jugoslawiens in ihren Filmen antizipiert.

Ana Grgić eröffnet in einem unlängst veröffentlichten Beitrag einen interessanten Blickpunkt: Aufbauend auf der Bemerkung Andrew Hortons, dass die Komödie als ein oft stark unterschätztes Mittel der Kritik eingesetzt wurde und dabei auf ein stilles Einverständnis zwischen dem/r AutorIn und dem/r ZuseherIn aufbaue, zeigt sie auf, wie die einschlägigen Stereotype bereits im 19. Jahrhundert von Intellektuellen und Schriftstellern genutzt wurden. Deren Figur des »rückständigen Bauern«, der als korrupter Politiker die »westlichen, modernen« Werte zwar oberflächlich anzunehmen scheint, jedoch nicht wirklich in sein Wertesystem aufnimmt, sei auch von unterschiedlichen Filmen der Zeit des Realsozialismus adaptiert worden, um komische Figuren und Konstellationen zu schaffen. Indem sie Motive von traditionellen und rückständigen Gemeinschaften und Milieus mit modernen und fortschrittlichen Personen, die gar »den Westen lieben«, kontrastierten, übten sie Kritik an den bestehenden Verhältnissen (Grgić 2018, 48–52). Derartige Motive, so Grgić, erhielten sich über die Zeit des Realsozialismus hinweg und ließen sich auch im Kino der 1990er finden, so zum Beispiel seit 1989 in den Filmen eines Emir Kusturica, die Grgić zurecht als »selbst-exotisierend« einschätzt (Grgić 2018, 51–52).

Doch muss in der Analyse der Filme vor 1989 deren jeweiliger konkreter historischer Kontext miteinbezogen werden, um das »Spiel« (Grgić 2018, 62) mit diesen Stereotypen zu ergründen. Bis zu Kusturicas Dom sa vesanje [Zeit der Zigeuner] (1989) und seiner folgenden Hinwendung zu Erwartungen eines westlichen Publikums in den 1990er Jahren, verhandelten er selbst und die anderen FilmemacherInnen ihre Themen noch im Rahmen Jugoslawiens, dessen Probleme sie mit unerbittlichem Zynismus ansprachen, ohne den kommenden Zerfall jedoch voraussehen zu können (Marić 2017, 181).

Sexualität und Emanzipation
Insofern dient der filmische Prolog in Lepota Poroka vor allem dem Aufbau eines Gegensatzpaars. Die Künstlichkeit der Darstellung lässt dabei offen, ob es sich um eine reale oder imaginierte Vergangenheit handelt, nicht umsonst spricht auch Marić in seiner Filmbesprechung von einem »Themenpark von Andersartigkeit in der Vorstellung des Westens« (Marić 2006, 228). Es sind »brutale, gewalttätige« Welten, die Nikolić in seinen Filmen zeichnet, jedoch nicht historisierend, sondern stellvertretend für die Kleingeistigkeit auch der gegenwärtigen Gesellschaft. Die düstere Szenerie des Vorfilms kontrastiert mit dem Eröffnungsbild des eigentlichen Films, das die Hauptfigur Jaglika, die von der bereits sehr erfolgreichen Mira Furlan gespielt wird, ihrer Geschichte hoffnungsvoll entgegenblicken lässt. Sie ist die Heldin des Films, gerade weil der Regisseur eher darum bemüht scheint, ein Portrait von ihr, ihrer Innen- und Außenwelt zu zeichnen, als die Geschichte aus ihrem Blickwinkel zu erzählen.

Über den Kontrast einer traditionellen Hochzeitsfeier vor einer kleinen Dorfkirche im nun modernen, sozialistischen Jugoslawien, die neben Trachten und traditionellen Gesängen auch die Fahne mit dem roten Stern

Abb. 1: Die Heldin blickt ihrer Erzählung erwartungsvoll entgegen; »Lepota Poroka« (1986)

prominent platziert hat, wird gleich zu Beginn der Handlung auf das Spannungsfeld zwischen modernem Anspruch und rückständigem Denken und damit zugleich auch auf den Antagonisten unserer Heldin hingewiesen: Indem der Bräutigam dem Drängen des Pfarrers nicht nachgeben will, die Feier ohne den verspäteten Trauzeugen, seinen ›Kum‹, zu beginnen. »Was Gott im Himmel ist, ist der Trauzeuge auf Erden«, beendet der Pfarrer seine Bemühungen schließlich verständnisvoll, denn der Trauzeuge und das Ehepaar sind im Weiteren einander ein Leben lang verantwortlich als ›Kumovi‹ verbunden. Und so stellt der ›Kum‹ des jungen Paares als Personifikation dieser kleingeistigen Ordnung deren Kontinuität in das Hier und Heute der Handlung noch dazu auf eine zutiefst zynische, aber auch lächerliche Art dar: Mit seinem wahnwitzigen Auftritt, bei dem er einen zum Sportwagen umfrisierten ›Yugo 45‹ von einer Männergruppe zunächst den Berg hinauftragen lässt, um dann durch die dafür viel zu engen Straßen der dörflichen Landschaft zu brausen. Auf dem Land wird der ›Kum‹ Djordje genannt und markiert die Trope des reichen Onkels aus Amerika, der es an der Küste weit gebracht hat, wo er unter dem Namen Žorž wirkt. Seine Handlungsweisen bleiben jedoch in beiden Welten die eines autoritären Charakters, der Menschen ökonomisch und insbesondere Frauen sexuell ausbeutet.

Djordje/Žorž lädt auch seinen ›Kum‹ Luka und dessen junge Frau Jaglika – er nennt sie nicht ›Kuma‹, sondern einfach nur ›Žena‹ (›Frau‹) – zu sich ans Meer ein und löst damit die Katastrophe des jungen Paares aus, die aber auch die Befreiung für Jaglika bedeutet. In den der Ankunft des Paares

Abb. 2: Humor als Mittel der Kritik an den gegenwärtigen Zuständen; »Lepota Poroka« (1986)

folgenden Begegnungen zweier Welten, reflektiert Nikolić slapstickartig die sozialen Transformationen jener Zeit, etwa als sie in den Straßen der Stadt einen Passanten ganz naiv fragen, wo denn das Haus des ›Kum Djordje‹ sei, und jener ihnen gestresst antwortet, dass er nicht einmal wisse, wo ihm der Kopf im Moment stehe. Oder wenn Luka am Abend vor Touristen zur eigenen Erbauung das traditionelle Instrument der Berge, die ›Gusla‹, spielt und von einem Polizisten vertrieben wird, der meint, dass er dies aus kommerziellen Gründen tue und man auf diese Weise ein rückständiges Bild des eigenen Landes propagiere. Vor allem aber im Kontrast zwischen den in übertrieben züchtigen Uniformen gesteckten einheimischen Angestellten und den nackt umherlaufenden ausländischen TouristInnen im Nudistencamp, in welches Jaglika von Djordje/Žorž vermittelt wird.

Sexualität ist die Beziehungsebene, auf der die Verhältnisse der Menschen zueinander ausgehandelt werden. Sie wird in allen Facetten gezeigt, von der verklemmten, alle menschlichen Regungen negierenden unterdrückenden Sexualität als Teil traditioneller Rollenbilder, über die ihr verwandten, rein auf Lust abzielenden Abhängigkeitsverhältnisse der Arbeiterinnen von ihrem Vorgesetzten Žorž bis hin zur unschuldigen befreienden Erotik der nackten TouristInnen. Denn als unerhörte und skandalöse Pornographie wird im Film nicht die Nacktheit verstanden, sondern vielmehr das Ausbeutungsverhältnis, das in den entfremdeten menschlichen Beziehungen zum Vorschein kommt und die kindliche Naivität des jungen Ehepaars Luka und Jaglika ausnutzt und zerstört. Jaglika wird ebenso in ökonomische Ausbeutungsverhältnisse hineingezwungen wie ihr allerorten sexuell nachgestellt wird, während Luka in Episoden ein ums andere Mal gedemütigt, als heterosexueller Mann in Frage gestellt und in seinem althergebrachten Ehrbegriff lächerlich gemacht wird. Als schließlich auch in sei-

Abb. 3: AntagonistInnen – Jaglika und Djordje/Žorž; »Lepota Poroka« (1986)

nem Ehebett die Verhältnisse vom Kopf auf die Füße gestellt werden, weil Jaglika sich weigert, den Akt angekleidet und mit einem schwarzen Tuch über dem Gesicht vollziehen zu lassen, sondern vielmehr Lust und Zärtlichkeit einbringt und einfordert, ist Luka in seiner Rolle als Mann endgültig gebrochen. Den Weg eines Djordje/Žorž, der die Herrschaftsverhältnisse einfach von der vormodernen in die postmoderne Gesellschaft überführt, will Luka in seiner Aufrichtigkeit nicht gehen, eine Alternative erschließt sich ihm innerhalb seiner Wertewelt aber bis zuletzt ebenso wenig.

Die Rolle der Frauen beschränkt sich zunächst – im Sinne Rohringers (Rohringer 2007, 270) – auf die Darstellung als ›Hure‹ oder ›Sklavin‹. Djordje/Žorž treibt den Zynismus dabei auf den Gipfel, indem er mit den Parolen der Partei argumentiert, dass die Frau ein soziales Wesen sei und als solches einfach jede Rolle erfüllen müsse, die die Gesellschaft ihr abverlange. Der Regisseur geht jedoch noch einen Schritt weiter, indem er in Form von Intersexualität und Transgender Opposition und Widerstandspotential andeutet, welche von dem Heteronormativitätsdogma abweichen. So zeigt einzig der feminine Gorcin in gewisser Weise Verständnis für Luka und die Probleme des Paares, während das Nudistencamp von Milada, einer zur Karikatur einer kommunistischen Funktionärin vermännlichten Direktorin, geleitet wird, die als einzige andere Autoritätsfigur die Macht des Djordje/Žorž zu brechen im Stande ist. Sie eröffnet auch Jaglika in mehrfacher Hinsicht Wege, zunächst, indem sie sie mit dem englischen TouristInnenpaar bekannt macht, und später durch ihr eigenes Vorbild, indem sie Vater und Mann versetzt und statt aufs Land zurückzukehren ihrer Berufung, ›dem Naturalismus zum Durchbruch zu verhelfen‹, nachgeht. Zuletzt wirkt auch das TouristInnenpärchen, das in seiner Zweisamkeit als sexuelle Einheit

Abb. 4: Sexuelles Erwachen und Emanzipation; »Lepota Poroka« (1986)

gesehen werden muss und für das Jaglika ein Interesse und ein sexuelles Verlangen entwickelt, emanzipierend auf die Heldin ein. Es ist das unschuldige Spiel der beiden, die nicht gekannte Zärtlichkeit, die Jaglika dabei fasziniert. Jaglika gibt sich all diesen Einflüssen schließlich mit einer gewissen Offenheit und Neugierde hin, was ihr im Unterschied zu ihrem Ehemann und seiner Geschlechterrolle sehr wohl eine qualitativ neue Rolle als selbstbestimmte Frau ermöglicht.

All diese Ausblicke eröffnen – und hier wendet sich das Stück zum Drama – schlussendlich jedoch auch keine einfache Perspektive auf Rettung. Hinter Gornicas Empathie steckt doch nur sexuelles Verlangen nach Luka, das jener jedoch brüsk von sich weist. Milada, die Direktorin des Camps, wird in die Pension gezwungen und als Direktorin ausgerechnet von Djordje/Žorž abgelöst, was ihren idealistischen Fortschrittsglauben im Geiste des Naturalismus enttäuscht.

Jaglika ist zu diesem Zeitpunkt bereits der Faszination des TouristInnenpaares erlegen, entzieht sich jedoch nach einem Fest in der Nacht noch der Verführung als Objekt der Begierde mit verbundenen Augen, um sich am folgenden Morgen ihrer Kleider entledigt aus eigenem Antrieb dem unschuldigen und lustvollen Liebesspiel zu dritt hinzugeben. Und doch entpuppt auch das englische Pärchen sich als wenig ernsthaft an Jaglika interessiert und verschwindet einfach, nachdem es seinen Fetisch an der jungen Jugoslawin befriedigt hat. Jaglika ist tief enttäuscht, es ist der erlittene Vertrauensverlust, der sie mit Luka zurück aufs Land gehen lässt.

Doch Jaglika hat sich verändert und eine Phase der Bewusstwerdung durchlaufen. Ihre selbstbestimmte Hingabe hat einen Emanzipationsprozess in Gang gesetzt, der erst durch ihre sexuelle Befreiung möglich wurde.

Abb. 5: Eros und Welterkennen; »Lepota Poroka« (1986)

Ohne Eros kein Welterkennen. Jaglika hat erkannt, dass sie autonom handeln und die Verantwortung für ihr Handeln selbst übernehmen kann.

Zurückgekehrt auf das Land und im Angesicht der alten Menschen ihres Dorfes gesteht sie dem noch immer naiven und ahnungslosen Luka so auch ohne Not ihr vergangenes Verhältnis und zwingt ihn damit in die Situation vom Prolog des Films. Die beiden gehen zunächst denselben Weg wie schon das Paar zu Beginn des Films. Schlussendlich kann Luka den Akt jedoch nicht vollziehen, lässt den Hammer fallen und wählt den einzigen Weg, der ihm bleibt, wenn er die Frau, die er liebt, nicht töten und zugleich ein Held bleiben möchte: Er tötet sich selbst. Jaglika bleibt zurück, mit einer angedeuteten Ruhe und Zufriedenheit. Sie hat den Akt der Befreiung vollzogen, bewusst und verantwortlich handelnd die Fesseln der Kleingeistigkeit hinter sich gelassen und sich der mystischen Weltauffassung um sie herum entzogen.

Živko Nikolić hat mit seiner Erzählung eine Fabel geschaffen, die sich simplifizierenden Zuordnungen entzieht und in kongenialer Weise die Probleme des Modernisierungsprojekts Jugoslawien zum Ende des ArbeiterInnenparadieses thematisiert. Er skizziert den doppelten Sündenfall im Hinblick auf die Versuchungen des westlichen Liberalismus und des reaktionären ethnischen Nationalismus, was auch als Plädoyer für einen fortgesetzten eigenständigen Weg zur Befreiung gelesen werden kann. Dabei bedient er sich des gesamten Spektrums der Erzählkunst der jugoslawischen Gesellschaft an ihrem Fin-de-Siècle.

Literatur

Archer, Rory/Goran Musić (erscheint 2018): The Belgrade Working Class between Tito and Milošević. New Geographies of Poverty and Evolving Expressions of Grievances in an Era of Crisis, 1979–1986. *Revue d'études comparatives Est-Ouest (RECEO)*.

Duda, Igor 2010a: Adriatic for All. Summer Holidays in Croatia. In: Luthar, Breda/Maruša Pušnik (Hg.): Remembering Utopia. The Culture of Everyday Life in Socialist Yugoslavia. Washington DC, 289–311.

Duda, Igor 2010b: What to Do at the Weekend? Leisure for Happy Consumers, Refreshed Workers, and Good Citizens. In: Grandits, Hannes/Karin Taylor (Hg.): Yugoslavia's Sunny Side. A History of Tourism in Socialism (1950s–1980s). Budapest, 303–334.

Duda, Igor 2016: When Capitalism and Socialism Get Along Best. Tourism, Consumer Culture and the Idea of Progress in »Malo misto«. In: Archer, Rory/Igor Duda/Paul Stubbs (Hg.): Social Inequalities and Discontent in Yugoslav Socialism. Southeast European Studies. London, 173–192.

Goulding, Daniel J. 2002 [1985]: Liberated Cinema. The Yugoslav Experience, 1945–2001. Bloomington.

Grgić, Ana (2017): Laughter and Tragedy of the Absurd: Identifying Common Characteristics of Balkan Comedies under State Socialism. *Contemporary Southeastern Europe* 4(2), 47–66. https://web.archive.org/web/20180411072302/http://www.suedosteuropa.uni-graz.at/cse/en/grgic (Stand: 11.4.2018).

Iordanova, Dina 2001: Cinema of Flames. Balkan Film, Culture and the Media. London.

Iordanova, Dina 2003: Cinema of the Other Europe. The Industry and Artistry of East Central European Film. London.

Iordanova, Dina/Ruby Cheung (Hg.) 2010: Film Festivals and Imagined Communities. Film Festival Yearbook 2. St. Andrews.

Jakiša, Miranda 2013: Großes Kino der Subversion und Affirmation. Vom Schlagabtausch im Film der jugoslawischen 1960er. In: Grandits, Hannes/Holm Sundhaussen (Hg.): Jugoslawien in den 1960er Jahren. Auf dem Weg zu einem (a)normalen Staat? Balkanologische Veröffentlichungen 58. Wiesbaden, 185–211.

Jovanović, Nebojša (2011): Breaking the wave. A commentary on »Black Wave polemics: Rhetoric as aesthetic« by Greg DeCuir, Jr. *Studies in Eastern European Cinema* 2(2), 161–171.

Jovanović, Nebojša 2015: We Need to Talk About Valter. In: Jakiša, Miranda/Nikica Gilić (Hg.): Partisans in Yugoslavia. Literature, Film and Visual Culture. Bielefeld.

Jovanović, Nebojša (August 2012): Bosnian Cinema in the Socialist Yugoslavia and the Anti-Yugoslav Backlash. *Kinokultura 14*, special issue: Bosnian Cinema, http://www.kinokultura.com/specials/14/bosnian.shtml (Stand: 15.5.2016).

Karge, Heike 2010: Steinerne Erinnerung – versteinerte Erinnerung? Kriegsgedenken in Jugoslawien (1947–1970). Balkanologische Veröffentlichungen 49. Wiesbaden.

Kaser, Karl 1995: Familie und Verwandtschaft auf dem Balkan. Analyse einer untergehenden Kultur. Wien.

Kirn, Gal 2012: New Yugoslav Cinema – A Humanist Cinema? Not Really. In: Kirn, Gal/Dubravka Sekulić/Žiga Testen (Hg): Surfing the Black. Yugoslav Black Wave Cinema and Its Transgressive Moments. Maastricht, 10–45.

Kulić, Vladimir/Maroje Mrduljas/Wolfgang Thaler 2012: Modernism In-between. The Mediatory Architectures of Socialist Yugoslavia. Berlin.

Levi, Pavle 2007: Disintegration in Frames. Aesthetics and Ideology in the Yugoslav and Post- Yugoslav Cinema. Stanford.

Lilly, Carol S. 1997: Propaganda to Pornography. Party, Society and Culture in Postwar Yugoslavia. In: Bokovoy, Melissa/Jill A. Irvine/Carol S. Lilly (Hg.): State-Society Relations in Yugoslavia, 1945–1992. New York, 139–162.

Luthar, Breda 2010: Shame, Desire and Longing for the West. A Case Study of Consumption. In: Luthar, Breda/Maruša Pušnik (Hg.): Remembering Utopia. The Culture of Everyday Life in Socialist Yugoslavia. Washington DC, 341–377.

Maric, Zoran 2017: In the Name of the People. Yugoslav Cinema and the Fall of the Yugoslav Dream. Dissertation York University, Toronto. https://yorkspace.library.yorku.ca/xmlui/bitstream/handle/10315/33534/Maric_Zoran_2017_PhD.pdf?sequence=2&isAllowed=y (Stand: 15.5.2018).

Mijović, Nikola 2006: Lepota poroka The Beauty of Sin. In: Iordanova, Dina (Hg.): The Cinema of the Balkans. London, 227–235.

Radosavljević, Radmila 2014: Remek-delo našeg Felinija. http://www.novosti.rs/vesti/kultura.71.html:495106-Remek-delo-naseg-Felinija (Stand: 15.5.2018).

Rohringer, Margit 2008: Der jugoslawische Film nach Tito. Konstruktionen kollektiver Identitäten. Wien.

Sabo, Klaudija 2017: Ikonen der Nationen. Heldendarstellungen im post-sozialistischen Kroatien und Serbien. Berlin.

Schult, Ulrike 2017: Zwischen Stechuhr und Selbstverwaltung. Eine Mikrogeschichte sozialer Konflikte in der jugoslawischen Fahrzeugindustrie 1965–1985. Studien zur Geschichte, Kultur und Gesellschaft. Berlin.

Ströhle, Isabel 2016: Of Social Inequalities in a Socialist Society: The Creation of a Rural Underclass in Yugoslav Kosovo. In: Archer, Rory/Igor Duda/Paul Stubbs (Hg.): Social Inequalities and Discontent in Yugoslav Socialism. London, 112–131.

Taylor, Karin 2010a: »SOBE«. Privatizing Tourism on the Workers' Riviera. In: Luthar, Breda/Maruša Pušnik (Hg.): Remembering Utopia. The Culture of Everyday Life in Socialist Yugoslavia. Washington DC, 313–338.

Taylor, Karin 2010b: Fishing for Tourists. Tourism and Household Enterprise in Biograd na Moru. In: Grandits, Hannes/Karin Taylor (Hg.): Yugoslavia's Sunny Side. A History of Tourism in Socialism (1950s–1980s). Budapest, 241–277.

Todorova, Maria 1999: Die Erfindung des Balkans. Europas bequemes Vorurteil. Darmstadt.

Volk, Petar 1986 (Hg.): Istorija Jugoslovenskog Filma. Biblioteka Istorija kinematografije 7. Beograd.

Kobi Kabalek
SEXY ZOMBIES?
On the Improbable Possibility of Loving the Undead

In the opening episode of the animated series UGLY AMERICANS (2010–2012), we are introduced to Randall, the protagonist's roommate, who »has gone zombie« a few months back, so that he could date a hot woman who was into zombies.[1] Of course, when he turned zombie, she had already moved on to dating warlocks. The lesson: »Never make life decisions with a hard on and a fifth of tequila.« UGLY AMERICANS is full of what may be called inter-species sexual relations between demons and humans, monsters, aliens, bodiless brains, walking whales, and various hybrid creatures that represent the multi-ethnicity of New York City. Within this multiverse, sex with different Others is a turn on, a fascination, and in any case a common occurrence. In contrast, the great majority of modern zombie films, ever since George Romero's 1968 film NIGHT OF THE LIVING DEAD, depict the undead as heralding the collapse of human society, rather than integrating into it. Do they, too, leave room for sexual relations between humans and zombies? If yes, what can we learn from depictions of such relations about our own concepts of humanity and sexuality? The first part of this article will point to the difficulty of seeing zombies as sexual partners. The second and third parts will look at those zombie films that present sexual and even romantic relations with zombies and reflect on the role of sex and sexuality in them.

Unsexy Zombies

Zombies are no attractive vampires who look young despite their many years and possess powers and wisdom that make people want to be like them, love them, and even consume their blood (as depicted in the sexy series TRUE BLOOD [2008–2014]). Zombies are filthy rotting corpses that have come back to life in some way and wander aimlessly around looking for human flesh. This fact seems to make them into unappealing figures, and indeed, their decaying corporality and implied strong stench would deter anyone from conceiving them as desirable. But the repulsion toward zombies goes beyond that. Most classic productions of the genre stress the absolute otherness of the zombies and their non-humanity: »The zombie

---

1   I would like to thank Zuzanna Dziuban, Jenny Le Zotte, and Moriel Ram for their helpful comments on an earlier draft.

is a depersonalized dead thing that by virtue of the suspended form of its death is stripped of all subjectivity« (Rutherford 2013, 52). Their pale skin, strange and unnatural walk, the sunken eyes, hollow stares, and scary growls mark these creatures as very different from living humans.[2] Also their tendency to travel in ›hordes‹ makes zombies into primitive beings, so different from the civilized and individual humans. Unlike individuals, zombies are commonly described as constituting a plague, and rather than having clear and meaningful gender identities, they are beings that multiply without sexual acts—through infection, like a virus or bacteria. Finally, zombies present a menace that threatens to engulf the entire world and bring to the absolute destruction of the human race. Many zombie narratives depict a social breakdown, when norms, values, and communities become practically irrelevant, when former friends and relatives turn against the people close to them in a ravenous hunt for human flesh, and humans become a small, uprooted minority searching for a way to survive in a world that is no longer governed by human interactions, laws, and institutions, but by masses of hungry walking dead.[3]

In many of these narratives, and especially in Romero's films (or those influenced by his work), the zombies are not the protagonists, but rather an external element that forces the human survivors to form new social practices and norms. Zombies create an environment that exposes the protagonists' stereotypes, egoism, and power struggles, which make the survivors unable to cooperate with each other when facing the shared danger, and as such introduces critical perspectives on human conduct and stresses the need for communitarian behavior (Murray 2010; Ram 2014). Recent zombie films expand this communal element to more affirmative values such as discovering one's belonging to a local community (COCKNEYS VS. ZOMBIES, dir. Matthias Hoene, 2012), finding the value of friendship (SCOUTS GUIDE TO THE ZOMBIE APOCALYPSE, dir. Christopher B. Landon, 2015), learning to trust and create a family of sorts (ZOMBIELAND, dir. Ruben Flesischer, 2009), protesting the danger of foreign takeover (JUAN OF THE DEAD, dir. Alejandro Brugués, 2011), etc.

At the same time, however, any insistence on the part of survivors to maintain the old, pre-apocalyptic, social norms and values is often depicted as misplaced. Since the appearance of the zombies changes the world, so must people change and abandon some of their former selves and social conventions. Loyalties and friendships are not only futile when those one cares about turn into zombies, but also fatal. One of the main expressions

---

[2] For the possible influence of Nazi camp inmates on the modern zombie, see Graebner 2017.
[3] For studies on the history and development of the genre, see Christie and Lauro 2011, Köhne/Kuschke/Meteling ³2012 [2005], Lehmann 2014.

of this point, presented often as a crucial conflict in the plot, is the need to recognize that even though a loved person appears to continue living, this is merely an illusion. Rather than reaching out and embracing the familiar body, one must destroy it with a shot to the head.

The transformation of the loved one into a zombie requires neutralizing any emotions toward that person and viewing them as an indistinguishable part of the vicious horde. Only by ceasing to consider this person as an individual human being can one survive the new reality. In fact, this neutralization of emotions is what makes zombies into such excellent characters in video games or horror flicks,[4] giving viewers and gamers the pleasure of slaughtering human-like beings with a clean conscience.[5] The same basic separation between humans and zombies also forbids any contact and empathy, and thus also any thoughts of affection and sexual desire.

Emotionless Sex

And yet, there are many zombie films, especially the more recent ones, which portray sexual relations and even emotional bonds between humans and zombies. These films constitute two different, even contradictory, tendencies and are based on different perceptions concerning zombies. The first is grounded in the very separation between these two species, as discussed above, whereas the second draws on a more recent development of humanizing and individualizing zombies and thus on bringing them closer together. Let us first turn to the former.

Although the revulsion that zombies are supposed to arouse in »us« suggests the opposite of what one commonly associates with erotic attraction, zombie attacks often carry sexual connotations. Scholars have often described zombies' uncontrolled desire for human flesh and the physical need of consuming human bodies as paralleling a sexual act. Since it transforms the bitten person into a zombie, it is also an act of reproduction and thus carries clear sexual undertones, even if this sexuality differs from human procreation (Clark 2010; Jones and McGlotten 2014). The very focus on corporality, the exposed body parts and organs, the penetration through the clothes and skin, and the typical bites to the neck (reminiscent of the sensual vampires) further enhance this impression. Implicit in these films is therefore not only the difference of humans from zombies, but also a certain proximity. We all might become like them and they were once

4 See my discussion of this point in the case of the double inhuman Nazi zombies (Kabalek 2014).
5 »Three general justifications for zombie termination appear to be as follows: a) they are (or are very close to being) brain-dead; b) because of their radically altered life goals, what personality is left lacks the same personal identity as the original individual, releasing us from prior obligations; and c) after zombification they are usually homicidal cannibalistic killers« (Thompson 2010, 28).

like us. Scholars have also argued that »[t]he transmission of the ›virus‹ between us and them indicates our closeness: viruses (mostly) travel between like species« and the obsession of zombies with humans indicates some deep relationship (Webb and Byrnard 2008, 84). Hence, their difference may make these creatures, who share the body—the sexual locus—but not the brain, intriguing to humans, and the element of danger might even become a sexual turn on.

Such a turn on is depicted most explicitly in recent films that combine zombies and soft- or hardcore pornography. The plot of ZOMBIE STRIPPERS (dir. Jay Lee, 2008), for instance, tells of a stripper who becomes more popular among the customers after she turns zombie. Although she and the other dancers, who join her, end up devouring the excited male customers, the film provides audiences with a variety of sexual spectacles alongside the bloody tearing of organs (fig. 1).⁶

Fig. 1: »Zombie Strippers« (dir. Jay Lee, 2008)

It may be claimed, therefore, that for the male audience »[s]uch interchanges between sexual voyeurism and zombies throw doubt over the presumed lines between ›disgusting‹ and ›desirable‹« (Jones and McGlotten 2014, 11). In this context, Steve Jones argues that

> the moralistic position presents sex as being antithetical to horror, but this view fundamentally oversimplifies and misrepresents what sex is. Sex involves bodies [...]. Bodies can be sources of disgust, and because sex commonly entails the exchange of various bodily fluids (such as saliva, sweat, vaginal juices, semen), sex can provoke fears about interpersonal pollution and pathogenic infection (Jones 2018, 293).

Jones thus points both to the horrific side of sex and the sexual side of horror and their most explicit mixing in recent horror productions, such as the pornographic zombie movies.

Of course, this mix is neither new nor restricted to zombie films. The intertwining of sex and violence in entertainment and information media alike has become well-established (Attwood 2014). In the horror genre, the two elements often reinforce each other and address together several

---

6   A similar scene takes place in Robert Rodriguez's FROM DUSK TILL DAWN (1996), involving stripper-vampires.

Fig. 2: »Deadgirl« (dir. Marcel Sarmiento and Gadi Harel, 2008)

passions and emotions that are aroused in spite, or because, of social taboos on murder and cannibalism: »Humans need transgression in order to draw close to the violent excesses of the realms of death and reproduction. Through transgression we are freed momentarily to dwell in an animal existence outside the control of social law« (Rutherford 2013, 57). Watching transgressions taking place on screen may be a liberating act, since it allows one to see him- or herself doing forbidden or unaccepted things without consequences: »The imagination is not bound to experience and does not observe the imposition of restraints« (Sofsky 2004, 21–22). The horror genre has a long tradition of combining explicit bloody violence with what is considered at each moment as perverse sexuality: the crossing of social boundaries, taboos, and fascination with interracial (or inter-species) sex, which marks difference as sexy in a way that is reminiscent of the multi-ethnic universe in UGLY AMERICANS (Luckhurst 2015).

The possibility of viewing zombies as »mere bodies,« rather than thinking and feeling humans, seems to further enhance such sexual and violent fantasies. Oftentimes, such a view also introduces issues of power. A particularly disturbing illustration of this point appears in the film DEADGIRL (dir. Marcel Sarmiento and Gadi Harel, 2008). The film tells of male teens who discover a female zombie chained naked in an abandoned mental institute and turn her into their sex slave (fig. 2).

On the one hand, it becomes clear that for the teens, sexually violating the »deadgirl« does not count as a reproachable act, since in her zombie (i.e., non-human) state, no consent is needed and no repercussions will follow. They consider her a sheer sexual object that requires no empathy and no emotional attachment. On the other hand, the film hints at her partial subjectivity and shows her expressing suffering, thereby allowing viewers to judge the teens' behavior as rape. Since this zombie is clearly defined according to her gender, the film may be seen as condemning the treatment of women in general as mere objects or sexual bodies (Jones 2013). This is what one critic called »zombie feminism,« which articulates itself also in the fact that in many of these films—including DEADGIRL, ZOMBIE STRIPPERS, and the earlier pornographic RE-PENETRATOR (dir. Doug Sakman, 2004)—the female zombies eat the flesh of those men who treat them as »meat« (Newitz 2013).

Fig. 3: »Rape Zombie: Lust of the Dead« (dir. Naoyuki Tomomatsu, 2012)

Rape is at least hinted at in many films of the zombie genre, especially the trashier ones, in which it is common to see male zombies attacking mostly female humans. Yet since these women are often attacked when they are bathing nude or wearing revealing clothes, such films combine a critical message with voyeurism. This combination appears even when the theme of rape is most clearly discussed. A most telling and explicit example is presented in the Japanese trash film RAPE ZOMBIE: LUST OF THE DEAD (dir. Naoyuki Tomomatsu, 2012) (fig 3).

The film portrays how men, and only men, become zombies due to raised levels of testosterone and run around with rolled down pants raping women. The men neither eat their victims nor turn them into zombies, but rather kill the women when they ejaculate their poisonous semen into them. Throughout the film one sees flashbacks of the four female protagonists who tell of cases in which men raped or abused and beaten them even before the zombie plague. »Men are beasts,« states a female expert on TV twice during the film. »It's in their nature to rape.« In contrast, lesbian love is presented as a more nonviolent and loving sexual alternative. Although the film clearly criticizes men's sexual violence, the comic and ridiculous plot allows one to ignore these serious issues, view the gore as nothing more than a game, and enjoy some sexual ›action.‹ This is most obvious in online responses to the film, which describe it as follows: »Good silly fun. […] It could have been a little more extreme, but maybe they'll up the sex

Fig. 4: »Maggie« (dir. Henry Hobson, 2015)

& violence for the sequels.« Even a viewer who complained that the »effects look awful the gore isn't very good,« nevertheless »appreciated that they picked some really good looking women for the film.«[7]

Sexless Emotion

In recent years, however, there appears a complementary tendency in zombie films. Rather than viewing zombies as ›mere bodies,‹ these films focus on these creatures' emotions and even adopt their perspective (e. g., WASTING AWAY, dir. Matthew Kohnen, 2007). Zombies, who have thus far embodied external threats and menacing hordes that act according to primal instincts, are portrayed as having subjectivity and consciousness, and take leading roles in the plot, as individuals.[8] Whereas formerly, zombie narratives stressed the need to abandon the infected friends and relatives and suppress one's feelings toward them for the sake of survival, ever more films present human protagonists who refuse to do so, and whose refusal is described in positive terms.

The film MAGGIE (dir. Henry Hobson, 2015) features Arnold Schwarzenegger as a dedicated father who sticks to his daughter as she slowly turns into a zombie (fig. 4). The father's inability to kill his daughter and her commitment to him maintain families‹ emotional connection and the values of the pre-apocalyptic era. Other films display diverse ways of incorporating zombies into the human society. The comedy SHAUN OF THE DEAD (dir. Edgar Wright, 2004) ends by showing that although Ed, one of the two main characters, turned zombie and must be kept chained in the garden, he nevertheless continues to play video games with his best friend. In other words, the zombie plague, and Ed's crave for human flesh, did not alter the basic terms of their relationship.

This change of attitude toward zombies corresponds with increasing acceptance of the different and Other in popular culture and the growing interest in presenting Others' own perspectives and inner lives. Unlike Romero's emphasis on the need for communitarian behavior among the survivors, these films deal with »individual, rather than social, identity politics. Rather than questioning how an individual fits in with others, new incarnations of the zombie deal with how individuals define and express themselves« (Szanter and Richards 2017, 101).

7   Cf. https://letterboxd.com/film/rape-zombie-lust-of-the-dead/ (accessed April 4, 2018).
8   For the growing humanizing of zombies, see Bishop 2010, 158–196.

This inclination to humanize zombies has clear impact on the way these films address sexual identity. Therefore, whereas zombie films who present male zombies attacking human males seem to articulate anxieties concerning contagious homosexuality,[9] some recent zombie films express gay subjectivity and offer an alternative to heterosexual normativity. One of these films, Otto; or, Up With Dead People (dir. Bruce LaBruce, 2008), endows the main protagonist, a gay zombie, with a sensitive personality, explores his experiences as exceptional in a world populated by humans, and follows his wish to regain his pre-zombie relationship with a human (Elliott-Smith 2014, 153).

Although several current zombie narratives, such as the successful series The Walking Dead, portray relationships only among the human survivors,[10] a few recent films present romance between zombies and humans. In so doing, their filmmakers do not only present zombies as individuals, with feelings, wishes, and desires that are not so different from ›ours.‹ In drawing on the cultural trope of ›mixed couples,‹ which has often been used to arouse empathy toward minority groups, these films also raise the possibility of integrating Others into society.[11]

According to these films, emotions are the defining elements of being human and one's humanity is articulated, or can be regained, in relationships. The process of re-humanizing the zombies is shown, for instance, in the series In the Flesh (2013–2014) and in the film Warm Bodies (dir. Jonathan Levine, 2013). The latter is told from the perspective of R, a zombie who cannot remember his full name, but enjoys the memories and feelings of his human victims, which he gains as he consumes their brains. Although R has a sort of friend among the zombies, the film implies that true relationships are only possible with or among humans: »deep down he yearns for companionship that is always restricted from him due to his inability to communicate with humans« (Osborn 2013). This yearning is realized when R encounters Julie, a human girl, and eats (in an act of self-defense, of course) the brain of her boyfriend, which floods him with fond memories concerning her (fig 5).

R protects Julie from the other zombies and assists her in returning home. His affection toward her and the time they spend together spark

---

9 Viewing zombies as gays also draws on associating homosexuality, conceived as abnormal, perverted sex that does not lead to reproduction, with the demise of humanity. To that one may also add the association of homosexuality with cannibalism because it follows »the idea of life consuming like« (Antosa 2016, 156).
10 The series varies »so markedly from the subgenre's conventional desexualization of zombie apocalypse survivors,« but not from the view of the zombies as the looming external danger, as in Romero's films (Sieg 2017, 202).
11 See, for instance, the role of mixed couples in post-WWII German film and literature in Kabalek (2015).

Fig. 5: »Warm Bodies« (dir. Jonathan Levine, 2013)

his heart back to life and begins a process of re-humanization in him and the other zombies, which eventually ends the zombie plague.

This hopeful zombie movie tells a story of how love to a woman improves the male protagonist. It is a classic theme not only among romantic comedies, and it introduces zombies as a way to ride on the success of the recent TWILIGHT vampire romance flicks (Thomson 2013). As such, WARM BODIES aims to appeal especially to young adults, and indeed this zombie film was ranked PG-13, a very rare occurrence in the genre. But the film's choice of genre and intended audience comes with a price. Unlike the films reviewed in the former section, the closest WARM BODIES comes to sexual contact is by showing R and Julie kissing toward the end of the film, when it becomes clear that he is already, or almost, human again. Therefore, although the film presents a romantic relationship between a zombie and a human, it allows the relationship to become physical only when R leaves his zombie existence behind.

A similar process (though in the opposite direction) takes place in the film LIFE AFTER BETH (dir. Jeff Baena, 2014). Beth and Zach, two teenagers, are in a relationship. When she dies, he is left devastated, but realizes soon that Beth returned and seems as alive as ever. The blisters and wounds that appear on her body, as well as her assault and devouring of a bystander, make it clear to Zach that Beth is slowly becoming a zombie. At first, this leads her to desire him more, sexually (implying her increased emphasis on corporality), which arouses also his desire for her. Yet although they have sex once during the film, as Beth's body continues to decompose, her physical looks and stench deter him. Zach becomes attracted to another girl and tries to ditch his obsessive girlfriend.[12] In the end, as zombies sweep through town, he takes Beth out the road and, after stating his

---

[12] Similar takes on the idea are found in BOY EATS GIRL (dir. Stephen Bradley, 2005) and BURYING THE EX (dir. Joe Dante, 2014) that develop a plot around a dead girlfriend or boyfriend who return as a zombie and want to continue the relationship.

love for her, kills her. Again, as in WARM BODIES, a relationship between a zombie and a human can only take place when the zombie is not quite zombie yet or not anymore.

A Final Word

Despite their many differences, the films, discussed in the second and third section of this piece, share a central attribute. Practically all of them identify zombies with sheer corporality and point thereby both to sexual desire and to the revulsion associated with it, which is enhanced in the case of zombies. Whereas in the former cases I explored this focus on the body leads to fascination with sex and much attention to it, in the latter films, the focus on emotions and subjectivity does not only reject the zombie's body as disgusting (and requires that it is either destroyed or humanized), but also avoids showing sex.[13] In other words, these films either show sexless emotions or emotionless sex, but not sex with zombies in the context of a romantic relationship. It appears, therefore, that although the strong association of zombies with corporality and animalistic desire allows filmmakers to raise questions concerning the possibility of combining mind and matter, love and sex, self and Other, in trying to formulate the terms of such combinations, these filmmakers still encounter great difficulties that are yet to be resolved.

References

Antosa, Silvia 2016: Cannibal London: Racial Discourses, Pornography and Male-Male Desire in Late-Victorian Britain. In: Avery, Simon/Katherine M. Graham (eds.): Sex, Time, and Place: Queer Histories of London, c. 1850 to the Present. London, 149–165.

Attwood, Feona 2014: Immersion: »Extreme« Texts, Animated Bodies, and the Media. *Media, Culture & Society* 36/8, 1186–1195.

Bishop, Kyle William 2010: American Zombie Gothic. The Rise and Fall (and Rise) of the Walking Dead in Popular Culture. Jefferson, North Carolina.

Clark, Simon 2010: The Undead Martyr: Sex, Death, and Revulsion in George Romero's Zombie Films. In: Greene, Richard/K. Silem Mohammad (eds.): Zombies, Vampires, and Philosophy. New Life for the Undead. Chicago, 197–209.

Christie, Deborah/Sarah Juliet Lauro (eds.) 2011: Better Off Dead: The Evolution of the Zombie as Post-Human. New York.

Elliott-Smith, Darren 2014: ›Death is the New Pornography!‹: Gay Zombies, Homonormativity and Consuming Masculinity in Queer Horror. In: Hunt, Leon/Sharon Lockyer/Milly Williamson (eds.): Screening the Undead: Vampires and Zombies in Film and Television. London, 148–171.

Graebner, William 2017: The Living Dead of George Romero and Steven Spielberg: America, the Holocaust, and the Figure of the Zombie. *Dapim: Studies on the Holocaust* 31/1, 1–26.

---

13 The same forced separation takes place in ZOMBIE HONEYMOON (dir. David Gebroe, 2005), but there it is depicted much more romantically, as a painful process of losing the loved one.

Jones, Steve 2013: Gender Monstrosity: DEADGIRL and the Sexual Politics of Zombie-Rape. *Feminist Media Studies* 13/3, 525–539.
Jones, Steve 2018: Sex and Horror. In: Attwood, Feona/Clarissa Smith with Brian McNair (eds.): The Routledge Companion to Media, Sex and Sexuality. London, 290–299.
Jones, Steve/Shaka McGlotten 2014: Introduction: Zombie Sex. In: idem. (eds.): Zombies and Sexuality: Essays on Desire and the Living Dead. Jefferson, North Carolina, 1–18.
Kabalek, Kobi 2014: Who Cares about Nazi Zombies? In: https://haifaholocauststudies.wordpress.com/2014/10/30/who-cares-about-nazi-zombies/ (accessed April 4, 2018).
Kabalek, Kobi 2015: Erinnern durch Scheitern – Erfolglose Rettungsversuche von Juden im Film und Literatur der deutschen Nachkriegszeit, 1945–1960. *WerkstattGeschichte* 71, 45–61.
Köhne, Julia/Ralph Kuschke/Arno Meteling (eds.) 2012 [2005]: Splatter Movies: Essays zum modernen Horrorfilm. Berlin.
Lehmann, Jörg 2014: Splatterfilm und Torture Porn: Politische und soziokulturelle Parallelen zu dem Amerika der 70er. Hamburg.
Luckhurst, Roger 2015: Zombies: A Cultural History. London.
Murray, Leah A. 2010: When They Aren't Eating Us, They Bring Us Together: Zombies and the American Social Contract. In: Greene, Richard/K. Silem Mohammad (eds.): Zombies, Vampires, and Philosophy: New Life for the Undead. Chicago, 211–220.
Newitz, Annalee 2013: Zombie Feminism. In: https://i09.gizmodo.com/5053881/zombie-feminism (accessed March 2, 2018).
Osborn, Zeke (February 5, 2013): Warm Bodies Delivers Unique Take on Zombie Genre, Classic Love Story. *University Wire*. Carlsbad.
Ram, Moriel 2014: The Political Necrography of the Undead: On Theory, Criticism, and Zombies. In: *Theory and Criticism* 43, 15–44 [in Hebrew].
Rutherford, Jennifer 2013: Zombies. London.
Sieg, George J. 2017: Disaster Utopia and Survival Euphoria: (A)Sexuality in the Zombie (Post) Apocalypse. In: Szanter, Ashley/Jessica K. Richards (eds.): Romancing the Zombie: Essays on the Undead as Significant »Other«. Jefferson, North Carolina, 201–216.
Sofsky, Wolfgang 2004: Violence: Terrorism, Genocide, War. London.
Szanter, Ashley/Jessica K. Richards 2017: The Sexy Millennial Reinvention of the Undead in WARM BODIES and IZOMBIE. In: Idem (eds.): Romancing the Zombie: Essays on the Undead as Significant »Other«. Jefferson, North Carolina, 100–117.
Thompson, Hamish 2010: ›She's Not Your Mother Anymore, She's a Zombie!‹: Zombies, Value, and Personal Identity. In: Greene, Richard/K. Silem Mohammad (eds.): Zombies, Vampires, and Philosophy: New Life for the Undead. Chicago, 27–37.
Thomson, David (March, 11, 2013): Bring Out Your Dead. *The New Republic*, 60–63.
Webb, Jen/Sam Byrnard 2008: Some Kind of Virus. The Zombie as Body and as Trope. *Body & Society* 14/2, 83–98.

Films and TV-Series

BOY EATS GIRL (2005), dir. Stephen Bradley.
BURYING THE EX (2014), dir. Joe Dante.
COCKNEYS VS. ZOMBIES (2012), dir. Matthias Hoene .
DEADGIRL (2008), dir. Marcel Sarmiento and Gadi Harel,
FROM DUSK TILL DAWN (1996), dir. Robert Rodriguez.
JUAN OF THE DEAD (2011), dir. Alejandro Brugués.
IN THE FLESH (2013–2014)
LIFE AFTER BETH (2014), dir. Jeff Baena.
MAGGIE (2015), dir. Henry Hobson.

NIGHT OF THE LIVING DEAD (1968), dir. George Romero.
OTTO; OR, UP WITH DEAD PEOPLE (2008), dir. Bruce LaBruce.
RAPE ZOMBIE: LUST OF THE DEAD (2012), dir. Naoyuki Tomomatsu.
RE-PENETRATOR (2004), dir. Doug Sakman.
SCOUTS GUIDE TO THE ZOMBIE APOCALYPSE (2015), dir. Christopher B. Landon.
SHAUN OF THE DEAD (2004), dir. Edgar Wright.
TRUE BLOOD (2008–2014).
UGLY AMERICANS (2010–2012).
WARM BODIES (2013), dir. Jonathan Levine.
WASTING AWAY (2007), dir. Matthew Kohnen.
ZOMBIE HONEYMOON (2005), dir. David Gebroe.
ZOMBIE STRIPPERS (2008) dir. Jay Lee.
ZOMBIELAND (2009) dir. Ruben Fleischer.

Marietta Kesting
GOLDENE ZITRONEN
Körperpolitiken in Beyoncés »Lemonade« (2016)[1]

LEMONADE aus dem Jahr 2016 ist ein einstündiges visuelles Album, ein Musikfilm, den die international erfolgreiche Popsängerin Beyoncé im letzten Jahr veröffentlichte. Dieses Format als eigenständige filmische Arbeit, jenseits des gängigen Formats der wesentlich kürzeren Musikvideoclips, von unterschiedlichen Regisseur_innen gedreht,[2] hat es in der Popkultur bisher selten gegeben.

»Wenn das Leben Dir saure Zitronen liefert, mach' Limonade draus« – der Titel des Albums entpuppt sich als das Lebensmotto Beyoncés angeheirateter Großmutter Hatti White.[3] Vordergründig arbeitet sich Beyoncé an dem angeblichen Fremdgehen ihres Mannes Jay Z ab, mit »Becky with the good hair«, augenscheinlich einer weißen Frau. Erzählt wird die typische Geschichte von Enttäuschung, Wut bis hin zur Versöhnung. Damit macht die Sängerin das Private – ein emotionales ›Frauenthema‹ – zu einem öffentlichen Thema, verwendet eine vermeintlich negative Erfahrung strategisch als dramatischen Stoff für ihr neues Album und macht daraus eine Transformationsgeschichte. Scheint hier nichts weiter auf als das Narrativ der klassischen Frauenrolle in der *Bunte*-Illustrierten? Mitnichten, denn tatsächlich geht es um schwarze weibliche Selbstbehauptung, die Reflektion der aktuellen und historischen Situation von schwarzen Frauen in der US-amerikanischen Gesellschaft und die Rolle schwarzer Kultur und Politik. Das LEMONADE-Universum aus Referenzen gruppiert sich um folgende Themenfelder: schwarze Geschichtsschreibung in den USA und afrikanische Diaspora, weibliche Empörung und Gewalt, globale Sisterhood, der weibliche Star und Geld sowie *Black Lives Matter*. LEMONADE präsentiert durchgehend eine komplexe Assemblage, die historisches, reenactetes, dokumentarisches und inszeniertes Material miteinander konfrontiert.

---

1   Anmerkung: Die diesem Text zugrundeliegenden Recherchen wurden unterstützt durch den österreichischen Wissenschaftsfonds (FWF) [Einzelprojekt: P 27877-G26].
2   Die Regisseure sind Jonas Åkerlund, Beyoncé Knowles, Kahlil Joseph, Melina Matsoukas, Dikayl Rimmasch, Mark Romanek und Todd Tourso.
3   Das Zitat wird in einem Homevideo-Ausschnitt in LEMONADE belegt, in dem Hatti White folgendes sagt: »I had my Ups and Downs, but I always found the inner strength to pull myself up, I was served lemons, but I made lemonade«.

Stating the Obvious – Das Offensichtliche
My daddy Alabama, Momma Louisiana
You mix that Negro with that Creole make a Texas bama …
I like my baby heir with baby hair and afros
I like my Negro nose with Jackson Five nostrils
Earned all this money but they never take the country out me
I got hot sauce in my bag (swag).

Diese Zeilen singt Beyoncé gleich zu Beginn in ihrem Lied »Formation« (2016), das sowohl als Single wie auch als herausragender letzter Track von LEMONADE veröffentlicht wurde. Hierin schildert sie ihre mütterliche und väterliche Herkunft aus den Südstaaten der USA sowie den prominentesten Teil ihres eigenen Körpers: ihr Gesicht, das sie in visuelle und mentale Verwandtschaft mit anderen schwarzen Musikstars, den berühmten Jackson Five, setzt. Weiterhin geht es um die Afro-Haare ihrer Tochter und nicht zuletzt ihre eigene finanzielle Gewichtigkeit, die sie aber, und das ist der Clou, angeblich nicht ihre Herkunft vergessen lässt. Außerdem versichert sie, sie sei »hot«, also attraktiv und sexy, man könne ihr in Stylefragen vertrauen, da sie »swag« habe. Beyoncé benutzt die Worte »Negro« und »Creole«, um ihr eigenes Schwarzsein zu beschreiben, damit ist das Stichwort *race* gefallen. Diese positive Selbstbeschreibung einer schwarzen US-amerikanischen Frau wird gegen die dort herrschende ›colorblindness‹ – also das Schweigen über die fortdauernde Diskriminierung schwarzer Menschen – und gegen rassistische Polizeipraktiken gesetzt. Dass Diskriminierung auch dadurch offensichtlich wird, was im Mainstream als ›schön‹ und damit ›wertvoll‹ gilt, und welche Körper diesen Idealen entsprechen, ist nicht erst seit dem Slogan »Black is Beautiful« der Civil Rights-Bewegung in den 1960er Jahren bekannt. Gegen die Vorherrschaft und Bevorzugung ›weißer‹ Schönheitsideale wie unter anderem glattes blondes Haar, schlanke Taille und kleiner Hintern stellte bereits Destiny's Child, die Band mit der Beyoncé 2001 berühmt wurde, zentral die Feier der weiblichen Rundungen in ihrem Song »Bootylicious« – das Slangwort wurde noch im selben Jahr in das Oxford English Dictionary aufgenommen.

Schwarze Geschichtsschreibung in den USA und afrikanische Diaspora
LEMONADE beginnt in einer Tiefgarage, in kaltem türkisfarbigen Licht, mit verzerrten, verlangsamten Tönen, die sich nach Unterwassergeräuschen anhören. Dazu sehen wir Beyoncés mit Cornrow-Braids versehenen Hinterkopf (Abb. 1, 2). Sie verbirgt ihr Gesicht zwischen ihren Armen, die in Pelz gekleidet sind. Die sexualisierte ›Tierfrau‹ erwacht dann zum Leben, indem sie ihren Kopf langsam nach hinten hebt. Bereits nach wenigen Sekunden wechselt die Einstellung auf die Ansicht einer ländlichen Waldumgebung im amerikanischen Süden. In der Schwarz-Weiß-Szene ist Vogelgezwitscher zu hören; die scheinbare Landidylle produziert gleichzeitig eine

Abb. 1, 2: Beyoncé (links) mit Cornrow-Braids und mit schwarzem Hoodie (rechts); »Lemonade« (2016)

gewisse Unheimlichkeit. Schnitt, Wechsel zu Farbbild: Wiesen mit langen Gräsern, durch die ein leichter Wind geht. Gesang setzt ein, der nur Laute wiederholt, keine Wörter. Eine Theaterbühne mit rotem Vorhang, Beyoncé kauert in der Mitte, Wiederholung der Bewegung des Kopfhebens. Wieder Schnitt. Jetzt, kaum erkennbar, trägt Beyoncé, zwischen hoch gewachsenen Pflanzen stehend, ein Oberteil mit schwarzer Kapuze – erkennbar als Solidaritätserklärung mit der *Black Lives Matter*-Bewegung. Diese Szenen sind in Fort Macomb gedreht, das 1861 im amerikanischen Bürgerkrieg von den Truppen der Südstaaten, der Sklaverei-Befürworter, besetzt wurde, bis die Union es zusammen mit New Orleans zurückeroberte.

Mit dem Wegfall der Farbigkeit im Film wird das Eintauchen in die Vergangenheit angedeutet, die zeitgleich in einer Paralleldimension zu existieren scheint, wie die häufigen Wechsel zwischen Vergangenheit in Schwarz-Weiß und in Farbe gehaltener Gegenwart verdeutlichen sollen. Die Idee der Zeitreise in die Vergangenheit ist ein Motiv, das auch in dem Neo-Sklaverei-Roman *Kindred* (1979) der schwarzen Science-Fiction-Schriftstellerin Octavia Butler auftaucht. Dort wird die 26-jährige Dana wieder und wieder, ohne dass sie sich dagegen wehren kann, abrupt von der Gegenwart in eine Zeit versetzt, die im Süden vor der Abschaffung der Sklaverei liegt. Dana erfüllt dort eine lebensrettende Schutzfunktion für den weißen Sohn eines sklavenhaltenden Plantagenbesitzers, der einer ihrer entfernten Vorfahren ist. Nachdem dieser mit einer Sklavin geschlafen hat, die Danas Urahnin ist, muss sie den Sohn, der sie immer wieder aus ihrer eigenen Zeit zu sich ›befohlen‹ hatte, umbringen, damit sie wieder in ihre eigene Zeit gelangen kann. Die gewaltsame Geschichte der Sklaverei in den USA wird hier als in die Körper eingeschrieben imaginiert und fiktional erinnert – als Netz von intimen und brutalen Beziehungen zwischen Schwarzen und Weißen.

Zurück zu LEMONADE: Auch hier erscheint ein scheinbar historisches Gruppenbild schwarzer Frauen in eleganter Abendgarderobe, die aus der gegenwärtigen Zeit stammt, aber dem Stil der Jahrhundertwende nachempfunden ist – und damit an die Zeit kurz vor oder nach der Abschaffung der

Abb. 3: Gruppenbild schwarzer Frauen in Abendgarderobe auf Plantagenanwesen; »Lemonade« (2016)

Sklaverei erinnert (Abb. 3). Die Frauen sind völlig bewegungslos und schaffen so ein eindringlich wirkendes Tableau. Sie befinden sich auf dem historischen Plantagenbesitzeranwesen Destrehan, wo 1811 eine Sklavenrebellion stattfand, deren Anführer erschossen wurden. Dazu werden von Beyoncé Voiceover-Zeilen der somalisch-britischen Dichterin und Bloggerin Warsan Shire vorgelesen. Shire erforscht in ihrem Schreiben das muslimische schwarze Migrant_innenleben in Großbritannien, einschließlich Erfahrungen mit weiblicher Sexualität und Exklusion innerhalb der Mehrheitsgesellschaft.

In den später folgenden Tanzchoreographien und Kostümen in LEMONADE finden sich Anspielungen auf das berühmte Storyville-Viertel in New Orleans (1897–1917) mit seinen Sexarbeiterinnen und Musiker_innen, das unter anderem auch als Geburtsstätte des Jazz gilt. Storyville war der einzige Ort in den USA, in dem Sexarbeit bis zum Jahre 1917 legalisiert war.

Außerdem wird im weiteren Verlauf eine Referenz zu einer Szene aus Toni Morrisons *Beloved* (1987) deutlich, einer weiteren Neo-Sklaverei-Erzählung. Hier sitzen schwarze Frauen in einem Baum oder stehen in einer Versammlung darunter. Die choreographierte Zusammenkunft mutet vor dem Hintergrund der Erinnerung an die im Süden 1882–1946 verbreiteten Lynchmorde, bei denen oft durch Erhängen an Baumästen getötet wurde, gespenstisch an. Zu diesem Themenkomplex, in den Worten Hilton Als zu der Geschichte, »[…h]ow blacks had managed to make the journey from slavery to the modern world« (Als 2016a), wurden in den letzten Jahren auch Spielfilme veröffentlicht wie beispielsweise TWELVE YEARS A SLAVE (2013). Gleichzeitig wurde in der amerikanischen Öffentlichkeit bekannt, dass zahlreiche Ivy League Universitäten ebenso wie das Weiße Haus von Sklav_innen gebaut wurden beziehungsweise diese Institutionen sich durch deren Arbeit oder Verkauf bereichert hatten.

In LEMONADE wird die Geschichte der Sklaverei mit aktuellen Ereignissen, wie der Zerstörung New Orleans durch den Hurrikan »Katrina« im Jahr 2005, mitsamt der skandalösen Reaktion der amerikanischen Behörden, in Beziehung gesetzt. Dadurch ergibt sich die Erkenntnis, dass schwarze Körper und Leben immer noch als weniger schützenswert gelten, auch wenn sie vor dem Gesetz längst gleichgestellt sind. Die aktuellen schwarzen Widerstandsbewegungen richten sich darüber hinaus nicht nur gegen Polizeigewalt, sondern auch gegen »racial capitalism« und sozio-ökonomische Benachteiligung. Sie sehen sich damit in der »black radical« Tradition, wie sie Cedric Robinson (1983) entworfen und theoretisiert hat.

The Female Star + »Material Woman« – black Bill Gates + Queen Bey

Beyoncés lange Musikkarriere beginnt mit neun Jahren als sie die Band *Girl's Tyme* gründet, die von ihrem Vater gemanagt wird. Es folgt die Umbenennung in *Destiny's Child* 1995 und die Unterzeichnung ihres ersten Plattenvertrags. Der Hit »Survivor« (2001) machte sie weltberühmt. DC trennte sich 2005. In der Zwischenzeit arbeitete Beyoncé unter anderem mit Missy Elliot (1999, »Nothing out there for me«) und Lady Gaga (2010, »Telephone«) zusammen und veröffentlichte mehrere Soloplatten. Im Gegensatz zu Whitney Houston, die als begabte Stimme galt, selbst aber nicht als Komponistin hervortrat und von anderen gemanagt wurde, war Beyoncé von Beginn an selbst Produzentin ihrer Texte und Musik, auch wenn sie dabei viel Unterstützung erfuhr; beispielsweise von Jack White, der ein Led-Zeppelin-Stück für LEMONADE umgearbeitet hat sowie dem Hitsongschreiber Terius Nash, Pseudonym »The Dream«, der auch schon für Britney Spears und Rihanna arbeitete.

Beyoncé steht in der Tradition der *self-made woman*, die ihre eigene Kaufkraft und finanzielle Unabhängigkeit zelebriert, wie auch schon der Refrain von *Destiny's Child*s »Independent Women« ausbuchstabiert hatte: »The shoes on my feet, I bought them«. Aber eben auch: »The house I live in, I bought it. The car I drive, I bought it…. I depend on me.…Always 50/50 in relationships.« Es gibt in ihren Liedern auch Momente, an denen sie kommerzielle Produkte platziert: »[…] I am so reckless when I rock my Givenchy Dress«. Wie als Stilmittel in Rap und Hip Hop verbreitet, leistet sie sich ein selbstbewusstes Posing. So heißt es: »I might just be a black Bill Gates in the making«. Aber warum hat sich Beyoncé an dieser Stelle nicht für die sehr erfolgreiche TV-Moderatorin Oprah Winfrey entschieden oder für Pharell Williams, sondern für den weißen Bill Gates: Multimillionär, erfolgreicher Geschäftsmann und Microsoftgründer und aktuell Philanthrop? In der US-Gesellschaft gibt es mehr weiße Superreiche als schwarze, und auch hier stellen Männer immer noch die Mehrheit. Beyoncé hat nie verschwiegen, dass sie sich als »Material Woman« um ein gutes Leben, Luxusgüter und materielle Erfolge bemühte und bemüht und sich selbst feiere. Ihre Fans nennen sie »Queen Bey«.

Wie Christina von Braun im Jahr 2016 erneut betont hat, ist Geld alles andere als geschlechtsneutral. Es kann Zinsen abwerfen, folglich fruchtbar sein und sich reproduzieren. In der bürgerlichen Ideologie wurde die Sphäre der Kunst als Wert vorgestellt, der außerhalb der Ökonomie existiert, ebenso wie die Sphäre der Gefühle, allen voran die Liebe. Dass man Kunstwerke kaufen kann, bedeutet das eigentlich Nicht-Käufliche in Zahlenwerte zu übersetzen. Etwas Vergleichbares spielt sich im Bereich der käuflichen Liebe ab. Geld ist das Medium, mit dem eigentlich unverkäufliche Werte austauschbar gemacht werden. Diese Vergleichbarkeit vor allem durch Geld, stellt eine Beleidigung sowohl für die Kunst als auch für die Liebe dar. Schließlich ist Geld scheinbar nur totes, kaltes Metall. Es gilt als absolut profan und im Zusammenhang mit käuflichem Sex und Bestechung als ›dreckig‹. Reiche Menschen werden bewundert, beneidet und nicht selten wird ihre moralische Integrität angezweifelt. Hier zeigt sich auch in LEMONADE eine Spannung zwischen Musik- und Filmkunst, Geld, Körpern und Objekten.

Während jeder Popsong weiß »Can't buy me love«, gelten Geld oder teure Geschenke paradoxerweise dennoch als Liebesbeweise. Hohe Produktionswerte bei Filmen gelten durchaus als anerkennenswert, weil dadurch die Finanzstärke der Künstler verdeutlicht wird. Pierre Klossowski hat in *Die lebende Münze* darüber nachgedacht, inwiefern Körper und Emotionen nicht auch eine lebendige Währung darstellen können (Klossowski 1998 [1994]). Das ist eines der größten Tabus in unserer durchökonomisierten Gesellschaft: dass das menschliche Leben selbst einen Preis und somit auch der Körper Geldcharakter haben könnte. Das Thema Geld in Verbindung mit der Frage nach dem eigenen Wert wird in LEMONADE im Formation-Song durchexerziert, in dem prominent am Anfang steht: »Earned all this money...« und später die Star- und Machtqualitäten, die Beyoncé damit gewonnen hat, durchgespielt werden, wie zum Beispiel in Bezug zu einem nicht namentlich genannten Mann, »Drop him off at the mall, let him buy some J's, let him shop up, 'cause I slay«.

Hommage, Bezüge und Zitate

Im Vergleich zu anderen Beispielen des Musikfilms ist LEMONADE äußerst vielseitig und umfasst unterschiedliche Genres – von den üblichen Sing- und Tanzeinlagen bis hin zu komplexen Collagen aus Doku- und fiktionalen Materialien sowie längeren fiktiven Szenen, die aufwändig produziert sind und sich bei anderen Künstler_innen bedienen oder von ihnen inspirieren lassen. In einem Spiel mit Anleihen und Zitaten werden mehrere starke künstlerische und politische Positionen gebündelt, die teils direkt, teils indirekt zitiert werden. Ein Netzwerk von unterschiedlichen schwarzen Codes und Symbolen wird skizziert. Die Ästhetik der Körperdarstellungen erinnert in einigen Szenen an die Zusammenarbeit der Sängerin Grace Jones mit dem Modedesigner und Photographen Jean-Paul Goude, auch wenn diese stilistisch wesentlich radikaler vorgingen, indem sie Körper als sexualisierte hypermaskuline oder -feminine Maschinen, Statuen und Cyborgs inszenierten, zum Beispiel für Jones' Alben »Nightclubbing« (1981) oder »Island Life« (1985). Hier wurde einerseits die stereotype Vorstellung von schwarzen Menschen als animalisch und hypersexualisiert zur maximalen, bewusst übertriebenen Darstellung gebracht. Andererseits geschah dies in solch einer eleganten und ästhetisierten Weise, dass keine einfache Lesart möglich, sondern eine produktive Irritation die Folge war.

In weiteren Sequenzen wird die reiche Geschichte und Kultur afrikanisch-diasporischer Gemeinschaften aufgefächert, in Szene gesetzt und gefeiert – dies ist durchaus als Seitenhieb auf Hegels Argument der Geschichts- und Kulturlosigkeit Afrikas zu verstehen (Hegel 1924). In einer Szene in einem Bus [Minute 17:51–20:41] tragen Tänzerinnen Yoruba Body Paint. Der nigerianische Künstler Laolu Senbanjo entwarf die Muster für die Bemalung. Außerdem ist die Szene eine Hommage an Zora Neale Hurston, die in den 1920ern unter anderem Vodou-Praktiken in Haiti erforschte und auch für ihren Harlem-Renaissance-Roman »Their Eyes Were Watching God« (1937) bekannt ist, aber neben ihrer literarischen Tätigkeit auch als Ethnologin tätig war.

Beyoncé selbst trägt das Haar hier wie Nofretete gestylt, so wird nebenbei auf die ägyptische Geschichte und Hochkultur verwiesen, die schon viele schwarze Musiker wie Sun Ra zum Anlass genommen haben, eigene afrofuturistische Geschichtsentwürfe zu konstruieren. Außerdem gibt es unter den verschiedenen afroamerikanischen Sekten und Religionen in den USA diverse, die eine direkte Herkunft aus Ägypten beanspruchen. Dies geht auf die für den Afrozentrismus paradigmatisch wirkende Position des senegalesischen Wissenschaftlers und Politikers Cheikh Anta Diop (1923–1986) zurück. Aber auch die westliche Wissenschaft hat in den letzten Dekaden neue Verbindungen zwischen Zentralafrika, Ägypten und der europäischen Antike herausgearbeitet, allen voran Martin Bernal mit seinem »Black Athena«-Projekt (1987, 1991, 2006), aber auch Hubert Fichte in »Mein Freund Herodot« (1987).

Weibliche Empörung, Gewalt und Reenactment

In einer viel kommentierten Szene geht Beyoncé lächelnd in einem goldgelben Kleid eine Straße entlang, um dann mit einem Baseballschläger die Fenster der dort parkenden Autos zu zerschlagen [Minute 6:32–8:00; Abb. 4]. Diese Sequenz lässt sich als visuelles Zitat der Schweizer Künstlerin Pipilotti Rist erkennen – aus ihrer Arbeit »Ever is Over«, die sie 1997 für die 47. Biennale in Venedig produzierte. Im Original benutzt Rist eine

Abb. 4: Beyoncé in goldgelbem Kleid mit Baseballschläger; »Lemonade« (2016)

aus Metall hergestellte Blume als Waffe – ein Jugendstilzitat des Motivs »Frauen mit Blumen als Schwert«.

Das irritierende an dieser Gewaltdarstellung, sowohl bei Rist wie bei Beyoncé, ist, dass beide Frauen keine Wut oder Verzweiflung zeigen, sondern überlegen lächelnd, konzentriert und beschwingt die Autos zerschlagen. Die Szene in Lemonade wurde auch als eine Darstellung der nigerianischen Yoruba-Göttin Oshun gelesen, ebenso zitiert sie auch Spike Lees Filmästhetik. Die prominente Theoretikerin bell hooks hat kurz nach Erscheinen des Videos insbesondere diese Szene hart kritisiert:

> [...T]he goddess-like character of Beyoncé is sexualized along with her acts of emotional violence, like Wagner's ›Ride of the Valkyries‹ she destroys with no shame. Among the many mixed messages embedded in Lemonade is this celebration of rage. Smug and smiling in her golden garb, Beyoncé is the embodiment of a fantastical female power, which is just that—pure fantasy. Images of female violence undercut a central message embedded in Lemonade that violence in all its forms, especially the violence of lies and betrayal, hurts.

Diese Deutung scheint einerseits die ästhetische Darstellung von Sachbeschädigung – ohne Scham – an sich anzuprangern, und ihr andererseits ihre Irrealität – also nur eine Fantasie zu sein – vorzuwerfen. Emotional im Sinne von aufgeregt oder außer sich ist Beyoncé aber gerade nicht inszeniert. Für die Analyse erscheint bedeutend, wie die Szene weitergeführt wird, denn hier werden weibliche Gewalt und Schmerz komplex weiterdiskutiert: Der Baseballschläger wird weggeworfen und folgende Zeilen werden laut vorgelesen: »If this is what you truly want. I can wear her skin over mine. Her hair, over mine, her hands as gloves, her teeth as confetti, her scalp a cap, her sternum, my bedazzled cane. We can pose for a photograph, all three of us, immortalized. You and your perfect girl…«.

Diese Zeilen von Shire sind – wohlgemerkt auch nur in der Phantasie – viel gewalttätiger als die vorherigen Bilder des Autofenster-Einschlagens. Hier geht es um Eifersucht und die Auslöschung der eigenen Subjektivität und ein Verschmelzen mit der neuen Geliebten, die dabei jedoch ihr Leben lassen muss. Mit großer Verachtung wird der Mann in der Zeile »You and your perfect girl« bedacht. Ironischerweise wird vorgeschlagen, dann ein gemeinsames Foto – »von uns dreien« aufzunehmen. Diese Fantasie ist viel zu grausam, als dass sie bebildert werden könnte, so bleibt sie für die Augen unsichtbar, entfaltet sich aber vor dem inneren Auge der Zuschauenden. Dazu läuft auf einer Spieluhr verlangsamt die Melodie von »Schwanensee«, die Assoziationen an die böse Geliebte, die sterbende Schwanenfrau, weiße Schönheitsideale und zugerichtete Körper von Ballett-Tänzerinnen weckt. Außerdem werden schwarze Frauen in Tanzchoreographien jenseits heroischer Gewaltdarstellungen gezeigt, deren lange Hemden-Kleider an den Armen miteinander verknotet sind, so dass sie ihre Hände nicht benutzen können. Sie können als ein zueinander in Abhängigkeit stehendes verstricktes Kollektiv gelesen werden. Tanzen mit zusammengebundenen Armen ist im Tanztheater ein geläufiges Stilmittel – als »Restraint« – auch der Künstler Matthew Barney bezog sich mehrfach darauf.

Weibliche Eifersucht, Empörung, Zorn und Abhängigkeit werden folglich vielschichtiger in Szene gesetzt als ein Ritt der Walküren ohne Rücksicht auf Verluste. Die Frage ist, ob in hooks' Kritik, nicht auch eine Fetischisierung des friedlichen weiblichen Protests und der aggressionslosen Frau anklingt. Demnach sollen Frauen, wie das 2016 viral verbreitete, zur Ikone gewordene Foto der *Black Lives Matter*-Aktivistin Ieshia Evans in Baton Rouge zeigte, vor allem lächelnd, sanft und hübsch angezogen, protestieren.[4] Evans trägt auf diesem Foto ein Sommerkleid und wird von gepanzerter Schutzkleidung und Helm-tragenden Polizisten konfrontiert. Ohne Evans Leistung schmälern zu wollen, muss Zorn und angemessener Empörung über die bestehenden Umstände auch ein Wert beigemessen werden. Diese oft als negativ gedeuteten Emotionen können ein wichtiger Antrieb für Veränderungen sein.

In den 1980er Jahren existierten in den südafrikanischen Protestbewegungen schwarzer Frauen, und selbstverständlich auch bei den Black Panthers in den USA, durchaus militante Symbole und martialische Inszenierungen weiblicher Kämpferinnen. Frantz Fanon schrieb in *Black Skin, White Masks* aus dem Jahr 1952 bekanntermaßen, dass unterdrückte rassifizierte Subjekte im kolonialen Algerien gewalttätig werden, sozusagen »explosiv«, um ihrer Unterdrückung aktiv etwas entgegen zu setzen. Ähn-

---

4 Das Foto wurde von Jonathan Bachman aufgenommen, siehe auch: https://www.theatlantic.com/notes/2016/07/a-single-photo-that-captures-race-and-policing-in-america/490664/ (Stand: 23.2.2018).

lich thematisierte James Baldwin, wie in den USA private Gewalt durch gesellschaftliche Unterdrückung entsteht und befördert werde: »To be a Negro in this country and to be relatively conscious is to be in a rage almost all the time« (Baldwin 1961, 205).

Diese Wut ist in filmischen dokumentarischen Darstellungen schwarzer Frauen jedoch zumeist abwesend. Auch LEMONADE zeigt ein solches Beispiel aus dem dokumentarischen Archiv: Eine schwarze Frau schaut an einer Tankstelle in eine Kamera, schweigend, andere kurze alltägliche Portraits von ›ganz normalen‹ schwarzen Arbeiterfrauen folgen, viele lächeln. Dieses Material hat ein anderes Bildseitenverhältnis (4:3) und stammt offenbar von TV-Videokameras. Dazu wird ein Tonschnipsel von Malcolm X eingespielt: »The most neglected person in America is the black woman«.

Schon in ihrem Song und Musikvideo FLAWLESS von 2014 sampelte Beyoncé einen längeren Absatz aus dem Ted-Talk der nigerianischen Schriftstellerin Chimamanda Ngozi Adichie aus dem Jahr 2012 »We should all be feminists«. In dem im Song eingespielten Auszug sagt Adichie:

We teach girls to shrink themselves, to make themselves smaller. We say to girls: ›You can have ambition, but not too much. You should aim to be successful, but not too successful, otherwise you would threaten the man. […] We raise girls to see each other as competitors, not for jobs, or for accomplishments — which I think can be a good thing — but for the attention of men. We teach girls that they cannot be sexual beings in the way that boys are.‹

Gegen Einstellungen dieser Art protestiert Beyoncé auf der symbolischen Ebene, nicht friedlich oder typisch weiblich und auch nicht prüde und bescheiden. Vielmehr bringt sie eine aus Tänzerinnen bestehende Pop-Armee mit, die wie die Black Panthers schwarze Berets tragen, gleichzeitig aber eher sexy »Pantherettes« darstellen. Sicherlich ist dies auch eine Antwort auf die Militarisierung der Proteste in den USA und als symbolische Aktion gegen die Erschießungen Schwarzer durch die Polizei gerichtet. Es ist ein Aufruf, sich selbst aufzurüsten und zu drillen – der Text lautet: »Hey Ladies, let's get into formation«.

Hilton Als kritisierte in diesem Zusammenhang: »During one song, the star sits in a chair holding spears, rather like Huey Newton in his famous Black Panther poster. Newton, too, was a showman. But that poster was produced to help support a struggling revolutionary movement, not to add to its subject's commercial success. Instead of diving deeper into her art, Beyoncé gives the world formulas« (Als 2016 b). Ebenso hat Nana Adusei-Poku in einem Vortrag über Gegenwartskunst und Antikolonialismus, im Jahr 2016, im Zusammenhang mit Solange Knowles' Album »A Seat at the Table« erwähnt, dass schwarzer Style und schwarze Kultur mittlerweile schon zu einem eigenen Brand, einer coolen Marke geworden sind, die hemmungslos vermarktet werden.⁵ Solange ist Beyoncés ebenfalls sehr erfolgreiche Schwester.

Unbestritten ist die historische Situation der Black Panther-Bewegung nicht mit der aktuellen zu vergleichen. Dennoch gab es auch in den 1970er Jahren schon Aneignungen und Selbstinszenierungsentwürfe in beide Richtungen zwischen Popkultur, Kunst und politischer Werbung. Man denke an Andy Warhols Siebdrucke von Mao (1972) oder Che Guevara (1968) – Ikonen der Pop Art. Es stellt sich weiterhin und heute dringlicher denn je, die Frage, ob sich die Unterstützung einer politischen Bewegung und das Verkaufen der eigenen Glaubwürdigkeit und Person jemals sauber trennen lassen? Diedrich Diederichsen schreibt: »Pop-Musik steht formal und in ihrer Geschichtslosigkeit der Ware näher als der Revolution, ihr ewiges Versprechen ähnelt vom Inhalt her hingegen eher dem der Revolution: Sie zielt auf eine Verbesserung des Lebens, nicht auf ewigen Ersatz und ewige Vorlust« (Diederichsen 2005, 18).

Der »Formation«-Abschnitt in LEMONADE, der auch als ausgeklinktes Video existiert und als Auftakt zu dem Album veröffentlicht wurde, führte zu nationalen Protesten in den USA und einem Polizeiboykott. Beim *Super Bowl* wurde »Formation« dennoch massenwirksam aufgeführt, wobei – das TV-Publikum inkludiert – immerhin circa 115 Millionen Menschen zuschauten. Beyoncés Armee, als ein starkes Bild für Solidarisierungen unter schwarzen Frauen, wurde bei dieser Gelegenheit sicherlich auch in viele Wohnzimmer oder auf Tablets gesendet, wo sonst andere Bilder vorherrschen.

Sisterhood

Historisch entstand in den USA die zweite Welle des Feminismus parallel mit dem Civil Rights Movements. Wie Gabriele Dietze 2013 detailliert analysiert hat, liehen sich die weißen Feministinnen zahlreiche Begriffe aus der Black Power-Bewegung. Beyoncé bezieht sich mit Adichie jedoch ausdrücklich auf afrikanische Feministinnen. Gleichzeitig adaptiert sie historische Symbole der Black Power-Bewegung, die eine globale afrikanisch-diasporische Sisterhood zeigen, und spannt damit weitere transnationale Bezüge auf, was auf der Fan-Ebene bemerkt wurde. 2016 tauchten T-Shirts und Graffiti mit dem Schriftzug: »Liberté, égalité, Beyoncé« sowohl in den USA als auch in Frankreich auf (Abb. 5).

Im Original lautete das nationale Motto der französischen Republik seit der Revolution 1789 und ebenso der Republik Haiti: »Liberté, égalité, fraternité« – »Freiheit, Gleichheit, Brüderlichkeit«. In der Abwandlung des

---

5 Siehe: http://www.adbk.de/de/aktuell/15-aktuell-archiv/1297-gegenwartskunst-und-anti-kolonialismus-%E2%80%93-vortr%C3%A4ge-und-workshops-mit-nana-adusei-poku-und-jelena-vesi%C4%87.html (Stand: 23.3.2018).

Abb. 5: Graffiti mit dem Schriftzug: »Liberté, égalité, Beyoncé«

Slogans durch den Austausch des Wortes »fraternité« durch »Beyoncé« findet eine Verschiebung von Brüderlichkeit hin zu Schwesterlichkeit statt. Brüderlichkeit, die stets vorgibt, eine Universalität zu sein, bekanntermaßen aber viele ausschloss und ausschließt, wird hier durch eine (schwarze) vereinte Schwesternschaft ersetzt, verkörpert von Beyoncé. In der afroamerikanischen Emanzipationsszene und der Bewegung für die Abschaffung der Sklaverei war immer von *brother* als Wort für die anderen Schwarzen die Rede – bis dann die *sisters* auftraten und das Recht durchsetzten dazuzugehören. Wie Kirstin Mertlitsch analysierte, weist die Begriffsperson *sister* »primär familiäre und freundschaftliche Implikationen« und darüberhinaus im westeuropäischen und angloamerikanischen Raum »starke christlich-religiöse Aspekte« auf (Mertlitsch 2016, 36), die mit Werten wie Mitgefühl, Nächstenliebe und Solidarität und einem spezifischen moralischen Pflichtgefühl in Verbindung gebracht werden.

Während die Behauptung einer globalen Schwesternschaft scheinbar alle Frauen mit einschließt, hat vor allem Gayatri Spivak auf die fortbestehenden Konkurrenzen und Differenzen zwischen weißen und schwarzen ›Schwestern‹ hingewiesen. LEMONADE präsentiert auf der visuellen Ebene dagegen durchgehend schwarze globale Sisterhood, in der Mehrheit der Einstellungen werden schwarze Frauen in unterschiedlichsten Aktivitäten und Performances gezeigt. Schwarze Männer kommen zwar vor, aber nur, um die Handlungen der Frauen, allen voran Beyoncés, zu unterstreichen. Weiße Männer sowie weiße Frauen tauchen nur als unfokussierte

Umstehende oder in Nebenhandlungen auf, ohne Großaufnahmen ihrer Gesichter.

Beyoncé sexualisiert sich selbst und feiert ihren Körper. Damit bleibt sie als Popdiva einerseits innerhalb hegemonialer Blickregime, andererseits geht sie stellenweise darüber hinaus. Sie schleust bewusst positive Bilder schwarzer Frauen in den Mainstream ein, wo diese unterrepräsentiert sind. Hilton Als (2016b) bemerkt auf einem Konzertbesuch in den USA: »[…] Beyoncé gave the black and Hispanic women […] permission to flaunt the things that make them unpopular in a world that thrives on Beyoncé-style klieg-light success: their coloredness and their weight«. In den Augen anderer Kritiker_innen tritt sie immer noch »zu weiß« und mit zu blond gefärbten Haaren auf, wie Morgan Parker in ihrem kurzen Gedicht »Beyoncé Celebrates Black History Month« sarkastisch aus der imaginären Ich-Perspektive Beyoncés schreibt (Parker 2017, 58):

I have almost
forgotten my roots
are not long
blonde. I have almost forgotten
what it means to be at sea.

Allein die vielseitige Aufmerksamkeit, die Beyoncés politischer Transformation vom Kinderstar zu der Performance vor einem Schild mit der Aufschrift »Feminist« bei den MTV Video Music Awards 2014 zu teil wird, zeigt jedoch, dass sie ernst genommen wird. Auch Kritik muss erst einmal verdient werden. *Race* und *gender* sind weiterhin die primären Differenzkategorien, an denen die heutigen Kämpfe um ein ›gutes Leben in Sicherheit‹ hängen; das wird in Beyoncés Texten und visuellen Kompositionen mehr als deutlich. Die Bewegung ließe sich so beschreiben: weiterhin gegen colorblindness und dennoch nicht für eine Rückkehr zu Identity Politics zu plädieren.

Black Lives Matter

In LEMONADE gibt es mehrere Anspielungen auf und offen ausgesprochene Unterstützung von *Black Lives Matter*. Dies kommt am deutlichsten durch die Beteiligung der Mütter mehrerer getöteter junger schwarzer Männer zum Ausdruck. Die *Black Lives Matter* Bewegung wurde 2012 von drei schwarzen, sich als queer bezeichnenden Frauen gegründet – nach der Tötung des 17-jährigen Trayvon Martin und dem Freispruch seines Mörders, eines Mitglieds einer freiwilligen Bürgerwehr.

Die Szene mit den Müttern der Getöteten beginnt dokumentarisch, wechselt ins Fiktionale, um dann wieder ins Dokumentarische zurückzukehren. Kurze Einstellungen mit jeweils einer der Mütter werden eingeblendet, was mit dem Auftritt eines Mardi Gras Indians endet.

Mich interessiert hier besonders die Präsentation der affektiven Kraft

Abb. 6: Mutter, ein Porträt-Foto ihres getöteten Kindes zeigend; »Lemonade« (2016)

von Fotos, die zuerst auf dem Waldboden liegen, über den Beyoncé in einer historischen Zeit streift, und die dann von der Künstlerin aufgehoben werden. Die Szene scheint darauf zu verweisen, dass kaum photographische Bilder von African-Americans aus der Zeit der Sklaverei existieren, und es keine visuellen Archive gibt. Daher wird hier ein Archiv *reenacted*, wodurch im Sinne Alison Landsbergs »prothetische Erinnerungen« (Landsberg 2004, 3) hergestellt werden.

In der darauffolgenden dokumentarisch-inszenierten Szene mit den Müttern werden gerade nicht die sensationalistischen Bilder der Medien wiederholt, sondern wertschätzende Bilder konstruiert, die die Getöteten auch im Sinne Judith Butlers »betrauerbar« machen (Butler, 2010). Jede Mutter wird einzeln aufgenommen, mit einem Foto ihres getöteten Kindes, das sie in den Händen hält und der Kamera präsentiert. Die Fotos zeigen die Kinder zu einem Zeitpunkt, als sie noch lebten, etwa beim High-School-Abschluss, fein angezogen und lächelnd. So entsteht ein affizierendes Doppelporträt. Einige der Mütter weinen, während der Aufnahme, es gibt kurze non-verbale Interaktionen mit dem Kamerateam und den ausdrücklichen Wunsch weiterzudrehen. Gleichzeitig halten die Mütter die Fotos ihrer Kinder auf vorsichtige Art und Weise, als wären die Bilder selbst lebendig.

Dazu wird ein sehr kurzes traurig-ermutigendes Lied von dem weißen britischen Musiker James Blake gesungen, das er für das LEMONADE-Album schrieb: »Forward. Best foot first just in case. When we made our way 'til now«. Diese Bilder sind schwer zu ertragen und anzuschauen, sie sind aber eben nicht als »Gewalt-Pornographie« einzustufen. Hilton Als kommentiert den visuellen Spannungsraum dieser Bilderpolitiken folgendermaßen (Als 2016b):

Abb. 7, 8: Schwarzer Cowboy; Zeitung mit Martin Luther Kings Portrait und der Überschrift »More Than A Dreamer«; »Lemonade« (2016)

At the same time, ›Lemonade‹ derives its peculiar power from a number of tensions that feel new for Beyoncé, not least of which is how to position herself in a visual culture where the hideous (such as clips of Eric Garner's chocking death on smartphones) trumps being bootylicious. If her image is to carry some weight, she has to make it part of our contemporary newsreel world.

Beyoncé zeigt in LEMONADE folglich einerseits ein, wie Als es nennt, »Museum des schwarzen Leids«. Andererseits bekommen auch anerkennende Bilder eine Bühne, indem schwarze Alltagskultur insbesondere aus New Orleans zelebriert wird, zum Beispiel reiten hier schwarze Cowboys durch die Straßen (Abb. 7). In ihrer Dankesrede bei den Grammys für das »Best Urban Contemporary Album« (2017) bezog Beyoncé sich darauf: »My intention for the film and album was to create a body of work that will give a voice to our pain, our struggles, our darkness and our history, to confront issues that make us uncomfortable«. In ihren weiteren Ausführungen stellte sie dies als Investition in eine Zukunft mit der Hoffnung auf eine post-rassistische Gesellschaft dar, von der die USA unter der aktuellen Präsidentschaft Trumps und seiner Unterstützer_innen jedoch wieder weit entfernt scheint.

Schluss

Ausnahmslos werden in LEMONADE die Geschichte weiblicher Vorfahren und die Gemeinschaft von schwarzen Frauen als ermächtigend präsentiert. Zugleich werden sie in Frage gestellt – sowohl in Warsan Shire's Gedichten, als auch in den visuellen Inszenierungen, die aber nie direkte Illustrationen der vorgelesenen Texte sind. Stattdessen wird ein Raum zwischen den Worten und Bildern eröffnet für selten diskutierte Themen, zu denen religiöse Rituale, Abhängigkeiten, Selbstverletzung, Exklusion und unterschiedlichste emotionale Zustände gehören. Dabei bricht Beyoncé nicht mit heterosexuellen (und idealisierten) Vorstellungen von Paarbeziehungen: am Ende steht die Versöhnung mit ihrem Ehemann. Aber die (finanziellen) Macht- und Abhängigkeitsverhältnisse sind hier speziell: Es handelt sich um eine Künstlerehe zweier schwerreicher ›Diven‹, ein Power-Couple. Tatsächlich hat Beyoncé ihrem Mann mit LEMONADE ein sehr großes Geschenk gemacht, das exklusiv über seinen Streaming-Service Tidal vertrieben wird.

Mit ihrem audiovisuellen Album gelingt es Beyoncé andere dokumentarische und historisch reenactete Bilder in den Mainstream zu spülen, die von einer großen Zahl Zuschauender gesehen werden. Durch die Bezugnahme auf aktuelle und historische Ereignisse, die 2016 besonders relevant waren, entstehen neue affektive Bild-Ton-Assemblages und transnationale Mediascapes anerkennender (Selbst-)Bilder. Dies ist jedoch nicht außerhalb der Rahmen, Normen und Vorstellungen des Kapitalismus möglich, sonst wäre Beyoncé jetzt und hier auch kein Star. Andi Zeisler formulierte dieses popkulturelle Spannungsfeld wie folgt: »Whatever Beyoncé is or isn't, she's not acting (or singing, or dancing) in a vacuum, but as both a product and a symptom of ongoing inequalities that she had no part in creating« (Zeisler 2016, 113). Beyoncé feiert Black Power – auch Martin Luther Kings Foto erscheint ganz am Ende des Films, in einer Szene, in der ein Mann eine Zeitung mit einem M.L.King-Portrait und der Überschrift »More Than A Dreamer« der Kamera präsentiert (Abb. 8).

Allem voran stehen jedoch die kulturellen Leistungen und der Style schwarzer Frauen im Mittelpunkt. Ihnen wird ein Raum gegeben, ihrer Kraft, Ausdauer, Schönheit und Talentiertheit, wie auch ihrer Trauer. So entstehen Szenen und Erinnerungsbilder jenseits hegemonialer weißer Geschichtsschreibung und dem andauernden Rassismus in den USA.

Literatur

Adichie, Chimamanda Ngozi 2012: »We should all be feminists«, TED-Talk, https://www.ted.com/talks/chimamanda_ngozi_adichie_we_should_all_be_feminists (Stand: 28.2.2018).

Als, Hilton (2016a): Prince, Cecil Taylor, and Beyoncé's shape-shifting black Body. *New Yorker*, April 26th 2016. https://www.newyorker.com/culture/cultural-comment/prince-cecil-taylor-and-beyonces-shape-shifting-black-body (Stand: 28.2.2018).

Als, Hilton (2016b): Beywatch: Beyoncé's Reformation. *New Yorker*, May 20th 2016. https://www.newyorker.com/magazine/2016/05/30/beyonces-lemonade (Stand: 28.2.2018).

Baldwin, James (1961): The Negro in American Culture. In: *Cross Currents* XI, 205–304.

Bernal, Martin 1987, 1991: *Black Athena: The Afroasiatic Roots of Classical Civilization*, 2 Bd. New Brunswick, N. J.

Black Lives Matter: http://blacklivesmatter.com/ (Stand: 28.2.2018).

Braun, Christina von 2016: Monetarisierung der Gefühle. Das Geld als Triebwerk von Emotion und Sexualität. In: Mixa, Elisabeth et al. (Hg.): Unwohlgefühle. Eine Kulturanalyse gegenwärtiger Befindlichkeiten. Bielefeld, 133–146.

Butler, Judith 2010: Raster des Krieges. Warum wir nicht jedes Leid beklagen. Frankfurt a. M.

Butler, Octavia 1979: Kindred, New York.

Diederichsen, Diedrich 2005: Musikzimmer. Avantgarde und Alltag. Köln.

Dietze, Gabriele 2013: Weiße Frauen in Bewegung. Bielefeld.

Fichte, Hubert 1987: Mein Freund Herodot. In: Ders.: Homosexualität und Literatur 1. Polemiken. Hg. v. Torsten Teichert. Frankfurt a. M., 381–407.

Hegel, Georg Friedrich Wilhelm 1924: Vorlesungen über die Philosophie der Geschichte, Kapitel 2, Leipzig.

hooks, bell (2016): »Moving Beyond Pain«. In: *bell hooks institute blog*, May 9th 2016, www.bellhooksinstitute.com/blog/2016/5/9/moving-beyond-pain (Stand: 23.2.2018).

Klossowski, Pierre 1998 [1994]: Die lebende Münze. Berlin.

Landsberg, Alison 2004: Prosthetic Memory: The Transformation of American Remembrance in the Age of Mass Culture. New York.

Morrison, Toni 1987: Beloved. New York.

Parker, Morgan 2017: There Are More Beautiful Things Than Beyoncé. Poems. London.

Robinson, Cedric 1983: Black Marxism: The Making of the Black Radical Tradition. Chapel Hill, North Carolina.

Shire, Warsan 2011: Teaching My Mother How To Give Birth. London.

Zeisler, Andi 2016: We Were Feminists Once. From Riot Grrrl to Covergirl. The Buying and Selling of a Political Movement. New York.

Filme

I AM NOT YOUR NEGRO (1h.35min.00) (USA 2016), R: Raul Peck.

LEMONADE, (1h.05min.22) (USA 2016), R: Jonas Åkerlund, Beyoncé Knowles, Kahlil Joseph, Melina Matsoukas, Dikayl Rimmasch, Mark Romanek und Todd Tourso.

TWELVE YEARS A SLAVE, (2h.14 min) (USA 2013), R: Steve McQueen.

Monika Bernold
FIGURATIONEN DER UNKALKULIERBARKEIT
Maren Ades »Toni Erdmann« (2016)

In der Berliner Filmzeitschrift *Cargo* schreibt Ludger Blanke dem deutsch-österreichischen Spielfilm TONI ERDMANN von Maren Ade im Herbst 2016 nicht weniger als die »Rettung des Kinos« zu (Blanke 2016, 9). Begründet wird diese Hoffnung damit, dass der Film in seiner Struktur all das, was vorhersehbar und damit gut verkäuflich wäre, unterläuft. »TONI ERDMANN macht Dinge, die nicht gehen«, bringt Blanke die Widerständigkeit der Filmkonzeption auf den Punkt – »[E]in älterer Herr mit Scherzgebiss und Perücke sucht seine ehrgeizige Tochter, die als Unternehmensberaterin in Bukarest arbeitet, auf, um ihr die Frage nach dem richtigen Leben zu stellen. Vier langatmige Akte, spielerische Metaphorik um Verkleidung, Maskierung und Identität« (ebd.). Daran anknüpfend möchte ich fragen, ob und in welcher Weise die deutsche Tragikomödie aus dem Jahr 2016 rund um eine Vater-Tochter-Beziehung als ästhetischer Widerstand gegenüber aktuellen Welt- und Filmverhältnissen zu lesen ist. Oder doch eher als passförmiges Unterhaltungsprodukt für eine kritische Wohlstandsgeneration in Angela Merkels Deutschland.

Unkalkulierbarkeit definiert, so meine These, das Konzept, die Geschichte und die Figuren des Films TONI ERDMANN. Das macht ihn filmisch und politisch interessant. Sexuelle und ökonomische Verhältnisse werden im Film spielerisch und vielschichtig aufeinander bezogen. Fassaden und Masken werden als durchlässig sichtbar gemacht. Unvorhersehbar sind nicht nur die Handlungen der Figuren, sondern vor allem die Pointen und Erzählweisen des Films. Drei Brennpunkte strukturieren meine Filmlektüre und den folgenden Text: 1. Film- und Generationenverhältnisse, 2. Präsenz von Dingen, Tieren und ›Anderen‹ sowie 3. Sex als *Challenge* und filmästhetischer Widerstand gegen die symbolische Ordnung.

Film- und Generationenverhältnisse

Die ehrgeizige und erfolgreiche Tochter im Film von Maren Ade heißt Ines Conradi, grandios gespielt von Sandra Hüller. Sie hat ihre Ausbildung bereits hinter sich und arbeitet als Unternehmensberaterin in Bukarest. Ihre Ziele sind klar: Karriere und Geld. Gepanzert und entschlossen entzieht sich Ines Conradi schon in den ersten Sequenzen des Films ideologisch und emotional ihrem Vater. Winfried Conradi ist ein schrulliger und offensichtlich verspielter Alt-68er, ein pensionierter Musiklehrer. Toni

Erdmann, das ist im Film das Alter Ego von Winfried Conradi, beide gespielt von Peter Simonischek. Die Frage des Filmtheoretikers Serge Daney in Bezug auf André Bazins Denken zum Verhältnis von Mensch und Tier im Kino: »Wer wird zum Wohle der Sache und der Symmetrie diesen immer etwas suspekten Platz einnehmen, die Hampelmann-Rolle des ›ganz Anderen‹ spielen?« (Daney 2000, 72), passt wunderbar auf die Titelfigur Toni Erdmann: Ein alternder Mann mit Bauch, herausstehenden Plastik-Zähnen und einer rotstichigen Perücke, die sich auffallend vom weißgrauen Bart abhebt. Toni Erdmann ist der ›Andere‹, der bereits zu Beginn des Films auftritt und den Paketboten an der Haustür genüsslich verwirrt und auch ein wenig erschreckt, indem er einen angeblich aus der Haft entlassenen Bruder von Winfried Conradi spielt. Toni Erdmann ist auch der, der komisch klingendes Englisch spricht und sich wahlweise als Freund von Ion Țiriac oder als deutscher Botschafter in Bukarest ausgibt, wenn er seine Tochter zum zweiten Mal, diesmal nicht als ihr Vater, sondern als Toni Erdmann, besucht. Im letzten Teil des Films wird Toni Erdmann ein bulgarisches Tierkostüm tragen und damit vollständig in der suspekten Position des ›Anderen‹, der als zotteliges Monster keine menschlichen Züge mehr trägt, verschwinden. Die Wiederbegegnungen von Vater und Tochter unter den Bedingungen der professionellen und amateurhaften Verstellung gestalten sich zunehmend als Spannungsverhältnis zwischen Anverwandlung und Scheitern. Wir sehen als Publikum dem Kennenlernen von Vater und Tochter als einem Wechselspiel des Er- und Verlernens von Normen und Normierungen zu.

Wie aber kommt durch die Performance des ›Hampelmann-Anderen‹ Toni Erdmann und die filmische Inszenierung der Beziehung zu seiner Tochter die Frage nach den Potentialen ästhetischen Widerstands gegenüber gegenwärtigen Film- und Weltverhältnissen ins Spiel? ›Filmverhältnisse‹ beziehen, so Frank Stern, »dialektische Spannungen zwischen Produzenten, Vermittlern und Rezipienten ein« und fassen »die sich bewegenden Bilder selbst als sich wandelnde, sich und Anderes außerhalb der Leinwand verändernde Repräsentationen« auf (Stern 2005, 67). Digitalisierung, konkurrierende Filmmärkte, globalisierte Vermarktungs-, Vertriebs- und insbesondere in Europa auch nationale Fördersysteme bestimmten die Filmverhältnisse zur Jahrtausendwende und führten in Deutschland aber auch in Österreich zur Entstehung zahlreicher kleiner unabhängiger Produktionsfirmen. In München gründeten die Filmstudentinnen Janine Jackowski und Maren Ade 2000 die unabhängige Produktionsfirma *Komplizenfilm*, die 2016 Toni Erdmann produzieren würde. Co-produziert wurde Toni Erdmann unter anderem von der unabhängigen österreichischen Filmproduktionsfirma *Coop99*, die 1999 von den Filmemacher_innen Barbara Albert, Jessica Hausner und Antonin Svoboda gegründet worden war. Die geplante Co-Produktion mit der rumänischen Produktionsfirma von

Ada Solomon in Bukarest scheiterte an der Ablehnung einer Finanzierung durch die rumänische nationale Filmförderung. Die regierungsnahe Filmförderagentur *Centrul National al Cinematografiei* (CNC) entschied, dass der rumänische Anteil am Film nicht ausreichend gewesen sei, um in die Finanzierung einzusteigen. Toni Erdmann wurde zu fast 90% in Rumänien gedreht, die Drehorte sind großteils unspezifische Orte in Bukarest – Mall, Hotel, Flughafen. Ein deutscher Film also, der in Rumänien realisiert wurde. Das politische und ökonomische West-Ost-Gefälle bestimmt daher nicht nur die polit-ökonomischen Weltverhältnisse, aus denen heraus Toni Erdmann entstand, sondern bildet sich auch in den Filmverhältnissen, die ihn generierten, ab. Die Verlegung eines Films an einen kostengünstigen Drehort – wobei der Film aber nicht auf das Publikum am Drehort (Rumänien), sondern primär auf das Publikum des großen deutschsprachigen und europäischen Filmmarkts zielt –, ist eine Struktur, die der kapitalistischen Logik durchaus entspricht, die Toni Erdmann kritisch ausstellt und selbst zum Thema macht.[1] In Deutschland haben laut dem Filmbeobachtungsdienst *insidekino* seit dem Filmstart Mitte Juli 2016 bis zum 13. August 2017 883.204 Zuschauer_innen den Film Toni Erdmann gesehen. Er liegt damit auf Platz 36 der erfolgreichsten Filme auf dem deutschen Markt (Top 100 Deutschland 2016, *insidekino*). Der erfolgreichste deutsche Film, die Flüchtlingskomödie Willkommen bei den Hartmanns (2016) von Simon Verhoeven, liegt mit 3.710.231 Zuschauer_innen auf Platz 5, hinter Hollywood-Produktionen wie Zoomania (2016) oder Rogue One. Star wars Story (2016). Toni Erdmann war also durchaus auch an den Kinokassen erfolgreich, jedenfalls aber und insbesondere auf dem Festivalmarkt und bei der internationalen Filmkritik.

Die Filmbranche ist nach wie vor zutiefst männlich dominiert. Das Team von Maren Ade hingegen war zu großen Teilen mit Frauen besetzt. Die 40-jährige deutsche Regisseurin lebt mit ihren zwei Kindern und dem Regisseur Ulrich Köhler in Berlin. Der zweite Sohn ist in der Phase der Postproduktion von Toni Erdmann zur Welt gekommen. Ades Karriere verlief scheinbar geradlinig. In Karlsruhe geboren, hat sie an der Filmhochschule München (HFF) Regie studiert; 2000 gründete sie, wie oben bereits erwähnt, mit einer Kollegin die eigene Produktionsfirma *Komplizenfilm*. Nach dem Erfolg von Toni Erdmann im April 2017 hat sich Ade öffentlich für eine Frauenquote von 50% in der Filmbranche ausgesprochen. Es

---

1 Ähnliche Produktionskontexte gelten für den ebenfalls von *Komplizenfilm* produzierten Western von Valeska Grisebach aus dem Jahr 2017, der in einem Dorf im Süden Bulgariens gedreht wurde und das klassische Genre bedient, um Männlichkeitskonzepte zu befragen. Aber vielleicht auch, um die verbreitete Nachfrage nach sicheren und dichotomen Konstruktionen, Helden und Siegern, in verwandelten Kontexten zu verhandeln, den Western sozusagen als Ostern zu bespielen.

sind die dominanten Filmverhältnisse, aus denen heraus und gegen die
TONI ERDMANN auch über die Leinwand hinaus durch Besetzungsentscheidungen und öffentliche Positionierungen der Regisseurin widerständig wirksam werden kann.

Nach seiner Nominierung gab es in Deutschland die Hoffnung, dass TONI ERDMANN der erste deutsche Film nach Wim Wenders PARIS TEXAS (1984) sein würde, der die Goldene Palme in Cannes gewinnt. In Cannes ging Ade leer aus, der rumänische Filmemacher Cristian Mungiu wurde mit seinem Film BACALAUREAT (2016) für die Beste Regie ausgezeichnet. Ade ist von der sogenannten *Nouvelle Vague* des rumänischen Kinos seit vielen Jahren fasziniert. Die Tatsache, dass junge rumänische Filmemacher_innen seit 2000 regelmäßig Festivalerfolge feiern und Kolleg_innen in anderen europäischen Filmkulturen inspirieren, ist ein weiterer Kontext für die Frage nach dem Potential von ästhetischem Widerstand, den der Film TONI ERDMANN transportiert. Im Zentrum des rumänischen Films von Mungiu steht 2016 ebenfalls eine Vater-Tochter-Beziehung. Verhandelt wird die Geschichte des Landes und seiner Gegenwart so wie in TONI ERDMANN über ein Generationenverhältnis. Ein Arzt hat seinen Traum vom besseren Leben in die Zukunft seiner Tochter Silvana verlegt. Sie soll studieren und im westlichen Ausland Karriere machen. Die Frage, die der Film von Mungiu stellt: Was ist auf dem Weg ins bessere Leben erlaubt? Die Generation des rumänischen Vaters kennzeichnet nicht enden wollende Korruption, und die Tragik des Films kommt daher, dass auch der Vater seine Tochter, die er die Prinzipien eines rechtschaffenen Lebens lehrte, in die Korruption verstrickt, um ihr einen Weg aus dem Elend der Gegenwart zu bahnen. Während in dem postkommunistischen rumänischen Film Mungius der scharfe Blick auf die Korruption als Weg zum individuellen Glück zur zentralen Frage der Gegenwartsanalyse wird, ist es das Spannungsverhältnis von Widerstand und Anpassung an die Normierungen einer neoliberalen Wirtschaftsordnung, die Deutschland als Weltwirtschaftsmacht gegenwärtig mitprägt, die TONI ERDMANN als Film aus dem wiedervereinigten postfaschistischen und post-68er Deutschland 2016 in Szene setzt.

Das ist die Ausgangssituation im Film TONI ERDMANN: ein Generationenkonflikt, der die Richtung gewechselt hat. Nicht die Tochter stellt Fragen, Ansprüche, Konflikte, sondern der Vater konfrontiert sie mit dem, was er als ›richtiges Leben‹ begreift, auf absurde, komische, überraschende und peinliche Art und Weise. Der Topos der Vater-Tochter-Beziehung verweist dabei nicht auf tiefenpsychologische Motive, sondern wird als ein die Handlung motivierender Plot eingesetzt.

Wir sehen einer offensichtlich unauflösbaren Beziehung und dem Versuch einer Annäherung zu, die sich in Haltungen und Verhaltensweisen der Differenz und Ähnlichkeit, der Verwandlung und Anverwandlung ent-

Abb. 1, 2: Toni Erdmann und Ines auf einer Dachterrasse in Bukarest; »Toni Erdmann« (2016)

faltet (Abb. 1, 2). Es ist eine zeitliche und eine kausale Bewegung, in der sich Ines Conradi im Laufe des Films immer deutlicher auf das Spiel ihres Vaters einlässt. In diesem Beziehungsspiel wird Ines von Toni Erdmann im Kontext einer rumänischen Großfamilie als seine Sekretärin, ›Miss Schnuck‹, vorgestellt und zur gemeinsamen Hausmusik vor Publikum aufgefordert. Die Momente der Überraschung, des Zögerns, der Abwehr und schließlich des Sich-Einlassens auf die Idee, ›wie früher‹, noch einmal vom Vater, alias Toni Erdmann, auf dem Harmonium begleitet, als ›Miss Schnuck‹, *The Greatest Love of All* von George Benson aus dem Jahr 1977 zu singen, ist präzise inszeniert und überzeugend gespielt. Die Hymne auf die Idee, sich selbst treu zu bleiben, »I believe the children are our future / Teach them well and let them lead the way [....] No matter what they take from me, they can't take away my dignity«, wird als Performance der beiden vor Publikum inszeniert und dabei gleichzeitig in einen ultimativen Akt der emotionalen Komplizenschaft von Tochter und Vater für das Kinopublikum transformiert. Immer öfter, wenn auch nur in Nuancen, nähert sich Ines Conradi der Karikatur ihres eigenen Lebens in der Figur Toni Erdmann an. Das Pathos der Vater-Tochter-Geschichte bleibt dabei auf seltsame Weise distanziert. Momente des Absurden, der grotesken Peinlichkeit und des feinsinnigen Humors vermischen sich zu der tragikomischen Grundstruktur, die von einer strategischen Unkalkulierbarkeit der Protagonist_innen und ihrer Handlungen sowie von vielen Momenten des Dazwischen beziehungsweise dessen, was gewusst, aber nicht im Bild zu sehen ist, lebt. Das vielwegige Nicht-Zueinander-Finden der beiden Hauptfiguren, die ihrerseits jeweils nicht mit sich eins sind, wird zur Matrix für die filmische Erkundung von politischen und ökonomischen Ausbeutungs- und Abhängigkeitsverhältnissen der Gegenwart.

Präsenz von Dingen, Tieren und ›Anderen‹

TONI ERDMANN spielt auf der Höhe des philosophischen Trans- und Posthumanismus. Der Film weiß darum, dass Gemeinsamkeiten, graduelle Verbindungen und Relationen zwischen Menschen und ›Anderen‹, seien es Dinge, Tiere oder Technologien relevant geworden sind. Er weiß um die Versprechungen der Transhumanisten, wonach es eine bessere, eine opti-

Abb. 3: Ines ruft: »Papa« und fällt der Figur im bulgarischen Tierkostüm in die Arme; »Toni Erdmann« (2016)

mierte Welt auf Grundlage der Überwindung des Menschen als Zentrum geben könnte. Wenn Toni Erdmann gegen Ende des Films im zotteligen schwarzen bulgarischen Tierkostüm als Hybrid von Mensch und Tier im öffentlichen Raum eines Parks mitten in Bukarest durchs Bild torkelt und seine Tochter ihm, barfüßig und nur in einen weißen Morgenmantel gehüllt, in die Arme fällt, wird filmisch deutlich, dass die Frage nach dem Körper und seiner Prekarität, aber auch seiner Steuerung und Kommunikation mit Um- und Außenwelten, zur Debatte steht (Abb. 3).

Dinge und Tiere sind im Film Maren Ades Akteure, spielen mit und regieren mit. Willi, der Hund von Vater Conradi, beeinflusst bereits zu Beginn des Films den Erzählverlauf. Der alternde kranke Hund mit schwarzweißem Fell wird von dem alternden Winfried Conradi, dessen Gesicht für eine Schulfeier Schwarz-Weiß geschminkt ist, auf den Armen getragen, als er seine Mutter besucht. Nicht nur durch die Farbanalogie werden die beiden einander ähnlich. Warum er den armen alten Hund nicht endlich einschläfern lasse, fragt die im Rollstuhl sitzende Mutter von Winfried Conradi ihren Sohn, der ihr Tiefkühlessen vorbeibringt. »Das mach ich doch mit dir auch nicht«, kontert dieser trocken. Die Grenzen des Humanismus sind damit abgesteckt. Der Tod des alten kranken Hundes zu Beginn setzt die Bewegung des alten einsamen Conradi zu seiner Tochter nach Bukarest in Gang. Im Sinne Bruno Latours könnte TONI ERDMANN als posthumanistischer Film gelesen werden. Wir schauen Praktiken zu, die wieder und wieder als Austausch zwischen menschlichen und nichtmenschlichen Akteuren erkennbar werden. Die Dinge im Film produzieren und provozieren Bedeutungen: Das Scherzgebiss der Figur Toni Erdmann in der Sakkotasche, Brillen aller Art, die Käsereibe als Geburtstagsgeschenk, die Handschellen, mit denen der Vater die Tochter verse-

Abb. 4: Ines mit Scherzgebiss; »Toni Erdmann« (2016)

hentlich an sich kettet, ein Furzkissen, die Handys, der Fotoapparat, das bulgarische Tierkostüm. Die Dinge, die Toni Erdmann benutzt, ermöglichen, ja provozieren die Nuancen, Schichten und Subtexte seiner karikierenden Performance. Es ist die Gebrauchspraxis, in der die Dinge Sinn erhalten, die Position, die die Dinge im Raum- und Zeitgefüge des Films einnehmen, die ihnen Bedeutung im Handlungsgefüge gibt. Das In-den-Mund-Stecken des Scherzgebisses wird ungezählt oft wiederholt und motiviert verschiedene Varianten sozialer Bedeutungen, je nach Kontext und Situation (Irritation, Peinlichkeit, Furcht, Erschrecken). Der Film benutzt die permanente Wiederholung im Umgang mit Dingen dazu, die Unbestimmtheit und Ambivalenz von sozialen Praktiken auszuloten (vgl. Wieser 2004, 92–107) (Abb. 4).

Vielleicht erzeugen die Figur der Unternehmensberaterin Ines Conradi und die Beziehungen zu ihren Kolleg_innen, Kunden und Chefs und insbesondere zu ihrem sich stets verwandelnden Vater eine Form von Präsens, die filmische Beobachtung und Dokument des Jetzt in eins setzt.[2] Das Präsens, das der Film beobachtet, inszeniert und an dem er partizipiert, hat allerdings keine Geschichte, die vor 1968 zurückreicht. Nationalsozialismus und vor allem die Shoah haben in der deutsch-rumänischen Jetztheit des Films keinen Ort mehr. Selbst dass Winfried Conradi sich in seiner Jugend

---

2   In ihrem Buch *Affektökologie* greift Marie-Luise Angerer zu dem Wort der Jetztheit, um zu bezeichnen, was sie in ihrem Text versucht. Angerer verweist auf die Figur des Anthropologen aus Tom McCarthys Roman *Satin Island* (2016). Er ist ein Anthropologe, der im Auftrag eines global agierenden Unternehmens einen Bericht schreiben soll – über das, was im Jetzt vor sich geht, als er erkennt, dass alles, was er beobachtet, ein Plan ist, der weder fertig noch unfertig sein kann, da er im Jetzt ist und sozusagen im Präsens aufgeht.

wahrscheinlich gegen den Nationalsozialismus seiner Eltern abgegrenzt hat, wird im Film nicht mehr thematisiert. Diese Geschichte soll vom Publikum gewusst werden, wird implizit vorausgesetzt und verschwindet damit, ohne als Fassade der ›Vergangenheitsbewältigung‹ in einem Deutschland der NSU-Prozesse sichtbar gemacht zu werden.

Das filmische Präsens, das TONI ERDMANN hingegen sehr wohl einfängt, umfasst die aktuellen Verschiebungen im Verhältnis von Repräsentation und Materie, von Medien und Technik gleichermaßen als satirische Aufzeichnung und als aufmüpfig lachender Widerstand. Dies geschieht durch die intelligente Organisation von Menschen, Dingen und Kamera. Die technologische Formatierung aller Kommunikationsformen wird beiläufig in Szene gesetzt. Vorspielen und Täuschen sind der gemeinsame Nenner der Vater-Tochter-Beziehung, eine Komplizenschaft der anderen Art. Der Film buchstabiert das Spannungsverhältnis von Spiel und Präzision sowohl in der schauspielerischen Arbeit von Hüller und Simonischek wie auch in der Komplexität der Rollen von Ines Conradi/Fräulein Schnuck und Winfried Conradi/Toni Erdmann aus. Die Rollen werden skizziert, aber nicht zu Ende ausgefüllt. Es werden vielmehr immer und immer wieder unkalkulierbare Volten geschlagen, in der Mimik, der Körperbewegung, der Sprache, dem Plot, der Positionierung zur Kamera etc. Maren Ade bringt durch die Anordnung der Dinge, Räume und Figuren vor der Kamera wiederholt und nuanciert durchlässige Fassaden auf die unsichtbare Bühne realer Selbstdarstellungszwänge, die dadurch auf der Leinwand als solche erkennbar werden.

Sex, Challenge, Biss, Widerstand

TONI ERDMANN wird vor dem Hintergrund historischer Wissensordnungen über Sexualität im Westen Europas erzählt und rezipiert. Die Vaterfigur und der Titelgeber des Films ist Teil der Generation sexueller Aufklärung in Westdeutschland. Er symbolisiert die Hinwendung zur Politisierung von Sexualität durch die Studentenbewegung. Die für die 1960er und 1970er Jahre prägende ›Entnormativierung‹ und Pluralisierung der Werte- und Normensysteme (Steinbacher 2011, 7–20) findet in der zeitgenössischen Logik des *anything goes* seine Fortführung. Vater/Toni Erdmann verkörpert darin das resignativ-regressive, Tochter Ines/Unternehmensberaterin das zynisch-abgeklärte Echo der 68er-Bewegung.

Jahrzehnte nach der Sexuellen Revolution, das weiß der Film, sind patriarchale Ordnungen nicht verschwunden, sondern haben sich transformiert und sind stattdessen in maskierter Form effektiv. Dies wird am ehesten in der Bar-Szene spürbar, in der Toni Erdmann ein wenig ratlos zusieht, wie der Kollege und Liebhaber der Tochter Tim, alkoholisiert und virilisiert, eine Champagnerflasche vor seinem Körper haltend, gleichermaßen phallisch vergnügt und phallisch verzweifelt Ines und einige andere Frauen an-

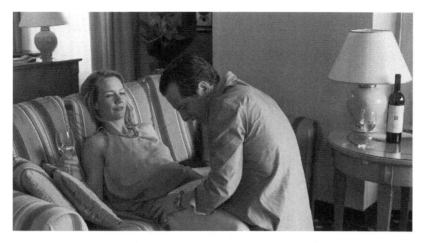

Abb. 5: Masturbation als Challenge »Toni Erdmann« (2016)

tanzt. Sexualität wird mehrfach, speziell in den Dialogen, als Baustein im Spiel ökonomischer Effizienzsteigerung und individueller Machtansprüche adressiert. Die Akteur_innen in diesem Spiel erscheinen gleichermaßen ausgeliefert, unberührt und lächerlich. »Vögel sie nicht zu viel, damit sie ihren Biss nicht verliert«, rät Gerald, Ines' Chef, seinem Mitarbeiter Tim, als er von dessen Beziehung zu der Mitarbeiterin Ines Conradi erfährt.

Es gibt eine explizite Sexszene im Film, mit der es Maren Ade gelingt, den Widerstand der weiblichen Hauptfigur gegen die neoliberalen Anforderungen an sexuelle Körper und patriarchale Zumutungen an weibliche Körper ins Bild zu setzen. Ines und Tim begegnen sich in einer Hotel-Suite. Ines drapiert sich am Fensterbrett, hinter ihr ein großes Fenster, das den Blick auf Bukarest freigibt. Tim umarmt, küsst und bedrängt sie. Das anzügliche Wortgeplänkel wird von dem rumänischen Zimmermädchen gestört, das eine Platte mit Petits Fours und Champagner serviert. Daraufhin wendet Ines sich vom Fenster ab und lässt sich aufs Sofa fallen. Tim erzählt von dem Ratschlag des gemeinsamen Chefs, bevor er sich balzend über das Sofa und Ines beugt. Ines wird die ›Biss‹-Bemerkung des Chefs, diese sexistische Interpretation der Sublimierungsthese, wenig später wörtlich nehmen und in eine überraschende, subversive Affirmationsstrategie verwandeln. »Mein Biss ist mir wichtiger, ich schau lieber nur zu«, sagt sie breitbeinig auf dem Sofa sitzend, als sich Tim, bereits vor ihr auf dem Boden kniend, entkleidet hat und versucht, in sie einzudringen. Ines beansprucht den aktiven, voyeuristischen Blick und gewinnt damit die Handlungsmacht während des sexuellen Akts zurück. »Kannst du eines der Petits Fours treffen?«, fragt sie lasziv. Es ist der Gedanke der Herausforderung, der *Challenge*, mit dem sie den streberischen jungen Unternehmensberater auf dem Höhepunkt der Libido nach kurzem Zögern dazu bringt, auf die Penetration zu verzichten und vor ihren Augen so lange zu masturbieren, bis er seinen Samen auf ein Stück französisches Gebäck ergießt, das auf einem Silbertablett am Teppichboden des Hotelzimmers liegt.

Der Kameraführung in dieser Szene gelingt es einerseits, die Ökonomisierung von Sex als *Challenge* am Beispiel der sexuellen Praktik von Tim und Ines ins Bild zu setzen und gleichzeitig die Machtverhältnisse zwischen den Geschlechtern zu verschieben. Wir sehen Ines, wie sie Tim beim Masturbationsakt zusieht, teils amüsiert, teils distanziert, vielleicht ein wenig verwundert. Der Film zeigt die Sexualität des Mannes in einer Perspektive, wie wir sie aus dem Kino kaum kennen. Nach dem erfolgreich auf das Süßgebäck gezielten Samenerguss wirft sich Tim erschöpft auf den Rücken und liegt vor dem Sofa am Boden unter der Kamera. In Obersicht kurz nackt im Bild zu sehen, der nackte Torso von Tim, der erschlaffte Penis. »Die masturbatorischen und imaginativen Reize des Kinos sind deshalb noch lange keine Handlungsanweisungen« (Koch 1997/2017, 132), hat Gertrud Koch bereits 1997 formuliert und in ihrem Aufsatz *Die nackte Wahrheit* damit die performative Perspektive auf das Medium Film mitinitiiert. Welche körperlichen Reizreaktionen diese Sexszene bei den Zuseher_innen evoziert, ist nicht kalkulierbar. Eine Verschiebung der binären Sexualitätsmuster macht den männlichen Körper jedenfalls zum Objekt des weiblichen Blicks. Das vaginale Eindringen durch Tim, das das Setting und die Inszenierung der Couchszene erwarten ließ, findet nicht statt. Tim arbeitet fast angestrengt vor unseren und Ines' Augen mit der Hand an seinem Glied, ›mit Biss‹ an der Erfüllung des Auftrags, der zielorientierten (Selbst-)Befriedigung. Hier funktioniert die Konfiguration der Unkalkulierbarkeit als Demaskierung des neoliberalen Auftrags zur (Selbst-)Befriedigung als *Challenge*. Nach dem erfolgreichen Samenerguss auf ein Stück Süßgebäck wird Ines dieses in ihren Mund einführen, die orale Einverleibung wird zu einer Geste des geschäftlichen Triumphs (Abb. 5). Tim geht ins Badezimmer, beide schließen übergangslos an ihre professionellen Praktiken an, telefonieren, Laptop.

Die voyeuristische Distanz des Blicks von Ines auf Tim (Sexszene) und die intimisierende Nähe des Blicks der Kamera auf Ines Conradis nackten Körper, auf ihre Haut (Eröffnung der Nacktparty-Sequenz in ihrem Bett auf dem Bauch liegend) verschalten sich zu dem unkalkulierbaren und uneindeutigen Sexualitäts-Bild des Films. Sexualität hat im Film also verschiedene Dimensionen und Gesichter. Sexualität wird als funktionaler Bestandteil von ökonomischen Macht-Mechaniken sichtbar gemacht. Verbaler Sexismus und sein Tolerieren oder auch schlagfertiges Zurückweisen gehören zum Alltag von Ines Conradis Berufsleben. Die Karrierekörper des 21. Jahrhunderts und ihr Dresscode greifen auf traditionelle Konnotationen von moderner Weiblichkeit und Männlichkeit zurück (schickes, figurbetontes Kostüm, enges Kleid, Bleistiftabsatz, Anzug, Krawatte).

Das Widerständige des Films, so möchte ich vorschlagen, findet sich an dem Punkt, an dem ein Subjekt adressiert wird, das im Sinne Susanne Lummerdings genau deshalb als politisches begriffen werden kann, weil es ein radikal unkalkulierbares ist und Souveränität gewinnt, indem es unterschiedliche Subjektpositionen einnimmt (Lummerding 2005, 177–187). Widerstand findet gewissermaßen zwischen der erzählten Geschichte und dem, was nicht zu sehen ist, statt. Dort, wo es in der Geschichte gar nicht explizit um Widerständigkeit geht, sondern wo Räume in den Zuschauer_innenköpfen entstehen, in Form von Verzögerungen, Wendungen, Brüskierungen, Irritationen, Wiederholungen. Der Film stellt eine ernste, eine tragische Frage nach der durchkapitalisierten Welt, indem er sie in komischer Form darstellt. Das Lachen kommt aus dem Moment, an dem wir als Publikum wissen, dass die äußere Erscheinung einer Sache oder einer Person, wie eben jene von Toni Erdmann, nicht mit dem ›Wesen‹ dahinter übereinstimmt. Toni Erdmann performt die spiegelnde Übertreibung dessen, was Ines Conradi in ihrer durchökonomisierten Welt an Anpassung und Performance, an ›Staging‹, Passfähigkeit und optimierter Selbstdarstellung Tag für Tag ›zu bringen‹ hat.

Das visuelle Übereinanderlegen von sich einander ausschließenden Schichten, ob in Form von Ideologien oder sozialen Differenzen, ist ein wesentlicher Moment, der das Lachen im Film generiert. Eine zentrale Dimension der Figurationen des Unkalkulierbaren ist das Absurde, das Spiel mit der Peinlichkeit zwischen Ines, ihrem Vater und uns, dem Publikum. Das, was Wolfgang Iser als Kipp-Phänomen von Komik beschreibt, das Nicht-mit-sich-identisch-Sein als Grundfigur dessen, worüber gelacht werden kann, trifft auf Winfried/Erdmann und Ines/Schnuck zu. Das Kippen gibt neue Blicke auf die jeweils andere Position frei, verschiebt sie aber auch ins Unerreichbare.

Geht man davon aus, dass die im Komischen zusammengeschlossenen Positionen sich wechselseitig negieren, so bewirkt dieses Verhältnis ein wechselseitiges Zusammenbrechen dieser Positionen. Jede Position lässt die andere kippen. Daraus folgt die Instabilität komischer Verhältnisse, nicht zuletzt, weil das Kollabieren der einen Position nicht notwendigerweise die andere triumphieren lässt, sondern diese in die Kettenreaktion ständigen Umkippens mit einbezieht. (Iser 1976, 399 f.)

Die vieldiskutierte Sequenz der Nacktparty gegen Ende des Films schließlich hat weniger mit sexuellen Körpern zu tun, als mit der Idee der ironischen Überdrehung von Anforderungen der Passförmigkeit. Nacktheit als Befreiung von Zwängen der Kleiderordnung wird von Ines spontan in die Spaß- und Spektakelökonomie des neoliberalen Arbeitsethos eingespeist. Gleichzeitig symbolisiert Nacktheit den Wunsch von Ines, die Hüllen und Rollen fallen zu lassen, die sie zu spielen hat. Das Tableau der Nacktheit zitiert einerseits die Bilder des kollektiven, öffentlichen Nacktseins der *Kom-*

mune 1 und den Befreiungsgestus von Sexualität, der mit der Generation von Vater Conradi verbunden ist. Andererseits eröffnet die Kamera Leerstellen, in denen der Zusammenhang von nackter Haut, dem Körper und den gesellschaftlichen Zugriffen auf diesen und Normierungen desselben, verschiebbar erscheint. Auch in der Nacktparty-Szene kommt es zu einer Kipp-Dynamik, die die Instabilität der komischen Verhältnisse zwischen den von der Nacktparty-Idee überraschten/begeisterten/überforderten Gästen organisiert. Dies gilt in besonderer Weise für die im Horror-Stil inszenierte Begegnung des nackten Chefs mit dem als monsterähnliches Tier verkleideten Toni Erdmann. Das Erschrecken des nackten Chefs vor dem Monster ist der Schrecken vor dem Einbruch des ›Anderen‹, der umgehend in ein fasziniertes, offensichtlich identitätssicherndes Lachen kippt, als das ›Andere‹ (das monströse Tierkostüm) als Teil der Spielanordnung gelesen wird.

Während in der fast zeitgleich produzierten deutschen Filmkomödie von Chris Kraus, DIE BLUMEN VON GESTERN (2017), Sex mit einer jungen Jüdin aus einer Shoah-geprägten Familie zum kalkulierbaren Vehikel der ›Versöhnung‹ und Heilung des männlichen Helden und Nazi-Enkels von einer Potenzstörung verkommt, wird Sex in TONI ERDMANN zum unberechenbaren Ausstellungsplatz von gegenwärtigen gesellschaftlichen Machtkonstellationen und Asymmetrien. Sexualität und Widerstand werden in TONI ERDMANN im Kontext von sozialen Deutungen und polarisierenden Differenzen verhandelt. Generation, (Vater/Tochter), Geopolitik (Westen/Osten), Geschlecht (Mann/Frau) soziale und ideologische Differenzen und Grenzen werden als Dichotomien aufgerufen, aber zwischen den Bildern als ungenügend enttarnt. Auf der narratologischen Ebene des Films bleiben die Matrix von Heterosexualität intakt und der Code binärer Zweigeschlechtlichkeit scheinbar unberührt. Im Prinzip seiner Machart aber, in den sich wiederholenden Verstellungen seiner Figuren und ihrer Transformationen, wird Ambiguität und Unkalkulierbarkeit zum unabschließbaren Prozess der filmischen Deutung von Gegenwart. TONI ERDMANN rettet vielleicht nicht das Kino, aber er stärkt dennoch das Politische im Film, indem er jedenfalls einer Ökonomie des Sehens entgeht, die einen repressiven Modus der Binarität fortschreibt und uns stattdessen »eine Form des Widerstands ermöglicht, die sich *innerhalb* (und nicht jenseits) der Welt artikulieren lässt, gegen die sie sich verwahrt« (Rose 1996, 236 f.).

Literatur

Angerer, Marie Luise 2017: Affektökologie. Intensive Milieus und zufällige Begegnungen. Berlin.

Blanke, Ludger 2016: The Greatest Love of All oder wie Maren Ade das Kino rettet. *Cargo. Film Medien Kultur* 20, 9–11.

Daney, Serge 2000: Von der Welt ins Bild. Augenzeugenberichte eines Cinephilen. [Übers. und hg. v. Christa Blümlinger], Berlin.

Iser, Wolfgang 1976: Das Komische, ein Kipp-Phänomen. In: Preisendanz, Wolfgang (Hg.): Das Komische. Poetik und Hermeneutik, Bd. 7, München, 399 f.

Koch, Gertrud 2017 [1997]: Netzhautsex. Sehen als Akt. In: Harasser, Karin (Hg.): Auf Tuchfühlung. Eine Wissensgeschichte des Tastsinns. Frankfurt a. M. / New York, 123–133.

Lummerding, Susanne 2008: SEX/Geschlecht, Medialität und das Politische – Zur Re-Definition einer Kategorie. In: Ernst, Waltraud / Marion Gerards / Martina Oster (Hg.): Performativität & Performance. Geschlecht in Musik, Bildender Kunst, Theater und Neuen Medien. Münster et al., 177–187.

Rose, Jacqueline 1996: Sexualität im Feld der Anschauung. Wien.

Steinbacher, Sybille 2011: Wie der Sex nach Deutschland kam. Der Kampf um Sittlichkeit und Anstand in der frühen Bundesrepublik. München.

Stern, Frank 2005: Durch Clios Brille: Kino als zeit- und kulturgeschichtliche Herausforderung. In: *Österreichische Zeitgeschichte* (ÖZG) 16, 59–87.

N. N. Top 100 Deutschland 2016. http://insidekino.de/DJahr/D2016.htm (Stand: 23.2.2018).

Regisseurin Maren Ade fordert Frauenquote beim Film, 27.4.2017. http://derstandard.at/2000056652106/Regisseurin-Maren-Ade-fordert-Frauenquote-beim-Film (Stand: 23.2.2018).

Wieser, Matthias 2004: Inmitten der Dinge. Zum Verhältnis von sozialen Praktiken und Artefakten. In: Hörning, Karl / Julia Reuter (Hg.): Doing Culture. Bielefeld, 92–107.

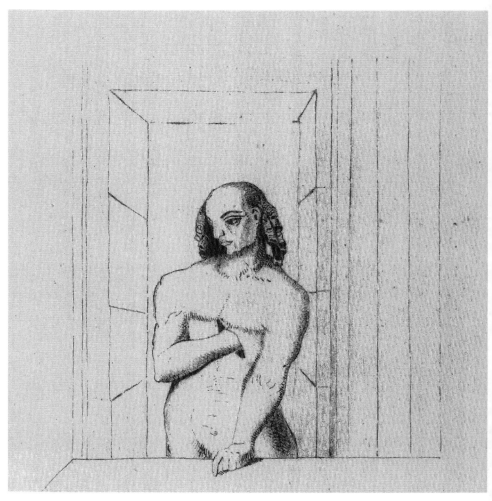

Abb. 1: Odilon Redon: »The Heart Has Its Reasons« (ca. 1887)

Thomas Ballhausen
WIE MAN KÖRPER WAHRNIMMT
Eine Einübung nach Lukrez

What makes me feel strong: being in love and work. I must work.
Susan Sontag

I Venus

Komm, spiele, Muse. Zieh Dich aus, doch langsam, wie zum Mitschreiben.

Keine Sorge, nur mein unschön *verdrehter* Blick (wortwörtlich, schlage das ruhig nach) wird Dich treffen. Kein Strich mehr als nötig.

Sei mir Ausdruck der Gemachtheit, von metrischen Vektoren.

Ein Text durchdringt den anderen, kurvenreich.

Von den Marginalien aus schreibe ich auf Dich zu, mich durch die Schleier deklinierend.

Ein ungesagter Name.

Alles, nur nicht ewig. Ein einziger Übergang, exakt und permanent.

Kein Gefabel von Göttern in dieser Mechanik, wir verfallen einfach jeden Tag ein wenig mehr.

In dieses letzte Geheimnis treten wir berichtsfrei ein, jetzt fassen wir nur die Ränder. Schriftlich immer schärfere Belege geben, doch niemals Zeuge sein.

Dann wieder ein verwaister Raum und *Fallen* ohne Ende, kaum auszumachen.

Ein selten gelecktes Nichts, ein Aufflackern.

Sichtbarkeit fügt sich der Form, Lust auf Möglichkeiten stellt sich ein.

Hing hier kein Buch an der Wand, Blatt an Blatt, doch durch und durch platonisch.

Ein auftauchendes Tier, das mich ansieht, völlig blank.

II clinamen

Reisen, nicht schlafen. Ein müder Schmerz, der sich den Arm entlangzittert.

Alles bleibt in Bewegung, gleich einer traurigen Maschine. Die letzte Schicht fällt nie.

Anrufen, freilegen, abgelenkt sein. Fatal abweichend gewinnt Schönheit kurz Gestalt.

Die Welt ist alles, was gefallen ist.

Strahlender Staub, der nach Schutzfaktoren verlangt. Zeit stellt sich ein, ganz beiläufig.

Hier wirken Kräfte, nur die Kleinsten bleiben bestehen. Der Rest entfällt auf flackernde Bilder, ausgedeutet. Schwankende Grundlagen für neue Regeln.

Theoretisiere, aber bitte nicht farblos. Die Linie bringt mich auf Ideen.

Auf dem Abstellgleis parken die feinstofflichen Götter, ein unerreichbares Abseits. Diese Leitung ist völlig tot, jedes Opfer vergebens.

Bemühe Dich nicht, das kann mit diesem belasteten Zoo nicht gut ausgehen. *I do dream you.*

Hier hilft kein Maß mehr, für den Rest haben wir den Hexameter.

III anima

Ich halte das Versprechen, indem ich es breche. Was sich in der Spur mitschreibt, ist das Ungelebte, also ein Wort, das die Begegnung mit der Wirklichkeit nicht übersteht.

Die Hölle ist längst eingetreten, fünf gewährte Sinne bestätigen es mir. Wir büßen bereits.

Alles andere verbuchen wir unter der Kategorie *dunkle Erfindungen*, aber das ist ohnehin mehr als genug.

Everybody knows that the war is over. Everybody knows that the good guys lost.

Mehr gibt es nicht zu fürchten, wenig sonst zu erwarten. Das ist eine der Antworten die ausständig bleiben wird.

Die Endlichkeit der Verbindungen, eine Gegend zugeschlagener Türen, *Du kennst das doch auch.*

Das Dunkel des Körpers, der sich nachts an meiner Seite regt, nebenan oder Lichtjahre entfernt. Reden wir besser nicht von Distanz.

In den Vororten des Begehrens kriecht knirschend die Kälte heran. Es wird nicht viel verlangt, hin und wieder möchte man eben mit dem Vornamen angesprochen werden.

Die Erinnerung an diesen rechnenden Blick, *the last twist of the knife.*

Und rede mir nicht mehr von Liebe.

Und rede mir nicht mehr von Liebe.

Und rede mir nicht mehr von Liebe.

IV simulacra

Gespenstische Spiegelungen, ganz Phantome und Umrisse, *girls on film.* Nichts ist ohne die Bilder, die uns zutreiben, Sehen prägen.

Kein Traum ist vor ihnen sicher, hier fressen sich die Gezeiten ins Gemäuer meiner Küste.

Freilich, fürs Betasten sind sie nicht gemacht. Es bleibt wenig mehr, als ein übler Geschmack im Mund.

Die Täuschungen laufen in alle Richtungen zugleich, wortwörtliche Liebe (schon wieder) gesellt sich hinzu wie ein halbgelesenes Buch (wenn überhaupt).

Eine hastig ausgewachsene Neigung, kurzweilig, bald kommt sie an ihre *City Limits*.

Ich kann nur ich sein, kurzsichtig. Und als Zugabe mache ich für Dich Schluss mit mir, das ist alles, was ich noch bieten kann.

Wie aus dem Sehen das Verstehen geschlagen sein will, hier blühen hin und wieder noch Wunden.

Wenn wir abzuhauen versuchten, wäre es von Vorteil, nackt zu sein?

Zähne und Worte säen, Schlangen ernten.

Du kannst mich später hassen, aber jetzt tanze.

V fortuna

Eine Mängelwelt mit zu lauter Vernunft gemahnt an Unvorstellbares. Verwackelte Nächte, in denen wir uns noch nicht verloren hatten.

Für diese vergängliche Wirklichkeit gibt es geheime Seitentüren, die abgepackten Elemente flimmern an ihren Rändern. An diesen Schwellen wurde einst gekämpft.

Verflechtungen ergeben sich scheinbar wie von selbst. Hier streift man gelegentlich eine größere Schuld.

An Körpern fehlt es nicht, das Licht müht sich aus der Ferne heran, erhellt grausame Gäste und die Zwänge der Natur.

Falte ein Eselsohr in manche Tage, aber diesen lass einfach aus. Die Schreie ändern sich, auf Könige ist schlicht kein Verlass.

The beatings will continue until morality improves.

Das Morgen immer wieder neu aus der Musik der Sprache zu schälen, ist Teil dieser Arbeit.

Alles was versprochen ist, ist ein Buch, ganz lebendiger Körper der Literatur.

Zwischen Rhythmus und Anstand versuchsweise den Takt halten, meine Berührung der Toten verankern sie in der Gegenwart.

So ein kalter, kleiner Körper, so viel Unvermögen zur Trauer.

Ja, dieses Bild existiert wie alle anderen auch, aber das scheint einfach nicht unsere Realität zu sein.

VI lumen

Wie alles seine Beschaffenheit zu haben scheint, Wolken oder auch wilde Bestien.

Ein entzündeter Wind gibt kleine Zeichen vor, Verkehrshinweise für hölzerne Wege.

Das sich einstellende Gefühl ertappter Schuld kommt mit der Plötzlichkeit eines Blitzes, eine stürmische Plage folgt später.

Von der Klippe aus hat man einen schönen Ausblick auf den Untergang, Sencha dämpft den Schmerz.

Die Hit-Listen des Versenkten, Verzeichnisse des Gesunkenen, ein Atlas verödeter Plätze. Also, bei all diesen Bruttoregistertonnen: *Warum läuft das Meer nicht über?*

Mittels der Linien mache ich Erfahrungen mit der eigenen Geschichte, selten war ich so durchscheinend.

Ein leckgeschlagener Körper, sich mischender Sand, ohne Aussicht auf Ordnung.

Einen Versuch wagen, einen weiteren. Es gibt immer wieder ein Ende der Welt.

Betrachten wir die Umstände doch unverstellt. Wir werden völlig tot sein, wenn wir schließlich gestorben sind.

Es hat sich ausgezeichnet.

Das sagt sich so leicht: Verliere nicht die Nerven, das ist bloß das Ende.

Aylin Basaran and Justin Leggs
WHAT IF THE REVOLUTION COULD BE TELEVISED?
»Black Panther« (2018) and the Utopia of Wakanda

What if African Americans of today knew where they came from? What if their past had not been torn and beaten out of them? What if they could always trace back who their ancestors were without issue? What if Africa had never been colonized? What if somehow it were left ›untouched‹ by colonialism and able to drive forward along a course without the history of slavery ever having happened. What if African American generations had not suffered the destruction of a multitude of identities, in favor of a forced one within a constant system of oppression intentionally designed to make them maintain a status as underfoot diversity token figures at best or referred to as ›savage animals‹ at worst? What if Wakanda was real?

Marvel's 2018 superhero movie BLACK PANTHER (February 2018), directed by Ryan Coogler, took home a total of \$202,003,951 in the opening weekend.[1] The film gives the chance to heal through the acknowledgement of pain with an air of positivity not regularly found in Black centered cinema. It showcases the utopian society of Wakanda, an uncolonized African nation raising questions of the potential of resistance in the framework of Black struggle in the 21st century, both in terms of political strategies, representation and ways to cope with trauma. What agencies does the film provide for people of color? How does the film function as a cultural phenomenon, daring the balancing act between mainstream cinema and empowerment for people marginalized both in real life and in hegemonial conventions of representation? It will be argued that BLACK PANTHER offers a multi-dimensional reading of good and evil, and by doing so challenges the conventions of the superhero genre. Plot elements, storytelling, character development and symbolism are used in order to discuss major themes of African American and African identity and struggle from a mostly African American perspective. It provides a utopia without being unidimensional.

A utopia is a vision, rooted both in the present and an imagined future. It encompasses both limitations of current existence and potentially limitless prospects. Wakanda is presented as a utopian nation hidden in East Africa with an abundance of the rarest ore on earth: vibranium, which provides the base for highly advanced technological and biotechnological innovation. The heart-shaped herb, a plant that is born of vibranium's ra-

---

[1] Cf., http://www.boxofficemojo.com/movies/?id=marvel2017b.htm (accessed: 15/05/2018).

dioactive fallout, gifts those who ingest it with superhuman abilities and even links them to the existence of their own ancestors. The herb provides them with strength that derives from facing one's past. Created in the historical presence of its making, it points towards a more timeless desire. The utopia exposes the viewer to the shortcomings and aspirations of the present real world, providing them with a what-if scenario. The movie opens up visions that go beyond Reinhart Koselleck's concept that historical imagination is constituted by the ›space of experience‹ and the ›horizon of expectation‹ it encompasses (Koselleck 2004, 81). Scholars have pointed out links between superheroes and the unthinkable elements of a society, representing desires and even providing the potential of healing, in situations of »helplessness« (Hagley, Harrisson 2014, 120). Siegfried Kracauer refers to popular motives as »outward projections of inner urges« (Kracauer 1966, 8) and emphasizes the dream-like nature of films. He alludes to the collective subconscious given that films are constructed by a multitude of influences put into one narrative aesthetic whole, and appeal to the desires of an anonymous mass (Kracauer 1966, 5).

BLACK PANTHER can also be located in the tradition of Afro-Futurism, which Brooks describes as a result of the »cruelty of the white imagination« which led to the necessity for the African diaspora to re-imagine their future:

> Afrofuturism combines science fiction and fantasy to reexamine how the future is currently imagined, and to reconstruct futures thinking with a deeper insight into the black experience, especially as slavery forced Africans to confront an alien world surrounded by colonial technologies. (Brooks 2018, 101)

In this sense, he furthers the argument, saying: »The white cruelty ironically served as the pathway to Afrofuturism and the imagining of more powerful futures for the black diaspora« (Brooks 2018, 101). Mark Bould assigns the quality of historicity particularly to Black science fiction as opposed to the white tendency to post-human dissolution of racial contradictions often found in the same genre, »so as not to contemplate the Tip of white, posthuman, post-historical transcendence but the Pit of black, material, human, and historical being« (Bould 2007, 183). Referring to Gil Scott Heron's song »Whitey on the Moon,«[2] Bould points at how the Black community in America perceived a correlation between the moon/space hype and Black poverty on earth, claiming: »the space race showed us which race space was for« (Bould 2007, 177).

In modern society, there is a prevalence of disparity between races, classes and genders, brought on through years of imbalance in education,

---

2 The songtext Bould refers to goes: »I can't pay no doctor bill (but Whitey's on the moon)/Ten years from now I'll be payin' still (while Whitey's on the moon).« (Bould 2007, 177)

unequal representation and a widespread ignorance that is common in primarily middle to upper class white America. Specifically, within the Black community, there is a discussion that has been happening for years. Without appropriate mass to the debate, it has yet to become something that everyone would work to consider excessively: The way Black people are viewed from external forms of media, and the ways that they view themselves from the perspective of their own community at large. This portrayal contains constructs that have been polluted with inaccurate and sometimes irresponsible portrayals. The everyday life of a person living in America while Black is grossly different from the life of the majority. While great strides have been made to alleviate this, it is still nonetheless a factor that contributes to the stagnant quagmire that many can easily be forgotten in.

The superhero genre can be analyzed as intentional comment on sociological or political matters as well as for its underlying subconscious or psychological assumptions. Evdokia Stefanopoulou points to the fact that »Superhero films are also meaning-making systems that produce various subject positions and articulate often-conflicting discourses surrounding identity questions such as race, gender and class« (Stefanopoulou 2017, 22). BLACK PANTHER works as a piece of consumable media as well as intelligent social commentary. Utilizing its many aspects of sound, symbolism, themes and visuals to convey tightly woven messages for the public at large to be entertained, it offers a challenging space to open up discussions. The movie functions within the framework of the Marvel Cinematic Universe, which makes it underlay its logics and necessities. T'Challa (Chadwick Boseman) reprises his role as Black Panther and is crowned the king of Wakanda after the loss of his father in the previous film CAPTAIN AMERICA: CIVIL WAR (April 2016). In this sense it is a classical story of a kingdom threatened by a mistake, made by a previous king. A mistake which leaves a son with responsibilities he must accept on behalf of his people, in the dawn of an alien invasion which will occur in AVENGERS: INFINITY WAR (April 2018). The film still lands on its feet with very minimal influence from the ongoing outside storyline, managing to present two simultaneous films. Unlike most other Marvel movies filled with cameos and crossovers, BLACK PANTHER can stand for itself in terms of a consistent narration. People can relate to the film by referring to shared experiences and discourses that have shaped the world throughout slavery, colonialism and neo-imperialism. In this sense, it is a story of vast symbolism in which each character represents entire communities and points to what can become of them when they either work together or feel marginalized and forgotten.

Through the film's double nature, the makers of BLACK PANTHER challenge themselves to find a balancing between mainstream cinema and revolutionary potential, which can be argued to be doomed to fail or to only succeed to a certain degree. Stefanopoulou reflects on the ambiguity of superhero movies in general. While obviously depending first of all on markets, some also attempt to incorporate new audiences and discursive challenges:

> Whether this is a Hollywood strategy in order to renew a genre and to address a larger audience, that often contains radically different subjects, or is the result of conflicting social discourses and movements, the superhero myth has still some revealing stories to tell about the boundaries of ourselves and the multitude of identities that we adopt in our contemporary world. (Stefanopoulou 2017, 36)

Marvel's previous fame and monetary assistance holds some credit for incredibly ambitious visual storytelling, but much like it is represented in the film, it takes a village to raise a child. For that it must be stated that the cast and crew of BLACK PANTHER are the main cause of its success. Director Ryan Coogler shows prowess through aspects far beyond typical conventions. His initial co-operation with Michael B. Jordan in FRUITVALE STATION (2013), a story about a young Black father shot and killed by a police officer in San Quentin based on a true event, set a precedent for his commitment to speak up through cinema. Through ongoing input and discussion, the primarily Black cast and the African American director, are able to depict psychological trauma from a perspective having direct access to lived pain from both, recent events and childhood scars. Being based on Marvel comics, the story is expanded to reflect hardships of the Black experience through the lens of people, who can relate to it with their personal history.

Utopian Superhero vs. Relatable Villain

The core conflict of the film is the divergence between T'Challa and N'Jadaka aka Erik Killmonger (Michael B. Jordan), two royal descendants of Wakanda who however have biographies that could hardly be more different. Despite their shared decent, they represent conflicting collectives, an African and an African American one respectively, incarnating competing ideals and transcending a clear line between hero and villain. Costello and Worcester point out that »superhero storylines often present the clash of opposing viewpoints. One of the many pleasures of fan culture is the way in which it offers hardcore readers the opportunity to hash out these ideological conflicts with other committed fans« (Costello/ Worcester 2014, 86). T'Challa and Killmonger also represent two scopes a movie can provide for its audience's potential priorities: on the one hand, a desire for a utopian superhero and his inspirational qualities, and on the other, the identification with a real-life underdog with his relatable, though not necessarily righteous emotions and ambitions.

Their different backgrounds lead to opposing missions, strategies and ideologies that culminate in their intertwined destinies. T'Challa, an idealized representation of a soon to be African leader, having grown up under the guidance of his father, King T'Chaka (John Kani) in a Wakanda defined by affluence, peace, progress and wisdom. T'Challa works to honor his father's memory by at first attempting to do things as he would have done them, until he finds through the encounter with Killmonger that his father had killed his brother N'Jobu (Sterling K. Brown). He grows conflicted, having to acknowledge his father's choices as flawed and wrong. In a flashback, the film reveals that T'Chaka had killed N'Jobu for betraying Wakanda and attacking the Wakandan double agent Zuri aka James (Forest Whitaker), who had been sent to watch him. King T'Chaka's actions left an orphaned Erik to fend for himself in a racist society, left alone to deal with the traumatic personal loss he has suffered. He symbolizes the oppressed African American population, facing a lack of opportunities and knowledge of where they came from, thus no common frame of reference in terms of an identity narration. The fratricide stands for the detachment from the African continent, felt by large parts of the Afro American community. N'Jobu's extermination through his African brother can further be read as an Afro American sense of spiritual abandonment by their brethren on ›the continent.‹

T'Challa is the main protagonist, merchandised as the Black Panther (Killmonger actually is the Black Panther throughout parts of the film too) and clearly depicted as the ›good‹ and sympathetic superhero throughout the story. However, Killmonger too, formally possesses traits usually associated with superheroes. Among them are the possession of a ›double identity‹ (as Wakandan prince N'Jadaka and American warlord Killmonger) and the fact that like most modern superheroes, he grows up as an orphan (Kvaran 2017, 219) seeking to avenge his father's death. Kara M. Kvaran points out that most superheroes are led in their actions by their father issues in a Lacanian sense (Kvaran 2017, 223), which is true for both protagonists in their own way.

»Black Panthers«' Agendas

It is a commonplace that the circumstances of one's upbringing shape who one becomes, or as Karl Marx has famously proclaimed, »it is not the consciousness of men that determines their existence, but their social existence that determines their consciousness« (Marx 1977 [1859]). T'Challa's and Killmonger's world views also provide conflicting potentials for resistance. Through their exposition, to continuous racial injustice, N'Jobu and later on his son Killmonger become aware of the African American condition, which makes them develop the ambition to support an armed struggle. N'Jobu, who had been sent to the States as a spy, smuggles vibranium out of Wakanda to arm the oppressed. Killmonger goes all the way to claim the Wakandan throne in order to command the exportation of vibranium

Fig. 1, 2: Malcolm X; N'Jobu in »Black Panther« (2018)

to empower the »oppressed people all over the world.« Killmonger is established as an aware anti-colonial spokesperson in the museum scene where he is first introduced. As he and his accomplice, Klaue, steal an ancient artifact made of vibranium, he confronts the personnel in the London museum with the fact that the artifacts where unrightfully stolen by their colonial ancestors. The film associates Killmonger and his father with Black activism and with the United States' Black Panther movement of the 1960/70s by including various references. The opening and closing scenes of BLACK PANTHER, showing Killmonger's childhood home, are situated in Oakland, which is where the Black Panther Party was created in 1966. In N'Jobu's apartment, we see a Public Enemy poster, and the scene where he watches out of the window for unexpected visitors. This moment alludes to the iconic image of Malcolm X in front of the window of his home, anticipating assassins, before actually being killed just like N'Jobu (Fig. 1, 2).

Other than his father, who was raised in Wakanda, Killmonger's mission is not only a political agenda to arm the oppressed. Instead, it is suggested that his mission to take the mantle of the Black Panther and to use the vibranium resources for the oppressed is also driven by the desire for revenge for his father's death. He grows up without guidance to pull from, left to fend for himself in a cold and lonely reality that mirrors ours far too well to be anything but a direct commentary on the current state of Black communities at large and the many destined to fall through the cracks of the system that failed them. Killmonger is ready to accomplish his goals by any means necessary, utilizing people, places and circumstances to his advantage until they are no longer useful. He goes into the army and eventually rises so high up the ranks that he becomes a mercenary with the aim to ›learn from the enemies and beat them at their own game‹. He develops a personality, alluding to what Frantz Fanon describes as the reflection of the colonial aggressor in the colonized self:

all that is stirred up in them is a volcanic fury whose force is equal to that of the pressure put upon them. You said they understand nothing but violence? Of course; first, the only violence is the settler's; but soon they will make it their own. (Fanon 1963, 16)

For Killmonger, this is expressed in his mercilessness, willing to kill all who cross him, regardless of their innocence or his personal bond to them. He unhesitatingly shoots even his girlfriend Linda (Nabiyah Be) when mercenary Ulysses Klaue (Andy Serkis) uses her as a human shield. This attitude is pinpointed by T'Challa, when he accuses him during the final battle: »You want us to become like the people you hate so much«.

T'Challa is depicted as a leader standing for a conservative political standpoint with liberal values. At the beginning of his journey, T'Challa's actions are confined to his own kingdom, holding fast to the principle of hiding vibranium from the outside world in order to prevent the powerful but potentially dangerous resource to get into the wrong hands. By doing so he represents an isolationist position that could be associated with resource nationalism promoted or at least discussed by several real world African countries in recent days. This is criticized even by some of his confidants as selfish nationalist isolationism, focusing only on the well-being of Wakandans rather than the whole world. In the context of underdevelopment theory however, it also represents the perspective of a lesson learned from colonialism that caused the exploitation of raw materials and ongoing dependency. Not least through his encounter with Killmonger, his isolationist standpoint is changed into what his love interest, and international spy for Wakanda, Nakia (Lupia Nyong'o), has been trying to convince him of even before: using Wakanda's advancement to empower oppressed people in the world – not through weapons but through education, which is provided in the form of ›aid‹. In this sense, the narration can be seen as a legitimization of a western-rooted aid discourse and ideology, implemented as a form of prolonged neo colonial influence, actually reinforcing dependency. Nakia, however turns the western aid discourse upside down by propagating aid to be provided by an African country to the marginalized and underdeveloped parts of the rest of the world (»Share what we have, we could provide aid, access to technology and refuge for those who need it. Other countries can do it. We can do it better.«).

In the film's final scene, T'Challa reveals the Wakandan vibranium resources to the world during a UN gathering, establishing Wakanda as a new world power. In making this narrative decision the film reinforces the international institutions still representing a world order of imperial capitalism, against a revolutionary potential from the bottom, represented by Killmonger. Along with the decision to make CIA agent Ross an ally to Wakanda, this may be interpreted as a flaw attributed to mainstream cinema, where the American Agent always has to be the ›good guy.‹ Bould warns:

> Afrofuturism tends towards the typical cyberpunk acceptance of capitalism as an unquestionable universe and working for the assimilation of certain currently marginalized peoples into a global system that might, at best, tolerate some relatively minor (although not unimportant) reforms, but within which the many will still have to poach, pilfer, and hide to survive. (Bould 2017, 182)

In the concrete context of political discourse in the recent day United States however, T'Challa's action can also be seen as supporting those more liberal parties which want to see America as a partner on eye level within the international institutions, rather than as a self-proclaimed superpower. As such the African American invention of Wakanda establishes itself as role model for the nation.

From the point of view of the Marvel Cinematic Universe, Wakanda's statesmanship appears as an inherent necessity in the larger plot if read in the context of where the Marvel Cinematic Universe is headed – alien powers led by Thanos will be attacking the world in the follow-up Marvel movie AVENGERS: INFINITY WAR (April 2018), attempting to eliminate half of the world's population, Wakanda being the only chance to defend human kind as a whole. In this sense, the empowerment Wakanda represents to its audience is in the form of envisioning an actual superpower from an African American perspective; one that is more perfect and righteous compared to what the Post-Obama USA are drawing themselves to be.

Trauma, Memory and the Heart-Shaped Herb

Besides their varying political agendas, T'Challa and Killmonger also stand for different ways to cope with trauma on a personal and collective level. The potential of an individual or collective to cope with trauma caused by the violence experienced within ›asymmetric power relations‹ (Aleida Assmann 2012, 67) and injustice depends on the degree to which the violence destroyed cultural references and ways of meaning-making. Killmonger represents the African American experience, deprived from their traditions and system of reasoning, burdened to establish a new identity that allowed them to survive in an imposed system. In fact, he is driven by a combination of hatred resulting from his trauma and the empowering knowledge of his background. What distinguishes him from the actual African American experience, is his conscious connection to his origin, heritage and the knowledge of where he comes from: the utopia of Wakanda, which his focus and drive are directly linked to. It gives him agency, purpose and the strength to pursue his mission. However, this bond to his place of origin is just an imaginary one, a mediated connection, no active memory of a directly experienced past. For that, he remains incapable of productive self-reflection and learning from his and his ancestors' actions and runs away from his past, rather than facing it.

The capability to engage with the past, in order to heal and gain strength, is a central element of the Wakandan utopia – symbolized through the ›heart-shaped herb‹. Every new Black Panther drinks the elixir made from the herb after his inauguration, providing him with superhuman capabilities. Their strength, however is not only a physical one, but arises through their experienced ancestral journey, which connects the individual back to their ancestors while in a state of deep sleep. Both T'Challa and Killmonger reconnect to their respective fathers.

During Killmonger's encounter with his late father, he finds himself in his Oakland childhood apartment where his father had passed away. Killmonger's father speaks to him and as soon as his father finishes his first sentence, Killmonger reverts to his childhood self. Compared to the state T'Challa meets his father as a fully grown man, Killmonger's physical state is a symbolic representation of his arrested development upon the death of his father. As they continue their dialogue, his father asks young Killmonger, why he does not mourn him, to which he replies: »Everybody dies that's just the way it is around here«. This statement suggests that the decision of how he would react to traumatic experiences was one that had been formed long ago. His father can only lament his own mistake of not taking his child back to Wakanda. He acknowledges both the fact that he can say nothing that will reach him and the monster he has created by his absence. Once again, speaking to a larger systemic issue of Black fathers' disconnection from their sons. Besides his father and the society he grew up in, Wakanda too, is shown to hold a responsibility for Killmonger's psyche. This is what T'Challa comes to realize in his second journey to the ancestral plane, confronting his father with the realization that Killmonger is »a monster of our own making«.

Killmonger's incapability to deal with his trauma ultimately manifests in the scene where he orders to burn all the ›heart-shaped herbs‹ after the encounter with his father. Delving into past and present issues that permeate the protagonists as much as the communities they represent, the film makes a strong statement as to Santayana's notion that »those who cannot remember the past are condemned to repeat it« (Santayana 2011 [1905], 172).

Only after T'Challa stabs a blade in his heart at the end of the final battle, does Killmonger finally reach the sunset of Wakanda that his father had spoken of. »It's beautiful,« he exclaims. T'Challa offers his cousin a chance to change, realizing that more connects than separates them: »Maybe we can still heal you.« The offer can also be understood in a non-literal sense, as a psychological healing from his trauma. Killmonger however, paralyzed by his incapability to think beyond the structure he has experienced, caught up in the colonizers' mindset, says his dramatic final words:

> Why? So you can just lock me up? Nah. Just burry me in the ocean with my ancestors that jumped from ships. Cause they knew death is better than bondage.

In this scene, more than in any other, T'Challa and Killmonger speak to one another on behalf of one member of the Black community to the other. Killmonger's final statement resonates greatly with Black American audiences, finding themselves in his words with ease. It serves to set a precedent for their feeling of representation in combination with a lack of understanding and appreciation for T'Challa's journey in comparison to Killmonger's. The audience has the opportunity to engage with the whole of the scene taking away the message that T'Challa's character represents: an awakened view of their purpose together being greater than apart. T'Challa could have left Killmonger in the mines to die, but he brought him up to see the sun – fulfilling his final wish. It can also be argued that without the extreme actions of Killmonger, T'Challa would not have had a reason to finalize his resolve to change Wakanda's practices. His final visit to the ancestral plane commits him to change after having truly learned what his father had done and how unjust it was to the future of the child he left behind.

What if Killmonger had lived? Through his death we see a strong Black male role model die with his pride and with a sense of self, born from his childhood trauma, intact. But what if he had worked with T'Challa? The film works to represent a divided community and their struggle to reach one another, only assuming the worst possible outcome. Lacking empathy and attempting to accomplish everything themselves, separates the idea of the utopia from the ideals of individualism. T'Challa is presented as someone who does not shy away from confrontational views. He acknowledges them and works to understand them hoping to find a common solution to problems at large. It can be assumed that having Killmonger work with him would ultimately have led to many more problems being addressed and potential goals being reached. The options to accomplish these goals more efficiently die with Killmonger. However, the film leaves its audience with the what-if scenario of an altered superhero king and a reformed villain, possibly capable of uniting and reaching heights beyond their conceived roles and assumed fates.

Symbolic Superhero Bodies

Costello and Worcester remind us that superheroes »are almost by definition preoccupied with notions of masculinity and femininity and with competing representations and conceptions of the body« (Costello/ Worcester 2014, 86). According to Stefanopoulou, BLACK PANTHER challenges »the white, muscular and hypermasculine superhero body as the ultimate protector of contemporary societies« (Stefanopoulou 2017, 23). Both, feminine and masculine bodies, mainly defined through their attributes, gar-

Fig. 3: Aestheticized self-harm. Killmonger's scars; »Black Panther« (2018)

ments or performances are used in the film to give symbolical meaning to the controversial resistances depicted in the film.

The Black Panther suit, created by T'Challa's younger sister, Shuri (Letitia Wright), in her continuous strive to advance vibranium technology, becomes a symbol for a notion of Black empowerment. It functions in a way that it accumulates the forces exceeded against it and transforms them into energy. The more Black Panther is hit, the stronger he is able to strike back. This technology entails the message that the suffering, Black people experienced throughout slavery, colonialism and racism, has the potential to make them even stronger.

Killmonger's body on the other hand, is characterized by a structure of scars decorating his upper torso, giving it an almost reptile-like look. Each of the scars, which he exposes like trophies, stands for a person that he has killed on the way to claim the Wakandan throne. His merciless killing is represented as a form of aestheticized self-harm (Fig. 3). The Wakandan mask he steals just because ›he feels it,‹ adds a notion of emotional romanticism for an imagined past to his physical self-representation. Taken from a museum, the mask seems to have lost its ritual potential and becomes an empty, exoticized garment when in his possession.

The physical fights among the main characters, along with their setup and attributes, also represent the broader nature of their encounter and what is at stake. Other than the external battles Black Panther fights in the outside world, the battle over the throne is carried out with conventional weapons, masks and the exposed muscular male bodies. The fight scene takes place at the edge of a cliff, implying the option of victory and death. When Killmonger challenges T'Challa for the throne, he has his armor of scars—the violence turned anger of his experienced hardship—with him, while T'Challa does not wear his suit. The fight ends with T'Challa falling off the cliff, seemingly dead. After T'Challa's return, the two adversaries meet again in the final battle, now both in Black Panther suits. The climax of the fight takes place on a futuristic rail track which works through a magnetic field that deactivates vibranium as the train rushes through. For that reason, the suit as well is temporarily deactivated as the two cousins fight each other. Symbolically the suit that helps the Black Panther to fight external threats loses its function as the cousins fight each other, which makes it an internal and rather personal matter. Black people of different backgrounds and experiences can still confront each other on an eye-level without the weapons they created against an outside world.

Female Wakanda

Wakandan females also negotiate their bodies, commenting on the costumes they are required to wear in different settings. They challenge both the western dress codes forced upon Black women and the traditions that they feel restrict them. Shuri continuously mocks—though formally respects—things connected to tradition as she stands for technological advancement and innovation. She complains about her uncomfortable ceremonial dress in the middle of her brother's crowning ceremony. Okoye (Danai Gurira) performs a symbolic act against disgracing fashion conventions imposed on Black women. During a secret operation in a casino she throws the straight-hair wig she had to wear in order to remain undercover into her adversary's face (Fig. 4). Casting off the imposed ideals of beauty, she reveals her identity as a strong Black woman.

Although BLACK PANTHER's two main characters are male, it depicts women in the majority of important supporting roles and gives them their own agendas and agencies. This distinguishes it from most superhero films where women's roles are usually limited to trigger developments in the plot without contributing to change motivations, and are mostly absent in the background stories (Kvaran 2017, 219). BLACK PANTHER's depiction of women provides both empowerment and critical reflections of the ongoing flaws in gender relations. Wakandan women do not possess superhero qualities in terms of the Marvel definition, but rather super-capacities that reflect the status quo in universal gender disparities. They are depicted as being the force behind men's decisions as well as their abilities and determine the course of events through their actions. T'Challa is to a large extend defined and led through his journey by the women surrounding him – from his sister Shuri, his ex-girlfriend Nakia and the female only royal guard Dora Milaje, led by his personal friend and adviser general Okoye.

Fig. 4: Okoye violently rids herself of the wig; »Black Panther« (2018)

T'Challa is shown as a person who is comfortable keeping things as they are if no need for improvement seems obvious or necessary. His little sister Shuri represents change and innovation. She continuously challenges her brother, reminding him that one must strive to improve things:

Shuri: I'm here for the EMP beads, I've developed an update.
T'Challa: Update, no, it worked perfectly.
Shuri: How many times do I have to teach you, just because something works does not mean it cannot be improved.
T'Challa: You are teaching me, what do you know?
Shuri: More than you.

In tune with usual sibling dynamics, denoting a propensity to not take her as seriously as he should, this exchange embodies a defensive nature in Black males while hearing out Black women who, while correct and often forward thinking, are marginalized within society. In the final battle, Shuri masters the often female trait of multitasking. While fighting in a direct confrontation with Killmonger, she simultaneously remote-communicates with CIA Agent Ross, who is flying the war plane—giving instructions and speaking encouraging words to the daunted male foreigner.

Clichés associated with male-female relationships are challenged in the film in many ways. The women of Wakanda, whose actions and priorities remain constant throughout the film, build a contrast to the emotionally defined drives of the male protagonists. Both, Nakia and Okoye, believe in their calling more than in the importance of one man, their duties coming before their love and friendships. Nakia tries to convince T'Challa of her standpoint that Wakanda would do well to open its borders to the world and take on more responsibility. She argues from the perspective of someone who has been living around the globe and working to change the world outside of the safety of Wakanda's hidden nation. T'Challa argues that his people must come first, re-establishing a trend of unwillingness to change a system he deems to be working. Instead, he asks Nakia for something personal, requesting her to stop doing her job abroad and instead stay with him as a Queen. Nakia declines and continues to follow her calling instead of her royal love interest.

Okoye, despite her deep friendship to T'Challa, takes a stand for loyalty to tradition, deciding to keep serving the throne that has been taken by Killmonger instead of going into exile with Nakia, Shuri and Queen Mother, Ramonda (Angela Bassett). In a key scene, after T'Challa's defeat against Killmonger, Okoye and Nakia engage in a pivotal discussion about the future of Wakanda. They promote opposing views, centered around Okoye's unbreakable loyalty to her identity as a royal guard versus Nakia's intuitive understanding of ›doing the right thing,‹ arguing that the newly crowned king is unfit to rule and needs to be removed:

Nakia: I loved T'Challa. And I love my nation too.
Okoye: Then serve your nation.
Nakia: No. I will save my nation.

The two women's political ideologies clash, leaving them separated but clearly having a similar resolve and dedication to their respective purposes. Interestingly, their standpoints cut across the two male antagonists' positions in terms of national protectionism versus a focus on the outside world, which adds to the complexity of the political controversy. Okoye, in line with T'Challa's stand, is focused on Wakanda's traditions. However, her position leads her to the decision to initially support Killmonger. Nakia's stance, though characterized by totally different motivations and applications, is comparable to that of Killmonger, when it comes to sharing Wakanda's resources with the oppressed. However, her common sense leads her to fight Killmonger and ultimately help to save T'Challa. Thus, it is the women's standpoints that allows to develop a synthesis of the males' opposing views.

In the key moment of T'Challa's return, Okoye turns back to his side, arguing that, as it turns out he is alive and had not surrendered, the challenge was not yet over. This decision implies that she must fight against her own husband, W'Kabi (Daniel Kaluuya), and his army who supports Killmonger. At the end of the battle, as she personally confronts W'Kabi, he directly asks her: »Would you kill me, my love?« to which she straightforward answers: »For Wakanda – without a question.«

Fig. 5: Shuri mocks her brother T'Challa; »Black Panther« (2018)

Ridiculing the Oppressor – Humor

Humor is widely used as a tool to negotiate complex issues of representation, sometimes ironically commenting on the narrative and the aesthetic choices of the film itself. Other than the use of bathos in several other Marvel movies, which is used as a means to create comedic breaks to emotionally charged moments, the use of humor in BLACK PANTHER appears meaningful in every aspect. It is a core element to convey the deeper meaning in a scene and becomes a tool to talk about complicated or controversial topics. First, nonchalant humor in the interaction between Wakandans serves to make each character even more relatable and to playfully frame some of the Africa-clichés the film might otherwise evoke (Shuri complaining about her costume, Okoye admonishing T'Challa not to freeze when he sees his ex-girlfriend, Shuri continuously mocking and flipping off her brother, Fig. 5). Second, humor is also used in a more serious sense when it comes to the depiction or inversion of race-based experiences and touches on the ever-present theme of racism.

BLACK PANTHER gets by with only two white (male) characters. One of them an ultimate one-dimensional villain, the white South-African mercenary and vibranium smuggler Ulysses Klaue. His character lives through continuously ridiculing himself. Wakanda is portrayed as a highly technologically advanced society, which is in contrast to the colonizers' view of ›African backwardness‹ associated with »barbarism, degradation, and bestiality« (Fanon 1963, 210), embodied by Klaue. He reduces this trope to absurdity when he keeps referring to Wakandans as »savages«

despite him being the only outside person with knowledge of Wakanda's advancement.

The other white character, CIA Agent Ross (Martin Freeman), is initially introduced as a smart aleck American, treating T'Challa and Okoye in an ostensibly friendly and polite but patronizing manner. The film takes up the chance to not only depict obvious forms of racial prejudice and racism (as through the character of Klaue), but also points to more latent forms. Believing to have the upper hand, Agent Ross explains to T'Challa and Okoye, that they are only allowed to follow Klaue's interrogation in the CIA office due to his leniency. Ross taps T'Challa in a degrading way and tries to teach Okoye about diplomacy after having doubted her capacity to follow the discussion in English. Only after being shot, brought to Wakanda and saved through Wakandan healing technology, does he realize, who he is confronted with. He becomes more and more sheepish, offering to contribute his modest help to T'Challa's cause. He is henceforth continuously used in a ›fish out of water‹ story in the second act of the film, finding himself learning very important lessons that exemplify a role reversal for white audience members. »Don't scare me like that, colonizer,« Shuri exclaims when being startled by the now healed Agent Ross. His constant enchantment and bewilderment of the world that surrounds him is fitting for many people who ›columbus‹ their way to the cultures of other people – believing that they hold the only definable trait to give it existence regardless of how long it had been there before their arrival. The director's decision to still let the white American CIA agent remain a ›good guy,‹ is attenuated by his disempowerment throughout the scenes and dialogues. While trying to be helpful and eloquent he is continuously interrupted, rebuked, made fun of and instructed by his forbearing and well-meaning Wakandan hosts.

Experiences of implicit racism are also exposed in the ways, Wakandans are treated and made to behave while operating in an international framework. This reaches the point of self-restriction, which often goes unnoticed, but is a prevalent reality in the daily life of Black people all over the world when conducting themselves in white-hegemonial settings. Once Black Panther corners Klaue, in the South-Korean city of Busan, he controls the urge to kill him right on the spot, as general Okoye informs him of the watching world: After the spectacular car race that leads to the showdown, a crowd of passers-by has gathered around them, filming the strangers with their mobile phones. His plight closely resembles the struggle of the Black community. Where ever they go, Black people are always burdened with the awareness of being viewed in a way that their every action, tendencially defines the rest of their race and how the world will continue to view them.

Closing Remarks

BLACK PANTHER undertakes the challenge to use mainstream cinema to defy conventional representations of Black people in the 21st century. By doing so, it enhances imagination, which provides options to better cope with reality. It offers moments of reflection, identification and admiration. It establishes a narrative that is nuanced and evokes an experience that is easily recognizable and relatable to a diverse international audience. It contributes to question, mock and break patterns of representation, in terms of exoticism, Africa clichés and gender roles, by using symbolic attributions to the superhero bodies. By venturing a balancing act between resistant potential and box office, it offers contradictory readings and opens up a place for a deeper dialogue.

Critiques from different camps will find shortcomings and flaws in the film, often deriving them from their disapproval of the many constraints faced by mainstream movies. The film's creative team used the ›tongue and cheek‹ method to accomplish the studio's benchmark of success while simultaneously relating with their core demographic. The use of Gil Scott-Heron's »The Revolution Will Not Be Televised« as a soundtrack in the trailer may be understood as a self-critical note of awareness of the underlying issue and a cue to their expectant audience.

Literature

Assmann, Aleida 2012. To Remember or to Forget: Which Way Out of a Shared History of Violence? In: Assmann, Aleida/Linda Shortt (Ed.): Memory and Political Change. New York, 53-72

Bould, Mark 2007: The Ships Landed Long Ago: Afrofuturism and Black SF. *Science Fiction Studies* 34 (2), Afrofuturism, 177–186.

Brooks, Lonny J. Avi 2018: Cruelty and Afrofuturism. *Communication and Critical/Cultural Studies* 15(1), 101–107.

Costello, Mathew J/Kent Worcester 2014: The Politics of the Superhero. *Political Science and Politics* 47(1), 85–89,

Fanon, Frantz 1963: The Wretched of the Earth. New York.

Hagley, Annika/Michael Harrisson 2014: Fighting the Battles We Never Could: »The Avengers« and Post-September 11 American Political Identities. *Political Science and Politics* 47(1), 120–124.

Koselleck, Reinhart 2004 [1979]: Future's Past. On the Semantics of Historical Time. New York.

Kracauer, Siegfried 1966 [1947]: From Caligari to Hitler. A Psychological History of the German Film. Princeton University Press.

Kvaran, Kara M. 2017: Super Daddy Issues: Parental Figures, Masculinity, and Superhero Films. *The Journal of Popular Culture* 50(2), 218–238.

Marx, Karl 1977 [1859]: A Contribution to the Critique of Political Economy. Moscow.

Santayana, George 2011 [1905]: The Life of Reason. Introduction and Reason in Common Sense. Massachusetts.

Stefanopoulou, Evdokia 2017: Iron Man as Cyborg: Between Masculinities. *Gender Forum. An International Journal for Gender Studies* 62, 21–38.

Abb. 1: Sonja Gassner: Come on Baby, Light my Fire, Malerei, Öl auf Leinwand, 150 x 220 cm

Sonja Gassner
COME ON BABY, LIGHT MY FIRE

»Sexualität und Widerstand« als Thema und Grundmotiv für eine Malerei zu setzen, verleitet dazu, in die Offensive zu gehen, Überhöhungen und Zuspitzungen bestimmter Symboliken ebenso herbeizuführen wie bestimmte Klischees und Stereotype aufzurufen. Der kämpfende Mann, das leicht tollpatschige Pin-Up Girl, das von seiner Sexualität gerade genug preisgibt, um den Anschein von Unschuld zu bewahren, und die ungehemmte Frau als Raubkatze. Sie alle sind sowohl Produkte als auch Träger/innen bestimmter kulturell geprägter Vorstellungen und Assoziationen von Männlichkeit und Weiblichkeit, mit denen immer auch normative Implikationen einhergehen. Gleichermaßen sind es aber genau diese eindimensionalen Typen in ihrer je spezifischen Darstellungsweise, die eingebettet in neue Kontexte dabei helfen können, widerständige Aussagen zu artikulieren.

Der zugrundeliegende Gedanke knüpft sowohl an den von Jacques Derrida geprägten Begriff der Iterabilität, welcher eine grundlegende Zitathaftigkeit von Sprache beschreibt, die Wiederholung und Andersheit inkludiert, als auch an Judith Butlers Modell der Resignifizierung als subversive Selbstaneignung an. Ebenso wie sprachliche Zeichen erzeugen Bilder Wirklichkeit und müssen, um kulturellen Wert zu erlangen, sprich in ihrer Bedeutung erkannt und verstanden zu werden, wiederholbar, zitierbar, das heißt iterierbar sein (Derrida 2001, 32). Da es strukturell gar nicht möglich ist, ein zitiertes Bild zweimal auf exakt gleiche Weise aufzurufen oder zu reproduzieren, impliziert jede neue Repräsentation immer auch eine Andersartigkeit, etwa durch Akzentuierung oder Verschiebung des semantischen Gehalts (Derrida 2001, 32). So ergibt sich nicht nur die Chance, Zeichen und Bilder aus ihren ursprünglichen Sinnzusammenhängen und Kontexten zu lösen, sondern sie in letzter Konsequenz gegen sich selbst zu richten und Sinnverschiebungen bewusst herbeizuführen (vgl. Butler 2006, 30).

Mit anderen Worten: Diese Strategie ermöglicht es, in der vorliegenden Malerei die Genres des klassischen Tafelbildes und der Kriegsmalerei, welche in der Kunstgeschichte traditionellerweise männlich besetzt sind, zusammenzubringen, um traditionelle Darstellungs- und Repräsentationsweisen des Weiblichen und Männlichen mitsamt ihrer historischen Dimension aufzurufen und diese in einem Akt des Widerstands gegen sich selbst zu wenden. Das Pin-up Girl, das hier unbeholfen die Bombe fallen lässt, löst sich nicht nur aus seiner passiven Rolle des Objektiviert- und Angeblicktwerdens, sondern macht darüberhinaus die Absurdität der ihm zugeschriebenen, geschlechtlich aufgeladenen Rolle sichtbar. Dass die Ironie dabei nicht zu kurz kommen soll, verrät bereits der Titel des Bildes: »Come on Baby, Light my Fire«. (Interpretationsspielraum bezüglich des Titels sei hierbei jeder/m Rezipierenden gegeben.)

Literatur

Butler, Judith 2006: Haß spricht. Zur Politik des Performativen. Übersetzt von Katharina Menke und Markus Krist. Frankfurt am Main.

Derrida, Jacques 2001: Signatur Ereignis Kontext. In: Ders.: Limited Inc. Wien, 15–45.

Andreas Huyssen
FRANK STERN ZUM 75STEN

Es ist mir eine große Freude, einen kleinen persönlichen Beitrag zu Frank Sterns Nicht-Festschrift leisten zu können. Akademische Festschriften waren für unsere Generation meist ein Stein des Anstoßes. Nun ja, benennen wir das Ding um, denn etwas muss zu bestimmten Zeiten geschehen, wenn nicht festgeschrieben werden. Ehemalige Student/innen, Kolleg/innen und Freund/innen tun sich zusammen, um ein intellektuell bewegtes und erfolgreiches Leben zu würdigen. Es spricht für Franks Energie und pädagogisches Engagement, dass dieser Band im Vorfeld seines 75. Geburtstags erscheint und nicht zum traditionell üblichen Moment der ›Zwangsvergreisung‹ mit 65 Jahren. Meinen herzlichen Glückwunsch an dieser Stelle!

Frank und ich sind seit über zwanzig Jahren miteinander befreundet. Es war immer eine herzliche und spezifisch professionelle Freundschaft aus intellektueller Affinität trotz verschiedener Herkunft und eines unterschiedlichen Werdegangs. Als ›expats‹ aus Deutschland, geboren in den frühen 1940er Jahren, gehören wir zur älteren Kohorte der 68er-Generation, geprägt durch den ›Schatten Hitlers‹ (wie Frank es ausdrücken würde), den zu verlassen auch das Leben im Aus-Land nicht viel genutzt hat. Ein fast zeitgleicher Studiengang in den sechziger Jahren mit Fokus auf deutscher und jüdischer Geschichte bei Frank verbunden mit einem zunehmenden Interesse an Literatur und vor allem Film als Medium und Archiv von Erinnerung. Bei mir lag der Fokus auf Literatur mit zunehmendem Interesse an Kulturgeschichte, Kritischer Theorie, Gegenwartskunst und Medien – das war wohl die Grundlage für unsere immer belebenden Gespräche. Aber zentral für uns war vor allem das gemeinsame generationsbedingte Engagement für eine kritische Aufarbeitung der Nazi-Vergangenheit, die gegenwärtig international wieder übelriechende Sumpfblüten treibt. Wie William Faulkner schrieb: »The past is never dead. It is not even past«. Die gegenwärtige Politik der Vereinigten und anderer Staaten bestätigt Faulkners Gedanken vollauf.

Wir lernten uns in New York kennen, wie, wann und über wen ist mir entfallen. Es muss in den frühen neunziger Jahren gewesen sein. Denn 1995 schon kam Frank auf meine Einladung als Gastprofessor auf zwei Semester an meine im Neubau befindliche Abteilung an der Columbia University. Er unterrichtete ›New German Cinema‹, ›The Holocaust in Literature and Film‹ und ›The Myth of a German-Jewish Symbiosis‹. Es waren programmatische Seminare in unserem Lehrangebot, nachdem wir in *New Ger-*

man Critique einige Jahre zuvor schon mehrere Themenhefte zu ›Germans and Jews‹ veröffentlicht und das Thema Aufarbeitung der Vergangenheit mehrfach angesprochen hatten. Eine Kopie seines massiven Readers zum Holocaust-Seminar steht noch heute an prominenter Stelle im Bücherregal der Historikerin Atina Grossman in New York. Als Sammelband veröffentlicht hätte es ein Renner werden können.

In jenen Jahren war Frank gar nicht zu halten. Er tingelte von einer Universität zur nächsten: Israel, Deutschland, USA und schließlich Wien. Sein Lebenslauf erinnert an die Zeilen von Bertolt Brecht über das Exil: »Öfter die Länder als die Schuhe wechselnd«. Aber schon zwei Jahre später sahen wir uns wieder auf einer von ihm organisierten Konferenz an der Ben-Gurion-Universität in Beer Sheva, wo er die German Studies leitete. Thema waren deutsch-jüdische Erfahrungen in Literatur, Film und Leben mit dem Ziel, die einseitige Konzentration der historiographischen Diskussion auf den Vernichtungsantisemitismus der Nazis zu überwinden. Der 2003 erschienene Band *Die deutsch-jüdische Erfahrung: Beiträge zum kulturellen Dialog* dokumentiert die Vorträge. In meinem Beitrag ging es um Sehstörungen in der Wiener Moderne, und dies markierte den Beginn meiner Faszination für die Prosaminiaturen der großstädtischen Moderne in ihrem Verhältnis zu Photographie und Film. Für mich war die Konferenz eine prägende Erfahrung, da mehrere meiner besten und andauerndsten Freundschaften auf die Tage in Beer Sheva zurückgehen.

Jahre später, nachdem Frank Israel den Rücken gekehrt und seine Lehrtätigkeit in Wien aufgenommen hatte, lud er mich ein, den Eröffnungsvortrag für das Initiativkolleg »Sinne-Technik-Inszenierung« zu halten. Und dann trafen wir uns nach einer längeren Unterbrechung mehrfach auf jährlicher Basis, wenn ich jeweils im November zur Beiratssitzung des Internationalen Forschungszentrums Kulturwissenschaften (IFK) angereist kam. Wiener Schnitzel beim *Figlmüller* und anderswo mit Frank und Staatsoper gehörten zu diesen Wiener Novembertagen, mit denen es nun leider auch ein Ende hat. Aber ich bin sicher: Wir werden uns wiedersehen.

Für mich ist Frank nicht schlicht und einfach ein Filmhistoriker wie andere. Er betreibt wissenschaftliche Erinnerungspolitik über das Medium des Films, den er spezifisch als Energieträger öffentlicher Erinnerung liest. Seine Arbeiten zu jüdischen Themen, »Jewish things«, wie er schreibt, die bereits im Film der späten 1940er Jahre angesprochen wurden, stehen quer zu der These totaler Verdrängung der deutschen Vergangenheit, die angeblich erst mit der US-amerikanischen HOLOCAUST Fernsehserie Ende der siebziger Jahre aufgebrochen wurde. Wie Verdrängung und Erinnerung simultan funktionieren können, legte er überzeugend in seiner Beschreibung der Dialektik von Anti-Semitismus und Philo-Semitismus in den deutschen 1950er und 1960er Jahren dar: Philo-Semitismus als potentielle Blockade offener und öffentlicher Erinnerung und Auseinandersetzung mit der Nazi-Vergangenheit. In der Schärfe des Blicks sind gewiss auch eigene Kindheitserinnerungen und Erfahrungen verarbeitet. Seine große Analyse deutsch-jüdischer Beziehungen in den ersten Nachkriegsjahren *Im Anfang war Auschwitz* von 1991 muss man zu Alexander und Margarete Mitscherlichs *Unfähigkeit zu trauern* (1967) gegenlesen. Mitscherlichs Buch hatte primär mit der Beziehung der Deutschen zu Hitler zu tun und gar nichts mit Juden und dem Holocaust. Um psychische Einstellungen und emotionale Konflikte geht es in beiden, aber nur Sterns Buch wirft Licht auf die irrwitzige Situation, die das Verhältnis von jüdischen DPs, deutschen Beamten, Zivilisten und Besatzern in der Nachkriegszeit kennzeichnete, ein Thema, das in der deutschen Geschichtsschreibung nach 1945 meist eine Leerstelle markierte. Es ist Alltagsforschung im besten Sinn und enthält mehr historisch kontextualisierte *witness testimonies* als viele spätere Analysen einer auf Zeitzeugenschaft und ›oral history‹ abhebenden ›Vergangenheitsbewältigung‹.

Dieses Buch *Im Anfang war Auschwitz* legte wohl einen Grundstein für Franks Zugang zum Film als Erinnerungsmedium. Aber seine Arbeiten zur Filmgeschichte, zu Film als Geschichte beschränken sich nicht auf jüdische und deutsch-jüdische Themen, wie konstitutiv auch immer diese Themen für sein Leben und Wirken sein mögen. Film selbst als Medium ist ihm Geschichte und nicht nur Filmgeschichte oder Erzählung von Geschichten im Film. Film ist ihm »Auge der Zeit, camera vérité, das visuelle Archiv unserer Welt«. Und damit ein Moment von Aufklärung, ganz wie schon Siegfried Kracauer die historische Bedeutung von Film als Produktivkraft von Geschichte analysiert hat.

Franks Arbeiten zum Film sind sowohl archivarisch als auch antizipatorisch gestimmt. Als archivarischer Entdecker weitgehend unbekannter jüdischer Filme aus dem Deutschland und Österreich der zwanziger Jahre hat er sich einen Namen gemacht. Und heute forscht er in Bezug auf Israel über deutsch-österreichisch-jüdische Metamorphosen in der Entwicklung des israelischen Films, eine Arbeit, die gleichzeitig auf die komplexe Geschichte deutscher und österreichischer Einwanderer in Israel abhebt. Filmgeschichte ist ihm immer mehr als nur Geschichte des Films. Das antizipatorische Moment des Films hingegen entschlägt sich des revolutionären Ethos der Zwischenkriegszeit und betont vor allem, wie Film die kritische Wahrnehmung von Gegenwart und Vergangenheit prägt und damit unserer existentiellen Zeitlichkeit Genüge tut, die der illusionären Herrschaft eines permanenten digitalen Präsens zu verfallen droht. Film wird damit zum Restitutionsmoment von Erfahrung gegen den digitalen Angriff der Gegenwart auf die übrige Zeit, wie es bei Alexander Kluge heißt.

Bei der Lektüre von Franks Arbeiten überrascht mich immer wieder der eigene Ton, die Unabhängigkeit von Moden und Methoden der akademischen Filmwissenschaft. Es ist primär die Stimme des politisch engagierten Historikers, die hier spricht, nicht die des Theoretikers. Wie sehr ein theoretischer Anspruch aber doch in diesen Analysen steckt, zeigt sein Essay zum Film als siebter Kunst unter den sechs *artes*. Für einige Ohren mag dies nostalgisch klingen. Die These steht quer zu der oft behaupteten Obsoleszenz des Films im Zeitalter der neuen Medien. Ob nun nostalgisch oder nicht (und Nostalgie kann ja durchaus produktiv sein): Film behält seine prägende Rolle als Archiv der Erinnerungen. Ob Social Media wie Facebook oder Instagram es in ihrer narzisstischen und gegenwartsfixierten Selbstbezüglichkeit je dieser produktiven Wirkung von Film gleichtun können, ist zu bezweifeln.

Letztlich sieht Frank den Film in all seinen visuellen Variationen und Institutionalisierungen ganz unnostalgisch als einen *global vernacular*, wenn er schreibt: »Das Filmgedächtnis wird um die babylonische Bildverwirrung nicht herumkommen; doch ist die Arbeit in und mit ihr ungemein kreativ, anregend und ganz schlicht aufklärend; denn die visuellen Sprachen in ihrer Widersprüchlichkeit projizieren die Vision einer humanistischen Globalisierung«. Das ist die Hoffnung: Film ermöglicht eine neue Form von Kosmopolitismus, vermittelt durch ein visuelles Medium, das seine politische Funktion und Wirkungskraft im Zeitalter der neuen Medien keineswegs aufgegeben hat. Film als Bilderschrift, so würde ich dann als Literaturwissenschaftler sagen wollen, tritt damit an die Seite von Literatur im Sinne von Alexander Kluge, wenn er die Verfasser von Texten beschreibt als »Wächter von letzten Resten von Grammatik der Zeit, d. h. des Unterschieds von Gegenwart, Zukunft, Vergangenheit, Wächter der Differenz«. Kluge steht sicher nicht im Verdacht, einem Imperialismus der Sprache und des Textes das Wort zu reden. Aber Frank würde hier vielleicht insistieren, dass im Rückblick auf das 20. Jahrhundert gerade auch dem Film als Medium der Erinnerung im Rahmen einer Archäologie der Medien größte Bedeutung zugesprochen werden muss als Wächter der Differenz. Darüber würde ich mich gerne bei unserer nächsten Begegnung mit ihm austauschen.

VERZEICHNIS DER AUTORINNEN UND AUTOREN

Helga Amesberger, Dr., ist seit 1993 wissenschaftliche Mitarbeiterin am Institut für Konfliktforschung in Wien. Sie ist Mitglied des Publikumsforums des Hauses der Geschichte Österreich. Von 2014 bis 2017 war sie Mitglied des EU-COST-Forschungsnetzwerks »Comparing European Prostitution Policies: Understanding Scales and Cultures of Governance« (PROSPOL). 2011 erhielt sie gemeinsam mit Brigitte Halbmayr den Käthe-Leichter-Preis für Frauenforschung, Geschlechterforschung und Gleichstellung in der Arbeitswelt. Ihre Forschungsschwerpunkte sind Prostitutionspolitik, Frauen und NS-Verfolgung (insb. Ravensbrück und Mauthausen), Oral History und Erinnerungspolitik, Gewalt gegen Frauen. Publikationen: »Sexarbeit: Arbeit – Ausbeutung – Gewalt gegen Frauen? Scheinbare Gewissheiten.« *Ethik und Gesellschaft* 1: Sozialethik der Lebensformen (2017) (https://dx.doi.org/10.18156/eug-1-2017-art-4); (zus. m. Hendrik Wagenaar und Sietske Altink): *Designing Prostitution Policy. Intention and Reality in Regulating the Sex Trade*. Bristol: Policy Press, 2017; *Sexarbeit in Österreich. Ein Politikfeld zwischen Pragmatismus, Moralisierung und Resistenz*. Wien: New Academic Press, 2014; »Reproduction under the Swastika: The Other Side of the Glorification of Motherhood.« In: Hedgepeth, Sonja M./Rochelle G. Saidel (Hg.): *Sexual Violence Against Jewish Women During the Holocaust*. Waltham, Massachusetts, 2010, 139–155; (zus. m. Katrin Auer und Brigitte Halbmayr): *Sexualisierte Gewalt. Weibliche Erfahrungen im Konzentrationslager*. Wien: Mandelbaum Verlag, 2004; (zus. m. Brigitte Halbmayr): *Vom Leben und Überleben – Wege nach Ravensbrück. Das Frauenkonzentrationslager in der Erinnerung*, Bd. 1: Dokumentation und Analyse, Bd. 2: Lebensgeschichten. Wien: Promedia, 2001.

Thomas Ballhausen, Mag. Dr., Autor, Literatur- und Kulturwissenschaftler, Archivar. Studium der Vergleichenden Literaturwissenschaft, der Deutschen Philologie, der Philosophie und der Sprachkunst in Wien. Lehrbeauftragter u. a. an der Universität Wien und der Universität Mozarteum Salzburg. Internationale Tätigkeit als Vortragender, Redakteur und Kurator. Seit 2017 Leiter der Pressedokumentation an der Dokumentationsstelle für neuere österreichische Literatur am Literaturhaus Wien. Er wurde für sein literarisches Werk mehrfach ausgezeichnet (u. a. Reinhard-Priessnitz-Preis, Holfeld-Tunzer-Preis) und ist seit 2012 ordentliches Mitglied der Europäischen Akademie der Wissenschaften und Künste. Zahlreiche eigenständige literarische und wissenschaftliche Publikationen, zuletzt u. a. *Signaturen der Erinnerung. Über die Arbeit am Archiv*. Wien: Edition Atelier, 2015; *Gespenstersprache. Notizen zur Geschichtsphilosophie*. Wien: Der Konterfei, 2016; *Mit verstellter Stimme*. Horn: Verlag Berger, 2017 und (zus. m. E. Peytchinska): *Fauna. Sprachkunst und die neue Ordnung imaginärer Tiere*. Berlin: de Gruyter, 2018.
In der vielfältigen langjährigen Zusammenarbeit mit Frank Stern wurden mehrere Retrospektiven, Buch- und Forschungsprojekte umgesetzt.

Aylin Basaran, Mag., Historikerin und Filmwissenschaftlerin, promoviert am Institut für Zeitgeschichte der Universität Wien zur Geschichte des tansanischen Films im globalen Kontext. 2017–2018 Visiting Scholar am History Department der Michigan State University und am Center for Film & Media Studies der University of Cape Town. Lehrt regelmäßig am Institut für Zeitgeschichte und dem Institut für Theater-, Film- und Medienwissenschaft der Universität Wien. Forschungsschwerpunkte: Filmgeschichte,

Kulturtheorien, Memory Studies, Postcolonial Studies, African Studies. Neben der wissenschaftlichen Tätigkeit arbeitet Basaran als Filmemacherin (SINEMA UJAMAA, prämiert auf dem Zanzibar International Film Festival 2017), realisiert Ausstellungen, interaktive Kulturprojekte und internationale filmpraktische Workshops (z. B. »Women Make Movies« im Rahmen des Zanzibar International Film Festivals 2017). Publikationen: (zus. m. Klaudija Sabo, Julia B. Köhne) (Hg.): *Zooming In and Out. Produktionen des Politischen im neueren deutschsprachigen Dokumentarfilm.* Wien: Mandelbaum, 2013; »Evidenzen der (Un-)Ordnung. Mediale Praktiken subversiver Erkenntnis in: Millennium-Trilogie (2009–2010)«. *Österreichische Zeitschrift für Geschichtswissenschaften (ÖZG)* 24(3): Cinema's Truth (2013), 35–54.

2011–2012 hat sie als Universitätsassistentin am Schwerpunkt »Visuelle Zeit- und Kulturgeschichte« unter der Leitung von Frank Stern gearbeitet.

Monika Bernold, Mag. Dr. habil., Privatdozentin für Medien- und Zeitgeschichte am Institut für Zeitgeschichte der Universität Wien. Zahlreiche Forschungsarbeiten und Publikationen im Feld der feministischen Geschichtsforschung, Mediengeschichte und Konsumkultur. Auszeichnungen u. a.: Käthe-Leichter Staatspreis für die Frauengeschichte der Arbeiterinnen- und Arbeiterbewegung. In den 1990er Jahren Filmkritikerin der Wiener Zeitung, vielfältige kooperative Arbeiten an Schnittflächen von Wissenschaft und Kunst. Wissenschaftliche Beirätin und Kuratorin des Wien Museum, Gründungsmitglied der IG-Externe LektorInnen und Freie WissenschafterInnen. Lehre an der Universität Wien, der Ruhruniversität Bochum, der Akademie der Bildenden Künste in Wien, der Universität Salzburg und der Sigmund-Freud Universität Wien. Publikationen u. a.: *Bewegte Bilder. Studien zu Geschichte, Geschlecht und Medien* (in Vorbereitung, 2018); *Das Private Sehen. Fernsehfamilie Leitner, mediale Konsumkultur und nationale Identitätskonstruktionen in Österreich nach 1955.* Münster: LIT, 2007; (zus. m. Andrea Braidt und Claudia Preschl) (Hg.): *SCREENWISE. Film, Fernsehen, Feminismus.* Marburg: Schüren, 2004.

Frank Stern ist seit vielen Jahren ein geschätzter Kollege und Kooperationspartner am Institut für Zeitgeschichte in Wien.

Klaus Samuel Davidowicz, Univ.-Prof. Dr., ist Kulturwissenschaftler und Professor für Judaistik an der Universität Wien. Seine Forschungsschwerpunkte sind Jüdische Kulturgeschichte der Neuzeit, Kabbala und jüdischer Film. Er ist zusammen mit Frank Stern Leiter des »Jüdischen Filmclubs Wien« sowie zusammen mit Frank Stern und Ernst Kieninger Gründer der »Film/Universität« im *Filmarchiv Austria*. Neben seinen Forschungs- und Lehrtätigkeiten arbeitet Davidowicz als Fachberater für Dokumentationen in Deutschland und Österreich. Aktuell ist er externer Kurator für die Ausstellung »Kabbala« im Jüdischen Museum Wien, gibt zusammen mit Frank Stern das Begleitbuch zur Rekonstruktion des Stummfilms DIE STADT OHNE JUDEN heraus und arbeitet an seiner Studie zum »Jewish Image in American Film«. Publikationen: *Zwischen Tradition und Häresie. Jakob Franks Leben und Lehren.* Wien: Böhlau Verlag, 2004; *Die Kabbala, eine Einführung in die Welt der jüdischen Mystik und Magie.* Wien: Böhlau Verlag, 2009; *Film als Midrasch. Der Golem, Dybbuks und andere kabbalistische Elemente im populären Kino.* Göttingen: Vandenhoeck & Ruprecht, 2016.

Barbara Eichinger, Mag. Dr., studierte in Wien und Berlin Vergleichende Literaturwissenschaft und Deutsche Philologie. Sie arbeitete im Aufbau Verlag Berlin und im Anschluss daran am Schwerpunkt »Visuelle Zeit- und Kulturgeschichte« am Institut für Zeitgeschichte an der Universität Wien. Als Stipendiatin des Initiativkollegs »Sinne-Technik-Inszenierung« verfasste Eichinger ihre Dissertation zum Thema »Langeweile, Film, Jugend. Zur Historizität einer Projektion«. Daraufhin wechselte sie von der Wissenschaft in die Kommunikationsbranche. Aktuell ist sie stellvertretende Leiterin der Kommunikationsabteilung des Bundesministeriums für Bildung, Wissenschaft und

Forschung in Wien. Publikationen u.a: (zus. m. Frank Stern) (Hg.): *Film im Sozialismus – Die DEFA*. Wien: Mandelbaum, 2009; »Komm, spiel' zum Tod im Morgengrauen – ›Lieb' und Spiel und Tod‹ im Werk Arthur Schnitzlers und seinen Visualisierungen.« In: (zus. mit Karin Moser, Thomas Ballhausen, Frank Stern) (Hg.): *Wie Fräulein Else laufen lernte – Arthur Schnitzler und der Film*. Wien: Verlag Filmarchiv Austria, 2006, 247–267.

Mit Frank Stern verbindet sie die gemeinsame Aufbauarbeit des Schwerpunkts »Visuelle Zeit- und Kulturgeschichte«, Institut für Zeitgeschichte an der Universität Wien, einige gemeinsame Bücher, die Freude am DEFA-Filmschaffen und eine Freundschaft.

Andreas Filipovic, Mag. Dr., ist Historiker, Filmproduzent und derzeit Geschäftsführer der next.generation GesmbH Filmproduktion und Agentur für neue Medien. Er war an zahlreichen Projekten im Bereich der Wissensvermittlung beteiligt, entwickelte für das Technische Museum Wien ein interaktives Lernspiel und baute die digitale Forschungs- und Vermittlungsplattform www.audiovisuellesarchiv.org auf. Studium der audiovisuellen Zeitgeschichte und Kulturgeschichte an der Universität Wien. Doktoratsstudium am Europäischen Hochschulinstitut Florenz und an der Universität Wien zum Thema »Debates on Society and Socialism in the Yugoslav Film of the 1960s: The Partisan Issue«. Er zeigt und diskutiert in unregelmäßigen Abständen jugoslawische Partisan/innenfilme. In der Vergangenheit arbeitete er zu Wiener Kinos als politischer Raum, sozialistischen Filmkulturen, dem Filmemacher Konrad Wolf sowie Science-Fiction im Film. Er war Herausgeber der Reihe ÖH-Edition im Mandelbaum Verlag. Er publizierte zuletzt als Teil des Autor/innenkollektivs Audiovisuelles Archiv: »Identität und Zeugenschaft. Ansätze zu einem Manifest.« In: Friesinger, Günther/Thomas Ballhausen/Judith Schoßböck (Hg.): *ID/ENTITY. Entwürfe – Erzählungen – Perspektiven*. Wien: edition monochrom, 2017, 177–179.

Sonja Gassner ist Mitarbeiterin am Institut für Zeitgeschichte, am Schwerpunkt für Visuelle Zeit- und Kulturgeschichte, an der Universität Wien. Ebenda studiert sie Geschichte und Philosophie sowie gegenständliche Malerei an der Akademie der Bildenden Künste Wien. Nach der Beteiligung an Gruppenausstellungen der Kunstuniversität Linz und der Akademie der Bildenden Künste Wien, zeigte sie im April 2018 Arbeiten im Rahmen ihrer ersten Einzelausstellung in der Sturm und Drang Galerie Linz.

Isabel Capeloa Gil, Prof., ist Professorin für Kulturwissenschaft an der Geisteswissenschaftlichen Fakultät der Universidade Católica Portuguesa (UCP). Studium der Germanistik in Lissabon, München und Chicago, mit Habilitation in German Studies (2002). Gil ist seit Oktober 2016 UCP Rektorin; zuvor war sie Vize-Rektorin für Forschung und Internationalisierung (2012–2016) sowie Dekanin der Geisteswissenschaftlichen Fakultät (2005–2012). Sie ist Mitglied des Forschungszentrums Research Centre for Communication and Culture (CECC), wo sie die Forschungslinie »Culture. Art and Conflict« leitet. Seit 2010 ist sie Honorary Fellow an der IGRS, School of Advanced Studies, University of London und hat eine Gastprofessur an der USJ (Macao) inne. Forschungsschwerpunkte: Filmkultur und Visuelle Kultur in Beziehung zu Studien über Konflikt und Krieg. Publikationen: *Fleeting, Floating, Flowing: Water Writing and Modernity*. Würzburg 2008; *Literacia Visual. Estudos sobre a Inquietude das Imagens*, Ed. 70 (2011); *Plots of War*. Berlin: de Gruyter, 2014; *The Cultural Life of Money*. Berlin: de Gruyter, 2014; *Hazardous Future*. Berlin: de Gruyter, 2015 und *The Humanities. (Un)Timely Considerations*. Lissabon 2016.

Peter Grabher, Dr., Historiker, Filmwissenschaftler und Kurator, arbeitet als Lehrer an einer Wiener Allgemeinbildenden höheren Schule. 2007–2010 Fellow am Initiativkolleg »Medien und Wahrnehmung: Sinne – Technik – Inszenierung«. 2006/07 Pensionnaire étranger an der École normale supérieure Paris. Seit 1998 Kurator von Film- und Diskussionsabenden im Rahmen der Gruppe KINOKI. Publikationen: »Die Pariser

Verurteilung von 1277. Kontext und Bedeutung des Konflikts um den radikalen Aristotelismus« (Diplomarbeit, 2005); »Sowjet-Projektionen. Die Filmarbeit der kommunistischen Organisationen in der Ersten Republik (1918–1933).« In: Dewald, Christian (Hg.): *Arbeiterkino. Linke Filmkultur der Ersten Republik.* Wien: Filmarchiv Austria, 2007, 221–303; »Beyond Trauma: Aesthetic Strategies of ›Minor Cinema‹ within the Liminal Space of Palestine (Ula Tabari, Elia Suleiman).« In: Elm, Michael/Kobi Kabalek/Julia B. Köhne (Hg.): *The Horrors of Trauma in Cinema. Violence, Void, Visualization.* Cambridge Scholars Publishing, 2014, 224–250; »Hier und anderswo. Palästina-Israel im essayistischen Film (1960–2010)« (Dissertation, 2017).

Frank Stern war Betreuer seiner Dissertation an der Universität Wien.

Brigitte Halbmayr, Dr., ist seit 1992 wissenschaftliche Mitarbeiterin am Institut für Konfliktforschung in Wien. Sie ist Vorsitzende des Wissenschaftlichen Beirats zur Neugestaltung der Österreich-Ausstellung im Museum Auschwitz-Birkenau, dessen Mitglied sie seit 2009 ist. 2011 erhielt sie gemeinsam mit Helga Amesberger den Käthe-Leichter-Preis für Frauenforschung, Geschlechterforschung und Gleichstellung in der Arbeitswelt. Ihre Forschungsschwerpunkte: Rassismus, Integration, Frauen und NS-Verfolgung (insb. Ravensbrück und Mauthausen), Oral History und Erinnerungspolitik sowie Biografieforschung. Publikationen: *Zeitlebens konsequent. Hermann Langbein – eine politische Biografie.* Wien: Braumüller, 2012; *Herbert Steiner: Auf vielen Wegen – über Grenzen hinweg. Eine politische Biografie.* Weitra: Bibliothek der Provinz, 2015; (zus. m. Heribert Bastel) (Hg.): *Mauthausen im Unterricht. Ein Gedenkstättenbesuch und seine vielfältigen Herausforderungen.* Wien: LIT-Verlag, 2014; *Integration and Diversity in Education in Europe. Bringing Disaffected Youth to Policymaking. International Overview.* New York: Open Society Foundations, 2010; »Bewusstseinsregion Mauthausen – Gusen – St. Georgen – Memory Goes Regional.« In: Allmeier, Daniela et al. (Hg.): *Erinnerungsorte in Bewegung. Zur Neugestaltung des Gedenkens an Orten nationalsozialistischer Verbrechen.* Bielefeld: transkript, 2016, 315–333; »Sexualized Violence against Women During Nazi ›Racial‹ Persecution.« In: Hedgepeth, Sonja M./Rochelle G. Saidel (Hg.): *Sexual Violence Against Jewish Women During the Holocaust.* Waltham, Massachusetts 2010, 29–44; (zus. m. Helga Amesberger und Katrin Auer): *Sexualisierte Gewalt. Weibliche Erfahrungen im Konzentrationslager.* Wien: Mandelbaum, 2004; (zus. m. Helga Amesberger): *Vom Leben und Überleben – Wege nach Ravensbrück. Das Frauenkonzentrationslager in der Erinnerung.* Bd. 1: Dokumentation und Analyse, Bd. 2: Lebensgeschichten. Wien: Promedia 2001.

Andreas Huyssen, Prof. Dr. phil., ist der Villard Professor Emeritus of German and Comparative Literature an der Columbia University in New York. Studium der Germanistik und Romanistik in Madrid, Köln, Paris und München (Promotion in Zürich). Seit 1969 arbeitet Huyssen in den USA und seit 1974 als Mitherausgeber von *New German Critique*, der führenden Zeitschrift für German Studies in den USA. Gründungsdirektor (zus. m. Gayatri Spivak) von Columbias *Institute for Comparative Literature and Society* (1998–2003). Nach ersten Veröffentlichungen in deutscher Sprache zu Romantik, Sturm und Drang und bürgerlichem Realismus, Forschungen zur Moderne: *After the Great Divide: Modernism, Mass Culture, Postmodernism.* Bloomington: Indiana University Press, 1986; (zus. m. Klaus Scherpe) (Hg.): *Postmoderne – Zeichen eines kulturellen Wandels.* Reinbek bei Hamburg: Rowohlt, 1986; (zus. m. David Bathrick) (Hg.): *Modernity and the Text: Revisions of German Modernism,* New York: Columbia University Press, 1989; *Twilight Memories: Marking Time in a Culture of Amnesia.* New York/London: Routledge, 1995; *Present Pasts: Urban Palimpsests and the Politics of Memory.* Stanford (Cal.): Stanford University Press, 2003; (Hg.): *Other Cities, Other Worlds: Urban Imaginaries in a Globalizing Age.* Durham: Duke University Press, 2008. Zuletzt: *William Kentridge and Nalini Malani: The Shadow Play as Medium of Memory* (2013) und *Miniature Me-*

tropolis: Literature in an Age of Photography and Film. Cambridge, (Mass.): Harvard University Press, 2015. Mehrere dieser Bücher wurden in andere Sprachen übersetzt. Zahlreiche Katalogbeiträge zu Kunstausstellungen. Zurzeit arbeitet Huyssen an einem Buch zur außereuropäischen Gegenwartskunst in Lateinamerika, Indien und Südafrika.

Kobi Kabalek, Ph.D., ist Historiker und arbeitet derzeit als assoziierter wissenschaftlicher Mitarbeiter am Strochlitz Institut für Holocauststudien an der Haifa Universität, Israel. Kabalek war Doktorand im DFG-Graduiertenkolleg »Codierung von Gewalt im medialen Wandel« an der Humboldt-Universität zu Berlin und promovierte an der University of Virginia mit einer Arbeit zum Thema: »The Rescue of Jews and Memory in Germany«. Kabalek ist Mitherausgeber der Zeitschriften *Dapim: Studies on the Holocaust* und *History & Memory*. Forschungsprojekte zu kulturellen Aspekten deutscher und israelischer Geschichte, historischer Wahrnehmung, Monstern und Zombies. Publikationen: »What Is the Context of Memory?« In: Sebald, Gerd/Jatin Wagle (Hg.): *Theorizing Social Memories: Concepts and Contexts*. New York: Routledge, 2016, 171–183; »Edges of History and Memory: The ›Final Stage‹ of the Holocaust.« *Dapim: Studies on the Holocaust* 29 (3) (2015), 240–263; »Monsters in the Testimonies of Holocaust Survivors.« In: Idelson-Shein, Iris/Christian Wiese (Hg.): *Monsters and Monstrosity in Jewish History: From the Middle Ages to Modernity*. Bloomsbury (im Druck).
Frank Stern war Betreuer seiner Masterarbeit an der Ben-Gurion University of the Negev, Beer-Sheva, Israel.

Marietta Kesting, Prof. Dr., ist Juniorprofessorin für Medientheorie am cx centrum für interdisziplinäre studien an der Akademie der Bildenden Künste München. Seit 2015 ist sie außerdem Post-Doc an der Universität für angewandte Kunst Wien und Teil des FWF-Projekts »A Matter of Historicity. Material Practices in Audiovisual Art«. Nach einem Studium der Visual Arts am Bennington College, Vermont (USA), und der Kultur- und Medienwissenschaft an der Humboldt-Universität zu Berlin war sie von 2008 bis 2011 Assistentin am Institut für Zeitgeschichte in Wien, am Schwerpunkt »Visuelle Zeit- und Kulturgeschichte«. Von 2014 bis 2016 arbeitete sie als wissenschaftliche Mitarbeiterin im Exzellenzcluster Bild|Wissen|Gestaltung an der Humboldt-Universität zu Berlin. Seit 2004 ist sie Teil der kollektiven Publikationsplattform b_books in Berlin. Ihre Forschungsschwerpunkte sind Fotografie- und Filmtheorie, Affektstudien, dokumentarische Praktiken in Südafrika sowie postkoloniale Bildkulturen. Publikationen: *Affective Images. Post-Apartheid Documentary Perspectives*. Albany: State University of New York Press, 2017 (Diss., nominiert für den Humboldt-Preis) und *Sun Tropes. Sun City and (Post-)Apartheid Culture in South Africa*. Berlin: August Verlag, 2009. Neben ihren wissenschaftlichen Beiträgen produzierte sie auch Film- und Foto-Arbeiten (Film Sunny Land, Berlinale Forum 2010).

Gerda Klingenböck, Mag., Historikerin und Filmemacherin. Studium der Geschichte, Sozialkunde und Bildnerischen Erziehung sowie Ethnologie und Europäischen Ethnologie. 2004–2008 Assistentin am Institut für Zeitgeschichte, Schwerpunkt »Visuelle Zeit- und Kulturgeschichte«, Arbeit am Dissertationsprojekt: »Audiovisuelle Quellen als Speichergedächtnis. Medientheoretische Untersuchungen zu Gedächtnis und Erinnerung anhand bildlicher digitaler Quellen zur Zeitgeschichte«. 2007 Organisation der Tagung: »Picture this! Tagung zu Filmarbeit in den Geistes-, Sozial- und Kulturwissenschaften«, zus. m. Rita Hochwimmer. Konzept und Kamera bei Oral History-Projekten mit Überlebenden des Nationalsozialismus (Video Archiv Ravensbrück, Mauthausen Survival Documentation Project). Dokumentarfilme, z. B. Vom Leben und Überleben (zus. m. Bernadette Dewald, A 2003), Wer wird mir helfen? (zus. m. Bernadette Dewald, A 2001). Wissenschaftliche Mitarbeit an der FU Berlin, Center für Digitale Systeme, Konzeption und Realisation der DVD-Reihe »Zeugen der Shoah. Das Visual History Archive in der schulischen Bildung« (u. a. 12 biographische Kurzfilme), am

Projekt »Zwangsarbeit 1939–1945. Erinnerungen und Geschichte« sowie an der Publikationen zu Zeitzeugenschaft: *Oral History und Dokumentarfilm*. Aktuelle Publikation: »Storyline. Rhizom, abgerissener Faden? Die Bearbeitung audiovisueller Lebenserzählungen mit massiven Gewalterfahrungen«. In: Gehmacher, Johanna/Klara Löffler (Hg.): *Storylines and Blackboxes. Autobiographie und Zeugenschaft in der Nachgeschichte von Nationalsozialismus und Zweitem Weltkrieg.* Wien: new academic press, 2017, 221–240.

Julia Barbara Köhne, Prof. Dr. phil. habil., ist derzeit Gastprofessorin am Institut für Kulturwissenschaft der Humboldt-Universität zu Berlin und seit 2013 Privatdozentin für »Zeitgeschichte und Kulturgeschichte« sowie »Film- und Medienwissenschaft« an der Universität Wien. Seit 2014 leitet sie das DFG-Eigene-Stelle-Forschungsprojekt »Trauma-Translationen. Inszenierungen und Imaginationen in Film und Theorie«. Forschungsschwerpunkte: Kultur-, Film- und Mediengeschichte (19. bis 21. Jahrhundert); Geschichte der Geisteswissenschaften um 1900; Mediengeschichte der Militärpsychiatrie 1900–1920; Interrelationen zwischen kollektiven Gewalterfahrungen, interdisziplinärer Traumaforschung und Medialität; Körperpolitik und Geschlechterforschung. Publikationen: *Geniekult in Geisteswissenschaften und Literaturen um 1900 und seine filmischen Adaptionen.* Wien et al.: Böhlau Verlag, 2014 (Habil.); *Kriegshysteriker. Strategische Bilder und mediale Techniken militärpsychiatrischen Wissens, 1914–1920.* Husum: Matthiesen Verlag, 2009 (Diss.); (Hg.): *Trauma und Film. Inszenierungen eines Nicht-Repräsentierbaren.* Berlin: Kadmos Verlag, 2012; (zus. m. Michael Elm und Kobi Kabalek) (Hg.): *The Horrors of Trauma in Cinema. Violence, Void, Visualization.* Cambridge Scholars Publishing 2014; (zus. m. Britta Lange und Anke Vetter) (Hg.): *Mein Kamerad – Die Diva. Theater an der Front und in Gefangenenlagern des Ersten Weltkriegs.* München: edition text+kritik, 2014.

Von 2005 bis 2013 hat Köhne als Universitätsassistentin mit Frank Stern am Schwerpunkt »Visuelle Zeit- und Kulturgeschichte« am Institut für Zeitgeschichte der Universität Wien gearbeitet.

Justin Leggs ist Digital Video/Audio Archivist bei Matrix: Center for Digital Humanities and Social Sciences an der Michigan State University und arbeitet als Media Director am African Studies Center der Michigan State University. Zudem ist er freiberuflicher Filmemacher, Mediendesigner, Animator und Illustrator im Bereich Digital Production und Motion Graphics. Seine Forschungsinteressen und kreativen Arbeiten umfassen Themen wie afroamerikanische Populärkultur, Game Design und Animationsfilm.

Karin Moser, Mag. Dr., ist Medien- und Zeithistorikerin. Derzeit arbeitet sie als Lehrbeauftragte an der Universität Wien und der Universität Innsbruck. Sie war Kuratorin von zahlreichen Filmreihen und Ausstellungen und arbeitet im Bereich Dokumentarfilm, vor allem als (Drehbuch-)Autorin. Forschungsarbeiten und -projekte sowie DVD-Editionen zu den Themenbereichen: Film- und Mediengeschichte, politische Geschichte, Werbe- und Industriefilm, Propagandafilm, nationale Identitätskonstruktionen, Ost-West-Stereotypen/Kalter Krieg, Filmzensur, Filmpolitik, Konsumgeschichte. Publikationen: »Film in der Zwischenkriegszeit. Populäre Massenkultur zwischen Tradition, Ideologie, Propaganda und Moderne.« In: Bertsch, Christoph (Hg.): *Das ist Österreich! Bildstrategien und Raumkonzepte in Österreich 1914–1938.* Bregenz 2015, 79–87; »(Film-)Musik in der Werbung – zwischen Sinn(lichkeit) und Zweck(mäßigkeit).« *Österreichischer Komponistenbund* 1, 2016, S. 13; »Remembering World War I in 2014: Films and TV Productions in Austria – A new path of visual memory.« In: Leidinger, Hannes (Hg.): *Habsburg's Last War: The Filmic Memory (1918 to the present).* New Orleans: University of New Orleans Press, 2018, 49–66; *Der österreichische Werbefilm von seinen Anfängen bis 1938. Die Genese eines Genres* (Diss., Universität Wien). Wien 2017 (wird im Berliner de Gruyter-Verlag erscheinen); »»Mit Rücksicht auf die Notwendigkeiten des Staates...‹ – Autoritäre Propaganda und mediale Repression im austrofaschistischen

Ständestaat.« In: Karmasin, Matthias/Christian Oggolder (Hg.): *Österreichische Mediengeschichte*, Bd. 2: Von Massenmedien zu sozialen Medien (1918 bis heute) (im Druck).

Katrin Pilz, Mag., Historikerin und Kulturwissenschaftlerin, arbeitet im Rahmen eines Cotutelles (joint supervision Ph.D.) an der Université libre de Bruxelles (ULB) in Kooperation mit der Universität Wien an einer Dissertation zum Thema der frühen medizinischen Kinematografie in Brüssel und Wien. Assoziierte wissenschaftliche Mitarbeiterin am Ludwig Boltzmann Institut für Geschichte und Gesellschaft in Wien. Vorträge, Publikationen und Forschungsprojekte zur visuellen Medizin- und Wissenschaftsgeschichte sowie Stadt-, Körper- und Filmgeschichte. Aktuelle Publikation: »Re-Edited Medical Films in Vienna: Vom ›physiologischen Theater‹ zum chirurgischen Filmset und ›orthopädischen Filmzirkus‹.« In: González de Reufels, Delia et. al. (Hg.): *Film als Forschungsmethode. Produktion – Geschichte – Perspektiven*. Bremen: Bertz&Fischer, 2018. Frank Stern ist Betreuer ihrer Dissertation an der Universität Wien (Université libre de Bruxelles: Kenneth Bertrams).

Klaudija Sabo, Dr. phil., M. A., ist Kultur- und Bildwissenschaftlerin, Historikerin sowie Filmemacherin. Sie studierte Kulturwissenschaft und Kunstgeschichte an der Humboldt-Universität zu Berlin, an der Universität Zagreb und an der Goldsmiths University in London. Seit 2008 arbeitete und lehrte sie an der Universität Wien, am Institut für Zeitgeschichte am Schwerpunkt »Visuelle Zeit- und Kulturgeschichte«. Seit 2018 ist sie Post-Doc-Assistentin am Institut für Medien- und Kommunikationswissenschaft an der Alpen-Adria-Universität Klagenfurt. Themenschwerpunkte: Visual Culture, Medientheorien, Transformations- und Nationsbildungsprozesse in Südosteuropa, insbesondere in Kroatien und Serbien. Publikationen u. a.: *Ikonen der Nationen. Heldendarstellungen im post-sozialistischen Kroatien und Serbien*. Berlin: de Gruyter, 2017; (zus. m. Aylin Basaran und Julia B. Köhne) (Hg.): *Zooming In and Out. Produktionen des Politischen im Dokumentarfilm*. Wien: Mandelbaum Verlag, 2013; (zus. m. Oliver Rathkolb) (Hg.): *Bewegte Nationen – Bewegende Bilder in Südosteuropa nach 1989*. Eine Ausgabe der Zeitschrift *zeitgeschichte* 5(12), (2012).

Anna Schober, Dr., ist Professorin für Visuelle Kultur an der Alpen-Adria-Universität Klagenfurt. Sie studierte Geschichte, Kunstgeschichte und Politikwissenschaften in Wien, Frankfurt am Main und Colchester. 2009 habilitierte sie sich an der Universität Wien mit einer Arbeit über ästhetische Taktiken als Mittel politischer Emanzipation in der Moderne und Postmoderne. Internationale Forschungsaufenthalte u. a. an der Jan van Eyck Academie in Maastricht sowie am Centre for Theoretical Studies in the Humanities and Social Sciences an der University of Essex, Colchester. Von 2009–2011 war sie Visiting Professor an der Universität Verona, danach Mercator Visiting sowie Vertretungsprofessorin am Institut für Soziologie der Justus Liebig Universität Gießen. Derzeit leitet sie das DFG-Forschungsprojekt »Everybody. Eine transnationale Ikonografie«. Schobers Arbeitsschwerpunkte sind: historische, ästhetische und affektive Aspekte von Öffentlichkeit, Visuelle Kultur (Bildende Kunst und Populärkultur), Politische Ikonografie, Praktiken des Visuellen und Geschichte des Wahrnehmens, Differenz (Gender und Ethnizität) und Methoden der Kultur- und Bildwissenschaften. Publikationen: *Blue Jeans. Vom Leben in Stoffen und Bildern*. Frankfurt am Main et al.: Campus Verlag, 2001; *Ironie, Montage, Verfremdung. Ästhetische Taktiken und die politische Gestalt der Demokratie*. München: Wilhelm Fink Verlag, 2009 und *The Cinema Makers. Public life and the exhibition of difference in South-Eastern and Central Europe since the 1960s*. Bristol et al.: intellect books, 2013.

Christina Wieder, Mag., ist Historikerin und Romanistin und derzeit Junior Fellow am Internationalen Forschungszentrum Kulturwissenschaften (IFK) der Kunstuniversität Linz mit dem Dissertationsprojekt »Visuelle Selbstermächtigungsstrategien im Exil. Jüdische Künstlerinnen von Mitteleuropa nach Argentinien«. 2015–2017 war sie wissenschaftliche Mitarbeiterin des Schwerpunkts »Visuelle Zeit- und Kulturgeschichte« am Institut für Zeitgeschichte der Universität Wien, unter anderem bei dem dort angesiedelten Forschungs- und Filmprojekt »Die Zweite Reihe des Wiener Filmexils«. Gemeinsam mit Frank Stern und in Kooperation mit dem *Filmarchiv Austria* kuratierte sie die Reihe »Film Noir Reloaded«. 2016/2017 war Wieder außerdem Lehrbeauftragte am Institut für Zeitgeschichte der Universität Wien sowie wissenschaftliche Mitarbeiterin des Oral-History-Projekts »Geschichten von der Flucht« des *Audiovisuellen Archivs* (AVA). Forschungsschwerpunkte: Visual History, Exilforschung und Gender Studies. Publikationen: »Der frühe österreichische Film zwischen Heimatromantik und nationalistischer Euphorie«. *Gedenkdienst* 2/2017 (im Druck); (zus. m. Klaudija Sabo): »Visual History in Bewegung. Bildliche Quellen in der historischen Forschung«. In: Perz, Bertrand/Ina Markova (Hg.): *50 Jahre Institut für Zeitgeschichte der Universität Wien 1966–2016*. Wien 2017, 299–311; (zus. m. Frank Stern): »Film Noir Reloaded. Exil – Psychoanalyse«. *Kino.magazin*, Filmarchiv Austria, Heft Nov./Dez. 2015, 20–21.